Manuel d'Histoire Naturelle
par
E. Caustier

DÉPOT LÉGAL
MEUSE
N° 188
1896

MANUEL
D'HISTOIRE NATURELLE

DU MÊME AUTEUR

Anatomie et Physiologie animales et végétales, à l'usage des lycées et collèges de Garçons (*classe de Mathématiques élémentaires*) et de Jeunes filles (*classe de 4ᵉ année*), des élèves des écoles normales primaires et des écoles primaires supérieures. — Un vol. in-16, avec 522 figures, relié toile.   3 fr.

Le même ouvrage est vendu, pour les élèves de Philosophie, de Première-sciences et de Première-lettres, sous le titre de *Manuel du baccalauréat : Histoire naturelle*. — In-16, relié toile, 3 fr.

MANUEL
D'HISTOIRE NATURELLE

A L'USAGE DES CANDIDATS A

L'ÉCOLE CENTRALE

DES

ARTS ET MANUFACTURES

PAR

E. CAUSTIER

Agrégé des sciences naturelles,
Professeur au lycée de Versailles.

PARIS
LIBRAIRIE NONY & Cie
17, RUE DES ÉCOLES, 17

1897

(Tous droits réservés)

ERRATUM

Page 57, ligne 3, il faut « supérieure » au lieu de « inférieure ».

HISTOIRE NATURELLE

CARACTÈRES GÉNÉRAUX DES ÊTRES VIVANTS

Les êtres vivants. — Tous les corps qui existent dans la nature peuvent être rangés en deux groupes : les *corps bruts*, pierres et minéraux, et les *êtres vivants*, animaux ou végétaux. Les premiers conservent toujours leurs formes, à moins qu'une force extérieure n'intervienne ; les êtres vivants, au contraire, changent constamment : ils *naissent*, *grandissent* et *meurent*, et pour cela, ils accomplissent des échanges continus avec le milieu dans lequel ils vivent.

Pour montrer ces échanges, il suffit de placer un animal ou une plante sur l'un des plateaux d'une balance, et de faire équilibre ensuite ; on voit alors, après quelques instants, le plateau supportant l'animal se soulever : l'animal a donc perdu de son poids. C'est pour compenser cette perte, due à la respiration, à la transpiration etc., que l'animal est obligé d'emprunter des aliments au milieu extérieur. Ces échanges peuvent se résumer par ces deux mots : *assimilation*, *désassimilation*. Par l'assimilation, l'animal incorpore à la matière vivante les aliments qu'il prend au milieu environnant ; par la désassimilation, il rejette dans ce milieu les substances devenues inutiles ou nuisibles.

Si l'assimilation est plus grande que la désassimilation, il y a accroissement de l'organisme : c'est le cas de la *jeunesse* ; si ces deux termes sont égaux, l'organisme reste stationnaire : c'est l'état *adulte* ; enfin, si la désassimilation l'emporte, il y a décrépitude : c'est la *vieillesse* et la *mort*.

La matière vivante. Le protoplasma. — Tout être vivant est essentiellement formé d'une subtance particulière appelée *protoplasma*. Ce protoplasma a la même composition et les mêmes propriétés que le blanc d'œuf ou *albumine* : c'est une matière *albuminoïde* formée de quatre éléments essentiels, carbone, oxygène, hydrogène et azote, auxquels s'ajoutent des éléments accessoires tels que le soufre, le phosphore, etc.

On a pu faire l'*analyse* du protoplasma, c'est-à-dire déterminer les éléments qui le composent ; mais il est impossible, dans l'état actuel de la science, d'en faire la *synthèse*, c'est-à-dire de combiner ces éléments pour reproduire le protoplasma : faire de la matière vivante, ce serait l'origine de la vie expliquée !

Animaux et végétaux. — La *Biologie* est la science des êtres vivants ; lorsqu'elle étudie les animaux, c'est la *Zoologie* ; lorsqu'elle étudie les végétaux, c'est la *Botanique*. Il est difficile d'indiquer une séparation nette entre les animaux et les végétaux : ils ont, en effet, de nombreux caractères communs ; mais ils ont aussi des caractères distinctifs.

1° **Caractères communs.** — Le protoplasma, qui est la matière fondamentale des êtres vivants, a des propriétés identiques chez les animaux et les végétaux. Observons un animal ayant une organisation très simple, formé d'une petite masse de protoplasma, un *Amibe* par exemple (*fig.* 1) ; étudions d'autre part un végétal très simple, un Champignon tel que celui qu'on trouve dans les fosses des tanneries, (*Fuligo septica*) ; nous constaterons alors non seulement un aspect semblable, mais des propriétés identiques : chez ces deux êtres, le protoplasma est doué de *mouvement* et de *sensibilité*.

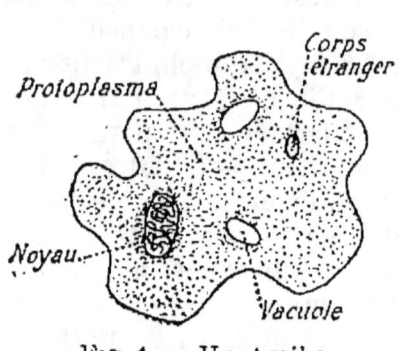

Fig. 1. — Un Amibe.

2° **Caractères distinctifs.** — Une différence essentielle entre l'animal et le végétal est le mode de *nutrition*.

Les plantes, par leurs racines et par leurs feuilles contenant une matière verte, la *chlorophylle*, puisent dans le sol et dans l'air les éléments avec lesquels elles peuvent fabriquer directement leur matière vivante.

Les animaux, au contraire, n'ont pas de chlorophylle et sont obligés d'emprunter leurs aliments tout formés au milieu extérieur.

Ces différences dans le mode de nutrition en entraînent d'autres.

Les plantes qui trouvent *sur place*, dans l'air et dans le sol, leur nourriture, ne sont douées ni de *mouvements d'ensemble*, ni de *sensibilité*.

Les animaux doivent, au contraire, aller à la recherche de leur nourriture : aussi ils se *meuvent* et ils sont *sensibles*.

Toutefois, ces caractères ne sont pas absolus : certaines plantes, en effet, n'ont pas de chlorophylle : exemple, les *Champignons* et nombre de *plantes parasites* ; en revanche, quelques animaux ont de la chlorophylle : ex. l'*Hydre verte*, l'*Euglène* etc.

Enfin certaines plantes, telles que la Sensitive, les Plantes carnivores, sont douées de mouvement et de sensibilité : les feuilles de Sensitive se reploient au moindre attouchement, au moindre souffle (*fig.* 2). On peut même, comme

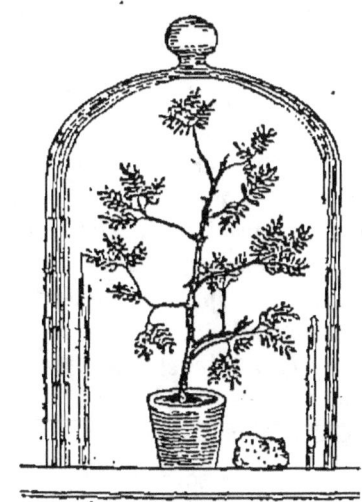

Fig. 2. — Rameau de Sensitive.   Fig. 3. — Sensitive anesthésiée par le chloroforme.

chez les animaux, supprimer ce mouvement et cette sensibilité, c'est-à-dire *anesthésier* ces plantes, en plaçant dans leur voisinage une éponge imbibée de chloroforme (*fig.* 3).

Le meilleur caractère distinctif qu'on ait donné jusqu'ici

entre les animaux et les végétaux, c'est la présence chez ces derniers d'une substance appelée *cellulose*, dont la composition chimique répond à la formule $C^6H^{10}O^5$.

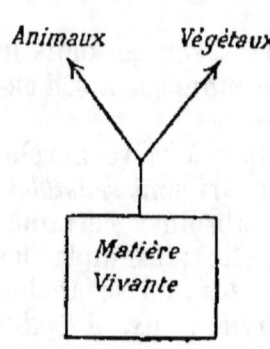

En résumé, il est difficile de dire : ici, finit le *règne végétal* ; là, commence le *règne animal*. Il n'y a pas un règne végétal et un règne animal nettement séparés ; il y a plutôt un *règne organisé*, comprenant deux séries divergentes qui ont de nombreuses propriétés communes, à la base, mais dont les différences, d'abord très faibles, vont en s'accentuant au fur et à mesure que les êtres se compliquent.

RÉSUMÉ

Caractères des êtres vivants. — Les êtres vivants naissent, grandissent et meurent ; ils accomplissent des *échanges avec le milieu extérieur*.

Tout être vivant est essentiellement formé d'une substance particulière, le *protoplasma*.

Animaux et végétaux. — Parmi les êtres vivants, on distingue les animaux et les végétaux. Ils ont des caractères *communs* et des caractères *distinctifs*.

1° *Caractères communs* : Le protoplasma qui les forme a les mêmes propriétés générales (composition chimique, mouvement, sensibilité).

2° *Caractères distinctifs* : Pas de séparation absolue entre les animaux et les végétaux. Cependant on peut résumer les caractères généraux comme suit :

VÉGÉTAUX	ANIMAUX
Chlorophylle (sauf les Champignons).	Pas de chlorophylle.
Pas de mouvements d'ensemble.	Mouvements.
Pas de sensibilité.	Sensibilité.
Cellulose.	Pas de cellulose.

PREMIÈRE PARTIE

ANATOMIE ET PHYSIOLOGIE ANIMALES

CHAPITRE PREMIER

CARACTÈRES GÉNÉRAUX DES ANIMAUX

La cellule. — Les tissus. — Les fonctions animales.

L'animal est une agglomération d'éléments anatomiques ou cellules.— On savait, depuis l'époque la plus reculée, que le corps de l'homme, comme celui des animaux, était constitué par un ensemble d'*organes* que l'on pouvait isoler, étudier, à l'aide d'instruments tranchants tels que les scalpels et les ciseaux. Mais la découverte du microscope et son perfectionnement permirent de pénétrer davantage la structure des organes et d'observer des détails qui avaient échappé à l'œil nu. On vit alors que les organes étaient formés par une agglomération de petites masses de matière vivante, masses juxtaposées comme les pierres d'un édifice et qui reçurent le nom d'*éléments anatomiques* ou *cellules.*

Les connaissances acquises à l'aide du microscope ont été résumées dans les deux principes suivants, qui constituent la *théorie cellulaire* :

1º Tout être vivant est formé d'une agglomération de *cellules* ;

2º Tout être vivant provient d'un autre être vivant, et a pour point de départ une seule cellule, la *cellule originelle* ou *ovule*, qui se multiplie pour donner l'organisme tout entier.

L'étude de la biologie pourrait donc se résumer dans l'étude de la *cellule*.

§ 1. — La cellule.

Structure de la cellule. — C'est une petite masse de matière albuminoïde et de dimensions microscopiques. Quelques cellules, cependant, sont visibles à l'œil nu : par exemple, certaines cellules de la moelle épinière, ou encore le jaune de l'œuf de l'Oiseau, qui est une cellule volumineuse.

En général, les cellules n'ayant que quelques millièmes de millimètre de dimension, on a pris comme unité de mesure micrographique le $\frac{1}{1.000}$ de millimètre, qu'on désigne par la lettre grecque μ.

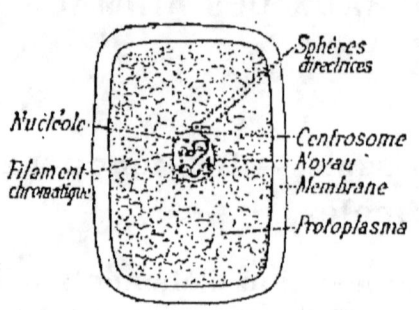

Fig. 4. — Structure de la cellule.

La cellule (*fig.* 4) se compose de trois parties distinctes : le *protoplasma*, le *noyau* et la *membrane*.

1° Le *protoplasma*, qui est la partie essentielle de la cellule, est une substance transparente, granuleuse, ayant la composition chimique du blanc d'œuf ou *albumine*. Il appartient donc au groupe des *matières albuminoïdes*, qui sont composées essentiellement de carbone, d'oxygène, d'hydrogène et d'azote, auxquels s'ajoutent des éléments accessoires tels que le soufre, le phosphore etc. Comme les albuminoïdes, le protoplasma se coagule par la chaleur ou par les acides.

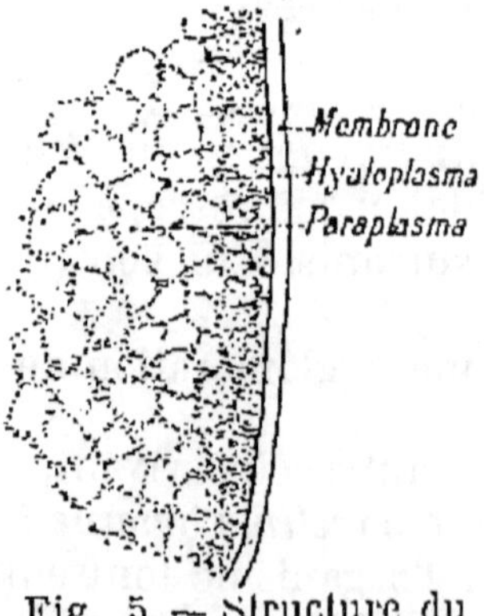

Vu à un fort grossissement, le protoplasma (*fig.* 5) a une structure *réticulée*, dont les filaments ou *hyaloplasma* contiennent, entre leurs mailles, une substance liquide ou *paraplasma*.

C'est le protoplasma qui est le siège des échanges nutritifs (digestion, respiration, sécrétion etc.) et des phénomènes qui marquent la naissance, l'évolution et la mort des êtres organisés. C'est pourquoi

Fig. 5. — Structure du protoplasma.

sa composition chimique est très variable, non seulement

chez des êtres différents, mais chez le même animal. En un mot, le protoplasma se *nourrit* et se *meut*.

2° **Le noyau** (*fig. 4*), situé au milieu du protoplasma, a une forme arrondie et un aspect brillant dû à sa grande réfringence. Il a la propriété de se colorer d'une façon intense sous l'influence de certains réactifs colorants tels que la fuchsine, le vert de méthyle, l'hématoxyline, etc. Sa substance, la *nucléine*, a la même composition que le protoplasma, mais elle est plus riche en phosphore. Il est formé d'une mince *membrane nucléaire* (*fig. 6*), qui contient un liquide, le *suc nucléaire*, dans lequel nage un filament con-

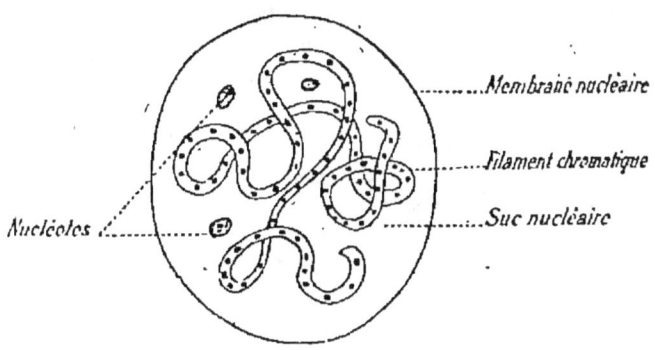

Fig. 6. — Le noyau.

tourné, pelotonné, qui a la propriété de fixer énergiquement les matières colorantes et qu'on appelle, pour cette raison, le *filament chromatique*. Vu avec un fort grossissement, ce filament présente des granulations ou grains de *chromatine* (*fig. 7*). Ce sont ces grains qui se colorent fortement dans la coloration du noyau. Dans les mailles de ce filament se trouvent souvent de grosses granulations appelées *nucléoles* (*fig. 6*) ; ce sont probablement des matières de réserve, car elles disparaissent au moment de la multiplication cellulaire.

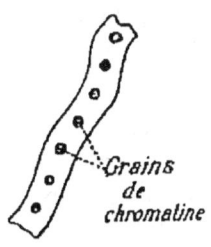

Fig. 7. — Filament chromatique très grossi.

Enfin, accolées au noyau, mais dans le protoplasma, existent deux petites sphères, appelées *sphères directrices*, contenant chacune, en leur centre, un petit corpuscule, le *centrosome* (*fig. 4*).

Certains animaux inférieurs, les *Monères*, n'ont pas de

noyau ; mais il est probable que si ce noyau n'a pu être observé, cela tient à l'impuissance des réactifs ou encore à l'insuffisance des instruments d'optique. Dans tous les autres cas, la cellule possède un noyau.

3° La **membrane**, située autour du protoplasma dont elle provient par différenciation, est aussi de nature albuminoïde et n'a d'autre rôle que la protection du protoplasma. Elle manque parfois soit chez certains animaux inférieurs comme les Amibes, soit dans certaines cellules animales.

Evolution de la cellule. — La cellule naît, se développe et meurt comme l'animal tout entier. Lorsqu'elle est *jeune*, son protoplasma remplit toute la cavité cellulaire (*fig.* 8, A) ; puis bientôt, la cellule grandissant, le protoplasma devient plus clair ; souvent il apparaît des cavités ou *vacuoles* (*fig.* 8, B) dont le nombre va en augmentant, et qui pourront

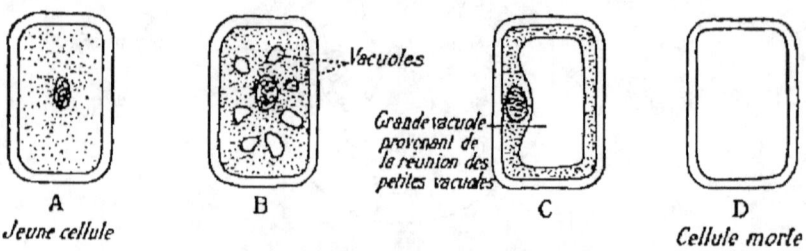

Fig. 8. — Evolution de la cellule.

ensuite se confondre en une seule grande vacuole qui va rejeter le noyau et le reste du protoplasma vers la périphérie, contre les parois cellulaires (*fig.* 8, C) ; bientôt enfin le protoplasma et le noyau disparaissent, et la cellule est réduite à sa membrane : *la cellule est morte* (*fig.* 8, D).

Au cours de cette évolution, au moment où la cellule est en pleine activité, un fait important peut survenir : la cellule peut se *reproduire*, se *multiplier*.

Reproduction ou multiplication de la cellule. — Au moment où la multiplication va se faire, on voit les deux sphères directrices S et S' s'éloigner l'une de l'autre et se diriger vers les deux pôles opposés de la cellule (*fig.* 9, A) ; puis des stries rayonnantes apparaissent autour de chaque sphère, formant ainsi une sorte d'étoile (*aster*) (*fig.* 9, B).

Pendant ce temps, le noyau est le siège de phénomènes importants : la membrane nucléaire disparaît ; le filament chromatique se divise en un certain nombre de tronçons appelés *segments chromatiques*. Le nombre de segments chromatiques est constant pour un animal donné, il est de 6 dans le cas de la figure 9, B.

Dans le protoplasma apparaissent alors des filaments qui vont du pôle S au pôle S' : ce sont les *filaments achromatiques*, dont le nombre est égal au nombre des segments chro-

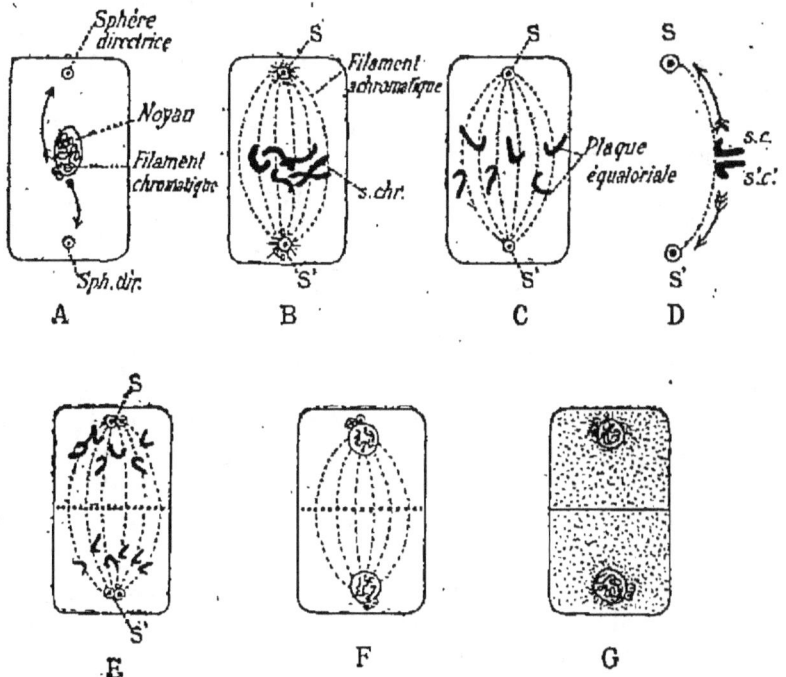

Fig. 9. — Reproduction de la cellule ou karyokinèse.

matiques. La figure prend la forme d'un fuseau ; et les segments chromatiques viennent se placer suivant un plan perpendiculaire à l'axe du fuseau et en son milieu, formant ainsi ce qu'on appelle la *plaque équatoriale* (*fig.* 9, C).

Chaque segment chromatique recourbé en anse, en V, s'appuie sur le filament achromatique correspondant, se fend, non plus en travers, mais en long, faisant ainsi deux parts rigoureusement égales de substance nucléaire (*fig.* 9, D). Le nombre des segments a doublé : nous en avions 6, nous en avons maintenant 12. Aussitôt, 6 vont se diriger vers S et 6 vers S', pendant que chacune des sphères directrices se partage en deux (*fig.* 9, D et E). Puis, les 6 segments, de chaque côté, se rassemblent aux deux pôles de la cellule, se soudent bout à bout et reforment un filament chromatique continu qui se pelotonne et autour duquel apparaît une nouvelle membrane nucléaire : nous avons donc deux noyaux au lieu d'un (*fig.* 9, F et G).

Le protoplasma se rassemble autour de chacun de ces nouveaux noyaux ; des granulations se groupent vers le centre de la cellule et forment une cloison qui achève la séparation en *deux cellules-filles*, de tous points semblables à la *cellule-mère*.

Cette multiplication de la cellule est souvent désignée sous le nom de *karyokinèse*.

Hérédité. — Ce qui précède nous montre que toute cellule d'un animal provient d'une cellule antérieure. Il faut donc rechercher l'origine de chaque filament chromatique, et de chaque protoplasma cellulaire, dans la cellule *primitive*, c'est-à-dire dans l'*œuf*, lequel à son tour est une cellule détachée des parents. On peut donc dire que la substance cellulaire *ne naît pas*, elle ne fait que se *continuer*. De sorte que les cellules d'un animal n'étant que des dérivées de l'œuf, qui n'est lui-même qu'un dérivé des parents, doivent posséder les qualités et les défauts des parents. C'est cette transmission des caractères ancestraux qu'on appelle l'*hérédité*.

Formation des animaux. L'embryon. — Deux cas sont à considérer : celui des *Protozoaires*, animaux constitués par une seule cellule ; et celui des *Métazoaires*, animaux formés par un grand nombre de cellules.

1° Chez les **Protozoaires**, la cellule qui constitue l'animal

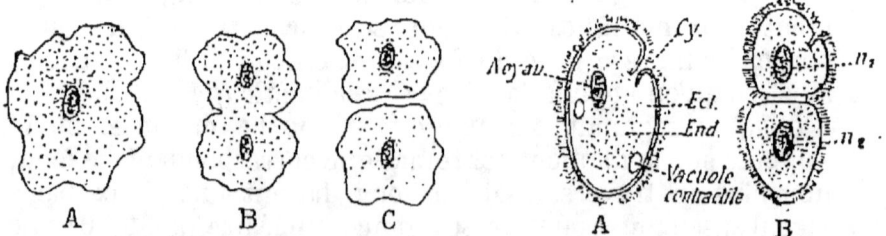

Fig. 10. — Multiplication d'un Amibe.   Fig. 11. — Multiplication d'un Infusoire

se segmente en deux d'après les règles de la karyokinèse. Puis les deux cellules-filles vont se séparer et vivre chacune pour son propre compte. Exemple : multiplication d'un Amibe (*fig.* 10) et d'un Infusoire (*fig.* 11).

2° Les **Métazoaires** ont toutes leurs cellules qui proviennent d'une seule cellule primitive, l'œuf, dont les différentes parties sont : le *vitellus* qui est le protoplasma, la *vésicule germinative* qui est le noyau, et la *membrane vitelline* qui est la membrane cellulaire (*fig.* 12).

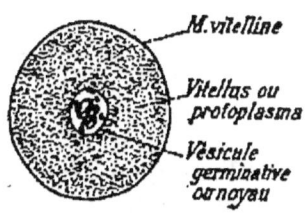

Fig. 12. — L'œuf ou cellule initiale.

L'œuf se divise d'abord en deux cellules ou *segments*, nettement séparées par un sillon qui fait le tour de l'œuf (*fig.* 13, A) ; puis ces deux cellules se divisent à leur tour par le même procédé, et l'on a bientôt un amas de 4, 8, 16, 32 cellules agglomérées comme les grains d'une mûre : c'est ce qu'on appelle une *morula* (*fig.* 13, B et C). Pendant ce temps les cellules centrales s'écartent les unes des autres en laissant, au centre, une cavité dite de *segmentation*. La sphère creuse ainsi formée est appelée *blastula* (*fig.* 13, B et D).

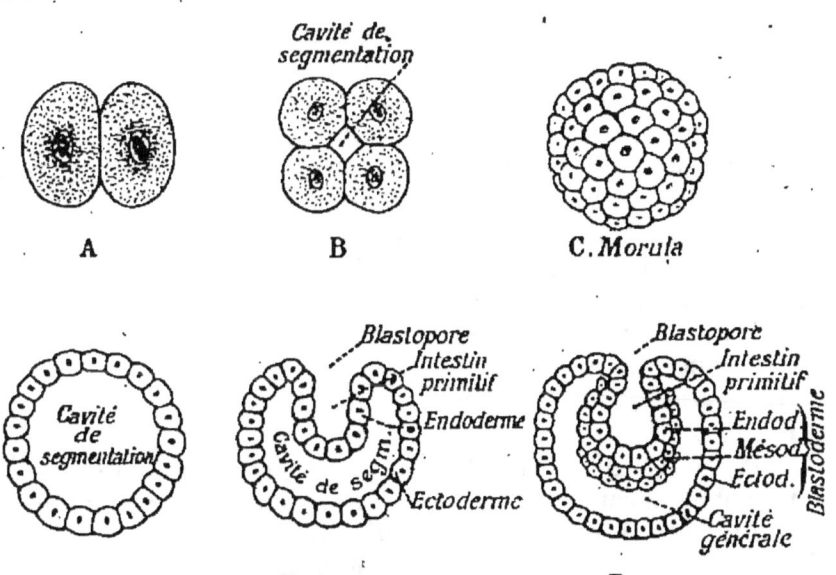

Fig. 13. — Formation de l'embryon : feuillets blastodermiques.

C'est alors que se produit, en un certain point de cette blastula une dépression en doigt de gant : cette dépression, qui représente l'*intestin primitif*, communique avec l'extérieur par un orifice appelé *blastopore*. Ce sac à double paroi a reçu le nom de *gastrula* : la paroi externe est l'*ectoderme*, la paroi interne l'*endoderme* (fig. 13, F). Dans la cavité de segmentation vont ensuite apparaître de nouvelles cellules qui vont constituer le *mésoderme*. Ce mésoderme peut remplir complètement la cavité de segmentation, puis se fendre ensuite en deux lames, en deux feuillets séparés par un espace vide appelé *cavité générale* ou *cœlome*. Chez les Cœlentérés, le mésoderme ne se délaminant pas, il n'y a pas de cavité générale.

Ces trois membranes (ectoderme, mésoderme, endoderme) qui vont former les différentes parties de l'embryon, ont reçu le nom de *feuillets embryonnaires* ou de *feuillets blastodermiques*, leur ensemble s'appelant *blastoderme*.

La gastrula est une forme embryonnaire intéressante, car elle se retrouve dans toute la série animale, aussi bien chez les animaux les plus simples que chez les plus compliqués : c'est pourquoi le savant allemand Hœckel la considérait comme une forme ancestrale.

La différenciation des cellules produite par la division du travail physiologique. — Toutes les cellules de l'embryon, jusqu'au stade de la gastrula, sont identiques ; mais bientôt leur situation, par rapport au milieu dans lequel se développe l'embryon, étant différente, leurs fonctions seront aussi différentes et par suite leur forme et leur structure vont aussi différer.

L'*ectoderme*, en rapport avec l'extérieur, va donner l'épiderme, le système nerveux, les organes des sens.

L'*endoderme* va donner le tube digestif et ses glandes (foie, pancréas, etc.).

Le *mésoderme* va donner le squelette, les muscles, le sang, etc.

Chaque cellule s'adaptant à une fonction spéciale prend une forme spéciale. C'est donc la *division du travail physiologique* qui produit la différenciation des cellules ; et dans l'organisme, comme dans les industries, comme dans les sociétés humaines, cette division du travail marque un progrès, un perfectionnement. Ainsi nous observons dans la cellule du Protozoaire toutes les fonctions animales, mais elles se présentent à l'état *diffus* ; tandis qu'à mesure qu'on s'élève dans la série animale, ces fonctions deviennent plus nettes, se perfectionnent et s'affinent.

On pourrait comparer le corps d'un *Métazoaire* à une usine dans laquelle chaque ouvrier, c'est-à-dire chaque cellule différenciée, chargé d'un travail spécial acquiert une habileté spéciale. Le *Protozoaire* pourrait être comparé au modeste ouvrier de village qui fait plusieurs métiers, mais avec une inégale habileté ; il nous montre tout ce que la nature peut faire avec une cellule.

§ 2. — Les tissus.

Définition. — Toutes les cellules qui accomplissent les mêmes fonctions et qui ont la même forme, se groupent pour constituer un *tissu*. Exemple : les *cellules nerveuses* se rassemblent pour former le *tissu nerveux*.

Parmi les principaux tissus, citons : le tissu *épithélial* ou *épithélium*, les tissus *conjonctif*, *sanguin*, *cartilagineux*, *osseux*, *musculaire* et *nerveux*.

Tissu épithélial. — Il est formé par des cellules simplement juxtaposées, accolées, et qui forment des membranes

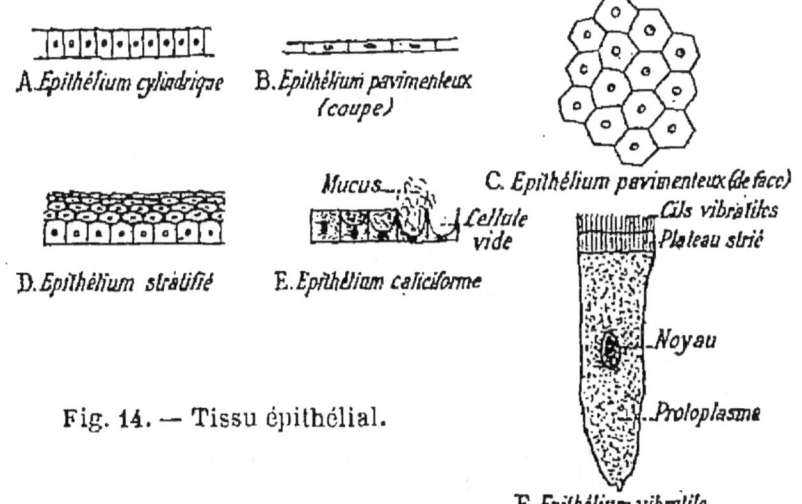

Fig. 14. — Tissu épithélial.

recouvrant la surface du corps (épiderme) ou tapissant des cavités de l'organisme (tube digestif).

L'épithélium est *simple* lorsque le tissu est formé d'une

seule assise de cellules (intérieur de l'estomac) ; il est *stratifié* lorsqu'il est formé par plusieurs assises superposées (épiderme) (*fig.* 14, A et D).

Les cellules épithéliales peuvent prendre différentes formes :

1° Elles peuvent être polyédriques, larges, aplaties et former une sorte de carrelage : c'est l'épithélium *pavimenteux* (alvéole pulmonaire) (*fig.* 14, B et C);

2° Elles peuvent être plus hautes que larges et former une membrane plus épaisse : c'est l'épithélium *cylindrique* (estomac, intestin) (*fig.* 14, A);

3° Elles peuvent contenir à leur extrémité une masse de liquide, du mucus par exemple, qui a été élaboré par le protoplasma ; celui-ci se rassemble, avec le noyau, à l'autre extrémité de la cellule, formant ainsi une sorte de calice : c'est l'épithélium *caliciforme* (glandes muqueuses) (*fig.* 14, E);

4° Enfin certaines cellules épithéliales peuvent porter des prolongements doués de mouvements vibratoires et appelés *cils vibratiles* : elles forment l'épithélium *vibratile* (trachée artère). Chaque cellule porte à sa partie extérieure un épaississement appelé *plateau*, sur lequel sont implantés les cils, qui peuvent être considérés comme des prolongements du protoplasma au travers du plateau (*fig.* 14, F). Les cils se meuvent généralement dans le même sens : aussi, vus à un faible grossissement, ils rappellent les ondulations d'un champ de blé agité par le vent. Ces mouvements peuvent

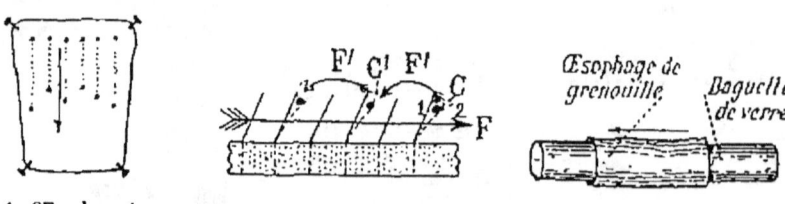

A.—Œsophage de Grenouille ouvert et étalé pour montrer le mouvement des cils.
B.—Partie supérieure d'un épithélium vibratile très grossi.
C.—Expérience de la Limace artificielle.

Fig. 15. — Mouvement des cils vibratiles : Expérience de la Limace artificielle.

facilement s'observer chez la Grenouille, dont l'œsophage est revêtu d'un épithélium vibratile : on fend longitudinalement l'œsophage qu'on étale ensuite, et sur lequel on sème quelques poussières de charbon qu'on verra progresser dans un certain sens (*fig.* 15, A). Le mouvement s'explique bien par la figure 15, B : les cils passant de la position 2 à la position 1, feront passer le grain de poussière de C en C'; donc si les cils s'abaissent dans le sens de F, en se relevant ils feront marcher les poussières dans le sens de F'.

On peut encore mettre ce mouvement en évidence en introduisant à l'intérieur de l'œsophage de la Grenouille une baguette de verre de même dimension que l'œsophage. On voit alors le lambeau d'œsophage se déplacer par l'action des cils vibratiles qui agissent comme autant de pieds microscopiques : c'est l'expérience décrite sous le nom de *limace artificielle*, à cause de l'illusion qu'elle produit.

L'épithélium vibratile a une grande importance : 1° chez les Protozoaires et animaux inférieurs, où il assure le mouvement ; 2° chez les animaux aquatiques, où il facilite la respiration en aidant au renouvellement de l'eau à la surface de l'appareil respiratoire.

Au point de vue de leur rôle physiologique, les épithéliums peuvent se diviser en deux groupes :

1° Les épithéliums de *revêtement*, qui recouvrent la surface externe du corps (épiderme) et la surface interne des organes (tube digestif, poumons) ;

2° L'épithélium *glandulaire*, qui tapisse l'intérieur des glandes et dont l'activité du protoplasma assure la sécrétion (glandes de l'estomac, glandes salivaires).

L'épithélium s'use ; ses cellules meurent et tombent : c'est la *desquammation* de la peau ou *mue*, qui assure la rénovation de l'assise épithéliale externe.

Tissu conjonctif. — Il est formé par des *cellules étoilées* séparées les unes des autres par une *matière intercellulaire, interstitielle*, qui est un produit d'élimination des cellules. Cette matière ne reste pas homogène ; elle se partage en longs filaments qui forment les *fibres conjonctives* (*fig.* 16, A). Les unes sont disposées parallèlement et ont l'aspect d'une mèche de cheveux : ce sont les *fibres connectives* (*fig.* 16, B); les autres, à double contour et ramifiées, sont les *fibres élastiques* (*fig.* 16, C). Ces dernières résistent à l'action de la potasse à 10 0/0, tandis que les fibres connectives sont détruites.

Le tissu conjonctif sert à relier les organes entre eux, jouant ainsi le rôle de tissu d'*emballage*. Il enveloppe les organes pour les soutenir, les protéger. C'est un tissu très abondant, formant en quelque sorte la *gangue* du corps.

Parfois, on voit apparaître, à l'intérieur du protoplasma d'une cellule conjonctive, de fines gouttelettes de graisse dont le nombre va en augmentant, et qui finissent par se

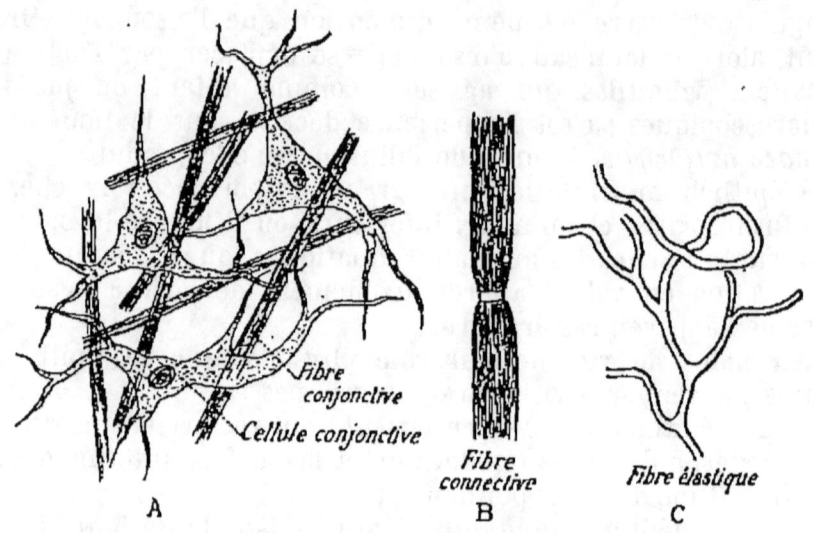

Fig. 16. — Tissu conjonctif.

réunir en une grosse goutte de graisse, refoulant ainsi le protoplasma et le noyau contre les parois de la cellule : c'est une *cellule adipeuse* (fig. 17, A, B, C, D). Ces cellules

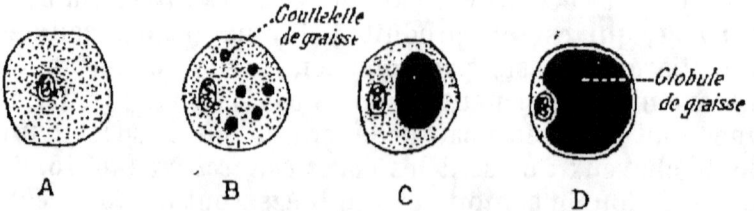

Fig. 17. — Développement d'une cellule adipeuse.

adipeuses peuvent s'accumuler en certaines régions de l'organisme pour donner le *tissu adipeux*, si abondant chez les personnes obèses, dans le derme, l'épiploon, ou bien autour des viscères.

Tissu cartilagineux. — C'est un tissu conjonctif dont les cellules arrondies ou ovoïdes sont séparées par une substance interstitielle flexible, élastique. Cette substance qui forme autour des cellules des cavités régulières appelées *capsules* (fig. 18), peut se transformer par ébullition en une matière soluble dans l'eau et qui se prend en gelée par refroidissement : c'est la *chondrine*.

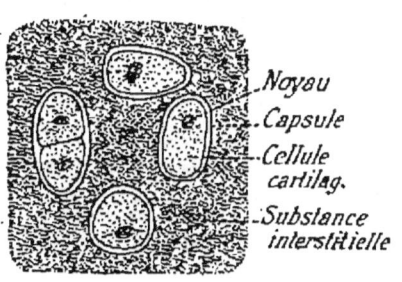

Fig. 18. — Tissu cartilagineux.

Le cartilage varie suivant la nature de la substance interstitielle :

1° Il est *hyalin* si la substance interstitielle est homogène (cart. embryonnaire);

2° Il est *élastique* si cette substance présente des fibres élastiques (cart. de l'oreille);

3° Il est *fibreux* si cette substance contient des fibres connectives (cart. du squelette).

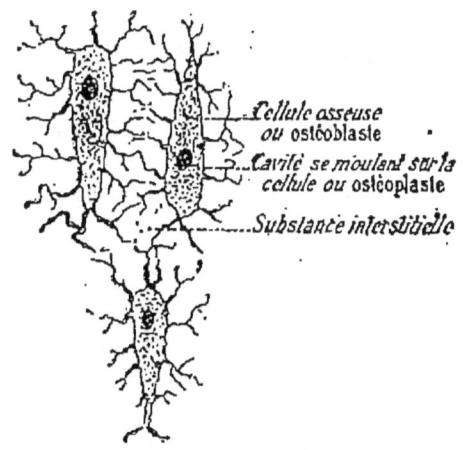

Fig. 19. — Tissu osseux.

Tissu osseux. — C'est un tissu conjonctif dont les cellules ont de nombreux prolongements ramifiés et dont la substance interstitielle est durcie par des sels calcaires (carbonate et phosphate de calcium) (*fig.* 19). Nous parlerons avec plus de détails de ce tissu osseux lorsque nous étudierons le squelette.

Tissu sanguin. — C'est un tissu conjonctif dont les cellules arrondies ou *globules* nagent dans une substance interstitielle liquide ou *plasma* du sang. Le sang est donc bien un tissu et mérite le nom de *chair coulante* que lui donnait Claude Bernard.

Tissus spéciaux. — Enfin certains tissus, tels que le *tissu musculaire* et le *tissu nerveux*, ont subi une très grande différenciation. Nous en parlerons à propos des muscles et du système nerveux. Il nous suffit de savoir actuellement que ces tissus proviennent bien, comme les autres, de cellules associées et qui se sont spécialisées en s'adaptant à des fonctions très délicates.

§ 3. — Les fonctions animales.

Organes et appareils. — Nous venons de montrer comment des cellules peuvent se grouper pour former un *tissu* ; nous pouvons maintenant comprendre comment plusieurs tissus peuvent concourir à la formation d'un *organe*. Exemple : les tissus conjonctif, musculaire, épithélial se grouperont pour donner l'estomac, qui est un *organe*.

Enfin plusieurs organes travaillant dans le même but se grouperont pour donner un *appareil*. Exemple : l'estomac, l'intestin, le foie, le pancréas, etc., formeront dans leur ensemble l'*appareil digestif*. Le but de cet appareil, le résultat de son travail, c'est la fonction. Exemple : l'appareil digestif a pour *fonction* de préparer les substances nutritives et de les faire pénétrer dans l'organisme.

Les principales fonctions. — On les range en deux catégories : les unes sont communes aux animaux et aux végétaux, ce sont les fonctions de la *vie végétative* ; les autres, spéciales aux animaux, sont dites *fonctions de la vie animale*.

1° Les fonctions de la *vie végétative* peuvent aussi être réparties en deux groupes :

a) Les fonctions de *nutrition*, qui assurent la conservation de l'individu ;

b) Les fonctions de *reproduction*, qui assurent la conservation de l'espèce.

2° Les fonctions de la *vie animale*, qu'on appelle encore fonctions de *relation*, sont destinées à mettre l'homme ou l'animal en rapport, en *relation*, avec le milieu extérieur. Ce seront en particulier le *mouvement* et la *sensibilité*.

Il n'y a pas de séparation absolue entre ces différentes

fonctions ; elles se prêtent un mutuel secours. C'est ainsi que l'animal et le sauvage utilisent la finesse de leur vue, leur sensibilité et leur agilité, pour s'assurer une proie : ici donc les fonctions de *relation* sont au service de la *nutrition*.

Anatomie et physiologie. — Nous aurons donc à étudier dans la suite de cet ouvrage :

1° la structure des organes : c'est l'*anatomie* ;

2° les fonctions de ces organes : c'est la *physiologie*.

Pour connaître la physiologie d'un organe, il faut 1° l'*observer* pendant qu'il agit, pendant qu'il fonctionne ; 2° *expérimenter* sur lui, c'est-à-dire le supprimer ou le modifier, et constater ensuite les troubles qui surviennent dans l'organisme. C'est cette méthode de l'*observation* contrôlée par l'*expérimentation* qui, sous l'heureuse impulsion de Claude Bernard, a fait faire à la physiologie des progrès considérables dans la dernière moitié de ce siècle.

RÉSUMÉ

Tout être vivant est formé par l'agglomération d'un nombre considérable d'éléments anatomiques appelés *cellules*.

La cellule. — La cellule comprend trois parties : *protoplasma, noyau, membrane*.

1° *Protoplasma* :
- Matière albuminoïde [C, O, H, Az].
- Coagule par la chaleur ou par les acides.
- Il est le siège des échanges nutritifs [digestion, respiration, etc.].

2° *Noyau* :
- Réfringent ; fixe les matières colorantes.
- Matière albuminoïde, plus du phosphore.
- Formé par la membrane nucléaire, le filament chromatique et le suc nucléaire.

3° *Membrane* :
- Partie différenciée du protoplasma.
- Manque souvent dans les cellules animales.

La cellule se multiplie par un procédé décrit sous le nom de *karyokinése*, et qui produit deux cellules, de tous points semblables à la cellule mère.

Chaque animal est formé, à l'origine, par une cellule unique, l'*œuf*. Cette cellule en se multipliant un grand nombre de fois donnera l'*embryon*. Puis ces cellules vont se ranger suivant trois feuillets : *ectoderme*, *endoderme* et *mésoderme*.

Chaque cellule va se différencier en s'adaptant à une fonction spéciale. La division du travail physiologique produit la différenciation des cellules.

Les tissus. — Le *tissu* est une réunion de cellules de même forme, et remplissant la même fonction.

1° *Tissu épithélial :*
[formé de cellules juxtaposées.]
- Cellules aplaties : Epithélium pavimenteux.
- Cellules plus hautes : Epithélium cylindrique.
- Cellules munies de cils vibratiles : Epithélium vibratile.
- Cellule caliciforme : Epithélium glandulaire.

2° *Tissu conjonctif :*
[Cellules séparées par une matière interstitielle]
- Fibres dans la matière interstitielle. { T. conjonctif. / T. élastique.
- Matière interstitielle formée de chondrine. . . . . . T. cartilagineux.
- Matière interstitielle durcie par sels calcaires . . . . T. osseux.
- Matière interstitielle liquide . . . . . Sang.

3° *Tissus spéciaux :* { . . . . T. musculaire.
{ . . . . T. nerveux.

Les fonctions animales. — On peut les grouper en deux catégories :

1° Fonctions de la *vie végétative* :
1. *Nutrition* : conservation de l'individu.
2. *Reproduction* : conservation de l'espèce.

2° Fonctions de la *vie animale* ou de *relation*.
1. *Mouvement*.
2. *Sensibilité*.

ÉTUDE SPÉCIALE DE L'HOMME

PREMIÈRE SECTION

LES FONCTIONS DE NUTRITION

Les fonctions de nutrition assurent la conservation de l'individu en incorporant à la matière vivante les matériaux puisés dans le milieu extérieur. Elles comprennent la *digestion*, la *circulation*, la *respiration* et la *sécrétion*.

Nous étudierons successivement chacune de ces fonctions, spécialement chez l'homme.

Les régions du corps. — Le corps de l'homme présente trois régions bien distinctes : la *tête*, le *tronc* et les *membres*.

La *tête* comprend le *crâne* qui renferme l'encéphale (cerveau, cervelet, bulbe), et la *face* qui porte les principaux organes des sens.

Le *tronc* est partagé en deux parties par une cloison musculaire appelée *diaphragme* : la poitrine ou *thorax* à la partie supérieure ; le ventre ou *abdomen* à la partie inférieure.

Les *membres* sont au nombre de deux paires : les membres *supérieurs* ou *thoraciques*, et les membres *inférieurs* ou *abdominaux*.

CHAPITRE II

LA DIGESTION

La digestion est la transformation des aliments en substances *liquides* et *absorbables*.

Nous étudierons successivement l'*appareil digestif*, les *aliments*, et la *physiologie* de la digestion (phénomènes mécaniques et chimiques).

I. — Appareil digestif.

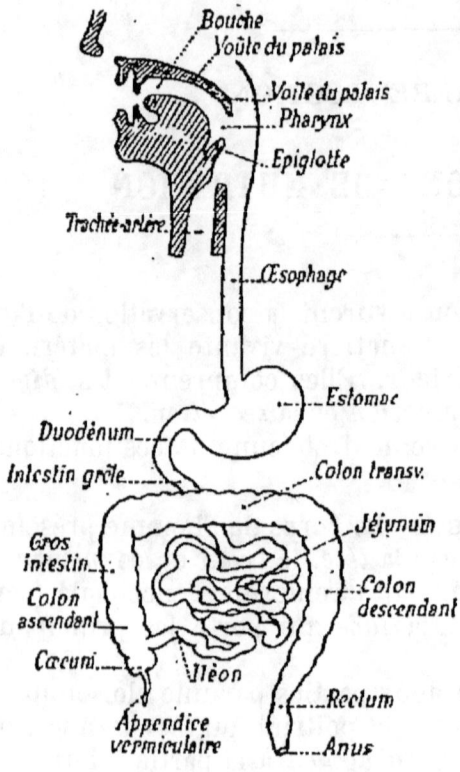

Fig. 20. — Tube digestif.

L'appareil digestif est constitué par un ensemble d'organes destinés à digérer les aliments et à rejeter au dehors les matières qui ont résisté à la digestion. Il comprend deux parties :

1° le *tube digestif* (fig. 20), dont les diverses régions sont la *bouche*, le *pharynx*, l'*œsophage*, l'*estomac* et l'*intestin* terminé par l'*anus* ;

2° les *glandes annexes*, destinées à fournir, les unes, les sucs digestifs, les autres une substance visqueuse qui facilitera la marche des aliments dans le tube digestif : ce sont les *glandes salivaires*, le *pancréas* et le *foie*.

§ 1. — Le tube digestif.

La bouche. — C'est une cavité limitée en avant par les lèvres et les dents, sur les côtés par les joues, en haut par la voûte du palais, en bas par la langue et le plancher de la bouche, en arrière par le voile du palais que prolonge la *luette*. La bouche est tapissée par une membrane appelée *muqueuse* ; cette membrane est formée d'un tissu conjonctif recouvert par un épithélium stratifié qui continue l'épiderme de la peau.

A l'intérieur de la bouche se trouvent les deux mâchoires ou *maxillaires* qui portent les *dents*.

Maxillaires. — Les deux maxillaires sont recouverts par la muqueuse buccale qui prend alors le nom de *gencive*. Le maxillaire supérieur est soudé aux autres os de la tête, il est donc *immobile*; le maxillaire inférieur, au contraire, est articulé avec le crâne : il est par conséquent *mobile*. C'est un os en forme de fer à cheval dont les deux branches montantes se terminent par une saillie arrondie, le *condyle*, qui vient se loger dans une cavité, la *cavité glénoïde*, creusée dans l'os temporal. Le maxillaire inférieur peut effectuer trois sortes de mouvements : il peut s'élever, s'abaisser et se déplacer latéralement. Trois sortes de muscles produisent ces mouvements :

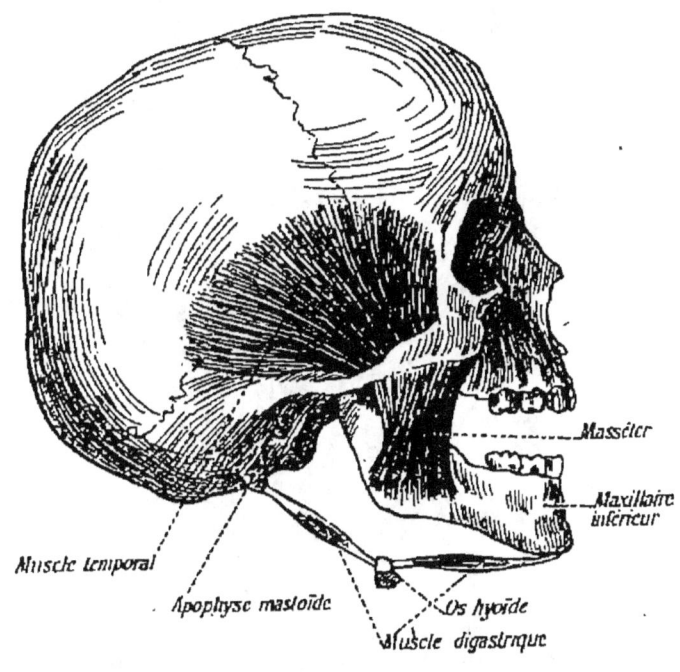

Fig. 21. — Muscles masticateurs : élévateurs et abaisseurs.

1° Les muscles *élévateurs* sont au nombre de deux : le *temporal* et le *masséter* (*fig*. 21). Le temporal s'attache, en haut, sur la fosse temporale, et en bas, sur un prolongement de la branche montante du maxillaire inférieur, l'*apophyse coronoïde*. Le masséter s'attache, en haut, sur l'arcade zygomatique, et en bas sur la branche montante du maxillaire inférieur. Ces deux muscles, par leur contraction, relèvent la mâchoire inférieure.

2° Les muscles *abaisseurs* sont les muscles *digastrique*,

mylo-hyoïdien et *génio-hyoïdien*. Le *digastrique* s'attache par une extrémité sur l'apophyse mastoïde du temporal ; il passe ensuite sur l'os hyoïde pour venir se fixer sur la partie antérieure du maxillaire inférieur. Les muscles *mylo-hyoïdien* et *génio-hyoïdien* vont du sommet du maxillaire inférieur à l'os hyoïde. Ces muscles, par leur contraction, abaissent le maxillaire inférieur en le faisant tourner autour des condyles comme charnières.

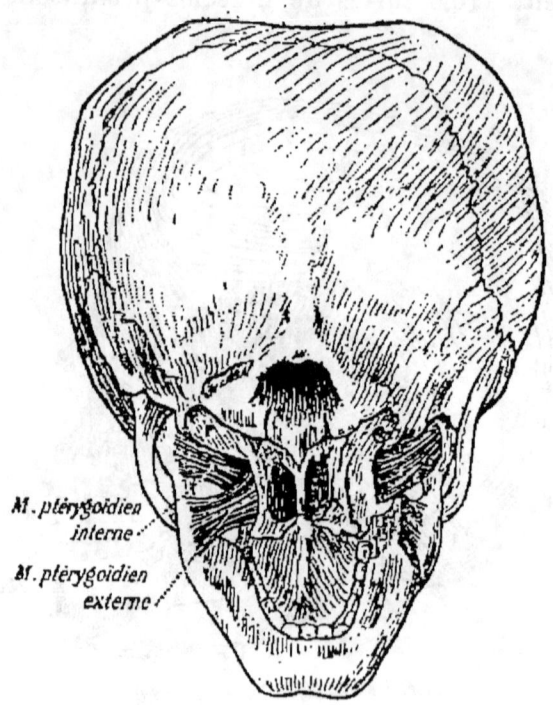

Fig. 22. — Muscles masticateurs produisant les mouvements de latéralité.

3° Les muscles qui produisent les mouvements *latéraux* sont les *ptérygoïdiens* externes et internes (fig. 22), qui s'étendent transversalement des apophyses ptérygoïdes à la branche montante et au condyle du maxillaire inférieur. L'effet de la contraction de ces muscles est un déplacement latéral du condyle et par suite du maxillaire inférieur.

La contraction de ces divers muscles a pour résultat la *mastication* des aliments, d'où le nom de muscles *masticateurs* donné à ces organes.

Dents. — Les dents (fig. 23) sont des organes très durs

implantés, sur le bord des mâchoires, dans des cavités appelées *alvéoles*. Une dent se compose d'une partie libre, la *couronne*, et d'une partie enfoncée dans la mâchoire, la *racine* ; entre les deux, se trouve une partie rétrécie, le *collet*.

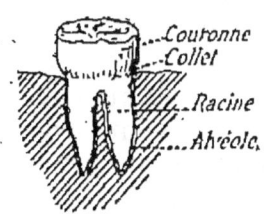

Fig. 23. — Extérieur d'une dent molaire.

La forme des dents varie ; il y en a de trois sortes (*fig. 24*) :

1° Les *incisives*, situées en avant de la mâchoire et qui ont la couronne aplatie, tranchante ; il y en a 4 à chaque mâchoire ;

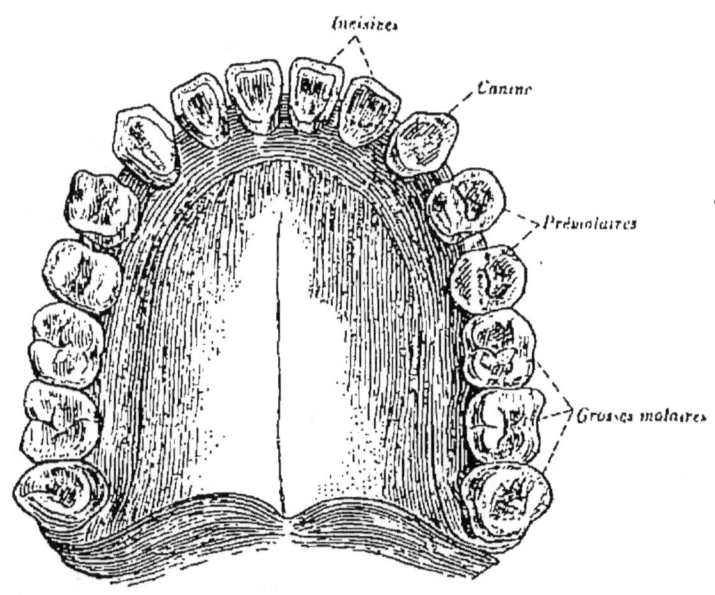

Fig. 24. — Mâchoire supérieure vue en dessous.

2° Les *canines*, situées en dehors et en arrière des incisives ; elles sont coniques et pointues ; il y en a 2 à chaque mâchoire ;

3° Les *molaires*, situées en arrière, présentent une couronne aplatie qui porte des petits tubercules ; il y en a 10 à chaque mâchoire : les deux molaires les plus proches de chaque canine sont les *prémolaires* ; les trois autres sont les *grosses molaires*, dont la dernière, au fond, est souvent appelée la *dent de sagesse*.

En somme, les incisives servent à *couper*, les canines à *déchirer*, et les molaires à *écraser* les aliments.

Le nombre des dents est constant pour une même espèce animale. Chaque espèce peut donc être caractérisée par sa *formule dentaire*, qui s'obtient en écrivant, au numérateur d'une fraction, le nombre des dents de la demi-mâchoire supérieure, et au dénominateur le nombre des dents de la demi-mâchoire inférieure.

La formule dentaire de l'homme adulte est

$$\frac{2}{2} I + \frac{1}{1} C + \frac{2P.M + 3G.M}{2P.M + 3G.M} ;$$

donc 16 dents pour chaque mâchoire et 32 au total.

Chez l'enfant, la formule n'est pas la même. Les premières dents ou *dents de lait* commencent à apparaître vers le huitième mois : ce sont d'abord les incisives, puis les prémolaires, et enfin vers le milieu de la troisième année les canines. Ces poussées de dents sont très variables : Louis XIV et Mirabeau sont, paraît-il, venus au monde avec leurs incisives.

La formule dentaire de l'enfant est

$$\frac{2}{2} I + \frac{1}{1} C + \frac{2}{2} P.M ;$$

donc 10 dents pour chaque mâchoire et 20 au total.

Les dents tombent à partir de l'âge de 7 ans et sont remplacées par les dents définitives. Les dernières grosses molaires ou *dents de sagesse* peuvent n'apparaître que fort tard, vers 30 ans par exemple : elles peuvent même manquer complètement, surtout dans les races civilisées dont l'art culinaire a diminué considérablement le travail des dents, de sorte que celles-ci ont une tendance à s'atrophier.

Une dent coupée longitudinalement montre quatre parties essentielles : l'*émail*, le *cément*, l'*ivoire* et la *pulpe* (fig. 25, A).

1° L'*émail* recouvre complètement la couronne ; il a l'aspect blanc brillant ; il est formé par des prismes parallèles et légèrement obliques (fig. 25, B) ; il est presque entièrement composé de sels calcaires, ce qui le rendrait facilement attaquable par les acides de nos aliments s'il n'était protégé par une mince *cuticule* qui résiste aux acides et aux nombreux microbes de la bouche. Mais dès que la cuticule disparaît en un certain point, ces microbes accomplissent leur œuvre destructrice, rongent l'ivoire et font ce qu'on appelle de la *carie* dentaire. Une grande propreté de la bouche s'impose donc si l'on veut éviter ces accidents.

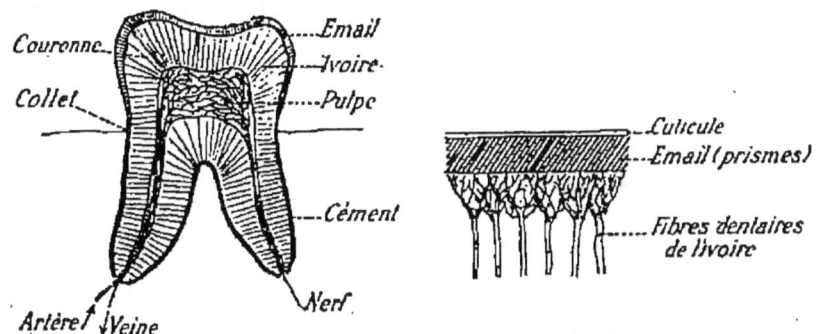

A. — Coupe longitudinale d'une dent.

B. — Structure de l'ivoire et de l'émail.

Fig. 25. — Structure de la dent.

2° Le *cément*, de couleur jaunâtre, enveloppe la racine et a la même composition que l'os.

3° L'*ivoire* est la partie fondamentale de la dent ; c'est une substance dure, parcourue par des canalicules parallèles et ramifiés, à l'intérieur desquels sont des prolongements des cellules de la pulpe dentaire. Ces prolongements constituent les *fibres dentaires* (fig. 25, B).

4° La *pulpe dentaire* est une substance molle située au

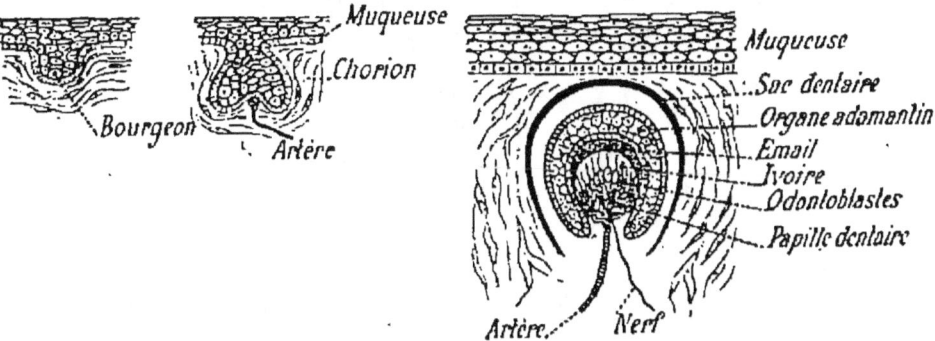

Fig 26. — Développement d'une dent.

milieu de la dent et formée de tissu conjonctif au milieu duquel se ramifient les artères, les veines, et les filets nerveux qui ont pénétré par l'extrémité des racines. Ce sont ces filets nerveux qui, mis à découvert par la carie dentaire, causent les maux de dents.

Les dents se forment, se développent aux dépens de la muqueuse buccale. Celle-ci se compose, comme la peau, d'un

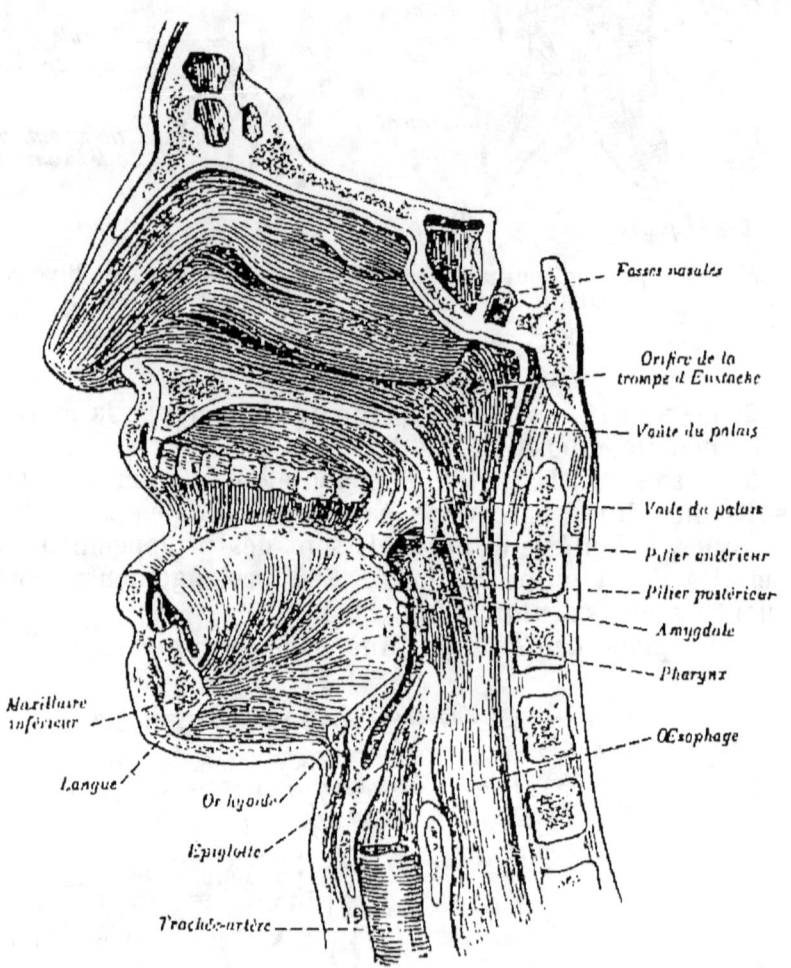

Fig. 27. — Coupe verticale et médiane de la face et du cou.

derme ou *chorion* (fig. 26) formé de tissu conjonctif, et d'un épithélium stratifié dont la couche profonde est cylindrique. Au point où la dent va se développer, l'épithélium s'enfonce dans le derme et se renfle sous forme d'un bourgeon, le *sac adamantin* ; au-dessous de celui-ci, le derme se développe et repousse ce bourgeon en formant la *papille dentaire*, à l'intérieur de laquelle viennent les vaisseaux sanguins et les nerfs. L'organe adamantin va se séparer de l'épithélium et les cellules de son intérieur vont se transformer en une masse gélatineuse brillante. Pendant ce temps, il se forme autour de cet organe une enveloppe conjonctive appelée *follicule* ou *sac dentaire*.

L'ivoire est sécrété par les cellules ciliées qui recouvrent la papille dentaire et qu'on appelle, pour cette raison, *odontoblastes*.

L'émail est formé par les cellules de l'organe adamantin.

Le cément est développé par l'enveloppe conjonctive du sac dentaire.

Enfin la pulpe est formée par la papille dentaire.

Ce travail de développement de la dent qui commence dès le deuxième mois de la vie embryonnaire s'effectue dans la gencive ; mais plus tard la dent grandissant, elle *perce* la gencive, et cela plusieurs mois après la naissance.

La dent est une *production épithéliale*, au même titre que les cheveux et les poils.

Le pharynx. — Le *pharynx* est une cavité qui fait suite à la bouche et qui communique, en haut, avec la bouche et les fosses nasales, en bas, avec l'œsophage et la trachée-artère (*fig.* 27).

En avant se trouve le voile du palais, qui se prolonge en son milieu par une languette, la *luette*, et qui se continue sur les côtés par deux replis, le *pilier antérieur* et le *pilier postérieur* du voile du palais, entre lesquels se trouve une masse glandulaire appelée *amygdale*. Toutes ces parties s'observent facilement en ouvrant fortement la bouche devant une glace. L'espace rétréci compris entre ces organes et situé à l'entrée du pharynx s'appelle l'*isthme du gosier*.

Vers le bas, le pharynx communique, en arrière, avec l'œsophage, et en avant avec la trachée-artère, qui est surmontée d'une petite lamelle, l'*épiglotte*.

L'œsophage. — L'œsophage, qui fait suite au pharynx, est un tube long de 25 centimètres, qui descend verticalement dans le thorax, en avant de la colonne vertébrale et en arrière de la trachée-artère. Il traverse ensuite le diaphragme et vient déboucher dans l'estomac par un orifice appelé *cardia*.

Sa structure est celle que nous allons retrouver dans les autres parties du tube digestif : elle est formée de trois enveloppes ou *tuniques* (fig. 28) :

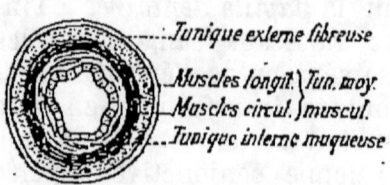

Fig. 28. — Coupe transversale du tube digestif.

1° Une tunique externe *fibreuse* formée de tissu conjonctif ;

2° Une tunique moyenne *musculeuse* formée de fibres musculaires longitudinales en dehors, et de fibres circulaires en dedans ;

3° Une tunique interne *muqueuse* formée d'une couche de tissu conjonctif recouvert par un épithélium pavimenteux stratifié qui forme des glandes destinées à sécréter du mucus.

L'estomac. — C'est un renflement du tube digestif ayant la forme d'une cornemuse (fig. 29) et situé au-dessous du diaphragme un peu à gauche. L'entrée de l'œsophage dans

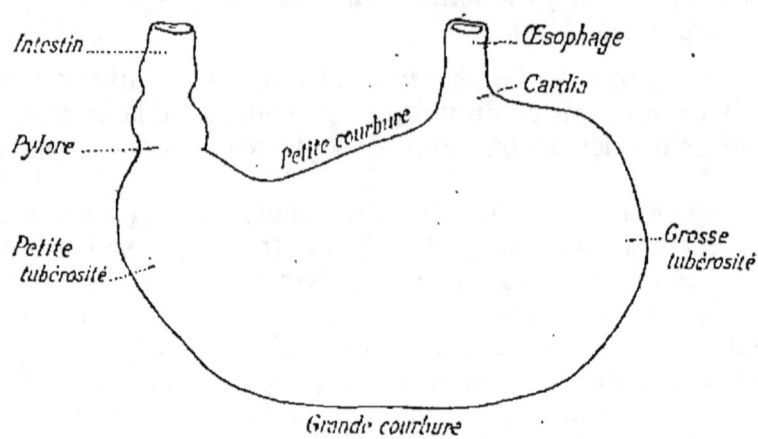

Fig. 29. — Estomac.

l'estomac s'appelle *cardia* ; l'orifice de l'intestin à la sortie de l'estomac est le *pylore*. Cet orifice présente un épaississement circulaire qui forme la *valvule pylorique*. L'estomac offre un bord supérieur concave ou *petite courbure*, et un bord inférieur convexe ou *grande courbure* ; on distingue encore le long de cette grande courbure la *grosse tubérosité* dans la région cardiaque, et la *petite tubérosité* dans la région pylorique. Les parois externes de l'estomac sont lisses ; les parois internes sont plissées.

Les parois de l'estomac comme celles de l'œsophage présentent trois tuniques :

1º Une tunique externe *séreuse* formée par le *péritoine*, que nous étudierons plus loin ;

2º Une tunique moyenne *musculeuse* formée de fibres externes longitudinales, puis d'une couche interne de fibres circulaires et enfin de fibres obliques formant ce qu'on appelle la *cravate de suisse* (*fig.* 30) ;

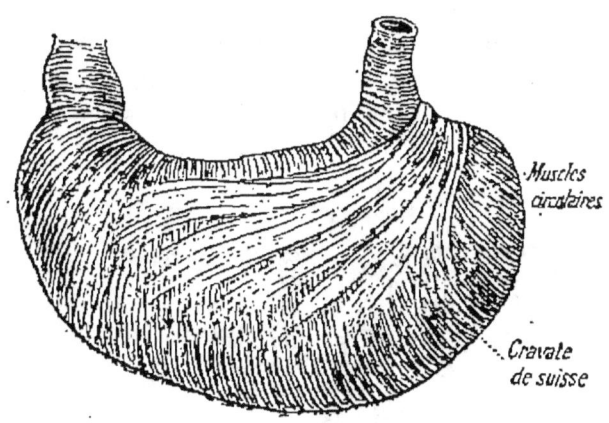

Fig. 30. — Muscles de l'estomac.

3º Une tunique interne *muqueuse* formée d'une couche de tissu conjonctif renfermant de nombreux vaisseaux sanguins, et d'un épithélium cylindrique presque exlusivement formé de cellules caliciformes. C'est cet épithélium qui, en s'enfonçant dans le tissu conjonctif, forme les *glandes gastriques*.

Les *glandes gastriques* sont des tubes simples ou ramifiés (*fig.* 31) ; elles sont de deux sortes : les glandes *muqueuses*, situées surtout dans la région du pylore, et les *glandes à pepsine*, situées dans la région cardiaque et destinées à sécréter le suc gastrique qui contient un ferment, la *pepsine*, et de l'acide chlorhydrique. Le canal excréteur de ces glandes

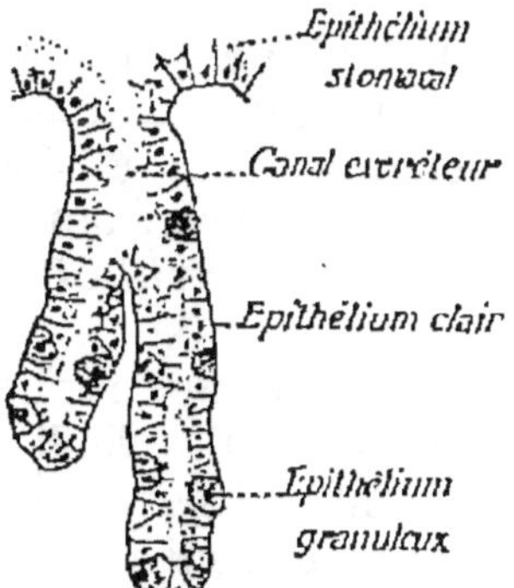

Fig. 31. — Coupe d'une glande gastrique.

est bordé par des cellules caliciformes, et le cul-de-sac est tapissé par des cellules tantôt claires, tantôt granuleuses.

L'intestin. — A la suite de l'estomac vient l'intestin, dont la longueur varie avec le régime de l'animal : chez l'homme, elle est de 10 mètres environ ; elle peut aller jusqu'à 30^m chez le Mouton et 50^m chez le Bœuf.

L'intestin présente deux parties bien distinctes : l'*intestin grêle*, qui a 8^m de longueur et 3^{cm} de diamètre, et le *gros intestin*, qui a 2^m de longueur et 10^{cm} de diamètre.

Intestin grêle. — L'intestin grêle, pour se loger dans l'abdomen, se replie en donnant de nombreuses sinuosités ou *circonvolutions intestinales*. Il comprend trois régions :
1° le *duodénum*, long de 12 travers de doigt, d'où son nom ;
2° le *jéjunum*, qui n'est pas nettement séparé du reste ;
3° l'*iléon*, qui décrit de nombreux replis.

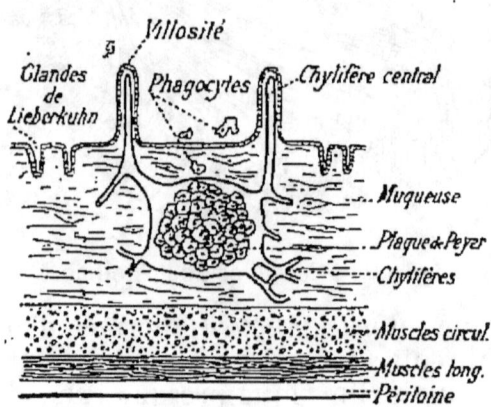

Fig. 32. — Coupe longitudinale de l'intestin grêle.

La paroi de l'intestin est formée par trois tuniques (*fig.* 32) :
1° une tunique externe *séreuse* ; 2° une tunique moyenne *musculeuse* avec des fibres externes longitudinales et des fibres internes circulaires ; 3° une tunique *muqueuse*, tapissée par un épithélium cylindrique qui va former les *villosités* et les *glandes intestinales*.

La muqueuse intestinale présente de nombreux replis transversaux qu'on appelle *valvules conniventes*. Ces replis, au nombre de 800 chez l'homme, augmentent considérablement la surface de l'intestin. De plus ces valvules sont recouvertes de petites saillies appelées *villosités* qui, serrées les unes contre les autres, donnent à la muqueuse intestinale un aspect velouté.

Une *villosité intestinale* (fig. 33) se compose : 1° d'un épithélium cylindrique ; 2° d'un derme conjonctif dans lequel circulent les ramifications des artères et des veines ; 3° au centre, d'un canal qui contient un liquide blanc et qu'on appelle le *chylifère central*.

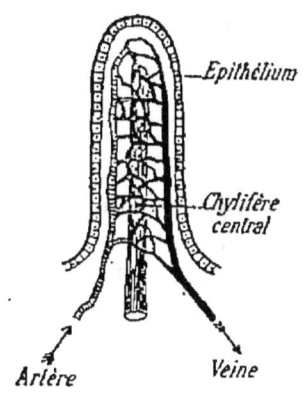

Fig. 33. — Villosité intestinale.

Entre les villosités on aperçoit des petits grains blanchâtres : ce sont les *follicules clos* ou amas glandulaires constitués par du tissu conjonctif au milieu duquel circulent des *cellules lymphatiques* ou *phagocytes* (voir *système lymphatique*). Plusieurs follicules clos peuvent se grouper et donner une *plaque de Peyer* (fig. 32). Ce sont ces plaques de Peyer qui, dans la fièvre typhoïde, deviennent le siège d'ulcérations.

Enfin l'épithélium intestinal au lieu de se soulever pour donner les villosités peut s'enfoncer pour donner les glandes. Ces glandes sont de deux sortes : 1° les *glandes en tube de Lieberkühn*, qui sécrètent le *suc entérique* ; 2° les *glandes en grappe de Brünner*, qui se trouvent dans le duodénum.

Gros intestin. — Il comprend aussi trois régions : le *cœcum*, le *colon* et le *rectum*.

Le *cœcum* est pourvu d'un appendice en forme de ver, l'*appendice vermiculaire*, qu'on ne trouve que chez l'homme et les Singes supérieurs. L'iléon pénètre dans le cœcum en formant une sorte de boutonnière appelée *valvule iléo-cœcale* (fig. 34) ou encore *barrière des apothicaires* ; cette valvule empêche les matières du gros intestin de rétrograder dans l'iléon, tandis qu'elle ne s'oppose pas au passage des matières de l'intestin grêle dans le gros intestin. Les matières du gros intestin, en effet, appuient sur les deux lèvres de la valvule et ferment la boutonnière d'autant mieux que la pression est plus énergique.

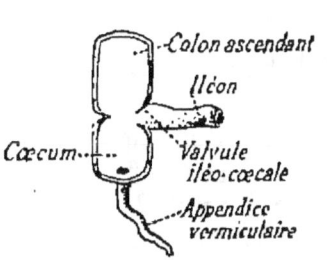

Fig. 34. — Valvule iléo-cœcale.

Le *colon*, qui encadre l'intestin grêle, comprend le colon *ascendant, transverse* et *descendant*. Ce dernier se contourne pour donner l'S *iliaque*.

Le *rectum* se termine par l'*anus*, que ferme un muscle circulaire appelé *sphincter*.

La muqueuse qui tapisse l'intérieur du gros intestin est lisse, mais elle forme encore un certain nombre de glandes de Lieberkühn.

Le péritoine. — C'est une vaste membrane qui enveloppe l'estomac, l'intestin, le foie, en un mot presque tous les viscères contenus dans l'abdomen ; elle relie les organes les uns aux autres et les rattache à la paroi du corps. Le péritoine est une *membrane séreuse*, c'est-à-dire une enveloppe à double paroi, à *deux feuillets*, dont l'un est accolé à l'organe, c'est le *feuillet viscéral*, et l'autre accolé aux parois de la cavité générale, c'est le *feuillet pariétal*. Entre ces deux feuillets se trouve une cavité, la *cavité péritonéale*, remplie par le *liquide péritonéal*, qui est destiné à faciliter le glissement des deux feuillets l'un sur l'autre.

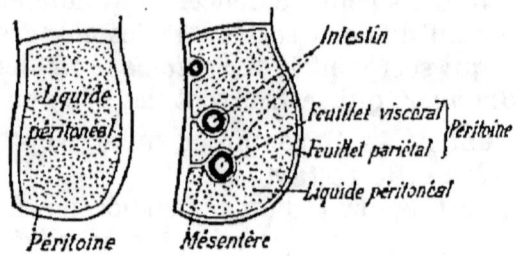

Fig. 35. — Coupe théorique montrant la disposition du péritoine.

Pour bien comprendre la disposition du péritoine (*fig.* 35), il suffit d'imaginer l'abdomen vide d'organes et rempli par un sac à parois membraneuses, le péritoine ; puis les organes vont apparaître entre la paroi du corps et le sac, ils repoussent le péritoine, s'en enveloppent bientôt complètement, un peu à la façon d'une tête qui se coiffe d'un bonnet de coton, sans entrer toutefois dans la cavité. De sorte qu'à mesure que les organes abdominaux se développent, la cavité péritonéale diminue ; et les deux feuillets se rapprochant le liquide péritonéal se trouve très diminué. En cer-

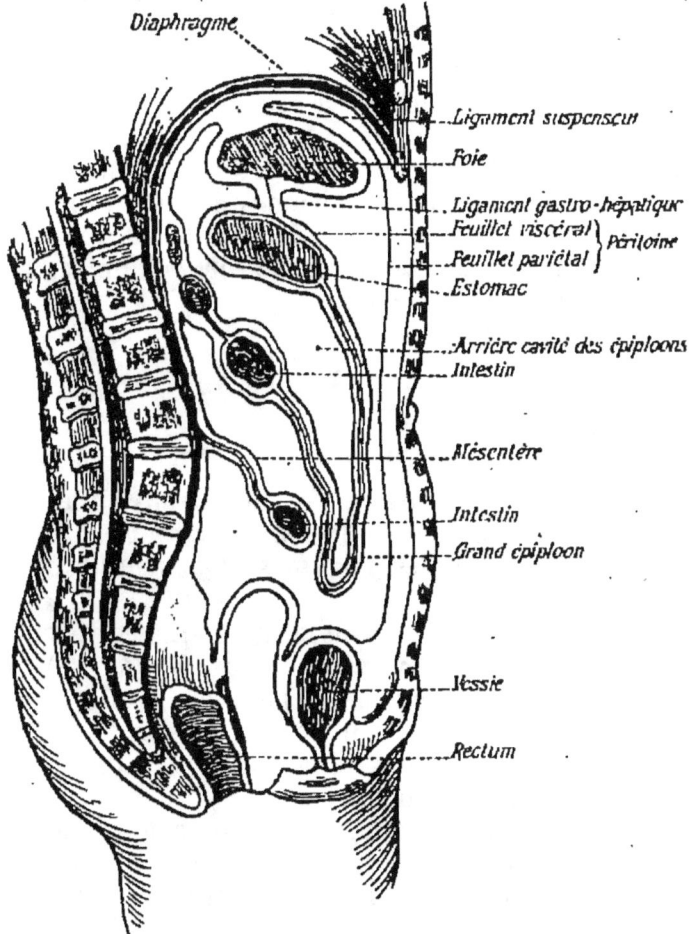

Fig. 36. — Section verticale de l'abdomen.

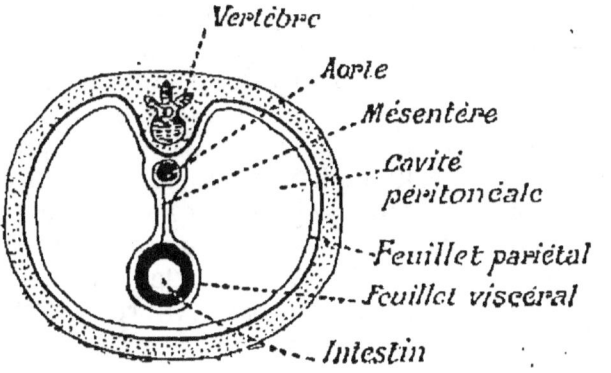

Fig. 37. — Coupe transversale d'un vertèbre.

tains points les deux feuillets peuvent même s'accoler et aller se fixer à la colonne vertébrale pour suspendre l'intestin : c'est le *mésentère*. Entre les deux feuillets du mésentère se trouvent les vaisseaux et les nerfs qui vont à l'intestin. La coupe longitudinale (*fig.* 36) et la coupe transversale (*fig.* 37) du corps montrent bien cette disposition. En avant de l'abdomen le péritoine forme un vaste repli, le *grand épiploon* (*fig.* 36), qui se charge souvent de graisse, surtout chez les personnes obèses : c'est le *tablier* que les bouchers étalent pour parer la viande.

§ 2. — Les glandes annexes.

Ce sont : les *glandes salivaires*, le *pancréas* et le *foie*.

Les glandes salivaires. — Elles sont situées dans le voisinage de la mâchoire inférieure et sont au nombre de trois paires : les glandes *parotides*, *sous-maxillaires* et *sublinguales*.

1º Les *glandes parotides* sont les plus grosses et sont situées un peu au-dessous et en avant de l'oreille (*fig.* 38). De cette glande s'échappe le *canal de Sténon*, qui croise le masséter et vient s'ouvrir dans la bouche au niveau de la deuxième molaire supérieure. Leur inflammation cause la maladie bien connue sous le nom d'*oreillons*.

2º Les *glandes sous-maxillaires* sont logées dans une fossette du maxillaire inférieur, et leur conduit excréteur ou *canal de Wharton* vient déboucher sur les côtés du frein de la langue.

3º Les *glandes sublinguales*, plus petites encore que les précédentes, sont situées sous la langue et viennent déverser leur contenu dans le voisinage du frein de la langue par plusieurs conduits appelés *canaux de Rivinus*.

A cause de leur ressemblance extérieure avec une grappe de raisin, on dit que ce sont des *glandes en grappe* (*fig.* 39); chaque grain représente un *acinus* et il est entouré de tissu conjonctif, de vaisseaux et de nerfs. Chaque acinus est revêtu de diverses sortes de cellules épithéliales (*fig.* 40) : des cellules à mucus ou *caliciformes* et des cellules *granuleuses* à sécrétion très liquide. Après la sécrétion, les cellules changent d'aspect; elles sont plus basses, car leur partie libre a disparu pour fournir les éléments de la salive.

LA DIGESTION

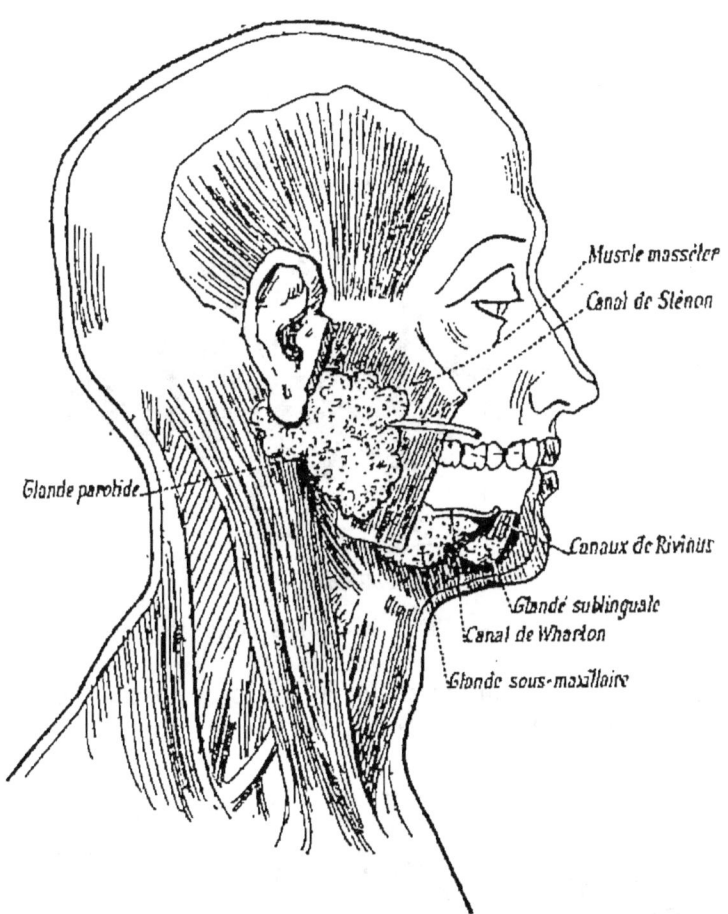

Fig. 38. — Les glandes salivaires.

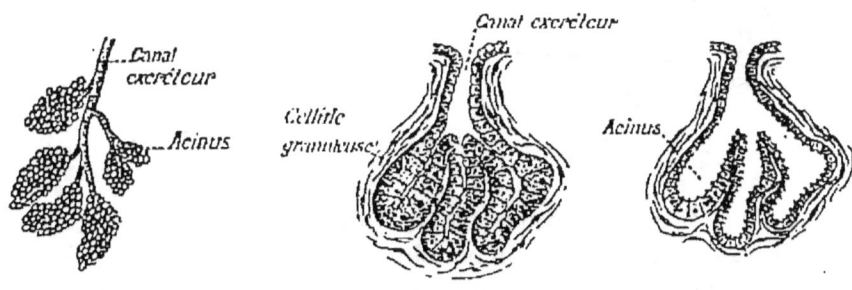

Fig. 39. — Portion de glandes salivaires.

A. — Avant la sécrétion.

B. — Après la sécrétion.

Fig. 40. — Structure des glandes salivaires.

Les canaux excréteurs sont bordés par un épithélium cylindrique.

Le pancréas. — C'est une glande volumineuse (*fig.* 41) située derrière l'estomac, à gauche du duodénum. Sa structure rappelle celle des glandes salivaires, aussi l'a-t-on appelé *glande salivaire abdominale*. Le pancréas présente :

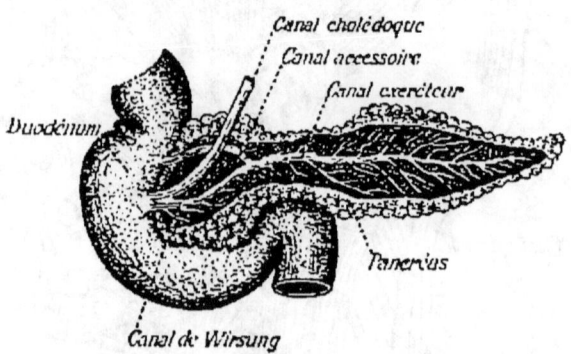

Fig. 41. — Pancréas et ses conduits excréteurs.

1° une partie renflée située à droite et dans l'anse du duodénum : c'est la *tête* ; 2° un *corps* ; 3° une partie effilée ou

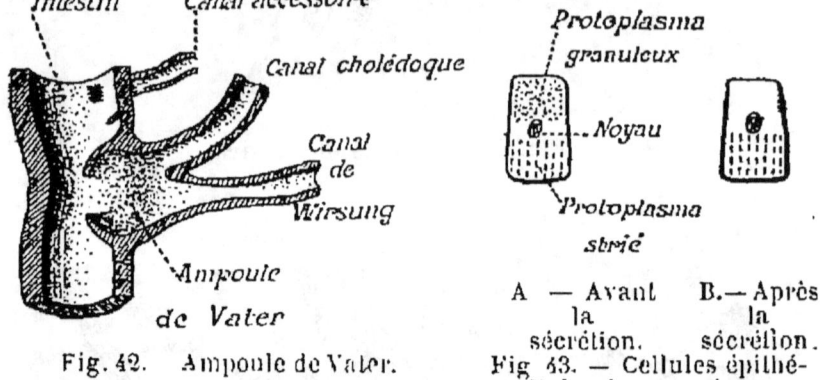

Fig. 42. Ampoule de Vater.

Fig 43. — Cellules épithéliales du pancréas.

queue. Il est parcouru par un conduit excréteur, le *canal de Wirsung*, qui vient déboucher dans le duodénum à côté du conduit excréteur du foie, le *canal cholédoque* : ces deux canaux s'ouvrent dans une petite cavité appelée *ampoule de Vater* (*fig.* 42). Du canal de Wirsung s'échappe un *canal accessoire* qui vient s'ouvrir dans le duodénum, 2 centimètres plus haut que l'ampoule de Vater.

Comme dans les glandes salivaires, l'épithélium qui tapisse les culs-de-sac glandulaires est formé de cellules granuleuses qui ont un aspect différent suivant qu'on les observe avant ou après la sécrétion. C'est la partie externe finement granuleuse (*fig. 43*) qui disparaît pour donner le suc pancréatique.

Le foie. — Le foie est le viscère le plus volumineux; il pèse près de 2 kilogrammes chez l'homme. Il provient, comme le pancréas, d'un bourgeonnement du tube intestinal. Il est situé sous le diaphragme, dans la partie droite de l'abdomen et au-dessus de l'estomac : ceci explique pourquoi certaines personnes, couchées sur le côté gauche, éprouvent un malaise causé par la pression du foie sur l'estomac. Le foie est maintenu par des replis du péritoine qui le rattachent d'un côté au diaphragme et de l'autre à l'estomac (ligaments *falciforme* et *gastro-hépatique* (fig. 36).

Aspect extérieur. — D'aspect rouge brun, il présente :

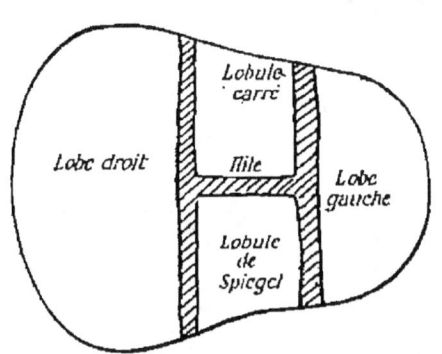

Fig. 44. — Face inférieure du foie montrant les sillons.

1° une face supérieure convexe appliquée contre le diaphragme; 2° une face inférieure concave appuyée à gauche sur l'estomac et à droite sur le duodénum, le colon transverse et le rein droit. Cette face inférieure présente trois sillons qui dessinent la lettre H et qui divisent le foie en quatre lobes (*fig. 44*) : le *lobe droit*, qui est le plus volumineux, le *lobe gauche*, le *lobule carré* en avant, et le *lobule de Spiegel* en arrière. Le sillon transversal forme ce qu'on appelle le *hile* du foie : c'est là qu'aboutissent les artères, les veines et les nerfs du foie en même temps que le canal excréteur du foie, le *canal hépatique* (*fig. 45*). Plus loin, ce canal hépatique qui emmène la bile sécrétée, se divise en deux conduits : l'un, le *canal cystique*, qui va à la *vésicule du fiel* ou *vésicule biliaire* située dans la partie antérieure du sillon droit ; l'autre, le *canal cholédoque*, qui va vers le duodénum et s'unit au canal de Wirsung pour déboucher dans l'ampoule de Vater. C'est en ce point que la bile et le suc pancréatique se déversent dans l'intestin.

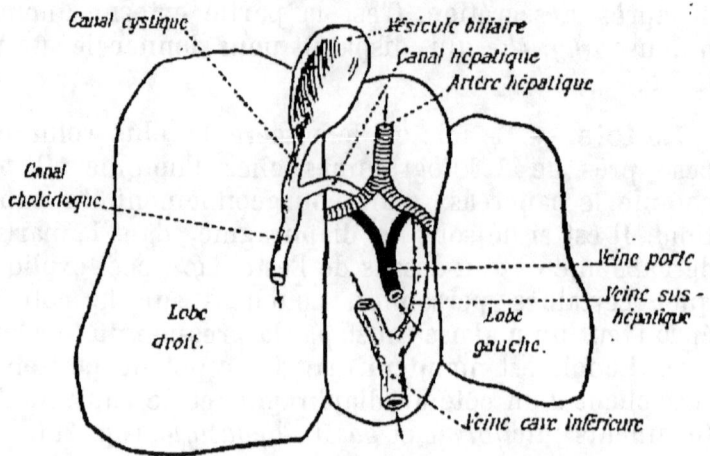

Fig. 45. — Face inférieure du foie : les vaisseaux sanguins et les canaux biliaires.

Le foie reçoit du sang de deux sources : 1° de l'*artère hépatique*, qui entre par le hile et se divise en deux branches ; 2° de la *veine porte*, qui provient de la réunion des capillaires de l'intestin et qui va se ramifier dans le foie en suivant les ramifications de l'artère hépatique.

Le sang s'échappe du foie par la *veine sus-hépatique*, qui vient se jeter dans la *veine cave inférieure*, laquelle ramène le sang à l'oreillette droite du cœur (fig. 46).

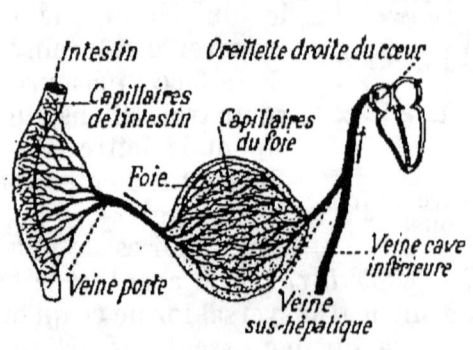

Fig. 46. — Système porte hépatique.

Quand un système circulatoire présente ainsi deux fois des capillaires (capillaires des intestins, capillaires du foie) sur son trajet, on dit qu'on a un *système porte* : celui que nous venons de décrire est le *système porte hépatique*.

Structure. — Le foie est enveloppé par une membrane lisse, fibreuse, appelée *capsule de Glisson*. Cette membrane envoie à l'intérieur de la masse du foie des prolongements qui divisent le foie en un certain nombre de petites masses appelées *lobules hépatiques*. Il suffit donc d'étudier la structure d'un lobule pour connaître la structure du foie entier.

Lobule hépatique. — C'est une petite masse, souvent polyédrique et n'ayant qu'un millimètre environ de diamètre. Les lobules sont séparés par des lignes blanchâtres qui forment à chacun une enveloppe conjonctive qui n'est que le prolongement de la capsule de Glisson. Entre les lobules sont des espaces triangulaires appelés *espaces portes*, où se trouvent les ramifications de la veine porte, de l'artère hépatique et du canal hépatique (*fig.* 47).

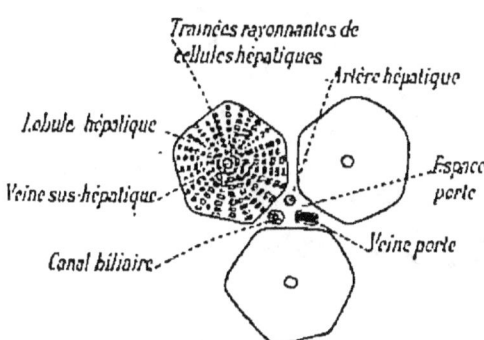

Fig. 47. — Lobules hépatiques limitant un espace porte.

Autour de chaque lobule se trouve un double réseau sanguin formé par les ramifications de la veine porte et de l'artère hépatique ; ces vaisseaux envoient des capillaires à l'intérieur du lobule et forment un réseau capillaire qui gagne le centre du lobule et se jette dans la *veine intralobulaire*, qui se réunit à la veine intralobulaire des autres lobules pour former la *veine sus-hépatique* (*fig.* 48).

La disposition des canaux biliaires (*fig.* 49) montre bien que le foie est une glande dont les conduits excréteurs sont les canalicules biliaires bordés par les *cellules hépatiques* qui sont les cellules glandulaires. Ces cellules hépatiques agglomérées pour former le lobule sont situées dans les mailles du réseau sanguin. Chaque cellule hépatique est creusée d'un demi-canal (*fig.* 50) qui, en s'unissant au demi-canal de la cellule voisine, forme un *canalicule biliaire* ; chaque face de la cellule est donc parcourue par un canalicule biliaire. Ces canalicules, très nombreux, se réunissent vers la périphérie du lobule pour donner un *canal périlobulaire* (*fig.* 48) ; puis les canaux des lobules voisins s'abouchent et finissent par donner un conduit excréteur unique, le *canal hépatique*.

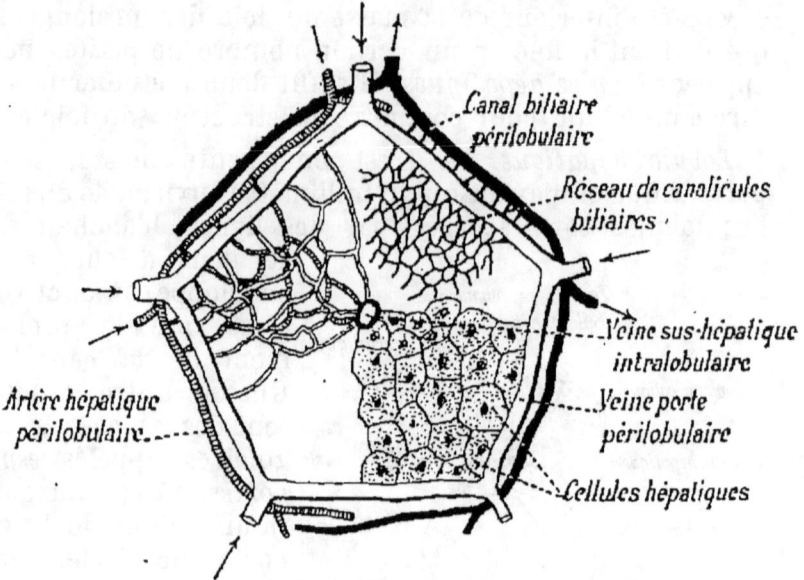

Fig. 48. — Coupe théorique d'un lobule hépatique.

Cellule hépatique. — Les cellules hépatiques forment une série de traînées qui partent du centre du lobule pour

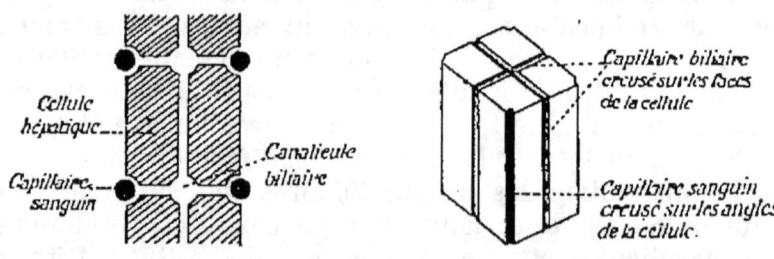

Fig. 49. — Schéma montrant les cellules hépatiques vues de face.

Fig. 50. — Cellule hépatique isolée.

rayonner vers la périphérie (*fig.* 47). La cellule hépatique est polyédrique ; elle est formée d'un noyau et d'une masse de protoplasma réticulé ; elle n'est pas limitée par une membrane propre.

Le protoplasma (*fig.* 51) contient des granulations de différents ordres : 1° des granulations de matière pigmentaire qui apparaissent sous forme de grains d'un rouge verdâtre, c'est la *bilirubine* ; 2° le *glycogène*, qui se dépose dans les mailles du protoplasma sous forme de gouttelettes diffuses et qui se colorent par l'iode en brun acajou ; 3° des gouttelettes de graisse qui sont uniformément répandues dans le protoplasma et qui sont surtout abondantes après la digestion.

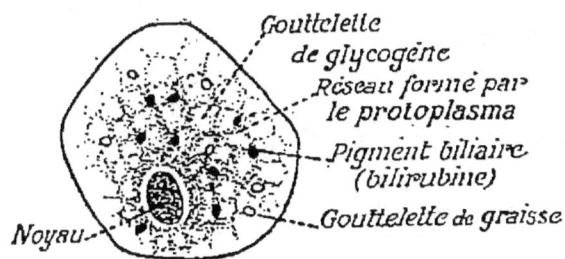

Fig. 51. — Cellule hépatique très grossie.

En résumé, chaque cellule hépatique est une cellule glandulaire qui donnera deux produits différents : 1° la *bile*, qui est enlevée par les canalicules biliaires et le canal hépatique ; 2° le *glycogène*, qui est enlevé par la veine sus-hépatique après avoir été transformé en sucre. Et c'est dans le sang apporté par la veine porte et l'artère hépatique que la cellule puise les éléments de la bile et du glycogène.

II. — Les aliments.

La faim. — Les aliments sont des matériaux empruntés au monde extérieur et destinés à réparer les pertes subies par notre organisme. La nécessité de prendre des aliments se manifeste par des besoins tels que la *faim* et la *soif*. Il est impossible de résister longtemps à la privation complète d'aliments ; cependant Claude Bernard a montré que les animaux à sang froid, les Crapauds par exemple, peuvent vivre pendant plusieurs années enfermés dans un bloc de plâtre et privés par conséquent de tout aliment.

L'aliment le plus utile sera évidemment celui dont la composition se rapprochera le plus de celle de nos organes. Étudions donc d'abord quelle est la composition du corps humain.

Composition du corps humain. — Les principales substances qui entrent dans la composition du corps humain sont : 1° l'*eau*, qui est très abondante dans les tissus ; le corps privé de son eau perd les $\frac{2}{3}$ de son poids ; 2° les *sels minéraux* à l'état de carbonates, de phosphates, de sulfates, de chlorures de sodium, de potassium, de magnésium, etc. ; 3° des *hydrates de carbone* tels que les sucres ; 4° des *corps gras* tels que la stéarine, l'oléine, etc. ; 5° des *substances albuminoïdes* formées essentiellement de carbone, d'hydrogène, d'oxygène et d'azote, mais contenant aussi d'autres éléments tels que le soufre, le phosphore, le fer, etc.

L'aliment le plus parfait, le plus complet, serait évidemment celui qui contiendrait tous les éléments que nous venons d'énumérer et qui entrent dans la composition du corps. En réalité, c'est par le mélange des divers aliments, par une *alimentation mixte*, que nous pourrons fournir à l'organisme tous les éléments dont il a besoin.

Principaux aliments. — On peut les grouper suivant leur composition chimique.

1° Les **aliments minéraux**, parmi lesquels on doit placer en première ligne l'*eau*, si nécessaire pour la formation des liquides de l'organisme ; le *chlorure de sodium* ou sel de cuisine, dont la privation peut amener des troubles graves, et qui est indispensable à la formation de certains liquides, du sérum et du suc gastrique par exemple (certains éleveurs savent que les animaux dans l'alimentation desquels on ajoute du sel, sont plus vifs, ont un poil plus luisant) ; les *phosphate* et *carbonate de calcium* sont nécessaires pour la formation des os ; le *fer*, qui entre dans la composition de l'hémoglobine du sang.

2° Les **hydrates de carbone**, qui comprennent surtout les *féculents* et les *sucres*.

Les *féculents* ou *amylacés*, qui ont la composition chimique de l'amidon [$C^6H^{10}O^5$]. Ces aliments sont surtout d'origine végétale : blé, graines des légumineuses, fécule de la pomme de terre, etc.

Les *sucres*, qui comprennent le sucre de raisin ou *glucose* ($C^6H^{12}O^6$), qu'on trouve dans les fruits et dans les boissons fermentées, et le sucre de canne ou *saccharose* ($C^{12}H^{22}O^{11}$), qui est le sucre du commerce et qu'on trouve dans la sève de beaucoup de plantes.

3° Les **corps gras**, qui se présentent sous forme de graisses ou d'huiles ; ils résultent du mélange de plusieurs substances telles que la *stéarine*, la *margarine* et l'*oléine*, qui sont des combinaisons d'un *acide gras* (acide stéarique, margarique, oléique) avec la *glycérine*. Ces corps gras se rencontrent chez les animaux et les végétaux (graisse, beurre, huile, etc.).

4° Les aliments **azotés** ou **albuminoïdes**, dont le type est le blanc d'œuf ; ils constituent la plus grande partie des tissus animaux et végétaux. Parmi ceux qui sont d'origine animale, citons la viande, le blanc d'œuf, la caséine du lait, la fibrine et la globuline du sang, etc. Parmi ceux d'origine végétale, nous trouvons le gluten du blé, la légumine des haricots et des pois, etc.

5° Les **aliments d'épargne**, qui ne sont que peu transformés à l'intérieur de l'organisme, et qui semblent surtout agir par leur présence en stimulant l'organisme, en favorisant la transformation de la chaleur en force : d'où leur nom.

En première ligne on doit placer l'*alcool*. On a montré que l'alcool n'agit pas que par sa présence ; une partie est en effet digérée et brûlée dans l'organisme. Pris à dose *très modérée*, l'alcool produit une excitation du système nerveux ; à dose plus considérable, il cause des troubles très graves qui, par leur persistance, affaiblissent les forces physiques et les facultés intellectuelles et conduisent sûrement à l'abrutissement.

On peut encore citer parmi ces aliments spéciaux le *café* et le *thé*, qui agissent surtout sur le système nerveux, tandis que la *coca*, la *kola* semblent agir sur le système musculaire.

Toutes ces substances ne peuvent remplacer les aliments ; elles produisent une excitation du système nerveux qui facilite le travail, mais à fortes doses, ils deviennent de véritables poisons.

L'aliment mixte. — L'aliment *mixte* est celui qui résulte du mélange d'aliments appartenant aux diverses catégories que nous venons d'étudier. Exemple : le pain, l'œuf, le lait.

Le pain est composé de gluten (albuminoïde) et d'amidon (féculent) ; l'œuf est composé du jaune (graisse) et du blanc (albuminoïde) ; le lait contient à la fois de la caséine (albuminoïde), du sucre, de la crème (graisse), des sels et de l'eau.

L'alimentation mixte est nécessaire. On l'a démontré expérimentalement : un chien nourri exclusivement avec de la viande succombe au bout de trois mois ; mis au régime exclusif de féculents ou de corps gras, il succombe au bout d'un mois.

III. — Physiologie de la digestion.

Les actions qui s'exercent sur les aliments sont de deux sortes : les unes sont de nature *mécanique*, les autres de nature *chimique*.

§ 1. — Phénomènes mécaniques.

Mastication. — Une fois les aliments introduits dans la bouche, ils y sont découpés et écrasés par les dents, grâce aux mouvements des mâchoires. Pendant ce temps, la salive s'écoule abondamment et vient imprégner les aliments qui finissent par se rassembler, sur la face supérieure de la langue, en une masse molle appelée *bol alimentaire*. Il est d'une grande importance que les aliments soient bien mâchés pour que les sucs digestifs puissent agir vite et bien. De nombreux troubles du tube digestif (*dyspepsie*) surviennent souvent chez les personnes qui mâchent incomplètement leurs aliments.

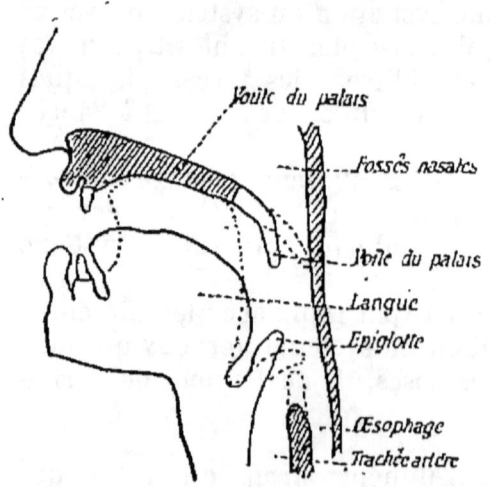

Fig. 52. — La bouche au moment de la déglutition (le pointillé indique la position des organes pendant la déglutition).

Déglutition. — La *déglutition* est le passage du bol alimentaire de la bouche dans l'œsophage. Elle s'opère en deux temps : 1° la pointe de la langue s'appuie contre la voûte du palais (*fig.* 52) et pousse le bol alimentaire en arrière contre le voile du palais qui se relève et vient fermer l'ouverture des fosses nasales ; 2° les muscles du pharynx se contractent, soulèvent le larynx et la trachée-artère dont l'orifice se trouve fermé par une languette, l'*épiglotte*, qui, rencontrant la base de la langue, se renverse en arrière et empêche ainsi l'introduction de particules alimentaires dans les voies aériennes. L'œsophage seul reste largement ouvert, et le bol alimentaire s'y introduit.

Mouvements péristaltiques. — A partir de l'œsophage, les aliments vont progresser grâce aux contractions successives des fibres musculaires circulaires et longitudinales du tube digestif. Ces contractions, qui commencent par le haut pour se diriger vers le bas, produisent les mouvements *péristaltiques* du tube digestif. Dans le vomissement, et normalement chez les Ruminants, ces mouvements de l'œsophage se font de bas en haut : ils sont *antipéristaltiques*.

Les mouvements de l'estomac sont énergiques ; de sorte que les aliments se mélangent bien avec le suc gastrique, et ce n'est qu'après avoir subi l'action fluidifiante de ce suc qu'ils peuvent passer dans l'intestin. Jusqu'à ce moment le pylore reste fermé.

Si le diaphragme et les muscles de la paroi abdominale se contractent en même temps, ils appuient sur l'estomac qui se trouve comprimé de deux côtés à la fois et qui rejette son contenu par le cardia : c'est le *vomissement*.

Les mouvements péristaltiques de l'intestin grêle poussent les aliments dans le gros intestin ; puis la valvule iléocœcale empêche les matières de revenir dans l'intestin grêle, de sorte qu'elles continuent à progresser vers le colon, le rectum, où elles sont maintenues par le sphincter anal avant d'être rejetées par l'anus.

Tous les mouvements du tube digestif sauf ceux de la bouche, du pharynx et du sphincter anal, sont *involontaires*.

§ 2. — Phénomènes chimiques.

Les diastases des sucs digestifs. — Les différents sucs digestifs tels que la salive, le suc gastrique, le suc pancréatique, le suc intestinal, la bile, font subir aux aliments certaines transformations. Chacun de ces sucs contient une substance particulière, analogue aux *ferments solubles* et qu'on appelle *diastase*. Chaque suc digestif a sa diastase propre, et c'est elle qui produit sur tel ou tel aliment une transformation particulière.

La diastase est une matière albuminoïde qui a la propriété de rendre *solubles* et *assimilables* les matières alimentaires, et cela en les hydratant. Il faut, en effet, que l'aliment soit non seulement *soluble*, mais encore *assimilable* : ainsi le saccharose de l'eau sucrée est dissous, mais il n'est pas assimilable ; car si on l'injecte dans le sang, il est rejeté par le rein dans l'urine, il n'a donc pas été assimilé par les éléments anatomiques ; si au contraire il subit l'action de la diastase du suc intestinal, il est rendu *assimilable* et peut servir à la nutrition des éléments anatomiques.

Les diastases, comme la plupart des substances albuminoïdes, sont précipitables par l'alcool ; on peut ensuite reprendre le précipité avec l'eau qui dissout la diastase. C'est un procédé général de préparation des diastases.

Les diastases offrent cette propriété générale : c'est que sous une faible quantité, elles peuvent transformer des masses considérables de matières ; une fois l'action commencée, elle se continue sans qu'il soit nécessaire d'introduire une nouvelle quantité de diastase.

La salive. — La salive est *mixte*, car elle résulte du mélange des trois salives *parotidienne*, *sous-maxillaire* et *sublinguale* provenant des trois glandes salivaires. Claude Bernard a isolé et étudié chacune de ces salives.

1º La *salive parotidienne* est très fluide et toujours alcaline ; elle sert surtout à la mastication ; aussi la glande parotide est-elle très développée chez les animaux qui mangent des aliments secs (Mouton, Cheval), nulle chez les animaux aquatiques (Cétacés). Elle contient du phosphate de calcium qui se dépose sous forme de *tartre dentaire*.

2º La salive *sous-maxillaire* est visqueuse et sert surtout dans la gustation des aliments : aussi la glande sous-maxillaire est développée chez les carnivores (Chat, Chien), et très réduite chez les Oiseaux granivores, qui ne goûtent pas leurs aliments.

3° La *salive sublinguale* est très visqueuse et renferme beaucoup de mucus. Elle facilite le glissement des aliments dans la déglutition.

La *salive mixte* contient de l'eau, des sels tels que chlorures, carbonates et phosphates alcalins, des traces de sulfocyanure de potassium, et enfin une diastase particulière, la *ptyaline*. Cette diastase transforme les féculents en glucose par hydratation :

$$C^6H^{10}O^5 + H^2O = C^6H^{12}O^6.$$
$$\text{Amidon} + \text{Eau} = \text{Glucose}$$

On peut du reste se convaincre de cette transformation en conservant pendant quelques minutes, dans la bouche, de la mie de pain : on sent alors une saveur nettement *sucrée*.

Le suc gastrique. — Jusqu'en 1750, on admettait que la digestion consistait en une *trituration* des aliments par l'estomac.

Réaumur, vers 1750, fit avaler à des Oiseaux des tubes de verre percés de trous et contenant de la viande ; celle-ci, quoique étant à l'abri de l'action mécanique de l'estomac, fut digérée.

Spallanzani, vers 1780, fit avaler à des Oiseaux une petite éponge retenue par une ficelle ; il put, en tirant la ficelle, recueillir le suc gastrique qui avait imprégné l'éponge et voir que ce suc digérait la viande.

Au commencement de ce siècle, le médecin américain Beaumont eut l'occasion de soigner un chasseur canadien, qui avait reçu un coup de fusil dans le ventre. La blessure guérit, mais en laissant une ouverture qui faisait communiquer l'estomac avec l'extérieur : c'est ce qu'on appelle une *fistule gastrique*. On pouvait, par cet orifice, observer ce qui se passait dans l'estomac pendant la digestion des aliments.

Enfin, vers 1845, le Dr Blondlot fit une fistule gastrique sur un Chien, et par cet orifice il introduisit un tube par lequel le suc gastrique pouvait s'écouler. Le suc était recueilli dans un petit ballon suspendu à ce tube, et l'on étudiait ensuite sa composition et son action sur les aliments.

Ces fistules se pratiquent aujourd'hui couramment dans les laboratoires de physiologie.

Le suc gastrique est un liquide clair, renfermant 98 pour 100 d'eau, des sels (chlorure de sodium et phosphate de calcium), de l'acide chlorhydrique, et une diastase particulière, la *pepsine*.

On peut pratiquer des digestions *artificielles* en plaçant le suc gastrique dans une étuve à la température du corps humain (37 à 38°); la viande placée dans ce suc se gonfle, devient transparente, et finit par se tranformer en liquide soluble dans l'eau. Le suc gastrique agit de la même façon sur tous les albuminoïdes en les transformant en substances absorbables appelées *peptones*. Cette transformation se fait sous l'influence de la *pepsine* et aussi de *l'acide chlorhydrique*, sans lequel la diastase ne saurait agir.

L'estomac des jeunes animaux (Veaux) contient, outre la pepsine, un autre ferment, la *présure* ou *lab*, qui a la propriété de coaguler la caséine du lait.

La bouillie résultant de la tranformation des aliments par le suc gastrique s'appelle le *chyme*. Le pylore ne laisse passer les aliments que lorsqu'ils ont subi cette modification, qui exige deux ou trois heures; il s'ouvre alors et en quelques minutes le contenu stomacal passe dans l'intestin.

Le suc gastrique digère toutes les substances albuminoïdes, mais il ne digère cependant pas les parois de l'estomac, parce qu'elles sont protégées par une couche de mucus.

Le suc pancréatique. — On peut obtenir du suc pancréatique en faisant une fistule pancréatique, c'est-à-dire en ouvrant le canal de Wirsung et en y introduisant une canule qui permettra de recueillir le suc qui s'en écoulera. C'est un liquide incolore, visqueux, à réaction alcaline comme la salive. Il contient de l'eau, des sels, en particulier des phosphates, et surtout des diastases qui sont au nombre de trois et qui ont chacune une action particulière: l'une continue l'action de la salive, en agissant sur les *féculents*; l'autre, comme la pepsine, agit sur les *albuminoïdes*, mais dans un milieu alcalin: c'est la *trypsine*; enfin, la troisième agit sur les corps *gras* en les émulsionnant, c'est-à-dire en les réduisant en fines gouttelettes qui restent en suspension dans le liquide: de plus le suc pancréatique dédouble les corps gras en glycérine et en acides gras; on dit qu'il les *saponifie*.

Le suc intestinal. — On peut obtenir le suc intestinal ou *entérique*, comme on l'appelle encore, en faisant deux ligatures sur l'intestin grêle. La portion d'intestin comprise entre ces deux ligatures se remplit de suc entérique. C'est un liquide alcalin, contenant de l'eau, des sels, en particulier du carbonate de sodium, et une diastase spéciale, l'*invertine*. Cette diastase a la propriété de transformer le sucre de canne ou saccharose qui n'est pas assimilable en un mélange de deux sucres, glucose et lévulose. Ce mélange, appelé *suc interverti*, peut alors être absorbé. L'action de l'invertine est résumée par la formule suivante :

$$C^{12}H^{22}O^{11} + H^2O = C^6H^{12}O^6 + C^6H^{12}O^6.$$

$$\text{Saccharose} + \text{Eau} = \underbrace{\text{Glucose} + \text{Lévulose}}_{\text{Sucre interverti}}$$

La bile. — On obtient la bile en faisant une *fistule biliaire*, c'est-à-dire en recueillant le liquide qui s'écoule par une canule introduite dans le canal cholédoque. C'est un liquide jaune à l'état frais, et qui devient vert au contact de l'air ; il est légèrement alcalin et contient de l'eau, des sels et des matières colorantes ou pigments.

Les *sels* sont des chlorure et phosphate de sodium, des taurocholate et glycocholate de sodium. C'est à ces derniers sels que la bile doit son amertume. Le taurocholate contient du soufre (environ 6 pour 100).

La *matière colorante* est la *bilirubine*, qui, en s'altérant, donne la *biliverdine* ; cette matière a la même composition que l'hémoglobine des globules rouges du sang. Il est donc probable que le foie emprunte aux globules rouges les éléments de cette substance. Le foie semble donc être un destructeur des globules rouges.

Enfin la bile contient une substance peu soluble, la *cholestérine*, qui se précipite facilement sous forme d'aiguilles qui, par leur agglomération, vont former les *calculs biliaires*, dont l'expulsion détermine de violentes douleurs connues sous le nom de *coliques hépatiques*.

La sécrétion de la bile par le foie est continue ; aussi le liquide vient s'accumuler dans la vésicule du fiel pour s'écouler au moment de la digestion intestinale. La bile a plusieurs effets : 1° elle digère les corps gras en les émulsionnant et en les dédoublant en glycérine et acides gras ; on sait, en effet, que la bile enlève les taches de graisse. Si l'on pratique sur un Chien une fistule biliaire, l'animal maigrit et ses poils tombent ; 2° elle empêche la putréfaction des matières alimentaires dans l'intestin ; 3° enfin elle débarrasse l'intestin de vieilles cellules épithéliales qui ralentiraient ses pouvoirs digestif et absorbant.

Lorsque, par suite de l'obstruction du canal cholédoque, la bile ne s'écoule pas dans l'intestin, elle s'accumule dans les canaux biliaires et elle finit par passer dans le sang qui la transporte dans tous les organes : c'est la cause de la maladie connue sous le nom de *jaunisse* ou *ictère hépatique*.

Le foie peut détruire certains poisons introduits soit par l'alimentation, soit par les fermentations du tube digestif. Si, en effet, on injecte un poison dans la veine d'un membre, l'animal meurt ; si au contraire on l'injecte dans la veine porte, l'animal survit.

RÉSUMÉ

La *digestion* est la transformation des aliments en substances liquides et absorbables.

Appareil digestif. — L'appareil digestif comprend deux parties :

1° *Tube digestif* : { Bouche, pharynx, œsophage, estomac, intestin, anus.

2° *Glandes annexes* : Glandes salivaires, pancréas, foie.

Le tube digestif. — A l'intérieur de la bouche sont les *maxillaires* et les *dents*.

Muscles moteurs du maxillaire inférieur.
{ 1. M. élévateurs : *temporal* et *masséter*.
2. M. abaisseurs : *digastrique, mylo* et *génio-hyoïdien*.
3. M. pour mouvements latéraux : *ptérygoïdiens*.

Dents :
- Trois régions : *couronne, collet, racine.*
- Trois formes : *incisives, canines, molaires.*
- Structure : *émail, cément, ivoire, pulpe dentaire.*
- Formules dentaires :
  - Dentition de lait :
  $$\frac{2}{2}I + \frac{1}{1}C + \frac{2}{2}P.M = 20.$$
  - Dentition définitive :
  $$\frac{2}{2}I + \frac{1}{1}C + \frac{2P.M+3G.M}{2P.M+3G.M} = 32$$

Le *pharynx* communique, en haut, avec la bouche et les fosses nasales, et en bas, avec l'œsophage et la trachée-artère.

L'*œsophage* descend verticalement vers l'estomac ; sa paroi est formée de trois tuniques : externe *fibreuse*, moyenne *musculeuse*, interne *muqueuse*.

L'*estomac*, situé au-dessous du diaphragme, contient dans l'épaisseur de ses parois les glandes gastriques, qui sécrètent le *suc gastrique*.

L'*intestin* comprend deux parties :
1. *Intestin grêle* : Duodénum, jéjunum, iléon.
2. *Gros intestin* : Cœcum, colon, rectum.

La muqueuse de l'intestin présente des saillies ou *villosités intestinales* et des dépressions ou *glandes de Lieberkühn*.

Les différents organes contenus dans l'abdomen (estomac, foie, intestin, etc.) sont reliés les uns aux autres et à la paroi du corps par une membrane séreuse, le *péritoine*, qui comprend le *feuillet viscéral* et le *feuillet pariétal*.

Les glandes annexes. — Glandes salivaires, pancréas et foie.

1. *Glandes salivaires* :
   - G. *parotides* : Canal de Sténon.
   - G. *sous-maxillaires* : Canal de Wharton.
   - G. *sublinguales* : Canaux de Rivinus.

2. *Pancréas* : Glande en grappe ; canal de Wirsung s'unit au canal cholédoque pour se jeter dans le duodénum (ampoule de Vater).

3. Foie :

- Aspect extérieur : 4 lobes, hile du foie, vésicule biliaire, canal hépatique.
- Circulation
  - 1° Le sang arrive par l'artère hépatique et la *veine porte*.
  - 2° Le sang s'échappe par la *veine sus-hépatique*.
  - Entre ces deux vaisseaux se trouve le *système porte-hépatique* [deux réseaux de capillaires].
- Structure : Formé de *n lobules hépatiques*.
  - un lobule comprend
    - *n cellules hépatiques* (glycogène et pigments biliaires).
    - Vaisseaux *sanguins* : périlobulaires et intralobulaires.
    - Vaisseaux *biliaires* : *Canal hépatique* qui s'unit au *canal cystique* pour donner le *canal cholédoque*.

Les aliments. — L'alimentation est nécessaire; elle doit être *mixte*, c'est-à-dire formée d'un mélange des divers aliments.

1. *Aliments minéraux* : Eau, sel, phosphate et carbonate de calcium.

2. *Hydrates de carbone* : [C, O, H]
   - 1. Féculents : amidon, fécule, pomme de terre, blé.
   - 2. Sucres : glucose, saccharose.

3. *Corps gras* [C, O, H] : Graisses, huiles, beurres.

4. *Aliments azotés* ou *albuminoïdes* [C, O, H, Az] :
   - Albumine de la viande, du blanc d'œuf.
   - Caséine du lait.
   - Gluten du blé.

5. *Aliments d'épargne* : Alcool, café, thé, kola, etc.

Mécanisme de la digestion. — Mastication, déglutition, mouvements péristaltiques.

1. *Mastication* : Mouvements de la mâchoire inférieure.

2. *Déglutition* :
   - 1. Le voile du palais se soulève pour fermer l'ouverture des fosses nasales.
   - 2. Le larynx se soulève, l'épiglotte s'abaisse pour fermer la trachée-artère.

LA DIGESTION

3. *Mouvements péristaltiques* : Les contractions des fibres musculaires font progresser les aliments vers l'estomac, puis vers l'intestin ; ces mouvements sont involontaires.

Chimie de la digestion. — Les différents sucs digestifs contiennent une substance particulière appelée *diastase*, qui a la propriété de rendre les aliments *solubles* et *assimilables*. Chaque suc digestif a sa diastase spéciale.

On peut résumer dans le tableau suivant l'action des différentes diastases.

Sucs digestifs	Diastases	Aliments	Produits de la digestion
Salive	Ptyaline	Féculents	Sucre.
Suc gastrique	Pepsine	Albuminoïdes	Peptones.
Suc pancréatique	3 diastases	1. Féculents. 2. Albuminoïdes. 3. Corps gras.	Sucre. Peptones. Emulsion et saponification.
Suc entérique	Invertine	Saccharose	Sucre interverti { glucose. lévulose.
Bile	. . . . .	Graisses	Emulsion et saponification.

CHAPITRE III

L'ABSORPTION ALIMENTAIRE

L'absorption est le passage dans le sang des matières nutritives résultant de la digestion. Etudions par quelles *voies* et par quel *mécanisme* se fait cette absorption.

Voies de l'absorption. — On sait depuis longtemps que certains médicaments peuvent, à la suite de frictions, être absorbés par la peau ; on sait aussi que l'oxygène de l'air, dans la respiration, est absorbé par les poumons ; mais il est plus difficile de savoir en quel endroit du tube digestif se fait l'absorption alimentaire.

On avait d'abord cru que l'absorption ne se faisait pas par l'estomac. En effet, on donnait à un Cheval dont on liait le pylore, un poison violent, la *strychnine*, et il ne survenait pas d'accident. On en concluait que l'estomac n'absorbait pas. Cependant, plus tard, en ouvrant le pylore, le contenu de l'estomac passait dans l'intestin, et le Cheval n'était pas empoisonné ; ce qui montrait que le poison était disparu, et qu'il avait été absorbé par l'estomac, mais si lentement qu'il avait pu être rejeté par les urines avant que d'être en quantité suffisante dans le sang pour tuer l'animal.

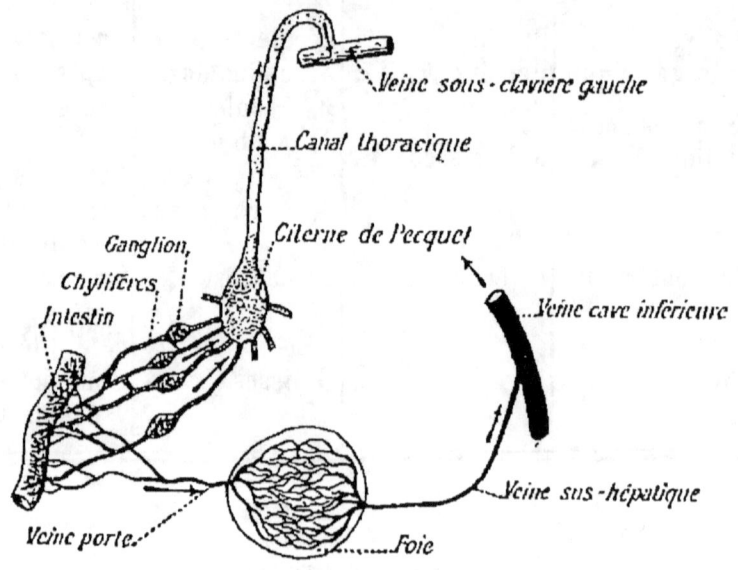

Fig 53. — Absorption intestinale.

C'est Aselli qui, le premier, en 1622, a montré que l'absorption se faisait surtout par l'intestin. Il vit en ouvrant un Chien, au moment de la digestion, des traînées blanches sur le mésentère ; et en piquant ces lignes blanches qui sont les *vaisseaux chylifères*, il vit s'écouler un liquide blanc, qui n'était autre chose qu'une émulsion de matières grasses. D'un autre côté on sait aussi que les veines intestinales absorbent certaines substances. Il y a donc deux voies d'absorption : 1° par le chylifère central des villosités intestinales puis par les chylifères, et le canal thoracique, les *matières grasses émulsionnées* arrivent dans la veine sous-clavière gauche, puis dans la veine cave inférieure et dans l'oreillette droite du cœur (*fig.* 53) ; 2° par les veines intestinales qui les conduisent dans la veine porte, les *peptones* et les *glucoses* sont transportés au foie ; puis par la veine sus-hépatique, ils arrivent dans la veine cave inférieure et dans l'oreillette droite du cœur. En résumé, soit par les chylifères, soit par les veines, les substances résultant de la digestion arrivent toujours dans le torrent de la circulation qui va les distribuer à tous les organes, assurant ainsi leur nutrition.

Mécanisme de l'absorption. — L'expérience de Dutrochet montre que l'absorption n'est qu'un cas particulier d'un phénomène physique connu sous le nom d'*osmose*. Pour mettre ce phénomène en évidence, Dutrochet a pris un tube élargi à sa base (*fig.* 54) et fermé par une membrane animale (vessie de porc). On verse dans ce tube, jusqu'à un certain niveau A, de l'eau sucrée, et on plonge ensuite la partie inférieure dans de l'eau pure. Au bout de quelque temps, le niveau du liquide s'est élevé dans le tube jusqu'en B ; il y a donc eu passage à travers la membrane, de l'eau pure vers l'eau sucrée ; c'est l'*endosmose*.

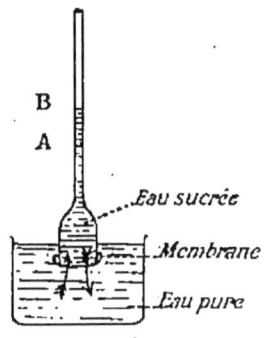

Fig. 54. — Expérience de Dutrochet : l'osmose.

En même temps on constate qu'une petite quantité de sucre est passée dans l'eau pure, c'est l'*exosmose*. Ce double courant est connu sous le nom d'*osmose* ou *dialyse*.

Si l'on mettait du blanc d'œuf ou albumine dans le tube, l'endosmose seule se produirait, car l'albumine n'est pas dialysable. On a divisé les substances en deux groupes : 1° les substances *cristalloïdes*, qui traversent facilement les membranes ; les corps qui cristallisent sont dans ce cas ; 2° les substances *colloïdes*, qui ne traversent pas les membranes ; la gélatine et l'albumine par exemple.

L'absorption est donc une osmose des substances cristalloïdes à travers l'épithélium intestinal. Il faut cependant remarquer que dans l'expérience de Dutrochet la membrane est inerte, tandis que les cellules épithéliales de l'intestin sont actives. Les substances passent dans les cellules épithéliales par osmose ; et ces cellules, par leur activité, peuvent modifier les liquides absorbés qui, plus loin, vont imprégner le tissu conjonctif et être recueillis ensuite par les veines et les chylifères. La transformation de ces sucs explique pourquoi certains poisons, tels que le *venin* des Serpents et le *curare* des Indiens de l'Amérique du Sud, causent des effets mortels lorsqu'ils sont introduits sous la peau, tandis qu'ils ne produisent aucun accident lorsqu'ils sont ingérés dans le tube digestif : c'est qu'ils ont été modifiés par les cellules qu'ils traversent. Les cellules épithéliales qui absorbent s'usent vite, elles sont enlevées par la bile et remplacées par des cellules jeunes situées à la base des anciennes.

RÉSUMÉ

L'*absorption* est le passage dans le sang des substances nutritives provenant de la digestion.

Les voies d'absorption. — Deux voies d'absorption :
1° Les matières grasses par les *villosités intestinales* ;
2° Les peptones et les glucoses par les *veines intestinales* et la *veine porte*.

Mécanisme de l'absorption. — L'expérience de Dutrochet montre que l'absorption peut être considérée comme un cas particulier de l'*osmose*. Les substances *cristalloïdes* traversent les membranes, les *colloïdes* ne les traversent pas.

CHAPITRE IV

LA DIGESTION DANS LA SÉRIE ANIMALE

§ 1. — Invertébrés.

Protozoaires. — Les *Protozoaires* étant unicellulaires (voir chapitre sur la *classification des animaux*) ne peuvent avoir de tube digestif. Cependant nous avons vu que l'Amibe (*fig.* 55) peut, à l'aide de ses pseudopodes, s'emparer de particules alimentaires qu'elle englobe dans son protoplasma. On voit alors se former autour de ce corps étranger une vacuole dans laquelle se rassemblera un suc digestif de *réaction acide* et contenant une *diastase* qui va transformer la partie assimilable de ce corpuscule. C'est donc bien une véritable digestion.

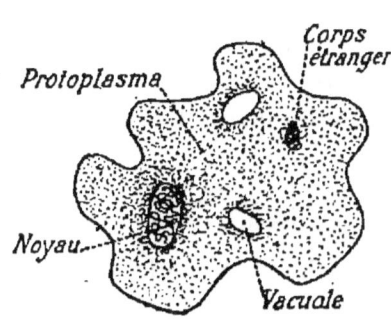

Fig. 55. — Un Amibe.

Éponges. — Les aliments pénètrent par les *pores* (*fig.* 56, A) avec l'eau, et les résidus de la digestion sont rejetés par l'*oscule*. La couche interne de l'éponge formée de cellules munies d'un flagellum (*cellules à collerette*) (*fig.* 56, B), digère les substances nutritives.

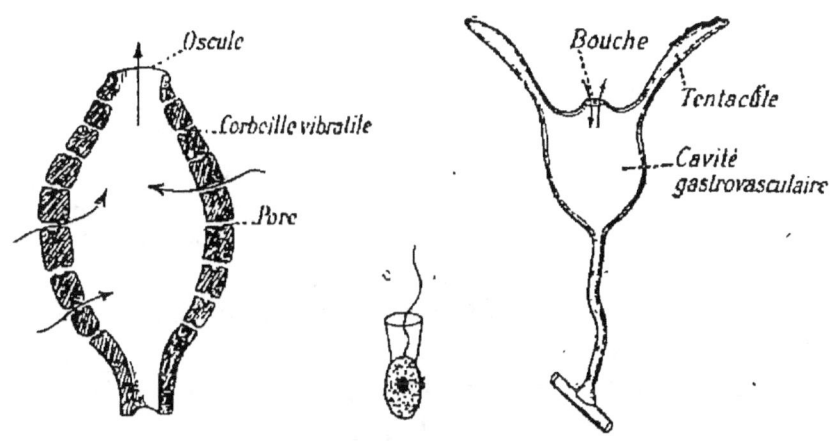

A. — Éponge.   B. — Cellule à collerette.
Fig. 56. — Schéma d'une Éponge calcaire.

Fig. 57. — Hydre d'eau douce.

Cœlentérés. — Chez les Cœlentérés (Hydre, Corail, Méduse, etc.) la cavité digestive est une simple poche pourvue d'un seul orifice qui sert pour l'entrée des aliments et pour la sortie des résidus. Autour de cet orifice se trouvent des sortes de bras ou *tentacules* à l'intérieur desquels se prolonge la cavité digestive (*fig*. 57).

Souvent ces animaux sont associés, groupés en *colonie*. Les membres de cette colonie sont en communication par des canaux *gastro-vasculaires* qui reçoivent le liquide nutritif résultant de la digestion et qui en font profiter toute la colonie.

Échinodermes. — Le tube digestif est déjà plus spécialisé.

Chez l'*Oursin* par exemple, la bouche placée à la face inférieure, porte un appareil masticateur appelé *lanterne d'Aristote* (*fig*. 58). Cet appareil est formé par cinq pyramides calcaires accolées et portant chacune une dent.

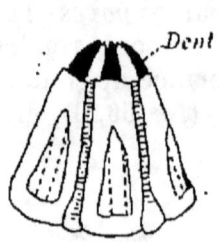

Fig. 58. — La lanterne d'Aristote.

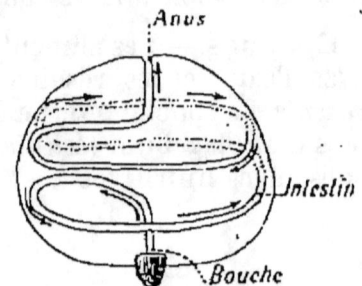

Fig. 59. — Tube digestif de l'Oursin.

L'œsophage part du centre de la lanterne d'Aristote et se continue par un tube cylindrique qui fait un tour dans un sens, puis un tour en sens inverse, et va s'ouvrir par l'anus, au pôle opposé à celui qui porte la bouche (*fig*. 59).

Chez les *Étoiles de mer* l'estomac, qui est au centre, envoie des prolongements dans chacun des bras.

Arthropodes. — Les *Arthropodes* comprennent les Insectes, les Myriapodes, les Arachnides et les Crustacés. On peut considérer à part dans chacun de ces groupes l'appareil masticateur ou *armature buccale* et le *tube digestif*.

1° **Insectes.** — L'*appareil masticateur* varie avec le régime de l'animal. Les insectes *broyeurs* (Hanneton) ont des appendices, mandibules et mâchoires, qui sont disposées pour broyer ; les *lécheurs* (Abeille) présentent les mêmes pièces, mais modifiées différemment pour donner une sorte de languette disposée pour lécher ; les *suceurs* (Papillons) ont une longue trompe disposée pour sucer le nectar des fleurs ; les *piqueurs* (Cousin, Puce) ont un stylet qui glisse dans un étui.

Le *tube digestif* (fig. 60) comprend un œsophage, suivi d'un jabot, d'un gésier et d'un ventricule chylifique. Dans l'intestin, terminé par le rectum, s'ouvrent les *tubes de Malpighi*, qui sont des canaux urinaires.

2° Les **Myriapodes** (Scolopendre) ont des mâchoires, puis des *pattes-mâchoires* portant un crochet venimeux.

Le tube digestif diffère peu de celui des Insectes.

3° Les **Arachnides** (Araignées) ont les antennes transformées en pinces venimeuses appelées *chélicères*.

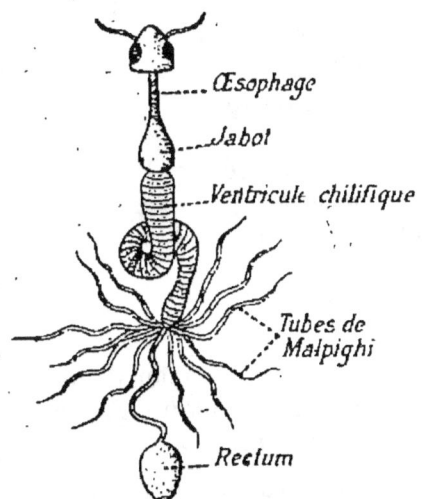

Fig. 60. — Tube digestif d'un Insecte (*Hanneton*).

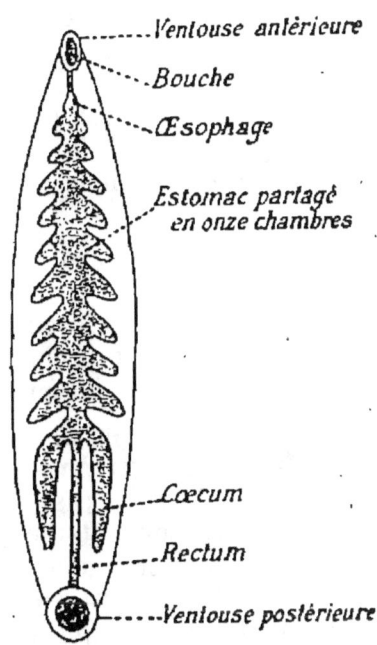

Fig. 62. — Tube digestif d'une Sangsue.

Fig. 61. — Une mâchoire de Sangsue. Plaie triangulaire produite par les mâchoires.

4° Les **Crustacés** ont l'appareil masticateur formé d'un grand nombre d'appendices, homologues des appendices des autres segments (pattes thoraciques et abdominales), spécialement adaptés en vue de la mastication.

Avant chaque mue, on trouve dans l'estomac de l'Écrevisse des concrétions calcaires que l'animal utilise pour former sa nouvelle carapace.

Vers. — Les Vers parasites (Ténia) sont dépourvus de tube digestif ; ils se nourrissent par imbibition des liquides nutritifs provenant de leur hôte.

Chez la *Sangsue*, la bouche qui s'ouvre au milieu de la ventouse antérieure, porte trois mâchoires chitineuses qui en fonctionnant font une plaie triangulaire (*fig.* 61). L'estomac présente onze chambres séparées par des cloisons musculaires percées d'un orifice (*fig.* 62).

La plupart des Vers ont un tube digestif simple ne présentant pas de différenciation.

Mollusques. — Les *Mollusques* ont dans la bouche une longue bande flexible portant de nombreuses dents cornées rangées régulièrement : c'est la *radula*. Les *Céphalopodes* (Poulpe) ont deux mâchoires chitineuses en forme de bec de perroquet.

Le tube digestif est généralement recourbé en U ; il est enveloppé par le foie qui est un *hépatopancréas*, c'est-à-dire une glande faisant fonctions de foie et de pancréas.

§ 2. — Vertébrés.

Les *Vertébrés* comprennent les Poissons, Batraciens, Reptiles, Oiseaux et Mammifères. Examinons dans chaque groupe les modifications de la *dentition* et du *tube digestif*.

Poissons. — Les *dents* sont en nombre considérable, et sont fixées non seulement sur les mâchoires, mais sur tous les os de la bouche jusque dans le pharynx. Elles peuvent être rangées concentriquement, comme chez le Requin (*fig.* 63), et donner une armature formidable.

Le tube digestif est simple ; il ne présente qu'un léger renflement stomacal (*fig.* 64). Au commencement de l'intestin se trouvent des prolongements, les *appendices pyloriques*. L'intestin des Poissons cartilagineux (*Requin*) présente un repli appelé, à cause de sa forme, *valvule spirale*.

Batraciens. — Les *Batraciens* n'ont que de petites dents coniques. Leur tube digestif est très simple. Le pancréas est disposé le long du canal cholédoque.

Reptiles. — Les Reptiles, sauf les Tortues qui ont un bec corné, ont de nombreuses dents coniques disposées sur les maxillaires de trois façons : elles sont *acrodontes* (*fig.* 65, A),

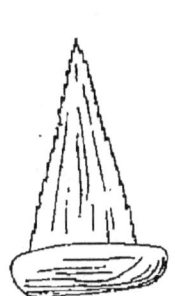

Fig. 63. — Une dent de Requin.

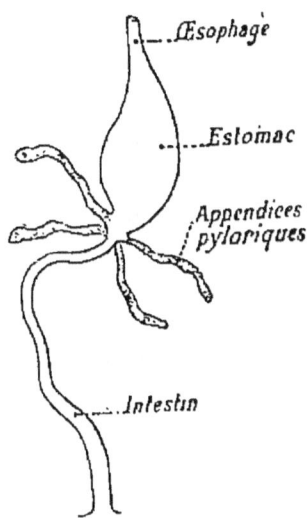

Fig. 64. — Tube digestif d'un Poisson.

disposées sur les maxillaires, chez le Lézard ; *pleurodontes* (*fig.* 65, B), logées dans une rainure sur le côté, chez l'Ichtyosaure; *thécodontes* (*fig.* 65, C), dans des alvéoles, chez le Crocodile.

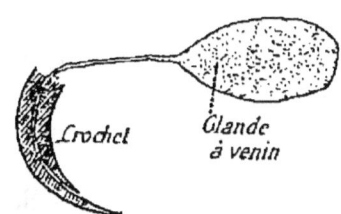

A
Acrodonte.

B
Pleurodonte.

C
Thécodonte.

Fig. 65. — Dents des Reptiles.

Fig. 66. — Crochet venimeux et glande à venin de Vipère.

Les Serpents ont les maxillaires inférieurs réunis par un *ligament* qui permet à la bouche de s'ouvrir largement et d'avaler des proies énormes. Les autres os de la bouche portent aussi des dents dirigées d'avant en arrière.

Les Serpents venimeux (*Vipère*) portent à la mâchoire supérieure deux crochets qui sont creux ou cannelés pour loger le canal excréteur de la *glande à venin* (*fig.* 66). Ce canal vient déboucher un peu au-dessus de la pointe.

Oiseaux. — Les *Oiseaux* actuels n'ont pas de dents et ont un bec corné; mais certains Oiseaux fossiles, l'*Archeopteryx*, l'*Ichthyornis* avaient des dents, caractère qui les rapprochaient des Reptiles.

Le tube digestif (*fig.* 67) comprend l'œsophage, le *jabot* dans lequel s'accumulent les graines, le *ventricule succenturié* qui sécrète le suc gastrique, le *gésier* dont les parois épaisses et musculeuses sont revêtues de pièces cornées servant à la trituration des aliments, enfin l'*intestin* qui porte deux *cœcums* et vient s'ouvrir dans une poche appelée *cloaque* où débouchent les uretères et les conduits génitaux.

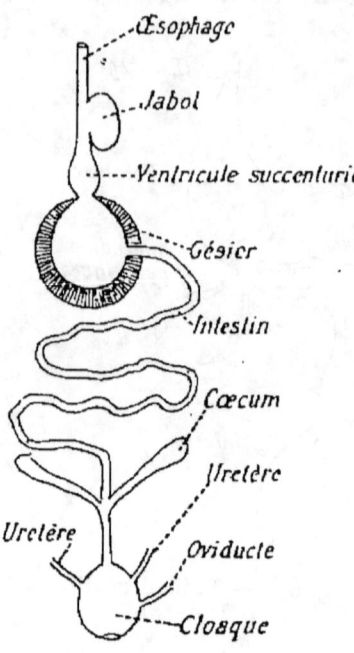

Fig. 67. — Tube digestif d'un Oiseau.

Mammifères. — Les modifications intéressantes à étudier sont celles de la *dentition*, de *l'estomac* et de *l'intestin*.

I. **Dentition.** — La dentition et la forme des *condyles* de la mâchoire inférieure varient avec le régime du Mammifère.

1° CARNASSIERS (*fig.* 68). — Les *incisives* sont petites ; les *canines* très développées ; les *molaires* ont des lobes aigus et se croisent avec celles de la mâchoire opposée comme les lames d'une paire de ciseaux. Parmi ces molaires il en est une plus développée que les autres, c'est la *carnassière*.

Le *condyle* de la mâchoire inférieure (*fig.* 69) est allongé transversalement et s'emboîte dans une cavité du temporal, de sorte que cette mâchoire ne peut se mouvoir que verticalement.

2° RONGEURS (*fig.* 70). — Les *incisives* sont très grandes, et sont pourvues d'émail seulement sur leur face antérieure, de sorte qu'elles s'usent en biseau et présentent un bord tranchant. Pas de *canines* ; et l'espace laissé libre entre les incisives et les molaires s'appelle la *barre*. Les *molaires* ont

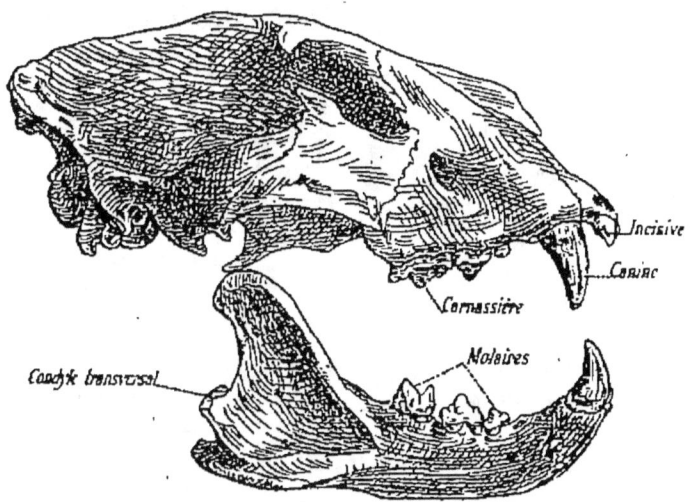

Fig. 68. — Tête de Carnassier (*Lion du Sénégal*).

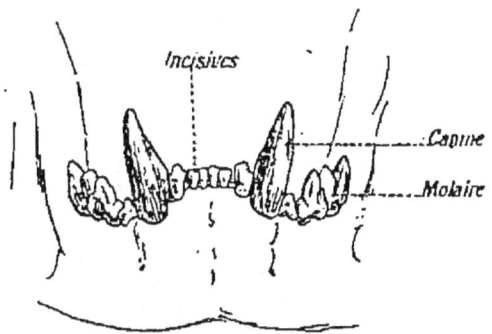

Fig. 69. — Mâchoire inférieure du Lion, vue de face.

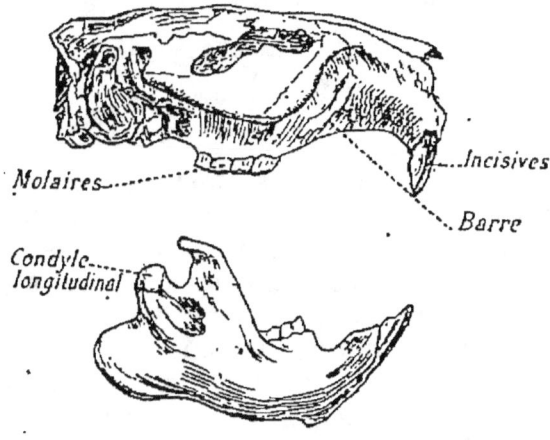

Fig. 70. — Tête de Rongeur (*Castor*).

une couronne aplatie qui présente des replis d'émail transversaux.

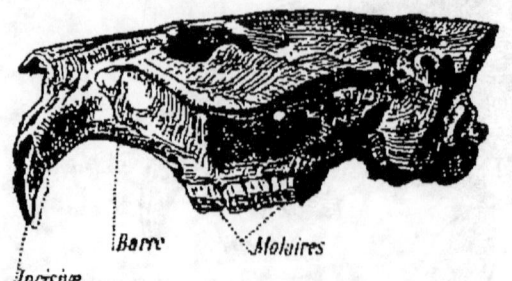

Fig. 71. — Mâchoire de Rongeur (*Castor*) vue en dessous.

Le *condyle* est allongé longitudinalement, de sorte que la mâchoire inférieure (*fig.* 71) se meut facilement d'arrière en avant et d'avant en arrière. La mâchoire inférieure fonctionne un peu à la façon d'une lime.

3° RUMINANTS (*fig.* 72). — Ils n'ont ni *incisives*, ni *canines* à la mâchoire supérieure (sauf chez les Chameaux) ; à la mâchoire inférieure les incisives sont aplaties en forme de pelle. Les *molaires* sont garnies de replis d'émail.

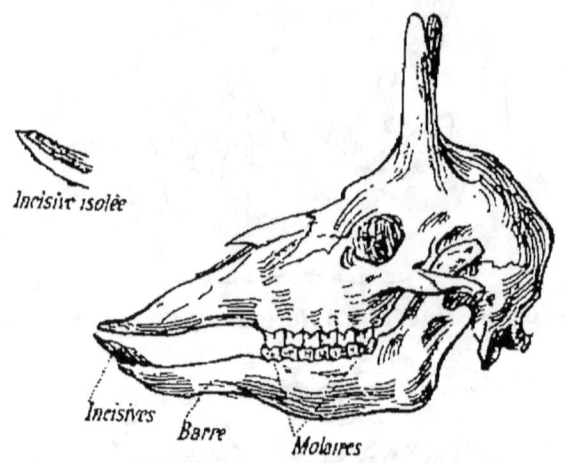

Fig. 72. — Tête de Ruminant (*Antilope*) et incisive isolée.

Le *condyle* est concave et se meut sur une surface convexe, ce qui permet des mouvements de latéralité très étendus. Les mâchoires fonctionnent comme des meules pour écraser les herbes dont ces animaux se nourrissent.

D'autres Mammifères ont une dentition spéciale. C'est ainsi que les *Insectivores* ont les molaires hérissées de pointes aiguës. Le *Cheval* (*fig.* 73) a des incisives et des canines aux deux mâchoires ; la jument n'a pas de canines ; les molaires sont pourvues de crêtes sinueuses d'émail (*fig.* 74). L'usure plus ou moins grande des replis d'émail permet de reconnaître l'âge du Cheval.

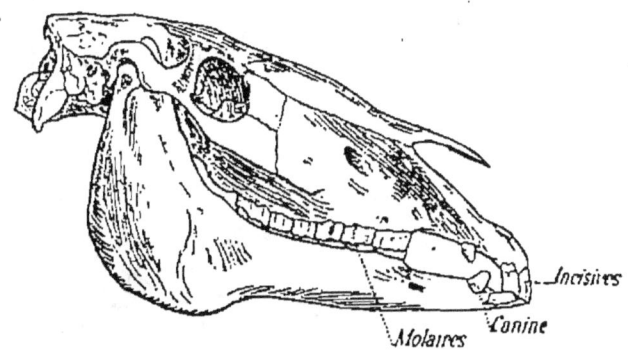

Fig. 73. — Tête de Cheval.

L'*Eléphant* a ses deux incisives supérieures très développées pour former les *défenses*. Chez le *Sanglier* ce sont les *canines* qui forment les défenses.

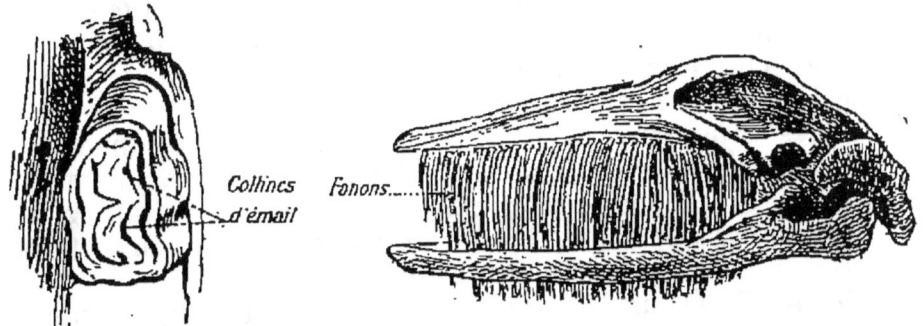

Fig. 74. — Une molaire du Cheval et ses collines d'émail.

Fig. 75. — Tête de Baleine.

Certains Mammifères, comme le *Fourmilier*, la *Baleine*, n'ont pas de dents. La Baleine a son palais pourvu de grandes lames cornées, les *fanons*, dont elle se sert comme d'un filet pour capturer sa nourriture (*fig.* 75).

Enfin les Monotrèmes (Ornithorhynque et Echidné) ont un bec corné.

II. **Estomac**. — Il présente souvent deux régions : une région *sécrétrice*, et une région servant de réservoir aux aliments. Chez le Rat on observe ces deux régions (*fig.* 76).

Chez les Ruminants, l'estomac (*fig.* 77) présente quatre poches : 1° la *panse* ou *herbier* qui communique avec l'œsophage par la *gouttière œsophagienne* ; 2° le *bonnet* dont la surface interne présente des cloisons qui forment des loges 3° le *feuillet* dont la muqueuse plissée présente des lames

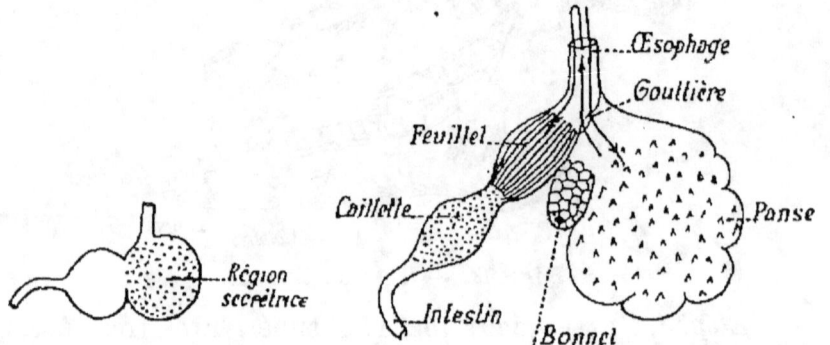

Fig. 76. — Estomac du Rat. Fig. 77. — Estomac du Ruminant.

disposées comme les feuillets d'un livre ; 4° la *caillette* qui sécrète le suc gastrique ; elle doit son nom à ce que chez le Veau elle sécrète une substance, la *présure*, qui a la propriété de faire cailler le lait.

Les Ruminants mâchent grossièrement leurs aliments ; l'herbe mise en boulettes distend l'œsophage, appuie sur les bords de la gouttière œsophagienne qu'elle entr'ouvre, et tombe dans la panse. Puis, une fois au repos, l'animal fait remonter ces aliments par le même chemin ; il les broie et les réduit en une bouillie plus liquide qui va glisser sur la gouttière œsophagienne et passer directement dans le feuillet, puis dans la caillette. Cet acte porte le nom de *rumination*.

III. **Intestin.** — Il a une longueur qui varie avec le régime de l'animal. Plus le régime est carnivore, moins l'intestin est long : l'intestin du Chat a 2 mètres de long, celui du Chien 4 à 5 mètres. Les herbivores, au contraire, ont un long intestin, car les matières végétales se digèrent difficilement : la longueur de l'intestin du Cheval est de 25 mètres, du Mouton 28 mètres et du Bœuf 50 mètres environ.

RÉSUMÉ

Invertébrés.

Protozoaires : Vacuoles contiennent des *diastases*.

Eponges : Aliments amenés par l'eau entrant par les pores et sortant par l'oscule.

Cœlentérés : Cavité gastro-vasculaire ; un seul orifice.

Echinodermes.
- Lanterne d'Aristote des *Oursins*.
- Tube digestif avec ou sans anus.

Arthropodes
- Adaptation des appendices antérieurs à la mastication.
- L'armature buccale varie avec le régime (*Insectes*).
- Jabot, gésier, ventricule chylifique et tubes de Malpighi chez les Insectes.

Vers...
- Les parasites le plus souvent n'ont pas de tube digestif.
- Mâchoires chitineuses de la Sangsue.

Mollusques
- *Radula* et bec corné des Céphalopodes.
- Tube digestif souvent recourbé en U.

Vertébrés.

Poissons..
- Dents sur tous les os de la mâchoire.
- Tube digestif avec appendices pyloriques.

Batraciens : Petites dents coniques.

Reptiles..
- Dents *acrodontes, pleurodontes* et *thécodontes*.
- Maxillaires inférieurs du Serpent réunis par un ligament.
- Crochets venimeux et glande à venin.

Oiseaux..
- Bec corné ; pas de dents ; les Oiseaux fossiles avaient des dents.
- Tube digestif : *Jabot, Ventricule succenturié* (estomac), *Gésier*.
- Intestin : Deux *cœcums, cloaque*.

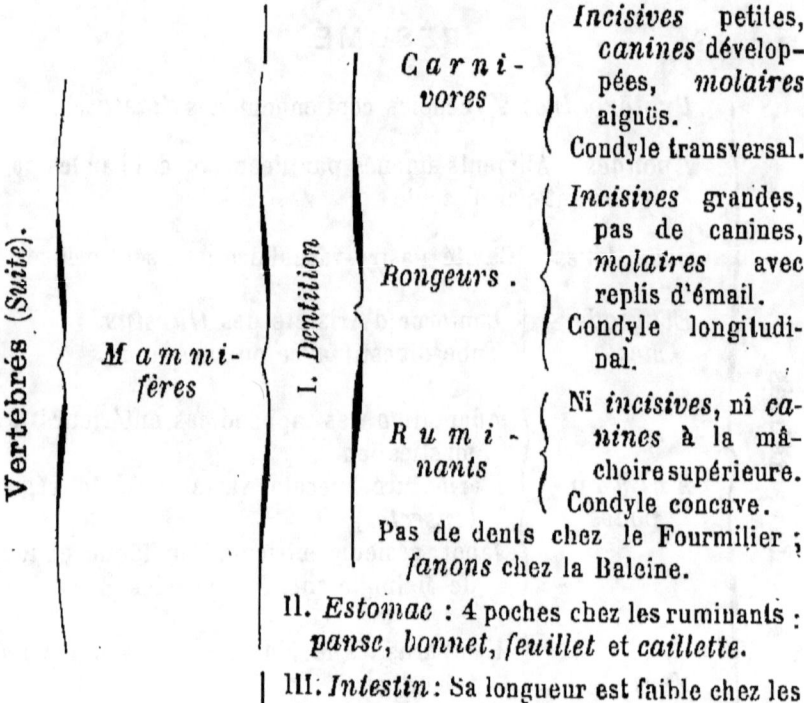

II. *Estomac* : 4 poches chez les ruminants : *panse, bonnet, feuillet* et *caillette*.

III. *Intestin* : Sa longueur est faible chez les Carnivores, considérable chez les Herbivores.

CHAPITRE V

LA CIRCULATION

La circulation est le mouvement à l'intérieur de l'organisme d'un liquide nourricier appelé *sang*. On aura donc à étudier successivement l'*appareil circulatoire*, le *sang* et la *physiologie* de la circulation.

LA CIRCULATION

I. — Appareil circulatoire.

Ses différentes parties. — L'appareil circulatoire comprend l'ensemble des organes destinés à assurer la marche continue et aussi la distribution du sang dans tous les organes.

Il comprend quatre parties :
1° Le *cœur*, qui est l'organe de propulsion, lançant le sang dans l'organisme ;
2° Les *artères*, qui sont des tubes ou vaisseaux partant du cœur pour se rendre aux différents organes ;
3° Les *capillaires*, qui sont des vaisseaux très étroits, microscopiques, et faisant communiquer les artères avec les veines ;
4° Les *veines*, qui sont des vaisseaux ramenant au cœur le sang qui a circulé dans les différents organes (*fig.* 78).

Tout cet ensemble, cœur, artères, capillaires et veines, forme un système complètement *clos* à l'intérieur duquel le sang circule.

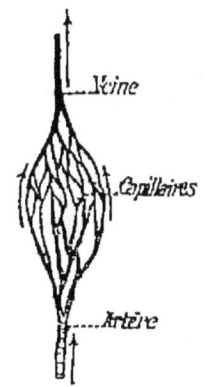

Fig. 78. — Les capillaires unissant les artères aux veines.

Le cœur. — Le cœur (*fig.* 79) est situé dans la poitrine entre les deux poumons ; il a la forme d'un cône dont la pointe est tournée en bas et à gauche ; sa direction n'est pas verticale, il est couché obliquement sur le diaphragme ; il a la grosseur du poing et pèse environ 300 grammes. Il est logé dans une membrane séreuse, le *péricarde*, qui l'enveloppe un peu comme le bonnet de coton enveloppe la tête ; entre les deux feuillets de ce péricarde se trouve le *liquide péricardique*. Enfin il est suspendu, à l'intérieur de la poitrine, par les gros vaisseaux qui partent de sa base.

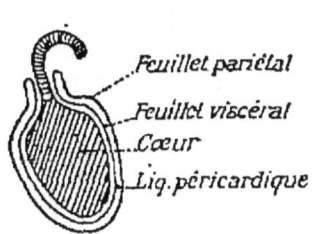

Fig. 79. — Disposition du péricarde.

A sa surface on voit deux sillons perpendiculaires l'un sur l'autre, et dont le plus net, le sillon transversal, est perpendiculaire à l'axe du cœur. Ces deux sillons correspondent aux quatre cavités qu'on trouve dans son intérieur : deux *oreillettes*, situées en haut, et deux *ventricules* placés en bas (*fig.* 80). De chaque côté des oreillettes on aperçoit

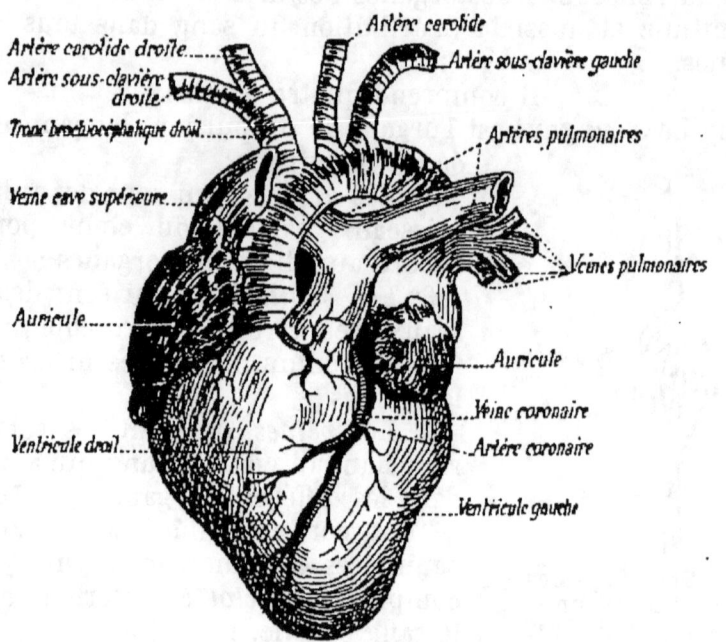

Fig. 80. — Le cœur vu par sa face antérieure.

deux masses déchiquetées qui sont des diverticules des oreillettes : ce sont les *auricules*. Les oreillettes ne communiquent pas entre elles, ni les ventricules non plus ; mais chaque oreillette communique avec le ventricule du dessous par un orifice appelé *orifice auriculo-ventriculaire*. En réalité, il y a un cœur gauche et un cœur droit formés chacun d'une oreillette et d'un ventricule.

Les orifices auriculo-ventriculaires sont garnis de replis membraneux, en forme de manchon et qu'on appelle *valvules* (*fig.* 81). Celle de droite est appelée *tricuspide* parce qu'elle présente trois échancrures; celle de gauche n'a que deux échancrures, d'où le nom de *bicuspide* ou *mitrale* parce qu'elle rappelle, assez vaguement du reste, une mitre renversée. Sur le bord inférieur de ces valvules viennent s'attacher des petites cordes tendineuses qui vont s'insérer, d'autre part, sur de petites colonnes charnues qui hérissent l'intérieur des ventricules et qu'on appelle *muscles papillaires* ou *piliers* du cœur.

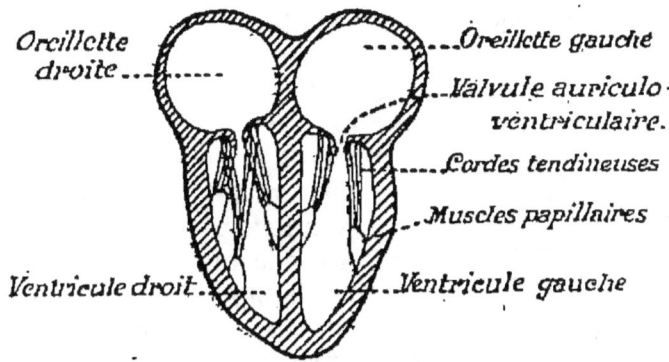

Fig. 81. — Coupe du cœur montrant la disposition des valvules auriculo-ventriculaires.

Vaisseaux qui partent du cœur ou qui y arrivent. — Les cavités du cœur communiquent par des orifices avec les vaisseaux qui emportent le sang ou qui le ramènent. Du ventricule gauche part *l'artère aorte* (fig. 82), qui va distribuer le sang à l'organisme ; le sang qui a circulé revient par

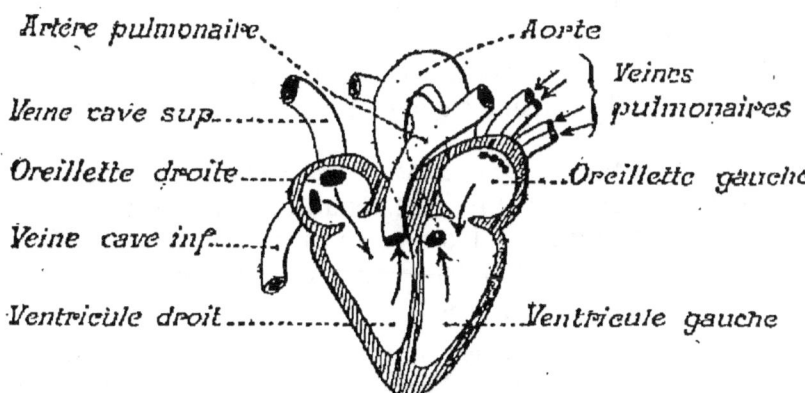

Fig. 82. — Coupe théorique du cœur montrant les orifices des vaisseaux.

les *deux veines caves*, qui débouchent dans l'oreillette droite ; du ventricule droit part *l'artère pulmonaire*, qui va conduire le sang aux poumons ; enfin dans l'oreillette gauche arrivent les quatre *veines pulmonaires*, qui ramènent le sang des poumons.

Structure du cœur. — Le cœur est une masse charnue, ce qui explique pourquoi on l'a parfois appelé *muscle creux*. Les oreillettes ont des parois minces tandis que les ventricules ont des parois épaisses, surtout le ventricule gauche (*fig.* 83). Le cœur est formé de trois parties qui sont, en allant de l'extérieur vers l'intérieur : 1° le *péricarde*, membrane séreuse dont le feuillet viscéral est soudé au cœur et dont le feuillet pariétal est en rapport avec la plèvre et le diaphragme ; 2° le *myocarde*, de nature musculaire, et dont les fibres sont striées et ramifiées ; ces fibres musculaires viennent s'attacher sur les anneaux fibreux qui entourent les quatre orifices (deux auriculo-ventriculaires, aortique et pulmonaire) ; elles sont de deux sortes, les fibres *propres* à chaque oreillette, et les fibres *unitives*, qui sont communes aux deux oreillettes ou aux deux ventricules et qui relient par conséquent les deux cœurs entre eux ; 3° l'*endocarde*, qui est une membrane mince présentant une couche de cellules pavimenteuses qui forment ce qu'on appelle l'*endothélium* ; cet endothélium tapisse l'intérieur de tout l'appareil circulatoire.

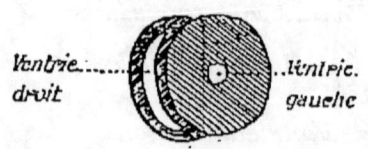

Fig. 83. — Coupe transversale du cœur au niveau des ventricules.

Nous retrouverons cette structure dans les veines, ce qui nous permet de considérer le cœur comme une *veine dilatée*.

Les artères. — *Les artères sont les vaisseaux qui partent du cœur.* A leur origine, elles sont au nombre de deux : l'*artère pulmonaire* et l'*aorte*. Elles présentent, à leur origine, trois replis en forme de nids de pigeon, et qu'on appelle les *valvules sigmoïdes*.

1° L'*artère pulmonaire*, après être sortie du ventricule droit, se divise en deux branches qui vont porter le sang veineux à chaque poumon.

2° L'*aorte* (*fig.* 84) part du ventricule gauche, monte d'abord, puis se recourbe en arrière et à gauche en formant la *crosse de l'aorte* qui va gagner la colonne vertébrale que l'aorte suit jusqu'au bas des vertèbres lombaires. De l'aorte se détachent les artères se rendant aux organes : le cœur lui-même reçoit deux artères, les *artères coronaires*, qui se détachent de l'aorte un peu au-dessus de sa naissance.

La crosse de l'aorte donne naissance aux artères de la tête, du cou et des membres supérieurs. A droite : le *tronc brachio-céphalique*, qui se divise bientôt en deux artères, la *carotide primitive droite* qui se dirige vers la tête, et l'*artère sous-clavière droite*, qui passe sous la clavicule. A gauche : la *carotide* et la *sous-clavière* naissent séparément.

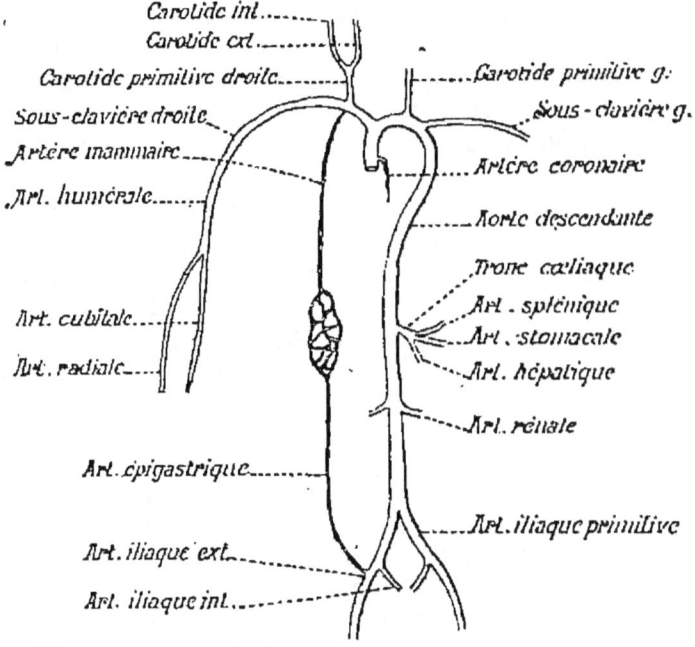

Fig. 84. — Aorte et ses principales ramifications.

La *carotide primitive* monte le long du cou et se divise en *carotide externe*, qui distribue des branches à la face et aux parties superficielles de la tête, et en *carotide interne*, qui pénètre dans le crâne et va alimenter l'encéphale et les organes des sens.

La *sous-clavière*, après avoir envoyé l'*artère vertébrale* vers le cou et la base du crâne, suit l'aisselle, puis le bras sous le nom d'*artère humérale*, et se divise au coude pour donner l'*artère radiale* et l'*artère cubitale* qui vont se ramifier et s'anastomoser en formant les *arcades palmaires* de la main.

L'*aorte descendante* traverse le diaphragme et chemin faisant elle distribue des artères aux parois du corps et aux organes. Parmi les principaux troncs, citons les artères *bronchiques*, *œsophagiennes*, *intercostales*, *diaphragmatiques*, le *tronc cœliaque* qui donne trois branches allant au foie (*artère hépatique*), à l'estomac (*artère stomacale*) et à la rate (*artère splénique*), puis naissent les *artères mésentériques* se rendant à l'intestin et les *artères rénales* irriguant les reins.

Au niveau de la région lombaire l'aorte se bifurque pour donner les deux *artères iliaques primitives*, qui se divisent bientôt en *iliaque interne* et *iliaque externe*. L'iliaque interne va nourrir les organes du bassin, tandis que l'externe se dirige vers la cuisse pour devenir l'*artère fémorale*, puis les *artères tibiales*, *péronières*, *pédieuses*, etc. A noter l'artère iliaque externe qui donne naissance à l'*artère épigastrique*, laquelle, en suivant les parois abdominales et thoraciques, remonte vers les branches de l'*artère mammaire* qui vient de l'artère sous-clavière. Les ramifications de ces deux artères s'anastomosent et permettent ainsi au sang d'arriver dans les jambes en passant par les sous-clavières et non par l'aorte. Dans certains cas pathologiques, l'aorte étant comprimée, le sang suit cette voie.

Structure des artères. — Les artères principales ont leur paroi formée de trois enveloppes ou *tuniques* : 1° la *tunique externe*, formée de tissu conjonctif et de fibres élastiques ; 2° la *tunique moyenne*, formée de fibres élastiques et de fibres musculaires lisses enroulées autour de la tunique interne ; 3° la *tunique interne*, formée d'un endothélium à cellules plates et en continuité avec celui du cœur et celui des capillaires.

La structure de la tunique moyenne varie : *élastique* dans les grosses artères, elle devient peu à peu musculaire à mesure qu'on avance vers les fines artérioles. La figure 85 montre bien la répartition des tissus élastique et musculaire depuis les grosses artères jusqu'aux capillaires.

L'artère a généralement un aspect jaunâtre ; elle est *élastique* : sa section est par conséquent circulaire et béante (*fig.* 86), d'où le danger d'une coupure d'artère. Il faut dire que les grosses artères sont bien préservées, car elles sont toutes situées profondément, protégées par conséquent par d'épaisses couches musculaires. Cependant l'artère radiale et l'artère temporale sont assez superficielles pour qu'on puisse sentir leur battement.

La veine, au contraire, est peu élastique, de sorte qu'après une section, les parois s'affaissent et l'ouverture ne reste pas

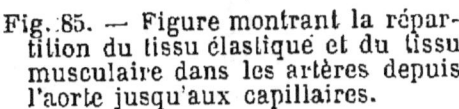

Fig. 85. — Figure montrant la répartition du tissu élastique et du tissu musculaire dans les artères depuis l'aorte jusqu'aux capillaires.

Artère (tissu élastique.)   Veine (tissu musculaire)

Fig. 86. — Section d'une artère et d'une veine.

béante. Sa coupure est donc moins dangereuse que celle d'une artère; il est vrai de dire qu'elle est plus fréquente, car la plupart des veines sont superficielles.

Les capillaires. — Ce sont les vaisseaux qui sont en communication d'un côté avec les fines ramifications des artères, et de l'autre avec les petites veines. Ils sont très fins, d'où leur nom. Souvent leur diamètre est à peine suffisant pour laisser passer un globule rouge (7μ). Les capillaires forment des réseaux qui pénètrent dans les tissus en formant une sorte de chevelu.

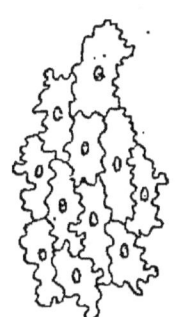

Fig. 87. — Endothélium des vaisseaux sanguins et du cœur.

Leur structure est très simple : leur paroi est formée uniquement de cellules aplaties, dont les bords ondulés s'engrènent les uns avec les autres. En réalité le capillaire est formé par un simple *endothélium* en continuité avec celui des artères et des veines (*fig.* 87).

Les veines. — *Les veines sont des vaisseaux qui ramènent le sang des organes vers le cœur.* — Tandis que les artères partent des ventricules, les veines aboutissent aux oreillettes. C'est ainsi que dans l'oreillette gauche arrivent quatre *veines pulmonaires*, ramenant le sang artériel des poumons; dans l'oreillette droite arrivent la *veine coronaire* qui vient des parois du cœur et les deux *veines caves* qui ramènent le sang des différentes régions de l'organisme.

Le système veineux comprend : les veines *profondes* et les

veines *superficielles*. Les veines profondes viennent des viscères et des membres ; dans les membres, on trouve deux veines, dites *satellites*, pour une artère ; ces veines portent le même nom que l'artère qu'elles côtoient. Les veines *superficielles* ou *sous-cutanées* qui sont situées sous la peau forment par leurs anastomoses un réseau assez compliqué.

Les veines présentent parfois sur leur trajet des renflements irréguliers qui sont appelés *sinus*, tels les sinus veineux du crâne.

Les veines superficielles et profondes, vers la racine des membres, s'unissent en un tronc unique (*fig.* 88). Puis les veines des membres inférieurs et de l'abdomen vont former la *veine cave inférieure* qui vient se jeter dans l'oreillette droite. Les veines de la tête, du cou (*veines jugulaires*) et des bras *veines sous-clavières*) se réunissent pour former la *veine cave supérieure*, qui arrive aussi dans l'oreillette droite.

La *veine azygos* réunit la veine cave inférieure à la veine cave supérieure par l'intermédiaire des veines iliaques. Cette veine reçoit les veines *lombaires* et les *petites azygos supérieure et inférieure* qui apportent le sang veineux des régions thoracique et lombaire. Cette disposition, dans le cas où la veine cave inférieure est oblitérée, permet au sang des jambes de revenir au cœur par la veine azygos et la veine cave supérieure.

On appelle *veine porte* une veine intercalée entre deux systèmes de capillaires. La *veine porte hépatique* par exemple est comprise entre les capillaires de l'intestin et ceux du foie.

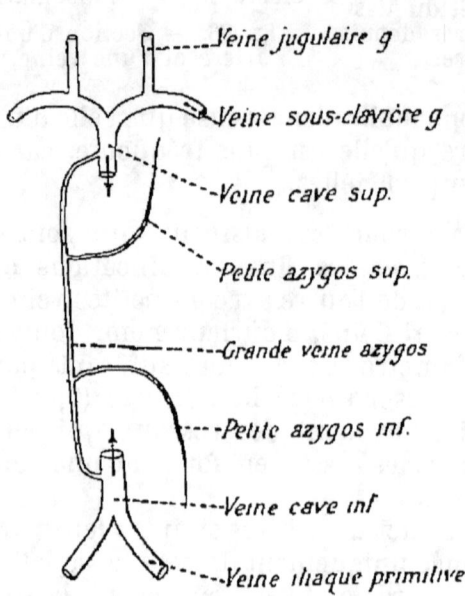

Fig. 88 — Les gros troncs veineux.

Si on ouvre longitudinalement une veine (*fig.* 89), on voit des valvules en nid de pigeon dont la concavité est tournée vers le cœur. Elles sont surtout abondantes dans les membres inférieurs où elles ont pour but d'empêcher le sang de refluer vers les extrémités. Cette disposition des val-

Fig. 89. — Veine ouverte montrant les valvules.

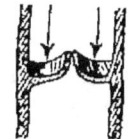

A. — Le sang est empêché de revenir en arrière.

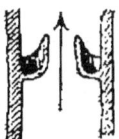

B. — Le sang passe.

Fig. 90. — Rôle des valvules.

vules fait que le sang ne peut progresser, dans les veines, que vers le cœur (*fig.* 90).

Les veines ont la même structure que les artères, mais le tissu élastique de la tunique moyenne est remplacé par des *fibres musculaires lisses*. L'intérieur est toujours tapissé par un *endothélium* qui est le même que celui des artères et des capillaires.

II. — Le sang.

La composition du sang. — Le sang est, comme l'a dit Claude Bernard, *un milieu intérieur* qui sert d'intermédiaire entre le milieu extérieur dans lequel vit l'animal et les éléments anatomiques.

Chez l'homme la quantité de sang est d'environ 5 litres ; c'est un liquide dont la couleur varie du rouge vermeil (sang artériel) au rouge foncé, presque noir (sang veineux) ; sa saveur est salée, et sa réaction alcaline.

Le sang peut être considéré comme un tissu conjonctif dont la substance interstitielle serait liquide : si, en effet, on regarde une goutte de sang au microscope, on voit des cellules ou *globules* nager dans un liquide appelé *plasma*. Le sang est donc formé de deux parties essentielles : 1° les *globules* ; 2° le *plasma*.

Les globules. — Les globules sont de deux sortes : les *globules rouges* ou *hématies*, et les *globules blancs* ou *leucocytes*.

1° **Globules rouges.** — Ils ont été découverts en 1658 par Swammerdam. Pour les étudier, il suffit de se faire une légère piqûre à la pulpe d'un doigt, et de recueillir la goutte de sang sur une lame de verre pour la recouvrir d'une mince lamelle afin d'empêcher l'évaporation. On voit alors une quantité innombrable de petits corpuscules discoïdes et de couleur *jaune-verdâtre* : ce sont les *globules rouges*. Ils n'apparaissent rouges que lorsqu'ils sont en couche épaisse. Ils ont une grande tendance, sur la préparation, à s'empiler comme des pièces de monnaie (*fig.* 91).

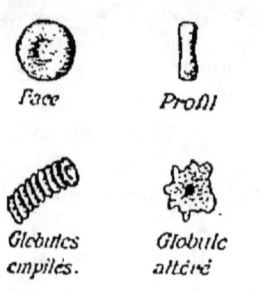

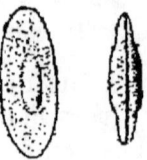
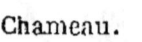
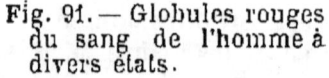

Fig. 91. — Globules rouges du sang de l'homme à divers états.

Fig. 92. — Globules rouges des Vertébrés.

a) Leur *forme* (*fig.* 91) est caractéristique : de face, ils sont *discoïdes* ; de profil, légèrement *concaves*. Ils s'altèrent rapidement à l'air et présentent alors un contour crénelé. Comme ils sont élastiques, on les voit parfois s'allonger à l'intérieur des fins capillaires. Tous les Mammifères ont des hématies discoïdes et biconcaves, sauf le Chameau (*fig.* 92) qui les a elliptiques et biconcaves ; chez les autres Vertébrés ils sont elliptiques, biconvexes, et ont un noyau.

b) Leurs *dimensions* sont constantes chez le même animal mais elles varient chez les différents animaux. Chez l'homme, le globule rouge a 7μ, c'est-à-dire $\frac{7}{1.000}$ de millimètre, de diamètre. Les dimensions ne sont pas en rapport avec la taille ; ainsi les globules rouges ont 5μ chez le Bœuf, 6μ chez la Souris, 9μ chez l'Éléphant, 7μ,7 chez le Chien. Chez la Grenouille ils sont très grands (25μ) ; chez le Protée ils sont même visibles à l'œil nu (100μ). En général plus l'animal est élevé en organisation, plus les globules sont petits : ils sont en effet plus petits chez les animaux à sang chaud que chez les animaux à sang froid. Plus la vie est active, plus les globules sont petits : les animaux qui hibernent (Marmotte, Loir, Hérisson, etc.) ont de gros globules.

c) Le *nombre* des globules rouges est considérable. Malgré leur grand nombre on a pu les compter, en diluant beaucoup une certaine quantité de sang. On prend une quantité connue de ce liquide étendu et on la place dans un tube capillaire ; on compte les globules contenus dans un millimètre cube de ce liquide et par une simple règle de trois, on a le nombre de globules contenus dans un millimètre cube de sang. Chez l'homme il y en a environ 5 millions par millimètre cube, ce qui fait 5×1.000 ou 5 billions par centimètre cube, et 5.000×1.000 ou 5 trillions par litre ; comme il y a 5 litres de sang, le nombre des globules est d'environs 25 trillions. Le nombre des globules varie suivant les espèces ; il est petit chez les animaux qui ont de gros globules (200.000 par millimètre cube chez la Grenouille). Dans certaines maladies (anémie, tuberculose, cancer, etc.) le nombre des hématies est parfois diminué de moitié. D'où l'idée de la *transfusion* du sang, qui consiste à introduire chez un malade dont le sang est pauvre en globules rouges, du sang provenant d'une personne saine.

d) La *composition* des hématies comprend un *protoplasma* chargé d'une substance spéciale appelée *hémoglobine*. L'hémoglobine est une matière albuminoïde de couleur rouge, qui contient du fer (environ 4 pour 1.000), et qu'on peut obtenir en beaux cristaux. Elle a la propriété de fixer l'oxygène de l'air pour donner une substance, l'*oxyhémoglobine*, qui se dissocie facilement pour donner de l'oxygène et de l'hémoglobine. L'oxygène va servir à la respiration des tissus, et l'hémoglobine va retourner aux poumons pour s'oxyder de nouveau. C'est donc bien par l'hémoglobine, et par suite par les globules rouges, que l'oxygène est transporté dans tous les organes : ainsi se trouve justifié le nom de *commis voyageurs* en oxygène qu'on leur donne parfois.

2º **Globules blancs.** — On les appelle encore *leucocytes* ou *cellules migratrices* ou encore *phagocytes*. Ce sont des cellules formées d'une masse protoplasmique et d'un noyau.

Ils sont plus gros que les globules rouges (environ 9µ), mais ils sont aussi moins nombreux : il n'y a guère qu'un globule blanc pour 1.000 globules rouges.

En plaçant ces globules du sang dans un milieu où l'évaporation est empêchée, on les voit se mouvoir en poussant des prolongements protoplasmiques ou *pseudopodes* (fig. 93). La masse du corps est alors entraînée vers ces prolongements par un mouvement spécial appelé *mouvement amiboïde*, parce qu'il rappelle le mouvement de certains animaux inférieurs connus sous le nom d'*Amibes*. C'est par cette propriété que les leucocytes rampent le long des parois des vaisseaux, les perforent même pour aller voyager dans les tissus : d'où leur nom de *cellules migratrices*. Ce phénomène est connu sous le nom de *diapédèse*.

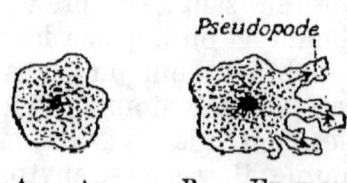

A. — Au repos. B. — En mouvement.
Fig. 93. — Le globule blanc.

Lorsque les globules blancs rencontrent des corps étrangers introduits dans l'organisme, des *Bactéries* par exemple, ils les entourent, les englobent et finissent par les digérer. Ils peuvent ainsi digérer des globules rouges ou d'autres cellules : c'est de la *phagocytose*.

Le globule blanc peut donc être considéré comme un élément qui défend l'organisme contre l'invasion de certaines maladies.

Le plasma. — Le *plasma* est la partie liquide du sang dans laquelle nagent les *globules*.

On sait que lorsqu'on reçoit dans un vase le sang provenant d'un animal, on voit bientôt une partie se prendre en une masse, de couleur rouge foncé, ayant l'aspect de la gelée de groseille ; c'est le *caillot* (fig. 94). Le caillot nage dans un liquide incolore appelé *sérum*. On dit que le sang s'est coagulé.

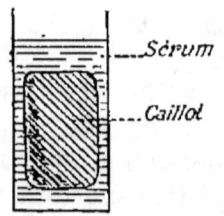

Fig. 94. — Coagulation du sang.

Si l'on recueille du sang de Cheval, la coagulation ne se produit pas immédiatement. Au bout de quelques minutes les globules tombent au fond du vase pour former le *cruor*, et le liquide incolore qui surnage est le *plasma*. Si l'on sépare ce liquide, on voit bientôt se former un caillot blanc constitué par de nombreux filaments qu'on désigne sous le nom de *fibrine* (fig. 95). La fibrine provient de la coagulation d'une substance albuminoïde, le *fibrinogène*, qui est dissoute dans le plasma, et qui sous l'influence d'un *ferment fibrine* sécrété par les globules à leur sortie des vaisseaux se coagule. Il faut ajouter que la présence des sels calcaires du sang est nécessaire à la formation de la fibrine. Il est facile d'isoler la fibrine en battant le sang frais avec un petit balai ; la fibrine se coagule et ses filaments restent attachés aux brindilles du balai.

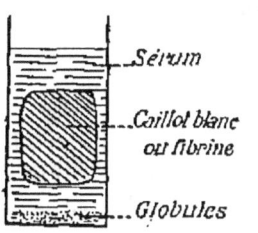

Fig. 95. — Le sang du Cheval après sa coagulation.

Le caillot rouge du sang qui coagule normalement est formé par de la fibrine qui emprisonne les globules.

Donc le sang frais et le sang coagulé ont une composition qui peut être résumée ainsi :

Sang frais
1. Globules . . { rouges. blancs.
2. Plasma . . { Fibrinogène dissous. Sérum.

Sang coagulé
1. Caillot . . { Globules. Fibrine coagulée.
2. Sérum.

Pour 1000 parties de sang, il y a . . . { Fibrine . . . 10 Globules. . . 440 Sérum. . . . 550

Dans les hémorragies, le caillot est d'une grande importance, car il forme une sorte de bouchon qui arrête la sortie du sang par le vaisseau ouvert. On accélère la formation de ce caillot à l'aide de certaines substances appelées *hémostatiques* (eau chaude, perchlorure de fer, tannin, etc.).

Il faut noter que le plasma contient des sels de sodium tandis que les globules renferment des sels de potassium.

Les gaz du sang. — Les gaz se trouvent dans le sang non seulement *dissous* mais encore *combinés*. On peut extraire les gaz *dissous* en faisant le vide au-dessus du sang ; puis en chauffant ensuite le sang on fait dégager les gaz qui étaient *combinés*.

M. Fernet a montré que l'*oxygène* est presque tout entier combiné à l'hémoglobine des globules rouges ; une faible partie est dissoute ; tandis que l'*acide carbonique* est presque en entier contenu dans le plasma, en combinaison avec les carbonate et phosphate de sodium qu'il transforme en bicarbonate et en phosphocarbonate de sodium. Ces sels se dissocient facilement, ce qui explique les échanges gazeux qui s'accomplissent dans l'organisme et que nous étudierons à propos de la respiration.

La composition des gaz du sang peut se résumer dans le tableau suivant :

100 centimètres cubes de	Gaz	Az	CO^2	O
1. Sang artériel	60cc	1	39	20
2. Sang veineux	60cc	1	47	12

Il est facile de distinguer au spectroscope le sang artériel du sang veineux, c'est-à-dire le sang qui contient de l'*oxyhémoglobine* et celui qui contient de l'*hémoglobine*.

Lorsque le sang artériel est très dilué, il présente deux bandes grises entre les raies D et E du spectre (*fig. 96*) ; ces bandes disparaissent et sont remplacées par une seule lorsqu'on désoxyde, c'est-à-dire lorsque le sang est veineux. Cette réaction est très sensible ; elle est d'une très grande utilité en médecine légale pour déterminer la nature de taches que l'on soupçonne être du sang.

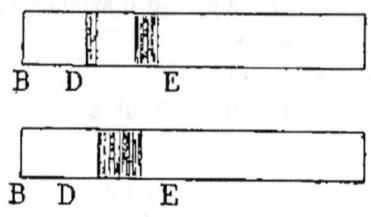

Fig. 96. — Spectre d'absorption de l'hémoglobine du sang.

III. — Physiologie de la circulation.

§ 1. — Historique de la circulation.

Les anciens ignorent la circulation. — Les anciens, avec Hippocrate et Aristote, croyaient que les veines seules contenaient du sang. C'est qu'ils n'étudiaient que des cadavres d'animaux, et que précisément, après la mort, *les artères sont vides de sang*. Ils croyaient que ces vaisseaux servaient à transporter l'air : d'où leur nom.

Au deuxième siècle, Galien découvre le sang dans les artères, mais il croit que les deux ventricules du cœur communiquent entre eux ; il ignore le retour du sang des poumons au cœur.

En 1553, Michel Servet découvre la circulation pulmonaire, c'est-à-dire le mouvement du sang allant du ventricule droit à l'oreillette gauche, en passant par le poumon : c'est ce qu'on appela la *petite circulation*.

La découverte de la circulation. — En 1628, le médecin anglais Harvey découvre réellement la circulation. Il lia une veine du bras et la vit se gonfler au-dessous de la ligature ; du côté du cœur, au contraire, la veine s'affaisse, et si on l'ouvre on la trouve vide de sang. Si l'on fait la même expérience sur une artère, elle se remplit au-dessus de la ligature, du côté du cœur, tandis qu'elle se vide au-dessous. Par de nombreuses expériences, Harvey montra définitivement que le sang artériel part du ventricule gauche par l'aorte pour aller vers les organes, et que le sang veineux est ramené des extrémités et des organes à l'oreillette droite, par les veines. Il donna le nom de *grande circulation* à ce mouvement du sang. Il ne connaissait pas encore les capillaires.

En 1661, Malpighi observe pour la première fois des capillaires, en examinant, au microscope, le poumon d'une Grenouille.

Le cours du sang peut donc être divisé comme on le fait souvent, en *grande circulation* et en *petite circulation*. Dans la grande circulation, le sang va du ventricule gauche aux organes et revient des organes à l'oreillette droite ; dans la petite circulation, le sang va du ventricule droit aux poumons pour revenir ensuite à l'oreillette gauche. Mais au point de vue physiologique, comme au point de vue comparatif avec les animaux, il est préférable d'adopter la division de Bichat, qui, dès 1800, concevait les deux phases suivantes : l'une, la *circulation du sang rouge*, porte le sang des poumons dans toutes les parties du corps ; l'autre, la *circulation du sang noir*, le ramène de toutes les parties aux poumons.

§ 2. — Mécanisme de la circulation.

Les appareils enregistreurs. — Pour étudier les mouvements, M. Marey a imaginé différents appareils qui permettent : 1° d'*amplifier* les mouvements et de les rendre visibles, c'est pourquoi on désigne parfois ces appareils sous le nom de *microscopes du mouvement* ; 2° d'*enregistrer* les mouvements et par conséquent de les étudier et de les comparer. De nombreuses découvertes sont dues à l'usage de ces appareils, qu'on appelle généralement *appareils enregistreurs*.

Voici le principe des appareils enregistreurs employés dans l'étude de la circulation. Supposons deux boîtes métalliques, appelées *tambours* (*fig.* 97 et 98), réunies par un

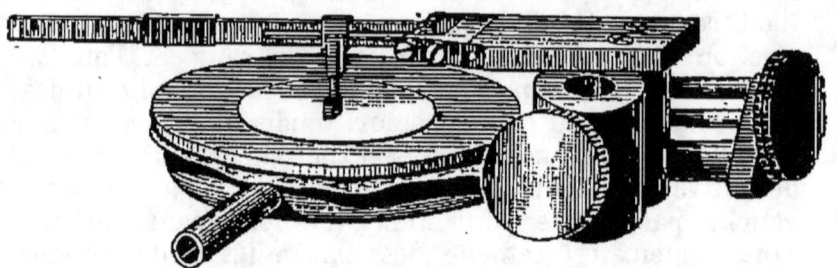

Fig. 97. — Tambour enregistreur et son levier.

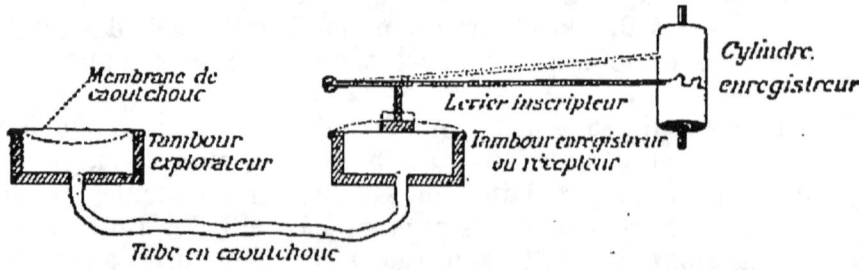

Fig. 98. — Appareil enregistreur : tambours de Marey.

tube de caoutchouc. Chaque tambour se compose d'une boîte métallique fermée sur l'une de ses faces par une membrane en caoutchouc. Si l'on appuie sur la membrane du tambour dit *explorateur*, on comprime l'air à l'intérieur du tube en caoutchouc et de l'autre tambour dit *enregistreur* dont la membrane en caoutchouc se trouve soulevée. Sur cette membrane repose un levier portant une pointe qui va s'appuyer sur un cylindre recouvert de papier enduit de noir de fumée et animé d'un mouvement de rotation uniforme. La pointe pourra donc tracer une courbe qui sera étudiée.

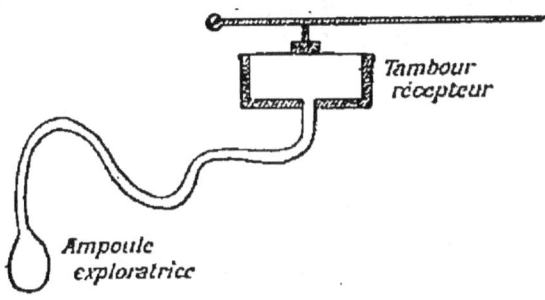

Fig. 99. — Cardiographe.

Le *cardiographe*, c'est-à-dire l'appareil enregistreur qui sert dans l'étude des mouvements du cœur, se compose d'une ampoule en caoutchouc en communication avec un tambour enregistreur (*fig.* 99). On peut introduire cette

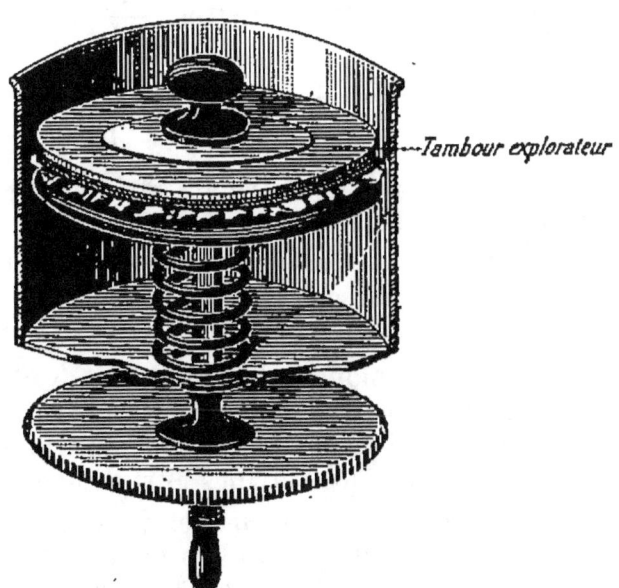

Fig. 100. — Tambour explorateur.

ampoule dans le cœur droit du Cheval en passant par la veine jugulaire. On peut aussi se servir d'un tambour explorateur (*fig.* 100) qui porte un bouton qu'on applique en face du cœur.

Fonctions du cœur. — Le cœur est animé de mouvements rythmiques appelés *battements*. Lorsque le cœur se contracte, il est en *systole* ; lorsqu'il se relâche, il est en *diastole*. Chez l'homme adulte le cœur se contracte environ 70 fois par minute ; mais chez l'enfant il bat plus vite et pendant les premiers mois il peut aller jusqu'à 140 battements.

Les appareils enregistreurs ont permis de montrer : 1° que les deux oreillettes se contractent en même temps pour chasser le sang dans les ventricules ; 2° que les deux ventricules se contractent simultanément pour chasser le sang dans les artères; car il ne peut rentrer dans les oreillettes à cause des valvules auriculo-ventriculaires dont les bords viennent s'adosser et fermer les orifices.

Si on partage la seconde en 10 parties, la durée de la systole des oreillettes est de $\frac{2}{10}$, celle de la systole des ventricules $\frac{4}{10}$ et le repos dure environ $\frac{4}{10}$ de seconde.

1 2	3. 4 5 6	7 8 9 10
Systole des oreillettes	Systole des ventricules	Diastole

A chaque contraction du ventricule gauche, le cœur lance dans l'aorte environ 180 grammes de sang.

Bruits du cœur. — Lorsqu'on place l'oreille sur la poitrine, dans la région du cœur, on entend deux bruits distincts.

1ᵉʳ bruit : sourd, prolongé, s'entend mieux vers la pointe du cœur, se produit pendant la contraction des ventricules. Il est dû à la contraction des parois des ventricules et à la pression du sang contre les valvules auriculo-ventriculaires.

2ᵉ bruit : plus clair, plus court, et plus intense vers la base du cœur ; il se produit au milieu de la diastole des ventricules et il est dû à l'accolement brusque des valvules sigmoïdes. Après la contraction ventriculaire, le sang de l'aorte tend à revenir dans le ventricule et vient appuyer sur les valvules dont les bords s'accolent énergiquement.

La connaissance des bruits du cœur a une grande importance pour le médecin : dès qu'une valvule est altérée, en effet, l'orifice est incomplètement fermé, et il se produit des bruits anormaux ou *souffles* qui permettent de diagnostiquer le siège et la nature de la maladie.

Le *choc* du cœur, que l'on perçoit facilement en plaçant la main en face du cœur, est dû à la contraction des ventricules, qui durcissent brusquement et viennent s'appuyer contre la paroi thoracique.

Fonctions des artères. — Les artères ont deux propriétés physiologiques : l'*élasticité* et la *contractilité*.

a) L'*élasticité* est surtout importante dans les grosses artères. Elle a pour effet de transformer le courant *intermittent* du sang lancé par les ventricules en un courant *continu*. A chaque fois que le ventricule gauche lance dans l'aorte l'ondée sanguine (180 grammes), l'aorte se trouve dilatée, et comme elle est élastique elle revient sur elle-même en comprimant le sang. L'artère, par son élasticité, continue par conséquent à chasser le sang pendant que le cœur se repose.

De plus, l'élasticité *augmente le débit* du sang. On le démontre à l'aide d'un vase présentant à sa base une tubulure bifurquée (*fig.* 101) : sur une branche on adapte un tube rigide, en verre par exemple ; sur l'autre branche, un tube en caoutchouc. Ces deux tubes ont exactement le même calibre. Si l'on ouvre et si l'on ferme alternativement le robinet, on constate que le tube élastique donne plus d'eau que le tube en verre.

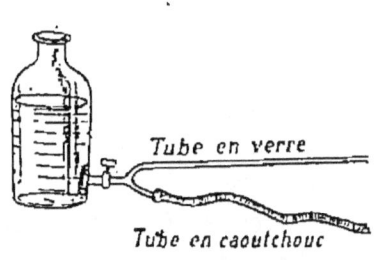

Fig. 101. — Expérience montrant le rôle de l'élasticité des artères.

L'élasticité des artères soulage donc l'action du cœur. Aussi lorsque les artères perdent de leur élasticité, le cœur s'*hypertrophie* par un travail plus énergique.

On sait qu'en comprimant, sous le doigt, l'artère radiale par exemple, on sent un soulèvement des parois de l'artère, un léger choc : c'est le *pouls*. Ce phénomène est produit par l'ondulation sanguine qui résulte du jet de sang lancé dans l'aorte à chaque contraction du cœur. On peut enregistrer les mouvements du pouls à l'aide d'un appareil appelé *sphygmographe* (*fig.* 102). Il se compose d'un ressort qu'on applique sur l'artère et qui est en rapport avec un levier

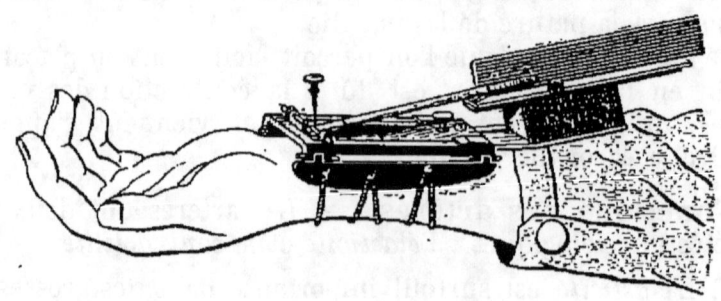

Fig. 102. — Le sphygmographe.

portant un stylet. Ce stylet décrit une courbe qui renseigne sur le nombre et l'intensité des mouvements.

b) La *contractilité* ne s'observe que dans les petites artères où elle est, nous le verrons plus loin, sous la dépendance du système nerveux. Si, dans un organe, les artères se contractent, il arrive moins de sang, mais les organes voisins en recevront davantage. La contractilité des artères règle donc les circulations locales.

Dans certains cas pathologiques la tunique moyenne peut se résorber ; il ne reste plus que les tuniques interne et externe, qui sont peu résistantes et qui sont repoussées par la pression sanguine en faisant hernie : c'est l'*anévrysme*.

Fonctions des capillaires. — C'est surtout au niveau des capillaires que les échanges nutritifs se font entre le sang et les éléments anatomiques. Ceux-ci absorbent certaines substances nutritives et l'oxygène du sang artériel ; ils rejettent, au contraire, certains déchets tels que l'acide carbonique, l'urée, etc. Ces échanges sont facilités par la faible vitesse du courant sanguin. On a comparé la région des capillaires à un lac dans lequel viendrait se jeter le torrent sanguin. Suivant l'expression de Claude Bernard, si les artères et les veines sont les rues qui nous permettent de parcourir la ville, les capillaires nous font pénétrer dans les maisons, nous montrent la vie, les occupations et les mœurs des habitants.

Fonctions des veines. — Les veines sont peu *élastiques*, mais elles sont *contractiles*. Les veines, en effet, se laissent facilement dilater, et quand elles ont été longtemps dilatées elles ne reviennent pas à leur calibre primitif : on observe alors ce qu'on appelle des *varices*, fréquentes dans les membres inférieurs.

Grâce à leur contractilité, les veines peuvent activer la circulation du sang. La circulation veineuse est surtout difficile dans les membres inférieurs où elle a à lutter contre la pesanteur et contre la pression de la colonne sanguine ; aussi les veines inférieures sont-elles très musculaires. Les valvules empêchent le retour du sang vers les capillaires, de sorte qu'à la moindre compression de la veine, le sang est poussé vers le cœur. C'est ainsi que les exercices musculaires, en comprimant les veines, activent la circulation.

Enfin l'inspiration en faisant dilater la poitrine, fait dilater les veines thoraciques, ce qui produit un appel de sang de la périphérie vers le centre.

Influence du système nerveux. — Le système nerveux a une grande influence sur le *cœur* et sur les *vaisseaux*.

a) Le cœur. — Les mouvements du cœur, comme tous les autres mouvements, sont réglés par le système nerveux. Le cœur reçoit des nerfs de deux origines différentes : 1° les uns viennent du nerf *pneumogastrique* et sont *modérateurs* des mouvements du cœur ; 2° les autres viennent du *sympathique* et sont des *accélérateurs* des battements du cœur.

Si on excite le pneumogastrique, le cœur se ralentit et finit par s'arrêter en diastole. Une émotion violente peut arrêter le cœur en diastole, ce qui justifie cette expression de *cœur brisé*.

L'excitation du sympathique accélère les battements du cœur.

Le cœur est donc sous la dépendance du système nerveux central. Cependant si l'on isole le cœur de la Grenouille, en le retirant de la poitrine, il continue à battre pendant plusieurs heures. On a observé le même fait sur le cœur des suppliciés. Cela tient à ce qu'il existe dans les parois du cœur des ganglions nerveux qui fonctionnent comme des centres nerveux.

b) Les vaisseaux. — Les artères et les veines reçoivent des filets nerveux, venant du sympathique. Ces nerfs agissent sur les vaisseaux en les faisant contracter ou dilater, d'où leur nom de *vaso-moteurs*.

Dès 1851, Claude Bernard les mettait en évidence par l'expérience suivante :

Il coupa, chez un lapin, le nerf sympathique dans la région du cou ; il vit l'oreille du même côté devenir rouge et chaude. Puis en excitant le nerf qui se rendait à cette oreille il vit celle-ci pâlir : ce nerf rétrécissait donc les vaisseaux, c'est pourquoi il a été appelé *vaso-constricteur*.

Plus tard, en 1858, Claude Bernard en coupant la *corde du tympan* et en excitant le bout de ce nerf qui se rend à la glande sous-maxillaire, vit les vaisseaux de cette glande se dilater considérablement : c'est donc un nerf *vaso-dilatateur*.

Le rôle des nerfs vaso-moteurs est considérable puisqu'ils peuvent régler la circulation du sang dans les organes, les tissus, et par suite régir leur nutrition.

IV. — Circulation lymphatique.

Outre le sang, il existe dans l'organisme un autre liquide, la *lymphe*, qui circule dans toutes les parties du corps au moyen d'un système compliqué de vaisseaux formant l'*appareil lymphatique*.

§ 1. — Appareil lymphatique.

Cet appareil se compose : 1° des *vaisseaux lymphatiques* ; 2° des *ganglions lymphatiques*.

Vaisseaux lymphatiques. — Ce sont des vaisseaux qui prennent naissance par des capillaires lymphatiques dans les lacunes du tissu conjonctif. Ces capillaires restent petits et viennent tous se rendre dans deux gros canaux : le *canal thoracique* et la *grande veine lymphatique*.

Le *canal thoracique* (fig. 103) reçoit les chylifères venant de l'intestin et les vaisseaux lymphatiques des membres inférieurs, de l'abdomen, de la moitié gauche du thorax, du cou, de la tête et du bras gauche. A sa partie inférieure, il est renflé en une sorte de réservoir appelé *citerne de Pecquet*. Il monte ensuite le long de la colonne vertébrale et vient se jeter dans la veine sous-clavière gauche.

La *grande veine lymphatique*, longue au plus de deux centimètres, reçoit les lymphatiques du bras droit, de la moitié droite du thorax, du cou et de la tête. Elle se termine dans la veine sous-clavière droite.

En somme, le système lymphatique vient verser son contenu dans le système veineux.

La structure des vaisseaux lymphatiques (fig. 104) rappelle celle des veines; le tissu musculaire et le tissu conjonctif y

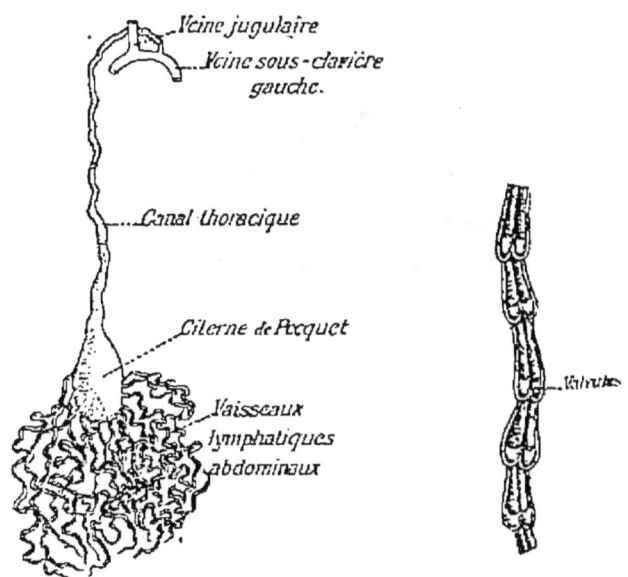

Fig. 103. — Canal thoracique.

Fig. 104. — Vaisseau lymphatique ouvert.

sont très abondants. Les vaisseaux présentent des nodosités qui correspondent aux *valvules*, placées deux par deux, et disposées en nid de pigeon, comme dans les veines. Ces valvules règlent le mouvement de la lymphe, comme les valvules des veines règlent le mouvement du sang.

Les vaisseaux lymphatiques sont très nombreux, ils recouvrent et pénètrent la plupart des organes.

Ganglions lymphatiques. — Les *ganglions lymphatiques* (fig. 105) sont des renflements situés sur le trajet des vaisseaux lymphatiques. Leur grosseur varie depuis la taille d'une tête d'épingle jusqu'à celle d'un haricot. Ils sont abondants au hile des viscères et dans le tissu sous-cutané, surtout au cou, dans le creux de l'aisselle, dans le pli de l'aine etc.

Les *vaisseaux afférents*, généralement deux, apportent la

lymphe ; le *vaisseau efférent*, qui est unique, emporte cette lymphe. Le ganglion reçoit aussi une artère et une veine qui viennent se ramifier à son intérieur.

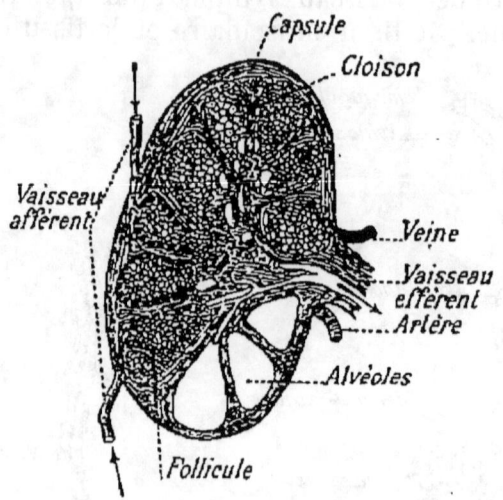

Fig. 105. — Ganglion lymphatique.

La *structure* d'un ganglion lymphatique se compose :
1° d'une enveloppe ou *capsule fibreuse* qui envoie à l'intérieur une série de cloisons limitant des cavités ou *alvéoles* ;
2° de *cellules lymphatiques* formant à l'intérieur des alvéoles les *follicules* que la lymphe vient baigner en traversant le ganglion.

§ 2. — **La lymphe.**

La lymphe. — La lymphe est un liquide incolore dans les vaisseaux lymphatiques, mais qui, dans les chylifères, pendant la digestion, a l'aspect du lait, à cause des gouttes de graisse qu'elle contient en suspension (émulsion).

La lymphe est plus abondante que le sang. Elle imprègne tous nos tissus, qui baignent véritablement dans la lymphe. M. Colin en faisant une fistule sur le canal thoracique d'une vache a obtenu 95 litres de lymphe en 24 heures.

La lymphe se compose 1° de *globules blancs* dits *cellules lymphatiques* ou encore *phagocytes*, 2° d'un liquide ou *plasma* qui contient beaucoup plus d'eau et plus d'urée, mais moins de matières albuminoïdes. Comme le sang, la lymphe se coagule, mais plus lentement.

La lymphe provient du plasma du sang qui a transsudé à travers la paroi des vaisseaux capillaires. On peut démontrer, *physiologiquement*, la communication entre les capillaires sanguins et les lymphatiques : il suffit d'injecter une substance dans les veines et on la retrouve rapidement dans la lymphe. Dans cette lymphe qui baigne les tissus et qui constitue véritablement le *milieu intérieur*, les cellules rejettent certains produits tels que l'urée par exemple. Enfin c'est aussi dans la lymphe, par l'intermédiaire des vaisseaux chylifères, qu'arrivent les produits de la digestion.

Circulation de la lymphe. — La lymphe circule. En effet, la lymphe qui remplit les lacunes entre les cellules, est poussée par celle que les capillaires sanguins continuent à exsuder; elle pénètre alors dans les capillaires lymphatiques où elle chemine, poussée par un afflux continu de lymphe. Comme dans les veines, la présence des valvules force la lymphe à se diriger vers les ganglions, puis vers le canal thoracique ou la grande veine lymphatique.

Rôle de la lymphe. — La lymphe joue un rôle important dans la nutrition en venant baigner tous les tissus. Mais elle défend aussi l'organisme contre l'invasion des germes pathogènes, de microbes dangereux. Dès qu'un corps étranger pénètre en un point de notre organisme, les *cellules lymphatiques* se mobilisent en quelque sorte, et viennent entourer ce corps en essayant de le digérer, de le détruire. Elles réussissent souvent lorsque ces corps étrangers sont des cellules, des microbes par exemple : d'où le nom de *phagocytes* donné aux cellules lymphatiques.

Les vaisseaux lymphatiques absorbent avec une grande facilité les différentes substances. C'est ainsi qu'une blessure faite au pied amène rapidement le gonflement des ganglions de l'aine dont les cellules se multiplient pour arrêter les microbes qui ont pu s'introduire par la blessure. Si la plaie persiste, les ganglions s'enflamment, suppurent et laissent des traces caractéristiques des tempéraments lymphatiques et scrofuleux.

V. — Origine des globules du sang et de la lymphe.

Les globules du sang et de la lymphe, comme tous les éléments anatomiques, naissent, se développent, puis vieillissent, s'usent et disparaissent. Il est donc intéressant de se demander quelle est l'origine des globules qui vont remplacer ces éléments qui meurent.

Globules rouges. — Pendant longtemps on a cru que les globules rouges provenaient de la transformation des leucocytes. Au contraire, les globules blancs, par leurs mouvements amiboïdes peuvent envelopper les globules rouges et les digérer.

Les globules rouges prennent naissance dans la *rate*, et dans la *moelle des os*.

a) Lorsqu'on étudie le développement de la *rate* chez des Vertébrés inférieurs (Poissons), on voit des cellules de cet organe s'arrondir, se charger d'hémoglobine et devenir de véritables globules rouges. De plus en extirpant la rate chez un Chien, l'animal continue à vivre, mais son sang présente une diminution considérable de globules rouges.

b) La *moelle des os* est très riche en vaisseaux sanguins et en petites cellules arrondies rappelant celles de la rate. On voit ces cellules se charger d'hémoglobine, devenir libres et se transformer en globules rouges.

Globules blancs. — Les globules blancs se produisent surtout dans les ganglions lymphatiques. On constate en effet que la lymphe des vaisseaux efférents contient plus de globules blancs que celle des vaisseaux afférents. Parfois même les leucocytes se multiplient si rapidement qu'il y a dans le sang 1 globule blanc pour 3 globules rouges : c'est la maladie connue sous le nom de *leucocytose*.

Les globules blancs une fois dans le sang ou dans la lymphe peuvent se diviser de nouveau. Les globules rouges, au contraire, ne représentent plus que des cellules vieilles, incapables de se diviser pour donner d'autres globules rouges ; lorsqu'ils meurent ou lorsqu'ils sont détruits, ils sont remplacés par ceux qui proviennent de la rate et de la moelle rouge des os.

RÉSUMÉ

La *Circulation* est le mouvement, à l'intérieur de l'organisme, d'un liquide nourricier, le *sang*.

L'appareil circulatoire. — Il comprend quatre parties : *cœur*, *artères*, *capillaires* et *veines*.

1° Le *cœur*
- Situation : dans la poitrine, entre les deux poumons.
- Description
  - en haut : *2 oreillettes*.
  - en bas : *2 ventricules*.
  - Valvules auriculo-ventriculaires entre oreillettes et ventricules du même côté.
- Vaisseaux
  - du V. G. part l'aorte.
  - du V. D. part l'artère pulmonaire.
  - à l'O. G. arrivent les 4 veines pulmonaires.
  - à l'O. D. arrivent les 2 veines caves.
- Structure
  - *péricarde* : membrane séreuse.
  - *myocarde* : tunique musculeuse.
  - *endocarde* : endothélium.

2° *Artères*

Vaisseaux qui partent du cœur.
- Distribution
  - 1. *Artère pulmonaire* : porte le sang veineux aux poumons.
  - 2. *Aorte*.
    - *artères carotides* pour la tête.
    - *artères sous-clavières* pour les membres supérieurs.
    - *artères iliaques* pour les membres inférieurs.
- Structure
  - tunique externe *fibreuse*.
  - tunique moyenne *élastique*, un peu *musculaire*.
  - tunique interne *endothéliale*.

3° *Capillaires* : font communiquer les artérioles et les veinules.
Vaisseaux qui ramènent le sang au cœur.

4° *Veines*
- Distribution
  - *veines pulmonaires* : ramènent le sang artériel des poumons.
  - *veine cave supérieure* (tête et membres supérieurs).
  - *veine cave inférieure* (tronc et membres inférieurs).
- Structure... la même que celle des artères, mais la tunique moyenne est surtout *musculaire*.

Le sang. — C'est un tissu formé de cellules ou *globules* nageant dans un liquide ou *plasma*.

1° Globules
- Rouges ou hématies
  - forme : discoïde et un peu concave.
  - dimension : 7μ.
  - nombre : 5 millions par millimètre cube; au total 25 trillions.
  - composition : contient de l'*hémoglobine*.
- Blancs ou leucocytes
  - mouvement amiboïde; pseudopodes.
  - sont plus gros mais moins nombreux.

Les globules rouges se forment surtout dans la rate et la moelle des os.
Les globules blancs dans les ganglions lymphatiques.

2° Plasma
- Sang frais
  1. *Fibrinogène* dissous.
  2. *Sérum*.
- Sang coagulé
  1. Caillot... { Globules. *Fibrine* coagulée. }
  2. Sérum.

Physiologie de la circulation. — Le mécanisme de la circulation a été étudié à l'aide d'*appareils enregistreurs* qui permettent d'amplifier et d'enregistrer les mouvements des divers organes.

1° Fonctions du *cœur*
- Contraction simultanée des oreillettes. } *Systole*.
- Contraction simultanée des ventricules. }
- La contraction des oreillettes précède celle des ventricules.
- Battements rythmiques du cœur. — Bruits et choc.

2° Fonctions des *artères* { L'*élasticité* transforme le courant intermittent du sang en un courant continu.
La *contractilité* règle la circulation dans les organes.

3° Fonctions des *capillaires* { A leur niveau se font les échanges nutritifs entre le sang et les éléments anatomiques.

4° Fonctions des *veines* { Leur *contractilité* active la circulation du sang.

Le système nerveux agit sur la circulation, sur le cœur et sur les vaisseaux :

1° Sur le cœur { 1° Les nerfs qui viennent du pneumogastrique sont *modérateurs* des mouvements ;
2° Les nerfs qui viennent du sympathique sont *accélérateurs*.

2° Sur les vaisseaux { *Nerfs vaso-moteurs* { 1° Les *vaso-constricteurs* rétrécissent les vaisseaux ;
2° Les *vaso-dilatateurs* les dilatent.

La lymphe et l'appareil lymphatique. — La *lymphe* est une sorte de sang qui ne contient que des globules blancs. Elle provient du plasma du sang qui a traversé les parois des capillaires.

La lymphe circule dans les *vaisseaux lymphatiques* qui se réunissent pour former le *canal thoracique* et la *grande veine lymphatique* ; puis elle arrive dans le système veineux.

Sur le trajet des vaisseaux sont des renflements, les *ganglions lymphatiques*, qui sont riches en cellules lymphatiques, lesquelles jouent un rôle important dans la défense de l'organisme.

CHAPITRE VI

LA CIRCULATION DANS LA SÉRIE ANIMALE

I. — Le Sang.

Le sang. — Tous les animaux possèdent un liquide nourricier, mais chez la plupart des *Invertébrés* (*) au lieu d'être rouge il est incolore ; chez ces animaux le sang ne contient plus de globules rouges ; les leucocytes, seuls, nagent dans le plasma.

La matière colorante, si importante pour la fixation de l'oxygène, existe cependant ; mais elle est en dissolution dans le plasma. L'hémoglobine dans la plupart des cas est remplacée par d'autres substances. Chez les Mollusques et les Crustacés, c'est une matière appelée *hémocyanine* qui contient du cuivre à la place du fer de l'hémoglobine, et qui a la propriété d'absorber l'oxygène de l'air en *bleuissant*. Chez d'autres Invertébrés (Insectes, Vers, etc.) il existe d'autres substances telles que la *tétronérythrine*, la *chlorofluorine* etc. dont le rôle est de fixer l'oxygène.

II. — L'appareil circulatoire.

L'appareil circulatoire peut faire défaut ou être peu distinct de la cavité générale du corps, comme chez les Protozoaires, les Eponges, les Cœlentérés etc. ; ou bien il peut être *lacunaire*, c'est-à-dire que le sang tombe dans des lacunes situées entre les organes, comme chez les Mollusques ; ou bien encore il peut être complètement *clos*, comme chez les animaux supérieurs.

§ 1. — Appareil circulatoire incomplet.

Protozoaires. Eponges. Cœlentérés. Echinodermes. — L'appareil circulatoire peut manquer comme chez

(*) Voir le chapitre : *Classification des animaux*.

les Protozoaires, ou bien être en communication avec l'extérieur comme chez les Eponges et les Cœlentérés.

a) Chez les *Protozoaires*, l'organisme étant réduit à une seule cellule, il ne peut y avoir d'appareil; mais il y a cependant une sorte de circulation qui s'effectue par les mouvements du protoplasma. Ces mouvements permettent à chaque partie du protoplasma de venir se mettre en contact avec le milieu extérieur; ils facilitent donc les échanges nutritifs entre le Protozoaire et le milieu dans lequel il vit.

b) Chez les *Eponges*, la circulation de l'eau est assurée par le mouvement des cils des *corbeilles vibratiles* (*fig.* 106) et aussi par les *cellules à collerette* qui tapissent l'intérieur de la cavité. L'eau entre par les orifices latéraux ou *pores* et sort par un orifice unique appelé *oscule*.

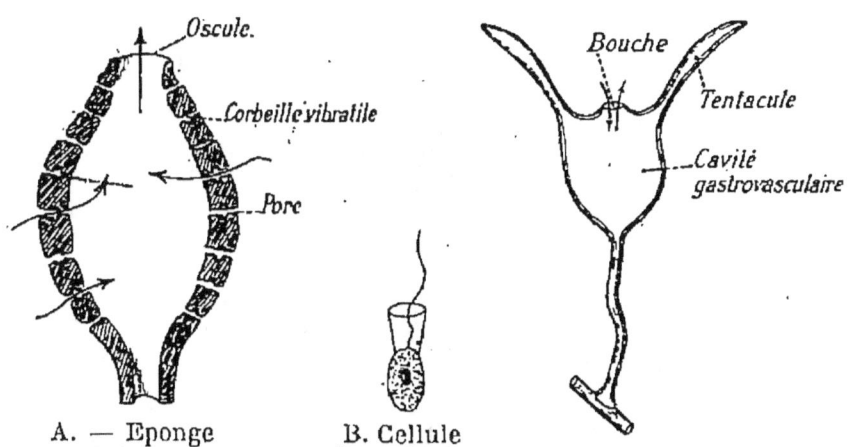

A. — Eponge B. Cellule à collerette.
Fig. 106. — Schéma d'une Eponge calcaire (Sycon).   Fig. 107. — Hydre d'eau douce.

c) Les *Cœlentérés* ont une cavité qui sert à la fois pour la digestion et pour la circulation et qu'on désigne sous le nom d'appareil *gastro-vasculaire* (*fig.* 107). Les muscles qui sont disséminés dans les parois de cette cavité permettent à l'animal d'effectuer des mouvements d'ondulation et d'assurer par suite la circulation.

d) Les *Echinodermes* n'ont pas encore d'appareil circulatoire proprement dit; mais ils possèdent un système de vaisseaux qui communiquent directement avec l'extérieur et qui permettent l'entrée de l'eau dans l'organisme.

§ 2. — Appareil circulatoire lacunaire.

Mollusques. — Chez les Mollusques l'appareil circulatoire vient s'ouvrir dans des lacunes plus ou moins vastes, et ces lacunes peuvent communiquer directement avec l'extérieur. De sorte que chez la plupart de ces animaux qui sont aquatiques l'eau peut pénétrer dans les lacunes et faire gonfler certaines régions du corps.

Le cœur est formé d'un ventricule et de deux oreillettes (Lamellibranches, Céphalopodes et quelques Gastéropodes) ou d'une seule oreillette (*fig.* 108) (la plupart des Gastéropodes).

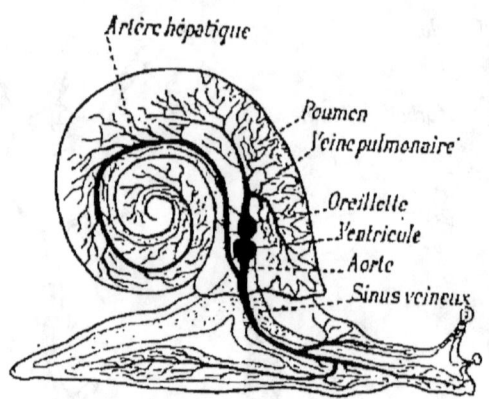

Fig. 108. — Appareil circulatoire d'un Mollusque (Escargot).

Dans tous les cas, les oreillettes reçoivent le sang *artériel* qui vient des branchies (Mollusques aquatiques) ou du poumon (Mollusques terrestres) ; du ventricule part une aorte qui va porter le sang aux différents organes dont il remplit les lacunes. Le sang devenu *veineux* se rassemble dans des sinus, puis va respirer aux branchies ou au poumon, d'où il revient ensuite à l'oreillette par une ou plusieurs veines. *Le cœur est donc rempli de sang artériel.*

Arthropodes. — Il y a deux cas à considérer suivant qu'on s'adresse aux *Arthropodes aériens* (Insectes, Myriapodes, Arachnides) ou aux *Arthropodes aquatiques* (Crustacés).

1° **Arthropodes aériens.** — Chez ces animaux l'air est transporté dans toutes les parties de l'organisme par des tubes ou *trachées* ; aussi l'appareil circulatoire est-il des plus simples. Chez les Insectes, par exemple, cet appareil se compose uniquement d'un *vaisseau dorsal* (*fig.* 109) formé de 8 petites chambres séparées les unes des autres par des valvules disposées de telle façon que le sang ne peut circuler que d'arrière en avant. Chaque chambre communique avec la cavité générale par deux orifices placés à la base et garnis de valvules. La chambre antérieure se prolonge par une aorte qui vient s'ouvrir dans la cavité générale. Des muscles triangulaires, les *muscles aliformes*, rattachent le cœur aux parois du corps. Le sang circule d'ar-

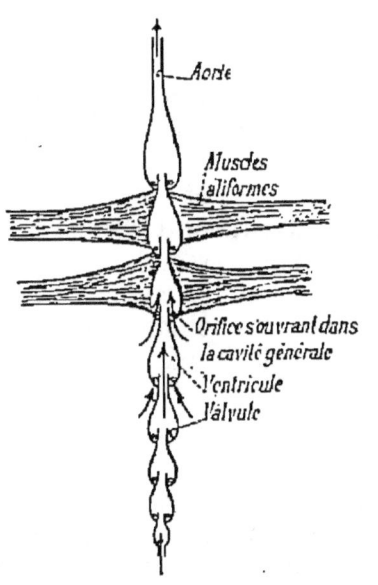

Fig. 109. — Vaisseau dorsal d'un Insecte.

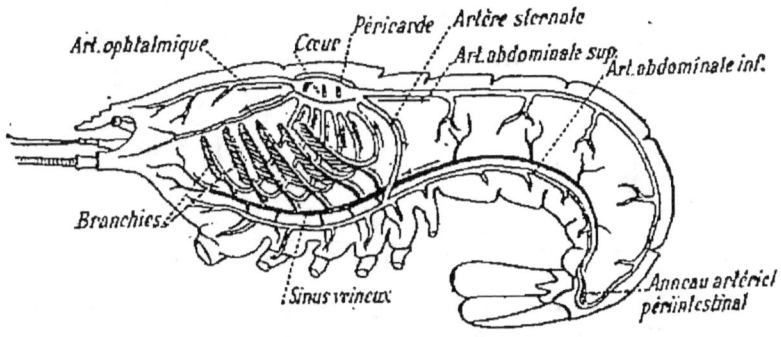

Fig. 110. — Appareil circulatoire d'un Crustacé (Ecrevisse).

rière en avant, poussé par la contraction successive des différentes chambres ; il s'écoule dans la cavité générale et il revient au cœur par les orifices latéraux des petites chambres.

2° **Arthropodes aquatiques.** — Chez les *Crustacés* l'appareil circulatoire est compliqué. Chez l'Ecrevisse, par exemple, le cœur qui est placé sous la carapace dorsale s'ouvre dans le péricarde par 6 orifices munis de valvules (*fig.* 110). En avant du cœur partent les artères *ophtalmiques antennaires* et *hépatiques* ; en arrière l'artère *abdominale supérieure*, qui à sa sortie du cœur fournit l'artère *sternale* ; cette dernière traverse la chaîne nerveuse et se ramifie en deux branches se dirigeant l'une en avant, l'autre en arrière. Le sang tombe dans des lacunes, puis se rassemble dans un long sinus ventral, d'où il est conduit aux branchies ; de là il revient au péricarde par des veines branchiales, et enfin il rentre dans le cœur par les orifices latéraux.

§ 3. — Appareil circulatoire clos.

Vers ou Annélides. — L'appareil circulatoire le plus simple se compose de deux vaisseaux longitudinaux (*fig.* 111), l'un *dorsal*, et l'autre *ventral*. Ces deux vaisseaux sont réunis dans chaque segment par des *anses latérales* qui embrassent étroitement le tube digestif en le couvrant d'un réseau san-

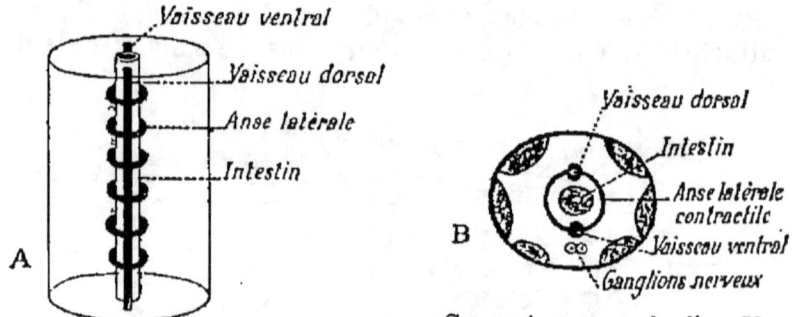

Fig. 111. — Appareil circulatoire d'un Ver.

guin. Quelques-unes des anses sont plus écartées. Dans la partie antérieure du corps plusieurs de ces anses sont contractiles, ce sont des *cœurs latéraux*. Le vaisseau dorsal est aussi décomposé en chambres contractiles, de telle façon que le sang y circule de la queue vers la tête, et en sens inverse dans le vaisseau ventral. En avant et en arrière ces deux vaisseaux se bifurquent pour se rejoindre. L'appareil est donc complètement clos.

LA CIRCULATION DANS LA SÉRIE ANIMALE

Amphioxus. — L'*Amphioxus*, qui est le plus inférieur des Vertébrés, possède un appareil circulatoire qui rappelle celui des Vers. A ce point de vue, c'est un véritable type de transition entre les Invertébrés et les Vertébrés. Comme chez les Vers, il y a un vaisseau *dorsal* et un vaisseau *ventral* reliés par des *anses latérales* (fig. 112), mais chez l'Amphioxus, c'est

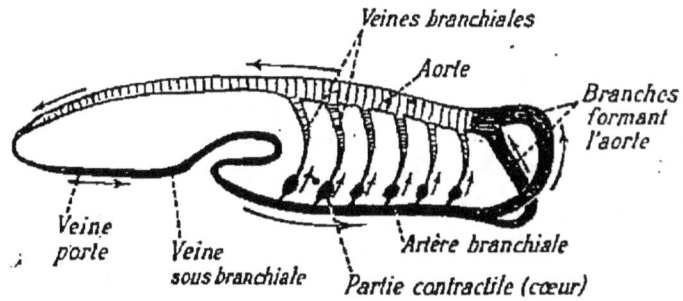

Fig. 112. — Appareil circulatoire de l'Amphioxus.

le vaisseau ventral qui est contractile, de même que la partie ventrale des anses latérales.

Poissons. — Le cœur des Poissons est situé dans la région du cou ; il est composé d'*une oreillette* à parois minces,

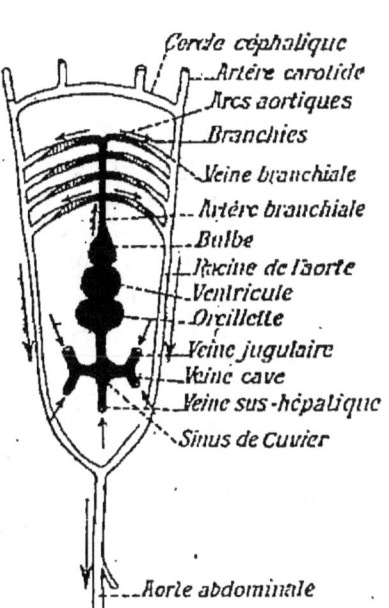

Fig. 113. — Appareil circulatoire d'un Poisson.

d'*un ventricule* à parois épaisses, et enfin d'un *bulbe artériel* (fig. 113). De ce bulbe part l'*artère branchiale*, qui se distribue aux branchies par quatre paires de vaisseaux appelés *arcs aortiques* ; ces arcs rappellent les anses latérales des Vers et de l'Amphioxus. Le sang, après avoir circulé dans les branchies et s'y être transformé en sang artériel, est recueilli par quatre paires de *veines branchiales* qui le conduisent dans l'*aorte* chargée de le distribuer aux organes. Le sang veineux est ramené au cœur par cinq grandes veines : les deux *veines jugulaires*, les deux *veines caves*, et la *veine sus-hépatique*. Ces veines viennent déboucher dans le *sinus de Cuvier* qui précède l'oreillette. Le cœur est donc parcouru par du sang veineux. C'est le contraire de ce que nous avons vu chez les Mollusques dont le cœur est parcouru par du sang artériel. Le cœur des Poissons correspond donc au cœur droit de l'homme, et celui des Mollusques au cœur gauche.

Chez certains Poissons (*Lepidosiren, Ceratodus*), la *vessie natatoire* se développe beaucoup et devient apte à fonctionner comme un poumon ; le sang venant du cœur y est amené par un vaisseau dérivé de la première paire d'artères branchiales. Les artères des branchies antérieures tendent à s'atrophier ; puis le sang qui a respiré dans le poumon revient au cœur après avoir traversé une petite poche qui constitue une seconde oreillette. Ainsi la transformation de la respiration branchiale ou *aquatique*, en respiration pulmonaire ou *aérienne*, amène des transformations de l'appareil circulatoire. Nous allons retrouver ces transformations dans les métamorphoses des Batraciens.

Batraciens. — Les jeunes Batraciens ou *têtards* ont un appareil circulatoire rappelant celui des Poissons, ce qui est bien naturel puisque comme les Poissons ils sont aquatiques et ont des branchies. On retrouve les 4 paires d'*arcs aortiques* qui vont se transformer avec le développement : la première paire, a_1, donne les *carotides* (fig. 114) ; la seconde, a_2, les deux *aortes* qui se réunissent plus bas pour donner l'*aorte commune* ; la troisième et la quatrième paire, a_3 et a_4, donnent l'*artère pulmo-cutanée* qui se divise pour donner l'*artère cutanée* et l'*artère pulmonaire*.

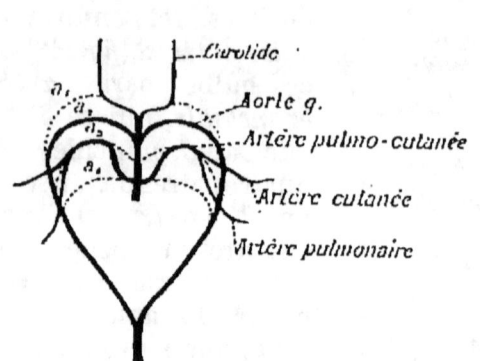

Fig. 114. — Transformation des arcs aortiques chez un Batracien (Grenouille).

Le cœur des Batraciens est formé de *deux oreillettes* et d'un *ventricule* (fig. 115). Un *bulbe aortique* part du ventricule et donne naissance à *trois paires d'artères* qui proviennent, comme nous venons de l'indiquer, de la transformation des quatre paires d'arcs aortiques primitifs.

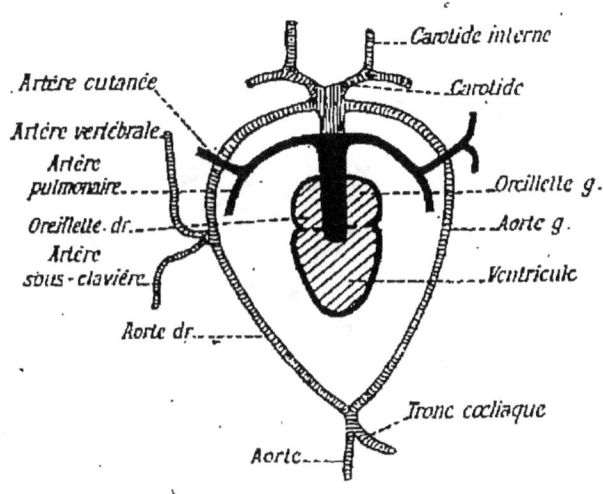

Fig. 115. — Cœur et vaisseaux d'un Batracien (Grenouille).

Reptiles. — Deux cas sont à considérer suivant que l'on considère les *Reptiles inférieurs* (Lézard, Tortue, Serpent) ou les *Reptiles supérieurs* (Crocodiles).

Reptiles inférieurs. — Une cloison apparaît dans le ventricule, mais cette cloison est incomplète (*fig.* 116); de sorte que les deux cavités ventriculaires ne sont pas complètement séparées. Dans le ventricule droit se trouve une autre cloison, la *cloison de Sabatier*, qui est également incomplète.

Les *deux arcs aortiques* partent tous deux du ventricule droit, l'arc aortique gauche par un orifice étroit, l'arc aortique droit par un large orifice. L'*artère pulmonaire* part aussi du ventricule droit par un orifice très large et séparé par la cloison de Sabatier des orifices des deux aortes. L'arc aortique droit seul donne naissance aux artères carotides et aux artères sous-clavières; enfin chaque carotide communique par une branche avec l'aorte du même côté.

Lorsque le ventricule droit se contracte, le *sang veineux* qui y est contenu passe presque en totalité dans l'artère pulmonaire, dont l'orifice est largement ouvert. Puis le ventricule gauche se contracte, et fait passer le *sang artériel* qui s'y trouve dans l'espace compris entre la cloison de Sabatier et l'autre cloison ; c'est alors que le sang artériel pénètre dans les arcs aortiques, mais de préférence dans celui de droite qui est largement ouvert. Or c'est cet arc droit qui fournit le sang aux principaux organes (la tête, le cou et les membres

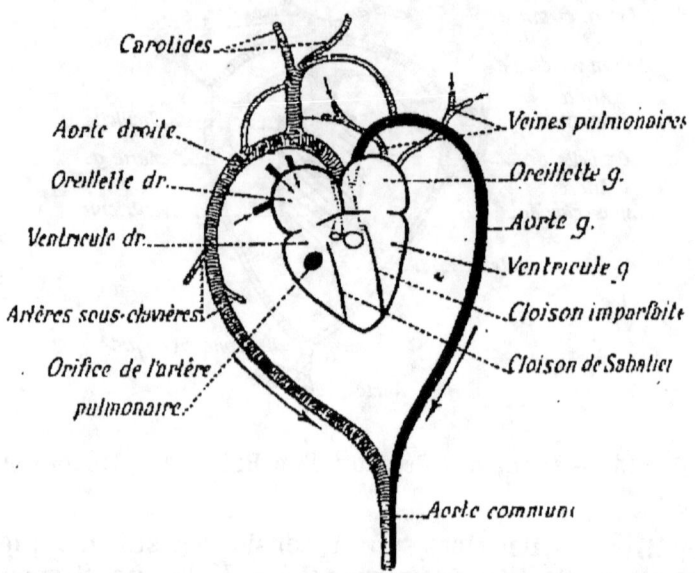

Fig. 116. — Cœur et vaisseaux d'un Reptile inférieur (Tortue).

antérieurs) par les carotides et les sous-clavières ; ces parties reçoivent donc du sang artériel presque pur, tandis que le sang veineux est passé presque en entier dans l'artère pulmonaire.

La circulation est donc *double* (générale et pulmonaire) et *incomplète*, car il existe encore une communication entre les deux ventricules.

Reptiles supérieurs. — La cloison ventriculaire s'est achevée ; le cœur a donc quatre cavités : deux oreillettes et deux ventricules (*fig.* 117). Du ventricule gauche part l'arc aortique droit qui va distribuer le sang artériel à la partie antérieure du corps. Du ventricule droit partent l'artère pulmonaire et l'arc aortique gauche. A peine sorties du cœur, les deux crosses aortiques communiquent par un canal, le *foramen de Panizza*. Le sang veineux contenu dans le ventricule droit est lancé presque en totalité dans l'artère pulmonaire à cause de son large orifice, tandis que l'arc aortique gauche, par son orifice étroit, n'en reçoit qu'une faible quantité. L'*aorte commune* contient par conséquent du sang artériel presque pur.

Chez les Reptiles supérieurs, la circulation est donc *double*

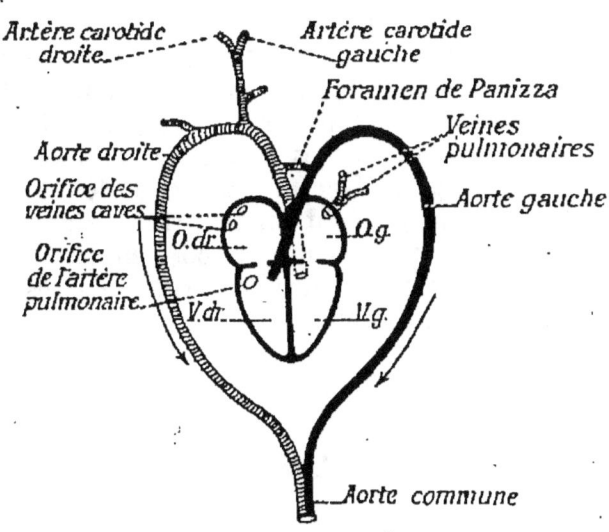

Fig. 117. — Cœur et vaisseaux d'un Reptile supérieur (Crocodile).

et presque *complète* : les deux ventricules sont bien séparés, mais les deux sangs artériel et veineux sont encore un peu mélangés.

Oiseaux. — Le cœur présente quatre cavités comme celui de l'homme, mais le ventricule droit, qui a les parois minces, enveloppe le ventricule gauche, qui a les parois très épaisses (*fig.* 118). La valvule tricuspide est une simple lame musculaire qui se relève contre la paroi du ventricule à la façon d'un clapet.

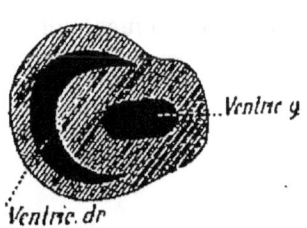

Fig. 118. — Coupe transversale du cœur d'un Oiseau.

La *crosse aortique* est recourbée à droite. L'artère mammaire et l'artère épigastrique s'anastomosent par un réseau de capillaires formant le *réseau admirable*. Ce réseau tapisse toute la région abdominale, et permet à l'oiseau de couver ses œufs en entretenant la chaleur par une circulation active.

Mammifères. — L'appareil circulatoire des Mammifères rappelle celui de l'homme. Il suffit de signaler quelques modifications dans la disposition et la naissance des gros troncs artériels. Un mammifère marin, le Dugong, possède un cœur dont les deux ventricules sont nettement séparés (*fig.* 119). La Baleine a d'immenses *sinus veineux* en rapport avec la faculté qu'elle a de rester sous l'eau pendant un temps assez long ; le sang qui y est contenu contient, en effet, une certaine quantité d'oxygène en réserve qui est utilisé pour la respiration.

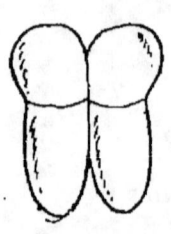

Fig. 119. — Cœur du Dugong.

RÉSUMÉ

Appareil circulatoire incomplet. — Chez les *Protozoaires*, il n'y a pas d'appareil circulatoire ; mais les mouvements du protoplasma constituent une sorte de circulation.

Chez les *Eponges*, la circulation de l'eau est assurée par le mouvement des cils vibratiles.

Chez les *Cœlentérés*, il existe une cavité gastro-vasculaire servant à la digestion et à la circulation.

Les *Echinodermes* ont des vaisseaux qui communiquent directement avec l'extérieur.

Appareil circulatoire lacunaire. — *Mollusques* et *Arthropodes* ont leur appareil circulatoire qui vient s'ouvrir dans des lacunes.

1° *Mollusques*
{ *Céphalopodes* et *Lamellibranches* ont le cœur formé d'un ventricule et de deux oreillettes.
Gastéropodes ont un ventricule et une oreillette.
Le cœur est parcouru par du sang artériel.

2° **Arthropodes**
- 1° *A. aériens* : (Insectes, Myriapodes, Arachnides.) } Vaisseau dorsal formé de chambres contractiles.
- 2° *A. aquatiques* : (Crustacés.) } Cœur plus nettement constitué et logé dans un péricarde.

Appareil complètement clos. — Il n'existe que chez les *Vers* et les *Vertébrés*.

1° *Vers* { *Vaisseau dorsal* contractile. *Anses latérales* réunissant le vaisseau dorsal et le vaisseau ventral.

2° *Vertébrés*
- 1. Poissons : { Cœur à deux cavités : une oreillette, un ventricule. Quatre paires d'arcs branchiaux ou aortiques.
- 2. Batraciens : { Cœur à trois cavités : deux oreillettes, un ventricule. Quatre paires d'arcs aortiques chez la larve ; puis trois paires d'artères chez l'adulte.
- 3. Reptiles : { Les *R. inférieurs* ont deux oreillettes et un commencement de cloison dans le ventricule ; Les *R. supérieurs* (Crocodiles) ont deux oreillettes et deux ventricules. Deux crosses aortiques.
- 4. Oiseaux : { Crosse aortique recourbée à droite. Réseau admirable de la région abdominale.
- 5. Mammifères : { Crosse aortique recourbée à gauche.

CHAPITRE VII

LA RESPIRATION

I. — La respiration est un fait biologique général.

La respiration est la fonction par laquelle se font des échanges gazeux entre l'*être vivant* et le *milieu extérieur*.

Tout être vivant respire. — Les animaux et les végétaux ont besoin d'aliments *gazeux* (*oxygène*) aussi bien que d'aliments *solides et liquides*. *Tout être vivant absorbe de l'oxygène* dans le milieu ambiant et *rejette de l'acide carbonique*.

Pendant longtemps on a pensé que les animaux supérieurs (Mammifères, Oiseaux), seuls, avaient besoin d'air. Mais au siècle dernier Bernoulli montra qu'un Poisson mourait rapidement dans de l'eau privée d'air par ébullition. Les animaux aquatiques respirent donc au moyen de l'air qui est en dissolution dans l'eau.

L'embryon de Poulet qui se développe à l'intérieur de l'œuf a besoin de l'air qui passe à travers les pores de la coquille. Si l'on vernit cette coquille, en effet, l'air ne pénètre plus, l'embryon ne se développe plus et meurt bientôt.

Nous montrerons plus loin que les plantes respirent comme les animaux (voir *Botanique*).

Certains êtres peuvent ne pas absorber de l'oxygène libre ; ils sont même tués par cet oxygène libre. On les a appelés des *anaérobies*, par opposition aux *aérobies* qui vivent en présence de l'oxygène libre. Parmi ces anaérobies se trouvent des *ferments* ou *microbes* tels que le *Bacillus amylobacter* dont nous parlerons plus tard, en botanique, et aussi la plupart des microbes pathogènes. Dans ce cas, l'être vivant décompose le liquide dans lequel il vit pour y prendre de l'oxygène. C'est ainsi que la *Levûre de bière*, qui est un champignon, placée dans de l'eau sucrée et privée d'air, décompose le sucre pour prendre de l'oxygène ; le sucre privé d'une partie de son oxygène donne de l'alcool, de l'acide carbonique, de la glycérine, de l'acide succinique, etc. La levûre a donc pris de l'oxygène en *combinaison*. Elle est alors *anaérobie* ; mais elle peut être *aérobie* si on la place en présence de l'oxygène libre, sur une tranche de citron par exemple : dans ce cas elle ne décompose pas les produits organiques, elle respire comme la plupart des êtres vivants. Toutes les cellules de l'organisme, plongées dans la profondeur de nos tissus, n'ont pas d'oxygène libre à leur disposition ; elles sont par conséquent dans le cas des globules de levûre anaérobies : aussi elles prennent de l'oxygène en décomposant l'oxyhémoglobine du sang.

En résumé, tous les êtres vivants ont besoin d'oxygène ; tantôt ils le prennent à *l'état libre* dans l'air, tantôt en *dissolution* dans l'eau, tantôt enfin en *combinaison* dans les substances organiques oxygénées.

On peut donc dire avec Claude Bernard que si le *mécanisme de la respiration* varie avec les différents animaux la *respiration proprement dite* de la cellule, de l'élément anatomique, est identique partout et se résume dans l'*absorption d'oxygène* et le *rejet d'acide carbonique*.

Les divers modes de la respiration. — Les échanges gazeux entre l'être vivant et le milieu extérieur doivent se faire à travers la membrane qui limite le corps. De sorte qu'on peut considérer un appareil respiratoire très simple

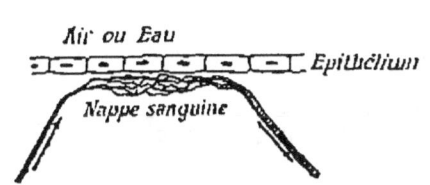

Fig. 120. — Schéma d'un appareil respiratoire.

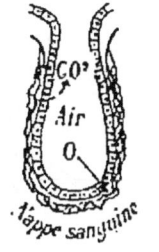 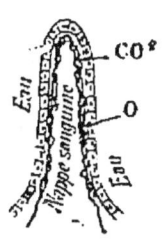

A. — Poumon.   B. — Branchie.
Fig. 121. — Poumon et branchie.

comme formé d'une *membrane épithéliale* (*fig.* 120) séparant le *milieu extérieur* (air ou eau) qui contient l'oxygène, du *sang* qui va absorber cet oxygène et rejeter l'acide carbonique. Ce mode de respiration très simple peut se faire à travers la peau : c'est la *respiration cutanée*.

Il y a évidemment intérêt à ce que la surface de contact entre le sang et l'oxygène soit aussi grande que possible. Plus cette *surface respiratoire* sera grande, plus la respiration sera intense. Un moyen d'agrandir cette surface est de la plisser. Si la membrane en se plissant produit une dépression, on a un *poumon* (fig. 121,A); si au contraire le plissement se fait par un soulèvement, on a une *branchie* (fig. 121, B).

Le poumon constitue l'organe essentiel de la *respiration aérienne*, et la branchie celui de la *respiration aquatique* (Voir *Respiration dans la série animale*.)

II. — Appareil respiratoire.

L'appareil respiratoire se compose des *voies respiratoires*, par lesquelles l'air pénètre dans l'organisme, et des *poumons*, qui sont les organes essentiels.

Voies respiratoires. — Les voies respiratoires comprennent les fosses nasales et la bouche, le pharynx, le larynx, et enfin la *trachée-artère* et les *bronches*. La bouche et le pha-

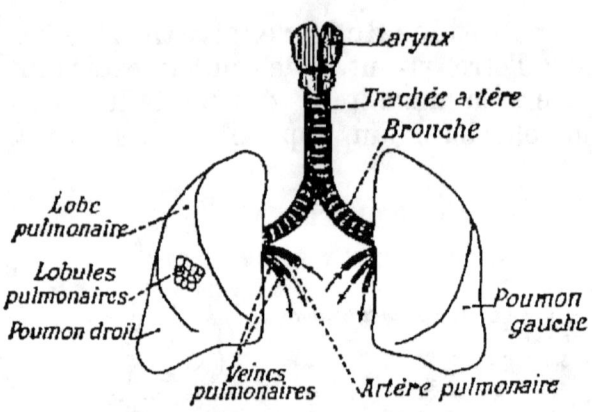

Fig. 122. — La trachée-artère et les poumons.

rynx ont été décrits à propos de la digestion ; les fosses nasales seront étudiées comme organe du sens de l'odorat, et le larynx comme organe de la voix. Etudions la *trachée-artère* et les *bronches*.

a) La *trachée-artère* (fig. 122), qui fait suite au larynx, est un tube de 12 centimètres de long ; elle descend verticalement le long du cou, en avant de l'œsophage, pour pénétrer ensuite dans la poitrine, où, après un trajet de 4 centimètres, elle se bifurque en deux conduits appelés *bronches*.

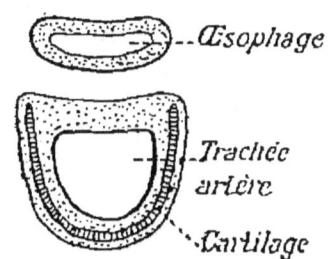

Fig. 123. — Coupe transversale de la trachée-artère et de l'œsophage.

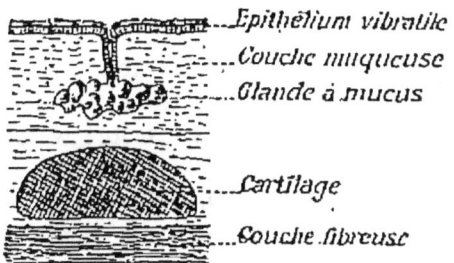

Fig. 124. — Coupe de la paroi de la trachée-artère.

Sur une section transversale (*fig.* 123), la trachée-artère a une forme demi-circulaire en avant et aplatie en arrière. La trachée présente des anneaux cartilagineux régulièrement disposés et destinés à maintenir ce conduit béant ; mais en arrière, dans la portion aplatie, l'anneau cartilagineux manque.

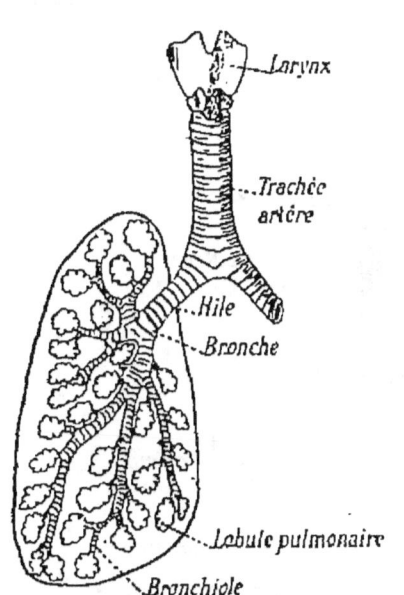

Fig 125. — Ramification des bronches.

La *structure* de la paroi de la trachée (*fig.* 124) se compose : 1° d'une enveloppe externe *fibreuse* dans laquelle se trouvent les anneaux cartilagineux; en arrrière, les bords des cartilages sont réunis par des fibres musculaires lisses qui peuvent, par leur contraction, rétrécir le canal aérien ; 2° d'une couche *muqueuse* interne recouverte par un épithélium stratifié dont les cellules superficielles portent des cils vibratiles destinés à rejeter vers l'extérieur les poussières qui ont été entraînées par l'air ; dans l'épaisseur de cette couche muqueuse se trouvent des glandes à mucus.

b) Les *bronches*, qui résultent de la bifurcation de la trachée, se rendent chacune à un poumon. L'endroit où la bronche pénètre dans le poumon (*fig.* 125) s'appelle le *hile*. Chaque bronche, à l'intérieur du poumon, se subdivise en un grand nombre de rameaux appelés *bronchioles*. Ces bronchioles deviennent de plus en plus étroites et viennent se terminer dans des cavités appelées *alvéoles pulmonaires*, cavités limitées par un tissu formant des petites masses appelées *lobules pulmonaires*.

La structure des *bronches principales* est la même que celle de la trachée, mais dans les bronchioles les anneaux cartilagineux se réduisent à des plaques, puis finissent par disparaître complètement au voisinage des alvéoles. En revanche, au niveau des fines bronchioles les fibres musculaires lisses et le tissu élastique sont plus abondants ; en même temps, l'épithélium vibratile disparaît pour faire place à un épithélium cubique qui devient pavimenteux et d'une minceur extrême dans les alvéoles.

Les poumons. — Les poumons sont les organes essentiels de la respiration. Ils sont situés dans la poitrine, de

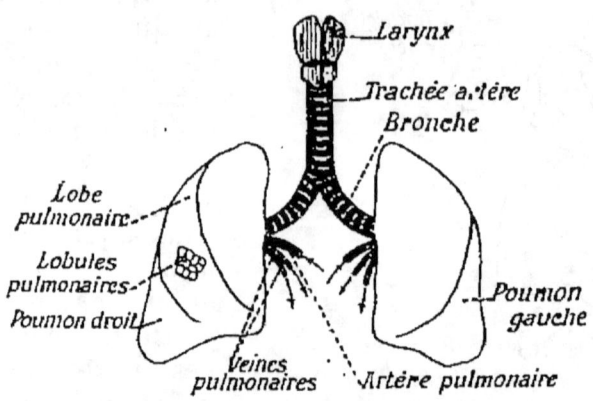

Fig. 126. — La trachée-artère et les poumons.

chaque côté du cœur, et sont au nombre de deux : l'un, le *poumon droit*, est partagé par deux scissures en *trois lobes* ; l'autre, le *poumon gauche*, ne présente qu'un sillon qui le partage en *deux lobes* (*fig.* 126).

La face externe des poumons est convexe et appliquée contre la paroi thoracique ; la face interne est concave et embrasse le cœur.

En examinant la surface du poumon, on voit une série de lignes foncées qui s'entrecroisent et limitent des petites surfaces polygonales d'une étendue d'un centimètre carré. Ces lignes marquent la séparation de petites masses appelées *lobules pulmonaires*, et elles sont formées par du tissu conjonctif imprégné de poussières de charbon qui ont été introduites par l'air et qui ont pénétré à travers les tissus jusque dans les espaces interlobulaires. Chaque lobule se trouve suspendu à l'extrémité de chacune des ramifications bronchiques. Comme tous les lobules se ressemblent, il suffit d'en décrire un pour connaître la structure du poumon.

Le *lobule* est partagé en un certain nombre de segments (10 à 12) dont chacun reçoit une *bronche terminale*, provenant de la *bronche sus-lobulaire* qui représente la dernière ramification bronchique (*fig.* 127). La bronche terminale vient s'épanouir en un certain nombre de cavités bosselées ; chaque cavité est appelée *alvéole*, et chaque alvéole comprend plusieurs bosselures ou cavités appelées *vésicules pul-*

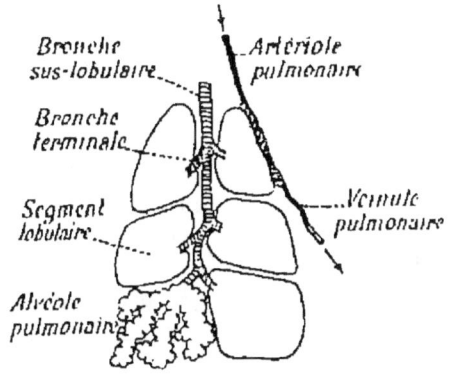

Fig. 127. — Schéma d'un lobule pulmonaire.

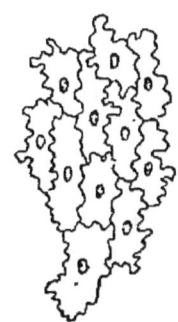

Fig. 128. — Epithélium pulmonaire.

monaires. Les vésicules pulmonaires ont une structure très simple ; elles se composent d'un *tissu élastique* abondant, tapissé intérieurement par un épithélium pavimenteux très aplati et rappelant l'endothélium des vaisseaux sanguins (*fig.* 128).

En résumé, plusieurs vésicules composent une *alvéole*, plusieurs alvéoles forment un *lobule*, et plusieurs lobules constituent le *poumon*. Ces diverses parties sont réunies par du tissu conjonctif pour constituer la masse du poumon.

Le sang *veineux* arrive au poumon par l'*artère pulmonaire* qui pénètre par le hile (*fig.* 126) et qui se ramifie en suivant les divisions des bronches. Chaque lobule et même chaque segment de lobule reçoit une branche de cette artère (*fig.* 129); et cette branche se divise en un fin réseau de capillaires qui vont envelopper la vésicule pulmonaire. Ce réseau capillaire donne naissance à des veinules qui en se réunissant forment les deux *veines pulmonaires*; celles-ci s'échappent du poumon par le hile et vont se rendre à l'oreillette gauche du cœur où elles ramènent le sang qui a subi l'*hématose* (transformation du sang veineux en sang artériel).

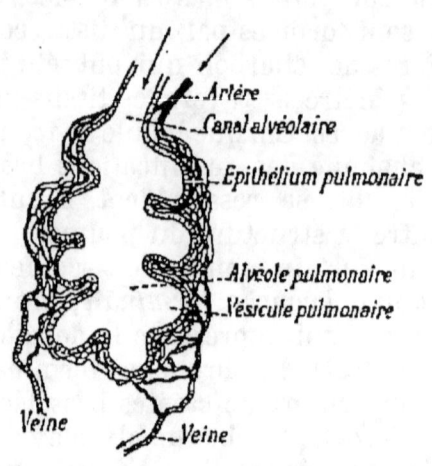

Fig. 129. — Rapport des vaisseaux sanguins avec l'alvéole pulmonaire.

Les capillaires du poumon forment un réseau tellement serré que leur surface est trois fois plus grande que celle des intervalles compris entre les mailles de ce réseau. La surface respiratoire des alvéoles étant évaluée à environ 100 mètres carrés, la surface des capillaires et par conséquent de la nappe sanguine serait de 75 mètres carrés, et le volume du sang ainsi étalé à la surface du poumon serait de près d'un litre.

La plèvre. — Les poumons sont enveloppés dans une membrane séreuse appelée *plèvre*. Comme le péritoine, et comme le péricarde, c'est une membrane à deux feuillets dont l'un, le *feuillet pariétal* (*fig.* 130), tapisse la cage thoracique et la face supérieure du diaphragme, tandis que l'autre, le *feuillet viscéral*, revêt les poumons. Les deux feuillets sont séparés par un intervalle, la *cavité pleurale*, contenant un peu de liquide séreux qui facilite le glissement du poumon sur la cage thoracique. Ce liquide peut devenir abondant dans l'inflammation de la plèvre (*pleurésie*) et empêcher par suite les mouvements du poumon.

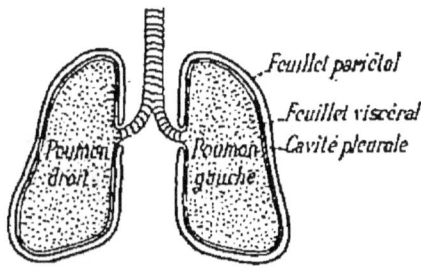

Fig. 130. — La plèvre.

Les deux feuillets pariétaux des deux plèvres s'étendent depuis le sternum jusqu'à la colonne vertébrale, en passant de chaque côté du cœur (*fig.* 131) ; ils forment une cloison appelée *médiastin*, qui, dans sa partie antérieure, renferme le cœur, et dans sa partie postérieure l'œsophage, l'aorte et le canal thoracique.

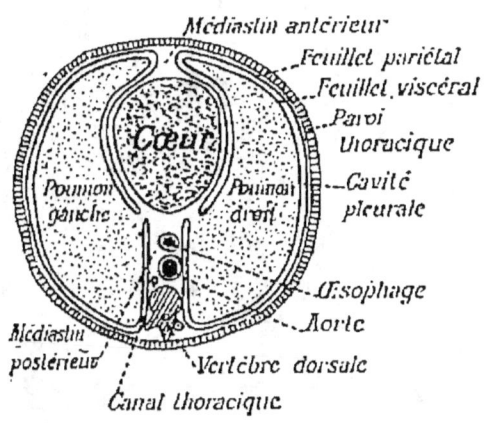

Fig. 131. — Section horizontale du thorax faite au niveau du cœur.

Les deux cavités pleurales sont donc complètement distinctes ; aussi chacune peut s'enflammer séparément et se remplir de liquide, comme dans la *pleurésie*, ou de gaz, comme dans le *pneumothorax*.

III. — Physiologie de la respiration.

Nous étudierons successivement le *mécanisme* de la respiration, les *phénomènes chimiques* de la respiration et enfin *l'asphyxie*.

§ 1. — Mécanisme de la respiration.

Mouvements respiratoires. — L'air situé dans les vésicules pulmonaires perd de l'oxygène qui est absorbé par le sang, tandis qu'il se charge d'acide carbonique ; cet air de-

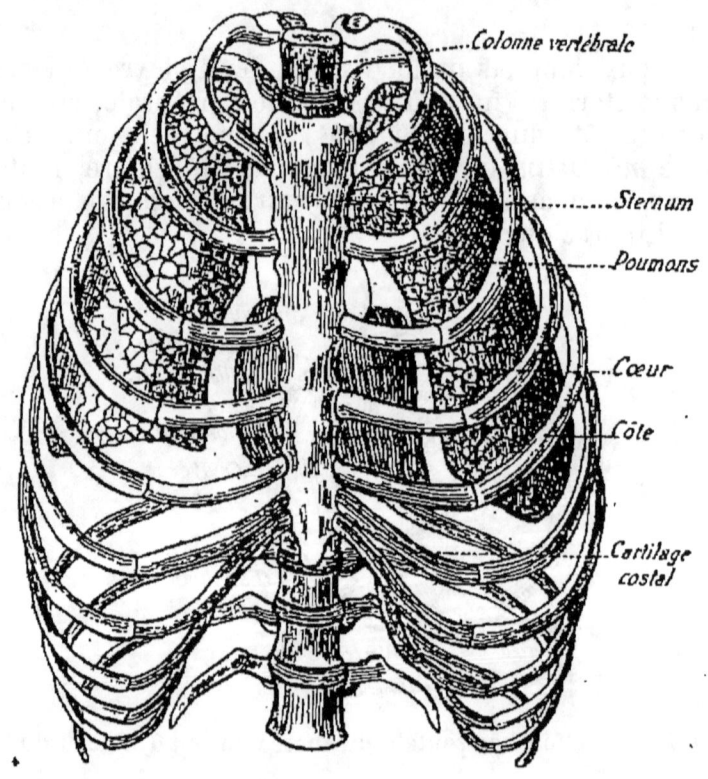

Fig. 132. — La cage thoracique avec les poumons et le cœur.

vient alors impropre à la respiration et a besoin d'être renouvelé. Ce renouvellement se fait par la dilatation et la contraction successives de la cage thoracique : ce sont les mouvements respiratoires. Chaque *mouvement respiratoire* se décompose en deux : 1° l'*inspiration* ou entrée de l'air pur dans les poumons ; 2° l'*expiration* ou rejet de l'air vicié.

Les mouvements respiratoires se font environ 15 fois par minute ; mais dans certains cas pathologiques, dans la *pneumonie* par exemple, le nombre peut s'élever jusqu'à 50.

Pour bien comprendre le mécanisme de ces mouvements, il est indispensable de connaître l'anatomie de la cage thoracique.

La cage thoracique. — La cage thoracique est formée d'un squelette osseux que recouvrent de nombreux muscles. Elle est limitée en arrière par la *colonne vertébrale* (*fig.* 132), sur les côtés par les *côtes*, et en avant par le *sternum*.

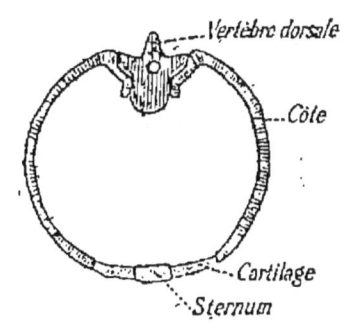

Fig. 133. — Cage thoracique en section transversale.

Les côtes, qui sont au nombre de 12 paires, sont des arcs osseux (*fig.* 132 et 133) qui viennent s'appuyer en arrière sur les 12 vertèbres dorsales, et en avant sur le sternum par l'intermédiaire de *cartilages*.

L'extrémité antérieure de la côte est située plus bas que l'extrémité postérieure ; et grâce à l'élasticité du cartilage, cette extrémité antérieure est mobile et peut être soulevée en haut, en avant et en dehors.

Cette sorte de cage à claire-voie est revêtue d'un grand nombre de muscles, dont les plus importants sont les *muscles intercostaux* et le *diaphragme*. Nous n'étudierons ici que les muscles de la respiration, c'est-à-dire ceux qui jouent un certain rôle dans les mouvements respiratoires.

Les muscles de la respiration. — Les plus importants sont les *muscles intercostaux*, les *scalènes* et le *diaphragme*.

Les *muscles intercostaux* réunissent les côtes entre elles ; ils forment deux plans : l'un interne (muscles *intercostaux internes*) dont les fibres sont dirigées en bas et en arrière, et l'autre externe (muscles *intercostaux externes*) dont les fibres sont dirigées en bas et en avant.

Les *muscles scalènes* (*fig.* 134) s'attachent par leur extrémité supérieure sur les apophyses transverses des vertèbres cervicales, et par leur extrémité inférieure sur les premières côtes.

Le *diaphragme* (*fig.* 135) est une cloison musculaire disposée en forme de voûte entre le thorax et l'abdomen. Les fibres musculaires du diaphragme s'insèrent sur le pourtour de la cage thoracique et viennent converger vers le centre de la

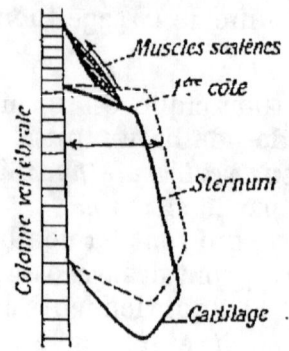

Fig. 134. — Augmentation du diamètre antéro-postérieur de la poitrine.

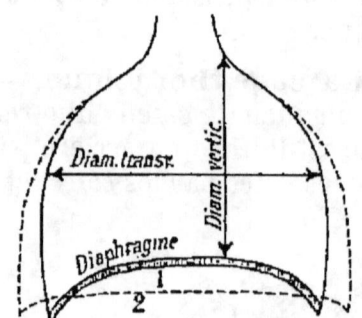

Fig. 135. — Augmentation du diamètre vertical et du diamètre transversal de la poitrine.

voûte où elles se terminent en un tendon brillant appelé *centre phrénique*. On a dit avec raison que le diaphragme était le plus important des muscles après le cœur ; c'est, en effet, lui qui a une action prédominante sur les mouvements respiratoires.

L'inspiration. — L'*inspiration* ou entrée de l'air dans les poumons est due à l'activité des muscles intercostaux, scalènes et diaphragme.

Les *muscles intercostaux* en se contractant écartent les côtes et agrandissent transversalement la poitrine (*fig.* 135).

Les *muscles scalènes* (*fig.* 134) en soulevant les premières côtes, projettent le sternum en avant ; de sorte que la cavité thoracique est agrandie dans le sens *antéro-postérieur*.

Le *diaphragme* (*fig.* 135) en se contractant s'abaisse de la position 1 à la position 2 en appuyant sur les viscères abdominaux qui, refoulés, produisent un léger soulèvement du ventre : il y a donc agrandissement de la cavité thoracique dans le sens *vertical*.

La cage thoracique s'étant agrandie dans les trois directions, il en résulte une augmentation de son volume. Mais les poumons, appliqués contre la plèvre, suivent passivement la cage thoracique ; de sorte que les alvéoles pulmonaires se distendent, et que, leur volume augmentant, la pression de l'air qui y est contenu diminue. L'air extérieur se précipite alors par les voies respiratoires pour rétablir l'équilibre. C'est cette entrée de l'air qui constitue l'*inspiration*.

Il entre ainsi à chaque inspiration environ *un demi-litre d'air*.

Les différentes régions de la cage thoracique ne s'agrandissent pas toujours de la même façon. Chez certains sujets c'est le diaphragme qui fonctionne surtout alors que les côtes restent presque immobiles ; dans d'autres cas c'est la partie inférieure de la poitrine qui s'agrandit ; chez d'autres, enfin, c'est la partie supérieure. Il y a donc trois modes d'inspiration bien différents : l'inspiration est *abdominale* (mouvements du diaphragme) chez les enfants, *costo-inférieure* chez l'homme, *costo-supérieure* chez la femme.

L'expiration. — L'*expiration* est l'expulsion d'une partie de l'air contenu dans les poumons. Le diaphragme qui était contracté pendant l'inspiration, revient au repos et reprend sa voussure en passant de la position 2 à la position 1 (*fig.* 135). En même temps, les autres muscles de la respiration se relâchent et les côtes s'affaissent. La cage thoracique diminuant en tous sens, les poumons par leur élasticité reviennent sur eux-mêmes, en comprimant et en expulsant au dehors l'air qui est contenu dans leurs alvéoles. A chaque expiration un *demi-litre d'air* s'échappe ainsi par les voies respiratoires.

On voit par ce qui précède que l'expiration ordinaire est un *phénomène passif*, tandis que l'inspiration est un phénomène *actif*.

Pendant l'inspiration la dilatation de la poitrine se faisant progressivement, l'air entre *lentement* ; tandis que dans l'expiration, les muscles se relâchant rapidement, l'air est expulsé *brusquement* ; ce qui facilite le rejet des mucosités et des poussières qui pourraient obstruer les voies respiratoires.

Inspiration et expiration forcées. — Ces mouvements respiratoires *forcés* sont produits par l'action de muscles spéciaux, action qui s'ajoute à celle des muscles ordinaires de la respiration.

Dans l'*inspiration forcée*, ce sont des muscles qui s'attachent soit au crâne, soit aux membres supérieurs (sterno-mastoïdien, grand dentelé, grand pectoral, etc.). Ces muscles, qui viennent s'insérer à la partie supérieure de la cage thoracique, soulèvent et dilatent les parois de cette cavité. Lorsque la poitrine est ainsi dilatée à son maximum, le volume de la cavité pulmonaire est d'environ 4 à 5 litres.

Dans l'*expiration forcée*, ce sont des muscles de la paroi abdominale qui s'attachent à la base de la cage thoracique, et qui, en se contractant, abaissent les côtes et diminuent la cavité thoracique. Lorsque le thorax est réduit à son minimum, le volume de la cavité pulmonaire est d'environ 1 litre $\frac{1}{2}$.

La différence entre ces deux volumes extrêmes de la cavité pulmonaire (inspiration et expiration forcées) est d'environ 3 litres : c'est ce qu'on appelle la *capacité respiratoire*.

Il reste toujours dans nos poumons, même après l'expiration la plus énergique, une certaine quantité d'air : c'est l'*air résiduel*.

Certains mouvements spéciaux comme le *hoquet*, le *sanglot* ne sont que des inspirations brusques, souvent dues à des contractions énergiques du diaphragme ; le *rire*, la *toux*, l'*éternuement* sont des expirations brusques ; enfin le *bâillement*, le *soupir*, sont des inspirations prolongées suivies d'expirations prolongées.

Quantité d'air. — A chaque inspiration, l'homme introduit un demi-litre d'air dans ses poumons ; or, le nombre des inspirations par minute est de 15 environ ; donc la quantité d'air qui entre dans les poumons en 24 heures est de

$$0^{lit},5 \times 15 \times 60 \times 24 = 10.800 \text{ litres.}$$

D'un autre côté, comme environ 20.000 litres de sang *passent* chaque jour dans les poumons, on admet que 10.000 litres d'air servent à l'hématose de 20.000 litres de sang dans l'espace de 24 heures.

Bruits respiratoires. — L'étude de ces bruits est d'une grande importance en médecine : c'est ce qu'on appelle l'*auscultation* ; elle a été découverte par le médecin français Laënnec au commencement de ce siècle.

Lorsqu'on applique l'oreille contre la poitrine d'une personne qui respire, on entend *deux bruits* : 1° un *souffle doux* qui accompagne l'inspiration et qu'on appelle le *murmure vésiculaire* ; il est dû au déplissement des alvéoles pulmonaires au moment où l'air y pénètre ; 2° un bruit plus fort, le *souffle bronchique*, qu'on entend mieux au niveau des grosses bronches et de la trachée, et qui est dû au courant d'air passant dans la trachée et les bronches.

Les altérations de ces bruits (râles, sifflements, etc.) renseignent le médecin sur l'état du poumon et des bronches.

Influence du système nerveux. — Le système nerveux règle les mouvements respiratoires. Le *centre nerveux* qui commande à ces mouvements est situé dans le *bulbe rachidien* (voir *Système nerveux*), en un endroit appelé *nœud vital*. Une lésion de cette région peut amener instantanément la mort en arrêtant les mouvements respiratoires et le cœur.

La peau semble aussi avoir une certaine influence sur ces mouvements, car on a remarqué que des hommes, à la suite de brûlures généralisées sur toute la surface de la peau, ne pouvaient respirer que par la force de la volonté. Si le sommeil survient, la volonté est suspendue, les mouvements respiratoires s'arrêtent et ces blessés succombent.

M. Gréhant, par une expérience très simple, a montré que pour provoquer les mouvements respiratoires, il faut un excitant extérieur : il plonge un Poisson dans l'eau, en ayant soin de lui maintenir la bouche hors de l'eau et les branchies dans l'eau. Dans ce cas le Poisson ne fait plus de mouvements respiratoires ; il les fait au contraire si la bouche est plongée dans l'eau, alors que les branchies sont restées en dehors de l'eau. L'eau, milieu respiratoire du Poisson, est donc l'excitant qui, au contact de la bouche, est le point de départ des mouvements de la respiration.

§ 2. — Phénomènes chimiques de la respiration.

Historique. — De tout temps les phénomènes de la respiration, par leur régularité et par leur présence constante, ont attiré l'attention de l'homme. Le premier cri de l'enfant et le dernier soupir du mourant ne sont-ils pas des mouvements respiratoires ? Aussi, l'on s'explique que les expressions *vivre* et *respirer* soient devenues synonymes.

Jusqu'au XVIIᵉ siècle on n'eut cependant aucune idée précise sur les phénomènes respiratoires. Les médecins de l'antiquité se contentaient de dire que l'entrée de l'air dans les poumons servait simplement à *rafraîchir* le sang.

Ce fut *Priestley* qui, en 1775, montra le premier que les animaux, en respirant, rejettent de l'air incapable d'entretenir la respiration et la combustion. Mais il ne se prononça pas sur la nature de cette altération de l'air respiré.

C'est *Lavoisier* qui, en 1777, montra que l'air respiré contenait de l'*acide carbonique*. Par des expériences rigoureuses, il établit que la *respiration était une combustion* qui se faisait, dans les poumons, sous l'influence de l'*oxygène* de l'air et qui produisait de l'*acide carbonique et de la vapeur d'eau*. Depuis plus de cent ans, la science n'a fait que confirmer cette mémorable découverte. Nous verrons seulement plus loin que si les échanges gazeux (absorption d'oxygène et dégagement d'acide carbonique) ont bien lieu dans les poumons, la combustion se produit en réalité dans l'intimité des tissus, dans la cellule.

Modifications de l'air inspiré. — Au point de vue chimique la respiration consiste en une *absorption d'oxygène* par le sang, et en un dégagement d'*acide carbonique et de vapeur d'eau.*

On peut montrer l'absorption d'oxygène en analysant l'air d'un espace parfaitement clos dans lequel on enferme un animal.

La présence de l'acide carbonique dans l'air expiré est facile à constater en soufflant avec un tube de verre dans un vase contenant de l'*eau de chaux*. Au bout de quelques minutes cette eau de chaux se trouble : il s'est formé du carbonate de calcium, insoluble dans l'eau et qui se dépose sous forme d'une poudre blanche. Ce carbonate s'est formé à l'aide de l'acide carbonique rejeté par l'air expiré.

La présence de la vapeur d'eau peut se montrer facilement, en soufflant sur une vitre froide ; il se dépose une *buée* qui résulte de la condensation de la vapeur d'eau. En hiver, cette vapeur forme devant la bouche une sorte de brouillard.

Nous pouvons résumer dans le tableau suivant les analyses qui ont été faites de l'air inspiré et de l'air expiré.

	Air	Azote	Oxygène	Acide carbonique
Air inspiré...	100	79	21	0,0003
Air expiré...	99	79	15,5	4,5

En additionnant les volumes des gaz provenant de l'air expiré, on obtient 99, au lieu de 100, parce qu'une partie de l'oxygène a été utilisée dans l'organisme, non pour produire de l'acide carbonique, mais pour donner d'autres produits d'oxydation tels que l'*urée* par exemple.

On voit par ce tableau que l'azote est rejeté intégralement, c'est donc un gaz *inerte* dans la respiration. Sur les 10.000 litres d'air qui sont inspirés en 24 heures, il y a environ 2.000 litres d'oxygène; et sur ces 2.000 litres, 540 sont absorbés par les poumons qui ne rejettent que 400 litres d'acide carbonique. Or on sait que l'acide carbonique contient son volume d'oxygène : il y a donc 540 — 400 = 140 litres d'oxygène qui sont utilisés dans l'organisme et y produisent des oxydations et des hydratations (eau, urée, acide urique, etc.).

Claude Bernard a montré que le *sang artériel* du cœur *gauche* a une température moins élevée que le *sang veineux* du cœur *droit*. Le sang se rafraîchit donc un peu en passant dans les capillaires du poumon.

Respiration des tissus. — *Lavoisier* pensait que les poumons étaient le siège de la combustion respiratoire. Mais plus tard, *Lagrange*, *Spallanzani*, et *W. Edwards* montrèrent que la respiration se faisait dans tous les organes, dans les tissus.

Paul Bert plaça des organes et des tissus séparés du corps des animaux dans une éprouvette contenant de l'air (*fig.* 136). L'analyse de cet air montra : 1° que les tissus animaux respirent en absorbant de l'oxygène et en dégageant de l'acide carbonique; 2° que les divers tissus d'un même animal respirent avec une intensité variable (le tissu musculaire est celui qui respire le plus

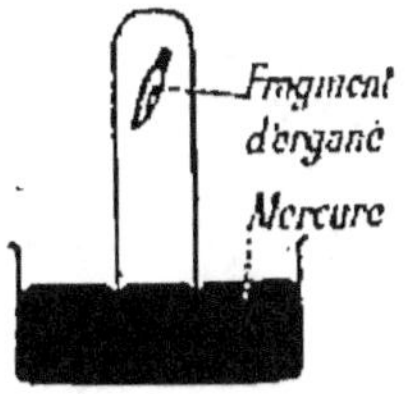

Fig. 136. — Respiration des tissus.

activement) ; 3° que les tissus des animaux à température constante (Mammifères et Oiseaux) respirent plus activement que les tissus identiques des animaux à température variable (Reptiles, Batraciens, Poissons).

Schutzenberger a montré par une ingénieuse expérience que c'était bien la cellule qui respirait. Il place dans une cuve (fig. 137) contenant de l'eau tiède et des globules de levûre qui sont bien des cellules, des vaisseaux très minces en baudruche. Le sang artériel qui passe dans ces vaisseaux est transformé en sang veineux ; c'est que les cellules de levûre ont absorbé l'oxygène du sang artériel à travers la membrane, et qu'elles ont rejeté de l'acide carbonique.

Fig. 137. — Expérience de Schutzenberger.

En résumé, chaque cellule vivante, qu'elle soit libre ou qu'elle soit associée, respire en absorbant de l'oxygène dans le milieu ambiant, et en rejetant de l'acide carbonique (fig. 138). Si ce milieu ne contient pas d'oxygène libre, ce qui est le cas pour les cellules de l'organisme, celles-ci décomposent l'oxyhémoglobine du sang pour prendre l'oxygène.

Mécanisme des échanges gazeux. — Dans l'intimité des tissus qui forment les organes, au niveau des capillaires sanguins, et à travers leurs parois, les cellules (fig. 138)

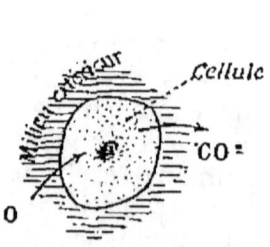

Fig. 138. — Respiration cellulaire.

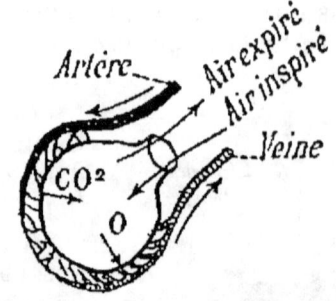

Fig. 139. — Échanges gazeux au niveau de la vésicule pulmonaire.

prennent l'oxygène de l'oxyhémoglobine, en même temps

qu'elles forment de l'acide carbonique qui va se combiner aux sels du plasma sanguin pour donner des *bicarbonates* et des *phosphocarbonates.*

Dans les capillaires du poumon, ces sels du plasma sanguin se dissocient en donnant de l'acide carbonique, des carbonates et des phosphates. Par osmose, l'acide carbonique va passer à travers les parois des capillaires, puis de l'épithélium de la vésicule pulmonaire (*fig.* 139) et arrivera dans cette vésicule, d'où il s'échappera avec l'air expiré. Pendant ce temps l'oxygène de l'air est absorbé par l'hémoglobine des globules et donne de nouveau de l'oxyhémoglobine que le sang va porter aux tissus.

Le sang est donc l'intermédiaire entre le *milieu extérieur*, où il puise l'oxygène, et les *cellules* auxquelles il apporte cet oxygène sous forme d'oxyhémoglobine ; mais inversement il enlève l'acide carbonique aux *cellules* pour le rejeter dans le *milieu extérieur.*

En résumé, la chimie de la respiration se compose de trois phénomènes : 1° la *respiration* ou la *combustion dans les cellules* ; 2° le *transport des gaz* (oxygène et acide carbonique) *par le sang* ; 3° la *purification ou hématose du sang dans les poumons.*

Influence des exercices physiques. — Les mouvements du corps amplifient la poitrine, et font pénétrer plus d'oxygène dans les poumons. D'un autre côté la combustion dans les muscles est plus active ; il y a donc un plus grand besoin d'oxygène, et par suite se produisent des mouvements respiratoires plus fréquents et plus amples. Ces faits ont une grande importance chez l'enfant, dont les jeux en plein air contribueront à élargir la poitrine et à donner plus de puissance aux poumons.

§ 3. — Asphyxie.

Causes de l'asphyxie. — Paul Bert définit l'asphyxie *l'arrêt des phénomènes respiratoires* ; de sorte que pour ce savant la mort naturelle est aussi une asphyxie.

L'asphyxie peut se produire : 1° par *défaut d'oxygène* ; 2° par *excès d'acide carbonique* ; 3° par des *variations de pression de l'air* (air raréfié ou air comprimé) ; 4° par l'absorption de *gaz toxiques.*

1° **Défaut d'oxygène.** — Paul Bert a montré que si l'on

place un Oiseau sous une cloche remplie d'air, et si l'on enlève avec une dissolution de potasse l'acide carbonique dégagé par la respiration de cet Oiseau, on voit que l'animal ne tarde pas à mourir : il ne meurt cependant que lorsque l'air de la cloche ne contient plus que 3 à 4 pour 100 d'oxygène.

Lorsque la proportion d'oxygène tombe au-dessous de 15 pour 100, ce qui arrive dans les puits de mine, l'air devient irrespirable pour l'homme ; et l'asphyxie est complète lorsque la proportion d'oxygène descend au-dessous de 9 pour 100.

2° **Excès d'acide carbonique.** — On dispose un animal comme précédemment, dans un vase clos ; mais on laisse accumuler l'acide carbonique et on maintient constante la pression de l'oxygène. L'animal meurt au bout de quelque temps, lorsque la pression de l'acide carbonique atteint environ 19 centimètres de mercure. Dans ce cas la pression de l'acide carbonique dans le milieu ambiant étant supérieure à celle qu'il a dans le sang, l'acide carbonique ne peut plus se dégager et il s'accumule dans le sang en produisant l'asphyxie.

Lorsqu'on place un animal dans un milieu confiné, l'asphyxie se produit pour les deux raisons précédentes : *défaut d'oxygène* et *excès d'acide carbonique*. Il est donc d'une grande importance de renouveler l'air dans un milieu où séjournent de nombreuses personnes. On a calculé que pour une respiration normale, il faut pour une seule personne 10 mètres cubes d'air pur par heure. Les dimensions des logements étant insuffisantes, une *ventilation* active est nécessaire.

Le malaise qu'on éprouve dans une salle de théâtre qui est remplie de spectateurs, ou dans un salon au cours d'une soirée, est plutôt dû à ces deux causes qu'à la chaleur.

3° **Variations de pression.** — Deux cas sont à considérer suivant que la pression diminue (air raréfié) ou suivant qu'elle augmente (air comprimé).

a) Air raréfié. — En plaçant un Oiseau sous le récipient d'une machine pneumatique, l'Oiseau meurt au bout de quelque temps lorsque la pression descend au-dessous de 18 centimètres. En laissant rentrer de l'oxygène, l'Oiseau se remet. Les personnes qui s'élèvent en ballon ou sur les hautes montagnes, se placent dans des conditions identiques; car la diminution de pression correspond à la raréfaction. Les troubles qui surviennent sont bien connus sous le nom de *mal des montagnes* : ce sont des bourdonnements d'oreille, des saignements de nez, des lourdeurs de tête, de la fatigue et même la syncope. En réalité c'est une asphyxie qui survient à cause du manque d'oxygène. On peut alors combattre ce malaise en prenant, comme l'indique Paul Bert, de l'oxygène pur. Cependant, en 1875, dans la fameuse ascension du ballon le *Zénith*, Crocé-Spinelli, Sivel et Gaston Tissandier s'élevèrent à plus de 8.000 mètres, et bien qu'ils aient emporté de l'oxygène les deux premiers trouvèrent la mort. Mais il est probable, c'est la conviction de Paul Bert, que Crocé-Spinelli et Sivel vivraient encore s'ils avaient pu respirer l'oxygène emporté.

b) Air comprimé. — Paul Bert a montré que lorsqu'on place un animal, un Chien par exemple, dans de l'oxygène pur à la pression de 3 à 4 atmosphères, l'animal est atteint de convulsions semblables à celles que produit la strychnine, et il meurt rapidement dans un état de rigidité spéciale. L'oxygène à haute pression agit donc comme un véritable poison.

Au contraire, si la pression de l'oxygène ne dépasse pas 1,5 à 2 atmosphères, l'homme peut vivre dans l'air à la pression de 5 ou 6 atmosphères. C'est le cas pour les ouvriers qui travaillent dans les cloches à plongeur (construction des piles de pont), ou dans les chambres à air comprimé (percement de certains tunnels). Ce qu'il faut éviter alors, c'est de produire une décompression brusque en ramenant la pression de l'air à la pression atmosphérique normale. Les gaz qui s'étaient dissous dans le sang sous l'influence de la haute pression, se dégageraient et formeraient dans les vaisseaux des chapelets de bulles de gaz qui opposeraient une résistance considérable à la circulation et pourraient même l'arrêter. Il faut donc, si l'on veut éviter des accidents, souvent mortels, décomprimer lentement.

En résumé, la respiration dépend beaucoup plus de la pression de l'oxygène que de la pression de l'air. Si la première est dans le voisinage de la normale, la seconde peut varier entre des limites assez éloignées.

4° Absorption de gaz toxiques. — Certains gaz, même

répandus à faible dose dans l'air, peuvent produire l'asphyxie.

Le plus redoutable de ces gaz, et aussi le plus fréquent, car il se produit dans toutes les combustions incomplètes, est l'*oxyde de carbone*. Il forme avec l'hémoglobine des globules rouges un composé très stable que les cellules ne peuvent plus décomposer ; les globules sont donc dans l'impossibilité de transporter l'oxygène vers les tissus, et la mort, par asphyxie, survient.

On peut encore citer parmi les gaz toxiques l'hydrogène sulfuré, l'acide sulfureux, l'acide cyanhydrique, etc.

Certains gaz qui sont toxiques à forte dose, produisent lorsqu'ils sont absorbés en faible quantité l'insensibilité du système nerveux et aussi l'immobilité : ce sont des *anesthésiques*, tels sont le protoxyde d'azote, l'éther et le chloroforme. Il se produit d'abord une excitation cérébrale, des rêves, des mouvements désordonnés ; puis en augmentant un peu la dose le sujet devient complètement insensible et immobile. C'est cet état qui facilite les opérations chirurgicales. Si l'on force la dose, l'*anesthésie* atteint les centres nerveux qui commandent aux mouvements du cœur et de la respiration, et ceux-ci s'arrêtant, la mort se produit.

Asphyxie brusque et respiration artificielle. — Dans certains cas, soit par immersion dans l'eau (*noyés*), soit par compression de la trachée (*pendus*), l'asphyxie est brusque. L'asphyxie se produit dans l'espace de 4 à 5 minutes. Pendant une première période qui ne dure que 30 à 40 secondes, l'individu éprouve de l'angoisse : puis l'acide carbonique, s'accumulant dans le sang, produit une surexcitation du système nerveux : les facultés intellectuelles, et en particulier la mémoire sont exagérées ; c'est ainsi que l'asphyxié voit repasser devant ses yeux, dans l'espace de quelques secondes, les principaux épisodes de sa vie, et cela avec une prodigieuse netteté. Mais l'acide carbonique continuant à s'accumuler, les battements du cœur se ralentissent, puis s'arrêtent : c'est la mort. Cette seconde période a pu durer environ 4 à 5 minutes.

C'est alors que l'on peut encore essayer de ramener l'asphyxié à la vie en pratiquant la *respiration artificielle*. Pour cela on étend le malade à terre, on comprime lentement et énergiquement la base de la poitrine pour chasser l'air des poumons ; puis on cesse brusquement la compression pour faire entrer une certaine quantité d'air. On peut aussi faire l'*insufflation*, c'est-à-dire envoyer de l'air, soit en se plaçant bouche à bouche, soit en utilisant un soufflet de cuisine.

Depuis quelques années on emploie une méthode très simple et qui a donné d'excellents résultats. Elle consiste à faire des *tractions rythmées* de la langue. En tirant énergiquement, et par intervalles réguliers, on peut rétablir les mouvements respiratoires et par conséquent rappeler l'asphyxié à la vie.

RÉSUMÉ

Tout être vivant respire. — Tout être vivant accomplit des échanges gazeux avec le milieu extérieur ; il absorbe de l'oxygène et rejette de l'acide carbonique. Les animaux aériens prennent O libre dans l'air, les animaux aquatiques prennent O en dissolution dans l'eau, et les anaérobies prennent O en combinaison.

La respiration peut être *cutanée*, *branchiale*, *pulmonaire* et *trachéenne*.

Appareil respiratoire. — Il comprend les *voies respiratoires* et les *poumons*.

1° *Voies respiratoires* :	*Trachée-artère*, en avant de l'œsophage :	Anneaux cartilagineux. Epithélium vibratile.
	2 *bronches* : pénètrent par le hile du poumon et se ramifient pour donner les *bronchioles*.	

2° *Poumons*.	Situés dans la poitrine ; enveloppés par une membrane séreuse, la *plèvre*.
	Formés par les lobes et les lobules ;
	Lobule formé par plusieurs alvéoles ; et chaque alvéole comprend plusieurs vésicules pulmonaires.
	Une vésicule pulmonaire est formée : 1° Par un épithélium pavimenteux très mince ; 2° Par du tissu élastique ; 3° Par un réseau de capillaires sanguins.

Mécanisme de la respiration. — Le renouvellement de l'air se fait par les mouvements de la cage thoracique et du diaphragme. Chaque mouvement respiratoire se décompose en deux :

1° L'*inspiration*: { L'abaissement du diaphragme et la contraction des muscles inspirateurs font agrandir la poitrine.
Il entre environ 1/2 litre d'air à chaque inspiration.

2° L'*expiration* : passive.

Il se produit environ 15 mouvements respiratoires par minute.

Les *bruits respiratoires* sont produits par le courant d'air passant dans les bronches, et par le déplissement des alvéoles.

Chimie de la respiration. — Au niveau de la vésicule pulmonaire, le sang veineux abandonne CO^2 et absorbe O qui se fixe sur l'hémoglobine du sang pour donner de l'*oxyhémoglobine*.

Dans les tissus l'oxyhémoglobine abandonnera son O pour produire la combustion respiratoire. En même temps CO^2 formé par cette combustion se fixera sur les sels du plasma sanguin, et sera transporté jusque dans les poumons, d'où il s'échappera avec l'air expiré.

Asphyxie. — L'*asphyxie* est l'arrêt des mouvements respiratoires. Elle peut se produire :

1° Par le manque d'O ;
2° Par excès de CO^2 ;
3° Par des variations de pression (air raréfié, air comprimé) ;
4° Par intoxication (CO, H^2S, etc.).

CHAPITRE VIII

LA RESPIRATION DANS LA SÉRIE ANIMALE

§ 1. — Les diverses respirations.

La respiration cutanée. — Certains animaux n'ont pas d'appareil respiratoire spécial. Les échanges gazeux se font alors directement entre le milieu extérieur et la périphérie du corps de l'animal : c'est ce qu'on appelle la *respiration cutanée*. Cette respiration existe non seulement chez les animaux inférieurs (Protozoaires, Cœlentérés), mais encore chez les animaux supérieurs où l'hématose se fait à travers la peau de l'animal. La Grenouille, par exemple, a une respiration cutanée très active ; aussi elle peut vivre un certain temps après qu'on lui a enlevé les poumons.

Chez la plupart des animaux, cette respiration est insuffisante, car leur corps se laisse difficilement pénétrer par l'eau ou l'air. Certaines parties de l'animal, en contact avec le milieu extérieur, peuvent se transformer en appareil respiratoire et s'adapter à l'absorption de l'eau chargée d'air ou de l'air lui-même. La membrane qui devient *respiratoire* doit satisfaire aux conditions suivantes : 1° elle doit être facilement *perméable*, par conséquent mince et humide ; 2° sa surface doit être *considérable* ; 3° le milieu ambiant doit facilement se *renouveler* à son contact, car il doit toujours être apte à fournir de l'oxygène et à absorber de l'acide carbonique.

Les différents appareils respiratoires et leurs divers modes de fonctionnement cherchent à réaliser ces conditions, ainsi que le montre l'étude des respirations *branchiale, pulmonaire* et *trachéenne*.

La respiration branchiale. — Chez les animaux aquatiques la membrane respiratoire augmente sa surface en se plissant de façon à présenter des *saillies* dans lesquelles vient circuler le sang : ces saillies sont des *branchies* (fig. 140, B). Le sang abandonne son acide carbonique au milieu extérieur et il y prend de l'oxygène. Les branchies, formées au dépens des téguments, ont des formes très variées (lamelles, houppes, filaments simples ou arborescents). Elles flottent dans l'eau, et le renouvellement de l'eau à leur surface est généralement obtenu à l'aide des battements des cils vibratiles qui recouvrent la membrane. Chez les Arthropodes,

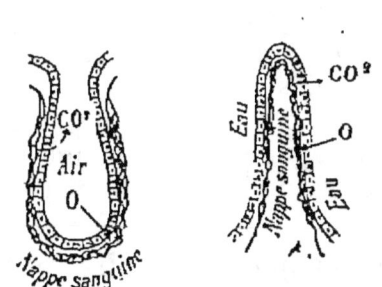

A. — Poumon.   B. — Branchie.
Fig. 140. — Poumon et branchie.

cependant, les cils manquent, aussi les branchies sont-elles en rapport avec les appareils locomoteurs qui agitent l'eau.

Chez les Vertébrés les branchies se forment au dépens de la partie antérieure du tube digestif ; mais leur disposition générale est la même que chez les Invertébrés.

La respiration pulmonaire. — Chez la plupart des animaux aériens, la membrane respiratoire augmente sa surface par des plissements en *dépressions* (fig. 140, A). Autour de ces dépressions vient circuler le sang, et dans leur intérieur arrive l'air destiné à fournir l'oxygène et à recueillir l'acide carbonique : tel est le *poumon*.

Chez les Invertébrés (Mollusques), les poumons sont de simples dépressions tégumentaires, tandis que chez les Vertébrés ils proviennent de dépressions de la région pharyngienne du tube digestif.

Le renouvellement de l'air dans les poumons se fait au moyen de mouvements du corps qui produisent tantôt un appel d'air, tantôt une expulsion.

La respiration trachéenne. — Les Insectes sont pourvus d'un appareil respiratoire spécial : la *trachée*. Les trachées sont des dépressions des téguments ; on peut donc les considérer comme un poumon très ramifié et dont toutes les branches iraient se distribuer aux organes pour y conduire l'air.

Dans la respiration *trachéenne*, c'est l'air qui est porté à destination et qui vient par conséquent au devant du sang ; dans la respiration *branchiale*, le sang, au contraire, vient au devant de l'air dans les branchies ; et enfin dans la respiration *pulmonaire*, l'air vient au devant du sang, par les voies respiratoires, jusque dans les poumons, en même temps que le sang se porte à la rencontre de l'air par les vaisseaux.

§ 2. — Modifications de l'appareil respiratoire dans la série animale.

Protozoaires, Eponges, Cœlentérés, Echinodermes. — Chez tous ces animaux, la pénétration de l'eau dans l'intérieur du corps, soit par osmose, soit par des orifices spéciaux, est si facile qu'elle rend inutile la formation d'un appareil spécial.

Chez les *Protozoaires*, la respiration est assurée par les

mouvements protoplasmiques qui mettent chaque partie du protoplosma en contact avec le milieu extérieur; elle est même activée chez certains Protozoaires (Infusoires ciliés), par les mouvements des cils qui aident au renouvellement de l'eau.

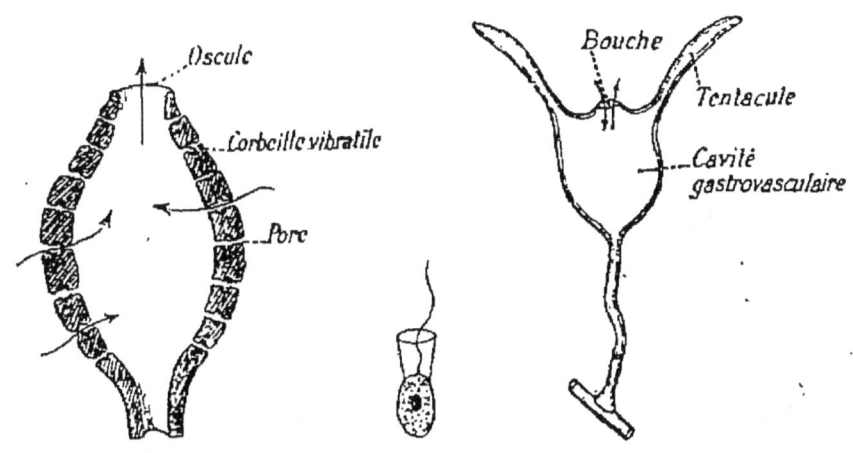

A. — Éponge.   B. — Cellule à collerette.
Fig. 141. — Schéma d'une éponge calcaire.

Fig. 142. — Hydre d'eau douce.

Chez les *Eponges*, les canaux et les corbeilles vibratiles facilitent la respiration (*fig.* 141).

Les *Cœlentérés* ont leur respiration qui s'effectue soit par leurs téguments, soit par leur cavité gastro-vasculaire (*fig.* 142).

Chez les *Echinodermes*, les branchies commencent à apparaître, mais elles sont toujours rudimentaires.

Les Vers. — On observe chez les Vers la respiration *cutanée* et la respiration *branchiale*. Chez un certain nombre (Lombric, Sangsue, Vers parasites), la respiration cutanée existe seule.

Les branchies des Vers sont de simples excroissances des téguments (*fig.* 143); elles sont souvent arborescentes et forment d'élégants panaches. La disposition des branchies est en rapport avec le milieu dans lequel vit l'animal : chez les *Vers errants* (*fig.* 144) les branchies sont réparties sur toute la longueur du corps ou à peu près (Arénicole des pêcheurs); chez les *Vers tubicoles* (*fig.* 145), qui vivent enfermés dans un tube et dont la tête seule sort, les branchies

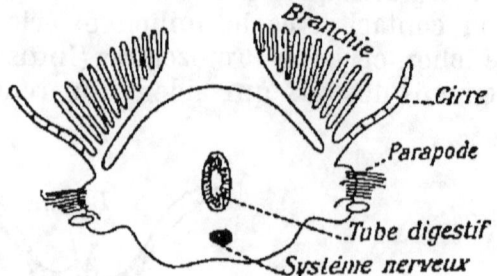

Fig. 143. — Coupe transversale d'un Ver (Annélide errante).

Fig. 144. — Ver errant (Arénicole des pêcheurs).

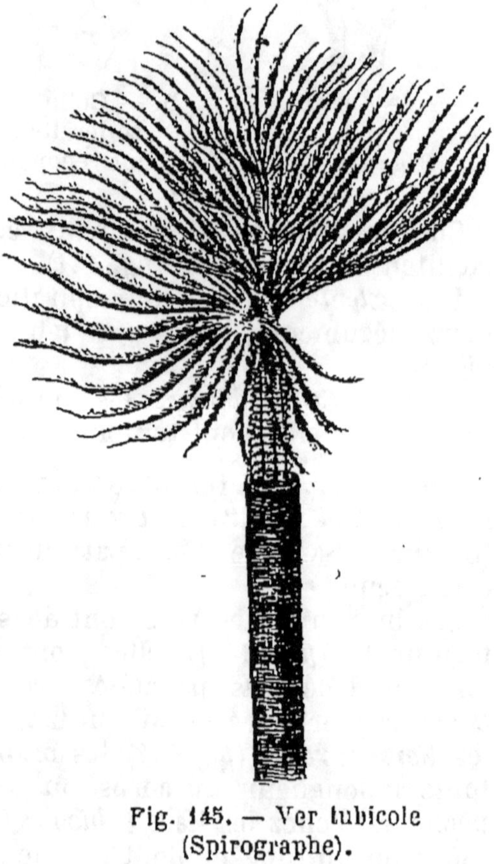

Fig. 145. — Ver tubicole (Spirographe).

sont localisées dans le voisinage de la tête (Sabelle, Serpule, Spirographe).

Les Mollusques. — La plupart des Mollusques ont des branchies en forme de lamelles. Ces branchies sont placées dans une cavité (*fig. 146*), la *cavité palléale*, qui est comprise entre le corps de l'animal et un repli des téguments appelé *manteau*.

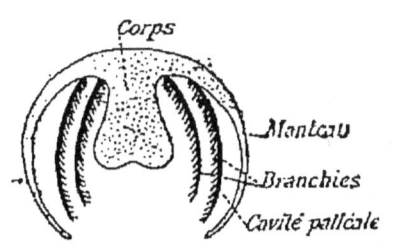

Fig. 146. — Coupe transversale d'un Mollusque lamellibranche (la coquille a été enlevée).

Les Mollusques en s'adaptant à la vie aérienne ont un *poumon* (Escargot); il est simplement constitué par la *chambre palléale* ou *chambre branchiale* dont les branchies sont disparues et dont le bord libre s'est soudé au corps, sauf en un point (le *pneumostome*), pour donner une chambre *pulmonaire* dont les parois contiennent d'abondants vaisseaux.

Certains Mollusques, les Ampullaires, font la transition entre ces deux respirations *branchiale* et *pulmonaire*; ils sont, en effet, pourvus d'une branchie et d'un poumon qui peuvent fonctionner à l'exclusion l'un de l'autre, suivant le milieu. Enfin, les *Cyclostomes* n'ont plus qu'un poumon fonctionnel, mais ils ont encore un rudiment de branchie.

Les Arthropodes. — Les uns ont une respiration *branchiale* : ce sont les Crustacés; les autres ont une respiration *trachéenne*; ce sont les Insectes et les Arachnides.

a) Les *Crustacés* ont des branchies lamelleuses formées au dépens des téguments, et qui sont en rapport avec les pattes thoraciques ou abdominales. Chez l'Ecrevisse par exemple (*fig. 147*), elles sont attachées à la base des pattes ambulatoires, et abritées dans deux chambres branchiales qui sont limitées par la paroi du corps et un prolongement de la carapace. L'eau pénètre par la fente située au niveau de l'insertion des pattes et vient sortir en avant, de chaque côté de la bouche, en un point où se trouvent deux appendices qui effectuent des mouvements rapides activant la circulation de l'eau. Parfois ce sont les pattes elles-mêmes qui s'adaptent à la fonction respiratoire (Isopodes, Branchiopodes).

b) Les *Insectes*, les *Myriapodes* et les *Arachnides* sont des Arthropodes aériens pourvus de *trachées*. La trachée est produite par un enfoncement du tégument ; elle se ramifie et envoie des branches à tous les organes. Les trachées communiquent avec l'extérieur par des orifices disposés souvent par

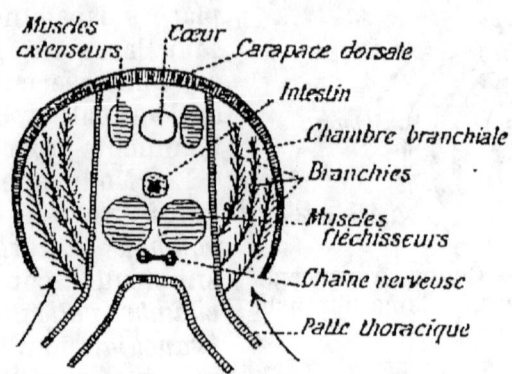

Fig. 147. — Coupe transversale d'un Crustacé (Écrevisse).

paires (*fig. 148*) sur chaque anneau de l'abdomen : ce sont les *stigmates*. Chaque stigmate est entouré d'un cadre chitineux, le *péritrème* (*fig. 149, A*) ; souvent des sortes de *volets* peuvent

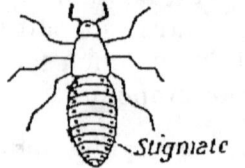   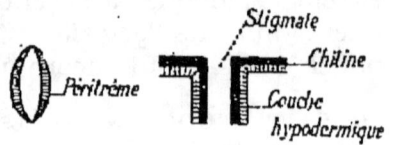

Fig. 148. — Disposition des stigmates sur l'abdomen d'un Insecte.

A. — Face.   B. Coupe.
Fig. 149. — Stigmate d'un Insecte.

fermer cet orifice à la volonté de l'animal. Cette disposition permet à l'Insecte de résister un certain temps à l'action des gaz toxiques.

Une trachée se compose de deux enveloppes : 1° une *couche hypodermique* (*fig. 149, B*), qui est cellulaire et située à l'extérieur ; 2° une couche interne formée d'*épaississements chitineux* enroulés en spirale (*fig. 150*), et qui maintiennent la trachée béante.

Le renouvellement de l'air se fait par des mouvements des parties dorsale et ventrale de chaque anneau du corps.

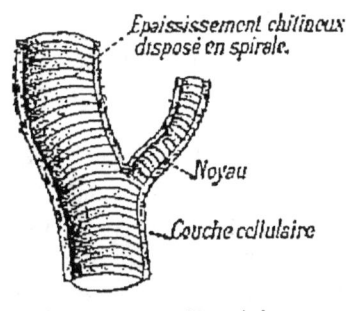

Fig. 150. — Trachée d'un Insecte.

Les trachées sont généralement *tubuleuses*, mais elles peuvent présenter sur leur trajet, surtout chez les Insectes qui volent bien, des *vésicules* qui sont de véritables réservoirs d'air. Parties des stigmates, les trachées viennent ordinairement former deux gros troncs longitudinaux, d'où s'échappent toutes les ramifications.

Certains Insectes aquatiques (Dytique, Hydrophile) viennent respirer à la surface de l'eau. Les trachées peuvent d'ailleurs servir à la respiration aquatique : dans ce cas (larves d'Éphémères) les stigmates se ferment, et les ramifications des trachées viennent se répandre dans des appendices foliacés dont l'aspect rappelle celui des branchies ; aussi les appelle-t-on *branchies trachéennes*. Cette disposition permet d'utiliser l'air dissous dans l'eau.

Chez les larves de Libellules la respiraton se fait dans le rectum par de nombreux replis dans lesquels se ramifient les trachées qui viennent puiser l'oxygène dans l'eau.

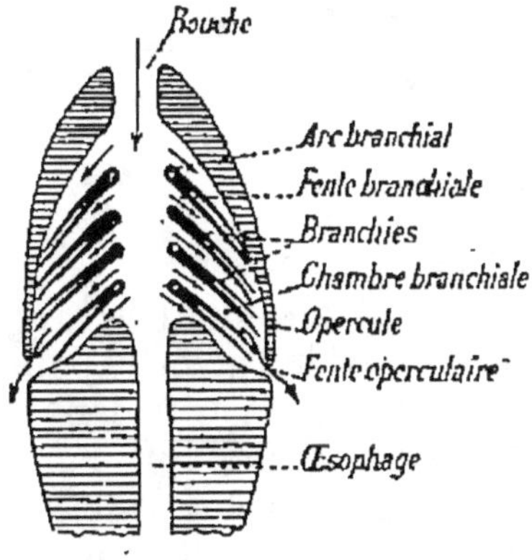

Les Arachnides ont des trachées qui présentent parfois des formes lamelleuses appelées, à tort, *poumons* (Scorpion).

Fig. 151. — Disposition des branchies chez les Poissons.

Les Poissons. — L'adaptation du tube digestif à la fonction respiratoire, exceptionnelle chez les Arthropodes, devient le fait normal chez les Vertébrés. C'est toujours le pharynx ou l'œsophage qui s'adaptent à cette fonction chez les animaux aquatiques. L'eau entre par le tube digestif et s'échappe par les parois perforées de ce tube.

Chez les *Tuniciers* et l'*Amphioxus*, l'œsophage se renfle en un sac qui présente de nombreuses fentes régulièrement disposées et ciliées.

Chez les *Poissons* les branchies sont des lamelles disposées suivant une double rangée, et logées dans des cavités ou *chambres branchiales* (fig. 151) qui sont situées de chaque côté de la tête et en arrière de la bouche.

Chaque chambre branchiale communique, d'un côté, avec l'arrière-bouche par cinq fentes appelées *fentes branchiales*, et de l'autre, avec l'extérieur par l'*ouverture de l'ouïe* qui est en partie fermée par une large plaque écailleuse appelée *opercule* (fig. 152). Les branchies sont généralement portées par quatre paires d'arcs osseux, appelés *arcs branchiaux*, qui viennent se souder en haut et en bas à deux os longitudinaux, les *os pharyngiens* supérieurs et inférieurs. Chaque arc branchial porte une double série de lamelles (fig. 153) à l'intérieur

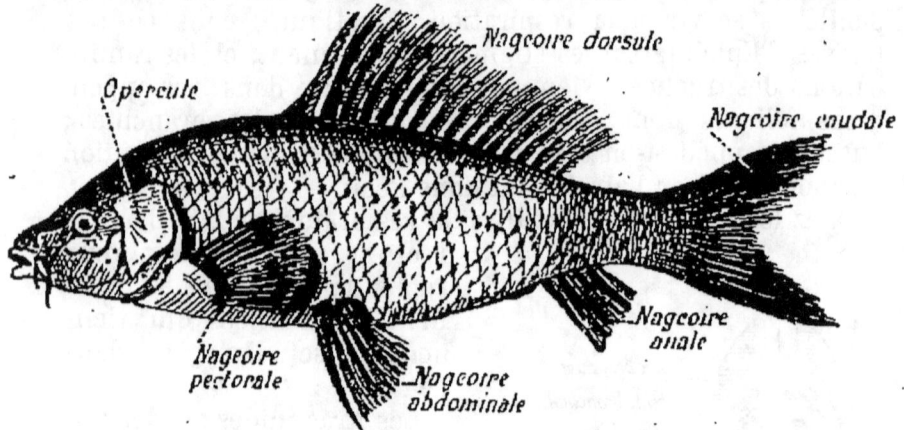

Fig 152. — Opercule et nageoires d'un Poisson.

Fig. 153. — L'arc branchial supportant la branchie formée de deux lamelles.

lesquelles vient se ramifier l'*artère branchiale*, dont le sang veineux devient artériel pour se rassembler ensuite dans la *veine branchiale*, qui l'emporte. Les deux branches de la veine et de l'artère branchiales sont réunies par un réseau très fin de capillaires (fig. 153); et c'est à ce niveau que se fait l'hématose, grâce à l'oxygène dissous dans l'eau.

Le renouvellement de l'eau au contact des branchies se

fait de la manière suivante : l'eau entre par la bouche (*fig.* 151), passe par les fentes branchiales situées entre les arcs branchiaux, baigne les branchies et enfin s'échappe de la chambre branchiale par la *fente operculaire*.

Cet appareil branchial ne suffit pas toujours. C'est ainsi que les petits Poissons rouges de nos aquariums viennent à la surface de l'eau déglutir l'air, et mettre leurs branchies humides en contact avec l'air libre.

Chez les *Poissons cartilagineux* (Sélaciens) l'appareil se compose de plusieurs chambres branchiales (souvent 5), dont chacune vient s'ouvrir à l'extérieur par une fente.

Les branchies des Poissons, comme celles des Crustacés, peuvent servir à la respiration aérienne à la condition d'être protégées contre la dessiccation. C'est ainsi que les os du crâne de l'Anguille, de l'Anabas, peuvent, en s'imbibant d'eau, maintenir humides les branchies : ce qui permet à ces Poissons de sortir de l'eau et de faire d'assez longs trajets sur la terre.

Plus souvent l'adaptation à la vie aérienne se fait à l'aide d'une poche appelée *vessie natatoire*. C'est une poche remplie d'air qui est en communication avec l'œsophage (*fig.* 154), mais qui parfois se sépare complètement du tube digestif. Dans la plupart des cas cette vessie remplie d'air constitue un appareil hydrostatique qui fait varier le poids spécifique du Poisson et lui permet de s'élever ou de s'abaisser dans les eaux. Chez certains Poissons (Dipnoï) cette vessie qui se forme, comme les poumons, aux dépens de l'œsophage devient un véritable poumon : d'abondants vaisseaux sillonnent ses parois et le sang y subit l'hématose. Ces Poissons, les Dipnoïques, vivent dans les marais et respirent avec leurs branchies ; mais pendant la saison sèche ils se cachent sous les feuilles mortes, et leur vessie natatoire fonctionne comme un poumon. Le *Ceratodus* d'Australie a une seule vessie, le *Lepidosiren* du Brésil en a deux, et le *Polyptère* d'Afrique en a deux situées ventralement, ce qui est une homologie de plus avec les poumons.

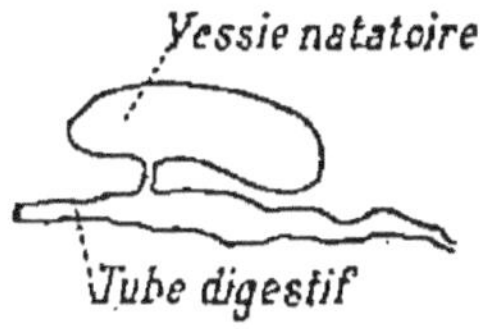

Fig. 154. — Vessie natatoire d'un Poisson.

Enfin chez la Loche des étangs, le tube digestif dans toute la longueur est adapté à la fonction respiratoire.

Les Batraciens. — Pendant leur jeune âge les Batraciens sont des animaux aquatiques et respirent avec des *branchies* ; ce n'est qu'à l'âge adulte qu'ils acquièrent des *poumons* et ont une respiration aérienne.

Les œufs de Grenouille, par exemple, donnent naissance à un petit animal qui ressemble à un Poisson, mais qui a une grosse tête : c'est le *Têtard*. Il possède d'abord des *branchies externes* en forme de houppes et placées de chaque côté de la tête (*fig.* 155) ; puis ces branchies se flétrissent et sont remplacées par des *branchies internes* portées par des arcs cartilagineux. Enfin les *poumons* se développent, pendant que les branchies disparaissent.

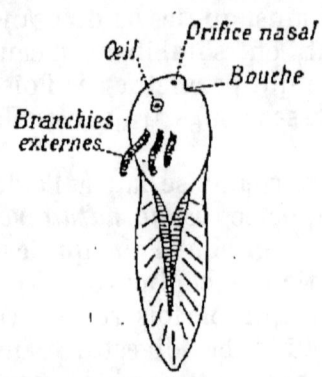

Fig. 155. — Têtard avec ses branchies externes.

Fig. 156. — Poumons de Grenouille.

Les branchies, qui ne sont que transitoires chez les Têtards, persistent chez les Batraciens *pérennibranches* tels que l'Axolott, le Protée.

Les *poumons* des Batraciens sont généralement de simples poches. Un poumon de Grenouille par exemple rappelle par sa structure (*fig.* 156) l'alvéole pulmonaire de l'homme ; de sorte qu'on pourrait considérer le poumon humain comme une agglomération de poumons de Grenouille.

La Grenouille adulte (*fig.* 157) n'a pas de côtes ; elle n'a par conséquent pas de cage thoracique. Aussi elle fait pénétrer l'air dans les poumons par *déglutition*.

La *respiration cutanée* est très active chez les Batraciens ; elle peut entretenir la vie pendant un certain temps chez une Grenouille dont on a enlevé les poumons.

Les Reptiles. — Les Reptiles ont tous des poumons. La

complication de ces organes augmente si on va des Lézards aux Crocodiles.

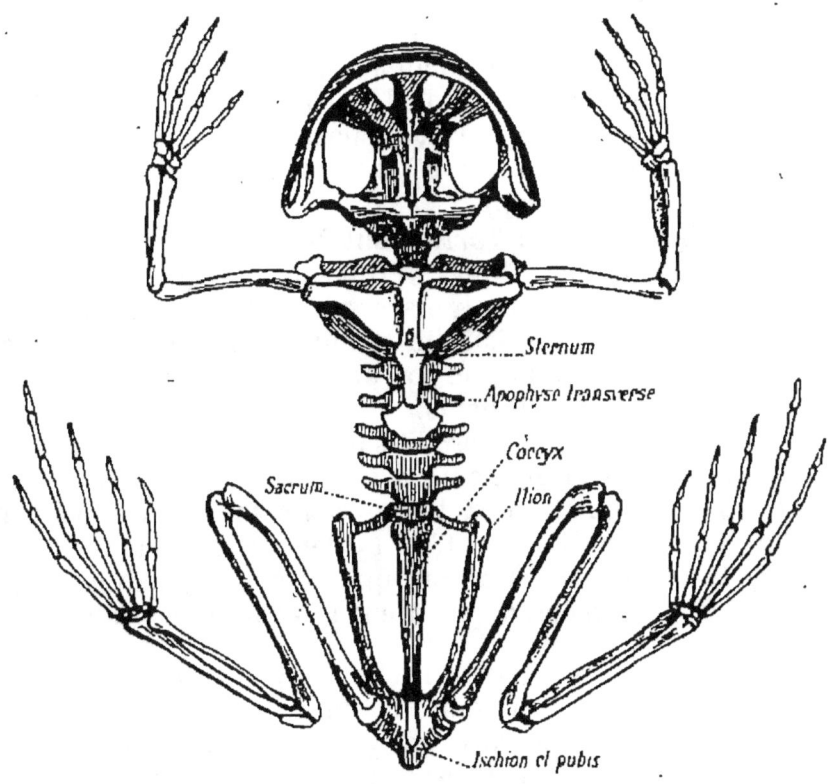

Fig. 157. — Squelette de la Grenouille.

1. Les *Sauriens* ou *Lézards* ont de simples poches dans

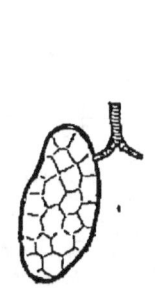

Fig. 158. — Poumons d'un Saurien (Lézard).

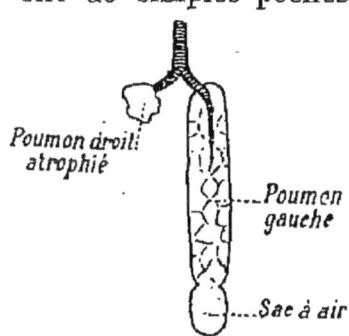

Fig. 159. — Poumons d'un Ophidien (Serpent).

lesquelles les bronches ne pénètrent pas (*fig.* 158). Ces poumons présentent de simples alvéoles, ce qui donne un aspect gaufré à leur intérieur. Chez le Caméléon, les poumons communiquent avec des sacs aériens situés entre les viscères.

2. Les *Ophidiens* ou *Serpents* ont généralement un poumon atrophié (*fig.* 159); l'autre est très allongé et terminé par une simple poche à air dont les parois sont lisses. L'atrophie d'un poumon est probablement due à la reptation de l'animal, car elle se retrouve chez un Lézard qui présente ce mode de locomotion (Orvet). La bronche pénètre à peine dans le poumon développé.

3. Les *Chéloniens* ou *Tortues* ont des poumons qui adhèrent aux parois thoraciques et qui sont partagés en compartiments par des cloisons transversales (*fig.* 160). La bronche pénètre dans le poumon sans se ramifier et communique par des orifices avec les divers compartiments.

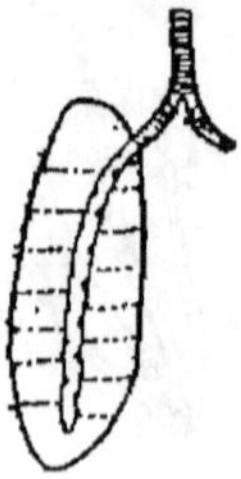

4. Les *Crocodiles* ont les poumons divisés en un grand nombre de poches par des cloisons ; de plus la bronche présente un commencement de division. C'est évidemment un caractère de supériorité, puisque ces compartiments ou alvéoles augmentent la surface respiratoire.

Fig. 160. — Poumons d'un Chélonien (Tortue).

Les Oiseaux. — Les poumons des Oiseaux sont au nombre de deux. Le diaphragme étant rudimentaire, ces poumons sont à peine séparés des viscères abdominaux. La trachée-artère présente *deux larynx*, dont l'inférieur ou *syrynx*, situé à la bifurcation de la trachée, est l'organe essentiel de la phona-

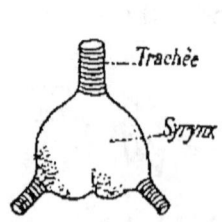

Fig. 161. — Le syrynx des Oiseaux chanteurs.

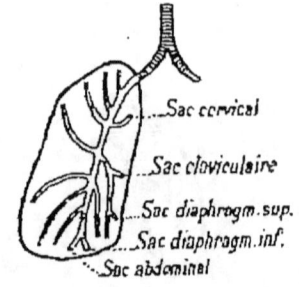

Fig. 162. — Poumons d'un Oiseau et orifices des bronches.

tion (*fig.* 161) : aussi est-il bien développé chez les Oiseaux chanteurs. Chaque bronche traverse le poumon et se bifurque à l'extrémité. Des bronches secondaires naissent sur la bronche principale pour aller se terminer dans des alvéoles.

Certaines bronches, 5 à chaque poumon, viennent s'ouvrir à la surface du poumon par des orifices (*fig.* 162) qui donnent accès dans des réservoirs appelés *sacs aériens*. Ces sacs aériens sont au nombre de 9 et sont répartis de la façon suivante : 1 *sac claviculaire* médian et impair, situé entre les deux clavicules et communiquant avec les deux poumons ; 2 sacs *cervicaux* à la base du cou ; 4 sacs *thoraciques* ou *diaphragmatiques* et enfin 2 sacs *abdominaux*. Les sacs thoraciques sont clos, mais les cinq autres se prolongent par des cavités logées entre les viscères, entre les muscles, sous la peau, et jusque dans les os dont la moelle a disparu. Cette *pneumaticité* des os allège considérablement le squelette. Ces sacs constituent une véritable réserve d'air, de plus ils allègent l'oiseau tout en lui conservant une certaine stabilité ; enfin leurs prolongements entre les muscles servent de coussinets pour faciliter le mouvement et par conséquent le vol. Aussi toutes ces dispositions sont en rapport avec la puissance du vol de l'Oiseau.

Les Mammifères. — Les poumons des Mammifères ressemblent à ceux de l'Homme. Les Mammifères aquatiques (Amphibies, Cétacés) respirent avec des poumons, comme les Mammifères terrestres ; ils sont par conséquent obligés de venir respirer à la surface de l'eau ; mais grâce à des plexus artériels très abondants, ils ont une grande réserve de sang et par suite d'oxygène, de sorte qu'ils restent souvent 20 minutes et plus au-dessous de la surface.

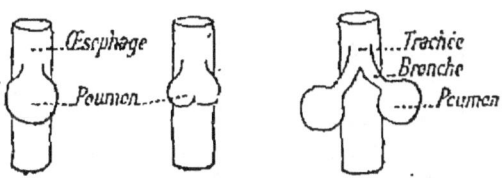

Fig. 163. — Développement des poumons chez les Vertébrés.

Chez les *Mammifères* comme chez les *Oiseaux*, les *Reptiles* et les *Batraciens*, les poumons proviennent d'un bourgeonnement du tube digestif dans la région pharyngienne (*fig.* 163). Ils apparaissent sous forme d'une simple proéminence, qui se divise bientôt en deux ; puis chacune de ces vésicules se complique peu à peu : c'est d'abord une simple poche comme la vessie natatoire des Poissons, puis une poche légèrement bosselée comme les Poumons des Batraciens et des Lézards, puis enfin les plissements s'accentuent pour atteindre leur maximum de complication chez les Mammifères. On voit que les transformations successives de l'appareil pulmonaire, chez un embryon de Mammifère, se retrouvent à l'état définitif dans la série des Vertébrés. Les fentes branchiales, elles-mêmes, se retrouvent dans les premiers stades du développement de l'homme. Cette observation permet de dire que l'*ontogénie* (développement de l'individu) n'est que la répétition courte et abrégée de la *philogénie* (développement de l'espèce).

RÉSUMÉ

Les diverses respirations. — La respiration est *cutanée* lorsqu'elle s'effectue par la périphérie du corps de l'animal, par la peau ; elle est *branchiale* lorsqu'elle se fait à l'aide de *branchies* comme chez les animaux aquatiques ; elle est *pulmonaire* chez les animaux aériens (Mammifères, Oiseaux, Reptiles) et *trachéenne* chez les Insectes.

Appareil respiratoire dans la série animale. — Les *Protozoaires*, les *Eponges*, les *Cœlentérés* et les *Echinodermes* n'ont pas d'appareil respiratoire ; chez eux le mouvement du protoplasma ou des cils assure la respiration.

Chez les *Vers* la respiration se fait par la peau et par des branchies qui ne sont que de simples excroissances de la peau.

Les *Mollusques* ont des branchies s'ils sont aquatiques, un poumon s'ils sont terrestres.

Les *Arthropodes* ont des branchies s'ils sont aquatiques, comme les Crustacés, et des trachées, c'est-à-dire des tubes ramifiés s'ils sont terrestres, comme les Insectes et les Arachnides.

Les *Poissons* ont des branchies logées dans des chambres branchiales de chaque côté de la bouche. L'eau qui les baigne entre par la bouche et sort par les ouïes. Ils sont aidés dans leur respiration par la *vessie natatoire*, poche remplie d'air et en communication avec l'œsophage, et qui joue le rôle de poumon.

Les *Batraciens* ont des branchies externes, puis internes lorsqu'ils sont à l'état larvaire (*têtards*) ; puis les branchies font place aux poumons chez l'adulte.

Les *Reptiles* ont des poumons qui sont chez les moins élevés de simples poches, puis qui se cloisonnent et se partagent en alvéoles chez les supérieurs (Crocodiles).

Les *Oiseaux* ont des poumons qui communiquent avec des sacs aériens, au nombre de 9 ; ces sacs envoient des prolongements jusque dans les os qui sont creux.

Les *Mammifères* ont des poumons comme ceux de l'homme ; ceux qui vivent dans l'eau (Baleine) respirent aussi avec des poumons.

CHAPITRE IX

LA SÉCRÉTION

I. — But de la sécrétion. Appareil sécréteur.

But de la sécrétion. — La *sécrétion* a pour but de débarrasser l'organisme des produits de désassimilation résultant de l'activité du protoplasma cellulaire. La nutrition des éléments anatomiques étant la cause de la désassimilation, il en résulte que la sécrétion est, comme la respiration, un fait biologique qui existe chez tous les êtres vivants et dans toutes les parties de ces êtres. De même que l'appareil respiratoire entraîne au dehors l'acide carbonique et la vapeur d'eau, de même l'appareil sécréteur débarrasse l'organisme des produits de désassimilation tels que l'urée, l'acide urique, etc.

Appareil sécréteur. Les glandes. — L'expulsion de ces produits ne pouvant se faire que par les surfaces libres du corps, il en résulte que l'*appareil sécréteur*, comme l'appareil respiratoire, est en rapport, d'une part, avec le tube digestif, de l'autre, avec les téguments. Donc par la nature de ses fonctions, et par les régions du corps où il se forme, l'appareil sécréteur ressemble à l'appareil respiratoire.

Pour bien comprendre la sécrétion, il faut se rappeler que l'organisme est limité extérieurement par une membrane épithéliale (*fig.* 164) ; c'est donc au travers de cette membrane que se font les échanges entre l'organisme et le milieu extérieur. Un double courant existe : d'un côté l'*absorption* de certaines substances utiles à la nutrition (oxygène dans les poumons, produits de la digestion dans le tube digestif) ; de l'autre, l'*élimination* de certaines substances devenues inutiles ou même nuisibles à l'organisme.

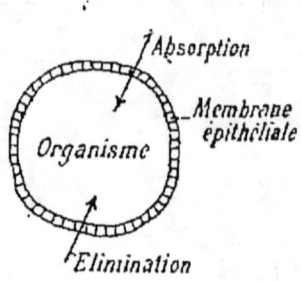

Fig. 164. — Schéma montrant les échanges entre l'organisme et le milieu extérieur.

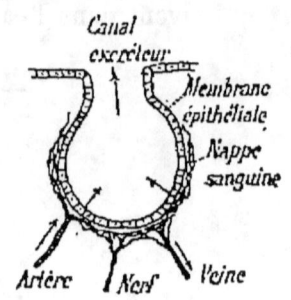

Fig. 165. — Structure d'une glande.

Les parties de l'épithélium qui deviennent plus aptes à accomplir ces fonctions, forment l'*appareil sécréteur*, encore appelé *système glandulaire*. C'est du sang que cet appareil sécréteur extrait les produits de la désassimilation : le rein, par exemple, qui est l'appareil de la sécrétion urinaire, retire du sang l'urée, l'acide urique, etc., tout comme le poumon extrait l'acide carbonique du sang veineux.

Une *glande* se composera donc essentiellement : 1° d'une *membrane épithéliale* (*fig.* 165) ; 2° d'une *nappe sanguine* formée par des artères et des veines qui se ramifient en fins capillaires ; 3° de *filets nerveux* qui agissent sur l'activité sécrétrice.

Les produits sécrétés seront rejetés au dehors, ou dans certaines cavités du corps, par un conduit appelé *canal excréteur*. Ces produits peuvent être *gazeux* (acide carbonique et vapeur d'eau dans les poumons) ; *liquides* (urine, sueur, larmes, etc.) ; *demi-solides* (graisses, mucus, cérumen des conduits auditifs, etc.) ; *solides* (desquammation de la peau, débris épithéliaux, œufs, etc.).

Les diverses sortes de glandes. — Au point de vue anatomique, on distingue plusieurs catégories de glandes : la *cellule caliciforme*, les *glandes en tube*, les *glandes en grappes* et les *glandes closes*.

En réalité, ces divers appareils sécréteurs se constituent par un plissement de la surface sécrétrice, comme l'appareil respiratoire se forme par un plissement de la membrane respiratoire : le but à atteindre est l'augmentation de la surface soit sécrétrice, soit respiratoire.

1. La cellule *caliciforme* (fig. 166) est la glande la plus simple. C'est une cellule épithéliale ordinaire qui se spécialise, et à l'intérieur de laquelle s'accumulent certaines substances (mucus, sérosité, etc.) provenant de l'activité protoplasmique. Ces substances peuvent ensuite se déverser à l'extérieur, et la cellule prend alors la forme d'un calice au fond duquel se trouve le protoplasma et le noyau.

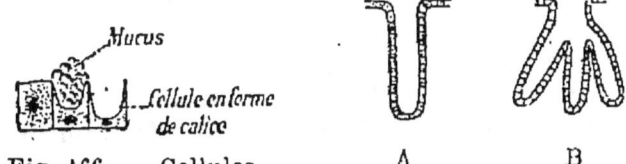

Fig. 166. — Cellules caliciformes.

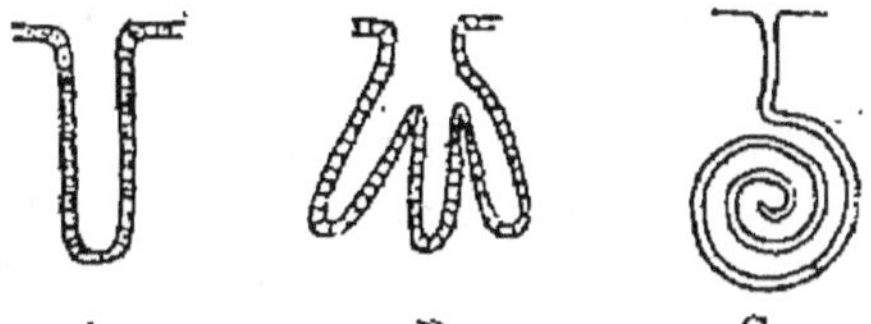

A Simple B Ramifiée C Enroulée
Fig. 167. — Glandes en tube.

2. Les *glandes en tube* (fig. 167) ont la forme d'un simple tube qui est en réalité une dépression en doigt de gant de l'épithélium. Ce sont, en général, les cellules profondes du tube qui sécrètent. Ces glandes peuvent être *simples* (fig. 167, A) (glandes de Lieberkühn de l'intestin) ; *ramifiées* (fig. 167, B) (glandes gastriques) ; *enroulées* (fig. 167, C) (glandes sudoripares).

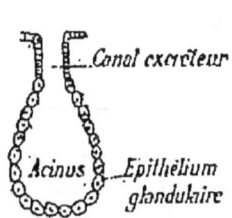

Fig. 168. — Glande en grappes.

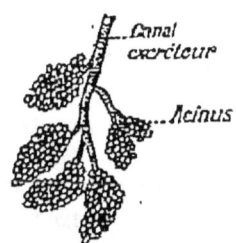

Fig. 169. — Portion de glandes salivaires.

3. Les *glandes en grappes* sont aussi des dépressions de l'épithélium, mais la partie profonde est élargie et renflée ; c'est l'*acinus* (fig. 168). Le canal excréteur est revêtu d'un épithélium ordinaire, tandis que l'acinus est tapissé par des cellules épithéliales glandulaires. Souvent ce canal se ramifie

un grand nombre de fois, et chaque conduit aboutit à un acinus (fig. 169). Les *acini* sont suspendus à l'extrémité de ces conduits comme les grains de raisin dans une grappe. Exemple : les glandes salivaires, les glandes à pepsine, le pancréas, etc.

4. Les *glandes closes* sont des glandes dont les produits ne s'écoulent pas au dehors ; elles n'ont pas de canaux excréteurs et leurs produits ne peuvent que passer dans le sang. Exemple : la rate, les capsules surrénales, le corps thyroïde, etc.

Sécrétions et excrétions. — Lorsque les cellules glandulaires ont accumulé dans leur intérieur certains produits puisés par le protoplasma dans le milieu ambiant, généralement dans le sang, deux cas peuvent se présenter : 1° les produits peuvent être utiles à l'organisme et repris par lui, tels sont les sucs digestifs (salive, suc gastrique, etc.) ; 2° les produits ne peuvent pas être utilisés et sont même nuisibles, tels sont l'urine, la sueur, etc. ; dans ce cas les produits sont rejetés au dehors, et constituent des *excrétions* ; on réserve le mot de *sécrétions* pour les premiers. Cette distinction est quelque peu artificielle, aussi nous n'insisterons pas.

Laissant de côté les *sécrétions digestives*, que nous avons étudiées à propos de la digestion, nous allons étudier successivement la *sécrétion urinaire*, les *sécrétions cutanées* et les *sécrétions des glandes closes*.

II. — Sécrétion urinaire.

§ 1. — Anatomie de l'appareil urinaire.

L'appareil urinaire comprend deux parties : 1° les glandes sécrétrices ou *reins*, qui produisent l'urine ; 2° l'appareil excréteur, formé des *uretères* qui conduisent l'urine dans la *vessie*, d'où elle est rejetée au dehors par un canal appelé *urèthre*.

Les reins. — Les *deux reins* sont situés dans la cavité abdominale, symétriquement de chaque côté de la colonne vertébrale (fig. 170) ; ils sont en dehors du péritoine qui recouvre seulement leur face antérieure, de sorte que dans les opérations chirurgicales on peut atteindre ces organes par la face postérieure sans ouvrir le péritoine. Ils ont la forme d'un haricot et pèsent environ chacun 160 grammes. Leur couleur est rouge *lie de vin*. Ils sont surmontés de glandes spéciales que nous étudierons plus loin et qu'on appelle *capsules surrénales*. Dans l'échancrure du haricot ou *hile* du rein se trouvent trois canaux : l'*artère rénale* qui vient de l'aorte et amène le sang ; la *veine rénale* qui ramène le sang à la veine cave inférieure, et enfin l'*uretère* qui conduit l'urine dans la vessie.

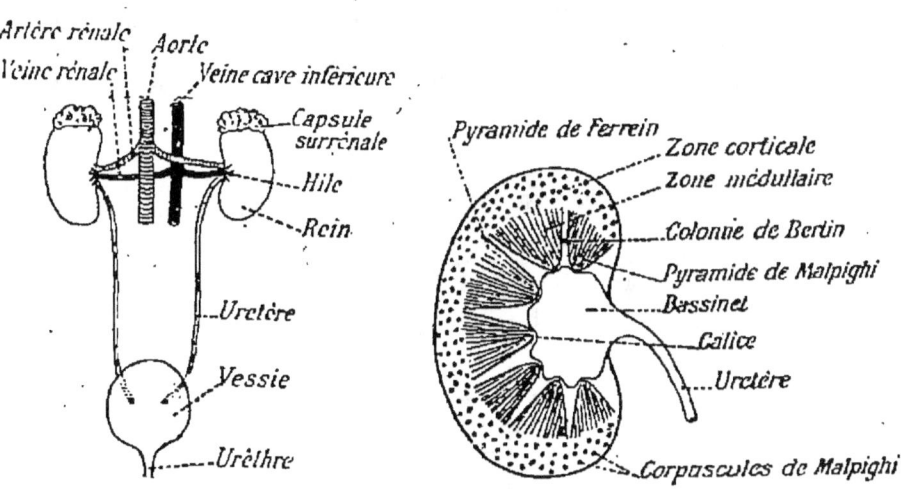

Fig. 170. — Ensemble de l'appareil ordinaire.

Fig. 171. — Coupe longitudinale d'un rein.

Structure. — Sur une coupe longitudinale *(fig. 171)* du rein on voit une *membrane fibreuse* enveloppant l'organe ; puis deux régions bien distinctes : l'une externe, d'aspect granuleux, c'est la *zone corticale* ; l'autre interne, d'aspect strié, c'est la *zone médullaire*.

La zone corticale montre de nombreux petits corps rouges appelés *corpuscules de Malpighi*.

La zone médullaire se décompose en une série de masses ayant la forme de pyramides dont la base est dirigée vers la zone corticale, et le sommet vers le hile du rein : ce sont les *pyramides de Malpighi*, qui sont au nombre de 10 à 15 dans chaque rein. Chacune de ces pyramides présente un certain nombre de tubes qui viennent déboucher au sommet de la pyramide. Ces tubes sont les *tubes urinifères*, dans lesquels se forme l'urine ; celle-ci vient sourdre au sommet de la pyramide par petites gouttelettes recueillies par le *calice*, lequel coiffe chaque sommet de pyramide. Du calice l'urine passe dans un grand réservoir appelé *bassinet*, d'où s'échappe l'*uretère*.

Les stries de la zone médullaire se prolongent dans la zone corticale pour donner les *pyramides de Ferrein*, tandis que la zone corticale semble envoyer des prolongements dans la zone médullaire, entre les pyramides de Malpighi, ce sont les *colonnes de Berlin*.

Tubes urinifères. — L'étude de ces tubes va nous montrer que le rein est une véritable glande formée de tubes ramifiés et anastomosés. Chaque tube (*fig.* 172) vient s'ouvrir

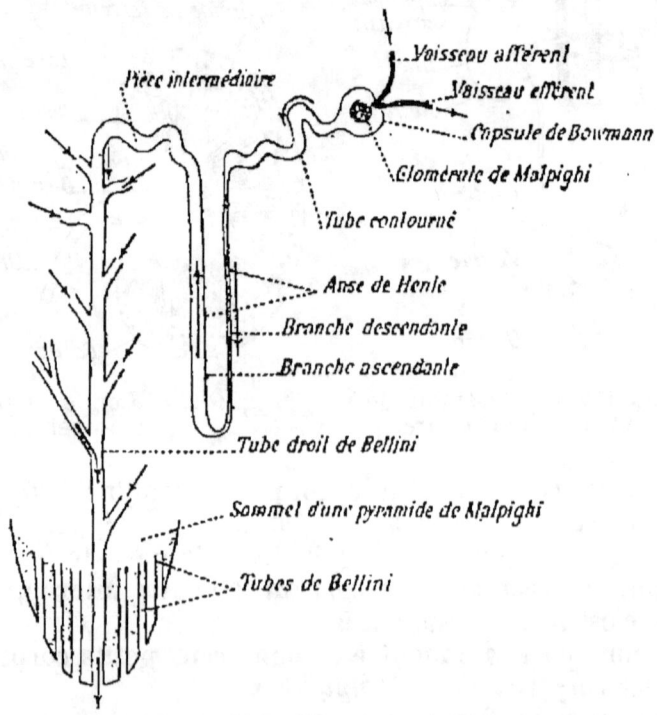

Fig. 172. — Tube urinifère et sommet d'une pyramide de Malpighi.

sur le sommet des pyramides de Malpighi et commence dans la zone corticale par une ampoule appelée *capsule de Bowmann* ; dans cette capsule vient se loger un peloton vasculaire, le *glomérule de Malpighi*: l'ensemble de la capsule et du glomérule forme le *corpuscule de Malpighi*, visible à l'œil sous forme d'un petit corps rouge. A la suite vient le *tube contourné*; puis le tube se recourbe pour donner l'*anse de Henle* dont la branche descendante est mince, et la branche ascendante trois fois plus large ; enfin le tube se contourne et s'élargit (*pièce intermédiaire*) pour aboutir à un canal collecteur, le *tube de Bellini*, qui reçoit un grand nombre de tubes urinifères semblables. Le tube de Bellini vient s'ouvrir par un orifice au sommet de la pyramide de Malpighi ; il y a de 15 à 20 orifices semblables au sommet de chaque pyramide.

La structure du tube urinifère varie suivant la région que l'on considère : la capsule de Bowmann est formée par un épithélium aplati rappelant l'endothélium des vaisseaux ; dans le tube contourné et dans la branche ascendante de l'anse

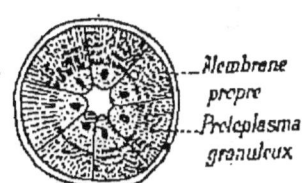 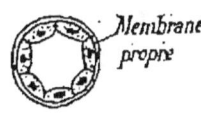

A. — Dans la partie large. B. — Dans la branche descendante de l'anse de Henle.

Fig. 173. — Coupe transversale d'un tube urinifère.

de Henle (*fig.* 173, A), la lumière du tube est étroite et bordée de cellules cubiques, granuleuses, dont la partie externe présente des stries ou bâtonnets dus à des granulations ; enfin la branche descendante (*fig.* 173, B) de l'anse de Henle a une lumière large et bordée de cellules aplaties.

Les corpuscules de Malpighi, les tubes contournés et les pièces intermédiaires sont situés dans la zone corticale ; les anses de Henle et les tubes de Bellini dans la zone médullaire.

Circulation sanguine. — Dès son entrée dans le rein, l'artère rénale se divise en un certain nombre de branches disposées en éventail (*fig.* 174), et qui suivent les colonnes de Bertin pour se réunir toutes, à la limite des zones corticale et médullaire, en une voûte artérielle, l'*arcade de Bertin*. De cette arcade partent des artères qui se dirigent vers la région corticale, entre les pyramides de Ferrein ; ce sont les *artères radiées*, d'où partent à leur tour les *artères afférentes* qui vont donner le *glomérule de Malpighi* (*fig.* 175). Les cor-

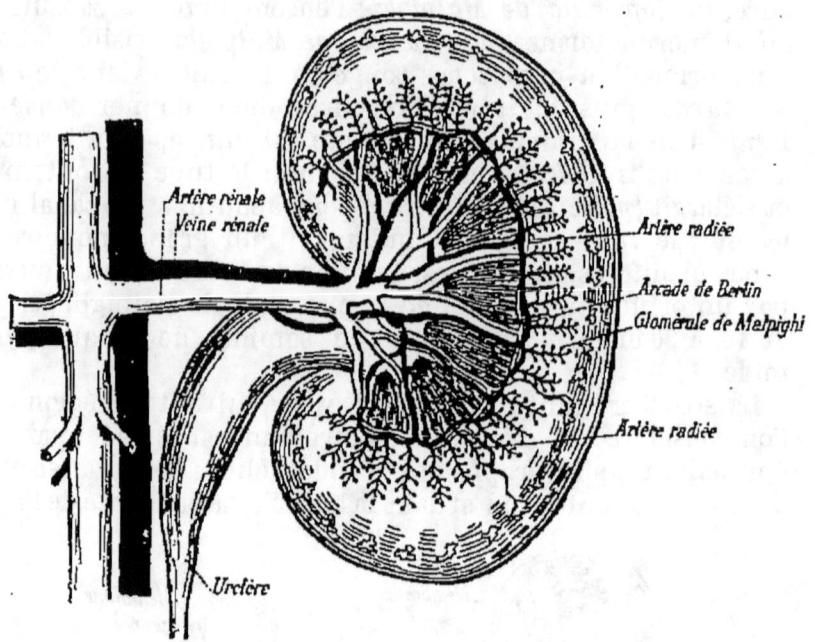

Fig. 174. — La circulation sanguine dans le rein.

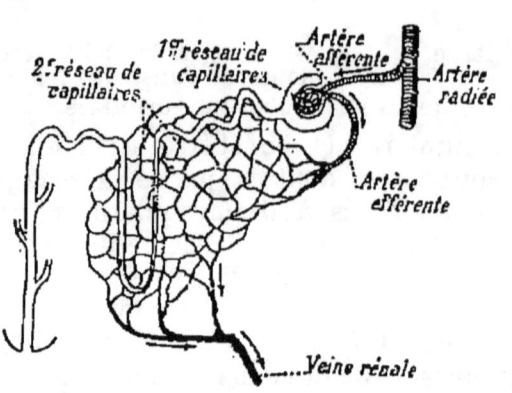

Fig. 175. — Système porte rénal.

puscules de Malpighi sont appendus à l'artère radiée comme les *pommes aux branches d'un arbre*. Il y a un *premier réseau* de capillaires dans le corpuscule (*fig.* 175), puis il s'en échappe une *artère efférente* qui va fournir un *second réseau* de capillaires autour des tubes urinifères : et c'est seulement de ce second réseau que partent les origines de la *veine rénale*. Il y a donc, entre l'artère et la veine, deux systèmes de capillaires : c'est ce qui constitue le *système porte rénal*, disposition rappelant celle du *système porte hépatique*.

Appareil excréteur. — L'urine, formée dans le tube

urinifère, s'écoule dans le *calice* qui coiffe la pyramide de Malpighi, puis dans le *bassinet ;* de là elle est conduite par l'*uretère* jusque dans la *vessie.*

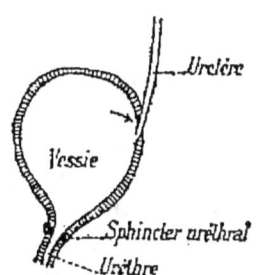

Fig. 176. — Appareil excréteur de l'urine.

L'*uretère* descend de la région lombaire jusque dans le bassin, où il aborde la vessie qui est située à la partie inférieure de l'abdomen, entre le rectum et le pubis. L'uretère s'ouvre obliquement dans la vessie (*fig.* 176), de telle sorte que l'urine entrée dans la vessie appuie contre la paroi et ferme l'orifice de l'uretère. L'urine ne peut donc remonter vers les uretères.

La *vessie* est une poche musculaire, à fibres lisses, revêtue intérieurement d'un épithélium stratifié. Cet épithélium, chez l'être vivant, est imperméable à l'urine ; mais quelques heures après la mort, l'urine filtre à travers les parois de la vessie pour tomber dans la cavité générale. L'urine arrive goutte à goutte dans la vessie ; elle y est maintenue, à l'état normal, par un *sphincter uréthral*, muscle circulaire dont la contraction ferme l'entrée de l'urèthre.

§ 2. — L'urine.

Composition de l'urine. — L'urine de l'homme est un liquide acide, de couleur jaune ambré. Un homme adulte excrète de 1.200 à 1.500 grammes d'urine par jour.

La composition de l'urine peut se résumer dans le tableau suivant :

Eau.	955
Urée.	25
Acide urique.	0,50
Chlorure de sodium. . . .	11
Sels minéraux.	8,50
Urine.	1.000

Cette composition montre qu'on peut considérer l'urine comme une *dissolution d'urée dans de l'eau salée.*

L'*urée* est une substance azotée qui a pour formule $CO(AzH^2)^2$; elle peut se transformer en *carbonate d'ammonium* sous l'influence d'un ferment, le *Micrococcus ureœ*.

L'urée est un produit de transformation des matières albuminoïdes ; sa quantité, qui est de 25 grammes par jour, augmente avec un régime carnivore et peut s'élever, chez les Anglais par exemple, jusqu'à 50 grammes ; une alimentation végétale, au contraire, peut abaisser cette quantité à 20 grammes. L'urée est donc le témoin de la transformation des matières albuminoïdes ; c'est pour cette raison que le dosage de l'urée a une si grande importance en médecine.

L'*acide urique* provient aussi de la transformation des matières albuminoïdes ; il s'en forme environ 1 gramme par jour. Dans certains cas l'acide urique s'accumule dans les tissus, et en particulier dans les articulations, sous forme de cristaux (*goutte*). Il existe dans l'urine, surtout à l'état d'*urates* qui ne sont solubles qu'à la faveur du phosphate acide de sodium.

Enfin l'urine de l'homme contient des traces d'*acide hippurique*.

Les *sels minéraux* sont le chlorure de sodium, les sulfates et phosphates acides de sodium et de magnésium.

L'urine, évacuée et abandonnée à l'air, laisse souvent déposer ces substances sous forme de dépôts jaunâtres, dépôts qui peuvent se faire dans la vessie et donner des concrétions (calculs urinaires, gravelle).

La matière colorante de l'urine est l'*urobiline*, qui provient de la substance colorante de la bile, la *bilirubine*.

Produits anormaux. — Parmi les produits anormaux de l'urine, il faut citer le *sucre* et l'*albumine*.

Lorsque le sang contient trop de sucre (plus de 3 pour 1.000), celui-ci est rejeté au dehors par les urines : c'est le *diabète sucré*. L'urine d'un diabétique peut contenir plus de 200 grammes de sucre par jour. Il faut supprimer à ces malades les féculents et les sucres ; d'où l'usage du pain de gluten.

L'*albumine* peut aussi apparaître dans l'urine : cette maladie (*albuminurie*) indique une altération profonde des tissus du rein.

L'urine varie avec le régime. — La composition de l'urine varie chez le même individu non seulement avec l'âge, mais aussi avec l'alimentation.

Chez les *Carnivores* l'urine est acide, jaune clair, riche en urée et acide urique.

Chez les *Herbivores* l'urine est alcaline, trouble et riche en acide hippurique : celle du Cheval par exemple.

Claude Bernard a montré qu'un Lapin qu'on fait jeûner pendant deux ou trois jours a son urine qui, de trouble et d'alcaline (herbivore) qu'elle était, devient claire et acide (carnivore). C'est que pendant ce jeûne, le Lapin s'est nourri aux dépens de son sang, de sa graisse : il est donc devenu *carnivore*. Lorsque l'homme a la fièvre, il ne prend pas d'aliments ; il se nourrit aux dépens de ses tissus, et son urine devient très acide, comme celle d'un carnivore.

§ 3. — Physiologie de l'excrétion urinaire.

L'urine préexiste dans le sang. — Tous les éléments de l'urine se trouvent dans le sang. On peut le démontrer par plusieurs expériences :

1º On enlève les reins à un animal (*néphrotomie*), et l'on constate que l'urée s'accumule dans le sang et y cause des accidents connus sous le nom d'*urémie*.

2º On fait une *ligature* sur un uretère et l'urée augmente dans le sang parce que l'excrétion urinaire est empêchée.

3º On dose la quantité d'urée dans le sang qui entre dans le rein par l'artère rénale, et dans celui qui en sort par la veine rénale ; on trouve alors que le sang de l'artère rénale contient plus d'urée que celui de la veine : le rein a extrait l'urée du sang.

Donc, *l'urée préexiste dans le sang* ; on peut faire la même observation pour les autres principes de l'urine. Le rein a par conséquent pour fonction physiologique d'*extraire l'urine du sang*.

Mécanisme de la sécrétion urinaire. — La sécrétion de l'urine dans le tube urinifère se fait en deux phases :

1º L'*eau* du plasma sanguin, à cause de la pression de celui-ci à l'intérieur du glomérule, filtre à travers les parois de la capsule de Bowmann et s'écoule par le tube urinifère ;

2º Dans le tube de Ferrein, dans la branche ascendante du tube de Henle, dans la pièce intermédiaire, les cellules granuleuses à bâtonnets retirent du sang l'urée et les autres principes de l'urine.

On peut démontrer ceci par l'expérience de Heidenhain. On injecte dans le sang d'un animal une matière colorante, le carmin d'indigo ; on regarde, quelques heures après, les tubes urinifères qui sont colorés, tandis que les glomérules ne le sont pas. Ces régions colorées indiquent les parties sécrétrices.

De même chez les Oiseaux dont l'urine contient beaucoup d'urates, on trouve des cristaux de ces sels dans les tubes urinifères et non dans les glomérules.

Les cellules épithéliales du tube urinifère ont donc une grande importance sur la sécrétion urinaire, puisque c'est par leur travail protoplasmique que les substances de l'urine sont extraites du sang. Aussi des lésions de cet épithélium amènent toujours des désordres très graves.

Excrétion de l'urine. — L'urine est maintenue dans la vessie, car elle ne peut refluer vers les uretères, et elle ne peut s'écouler par l'urèthre que ferme normalement le sphincter. Lorsque la vessie est fortement distendue, elle détermine une sensation particulière, qui est le besoin d'uriner. C'est alors que les fibres musculaires lisses de la vessie se contractent lentement, que le sphincter uréthral se relâche, et que l'urine est expulsée au dehors.

III. — Sécrétions cutanées.

La peau étant en rapport avec le milieu ambiant, il est bien naturel d'y trouver divers organes sécréteurs, tels que les *glandes sudoripares*, les *glandes sébacées* et les *glandes mammaires*.

Les glandes sudoripares. — Les *glandes sudoripares* sont formées de deux parties : 1° le *glomérule*, qui est un tube pelotonné situé dans la profondeur du derme de la peau (*fig.* 177, A) ; 2° le *canal excréteur*, qui traverse le derme et l'épiderme pour venir s'ouvrir à la surface de la peau.

Le canal excréteur est formé par une double couche de cellules cylindriques (*fig.* 177, B) ; et le tube du glomérule est formé par une rangée de cellules glandulaires (*fig.* 177, C), qui sont entourées de fibres musculaires.

On compte environ 2 millions de glandes sudoripares réparties sur toute la surface du corps, où elles sont, du reste, irrégulièrement disséminées.

Ces glandes sécrètent la *sueur*, liquide acide renfermant beaucoup d'eau, du chlorure de sodium et des traces d'urée. C'est en quelque sorte de l'urine très étendue. La quantité de sueur rejetée en 24 heures est d'environ 1.200 grammes. Cette quantité varie avec l'alimentation, les boissons ingérées, l'exercice musculaire, etc.

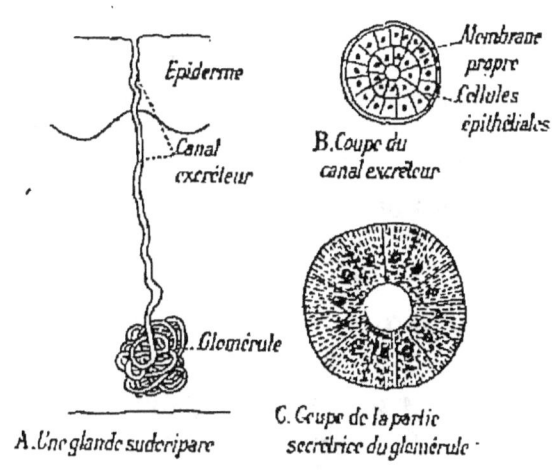

Fig. 177. — Une glande sudoripare.

L'excrétion de la sueur débarrasse l'organisme de 2 grammes d'urée par jour : elle aide par conséquent la fonction urinaire.

Nous verrons plus loin (*Chaleur animale*) que la sueur a aussi pour effet en s'évaporant à la surface du corps de refroidir l'organisme et de régulariser sa température.

Les glandes sébacées. — Les *glandes sébacées* sont réparties un peu partout dans la peau et sont généralement annexées aux poils (voir *Toucher*). Elles sécrètent une substance, le *sébum*, qui forme une sorte de vernis gras sur les poils et sur la peau. C'est ce qui donne une certaine souplesse aux cheveux, et ce qui empêche notre peau de se laisser imbiber par l'eau ou la sueur.

Les glandes mammaires. — Les *glandes mammaires* pourraient être considérées comme des glandes sébacées très développées. Ce sont des glandes en grappe rappelant les glandes salivaires. Le noyau des cellules épithéliales glandulaires se divise (*fig.* 178, A) ; puis on voit la cellule se partager en deux régions : la partie externe reste adhérente, l'autre se remplit de globules de graisse (*fig.* 178, B) et finit par se séparer de la portion adhérente. Le protoplasma de

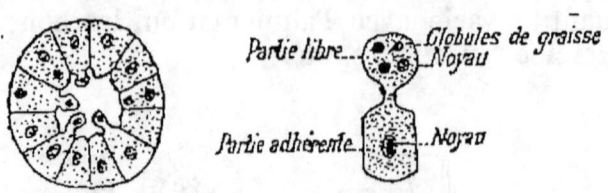

A. — Coupe d'une glande mammaire.   B. — Cellule sécrétrice se partageant en deux.

Fig. 178 — Formation du lait.

cette partie se transforme en un liquide dans lequel nagent les globules de graisse : c'est le *lait*.

IV. — Glandes vasculaires closes.

La rate. — La *rate* est une glande située dans l'abdomen, à gauche de l'estomac. Son poids est d'environ 200 grammes.

Elle est constituée par une *enveloppe fibreuse* qui envoie des prolongements à l'intérieur ; ces prolongements limitent des mailles dans lesquelles se trouve une *matière pulpeuse* formée surtout de globules rouges et de leucocytes.

La rate, nous l'avons vu, a pour rôle essentiel de former les globules rouges.

Le corps thyroïde et le thymus. — Le *corps thyroïde* est une glande située au-dessous de la pomme d'Adam (cartilage thyroïde). Il pèse environ 30 grammes et peut s'hypertrophier pour donner le *goitre*.

Le *thymus* est une glande analogue située entre la trachée et la paroi thoracique. Il est très développé chez les jeunes animaux (ris de Veau); mais il s'atrophie chez l'adulte.

Les médecins savent depuis longtemps que si le corps thyroïde s'atrophie, des troubles surviennent dans la nutrition ; le derme s'infiltre de graisse et donne une peau rappelant celle de l'éléphant (*éléphantiasis*). Les chirurgiens observent les mêmes troubles après l'ablation du corps thyroïde ; ces troubles se complètent par un affaiblissement des facultés intellectuelles aboutissant à l'idiotie et au crétinisme. Chez les jeunes individus, il y a un arrêt dans le développement.

Si au contraire on n'enlève qu'une partie du corps thyroïde, rien de semblable ne se produit. On peut même empêcher ces troubles en faisant absorber au malade le liquide obtenu par l'expression du corps thyroïde d'un animal.

Il est probable que le corps thyroïde fournit des substances qui détruisent les poisons du sang. Ces poisons agissent alors dès que cette glande est atrophiée ou enlevée.

Les capsules surrénales. — Les *capsules surrénales* sont des glandes qui coiffent chacun des reins (*fig.* 170). Si l'on enlève une capsule surrénale à un animal, l'autre grossit et travaille pour l'absente. Si l'on enlève les deux, l'animal présente des troubles graves. Il s'accumule dans le sang un poison qui produit le même effet que le curare (paralysie musculaire). Il est probable que ces glandes détruisent certains poisons produits par l'organisme.

RÉSUMÉ

La *sécrétion* a pour but de débarrasser l'organisme des produits de désassimilation.

Appareil sécréteur. Les glandes. — Certaines parties de l'organisme deviennent plus aptes à accomplir l'*élimination* de ces produits; elles constituent l'appareil *sécréteur* ou *glandulaire*.

Une glande comprend :
- 1° Une membrane épithéliale sécrétrice ;
- 2° Des capillaires sanguins ;
- 3° Des filets nerveux.

Les glandes peuvent être en *tubes* ou en *grappes*.

Appareil urinaire. — Il comprend les *reins* et les *voies urinaires*.

1° *Reins.*
- Situés dans l'abdomen.
- Structure :
  - Glandes en tubes, corpuscule de Malpighi, tubes urinifères et pyramides de Malpighi.
- Circulation : Artère rénale, Capillaires formant le système porte rénal.

2° *Voies urinaires.* { Calice et bassinet.
Uretère allant du bassinet jusqu'à la vessie.
Vessie d'où s'échappe l'urèthre.

L'urine. — C'est une dissolution d'*urée* dans de l'eau salée.

Urée. { Substance azotée $CO(AzH^2)^2$;
Produit de transformation des albuminoïdes ;
25 grammes par jour ; augmente avec le régime carnivore.

L'urine contient aussi de l'*acide urique* et des *urates*, des *sels minéraux* qui peuvent se déposer et donner les calculs urinaires (gravelle). Elle contient aussi parfois des produits anormaux, le sucre (diabète) et l'albumine (albuminurie).

L'urine préexiste dans le sang, car le sang qui entre dans le rein contient plus d'urée que celui qui en sort.

Sécrétions cutanées. — Elles se font par les *glandes sudoripares, sébacées* et *mammaires*.

1° *Gl. sudoripares.* { Gl. en tubes situées dans la peau ;
Sécrètent la sueur qui contient un peu d'urée ;
Par son évaporation la sueur régularise la température du corps.

2° *Gl. sébacées.* { Situées dans la peau.
Sécrètent le sébum qui enduit les poils et la couche cornée.

3° *Gl. mammaires.* { Glandes en grappe fournissant le lait.

CHAPITRE X

LA NUTRITION. — LES MATIÈRES DE RÉSERVE

§ 1. — La nutrition.

Assimilation et désassimilation. — Les fonctions étudiées jusqu'ici (digestion, respiration, circulation, sécrétion) assurent la nutrition de l'individu. Parmi ces fonctions, les unes apportent des aliments (gazeux, liquides ou solides); les autres enlèvent les déchets organiques (excrétions). Les premières permettent l'*assimilation*, les secondes la *désassimilation*.

Par l'*assimilation*, les aliments sont transformés et deviennent partie intégrante de la matière vivante. Les éléments anatomiques empruntent à la lymphe et au sang les produits de la digestion (peptones, glucoses, sels, eau, etc.). Chaque cellule prend dans le sang ce qui lui convient, ce qui lui est utile : c'est ainsi que l'élément musculaire prend surtout des hydrates de carbone, l'élément nerveux des matières albuminoïdes, etc.

Par la *désassimilation*, les éléments anatomiques rejettent dans le sang ou la lymphe les substances devenues inutiles ou nuisibles et qui proviennent de l'activité de leur protoplasma. Parmi les produits rejetés, citons l'acide carbonique, l'urée, l'acide urique, la cholestérine, l'eau, etc. Ce sont des produits de l'oxydation des diverses matières organiques.

Les échanges continus qui se produisent entre chaque cellule et le milieu qui l'entoure se traduisent par un double mouvement : assimilation et désassimilation. Il y a donc entre chaque élément anatomique et le milieu nutritif, et par suite entre l'organisme et le milieu ambiant, une perpétuelle circulation de matière que Cuvier désignait sous le nom de *tourbillon vital*.

Le bilan organique. — Lorsqu'on établit, d'un côté, la quantité d'aliments pénétrant dans l'organisme par les fonctions d'*entrée*, et de l'autre côté, la quantité de déchets rejetés par les fonctions de *sortie*, on dit qu'on établit le *bilan organique*. Nous devons évidemment veiller à ce bilan si nous voulons établir un équilibre physiologique.

Si l'on tient compte de tous les produits rejetés par les glandes, les reins, les poumons, etc., on trouve qu'un homme adulte, en 24 heures, perd environ :

    310 grammes de carbone,
      20   —   d'azote,
  2.000   —   d'eau.

Pour que ces pertes soient compensées, il faut rendre à l'organisme, sous n'importe quelle forme, le carbone, l'azote et l'eau. En laissant de côté l'eau, on a calculé que la *ration d'entretien* nécessaire à l'organisme pour 24 heures se compose de :

1.000 grammes de pain,
300 — de viande,
150 — de légumes.

Mais si l'organisme travaille, les pertes sont plus grandes, et la ration d'entretien est insuffisante. La *ration de travail* ou *ration de campagne* utilisée dans l'armée française doit renfermer :

150 grammes de matières azotées,
500 — d'hydrates de carbone,
50 — de graisse.

Lorsque la ration tombe au-dessous de ces chiffres, la faim se fait sentir, et l'amaigrissement survient. Aucun aliment ne répond aux exigences de cette ration ; d'où la nécessité de l'*alimentation mixte*.

§ 2. — Les matières de réserve.

Leur formation et leur utilité. — Nous avons montré plus haut que chaque élément anatomique prenait, dans le milieu nutritif, ce qui lui était utile, et rejetait ce qui lui était nuisible ; en un mot chaque élément travaille pour son propre compte. Mais, parmi tous les éléments, il en est de moins égoïstes que les précédents ; il en est qui fabriquent des substances qui ne sont pas immédiatement employées, et qui seront utilisées plus tard par l'association tout entière, par l'organisme. Ces matières mises de côté, constituent les *matières de réserve*.

Ces matières ont une grande utilité, car les fonctions digestives sont *intermittentes*, tandis que la nutrition des éléments anatomiques est *continue*.

Etudions quelques-unes de ces substances de réserve telles que la *graisse*, le *glycogène*, l'*oxygène*.

La graisse. — Sous l'influence d'une bonne alimentation, l'assimilation peut l'emporter sur la désassimilation, et il se dépose de la graisse dans le protoplasma des cellules du tissu conjonctif (*fig.* 179). C'est ainsi que se forme le *tissu adipeux* dans le derme de la peau, dans le grand épiploon, autour des viscères etc. Dans certains cas les matières albuminoïdes peuvent même se transformer en graisse : c'est la *dégénérescence adipeuse*.

La graisse provient surtout de la transformation des aliments hydrocarbonés, des féculents. Ainsi on engraisse rapidement les herbivores par un régime féculent. Une Oie maigre au régime de la farine de maïs augmente de $2^{kg},500$ (dont près de 2 kgr. de graisse) en cinq semaines.

La graisse est bien une *réserve alimentaire*. En effet, lorsque l'alimentation est insuffisante, l'organisme reprend cette graisse accumulée dans les tissus et la cellule adipeuse se vide. Cette réserve est consommée au fur et à mesure des

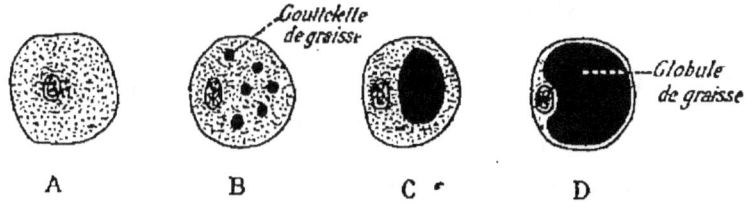

Fig. 179. — Développement d'une cellule adipeuse.

besoins de l'organisme : c'est ainsi que pendant une maladie le corps s'amaigrit. Par oxydation la graisse donne de l'acide carbonique, de la vapeur d'eau et une assez grande quantité de chaleur : c'est ce qui explique son usage dans l'alimentation des pays froids (Esquimaux, Lapons).

Les animaux *hibernants* (Marmotte, Hérisson, etc.), c'est-à-dire qui passent l'hiver dans une sorte de sommeil léthargique, accumulent de la graisse dans leurs tissus pendant la belle saison, mais à leur réveil, au printemps suivant, ils sont dans un certain état d'amaigrissement : le tissu adipeux a servi à leur nutrition.

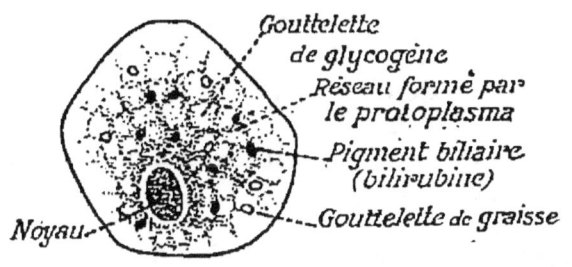

Fig. 180. — Cellule hépatique très grossie.

Enfin la graisse a encore un autre rôle : elle empêche la perte de chaleur par conductibilité, car elle forme un véritable manchon isolant autour du corps.

Le glycogène. — Le *glycogène* est une matière de réserve qui se trouve sous forme de granulations dans le protoplasma des cellules du foie. (*fig.* 180). Ces granulations peuvent se colorer en violet par l'iode et elles ont la même composition que l'amidon ($C^6H^{10}O^5$) ; aussi le glycogène est encore appelé *amidon animal*.

Claude Bernard a montré que le foie était l'organe producteur du glycogène ; car il y a toujours du glycogène dans le foie, quelle que soit l'alimentation. Les cellules hépatiques forment le glycogène aux dépens du glucose ou des peptones amenés par la veine porte : c'est la *fonction glycogénique* du foie.

Au fur et à mesure des besoins, le *glycogène* est ensuite *transformé en sucre*, par hydratation :

$$C^6H^{10}O^5 + H^2O = C^6H^{12}O^6.$$

Cette transformation du glycogène en sucre se fait par l'activité des cellules hépatiques. On peut le démontrer par l'expérience du *foie lavé*. Pour cela, on injecte un courant d'eau salée dans le foie d'un Chien afin d'enlever le sucre ; puis on place le foie dans une étuve à 37°, et au bout de quelques minutes on dose d'une part la quantité de glycogène, et de l'autre la quantité de sucre que contient une petite partie du foie ; puis, quelques minutes plus tard, on prélève une nouvelle portion de l'organe, et l'on fait un nouveau dosage. On constate alors que la quantité de glycogène diminue pendant que le sucre continue à se produire.

Claude Bernard a montré que cette production du sucre est indépendante de l'alimentation. Pour cela, il analyse, chez un animal qui n'a pas absorbé de féculents, ni de sucre, le sang qui entre dans le foie par la veine porte ; puis il analyse le sang qui en sort par la veine sus-hépatique, et il constate que ce dernier sang contient plus de sucre : donc le foie *produit du sucre*. De plus dans les différentes expériences qu'il fit, Claude Bernard montra que : 1° la quantité de sucre contenu dans la veine sus-hépatique est constante ; 2° que dans le sang de la veine porte, la quantité de sucre dépend de l'alimentation.

Si l'aliment ne fournit pas de sucre au foie, celui-ci en fabrique, soit avec le glycogène, soit avec les peptones ou autres substances. Si, au contraire, il arrive dans le foie, par la veine porte, une trop grande quantité de sucre, le foie en laisse passer une certaine quantité (environ 3 pour 1000 parties de sang), et il transforme le reste, l'excès, en glycogène qui s'accumule dans les cellules du foie et qui pourra servir plus tard selon les besoins de l'organisme. On peut donc considérer le foie, à cause de sa fonction glycogénique, comme un véritable *grenier d'abondance* chargé d'emmagasiner et de fournir le sucre nécessaire à l'organisme.

L'oxygène. — On a constaté depuis longtemps que pendant la journée, et surtout pendant le travail, la quantité d'acide carbonique dégagé est plus considérable que pendant la nuit ou pendant le repos. En même temps l'oxygène absorbé pendant la nuit est en quantité plus grande ; de sorte que cet oxygène s'accumule dans le sang pendant le sommeil, pour être utilisé ensuite pendant le jour et produire les oxydations plus énergiques, qui marquent une plus grande activité vitale.

RÉSUMÉ

La nutrition. — La *nutrition* comprend deux termes : 1° *l'assimilation*, qui apporte les substances nutritives ; 2° la *désassimilation*, qui enlève les déchets organiques.

Trois cas peuvent se présenter.
- 1° Assimilation $>$ désassimilation : Accroissement et mise en réserve des matières nutritives.
- 2° Assimilation $=$ désassimilation : État stationnaire.
- 3° Assimilation $<$ désassimilation : Décrépitude.

Le *bilan organique*, c'est-à-dire le compte des fonctions *d'entrée* et des fonctions de *sortie*, doit être équilibré. La *ration d'entretien* est ce qui est nécessaire à l'homme pour compenser les pertes qu'il fait par les glandes, les reins, les poumons.

Les matières de réserve. — Elles se produisent lorsque l'assimilation l'emporte sur la désassimilation. Parmi elles on peut citer la *graisse*, le *glycogène*, l'*oxygène*.

1° *La graisse* :
- Se dépose sous forme de gouttelettes huileuses dans le protoplasma des cellules ;
- Provient de la transformation des aliments hydrocarbonés (féculents) ;
- Est utilisée par l'organisme quand l'alimentation est insuffisante ;
- Empêche aussi la perte de chaleur par conductibilité, car elle forme sous la peau une sorte de manchon.

2° *Le glycogène.* $\left\{\begin{array}{l}\text{Se dépose dans les cellules du foie.}\\ \text{Même composition que l'amidon } (C^6H^{10}O^5).\\ \text{Le foie le fabrique et le transforme en}\\ \textit{sucre} \text{ suivant les besoins de l'orga-}\\ \text{nisme } (C^6H^{10}O^5 + H^2O = C^6H^{12}O^6).\end{array}\right.$

3° *L'oxygène.* . $\left\{\begin{array}{l}\text{Pendant le } \textit{sommeil} \text{ la quantité d'O ab-}\\ \text{sorbé est plus considérable et s'accu-}\\ \text{mule dans le sang;}\\ \text{Pendant le } \textit{jour}, \text{ cet O produit des oxyda-}\\ \text{tions plus énergiques, ainsi que le}\\ \text{montre CO}^2 \text{ rejeté en plus grande quan-}\\ \text{tité.}\end{array}\right.$

CHAPITRE XI

LA CHALEUR ANIMALE

La chaleur est nécessaire à la vie. — Tout le monde sait que le corps de l'homme possède une chaleur naturelle qui ne disparaît qu'après la mort : c'est la *chaleur animale*.

On peut même constater, en plaçant un thermomètre dans la bouche, ou sous l'aisselle, que la température est de 37°.

Si l'on fait les mêmes observations chez les Mammifères et les Oiseaux, on constate une chaleur encore plus vive.

La chaleur est une condition nécessaire à la vie. Mais cette condition varie suivant les animaux. Il faut surtout bien établir la différence entre la température du milieu extérieur et celle de l'organisme lui-même.

Il est évident qu'en raison de la quantité d'eau qui pénètre les tissus de l'organisme, l'activité organique ne peut guère subsister au-dessous de 0°. Certains animaux peuvent résister à la congélation, mais leur activité est suspendue. Ainsi des Poissons et des Batraciens peuvent être pris dans la glace, s'y congeler et revenir ensuite à la vie : leurs organes sont devenus durs et cassants comme du verre, mais ils redeviennent flexibles si on les réchauffe. De même la congélation du nez ou des oreilles de l'homme n'est pas forcément destructive de ces appendices.

Animaux à température constante et à température variable. — Lorsqu'on touche un Mammifère ou un Oiseau, on a une impression très nette de chaleur : c'est pourquoi on dit que ce sont des animaux à *sang chaud*. Si, au contraire, on prend une Grenouille dans l'herbe, ou un Poisson dans l'eau, on éprouve une sensation de froid : ce sont des animaux à *sang froid*. Mais il est préférable, comme nous allons le montrer, d'appeler les premiers *animaux à température constante*, et les seconds *animaux à température variable*.

1° **Animaux à température constante.** — Ces animaux sont les Oiseaux et les Mammifères. Leur température est *presque constante*, quelle que soit la température du milieu extérieur. La température de l'homme, par exemple, sera de 37°, qu'il habite notre pays tempéré, ou les régions glaciaires, ou sous les climats tropicaux.

Chez le même individu, la température du corps ne saurait subir de grandes variations sans amener la mort. Au dessous de 24°, chez l'homme, et au dessus de 42°, la mort survient.

La température varie suivant les espèces : elle est en général plus élevée chez les Oiseaux que chez les Mammifères. Voici quelques chiffres :

	MAMMIFÈRES			OISEAUX	
	Homme.	37°		Faucon.	40,5
	Cheval.	37,7		Chat-huant.	41
	Singe	38,1		Perdrix.	42
	Chat.	38,8		Canard.	42
	Chien	39,2		Poule	43
	Lapin	39,5		Pigeon	44
	Lièvre	39,7		Moineau	44,5
	Loup.	40,5			

Chez le même individu, la température varie un peu suivant le moment de la journée : ainsi chez l'homme elle est de 36°,6 pendant la nuit, et de 37°,8 à la fin de la journée.

2° **Animaux à température variable.** — Ce sont tous les autres animaux, c'est-à-dire les Reptiles, Batraciens, Poissons, et tous les Invertébrés. Ces animaux ont, en général, leur température qui se met en équilibre avec celle du milieu extérieur ; elle lui reste cependant un peu supérieure. Leur température est donc *variable* suivant le milieu.

On pourrait citer des exceptions : un Serpent Boa, enfermé dans une salle du Muséum, et qui couvait ses œufs, marquait une température de 41°,5. Dans ce cas cet animal à *sang froid* était devenu animal à *sang chaud*; ce qui montre que ces expressions ne sont pas d'une rigoureuse exactitude. De même un thermomètre plongé dans une ruche d'Abeilles peut marquer jusqu'à 40°.

Animaux hibernants. — Parmi les animaux à sang chaud, il en est un certain nombre qui, à l'approche de l'hiver, s'engourdissent et semblent s'endormir. Tels sont les Marmottes, les Loirs, les Chauves-Souris, les Hérissons, les Ours, etc. Pendant ce sommeil ou *hibernation*, l'activité vitale se ralentit et la température du corps s'abaisse au dessous de 10°; cette température se rapproche de celle du milieu ambiant. On peut constater aussi que les mouvements respiratoires sont ralentis (3 ou 4 par minute chez la Marmotte), de même les battements du cœur. Mais dès le réveil, la circulation et la respiration reprennent et la température remonte vers 37°.

Production de la chaleur. — La chaleur animale provient des *oxydations* et des *hydratations* qui se produisent dans les tissus : ce sont donc les phénomènes de nutrition qui sont les sources de la chaleur animale.

C'est Lavoisier qui, le premier, a montré que la chaleur animale était le résultat des combustions qui se produisent dans le corps et qui donnent naissance à l'acide carbonique, à l'urée, etc. Ces combustions, comme nous l'avons montré à propos de la respiration et de la nutrition, se font dans l'intimité des tissus; mais c'est surtout dans les *muscles*, les *glandes* et les *centres nerveux* que ces phénomènes s'accomplissent avec plus d'intensité.

On sait que la quantité de chaleur produite augmente avec l'*activité musculaire*. Cette augmentation de chaleur correspond à des oxydations plus énergiques : il se forme en effet plus d'acide carbonique dans le muscle en activité que dans le muscle au repos. On démontre, en physique, que pour produire du travail, il faut de la chaleur. Le muscle en travail devrait donc se refroidir ; or il s'échauffe. Cette contradiction n'est qu'apparente : le muscle, par son oxydation abondante, fournit une telle quantité de chaleur, qu'une partie est transformée en travail et que l'excès est utilisé à élever la température du muscle.

Les *glandes en activité* ont leur température qui s'élève de plusieurs degrés.

L'*activité cérébrale* correspond à une plus grande formation d'urée et de cholestérine ; d'où une nouvelle source de chaleur.

Perte de chaleur. — Les principales causes de déperdition de la chaleur sont : 1° les *phénomènes chimiques* qui s'accomplissent, dans l'organisme, avec absorption de chaleur (réduction, déshydratation, etc.); 2° le *rayonnement* de la peau; 3° la *transpiration* à la surface de la peau et des poumons.

On estime à 2.500 calories environ la quantité de chaleur produite par l'homme en 24 heures ; puisque la température du corps reste constante, c'est que cette quantité de chaleur produite est égale à celle qui est perdue pendant le même temps.

Lutte contre le froid et contre la chaleur. — L'organisme, pour maintenir son *équilibre thermique*, doit lutter contre les variations extérieures, c'est-à-dire contre le *froid* et contre la *chaleur*.

1. *Lutte contre le froid.* — Lorsque la température extérieure s'abaisse, les *phénomènes respiratoires augmentent* et par suite la quantité de chaleur dégagée s'accroît. Ainsi un homme qui rejette normalement 13 grammes d'acide carbonique en un quart d'heure, en rejette 15 grammes dans un bain à 32°, et 39 grammes dans un bain à 18°. D'un autre côté, la couche cornée qui recouvre la peau, la graisse accumulée dans la région sous-cutanée, enfin les poils ou les plumes, forment un écran *mauvais conducteur* qui empêche le refroidissement par contact avec l'air froid. Aussi les animaux qui habitent les pays froids sont-ils protégés par une épaisse fourrure, ou par une couche épaisse de graisse lorsque cette fourrure manque (Baleine). L'homme peut lutter contre le froid par des procédés artificiels, tels que l'usage de fourrures ou les exercices musculaires violents. L'homme peut, en prenant certaines précautions, résister à une température de — 50° et même — 60°; les explorations faites sur les hauts plateaux du Thibet l'ont parfaitement démontré.

2. *Lutte contre la chaleur.* — Lorsque la température ambiante s'élève, la température du corps ne s'élève pas ; ce qui ne s'explique que par une perte plus abondante de cha-

leur. Cette perte se fait par une *transpiration* plus active, et aussi par une *évaporation* de la sueur à la surface de la peau. La peau est, à ce point de vue, un régulateur de la chaleur animale. Ceci nous explique pourquoi nous résistons mieux à la *chaleur sèche* qu'à la *chaleur humide*; car, dans le premier cas, l'évaporation qui est considérable produit une grande perte de chaleur. Ainsi un lapin résiste

10 minutes dans une étuve sèche à 100°
7   »   »   »   120°
2   »   » étuve humide à 80°.

On cite des hommes ayant pu résister pendant quelques minutes à une température de 100°, mais dans un milieu sec.

L'homme peut aussi lutter contre la chaleur en ne faisant aucun exercice musculaire (sieste des pays chauds), et en se recouvrant d'un vêtement de laine qui emprisonne une couche d'air; cet air, mauvais conducteur de la chaleur, met le corps à l'abri de la chaleur extérieure.

Organisme et machine. — On a comparé l'organisme à une locomotive, dans laquelle le combustible serait représenté par les aliments. En réalité, il y a dans la machine animale quelque chose de plus : les aliments en effet fournissent bien de la chaleur qui sera utilisée pour le travail et le maintien de la température; mais ils doivent aussi réparer les pertes de la machine qui s'use.

Il serait plus exact de comparer l'organisme à une cuve à fermentation, dans laquelle les globules de Levûre seraient représentés par les éléments anatomiques. Dans les deux cas la chaleur résulte des phénomènes chimiques qui se produisent entre la matière vivante et le milieu ambiant.

RÉSUMÉ

La chaleur est nécessaire à la vie.

Animaux à température constante et à température variable. — L'homme, les Mammifères et les Oiseaux ont une température presque *constante*, quelle que soit la température du milieu extérieur; celle de l'homme par exemple est de 37° environ. On les appelle aussi parfois *animaux à sang chaud*.

Tous les autres animaux ont leur température qui se met en

équilibre avec celle du milieu extérieur ; leur température est donc *variable* suivant le milieu.

Certains animaux à *température constante* peuvent *hiberner*, c'est-à-dire s'endormir pendant l'hiver ; leur température peut alors descendre au-dessous de 10°.

Production de chaleur. — La chaleur animale provient des oxydations et des hydratations qui se produisent dans les tissus. Les principales sources de chaleur sont surtout le *travail musculaire*, la *sécrétion des glandes*, le travail des *centres nerveux* et l'*oxydation de l'hémoglobine*.

Les principales causes de déperdition de la chaleur sont la *transpiration*, le *rayonnement*, et les phénomènes de *réduction* et de *déshydratation*.

Lutte contre le froid et contre la chaleur. — L'organisme doit lutter contre les variations extérieures pour maintenir son équilibre thermique.

1° *Contre le froid :*
- La respiration augmente quand la température baisse.
- Couche adipeuse, les poils ou les plumes, forment un écran mauvais conducteur de la chaleur.
- Exercices musculaires violents ; usage des fourrures, etc.

2° *Contre la chaleur :*
- La transpiration.
- Repos ou sieste des pays chauds.
- Vêtements de laine emprisonnant de l'air mauvais conducteur.

DEUXIÈME SECTION

LES FONCTIONS DE RELATION

Le mouvement et la sensibilité. — L'animal, pour assurer sa nutrition, pour chercher sa nourriture, doit se déplacer ; il doit accomplir des *mouvements*. Mais ces mouvements, pour être utiles à l'animal, ont besoin d'être guidés par une certaine *sensibilité*. Le *mouvement* et la *sensibilité* sont les deux principales fonctions de relation : c'est par elles, en effet, que nous sommes en relation avec le monde extérieur.

Le *squelette* et les *muscles* sont les organes essentiels du mouvement.

Le *système nerveux* et les *organes des sens* constituent les organes de la sensibilité. Les organes des sens, comme nous le verrons, résultent de l'adaptation à des fonctions spéciales d'une partie du système nerveux.

CHAPITRE XII

LE SQUELETTE

Le *squelette* qui forme la charpente du corps est constitué par un ensemble de pièces dures appelées *os*. Nous allons étudier successivement l'*os*, puis les différents os qui forment le *squelette*, et enfin le mode d'union de ces os ou *articulations*.

I. — L'os.

La forme des os. — Les os qui composent le squelette de l'homme sont au nombre de plus de 200. D'après leur forme, ces os peuvent être rangés en trois groupes : 1° les *os longs* tels que les os des membres (humérus, fémur, etc.); ces os présentent généralement une partie moyenne, appelée *diaphyse*, plus mince que les deux extrémités, appelées *épiphyses*; 2° les *os plats*, qui ont la forme de lames aplaties, généralement de faible épaisseur : tels sont les os du crâne, l'omoplate, etc.; 3° les *os courts*, dont aucune dimension ne l'emporte sur les autres : tels sont les os du carpe, du tarse, les vertèbres, etc.

Nous verrons plus loin que cette classification répond à des différences de structure de la matière osseuse.

Les os ne sont pas souvent lisses; ils présentent des saillies qu'on désigne sous le nom général d'*apophyses*.

Structure des os. — Sur une coupe transversale d'un os long, tel que le fémur, on voit trois parties qui sont, de dehors en dedans : le *périoste*, l'*os* proprement dit, et la *moelle* (*fig.* 181).

1° Le *périoste* est une membrane fibreuse qui constitue une gaine autour de l'os; il est uni à l'os par des fibres connectives qui se prolongent jusque dans l'os et qu'on désigne sous le nom de *fibres de Sharpey*.

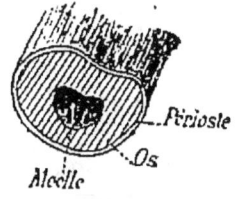
Fig. 181. — Coupe transversale d'un os long.

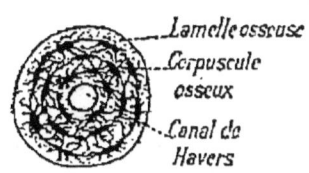
Fig. 182. — Coupe tranversale d'un canal de Havers.

2° L'*os* proprement dit. On découpe avec une scie, sur la diaphyse d'un os long, une lamelle qu'on use sur une pierre à rasoir jusqu'à ce qu'elle devienne mince et transparente. En examinant cette lamelle, à un faible grossissement, on voit une série de petits trous (*fig.* 182) qui représentent les sections de petits canaux creusés dans l'os et appelés *canaux de Havers*. Ces canaux sont disposés parallèlement à l'axe de l'os et peuvent s'anastomoser (*fig.* 183); ils logent des vaisseaux sanguins provenant de la ramification des vaisseaux qui ont pénétré dans l'os par un trou, le *trou nourricier*.

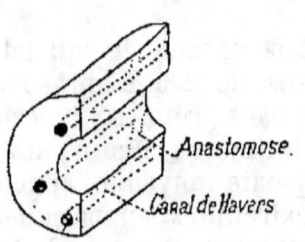

Fig. 183. — Os fendu en long montrant les canaux de Havers et leurs anastomoses.

Autour de chaque canal de Havers, se trouve le *tissu osseux*, qui est disposé en lamelles concentriques. Dans ces lamelles se trouvent des taches noires, étoilées, régulièrement rangées autour du canal et s'anastomosant les unes avec les autres : ce sont les *corpuscules osseux* (*fig.* 184), dont les prolongements sont appelés *canalicules osseux*. Ces corpuscules sont

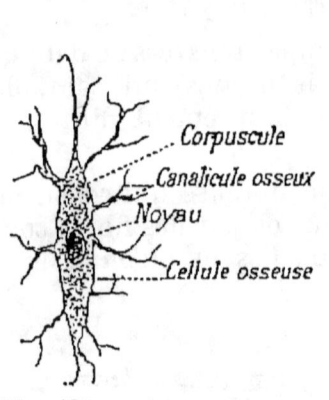

Fig. 184. — Corpuscule osseux et cellule osseuse.

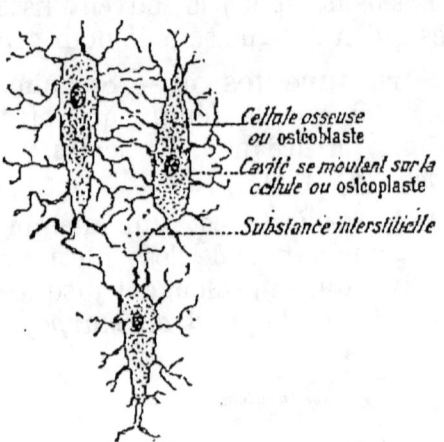

Fig. 185. — Tissu osseux.

remplis par les *cellules osseuses*, dont le protoplasma se prolonge dans les canalicules osseux pour s'anastomoser avec celui des cellules voisines (*fig.* 185). Le tissu osseux est donc essentiellement formé par des *cellules* à prolongements ramifiés, et séparées par une *substance interstitielle* qui est la matière osseuse.

L'ensemble des lamelles osseuses disposées autour d'un canal de Havers forme le *système de Havers*. Entre ces systèmes se trouvent d'autres lamelles qui forment les *systèmes intermédiaires* (*fig.* 186). Enfin deux autres systèmes de lamelles se trouvent disposés l'un sous le périoste (*système périphérique*), l'autre autour de la moelle (*système périmédullaire*).

L'*os long* présente dans sa diaphyse la structure que nous

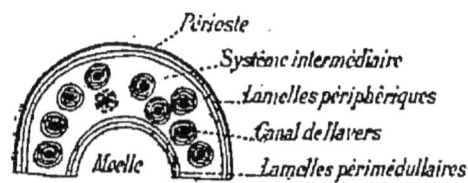

Fig. 186. — Disposition des lamelles osseuses sur une coupe transversale d'un os long.

venons de décrire : c'est le *tissu compact* (*fig.* 187) ; mais du côté des épiphyses, le tissu est formé de lamelles limitant des cavités qui donnent à l'os un aspect spongieux : c'est le *tissu spongieux*.

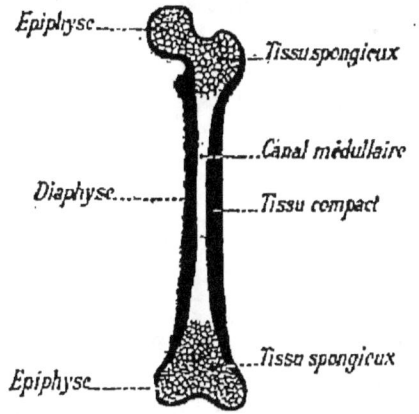

Fig. 187. — Coupe en long du fémur.

L'*os plat* est formé par deux lamelles de tissu compact entre lesquelles se trouve du tissu spongieux appelé *diploé*.

L'*os court* a la structure des épiphyses de l'os long : il est donc formé presque entièrement de tissu spongieux.

3° La *moelle des os* est une substance molle de couleur jaunâtre dans le canal médullaire des os longs ; elle est rouge dans les cavités du tissu spongieux des os longs, des os plats et des os courts. La moelle est très riche en vaisseaux sanguins et elle contient de nombreuses *cellules adipeuses*, des *cellules lymphatiques* ou *médulocelles*, des cellules à noyaux multiples, les *myéloplaxes*.

Composition des os. — Les os sont formés de deux parties : 1° une substance organique, l'*osséine* ; 2° une substance minérale où dominent les *sels calcaires*.

L'*osséine* constitue environ le tiers de l'os, et les *sels minéraux* les deux autres tiers.

On peut séparer l'*osséine* de la matière minérale par l'expérience suivante : on place un os dans de l'acide chlorhydrique étendu d'eau ; au bout de quelques jours la matière minérale est dissoute, et il reste la matière organique, transparente et élastique. L'action prolongée de l'eau bouillante la transforme en *gélatine*.

Si, au contraire, on place l'os sur un feu ardent, au contact de l'air, on détruit l'osséine, et il ne reste, comme résidu, que la *matière minérale*, sous forme d'une cendre blanche. Si l'on calcine en vase clos, le charbon de l'osséine reste combiné avec les sels minéraux pour donner le *noir animal*, qui sert dans l'industrie comme décolorant.

Les sels minéraux sont surtout des phosphates et des carbonates de calcium ; la quantité de fluorure de calcium qu'on y trouve est faible dans les os modernes, elle augmente dans les os anciens et devient encore plus grande dans les os fossiles. On peut par conséquent se servir du dosage du fluorure de calcium pour déterminer l'*âge relatif* d'un os.

Pour 100 parties de cendres d'os on trouve :

Phosphate tribasique de calcium . .	85
Carbonate de calcium	9
Fluorure de calcium	4
Phosphate de magnésium . . .	2
	100

Développement du squelette. Le cartilage. — En suivant les différentes phases du développement d'un embryon, on constate que le squelette passe par différents stades : il est d'abord *muqueux*, puis *cartilagineux*, enfin *osseux*.

Le squelette *muqueux* est formé par des cellules étoilées séparées par une matière interstitielle muqueuse, liquide.

Le squelette *cartilagineux* est formé par du *tissu cartilagineux*, lequel comprend des cellules arrondies, disposées dans des cavités (*capsules*) creusées au milieu d'une substance interstitielle (*fig.* 188). Cette substance, qui est élastique, a la propriété de se transformer dans l'eau bouillante en une matière soluble, la *chondrine*, qui se gélifie par refroidissement.

Ce qui caractérise le squelette cartilagineux, c'est que

toutes ses pièces ont la forme des futurs os, mais en petit. Le squelette cartilagineux est en quelque sorte la miniature du squelette osseux de l'adulte.

Le squelette cartilagineux est transitoire ; il est remplacé par le squelette osseux ; cependant il persiste pendant toute la vie chez certains Vertébrés inférieurs (Raie, Requin).

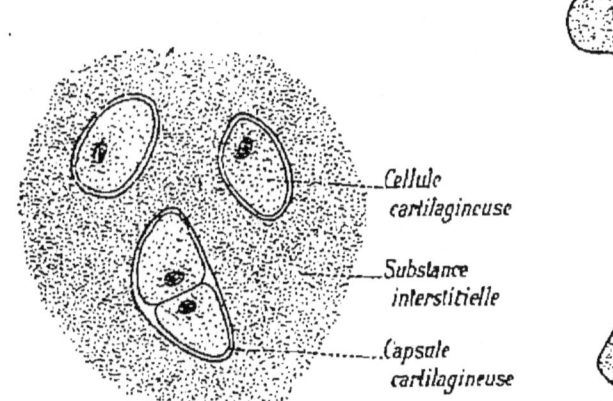

Fig. 188. — Tissu cartilagineux.

Fig. 189. — Os long en voie d'ossification.

Accroissement de l'os en longueur. — L'os ne remplace pas brusquement le cartilage. En général, on voit le tissu osseux apparaître en certains points du cartilage : ces points sont dits *points d'ossification*. Dans un os long (*fig.* 189), par exemple, on distingue souvent trois points d'ossification : un donne la diaphyse, et deux autres les épiphyses. Ces zones d'ossification s'agrandissent peu à peu, mais elles restent longtemps séparées par du cartilage dit de *conjugaison*.

Ce cartilage joue un rôle important dans la croissance de l'os : ses cellules se multiplient et élaborent une nouvelle matière cartilagineuse, ce qui allonge le cartilage et par suite l'os tout entier. Mais lorsque la diaphyse se sera soudée aux épiphyses, l'os ne grandira plus et conservera toute sa vie la longueur acquise. Chez l'homme, cette soudure se fait, dans les membres, de 20 à 25 ans ; à cet âge l'homme cesse de grandir : sa taille est définitive.

Accroissement de l'os en épaisseur. — Lorsque l'os vient de remplacer le cartilage, il est d'abord plein, puis bientôt les lamelles qui forment le tissu spongieux du centre de cet os se résorbent et on a la *cavité médullaire*. En même temps il se forme, sous le périoste, de nouvelles cellules appelées *ostéoblastes*, qui vont sécréter une substance interstitielle osseuse et former ainsi une nouvelle zone osseuse à la partie externe.

On a mis en évidence cette propriété du périoste par plusieurs expériences.

Dès 1740, *Duhamel* remarquait qu'un Porc nourri avec de la garance présentait, sous le périoste, une zone colorée en rouge, et qu'en alternant ce régime avec une alimentation ordinaire l'os du Porc présentait des zones alternativement rouge et blanche.

En 1840, *Flourens* place sous le périoste d'un jeune animal, un fil de platine; la plaie se ferme et plus tard en sacrifiant l'animal, il retrouve le fil de platine plus profon-

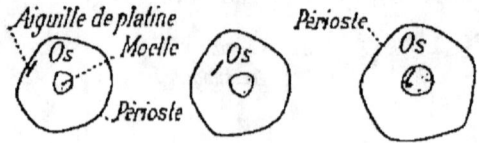

Fig. 190. — Expérience de Flourens montrant l'accroissement en épaisseur d'un os long.

dément dans l'os, et même dans le canal médullaire (*fig.* 190). C'est qu'il y a accroissement à l'extérieur, résorption du côté interne et par suite agrandissement du canal médullaire.

Enfin, M. *Ollier*, chirurgien de Lyon, a donné récemment la preuve définitive du pouvoir qu'a le périoste de former de l'os. Il détache un lambeau de périoste de l'os, en le laissant attaché à l'os par l'un des bouts, tandis que l'autre bout est placé dans les muscles voisins : le périoste *fait de l'os* au milieu de ces muscles. Sur des animaux, il réussit même à transplanter des lambeaux de périoste soit dans la chair, soit sous la peau; et là ce périoste produisait du tissu osseux. C'est la *greffe animale osseuse*.

Cette propriété du périoste se perd avec l'âge : chez le vieillard le périoste n'est plus qu'une enveloppe fibreuse ayant perdu toute activité cellulaire.

Ossification. — Par quel mécanisme le tissu osseux se développe-t-il? Comment le tissu cartilagineux est-il remplacé par le tissu osseux? Sous le périoste, les cellules se multiplient rapidement et laissent déposer, entre elles, des petits grains calcaires. Ces grains se soudent, et forment l'*os périostique*, au milieu duquel sont dispersées les cellules qui, par leurs ramifications, restent en communication.

D'un autre côté, on voit, dans le cartilage, se déposer des grains calcaires qui vont former des sortes de *travées* (*fig.* 191) le long des cavités médullaires où viennent des vaisseaux. Les cellules de ces cavités vont se ranger pour donner les cellules osseuses et grossir, par leur élaboration, la couche osseuse.

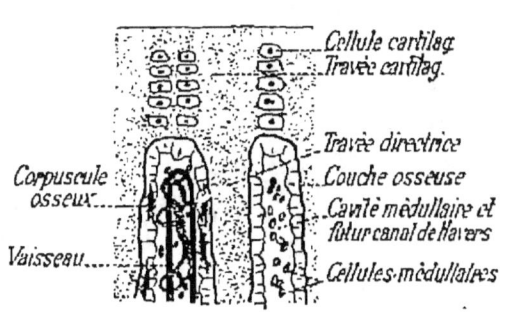 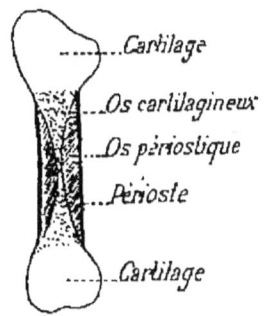

Fig. 191. — Coupe d'un os en voie d'ossification.

Fig. 192. — Coupe longitudinale d'un os long en voie d'ossification.

Sur une coupe longitudinale d'un os long en voie d'ossification, on voit nettement l'*os périostique* et l'os d'origine *cartilagineuse*. Ce dernier a la forme générale d'un sablier (*fig.* 192) ; et la partie comprise entre ce sablier et la périphérie de l'os représente l'os périostique.

Enfin certains os, ceux du crâne par exemple, ne sont pas précédés par le cartilage ; ils se développent aux dépens de *membranes* ; mais le procédé d'ossification est le même que pour l'os périostique.

Une alimentation riche en sels calcaires est nécessaire pour que l'ossification puisse se faire. Sinon le squelette ne s'ossifie pas ; il reste mou et se déforme : c'est le *rachitisme*. C'est ce qui arrive chez les jeunes enfants privés de lait, aliment riche en sels calcaires. M. A. Milne-Edwards a montré expérimentalement l'importance des sels calcaires : il nourrit des jeunes Pigeons avec des aliments privés de calcaire, et il vit que leur squelette s'allongeait, mais qu'il restait mou et se déformait. Les Pigeons étaient devenus *rachitiques*.

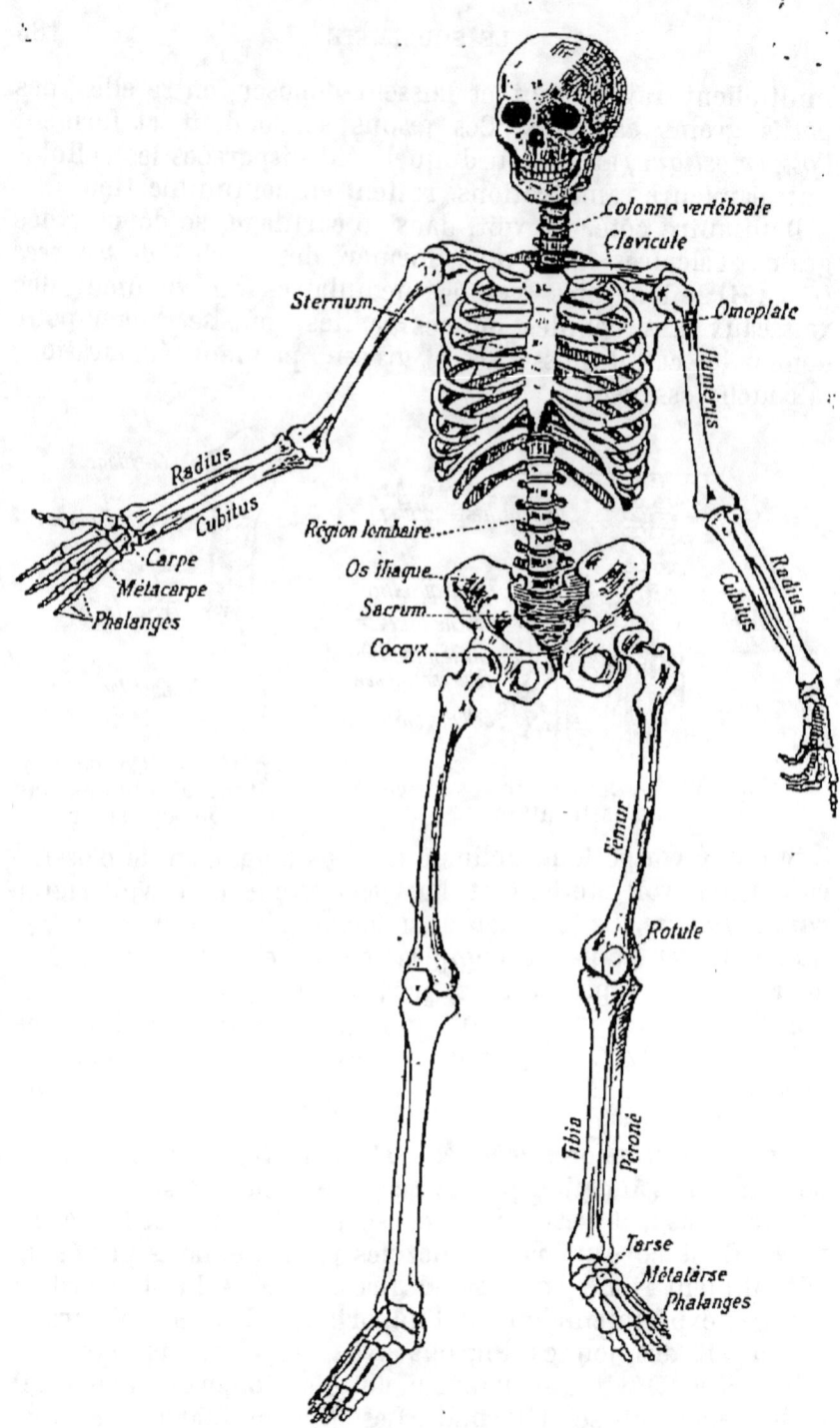

Fig. 193. — Squelette de l'homme.

II. — Description du squelette.

Le squelette de l'homme (*fig.* 193) comprend trois parties le *tronc*, la *tête* et les *membres*.

§ 1. — Le tronc.

Le squelette du tronc est formé de trois parties: la *colonne vertébrale*, les *côtes* et le *sternum*.

La colonne vertébrale. — La *colonne vertébrale* forme la partie centrale du squelette; elle est en quelque sorte l'axe du corps. Elle est formée par un ensemble d'os superposés comme des disques empilés : ce sont les *vertèbres*.

Une *vertèbre* se compose d'une partie centrale appelée *corps* (*fig.* 194); en arrière, d'un prolongement osseux appelé *pédicule*, qui se continue par une partie plus élargie appelée *lame vertébrale* : ces deux parties, en se réunissant avec celles du côté opposé, forment l'*arc neural*, qui limite le *trou vertébral* dans lequel passe la moelle épinière. Cet arc neural se prolonge en arrière par l'*apophyse épineuse*: ce sont les apophyses épineuses qui ont valu à la colonne vertébrale le nom d'*épine dorsale*. L'arc neural porte encore, de chaque côté, deux prolongements osseux, les *apophyses transverses*; puis sur les lames vertébrales, quatre *apophyses articulaires* résultent de la superposition des vertèbres.

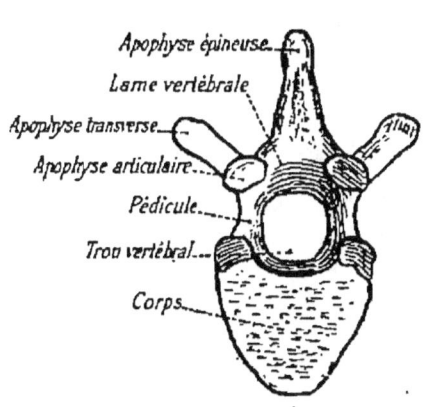

Fig. 194. — Une vertèbre dorsale.

Les trous des vertèbres en se superposant constituent le *canal rachidien*, qui loge la moelle épinière. Dans cette superposition les pédicules des différentes vertèbres ne se touchent pas, et laissent entre eux les *trous de conjugaison* (*fig.* 195) par lesquels sortent les nerfs rachidiens.

Les vertèbres sont au nombre de 33, réparties de la manière suivante :

1° Les *vertèbres cervicales*, au nombre de 7, occupent la région du cou ; elles ont un petit corps et les apophyses transverses sont percées d'un trou pour laisser passer l'*artère vertébrale*. La première, appelée *atlas* (fig. 196), présente deux fa-

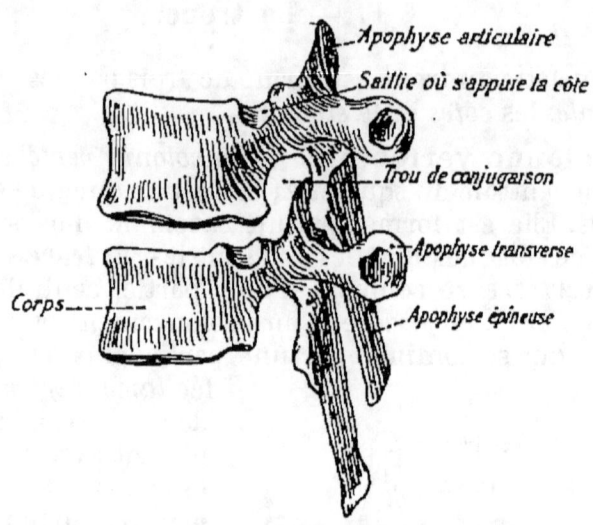

Fig. 195. — Deux vertèbres superposées.

cettes articulaires sur lesquelles reposent les deux condyles de la base du crâne. La seconde, appelée *axis* (fig. 197), a le

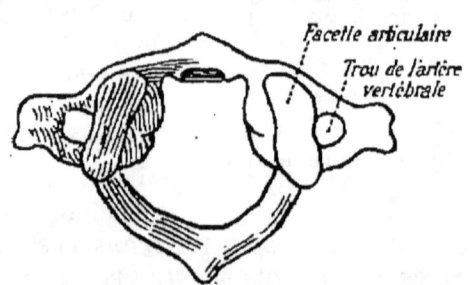

Fig. 196. — L'atlas (première vertèbre cervicale).

corps prolongé par une saillie, l'*apophyse odontoïde*, autour de laquelle tournent l'atlas et la tête.

2° Les *vertèbres dorsales*, au nombre de 12, occupent la région du dos ; leurs apophyses épineuses sont obliques de haut en bas (*fig.* 176) ; chaque vertèbre dorsale porte une paire de côtes.

3° Les *vertèbres lombaires*, au nombre de 5, occupent la région des reins ; leur corps et leurs apophyses épineuses sont très développés ; les apophyses transverses sont longues et semblent continuer la série des côtes.

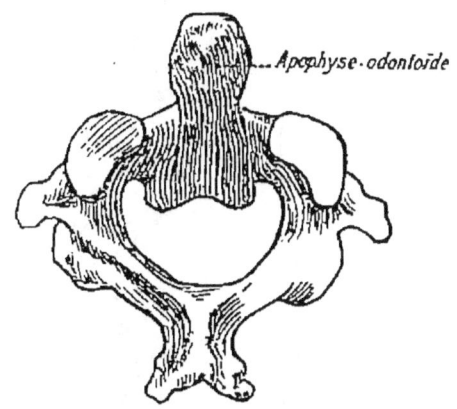

Fig. 197. — L'axis (deuxième vertèbre cervicale).

4° Les *vertèbres sacrées*, au nombre de 5, sont soudées en un seul os, le *sacrum* (*fig.* 198). Elles occupent la région

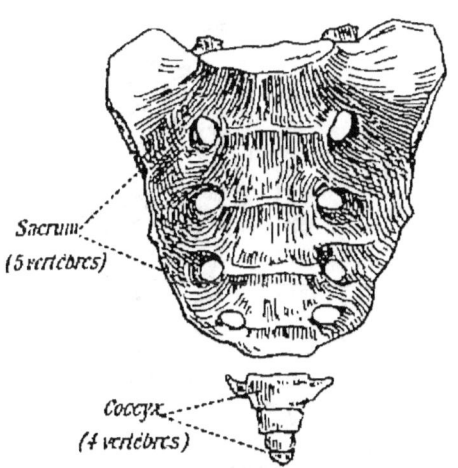

Fig. 198. — Le sternum et le coccyx.

sacrée, c'est-à-dire la région contenant les viscères qui étaient réservées aux dieux dans les sacrifices. Par la conformation

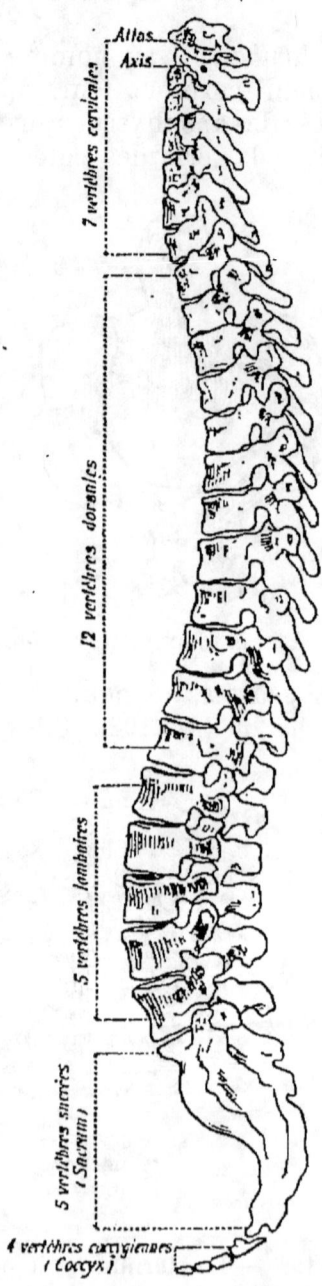

Fig. 199. — La colonne vertébrale.

du sacrum, il est facile de voir que cet os résulte de la soudure de 5 vertèbres.

5° Les *vertèbres coccygiennes* (*fig.* 198), au nombre de 4, sont petites, atrophiées, et soudées en un seul os qui termine la colonne vertébrale et qu'on appelle le *coccyx*.

La colonne vertébrale de l'homme présente, dans son ensemble, une *double courbure* (*fig.* 199) : une convexité dorsale dans la région thoracique et une concavité dorsale dans la région lombaire. Cette courbure lombaire, qui n'existe chez aucun autre Mammifère, est en rapport chez l'homme avec son attitude verticale.

Les côtes et le sternum. — Les *côtes* sont au nombre de 12 paires. Chaque côte a la forme d'un arc osseux (*fig.* 200), qui vient s'appuyer, en arrière, par sa *tête* et sa *tubérosité*, contre les vertèbres, et en avant, par l'intermédiaire d'un cartilage (*cartilage costal*), sur le *sternum*. L'ensemble de la vertèbre, des côtes, du sternum et des cartilages forme ce qu'on appelle un *segment vertébral*.

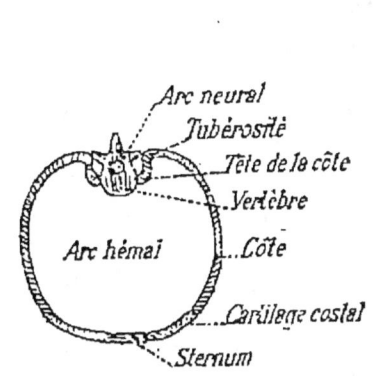

Fig. 200. — Segment vertébral.

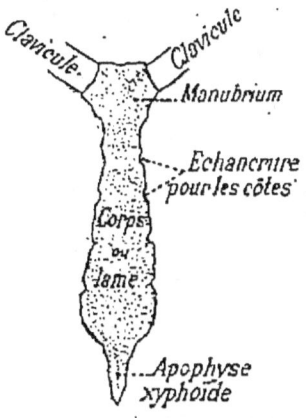

Fig. 201. — Sternum.

Le *sternum* (*fig.* 201) est un os plat, médian, situé en avant de la poitrine, et qui présente une *poignée* ou *manubrium*, un *corps* et un *appendice xyphoïde* à sa partie inférieure. Sur sa poignée viennent s'appuyer les deux clavicules. Les 7 premières paires de côtes viennent s'y rattacher directement ; puis les 3 paires de côtes suivantes ou *fausses côtes* s'y rattachent par l'intermédiaire des côtes précédentes ; et enfin les 2 dernières côtes sont dites *flottantes* car leur extrémité postérieure, seule, est reliée aux vertèbres, tandis que leur extrémité antérieure flotte dans les parois abdominales.

§ 2. — La tête.

La *tête* comprend deux parties : le *crâne* et la *face*.

Le crâne. — Le crâne est une boîte osseuse qui renferme l'encéphale (cerveau, cervelet, bulbe, etc.) et qui est constituée par des os plats soudés par engrènement.

Le crâne a une forme ovoïde (*fig.* 202) à grosse extrémité postérieure ; il n'est pas symétrique. Son volume et sa forme varient chez les différentes Races humaines ; c'est ainsi que la partie la plus développée est la partie antérieure dans la race blanche, la partie moyenne dans la race jaune, et la partie postérieure dans la race noire.

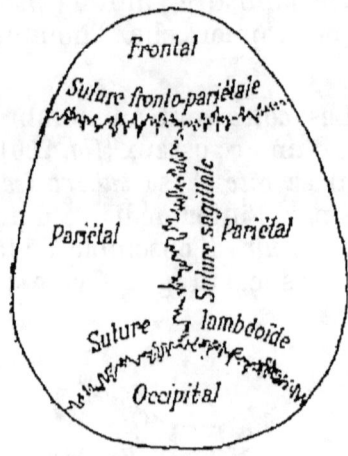

Fig. 202. — Crâne vu par la face supérieure.

La forme du crâne présente, dans la même race, des variations intéressantes au point de vue ethnographique : tantôt le crâne est arrondi (*brachicéphale*), tantôt il est allongé (*dolichocéphale*). Ce qui varie également c'est l'*angle facial*, c'est-à-dire l'angle formé par une ligne s'appuyant sur le front et les incisives avec une ligne passant par le trou auditif et l'épine nasale. Cet angle est de 70 à 80 degrés, et plus il s'approche de 90°, plus il est voisin du type idéal de la beauté. C'est pourquoi les statuaires grecs donnaient aux têtes de dieux et de héros un angle facial souvent supérieur à 90 degrés.

L'intérieur du crâne présente une *voûte* et une *base*. La voûte présente de nombreux sillons où sont logées les artères. La base présente trois étages dont les deux premiers sont occupés par le cerveau et le troisième, l'étage inférieur, par le cervelet.

Le crâne est formé par 8 os qui sont solidement engrenés les uns avec les autres par des *sutures*. Ce sont : le *sphénoïde*

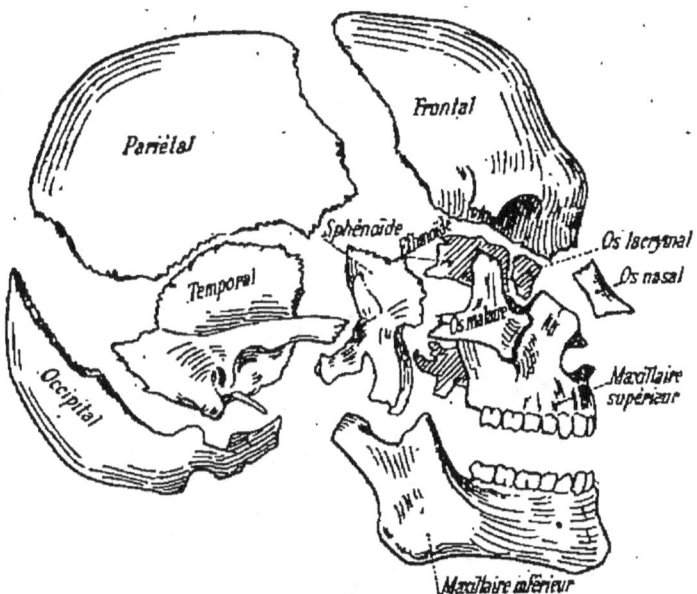

Fig. 203. — Os de la tête désarticulés.

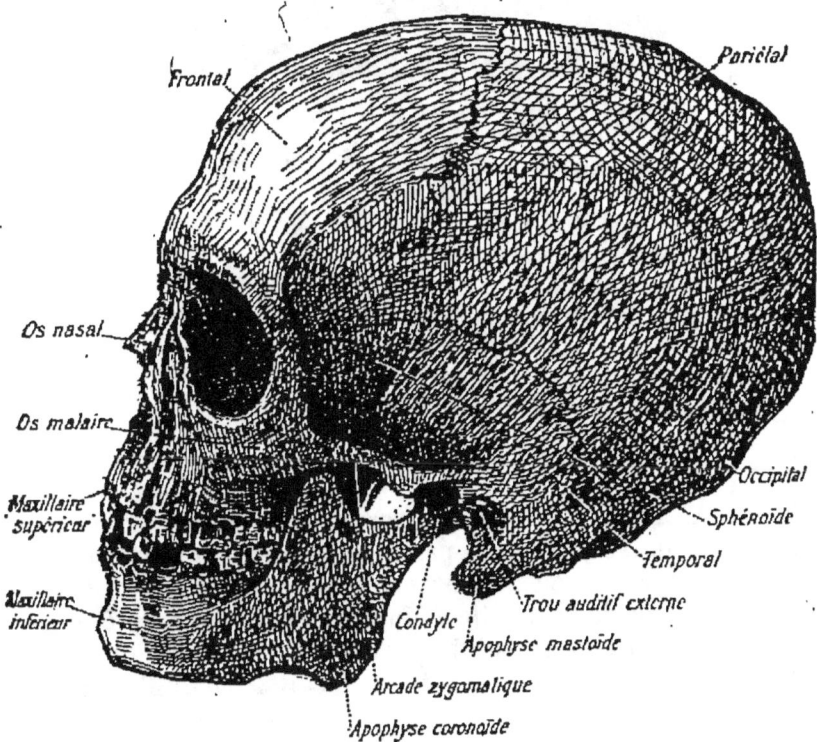

Fig. 204. — Squelette de la tête (profil).

(*fig.* 203) au centre de la base du crâne, l'*ethmoïde* un peu en avant, le *frontal* en avant, l'*occipital* en arrière, les 2 *temporaux* sur les côtés et les 2 *pariétaux* fermant la boîte à la partie supérieure (*fig.* 204 et 205).

Le *sphénoïde* est la clef de voûte du crâne ; il est soudé avec la plupart des os du crâne et sa forme rappelle assez l'aspect d'une chauve-souris.

L'*ethmoïde* présente sur sa face supérieure l'*apophyse crista-*

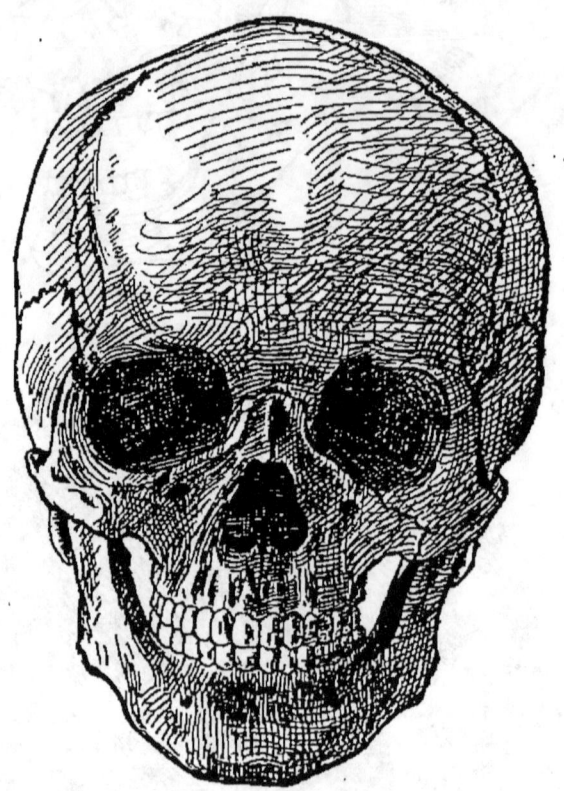

Fig. 205. — Squelette de la tête (face).

galli, et de chaque côté de cette crête une lame, la *lame criblée*, percée de trous pour le passage des filets du nerf olfactif.

L'*occipital* est percé d'un large orifice, le *trou occipital*, pour le passage de la moelle épinière ; de chaque côté de ce trou, se trouvent deux saillies ou *condyles occipitaux*, qui viennent s'appuyer sur les deux facettes articulaires de l'atlas.

Le *temporal* présente une partie amincie, *l'écaille*, et une partie renflée contenant l'oreille, c'est le *rocher*; en avant cet os se prolonge par *l'apophyse zygomatique*; à sa partie inférieure se trouve la *cavité glénoïde*, qui reçoit le condyle de la mâchoire inférieure.

Théorie vertébrale. — On a voulu voir dans le crâne le prolongement de la colonne vertébrale : les os du crâne ne seraient alors que des *vertèbres transformées*. C'est le poète allemand Gœthe qui, le premier, émit cette théorie.

Or il n'est pas possible de comparer les os du crâne, qui sont des os de membrane, avec les vertèbres, qui sont des os de cartilage. De plus, la *théorie vertébrale* ne s'accorde guère avec ce que nous apprennent l'anatomie comparée et l'embryogénie ; aussi elle a été remplacée par une nouvelle conception, celle de la *métamérie*. D'après cette théorie, la tête et le tronc seraient formés de segments ou *métamères* dont l'homologie serait démontrée par les ébauches des fentes branchiales, par les muscles, par les ganglions nerveux, etc.

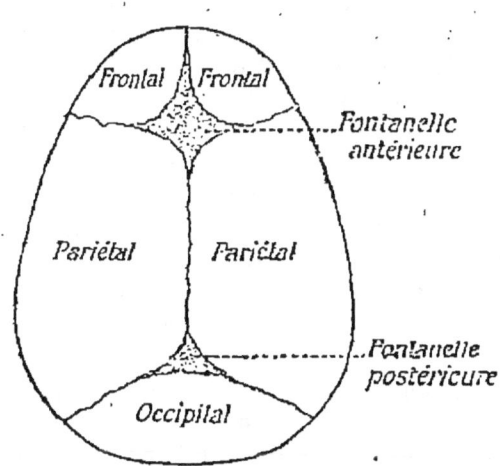

Fig. 206. — Ossification du crâne.

Ossification. — Les os du crâne sont des os de membrane. Ils se développent par des points d'ossification qui marchent l'un vers l'autre, mais qui mettent longtemps avant de se souder (*fig.* 206). Les espaces membraneux qui séparent les os en voie de développement sont appelés *fontanelles*. La fontanelle antérieure est quadrangulaire, la postérieure est triangulaire.

La face. — Le squelette de la *face* est formé par un ensemble d'os limitant des cavités qui abritent les organes des sens. Il comprend 14 os, dont 13 sont soudés au crâne ; le *maxillaire inférieur*, seul, est articulé avec le crâne.

Les 13 os soudés au crâne sont : 2 os *nasaux* qui forment le squelette du nez, 2 *maxillaires supérieurs*, 2 os *malaires* ou *jugaux* formant la saillie connue sous le nom de *pommette*, 2 *palatins* formant avec les maxillaires supérieurs la voûte du palais, 2 os *lacrymaux* situés sur la paroi interne de l'orbite, 2 *cornets inférieurs* du nez, enfin le *vomer* qui forme une partie de la cloison du nez.

§ 3. — Les membres.

Les membres de l'homme sont au nombre de deux paires : les *membres thoraciques* ou *supérieurs*, les *membres abdominaux* ou *inférieurs*. Ces membres sont rattachés au corps par des os qui forment les *ceintures*.

Le membre thoracique. — Le membre thoracique comprend les régions suivantes : le *bras*, l'*avant-bras*, le *poignet*, la *paume de la main* et les *doigts*.

Le *bras* (*fig.* 207) a pour squelette l'*humérus*, dont la tête vient s'articuler à l'épaule et la partie inférieure avec les deux os de l'avant-bras.

L'*avant-bras* comprend deux os : le *cubitus*, en dedans, et le *radius*, en dehors. Le cubitus présente à sa partie supérieure une saillie, l'*olécrane* (*fig.* 208), dont le bec en heurtant dans la *cavité olécranienne* de l'humérus empêche le bras de se ployer en arrière. Le radius tourne autour du cubitus.

Le *poignet* a son squelette formé de 8 petits os disposés sur deux rangées : c'est le *carpe*.

La *paume de la main* comprend 5 os, disposés presque parallèlement : c'est le *métacarpe*, formé par conséquent de 5 *métacarpiens*.

Les *doigts* sont au nombre de 5, et chaque doigt possède 3 petits os appelés *phalanges*, sauf le pouce qui n'en a que deux. On désigne souvent ces phalanges sous les noms de *phalange*, *phalangine* et *phalangette* ; cette dernière porte l'ongle.

Le membre abdominal. — Le membre abdominal

LE SQUELETTE

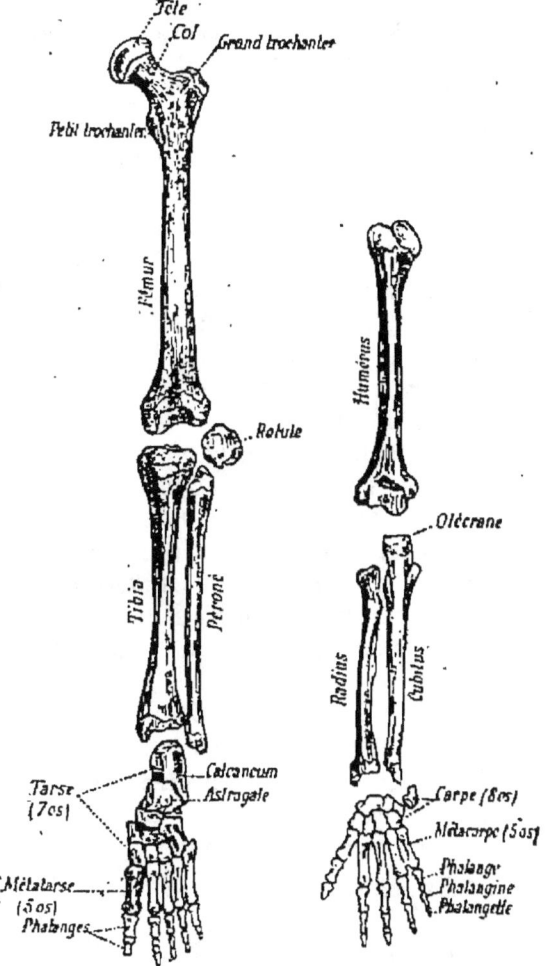

A. — Membre abdominal ou inférieur.   B. — Membre thoracique ou supérieur.
Fig. 207. — Squelette des membres.

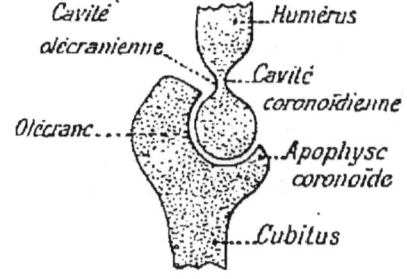

Fig. 208. — Coupe antéro-postérieure du coude.

(*fig.* 207) comprend les régions suivantes : la *cuisse*, la *jambe*, le *cou-de-pied*, la *plante* des pieds et les *doigts*.

Le squelette de la *cuisse* est le *fémur* ; c'est l'os le plus long du corps ; il a une tête sphérique qui s'articule à la hanche, et deux grandes saillies, le *grand* et le *petit trochanters*.

La *jambe* comprend deux os : le *tibia* en dedans, et le *péroné* en dehors. Le tibia est de forme triangulaire ; il présente un large plateau sur lequel vient rouler la surface articulaire du fémur. En avant de cette articulation du genou, se trouve un petit os, la *rotule*, dont le rôle est d'empêcher la jambe de se ployer en avant ; la rotule joue le même rôle que l'olécrane pour le bras.

Le *cou-de-pied* a son squelette ou *tarse* formé de 7 os, dont un, l'*astragale*, s'articule avec le tibia et reçoit le poids du corps, et dont un autre, le *calcanéum*, forme le talon.

La *plante des pieds* a son squelette ou *métatarse* formé de 5 os disposés parallèlement et appelés *métatarsiens*.

Enfin les *doigts* ou *orteils* sont au nombre de 5, et chaque doigt possède 3 phalanges, sauf le pouce qui n'en a que deux.

Les *membres thoraciques et abdominaux sont construits sur le même plan*, ainsi que le résume le tableau suivant :

Membre thoracique		Membre abdominal	
Bras. . . .	*Humérus*.	Cuisse . . .	*Fémur*.
Avant-bras .	*Cubitus*. *Radius*.	Jambe . . .	*Tibia*. *Péroné*.
Coude . . .	*Olécrane*.	Genou . . .	*Rotule*.
Poignet. . .	*Carpe* (8 os).	Cou-de-pied.	*Tarse* (7 os).
Paume. . .	*Métacarpe* (5 os)	Plante . . .	*Métatarse* (5 os)
Doigts . . .	*3 phalanges*.	Orteils. . .	*3 phalanges*.

Les ceintures. — Les membres sont rattachés au corps par des os disposés autour du tronc et qui forment les *ceintures*. Il y a deux ceintures : la *ceinture thoracique* ou *scapulaire*, la *ceinture abdominale* ou *pelvienne*.

1º La *ceinture thoracique* est formée de deux *omoplates* en arrière, et de deux *clavicules* en avant.

L'*omoplate* (*fig.* 209) est un os plat, triangulaire, présentant sur sa face dorsale une arête, l'*épine* de l'omoplate. Cette arête se prolonge par une apophyse, l'*acromion*, qui vient s'articuler avec la clavicule. A l'angle supérieur et externe de l'omoplate se trouve la *cavité glénoïde*, où vient s'articuler la tête de l'humérus et qui est protégée par l'*apophyse coracoïde*. C'est cette région qui constitue l'épaule.

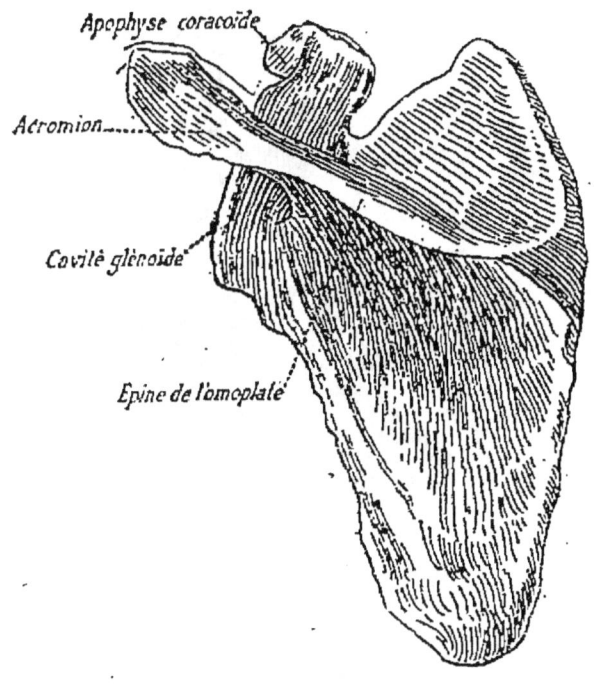

Fig. 209. — Omoplate.

La *clavicule*, située en avant, est recourbée et s'étend de l'acromion au sternum.

2° La *ceinture abdominale* est formée de deux os appelés *os iliaques*. Ces deux os se soudent au sacrum en arrière, et viennent s'articuler en avant, à la symphyse du pubis, pour constituer un ensemble appelé *bassin*.

L'os iliaque (*fig.* 210) a sa partie supérieure aplatie, c'est l'*ilion* ; en bas, une partie épaissie, c'est l'*ischion* ; enfin en avant, un prolongement qui rejoint celui du côté opposé, c'est le *pubis*. Dans le développement de l'os iliaque, ces trois os sont distincts, et tous trois participent à la formation de la *cavité cotyloïde*, où vient s'emboîter la tête sphérique du fémur.

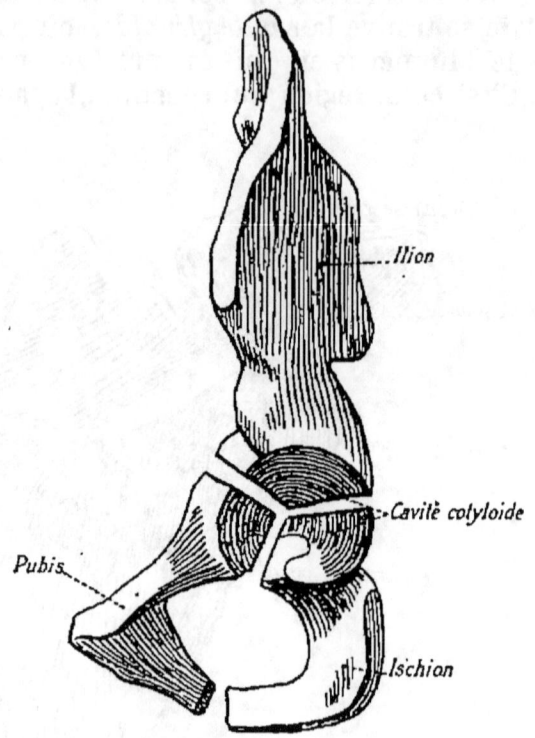

Fig. 210. — Os iliaque.

III. — Articulations.

Les diverses articulations. — Le mode d'union de deux os constitue une *articulation*. Il y a trois variétés d'articulations : les articulations immobiles ou *synarthroses*, les articulations presque immobiles ou *amphiarthroses*, enfin les articulations mobiles ou *diarthroses*.

1° Les *synarthroses* ou articulations immobiles, sont encore appelées *sutures*. Si les deux surfaces osseuses s'engrènent on a une suture *dentée* (*fig.* 211, A) (sutures du crâne) ; si les surfaces osseuses sont taillées en biseau (*fig.* 211, B), on a une suture *écailleuse* (suture du temporal et du pariétal).

2° Les *amphiarthroses* ne sont presque pas mobiles ; on les appelle encore *symphyses*. Les surfaces osseuses sont séparées par des ligaments dont l'élasticité permet un léger déplacement des os. C'est ainsi que dans la colonne vertébrale (*fig.* 212) entre deux vertèbres successives, se trouve un disque fibro-cartilagineux. Les deux pubis sont aussi unis par une symphyse.

A. — Suture dentée.

B. — Suture écailleuse.

Fig. 211. — Synarthroses.

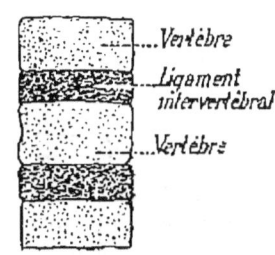
Fig. 212. — Symphyse (colonne vertébrale).

3° Les *diarthroses* sont les articulations mobiles ; elles sont aussi les plus variées et les plus nombreuses.

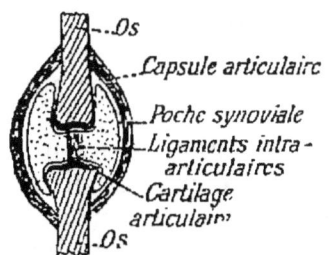
Fig. 213. — Diarthrose.

Une articulation, comme celle du genou ou du coude par exemple, se compose : 1° d'un *cartilage articulaire* (*fig.* 213) qui recouvre les deux surfaces osseuses en contact ; 2° de *ligaments*, qui vont d'un os à l'autre et qui sont destinés à maintenir les deux os en contact ; ils peuvent être en dehors de l'articulation et former autour de celle-ci une sorte de manchon fibreux appelé *capsule articulaire* ; ou bien ils peuvent être à l'intérieur de l'articulation, entre les surfaces osseuses, ce sont les *ligaments intraarticulaires* ; 3° d'une membrane séreuse, dite *synoviale*, qui tapisse la capsule articulaire et qui sécrète un liquide filant, huileux, la *synovie*, destiné à lubréfier les surfaces articulaires. Il se produit parfois à la surface du cartilage des concrétions solides (*acide urique*) ; c'est alors que l'articulation fait entendre des craquements (*arthrite*).

Si on immobilise un membre pendant la période d'ossification, les os se soudent et le membre s'ankylose. Dans une luxation, c'est-à-dire lorsque les os sont déboîtés ou dérangés de leur position normale, au bout de quelques mois l'ancienne articulation se détruit, et une nouvelle peut se produire au point où les deux os sont en contact : on peut dire qu'ici l'articulation a été produite par le mouvement. C'est une preuve de plus de ce principe biologique d'après lequel la *fonction crée l'organe*.

Rôle de la pression atmosphérique. — Les surfaces articulaires sont maintenues en contact non seulement par les ligaments et par les muscles qui les entourent, mais encore par la pression atmosphérique.

On peut facilement démontrer ce fait par l'expérience des frères Weber. On coupe autour de la hanche d'un cadavre toutes les parties molles : muscles, ligaments et même capsule articulaire. Il semblerait alors que la jambe doive se détacher ; il n'en est rien, la tête du fémur ne sort pas de la cavité cotyloïde. Mais si l'on perce avec une vrille le fond de la cavité cotyloïde, l'air pénètre et le fémur sort de cette cavité. On peut ensuite replacer la tête du fémur dans la cavité, lui faire exécuter quelques mouvements pour chasser l'air, boucher le trou que l'on a fait avec de la cire, et le fémur reste de nouveau dans la cavité cotyloïde. C'est donc le vide obtenu par le contact des deux surfaces osseuses qui permet à la pression atmosphérique de maintenir les surfaces articulaires en place.

En tirant sur les doigts on entend des craquements dus à ce que la pression atmosphérique étant vaincue, les surfaces articulaires s'écartent, et les parties molles environnantes se précipitent entre les surfaces ; ces mouvements qui se font brusquement sont la cause du craquement entendu.

RÉSUMÉ

Le squelette est formé d'un ensemble de pièces dures, les *os*, qui forment la charpente du corps.

Etude de l'os. — On en peut considérer la *forme*, la *structure*, la *composition* et le *développement*.

1° *Forme*... { Os long : fémur, humérus.
{ Os plat : omoplate.
{ Os court : os du carpe.

LE SQUELETTE 201

2° *Structure*
1. *Périoste* : membrane fibreuse.
2. *Os proprement dit* : cellules osseuses ramifiées et substance interstitielle. Canaux de Havers où circulent les vaisseaux.
3. *Moelle* : cellules adipeuses, médulocelles, myéloploxes.

3° *Composition*
1° *Osséine* : substance organique.
2° *Sels minéraux* : phosphates et carbonates de calcium.

4° *Développement*
1° Squelette muqueux ;
2° — cartilagineux ;
3° — osseux :
- Accroissement de l'os en longueur : points d'ossification ;
- Accroissement de l'os en épaisseur : sous le périoste.

Le squelette. — Le squelette comprend trois régions : tronc, tête et membres.

1° Le tronc
1. Colonne vertébrale (33 vertèbres)
- vertèbre : corps, trou vertébral, pédicule, lames, apophyses.
- 7 cervicales (atlas, axis).
- 12 dorsales.
- 5 lombaires.
- 5 sacrées = sacrum.
- 4 coccygiennes = coccyx.
2. *Côtes* : 12 paires, dont 10 sont rattachées au sternum par les cartilages costaux.
3. *Sternum* : poignée, corps et appendice xyphoïde.

2° La tête...
1. Crâne (8 os)
- Sphénoïde, ethmoïde, frontal, occipital.
- 2 temporaux, 2 pariétaux.
2. Face (14 os)
- 2 nasaux, 2 maxillaires supérieurs, 2 jugaux, 2 lacrymaux.
- 2 palatins, 2 cornets inférieurs.
- Vomer, maxillaire inférieur.

3° Les membres

	Membre supérieur.		Membre inférieur.	
Bras :	Humérus.	Cuisse :	Fémur.	
Avant-bras {	Radius. Cubitus.	Jambe.. {	Tibia. Péroné.	
Main... {	Carpe : 8 os. Métacarpe : 5 os. Doigts : 3 phalanges.	Pied... {	Tarse : 7 os. Métatarse : 5 os. Doigts : 3 phalanges.	

Les ceintures. { 1. Epaule : omoplate et clavicule.
2. Hanche : os iliaque (ilion, pubis, ischion).

Articulations. — { 1. Immobiles ou *synarthroses* : os du crâne.
Trois variétés : 2. Presque fixes ou *amphiarthroses* ou *symphyses* : les vertèbres.
3. Mobiles ou *diarthroses* : la plupart des os.

Une articulation mobile, comme celle du genou, se compose de trois parties essentielles : le *cartilage articulaire* recouvrant les surfaces osseuses, les *ligaments* maintenant les os en place, une membrane séreuse, la *synoviale*.

Les surfaces articulaires sont maintenues en place non seulement par les ligaments, mais aussi par la pression atmosphérique (Expérience des frères Weber).

CHAPITRE XIII

LE SQUELETTE DANS LA SÉRIE ANIMALE

Au point de vue du squelette, on peut classer les animaux en deux groupes : 1° les *Invertébrés*, qui n'ont pas de squelette osseux et qui ont généralement le corps protégé par une carapace ou une coquille; 2° les *Vertébrés*, qui ont un squelette osseux interne dont l'axe est formé de vertèbres.

§ 1. — Invertébrés.

Protozoaires. — Parmi les *Protozoaires*, les uns n'ont pas de squelette, tels les Amibes, les Infusoires ; les autres, tels que les Foraminifères, ont une coquille calcaire ; d'autres enfin, les Radiolaires, ont un squelette siliceux.

Éponges. — Les *Éponges* ont dans l'épaisseur de leurs tissus des corpuscules de forme régulière appelés *spicules*. Ils sont tantôt calcaires, tantôt siliceux.

Cœlentérés. — Certains *Cœlentérés*, les *Coralliaires* par exemple, ont aussi des spicules qui forment les *polypiers*.

Échinodermes. — Les *Échinodermes* ont un teste calcaire formé par un ensemble de plaques polygonales régulières. Ces plaques portent les piquants et les ambulacres.

Vers. — Les *Vers* n'ont pas de squelette ; certains cependant, la *serpule* par exemple, se sécrètent un tube dans lequel ils se logent.

Arthropodes. — Les *Arthropodes* ont un tégument externe formé de *chitine*. Ce tégument comprend une série d'anneaux, et chaque anneau est formé de deux parties : un arceau dorsal ou *tergal*, un arceau ventral ou *sternal*.

Les appendices des différents anneaux s'adaptent à des fonctions spéciales ; c'est ainsi que chez les Crustacés, les appendices deviennent des mâchoires, des pattes mâchoires, des pattes ambulatoires, natatoires, etc.

Mollusques. — La plupart des *Mollusques* ont une coquille externe, de nature calcaire, et qui est sécrétée par le tégument ou *manteau* de l'animal. La coquille peut être bivalve, comme chez les Lamellibranches (Huître, Moule), univalve comme chez les Gastéropodes (Escargot, Murex). Chez certains Céphalopodes on trouve une coquille interne (os de Seiche, plume de Calmar).

§ 2. — Vertébrés.

Le segment vertébral. — Le squelette des Vertébrés est formé par un ensemble de pièces osseuses placées bout à bout. Ces pièces, appelées *segments vertébraux*, proviennent de la segmentation d'une tige cylindrique appelée *corde dorsale*, laquelle est formée de cellules non différenciées entourées par une sorte d'étui ou *couche squelettogène* (fig. 214). Cette couche devient bientôt *cartilagineuse*, et se segmente ainsi que la corde dorsale qui devient la *colonne vertébrale*.

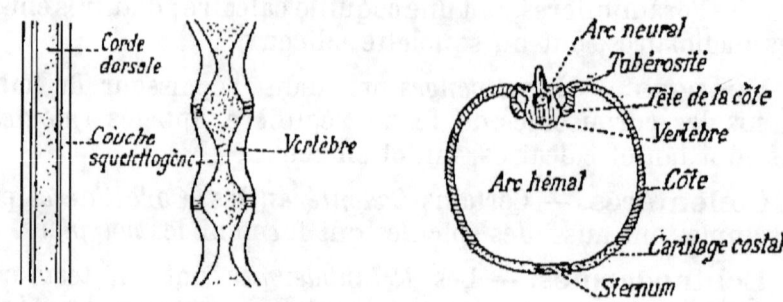

A. — Corde dorsale. B. — Corde segmentée.
Fig. 214. — Développement de la colonne vertébrale.

Fig. 215. — Segment vertébral.

Chaque *segment vertébral* ou *vertèbre* (fig. 215) se compose du *corps* et de deux prolongements en forme d'arcs : l'un, en haut, contient les centres nerveux, c'est l'*arc neural* ; l'autre, en bas, protège les vaisseaux sanguins et les viscères, c'est l'*arc hémal*.

Ce segment vertébral se retrouve avec plus ou moins de netteté dans toute la longueur du corps, la tête exceptée. Cependant on a voulu voir dans les os de la tête des segments vertébraux modifiés par les dimensions considérables de l'encéphale. Cette *théorie vertébrale* du crâne, qui a été émise par Gœthe, est difficilement admissible. L'étude du développement et la complexité de la tête des Vertébrés inférieurs sont les deux objections les plus importantes faites à cette théorie, ainsi que nous l'avons montré dans le chapitre précédent.

Dans chaque groupe de Vertébrés nous étudierons surtout les modifications de la *colonne vertébrale*, et celles des *membres*. Ces modifications sont en rapport avec les modes d'existence des animaux.

Poissons. — Le squelette se présente sous deux états : *cartilagineux* chez la Raie, le Requin ; osseux chez la plupart des autres Poissons, ce sont les *Téléostéens*.

La *colonne vertébrale* est formée par une série de vertèbres dont l'arc neural et l'arc hémal sont complets chez les Poissons cartilagineux. Chez les Poissons osseux, l'arc hémal est ouvert dans la partie antérieure (*fig.* 216, B), fermé dans la région caudale (*fig.* 216, A). Les vertèbres sont biconcaves et très nombreuses.

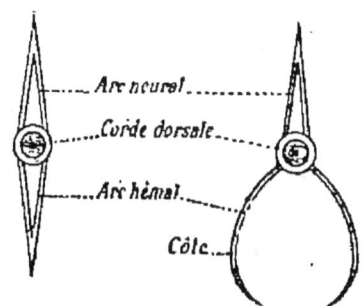

A. — Région postérieure.   B. — Région antérieure.
Fig. 216. — Segment vertébral d'un Poisson téléostéen.

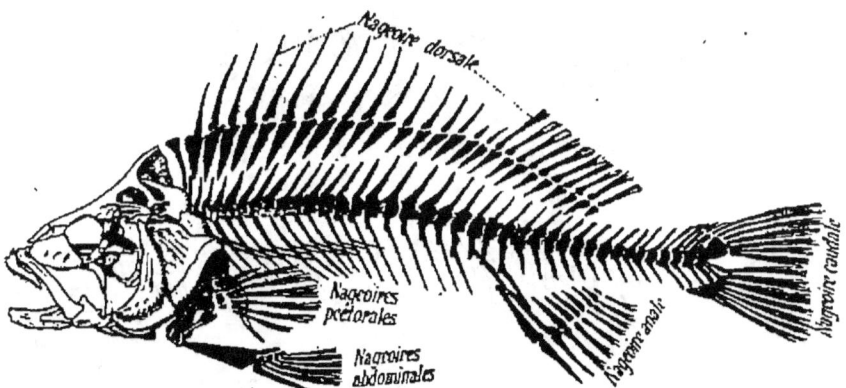

Fig. 217. — Squelette de la Perche.

Les *membres* sont transformés en nageoires paires chez les Poissons (*fig.* 217) : 1° les *nageoires pectorales* qui correspondent aux membres antérieurs; 2° les nageoires *abdominales* qui correspondent aux membres postérieurs. Les autres nageoires, qui sont impaires, ne sont que de simples replis de la peau maintenus par des rayons osseux: ce sont les nageoires *dorsale*, *caudale* et *anale*.

Batraciens. — Les *Batraciens* n'ont pas de côtes (*fig.* 157, p. 145). Les apophyses transverses semblent des côtes atrophiées. Le *sternum* apparaît; c'est une pièce cartilagineuse à laquelle se rattache la ceinture scapulaire.

Les membres sont généralement bien développés : le nombre des doigts est de quatre en avant et de cinq en arrière.

Reptiles. — La *colonne vertébrale* est formée d'un grand de nombre vertèbres (jusqu'à 300 chez certains Serpents).

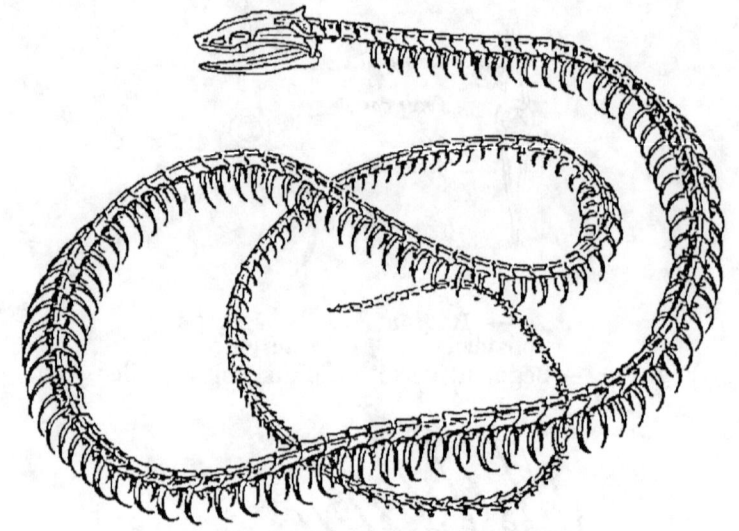

Fig. 218. — Squelette d'un Serpent.

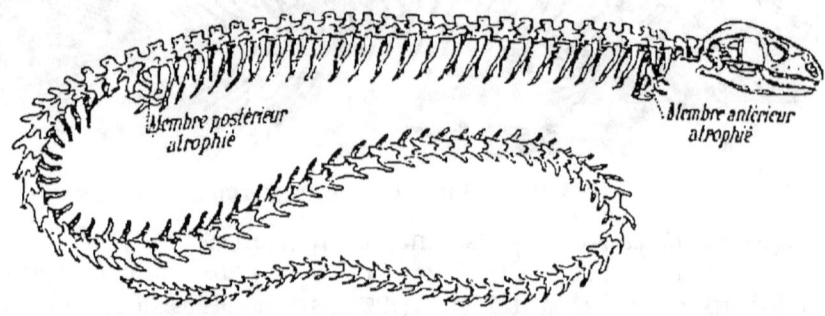

Fig. 219. — Squelette d'un Orvet.

Chez les *Serpents* (*fig.* 218) et les *Tortues* il n'y a pas de sternum ; mais chez les *Lézards* et les *Crocodiles* les côtes sont réunies par un sternum.

Les *membres*, quand ils existent, sont rejetés sur le côté. Les *Serpents* sont dépourvus de membres. On trouve des transitions entre les Reptiles qui ont des membres et ceux qui en sont privés : c'est ainsi qu'un lézard, l'*Orvet* (*fig.* 219), présente des rudiments de membres cachés sous la peau, mais que le squelette montre bien; chez le *Boa* aussi, les membres postérieurs sont représentés par un petit os.

Les *Tortues* ont le corps enveloppé d'une boîte formée par des *plaques osseuses* d'origine dermique. La partie dorsale ou *carapace*, et la partie ventrale ou *plastron*, sont recouvertes par des *écailles cornées* d'origine épidermique. Les vertèbres et les côtes du tronc sont soudées à la carapace.

On trouve chez les Reptiles fossiles des exemples d'adaptation bien curieux. Certains, en effet, sont adaptés à la natation (*Ichthyosaure*, *Plésiosaure*), d'autres au vol (*Ptérodactyle*), d'autres enfin au saut (*Iguanodon*).

Oiseaux. — La *colonne vertébrale* comprend un grand nombre de vertèbres cervicales (*fig.* 220); les vertèbres dor-

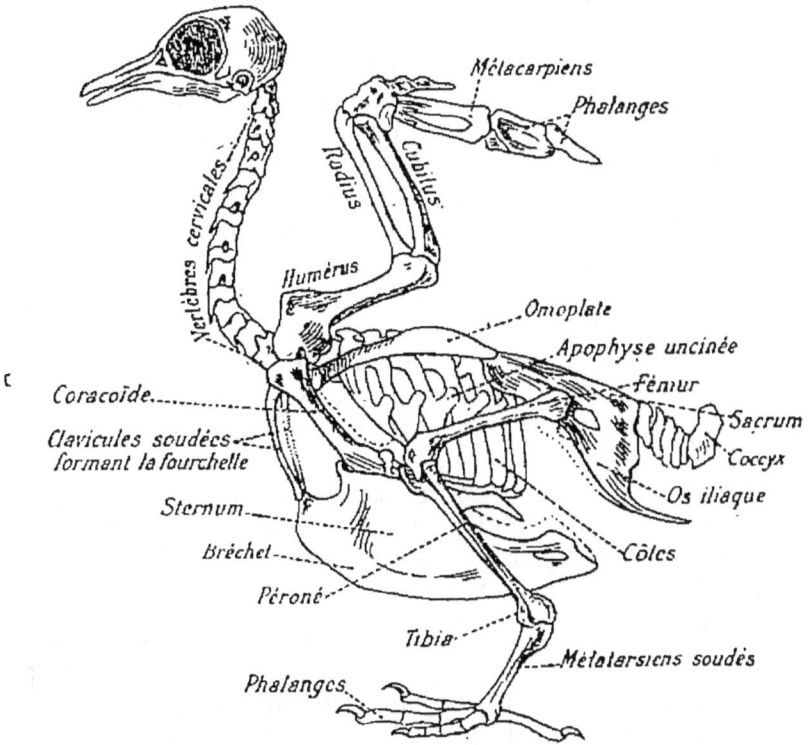

Fig. 220. — Squelette d'un Oiseau (Pigeon).

sales sont souvent soudées ; les dernières vertèbres caudales sont soudées en un os unique, le *pygostyle*.

Les *côtes* sont reliées les unes aux autres par des prolongements osseux, les *apophyses uncinées*. En avant, les côtes sont reliées par un sternum très large, et qui présente une crête médiane, le *bréchet*. Ce bréchet, qui sert à l'insertion des muscles de l'aile, est d'autant plus développé que l'Oiseau est meilleur volier; il manque au contraire chez l'Autruche et les autres Oiseaux qui ne volent pas.

Le *crâne* repose sur la colonne vertébrale par un seul condyle occipital. La mâchoire inférieure est rattachée au crâne par l'intermédiaire de l'*os carré*.

La *ceinture scapulaire* est formée par trois os : l'*omoplate*, allongée et appliquée en arrière sur les côtes; le *coracoïde*, qui va de l'omoplate au sternum; la *clavicule*, qui se soude avec celle du côté opposé pour donner la *fourchette*.

La *ceinture pelvienne* comprend l'*ilion*, l'*ischion* et le *pubis*; mais en avant, le bassin n'est pas fermé par une symphyse pubienne.

Les *membres antérieurs* sont spécialement adaptés au vol; ils sont transformés en *ailes*. Le nombre des doigts est réduit à trois; encore sont-ils plus ou moins atrophiés.

Les *membres postérieurs* se composent d'un fémur, d'un tibia auquel s'accole un mince péroné. Le tarse est formé par la soudure des tarsiens et métatarsiens, c'est le *canon*. Le nombre des doigts est le plus souvent de quatre; mais il se réduit chez les Oiseaux coureurs, à trois chez le Casoar, et à deux chez l'Autruche.

Un caractère important du squelette des Oiseaux est sa *pneumaticité* : la plupart des os, en effet, sont creusés de cavités dans lesquelles les sacs aériens envoient des prolongements.

Un oiseau fossile, l'**Archeoptéryx**, a un squelette qui fait la transition entre les Reptiles et les Oiseaux. Il portait des plumes en effet, mais sa queue allongée et ses mâchoires pourvues de dents le rapprochent des Reptiles.

Mammifères. — La *colonne vertébrale* ne présente rien de bien particulier, si ce n'est que les vertèbres cervicales, même chez la Girafe, sont toujours au nombre de sept.

Les *membres* sont surtout intéressants à étudier à cause des modifications profondes qu'ils subissent.

La *ceinture scapulaire* n'a plus que deux os: clavicule et omoplate; l'os coracoïde s'est soudé à l'omoplate pour donner l'*apophyse coracoïde*.

La *ceinture pelvienne* est encore ouverte chez les Mammifères inférieurs; elle se ferme par la symphyse du pubis chez les Mammifères supérieurs.

Les modifications se portent surtout sur les extrémités des membres. Elles varient suivant que l'adaptation se fait pour la *course*, le *saut*, le *vol*, la *natation*, etc.

1° **Adaptation à la course.** — Cette adaptation a pour effet de simplifier les extrémités des membres en réduisant surtout le nombre des doigts.

La forme primitive, chez les Mammifères, a cinq doigts. Elle existe chez presque tous les *Onguiculés* (Mammifères avec griffes ou ongles); cependant les Carnassiers ont le pouce atrophié au membre postérieur, qui n'a alors que quatre doigts.

Les *Ongulés* (Mammifères à sabots) se divisent en deux groupes : les *Périssodactyles* à doigts impairs (5, 3 et 1), et les *Artiodactyles* à doigts pairs (4 ou 2).

Les découvertes d'animaux fossiles ont permis de suivre la suppression progressive des doigts. C'est ainsi qu'en Amérique

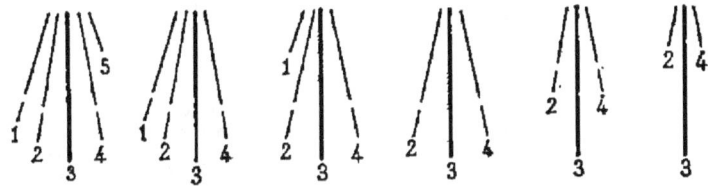

A. — Eohippus. B. — Orohippus. C. — Mésohippus. D. — Miohippus. E. — Protohippus.

Fig. 221. — Extrémités des membres des ancêtres géologiques du Cheval.

on a trouvé une série d'animaux qui peuvent être considérés comme les ancêtres géologiques du Cheval et qui présentent toutes les transitions entre le membre à 5 doigts et le membre à doigt unique. On arrive par la disparition successive des doigts latéraux 5 et 1 (*fig.* 221), puis par l'atrophie de 2 et 4, au Cheval actuel qui n'a qu'un seul doigt, le 3, et deux stylets latéraux représentant les doigts 2 et 4 atrophiés. On a trouvé dans l'ancien continent le *Palæotherium* et l'*Hipparion* (*fig.* 222, A), qui ont un doigt médian plus grand, et deux doigts latéraux en voie de disparition.

Le doigt du Cheval (*fig.* 222, B) terminé par un *sabot* est formé de trois phalanges ; ce doigt continue l'os appelé *canon*, lequel représente le troisième métatarsien. Ce qu'on appelle vulgairement le genou n'est que l'articulation du canon avec le carpe ou le tarse.

Le Rhinocéros a trois doigts, et l'Eléphant cinq reposant tous sur le sol.

Parmi les *Artiodactyles* (*fig.* 223), l'Hippopotame a quatre doigts égaux ; le Porc en a quatre aussi, dont deux médians qui reposent sur le sol, et deux latéraux plus petits. Enfin le

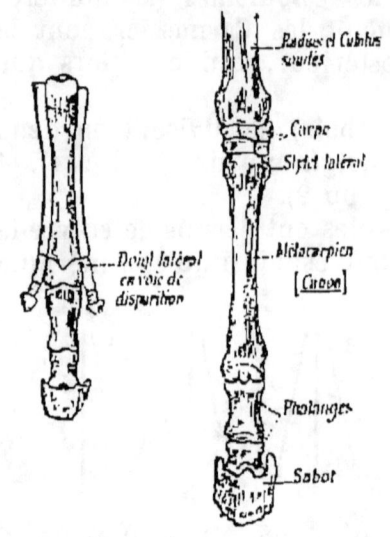
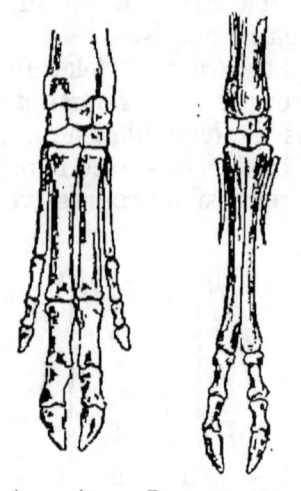

A. — De l'Hipparion. B. — Du Cheval. A. — De Porc. B. — De Mouton.

Fig. 222. — Extrémités d'un membre de Périssodactyle.

Fig. 223. — Extrémités d'un membre d'Artiodactyle.

Mouton (*fig.* 223, B) n'a plus que deux doigts terminés par des sabots, et deux petits stylets, vestiges des doigts latéraux ; ces deux doigts font suite à l'os *canon*, qui résulte de la soudure du 3° et 4° métatarsiens, ainsi que le prouve le sillon médian visible dans toute la longueur de l'os.

2° **Adaptation au saut.** — Certains Mammifères comme le Lapin, le Lièvre, ont les membres postérieurs très développés et servant à projeter le corps en avant ; ce qui leur permet de se mouvoir par sauts.

Les Marsupiaux, le Kangourou par exemple (*fig.* 224), ont ce caractère plus accentué : les membres postérieurs sont très grands, et les antérieurs peu développés. Aussi ils ne peuvent se mouvoir que par sauts. Ils portent aussi sur le

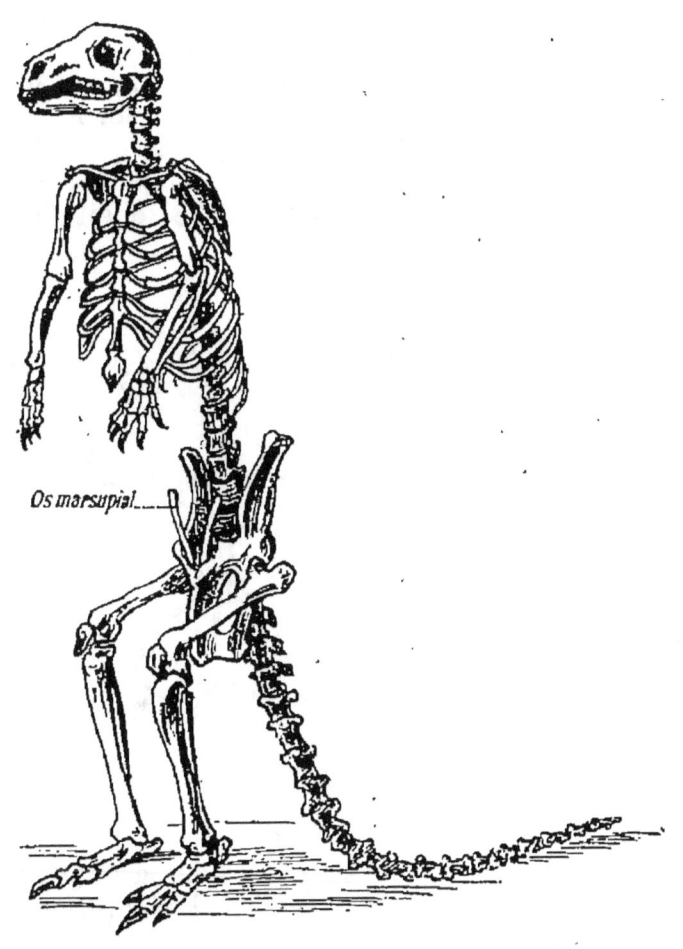

Fig. 224. — Squelette de Kangourou.

pubis deux os particuliers, les *os marsupiaux*, qui sont destinés à soutenir la poche marsupiale dans laquelle les jeunes s'abritent et achèvent leur développement.

3º Animaux fouisseurs. — La *Taupe*, qui vit sous terre, a les pattes antérieures disposées pour fouir. La paume de la patte est dirigée en dehors ; de plus la patte antérieure (*fig.* 225) est beaucoup plus forte que la patte postérieure ; elle est même renforcée par un os qui fait comme un sixième doigt.

4º Adaptation au vol. — La *Chauve-souris* (*fig.* 226) a le membre supérieur adapté au vol. Tous les doigts, sauf le pouce, ont subi un allongement considérable, pour supporter une membrane qui, s'attachant d'autre part sur les parois du corps, forme une sorte d'aile. Le pouce porte une griffe avec laquelle l'animal se suspend aux anfractuosités des murailles.

Le sternum présente une légère saillie longitudinale qui rappelle le bréchet des Oiseaux.

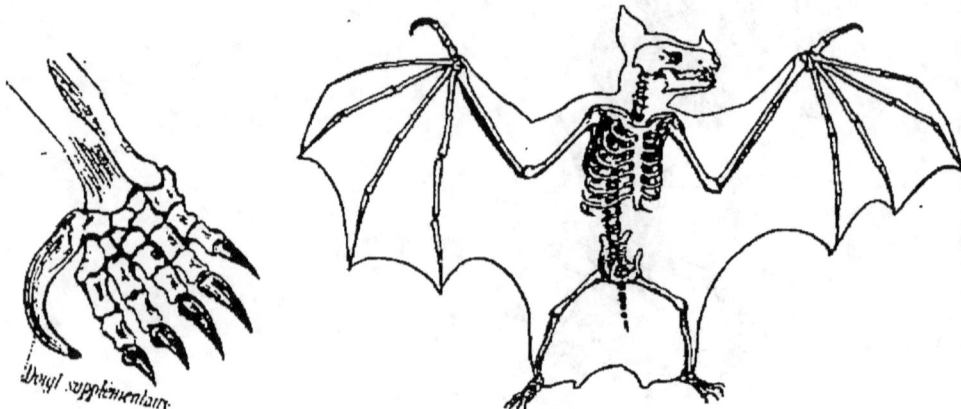

Fig. 225. — Patte antérieure de la Taupe.

Fig. 226. — Squelette de Chauve-souris.

5º Adaptation à la natation. — Deux groupes de Mammifères ont une vie aquatique : les *Amphibies* (Phoque) et les *Cétacés* (Baleine).

Chez les *Amphibies*, les deux paires de membres sont transformées en nageoires : les antérieurs servent de rames, tandis que les postérieurs rejetés en arrière jouent le rôle de gouvernail.

Chez les *Cétacés*, les membres antérieurs seuls persistent ; les membres postérieurs ne sont plus représentés que par deux petits os qui sont des vestiges des os du bassin.

RÉSUMÉ

Invertébrés. — Pas de squelette osseux.

Protozoaires : Coquille calcaire des Foraminifères ; squelette siliceux des Radiolaires.

Eponges : Spicules calcaires ou siliceux.

Cœlentérés : Spicules formant les polypiers des Coralliaires.

Echinodermes : Test calcaire.

Vers : Pas de squelette.

Arthropodes . . { Tégument externe formé de *chitine*. Appendices portés par les anneaux successifs se différencient.

Mollusques. . . { Coquille calcaire sécrétée par le manteau. Coquille externe { bivalve. . *Lamellibranches*. univalve . *Gastéropodes*. Coquille interne chez quelques *Céphalopodes*.

Vertébrés. — Le squelette est *osseux* ; il est formé d'une série de *segments vertébraux*.

Segment vertébral . . . . . { Corps de la vertèbre. Deux arcs { *neural*. *hémal*.

La *théorie vertébrale* (Goethe) considère le squelette de la tête comme formé d'un ensemble de vertèbres modifiées.

Poissons. { Deux groupes : 1° *cartilagineux* ; 2° *osseux* ou Téléostéens. Vertèbres biconcaves et membres transformés en nageoires paires . . . . . . { *pectorales*. *abdominales*.

Batraciens. — N'ont pas de côtes ; ont un sternum.

Reptiles. { *Colonne vertébrale* formée d'un grand nombre de vertèbres. *Membres* disparaissent chez les Serpents. Les *Tortues* ont une carapace *osseuse* recouverte d'écaille.

Oiseaux.	Sternum avec un *bréchet*.	
	La *ceinture scapulaire* comprend 3 os . . .	*Omoplate.* *Clavicule* (fourchette). *Coracoïde.*
	Les *membres antérieurs* s'adaptent au vol (3 doigts).	
	Pneumaticité des os.	

Mammifères	1° Adaptation à la *course*	*Réduction du nombre de doigts* : Le type 5 passe peu à peu au type 2 ou même au doigt unique (Cheval).	
	2° Adaptation au *saut*	Membres postérieurs > Membres antérieurs : Lièvre. Membre antérieur très diminué : Marsupiaux.	
	3° Animaux *fouisseurs*	Patte antérieure de la Taupe.	
	4° Adaptation au *vol*	Membre antérieur des Chauves-souris. Sternum porte un léger bréchet.	
	5° Adaptation à la *natation* . . .	Membres se transforment en nageoires.	*Amphibies* : les 4 membres. *Cétacés* : les 2 membres antérieurs.

CHAPITRE XIV

LES MUSCLES

I. — Anatomie des muscles.

Définition. — Les *muscles* sont les organes actifs du mouvement ; ils forment ce qu'on appelle la *chair*, et sont au nombre d'environ 450.

On peut d'après leur structure et d'après leurs fonctions

ranger les muscles en deux catégories : 1° les *muscles striés*, qui sont soumis à la volonté ; ce sont les organes essentiels de la locomotion ; tels sont les muscles des membres ; 2° les *muscles lisses*, qui sont indépendants de la volonté, tels que les muscles des parois de l'estomac, de la vessie, etc. On dit encore que les premiers sont les muscles de la *vie animale*, et les seconds ceux de la *vie végétative*.

Muscles striés. — Un *muscle strié* tel que le *biceps*, qui est situé à la partie antérieure du bras, se compose d'une partie charnue, renflée (*fig.* 227), appelée *ventre*, de deux prolongements blancs et élastiques, les *tendons*. L'ensemble du muscle a la forme d'un fuseau.

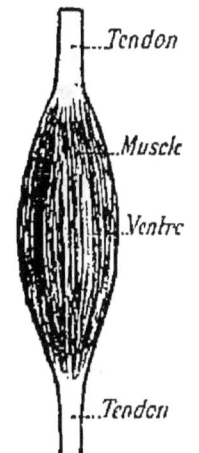
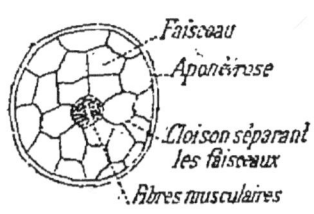

Fig. 227. — Un muscle long.

Fig. 228. — Coupe transversale d'un muscle.

Les *tendons*, qui rattachent le muscle au squelette, sont formés par du tissu élastique.

Le *muscle* présente sur une section transversale (*fig.* 228) : 1° une enveloppe externe de nature conjonctive, c'est l'*aponévrose* ou *perimysium externe*; 2° des cloisons provenant de cette enveloppe externe et qui partagent le muscle en un certain nombre de *faisceaux musculaires*; 3° des filaments à peine visibles à l'œil nu et qu'on appelle *fibres musculaires*.

Lorsqu'on regarde une de ces fibres au microscope et à un fort grossissement, on voit qu'elle présente des stries transversales : d'où son nom de *fibre striée* (*fig.* 229, B). Si l'on a soin auparavant de plonger cette fibre dans du picrocarmin, ces stries s'accentuent; si au contraire on la plonge dans de l'ammoniaque, on la voit présenter des stries longitudinales (*fig.* 229, A), dont chacune représente une *fibrille musculaire*. En superposant ces deux sortes de stries (*fig.* 229, C), on décompose la fibre en éléments désignés parfois sous le nom de *sarcous elements*.

Chaque fibre est entourée d'une membrane appelée *sarcolemme*, et les noyaux qu'elle présente montrent qu'elle doit provenir de la fusion de plusieurs cellules qui se sont placées bout à bout.

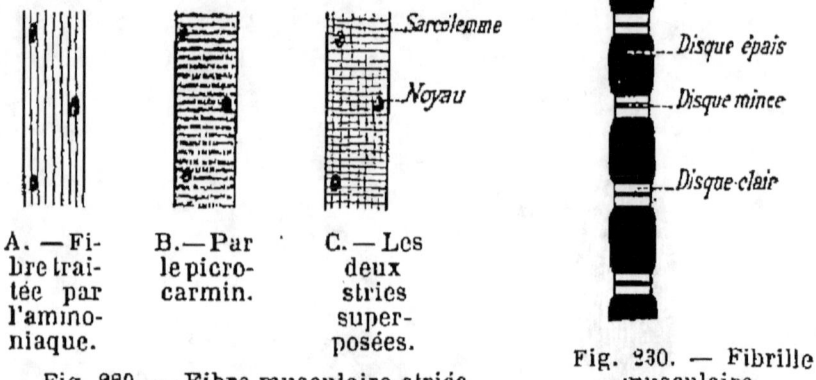

A. — Fibre traitée par l'ammoniaque. B. — Par le picrocarmin. C. — Les deux stries superposées.

Fig. 229. — Fibre musculaire striée.

Fig. 230. — Fibrille musculaire.

On peut avec de fines aiguilles et sous le microscope dissocier une fibre pour en isoler les fibrilles. Chaque fibrille est formée par une superposition de disques alternativement *sombres* et *clairs* (*fig.* 230). Les disques sombres sont épais; les disques clairs sont minces et présentent en leur milieu une fine bandelette sombre appelée *disque mince*. Dans une fibre musculaire, tous les disques sombres des fibrilles accolées sont au même niveau; les disques clairs également : c'est ce qui vaut à la fibre son aspect strié. Les muscles de l'aile d'un Insecte appelé Hydrophile sont particulièrement propres à cette observation.

Les fibres striées, comme nous le verrons plus loin, sont à *contraction rapide*, et sont *soumises à l'influence de la volonté*.

Muscles lisses. — En dissociant les muscles qui forment les parois de l'estomac, ou de l'intestin, ou de la vessie, nous verrons qu'ils sont formés de fibres ne présentant plus l'aspect strié. Ces *fibres lisses* sont simplement des cellules fusiformes (*fig.* 231) très allongées, et qui parfois même peuvent s'ajouter bout à bout.

Les fibres lisses sont à *contraction lente* et ne sont pas soumises à *l'influence de la volonté*.

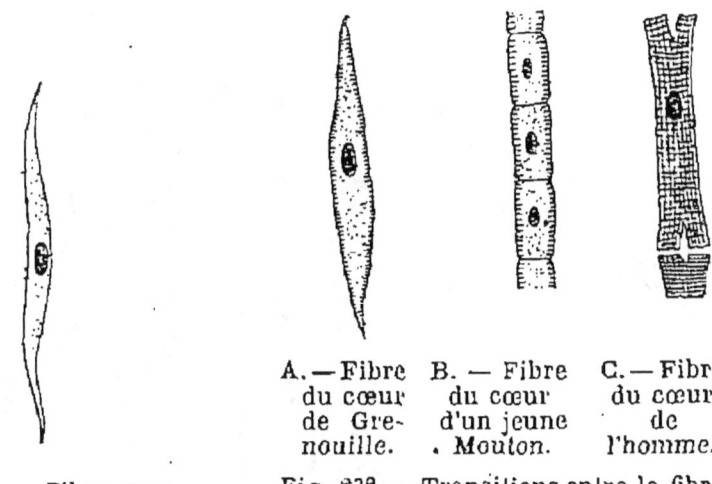

Fig. 231. — Fibre musculaire lisse.

Fig. 232. — Transitions entre la fibre lisse et la fibre striée.

A. — Fibre du cœur de Grenouille.   B. — Fibre du cœur d'un jeune Mouton.   C. — Fibre du cœur de l'homme.

Transitions entre les muscles striés et les muscles lisses. — L'anatomie comparée montre différentes formes de fibres musculaires, qui sont autant d'intermédiaires entre la fibre lisse et la fibre striée.

Dans le cœur de la Grenouille nous trouvons des fibres formées par une cellule allongée et présentant quelques stries sur les bords (*fig.* 232, A). Dans le cœur du jeune Mouton nous trouvons des fibres, les *fibres de Purkinge* (*fig.* 232, B), formées par des cellules placées bout à bout et dont la striation est un peu plus accentuée que dans le cœur de la Grenouille. Enfin les muscles du cœur de l'homme sont formés de fibres striées (*fig.* 232, C) où l'indépendance des cellules est encore très nette, et qui de plus ne sont pas soumises à la volonté.

Fig. 233. — Développement d'une fibre musculaire striée.

Toutes ces formes de transition se retrouvent du reste chez le jeune animal en voie de développement; les cel-

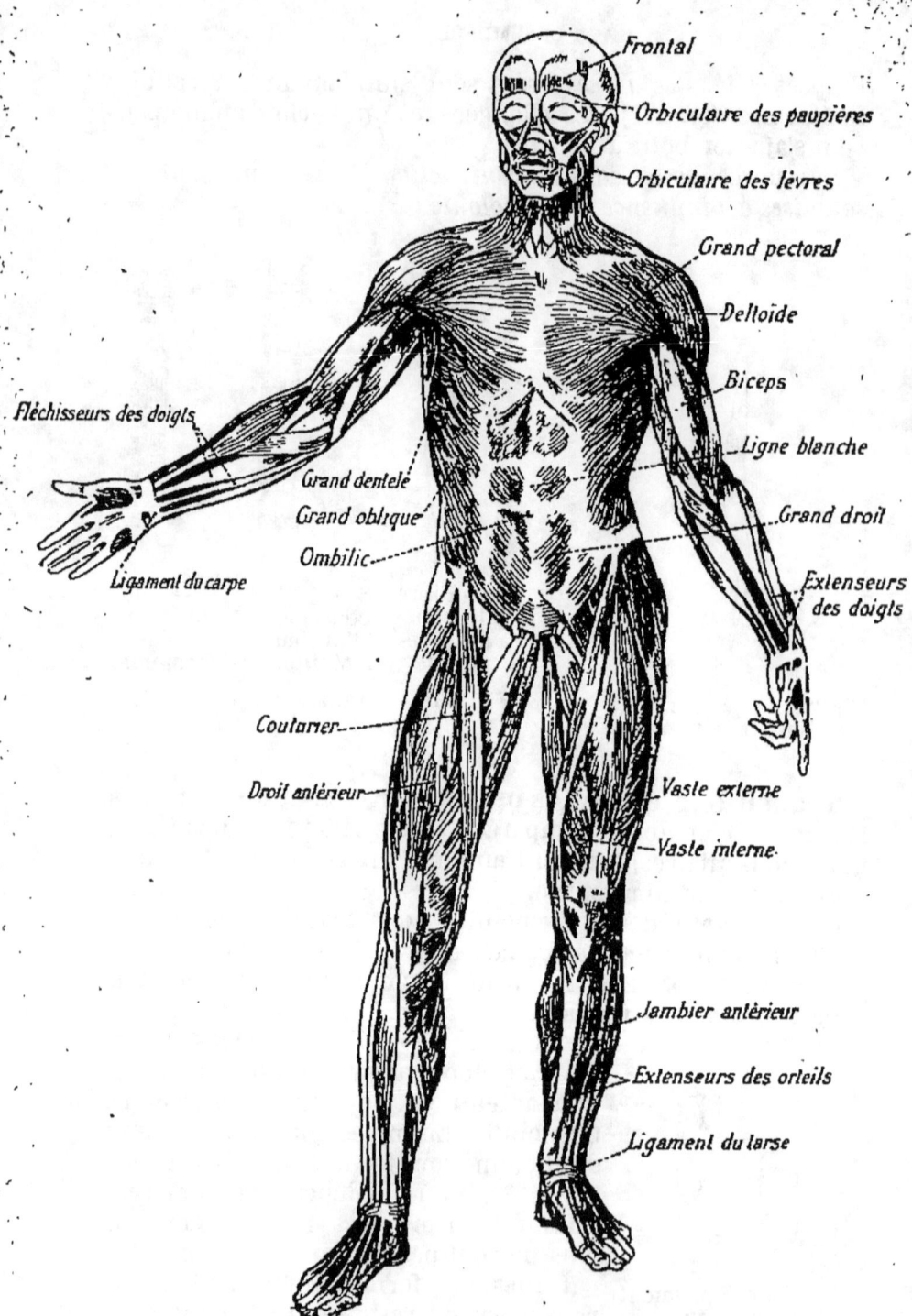

Fig. 234. — Les muscles de l'homme (face antérieure).

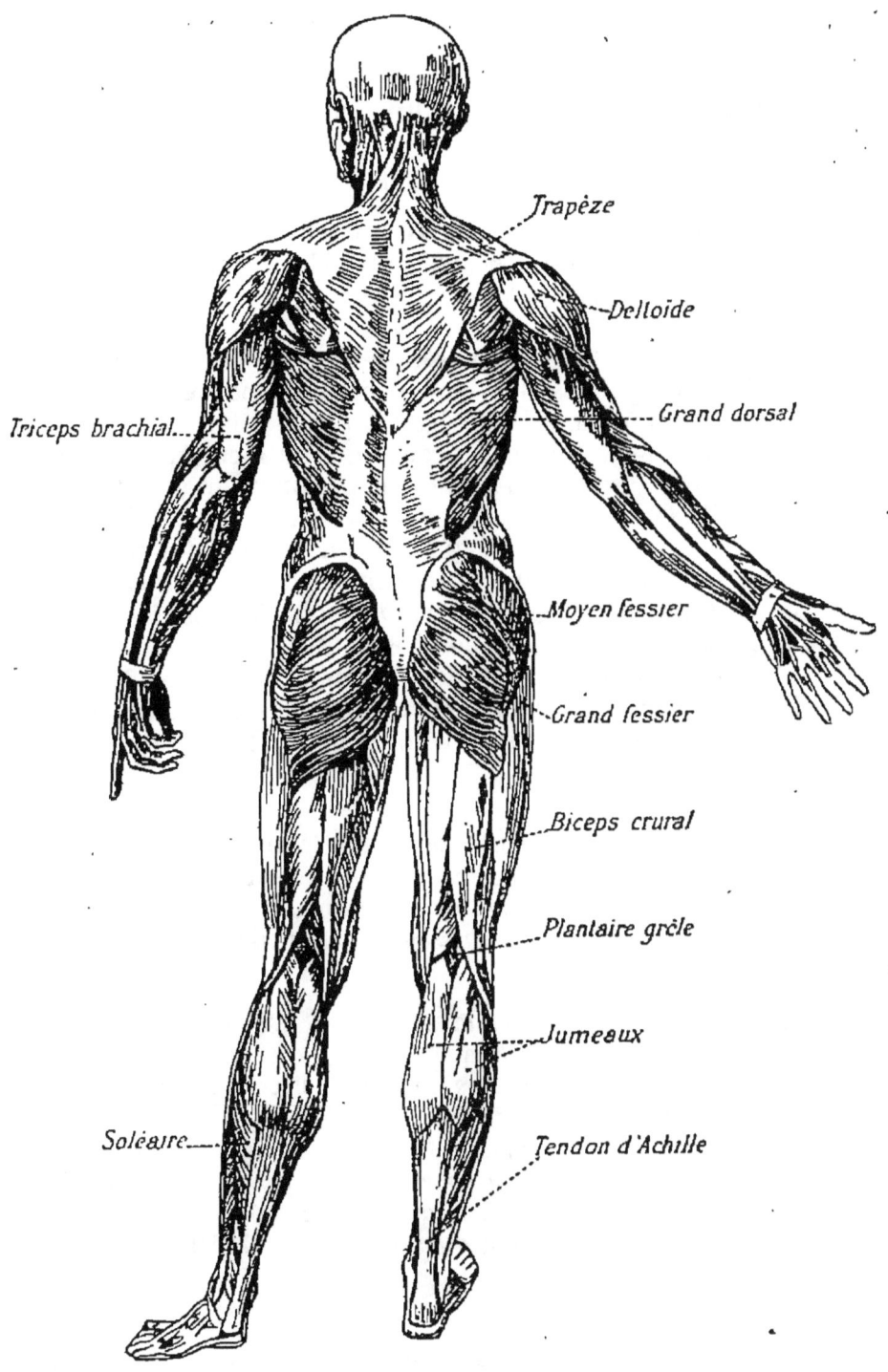

Fig. 235. — Les muscles de l'homme (face postérieure).

lules sont d'abord striées sur les bords (*fig.* 233), puis elles s'allongent, les noyaux se multiplient, les stries s'accentuent, et l'on arrive à la fibre striée par une série graduée de transitions successives.

Formes, insertions et distribution des muscles. — La *forme* des muscles est très variable. Ils peuvent en effet être *longs* (biceps), *courts* (muscles interdigitaux), *larges* (diaphragme).

Les muscles peuvent aussi s'insérer de différentes façons sur les diverses parties de l'organisme : ils peuvent s'attacher par leurs deux tendons sur les os (muscles des membres) ou bien sur la peau (muscles peauciers), ou bien encore par un tendon sur l'os et par l'autre tendon sur un organe (muscles de l'œil).

Souvent deux muscles agissent sur les mêmes parties du squelette pour produire des mouvements de sens contraire : on dit que ces muscles sont *antagonistes*. Tels sont les muscles *extenseurs* et *fléchisseurs* des doigts.

Ne pouvant étudier en détail tous les muscles du corps, nous énumérerons seulement les muscles des membres qui jouent le rôle le plus important dans la locomotion (*fig.* 234 et 235).

MEMBRE SUPÉRIEUR :
- *Deltoïde* : élève le bras.
- *Biceps* : fléchit l'avant-bras sur le bras.
- *Triceps* : antagoniste du Biceps.
- *Fléchisseurs* et *extenseurs* des doigts.

MEMBRE INFÉRIEUR :
- *Grand et Moyen fessier* : verticalité du corps.
- *Biceps crural* : fléchit la jambe sur la cuisse.
- *Triceps crural* : antagoniste du Biceps.
- *Couturier* : fléchit la jambe sur la cuisse en la portant vers le dedans.
- *Jumeaux* (tendon d'Achille) : traction du pied.

Terminaisons nerveuses. — Les muscles reçoivent des ramifications des nerfs. Les fibres nerveuses viennent

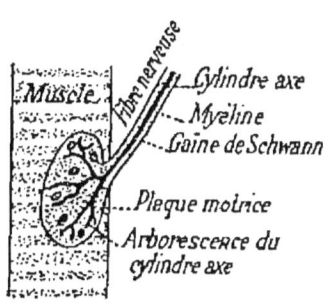

Fig. 236. — Transmission nerveuse dans un muscle strié.

se terminer dans les muscles de la façon suivante (*fig.* 236) : le cylindre-axe de la fibre nerveuse pénètre seul dans le muscle ; il s'y ramifie en arborescence, au milieu d'un protoplasma granuleux présentant de nombreux noyaux ; c'est ce qui constitue la *plaque motrice*. L'enveloppe de la fibre nerveuse ou gaîne de Schwann s'est réunie au sarcolemme.

II. — Physiologie des muscles.

Propriétés des muscles. — Les muscles ont une couleur rouge due à l'hémoglobine du sang ; ils sont *mous* au repos, *durs* en activité.

Les muscles sont *élastiques*, c'est-à-dire qu'ils reprennent leur forme primitive si on les en écarte. C'est une propriété importante, car on démontre qu'une force de courte durée qui agit par intervalles produit plus d'*effet utile* lorsqu'elle agit sur un corps élastique (supériorité du trait élastique sur le trait rigide).

Une autre propriété est la *tonicité*. Pour la mettre en évidence, coupons transversalement un muscle sur le membre d'un animal au repos ; ce muscle va se raccourcir, et chacune des moitiés va se rétracter vers le tendon correspondant (*fig.* 237, A). Donc, même au repos, le muscle était légèrement contracté : c'est cet état du muscle qu'on décrit sous le nom de *tonicité*. Cette tonicité est sous la dépendance du système nerveux, car si l'on coupe d'abord le nerf qui se rend au mus-

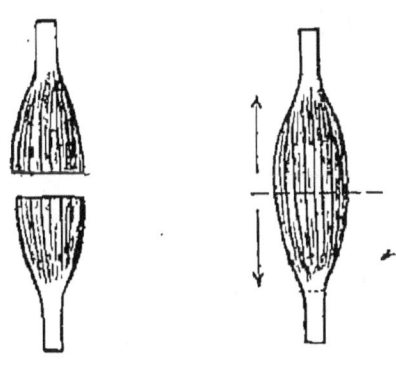

A. — Après la section. B. — Au moment de la section.
Fig. 237. — Tonicité musculaire.

cle, puis le muscle lui-même, celui-ci ne se raccourcit plus. On trouve une autre preuve de ce fait dans la *paralysie faciale*, où l'on voit la moitié paralysée de la figure entraînée vers la moitié saine, qui est en tonicité.

La contraction musculaire. Les myographes. — De toutes les propriétés du muscle, la *contractilité* est certes la plus importante en physiologie.

Sous l'influence d'un excitant naturel ou artificiel, le muscle se contracte (*fig.* 238 et 239), c'est-à-dire qu'il devient

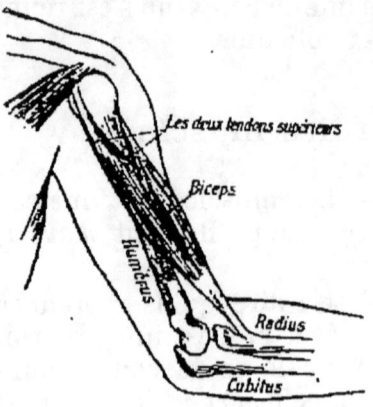 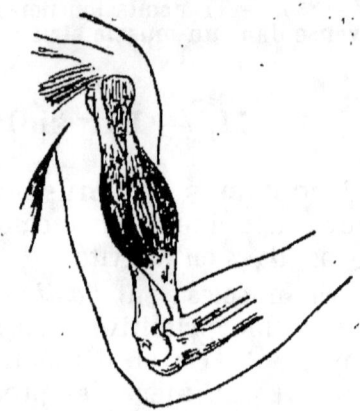

Fig. 238. — Biceps au repos.   Fig. 239. — Biceps contracté.

 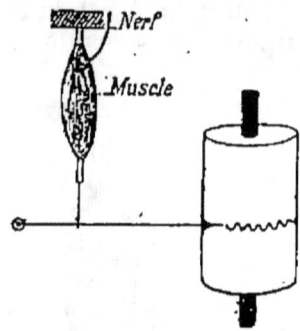

Fig. 240. — Le volume du muscle ne varie pas.   Fig. 241. — Myographe simplifié.

dur, globuleux, et diminue de longueur ; en revanche son épaisseur s'accroît, de sorte que le volume du muscle reste constant. Pour le démontrer, il suffit de placer dans un flacon plein d'eau (*fig.* 240) et communiquant avec un tube étroit, une patte de Grenouille en communication avec une bobine d'induction : le muscle se contracte, mais le niveau de l'eau dans le tube ne varie pas ; donc le muscle n'a pas changé de volume.

Les *excitants* qui déterminent la contraction musculaire peuvent être physiques, chimiques ou physiologiques. Parmi les *excitants physiques*, citons le choc, le pincement, le courant d'air, le froid et le chaud, les courants induits, etc. ; tous les corps *chimiques*, même l'eau distillée, agissent sur la contraction ; enfin l'*excitant physiologique* qui provient des centres nerveux est l'excitant naturel.

La contractilité est bien une propriété du muscle, car si on coupe le nerf se rendant au muscle et qu'on excite ce muscle directement, il se contracte.

Pour étudier la contraction musculaire on se sert d'appareils appelés *myographes* et dont le but est d'amplifier considérablement le mouvement : c'est pourquoi on les appelle encore, et avec raison, les *microscopes du mouvement*. En voici le principe : on attache à l'aide d'un fil la partie inférieure du muscle (*fig.* 241) gastrocnémien d'une Grenouille à un stylet mobile autour d'un axe et dont la pointe vient s'appuyer

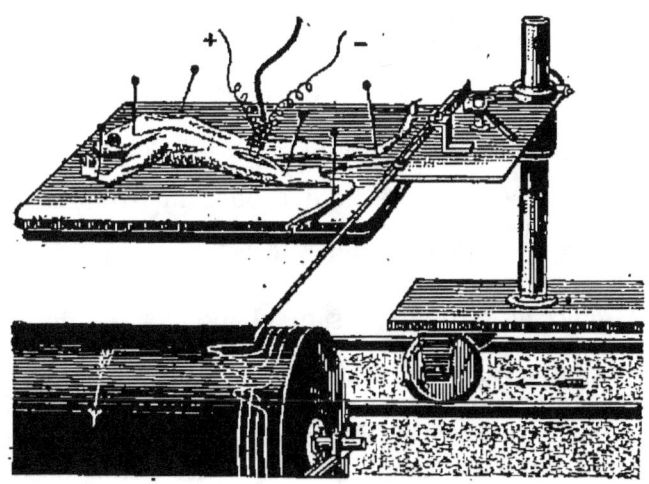

Fig 242. — Myographe.

sur un cylindre. Ce cylindre est recouvert de noir de fumée (*fig.* 242) et tourne uniformément autour de son axe. Si l'on porte une excitation sur le muscle, il se raccourcit et attire le levier dont la pointe trace sur le cylindre enregistreur une courbe qui est en quelque sorte l'image de la contraction musculaire.

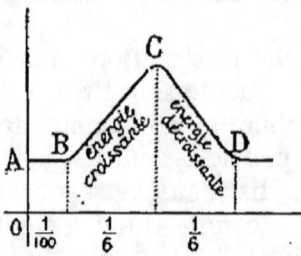 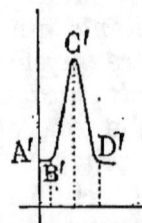

Fig. 243. — Tracé d'une secousse musculaire chez la Grenouille.

Fig. 244. — Tracé d'une secousse musculaire chez un animal à sang chaud.

Après une excitation brusque et courte on voit, en analysant cette courbe, qu'une contraction ou *secousse musculaire* comprend trois temps : 1° un temps très court (*fig.* 243) AB (environ $\frac{1}{100}$ de seconde) pendant lequel le muscle ne se contracte pas : c'est la *période latente* ou encore le *temps perdu*; 2° la période d'*énergie croissante* BC pendant laquelle le muscle se raccourcit, elle dure $\frac{1}{6}$ de seconde ; 3° la période d'*énergie décroissante* CD pendant laquelle le muscle rentre au repos, sa durée est de $\frac{1}{6}$ de seconde. Au total, la durée d'une secousse musculaire chez la Grenouille est de $\frac{1}{6} + \frac{1}{6} = \frac{1}{3}$ de seconde. Elle est beaucoup plus courte (*fig.* 244) chez les animaux à sang chaud (2 à $\frac{3}{100}$ de seconde).

On peut faire suivre la première excitation d'une deuxième (*fig.* 245, A) : on aura alors deux secousses successives. Enfin si l'on porte une série d'excitations successives, chaque excitation survenant avant que le muscle soit revenu au repos, la courbe présentera une série d'ondulations, puis elle finira par rester parallèle à l'axe (*fig.* 245, B) : le muscle est contracté au maximum; on dit qu'il est en *tétanos physiologique*. De sorte qu'on peut dire que lorsque nous contractons un muscle de notre corps, nous le mettons en tétanos physiologique sous l'influence de notre volonté.

Si les excitations portées sur le muscle ne sont séparées que par des intervalles infiniment petits, le muscle ne se contracte pas. On a démontré en effet qu'un courant électrique d'une grande intensité, mais de *très haute fréquence* (c'est-à-dire interrompu un grand nombre de fois en un temps très court), peut traverser l'organisme sans produire aucun effet, alors qu'il pourrait tuer un individu s'il ne présentait pas cette haute fréquence.

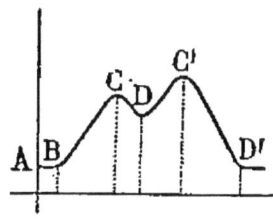 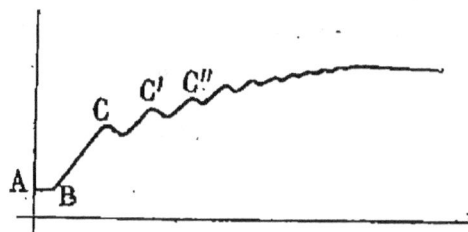

A. — Deux secousses successives et rapprochées.

B. — Muscle en tétanos physiologique.

Fig. 245. — Passage de la secousse musculaire au tétanos physiologique.

La contractilité du muscle disparait avec la vie. Sur le cadavre les muscles perdent peu à peu cette propriété : c'est d'abord le diaphragme, puis la langue, les muscles des membres, et enfin les muscles de l'abdomen. En injectant du sang oxygéné dans un muscle mort, ce muscle redevient contractile : on le ressuscite en quelque sorte.

Nutrition des muscles : 1° au repos ; 2° en activité. — Les phénomènes de *nutrition* qui se passent dans le muscle sont différents suivant qu'il est au repos ou en activité.

Au *repos*, le muscle a une réaction *alcaline* ; il respire et se nourrit, comme les autres tissus, par le sang qui lui est apporté.

En *activité*, le muscle a une réaction *acide* due à l'acide carbonique, à l'acide sarcolactique, au phosphate acide de sodium qui résultent des échanges nutritifs entre le muscle et le sang. On a démontré expérimentalement que dans un muscle en activité : 1° la circulation du sang était 5 fois plus active qu'au repos ; 2° la composition du sang variait comme le montrent les chiffres suivants :

Sang artériel d'un muscle au repos contient 7,3 d'O $\%$.
Sang artériel d'un muscle en activité contient 4,2 d'O $\%$.
} Le muscle en activité absorbe plus d'O.

Sang veineux d'un muscle au repos contient 0,8 de CO^2 $\%$.
Sang veineux d'un muscle en activité contient 4,2 de CO^2 $\%$.
} Le muscle en activité dégage plus de CO^2.

On peut voir que pendant l'activité il y a plus d'acide carbonique formé que d'oxygène absorbé ; or, on sait que l'acide carbonique renferme son volume d'oxygène ; le muscle utilise donc, pendant l'activité, une partie de la réserve d'oxygène qu'il avait emmagasinée pendant le repos. Les phénomènes d'oxydation qui se produisent dans le muscle en activité sont considérables : c'est là, comme nous l'avons vu, la principale source de la chaleur animale. Les oxydations du tissu musculaire produisent de l'acide carbonique, de l'acide sarcolactique, de la créatine, etc.

La nutrition du muscle est sous la dépendance du système nerveux, car si l'on coupe le nerf d'un muscle, le sang qui sort de ce muscle contient peu d'acide carbonique et le muscle s'atrophie, ce qui indique évidemment un trouble dans la nutrition.

Travail du muscle. — Lorsqu'un muscle travaille, c'est-à-dire lorsqu'il est en activité, il dégage de la chaleur : c'est que les combustions internes sont très abondantes, et par suite la quantité de chaleur produite considérable. Une partie de cette chaleur sert à produire le travail mécanique, l'autre partie élève la température du muscle.

Les aliments qui servent surtout de combustible au muscle sont les aliments ternaires ou *hydrocarbures* (féculents, sucres, graisses).

Le travail d'un muscle peut être calculé en mesurant la hauteur h à laquelle est soulevé un poids p. On sait en effet que le travail $T = p \times h$.

On peut montrer, en attachant différents poids au muscle gastrocnémien d'une Grenouille, que le travail passe par un *maximum*.

Un poids de 50gr est soulevé à 9mm, donc $T = 50 \times 9 = 450$
— 100 — 7 — $T = 100 \times 7 = 700$
— 150 — 5 — $T = 150 \times 5 = 750$
— 200 — 2 — $T = 200 \times 2 = 400$
— 250 — 0 — $T = 250 \times 0 = 0$

Il y a donc un moment où le poids n'est plus soulevé ; c'est ce poids qui mesure la *force absolue* du muscle. Cette force est 10 fois plus grande chez les Insectes que chez l'homme.

Fatigue musculaire. — Lorsqu'un muscle travaille normalement, le sang alcalin, en circulant, neutralise ou enlève les acides formés ; mais si le travail est de trop longue durée, le muscle se *fatigue*. Les acides s'accumulent dans le muscle, la substance du muscle ou *myosine* se coagule, et le muscle devient rigide. La fatigue se manifeste d'abord par une sensation vague, puis par un certain tremblement musculaire. Si la circulation du sang est activée, les acides pourront être enlevés et la fatigue pourra disparaître : d'où l'utilité du *massage* qui active la circulation.

On peut provoquer expérimentalement une fatigue instantanée en injectant dans les muscles d'un animal de l'acide lactique par exemple ; on peut au contraire faire disparaître cette fatigue en injectant une solution de permanganate de potassium qui est alcalin et qui cède de l'oxygène au sang.

La rigidité cadavérique. — Quelques instants après la mort (au plus tôt 10 minutes et 6 heures au plus tard) les muscles deviennent rigides et durs. On attribue cette rigidité à la coagulation de la myosine par l'acide lactique. Si la fatigue a précédé la mort, la rigidité se produira plus vite, puisque la quantité d'acide est augmentée ; cette rigidité pourra même se produire au moment de la mort. Tous les chasseurs savent qu'un gibier *forcé*, par conséquent fatigué, est rigide aussitôt la mort. On cite un colonel qui, tué sur le champ de bataille, avait conservé le bras étendu dans l'attitude du commandement.

Ce sont les muscles des mâchoires qui deviennent rigides les premiers.

Le muscle en rigidité se raccourcit un peu ; c'est ce qui explique la tenue uniforme des cadavres. On peut donc considérer la rigidité cadavérique comme une dernière manifestation de l'activité musculaire. Cette rigidité persiste jusqu'au moment où la matière organique entre en décomposition.

RÉSUMÉ

Anatomie des muscles. — Les *muscles* sont les organes actifs du mouvement. On les range en deux catégories : 1° les *muscles striés*, soumis à la volonté ; 2° les *muscles lisses*, indépendants de la volonté.

Un muscle présente en général une partie renflée ou *ventre*, et deux parties amincies ou *tendons*.

Le *muscle strié* est formé de faisceaux musculaires, lesquels résultent du groupement de *fibres striées*.

Le *muscle lisse* est formé de fibres lisses.

Propriétés des muscles. — Ils sont *mous* au repos, *durs* en activité.

Les principales propriétés sont :

1° *L'élasticité* ;

2° *La contractilité* :
- Le muscle excité se raccourcit et devient globuleux ; il ne change pas de volume.
- La secousse musculaire est très courte (*myographe*).
- Tétanos physiologique (crampes).

3° *La tonicité* : Le muscle, même au repos, est légèrement contracté.

Nutrition des muscles. — Le muscle en *activité* a une nutrition plus active ; les oxydations y sont plus considérables ; la circulation du sang y est en effet *cinq fois plus active* que dans le muscle au repos ; aussi le muscle actif devient *acide*, car il se produit de l'acide carbonique, de l'acide sarcolactique, etc.

La nutrition du muscle est sous la dépendance du système nerveux, car si l'on coupe le nerf d'un muscle, le muscle s'atrophie.

Un *travail* exagéré produit la *fatigue* du muscle ; les acides formés s'accumulent dans le muscle et coagulent la *myosine*, en produisant la *rigidité*.

CHAPITRE XV

SYSTÈME NERVEUX

Considérations générales. — Le *sytème nerveux* remplit dans l'organisme un double rôle : 1° il assure les relations de l'homme avec le monde extérieur, soit par le *mouvement*, soit par la *sensibilité* ; 2° il met en relation les différentes parties de l'organisme entre elles, établissant ainsi une harmonie entre les diverses fonctions organiques. Et c'est de cette solidarité que dépend l'individualité de l'être.

I. — Anatomie du système nerveux.

Description générale. — Le *système nerveux*, dans son ensemble, présente à considérer trois parties : 1° le *système nerveux central*, comprenant la *moelle épinière* située dans le canal rachidien, et l'*encéphale* qui remplit la boîte crânienne ; 2° les *nerfs*, qui sont comme des fils conducteurs s'échappant du système nerveux central pour se rendre dans tous les organes ; ils forment ce qu'on appelle le *système nerveux périphérique* ; 3° le *grand sympathique*, formé par deux chaînes nerveuses situées de chaque côté de la colonne vertébrale, et reliées, d'un côté, avec le système nerveux central, et de l'autre, avec les différents organes ou viscères.

§ 1. — Le tissu nerveux et son origine.

Origine du système nerveux. — Chez l'embryon, ce sont les cellules qui se trouvent en rapport avec le milieu extérieur qui sont les plus aptes à nous renseigner sur ce milieu ; ce sont elles par conséquent qui vont donner les *cellules nerveuses* : c'est, en effet, aux dépens de cette couche superficielle ou *ectoderme* que va prendre naissance le système nerveux.

De bonne heure on voit apparaître sur la partie dorsale de l'embryon une ligne superficielle qui va se déprimer en

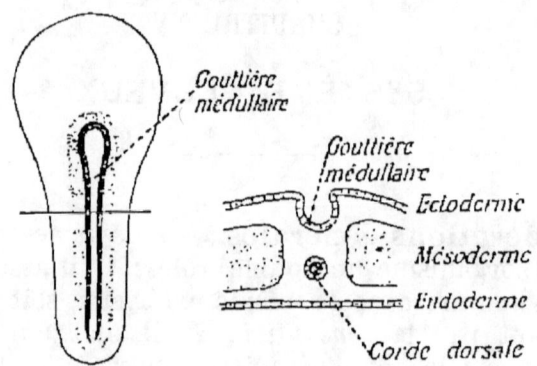

A. — Embryon vu de dos.   B. — Coupe transversale de l'embryon.
Fig. 246. — Formation de la gouttière médullaire.

son milieu pour donner la *gouttière médullaire* (fig. 246, A). Sur une coupe transversale (fig. 246, B), on voit les bords de cette gouttière se rapprocher, puis se souder pour donner un canal (fig. 247) qui s'étend suivant l'axe de l'embryon :

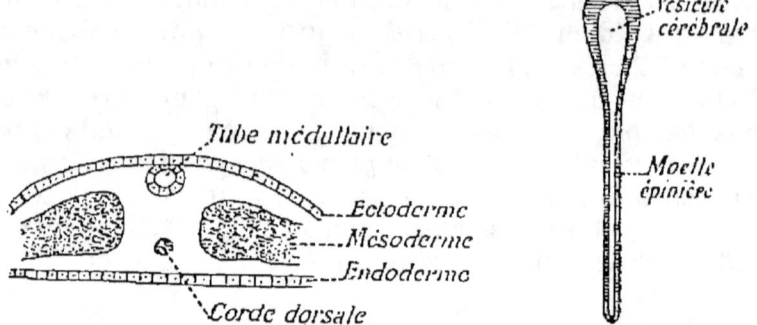

Fig. 247. — Le canal nerveux est formé.   Fig. 248. — État primitif du système nerveux central.

c'est le *tube* ou *canal médullaire* d'où provient tout le système nerveux central. La partie cylindrique (*fig.* 248) donnera la moelle épinière et la partie antérieure, renflée, donnera l'encéphale.

Les cellules de l'ectoderme qui forment ce tube nerveux

vont se différencier peu à peu pour constituer les éléments du tissu nerveux. Ces éléments sont de deux sortes : les *cellules nerveuses* et les *fibres nerveuses*.

Les cellules nerveuses. — Les *cellules nerveuses* varient dans leurs formes, leurs dimensions, leur structure, etc.

Leur forme est tantôt globoïde, tantôt pyramidale. Leurs dimensions peuvent varier de 12 µ à 140 µ. Ces dernières peuvent s'observer dans les cornes antérieures de la moelle épinière, où les cellules sont visibles à l'œil nu. Le protoplasma des cellules nerveuses est granuleux, et le noyau volumineux ; elles n'ont pas de membrane.

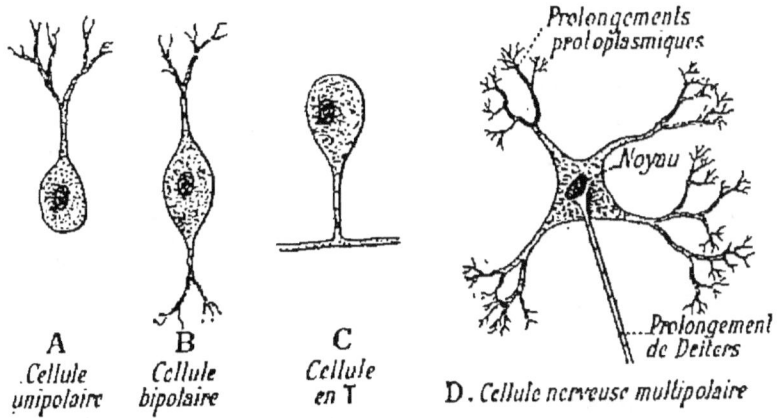

Fig. 249. — Cellules nerveuses.

Elles ont un caractère commun : c'est celui d'émettre des *prolongements protoplasmiques*. La cellule est *unipolaire* (fig. 249, A), si elle n'a qu'un seul prolongement ; parfois ce prolongement se bifurque en forme de T (cellules des ganglions spinaux) (fig. 249, C) ; la cellule est *bipolaire* si elle a deux prolongements (fig. 249, B), et enfin *multipolaire* si elle possède *n* prolongements (fig. 249, D). Tous ces prolongements se ramifient en branches très fines qui se mettent en contact avec les prolongements des cellules voisines, établissant la *contiguïté* et non la *continuité*. Parmi les prolongements, un seul ne se ramifie pas ; c'est le *prolongement de Deiters* ; il est réfringent et a l'aspect d'une baguette de verre, il part du voisinage du noyau pour se continuer jusque dans la fibre nerveuse.

Les cellules nerveuses constituent la *substance grise* des centres nerveux (moelle épinière et encéphale); tandis que les prolongements de Deiters vont constituer la *substance blanche* des centres nerveux, puis les fibres des nerfs.

Certaines cellules embryonnaires de l'ectoderme, au lieu de donner des cellules nerveuses, évoluent en donnant des cellules munies de prolongements très fins et très ramifiés : ce sont les *cellules en araignées* ou *cellules* de la *névroglie*; ce sont des cellules sœurs des cellules nerveuses; elles vont relier les éléments nerveux entre eux, servant ainsi de tissu conjonctif.

Les fibres nerveuses. — Les fibres nerveuses sont constituées par les prolongements de Deiters. Elles sont de deux sortes : les *fibres à myéline* et les *fibres de Remak* sans myéline.

La *fibre à myéline* se forme de la façon suivante : à la sortie des centres nerveux, le prolongement de Deiters appelé *cylindre-axe* traverse des cellules adipeuses qui vont

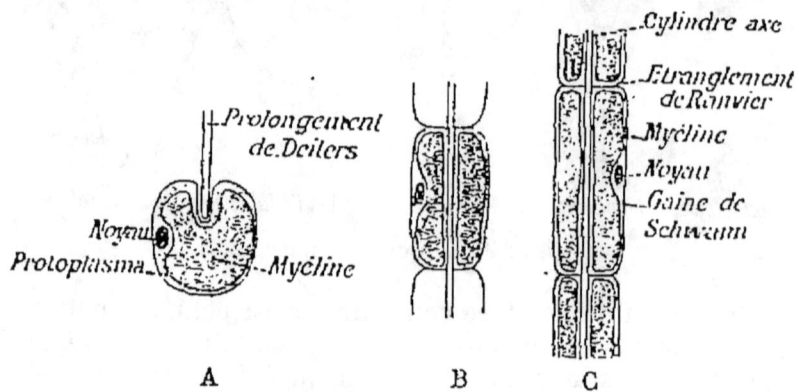

Fig. 250. — Formation de la fibre nerveuse à myéline.

lui former un manchon protecteur (*fig.* 250, A et B). Ces cellules adipeuses contiennent une graisse spéciale, la *myéline*, renfermant de la lécithine (graisse phosphorée). Chaque cellule forme donc autour du cylindre-axe une mince gaine de protoplasma, puis un manchon de myéline, et enfin une gaine protoplasmique contenant le noyau cellulaire, c'est la *gaine de Schwann* (*fig.* 250, C). Aux points où les cellules se touchent, la fibre semble étranglée, rétrécie : ce sont les *étranglements de Ranvier*.

La *fibre de Remak* est formée par un cylindre-axe qu'entoure une gaine protoplasmique avec noyaux, mais *sans myéline*. Les fibres de Remak ont des stries longitudinales, et au lieu d'être disposées parallèlement comme les fibres à myéline, elles forment des plexus à mailles compliquées.

Les fibres nerveuses en se groupant et en s'entourant d'une gaine conjonctive, la *gaine de Henle*, forment les nerfs.

§ 2. — Les centres nerveux.

Les *centres nerveux* présentent à étudier la *moelle épinière*, l'*encéphale* et les enveloppes de ces organes ou *méninges*.

La moelle épinière. — La *moelle épinière* est un long cordon nerveux qui s'étend, dans le canal rachidien, du trou occipital jusqu'à la 2e vertèbre lombaire.

Elle provient du *canal médullaire* dont les parois se sont épaissies et dont la cavité a donné le *canal de l'épendyme* que l'on observe au centre de la moelle (*fig.* 253).

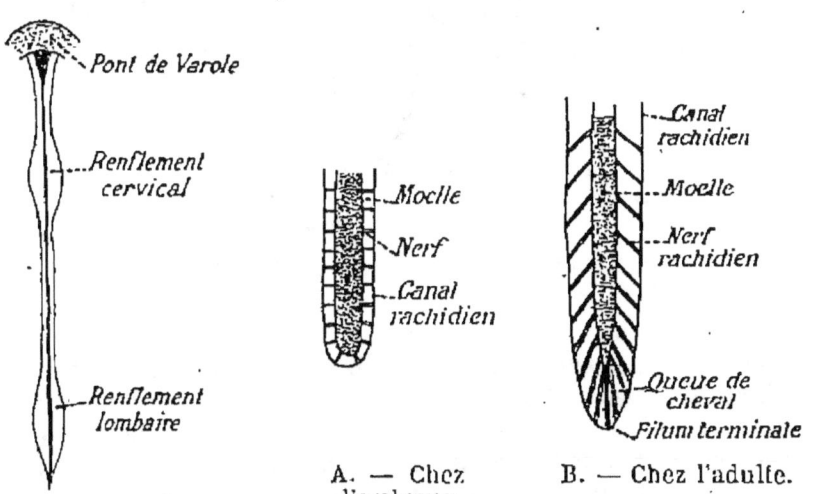

Fig. 251. — La moelle épinière.

A. — Chez l'embryon.
B. — Chez l'adulte.

Fig. 252. — Terminaisons de la moelle.

Chez l'adulte, la moelle épinière est cylindrique avec deux renflements : le *renflement cervical* (*fig.* 251) au niveau de la naissance des nerfs qui se rendent aux bras, le *renflement lombaire* au niveau des nerfs qui se rendent aux jambes. Ces renflements sont parfois considérables : certains Reptiles fossiles de l'époque secondaire (*Iguanodon*) avaient ces renflements plus gros que le cerveau.

A sa partie inférieure la moelle se termine par un long filament qui est rattaché à l'extrémité du canal rachidien (*fig.* 252) : c'est le *filum terminale*. De chaque côté se trouvent de nombreux nerfs disposés en *queue de cheval*. Cette disposition s'explique bien par le développement : chez l'embryon (*fig.* 252, A), la moelle occupe tout le canal rachidien, et les nerfs naissent à peu près normalement à la direction de la moelle ; mais, chez l'adulte, le canal rachidien s'accroît plus (70 centimètres) que la moelle (50 centimètres) ; d'où la formation du *filum terminale* composé de matière nerveuse et d'enveloppe conjonctive, et d'où aussi l'obliquité des nerfs formant la *queue de cheval*.

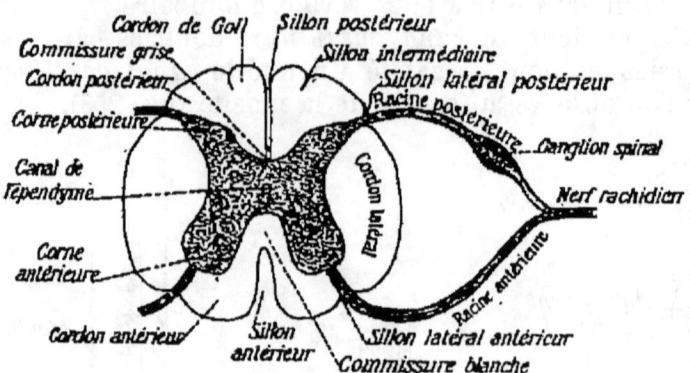

Fig. 253. — Coupe transversale de la moelle épinière.

En enlevant les enveloppes de la moelle on voit qu'elle présente un certain nombre de *sillons* longitudinaux : le *sillon antérieur* (*fig.* 253) au fond duquel se trouve la *substance blanche* réunissant les deux moitiés de la moelle et appelée *commissure blanche* ; le *sillon postérieur* au fond duquel se trouve la substance grise formant la *commissure grise* ; les deux *sillons latéral antérieur* et *latéral postérieur* qui coïncident à peu près avec les lignes où s'implantent les racines antérieures et postérieures des nerfs rachidiens ; enfin le *sillon intermédiaire* situé entre le sillon postérieur et le sillon latéral postérieur.

Ces sillons partagent la moelle en un certain nombre de faisceaux appelés *cordons* : ce sont les *cordons antérieurs*, *latéraux, postérieurs* et enfin les *cordons de Goll* limités par le sillon postérieur.

La moelle épinière, sur une coupe transversale (*fig.* 253) montre : 1° une *substance blanche* à la périphérie ; 2° une *substance grise* centrale ayant la forme d'un X dont les extrémités renflées donnent les *cornes antérieures* et *postérieures* de la moelle. Au centre de cette substance grise se trouve le *canal de l'épendyme*, qui est le reste du tube médullaire de l'embryon. Les cornes antérieures sont formées de grosses cellules nerveuses (*cellules motrices*) dont les prolongements de Deiters vont former les racines antérieures des nerfs rachidiens. Les cornes postérieures ont des cellules plus petites (*cellules sensitives*) et qui sont en relation avec les racines postérieures des nerfs rachidiens.

L'encéphale. — L'*encéphale* comprend tous les centres nerveux contenus dans la boîte crânienne. Il comprend trois parties essentielles : le *cerveau*, le *cervelet* et le *bulbe rachidien*.

L'anatomie de l'encéphale, quoique compliquée, est facile à comprendre si l'on suit le développement de cet organe chez l'embryon.

L'encéphale provient de la partie antérieure du tube nerveux, et les cavités ou *ventricules* de cet organe provien-

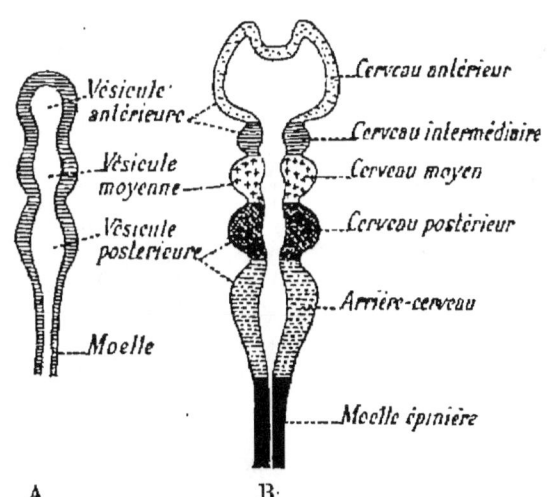

Fig. 254. — Les vésicules cérébrales primitives.

nent de la vésicule cérébrale primitive qui n'est que le prolongement élargi du canal de l'épendyme de la moelle.

La vésicule cérébrale primitive (*fig.* 248) se partage bientôt, par deux rétrécissements, en 3 *vésicules* (*fig.* 254, A); puis la vésicule antérieure et la vésicule postérieure se partagent de nouveau en deux, de sorte que l'on a 5 *vésicules cérébrales* (*fig.* 254, B) avec 5 cavités ou *ventricules*. On leur a donné les noms de : *cerveau antérieur, cerveau intermédiaire, cerveau moyen, cerveau postérieur* et *arrière-cerveau*. Ces 5 vésicules sont représentées, sur les figures, par des signes conventionnels que nous conserverons pour figurer les diverses régions de l'encéphale qui dérivent de ces vésicules primitives.

Les modifications que vont subir ces vésicules sont de deux sortes : 1° concentration des diverses parties ; 2° flexion de l'encéphale se produisant autour du cerveau moyen. Ces modifications se compliquent en allant de l'arrière-cerveau vers le cerveau antérieur ; nous allons donc les étudier en allant d'arrière en avant, pour procéder du simple au composé.

1° **L'arrière-cerveau donne le bulbe rachidien et le 4° ventricule.** — Le *bulbe rachidien* unit la moelle épinière à l'encéphale ; il provient de l'arrière-cerveau qui a épaissi sa paroi antérieure (*fig.* 255) et aminci sa paroi postérieure. La cavité forme le *4° ventricule*, qui est recouvert à sa partie postérieure par une mince lamelle nerveuse souvent percée d'un orifice, le *trou de Magendie*. Au niveau inférieur du

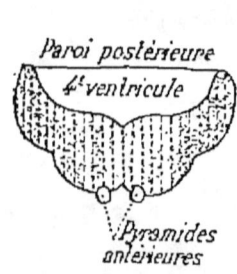

Fig. 255. — Coupe transversale du bulbe rachidien.

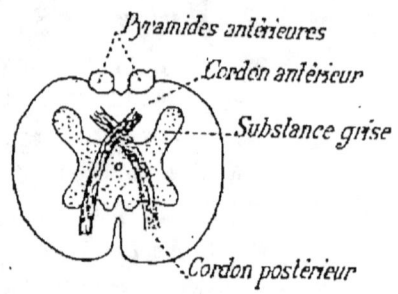

Fig. 256. — Coupe du bulbe au niveau de la décussation des cordons postérieurs.

bulbe les *pyramides postérieures* qui continuent les cordons de Goll de la moelle, s'écartent pour limiter un espace triangulaire présentant un sillon médian (*fig.* 258), appelé *calamus scriptorius*, à cause de sa ressemblance avec une plume à écrire.

Par une série de coupes transversales faites à différents niveaux dans le bulbe, on a pu voir comment les cordons de la moelle se continuaient dans le bulbe et dans l'encéphale. Certains, comme les cordons de Goll, passent directement pour former les pyramides postérieures ; d'autres, comme les *cordons postérieurs* (fig. 256), passent en avant et se croisent pour aller former les *pyramides antérieures* : le cordon postérieur gauche aboutit par conséquent à la pyramide antérieure droite. Cet entrecroisement des cordons au niveau du bulbe est désigné sous le nom de *décussation des pyramides*.

2° **Le cerveau postérieur donne le cervelet et la protubérance annulaire.** — Par épaississement de ses parois, le cerveau postérieur donne le *cervelet* en arrière

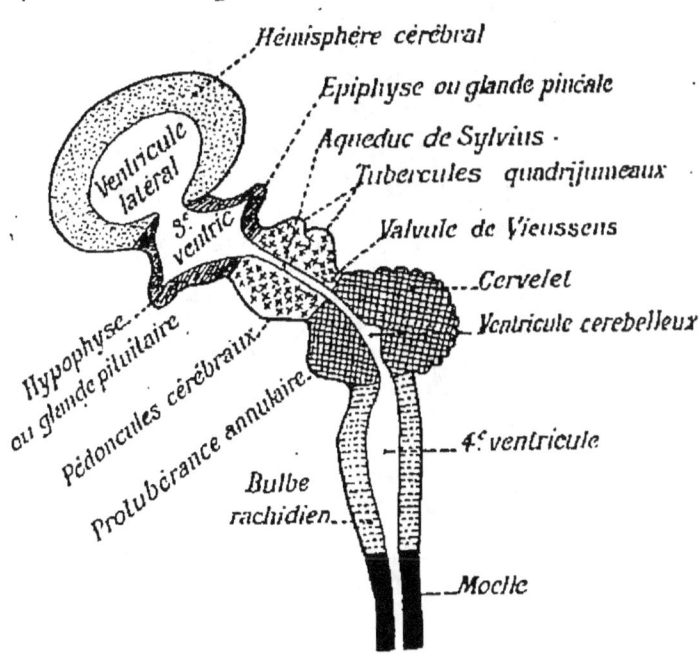

Fig. 257. — Développement de l'encéphale.

et la *protubérance annulaire* ou *pont de Varole* en avant (fig. 257). Entre ces deux parties se trouve le *ventricule cérébelleux* qui communique en bas avec le 4° ventricule et en haut avec l'aqueduc de Sylvius.

Le cervelet présente trois lobes : le *vermis médian* et les deux *hémisphères cérébelleux*, qui sont latéraux. Le cervelet est formé à la périphérie par de la substance grise (*fig.* 258); à l'intérieur par de la substance blanche disposée sous une forme arborescente qui lui a valu le nom d'*arbre de vie*. Cette substance blanche est rattachée aux parties voisines

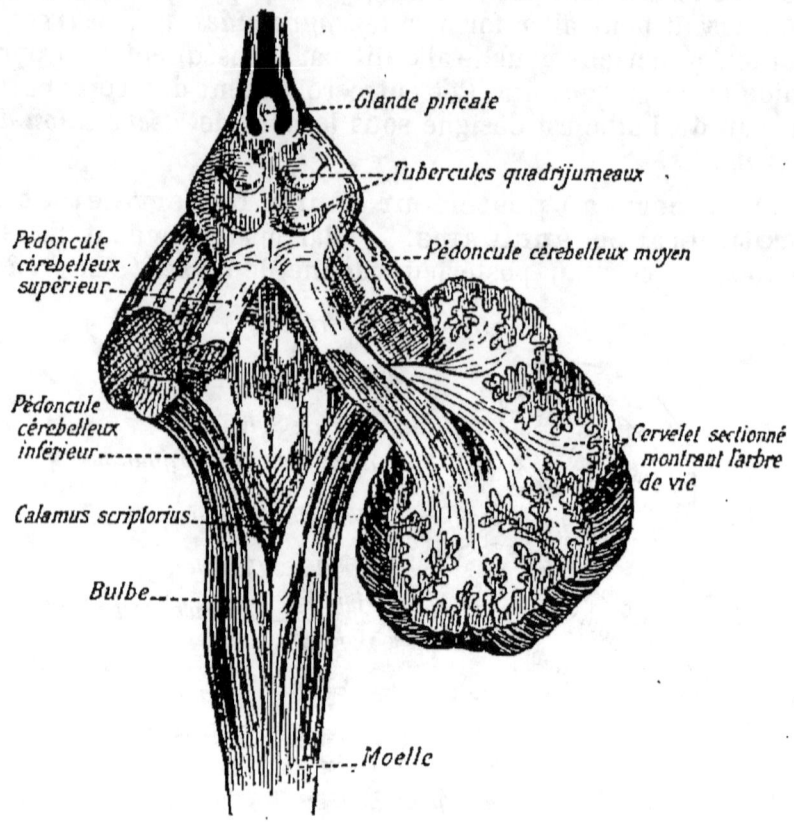

Fig. 258. — Vue du bulbe (face postérieure), d'un hémisphère du cervelet, des pédoncules cérébelleux et des tubercules quadrijumeaux.

par trois prolongements appelés *pédoncules cérébelleux* (*fig.* 258) : l'*inférieur* qui va au bulbe ; le *moyen* qui forme en se réunissant en avant avec celui du côté opposé la protubérance annulaire ou pont de Varole ; le *supérieur* qui plonge sous les tubercules quadrijumeaux et va se perdre dans les couches optiques du cerveau.

3° **Le cerveau moyen donne les tubercules quadrijumeaux et les pédoncules cérébraux.** — Entre les tubercules quadrijumeaux, au nombre de quatre, et les pédoncules cérébraux se trouve une cavité rétrécie (*fig.* 257 et 263), l'*aqueduc de Sylvius*, qui communique en bas avec le ventricule cérébelleux, en haut avec le 3° ventricule.

Les pédoncules cérébraux sont de gros cordons blancs formés par le prolongement des pyramides du bulbe.

Une lame nerveuse, la *valvule de Vieussens* (*fig.* 257 et 263), réunit les tubercules quadrijumeaux au cervelet.

4° **Le cerveau intermédiaire donne les couches optiques et le 3° ventricule.** — Les parois du cerveau intermédiaire s'épaississent pour donner les couches optiques (*fig.* 260 et 261) ; sa cavité forme le 3° ventricule (*fig.* 257), qui se continue, en arrière, avec l'aqueduc de Sylvius, en

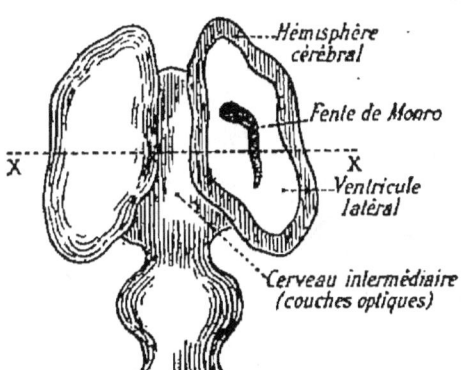
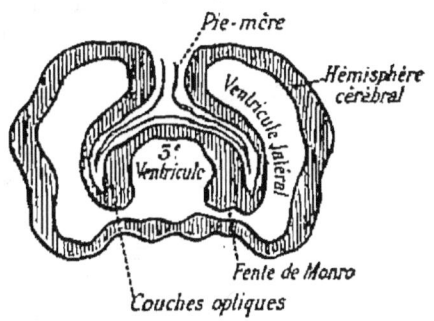

Fig. 259. — Les hémisphères communiquent avec le 3° ventricule.

Fig. 260. — Coupe transversale du cerveau antérieur et du cerveau intermédiaire suivant XX, fig. 259.

avant et de chaque côté (*fig.* 259 et 260) par la *fente de Monro*, avec le *ventricule latéral* de chaque hémisphère. Au-dessus et en arrière des couches optiques (*fig.* 257) se trouve un soulèvement de la paroi nerveuse appelé *glande pinéale* ou *épiphyse* ; c'est cette glande qui devient chez certains Reptiles le 3° œil. Au-dessous et en avant, une saillie forme la *glande pituitaire* ou *hypophyse* qui vient se loger dans la selle turcique du sphénoïde.

5° **Le cerveau antérieur donne les hémisphères cérébraux.** — Le cerveau antérieur se dédouble en deux vésicules qui vont devenir les deux *hémisphères cérébraux* (*fig.* 254 B et 259) ; chacune des deux cavités ou *ventricules latéraux* communique avec le 3ᵉ ventricule par la *fente de*

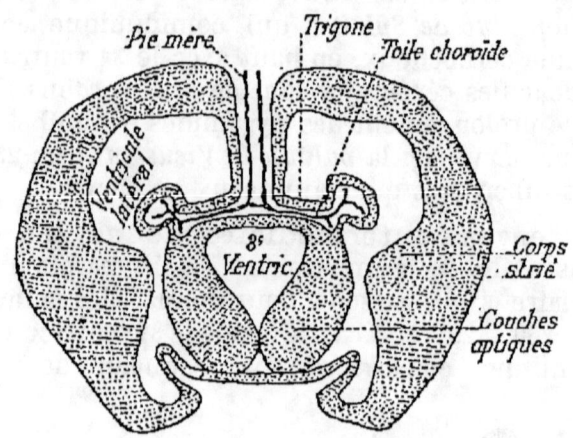

Fig. 261. — Coupe transversale du cerveau en voie de développement.

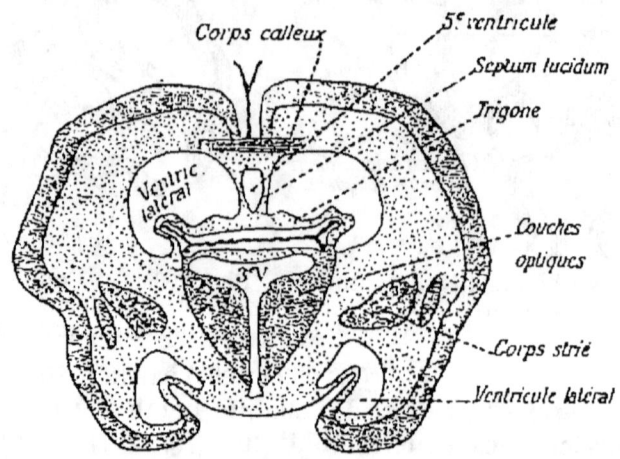

Fig. 262. — Coupe transversale du cerveau définitivement constitué.

Monro, qui disparaîtra plus tard pour ne laisser que la partie antérieure ou *trou de Monro* (*fig.* 259 et 260). Les parois latérales des hémisphères s'épaississent pour donner les *corps striés*, qui finiront par se souder avec les couches optiques (*fig.* 261). De sorte que le ventricule latéral se trouve partagé en deux étages (*fig.* 262) communiquant l'un

SYSTÈME NERVEUX

avec l'autre, en arrière, en contournant la région d'adhérence des corps striés avec les couches optiques.

Les hémisphères cérébraux se développent beaucoup, recouvrent le cerveau intermédiaire qu'ils finissent par envelopper complètement. A la partie supérieure les deux hémisphères vont se rejoindre (*fig.* 261 et 262), se souder même, sauf en un endroit, où les deux parois amincies forment le *septum lucidum* et viennent presque s'accoler en limitant un espace appelé 5° *ventricule* (*fig.* 262).

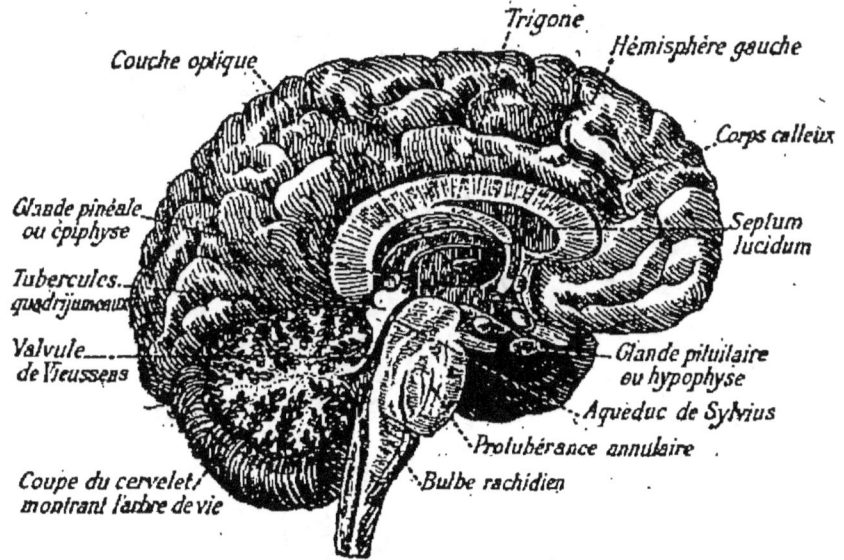

Fig. 263. — Coupe verticale et médiane de l'encéphale.

Deux ponts de substance blanche réunissent les deux hémisphères, l'un au-dessus du *septum lucidum*, c'est le *corps calleux*, l'autre au-dessous, c'est le *trigone* (*fig.* 262 et 263).

Dans le sillon séparant les deux hémisphères cérébraux (*fig.* 260 et 261), pénètre un prolongement d'une membrane vasculaire, la *pie-mère*, qui vient s'étendre au-dessus du 3° ventricule pour donner la *toile choroïde* ; plus tard (*fig.* 262) cette *toile choroïde* se trouve au-dessous du trigone et communique avec la pie-mère, en arrière, par la *fente de Bichat*.

La couche périphérique du cerveau est formée de substance grise contenant des cellules nerveuses de forme pyramidale.

Le poids du cerveau varie de 1.200 à 1.300 grammes.

Au début du développement, le cerveau est lisse ; puis,

peu à peu, son accroissement étant continu tandis que le crâne ne se dilate pas dans les mêmes proportions, le cerveau se plisse. Ces replis sont appelés *circonvolutions cérébrales*. La première qui apparaît (*fig.* 264, A) est la *scissure de Sylvius*, puis c'est le *sillon de Rolando* (*fig.* 264, B), enfin

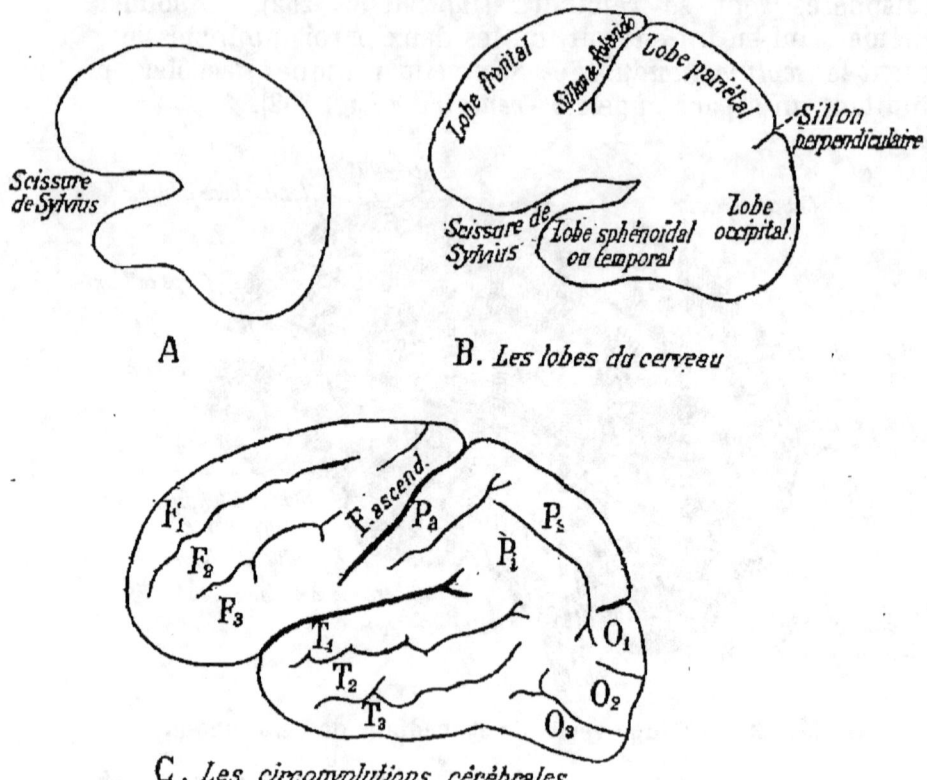

Fig. 264. — Développement des lobes et des circonvolutions du cerveau.

la *scissure perpendiculaire*. Ces sillons partagent le cerveau en un certain nombre de *lobes* qui sont : le *lobe frontal*, le *lobe pariétal*, le *lobe occipital* et enfin le *lobe sphénoïdal* ou *temporal*. Ces lobes sont ainsi appelés à cause de leurs rapports avec les os frontal, pariétal, occipital, sphénoïde et temporal.

Puis la surface du cerveau continue à se plisser ; de nouveaux sillons apparaissent, qui délimitent de nombreuses circonvolutions (*fig.* 264, C). Dans le lobe *frontal*, on trouve trois circonvolutions dirigées d'arrière en avant : la *première, seconde* et *troisième frontale* (F_1, F_2, F_3) ; le long du sillon de

Rolando, la *frontale ascendante*. Dans le lobe pariétal, trois circonvolutions : la *pariétale ascendante* (P_a), puis la *première* et la *deuxième pariétale* (P_s et P_i). Enfin dans le lobe occipital et dans le lobe temporal trois circonvolutions (O_1, O_2, O_3) et (T_1, T_2, T_3).

Les méninges. — Les *méninges* sont des membranes destinées à protéger les centres nerveux, moelle épinière et encéphale. Elles sont au nombre de trois : la *dure-mère*, l'*arachnoïde* et la *pie-mère* (fig. 265).

1° La *dure-mère* est la membrane externe. Elle enveloppe la moelle dans toute son étendue ; elle est rattachée aux parois du canal rachidien par des prolongements fibreux, entre lesquels se trouve une graisse demi-fluide. Dans le crâne elle

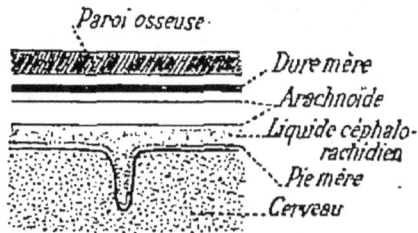

Fig. 265. — Les méninges.

est appliquée contre la paroi osseuse et elle envoie deux cloisons : la *faux du cerveau* entre les deux hémisphères cérébraux, et la *tente du cervelet* entre le cerveau et le cervelet.

2° L'*arachnoïde* est une membrane séreuse dont le feuillet *pariétal* est appliqué contre la dure-mère, mais dont le feuillet *viscéral* est à une certaine distance de la pie-mère ; ce feuillet est rattaché à la pie-mère par de fins prolongements rappelant les fils d'une toile d'araignée : d'où le nom donné à cette séreuse. Entre les deux feuillets se trouve, en quantité très faible, un liquide séreux qui facilite le glissement des deux feuillets l'un sur l'autre. Mais entre le feuillet viscéral de l'arachnoïde et la pie-mère, dans l'espace appelé *sous-arachnoïdien*, se trouve un liquide abondant, le *liquide céphalo-rachidien*. Ce liquide peut circuler de l'espace sous-arachnoïdien du crâne vers celui du canal rachidien ; il forme donc une sorte de manchon liquide autour de la moelle épinière et de l'encéphale, et c'est lui qui empêche la compression de ces centres nerveux. Le crâne en effet est une boîte rigide ; de sorte qu'à chaque pulsation du cœur, l'ondée sanguine pénétrant dans l'encéphale comprimerait la matière nerveuse et pourrait l'altérer. Ce qui ne peut se produire avec le liquide céphalo-rachidien qui, refoulé vers le canal rachidien, diminue par suite le contenu de la boîte crânienne et fait place à l'afflux de sang.

3º La *pie-mère* est une membrane conjonctive très délicate ; elle est parcourue par de nombreux capillaires qui viennent nourrir les centres nerveux. Elle s'applique contre la matière nerveuse et en suit exactement les contours.

§ 3. — Les nerfs.

Les *nerfs* prennent naissance sur les centres nerveux : ceux qui viennent de la moelle épinière sont les *nerfs rachidiens*, ceux qui viennent de l'encéphale sont les *nerfs crâniens*.

Les nerfs rachidiens. — Les nerfs rachidiens naissent par paire, de chaque côté de la moelle épinière, sous forme de cordons nerveux qui vont se ramifier dans les organes. Ils sont au nombre de 31 paires.

Chaque nerf naît par deux racines (*fig.* 253) : une *racine antérieure* destinée à transmettre le mouvement, et une *racine postérieure* qui conduit la sensibilité et présente toujours un renflement, le *ganglion spinal*. Les deux racines se réunissent, dans le canal rachidien, pour former le *nerf rachidien*, qui va sortir par le trou de conjugaison. Aussitôt, ce nerf se ramifie en deux branches : une *dorsale* qui se rend à la peau et aux muscles, une autre *ventrale* qui va se rendre aux organes, mais après avoir donné des ramifications qui s'entrelacent et forment un réseau appelé *plexus*.

Le *plexus cervical*, formé par les quatre premiers nerfs cervicaux, donne le *nerf phrénique*, qui descend dans la poitrine pour se rendre au diaphragme.

Le *plexus brachial*, situé sous la clavicule, donne le *nerf médian*, le *cubital* et le *radial*, qui vont au membre supérieur.

Le *plexus lombaire* donne le *nerf crural*, et le *plexus sacré* le *nerf sciatique*. Ces deux nerfs vont innerver le membre inférieur.

Les nerfs crâniens. — Les *nerfs crâniens* naissent dans

SYSTÈME NERVEUX

l'encéphale. Ils sont au nombre de *12 paires*, qui naissent d'avant en arrière, dans l'ordre suivant (fig. 268) :

1° Le *N. olfactif* se rend aux fosses nasales.

2° Le *N. optique* se rend à l'œil, après s'être entrecroisé avec celui du côté opposé (fig. 266) en formant le *chiasma optique*. La moitié des fibres proviennent du même côté, et l'autre moitié du côté opposé.

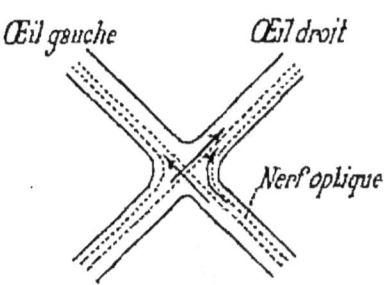

Fig. 266. — Chiasma optique.

3° Le *N. moteur oculaire commun* se rend aux muscles de l'œil.

4° Le *N. pathétique* va au muscle grand oblique de l'œil.

5° Le *N. trijumeau* naît par deux racines, puis présente le *ganglion de Gasser* (fig. 267) et se ramifie en trois branches : *ophtalmique de Willis*,

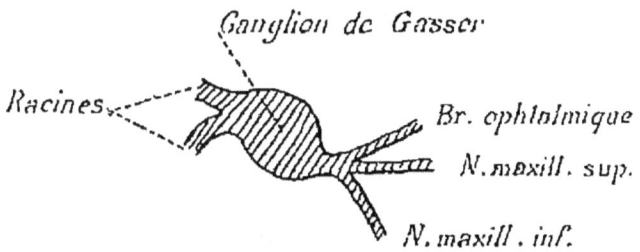

Fig. 267. — Naissance du trijumeau.

maxillaire supérieure et *maxillaire inférieure* allant à l'œil, aux mâchoires et aux lèvres.

6° Le *N. moteur oculaire externe* va au muscle droit externe de l'œil.

7° Le *N. facial* va aux muscles de la face et aux glandes salivaires (*corde du tympan*).

8° Le *N. auditif* va à l'oreille.

9° Le *N. glosso-pharyngien* va à la langue et au pharynx.

10° Le *N. pneumo-gastrique* va aux poumons, au cœur et à l'estomac.

11° Le *N. spinal* va aux muscles du larynx.
12° Le *N. grand hypoglosse* va aux muscles de la langue.

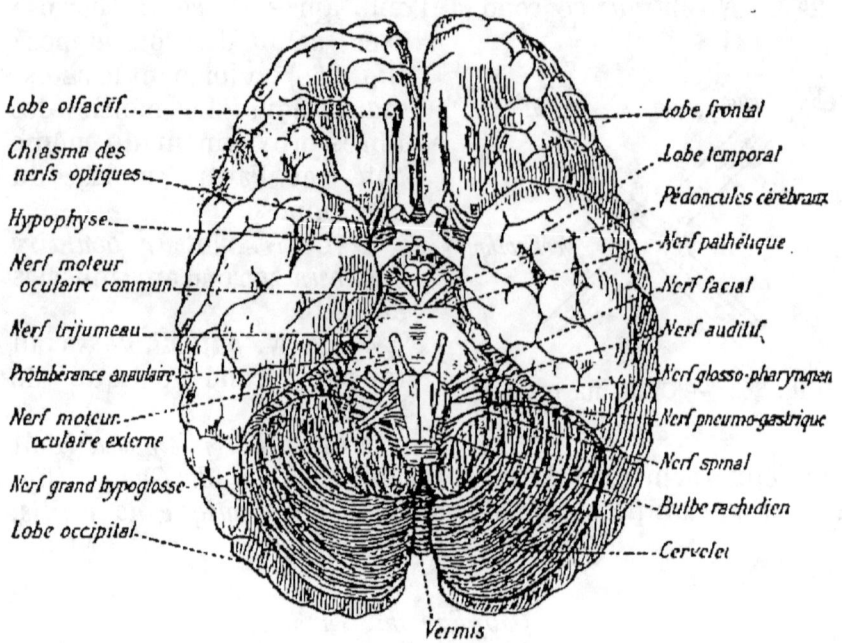

Fig. 268. — Face inférieure du cerveau.

§ 4. — Le grand sympathique.

Les ganglions, les nerfs et les plexus. — Le système nerveux *grand sympathique* se compose : 1° d'une *double chaîne nerveuse* dont chacune est située de chaque côté de la colonne vertébrale et présente de distance en distance des renflements ou *ganglions* (*fig.* 269); 2° de *branches afférentes* qui relient le sympathique au système nerveux central; 3° de *branches efférentes* qui forment les nerfs et plexus allant aux viscères.

Les *ganglions* sont à peu près régulièrement disposés le long de la colonne vertébrale (*fig.* 270). On trouve de chaque côté : 3 ganglions *cervicaux*, 12 *dorsaux*, 4 ou 5 *lombaires*, 4 sacrés.

C'est de la branche ventrale du nerf rachidien que naissent des filets nerveux se rendant aux ganglions et formant les *racines afférentes*. Le sympathique est donc relié à la moelle épinière.

Chaque ganglion envoie des branches qui entourent souvent les organes d'un *plexus* nerveux : ce sont les *branches efférentes*.

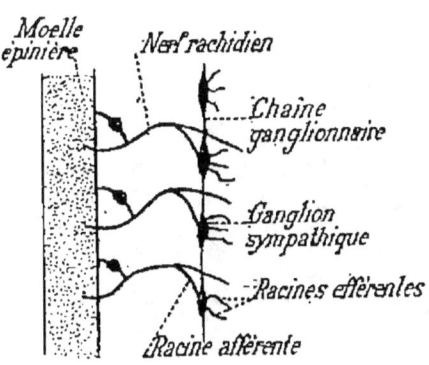

Fig. 269. — Rapports du sympathique avec les nerfs rachidiens.

Les ganglions cervicaux donnent des branches efférentes qui forment le *plexus cardiaque* (fig. 270) en s'anastomosant avec des rameaux du pneumo-gastrique. Les premiers ganglions thoraciques donnent le *plexus pulmonaire*, les derniers le *grand* et le *petit nerf splanchnique*, qui vont aboutir, sous le diaphragme, au *ganglion semi-lunaire*. De ces ganglions semi-lunaires partent des branches qui forment le *plexus solaire*.

Les ganglions lombaires et sacrés donnent les plexus *mésentérique*, *hypogastrique*, etc.

En résumé, le sympathique est en relation d'un côté avec les viscères, les organes, et de l'autre avec les centres nerveux.

Structure du sympathique. — Les *ganglions* sont formés par des amas de grosses cellules nerveuses qui sont multipolaires chez l'homme et les Mammifères. Ils ont donc la même structure que la substance grise des centres nerveux. Ils en ont la même origine, car ils proviennent, chez l'embryon, de cellules qui se détachent du tube médullaire : ils sont, comme la moelle épinière et l'encéphale, d'origine ectodermique.

Les *fibres nerveuses* du sympathique sont généralement

des fibres de Remak, sans myéline et sans gaine de Schwann ; elles ont un aspect grisâtre. Parfois quelques fibres à myéline s'y mélangent.

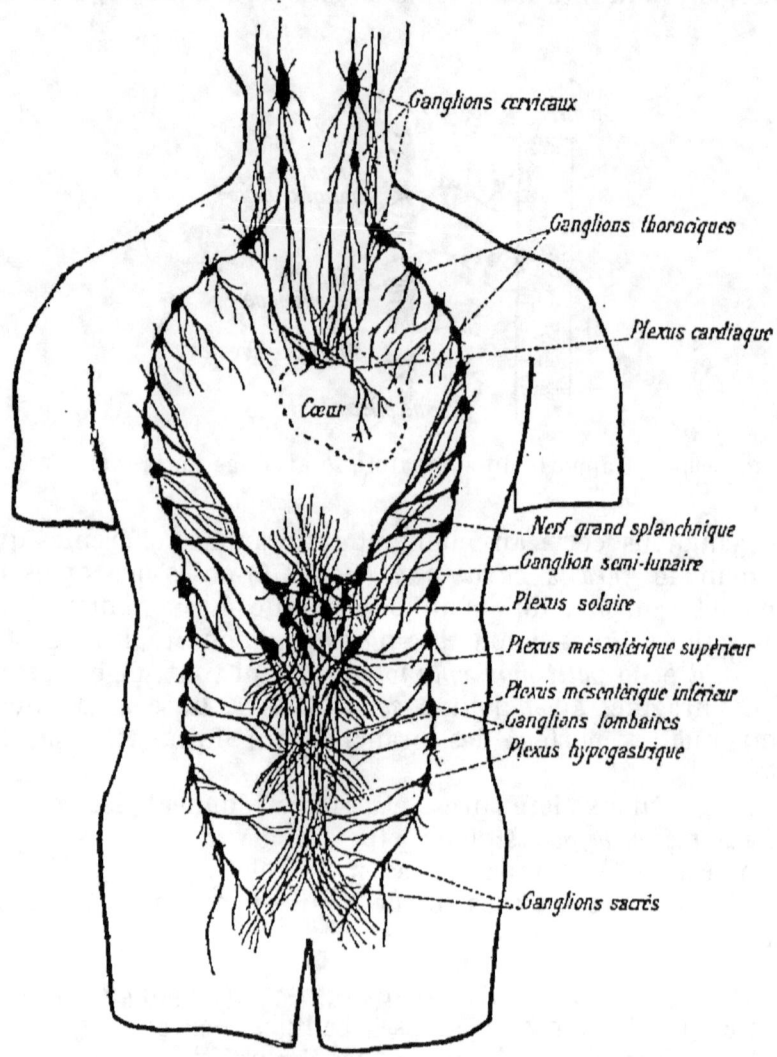

Fig. 270. — Figure théorique du sympathique.

II. — Physiologie du système nerveux.

Au point de vue physiologique, on doit considérer : 1° les *nerfs* ; 2° les *centres nerveux*.

SYSTÈME NERVEUX

Tous les phénomènes nerveux, si compliqués et si divers qu'ils soient, peuvent être ramenés à un type simple : le *réflexe*.

Le réflexe. — Portons à l'extrémité du doigt, sur la peau, la pointe d'une aiguille. Cette piqûre produit une *excitation* qui va être transmise vers les centres nerveux par un nerf appelé *nerf centripète* ou *sensitif*. Le centre nerveux va transformer l'*excitation* en *sensation* et la piqûre sera sentie ; le centre nerveux élabore alors un ordre de *mouvement* qui va être transmis vers la périphérie, aux muscles de la main, et qui va faire retirer le doigt ; c'est par le *nerf centrifuge* ou *moteur* qu'est transmis cet ordre.

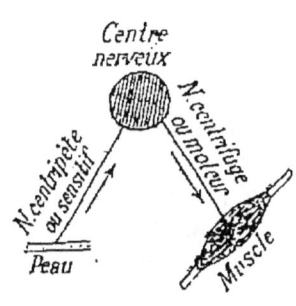

Fig. 271. — Schéma du réflexe.

C'est là un *acte réflexe*, car l'action nerveuse semble avoir été *réfléchie* par le centre nerveux.

Le nerf centrifuge peut aboutir à un autre organe qu'à un muscle, à une glande par exemple : l'acte final du réflexe sera alors une sécrétion. C'est ainsi qu'un morceau de sucre placé sur la langue est le point de départ d'un réflexe qui aboutit à la sécrétion de la salive.

§ 1. — Physiologie des nerfs.

L'étude du réflexe vient de nous montrer les deux propriétés physiologiques essentielles des nerfs : l'*excitabilité* et la *conductibilité*.

Excitabilité. — Le système nerveux n'entre en jeu que sous l'influence d'un stimulant, d'un *excitant*.

L'excitant peut être mécanique ou physique, chimique ou physiologique.

Les excitants mécaniques ou physiques sont le choc, la chaleur, l'électricité. L'électricité sous forme de courant continu n'agit pas ; il faut des courants induits. Aussi la médecine utilise beaucoup ces courants dans le traitement des maladies nerveuses. On sait que des courants de grande intensité sont capables, si les interruptions sont peu fréquentes, de foudroyer un animal ou un homme. Mais ces courants sont parfaitement supportés, ils ne sont même pas sentis, si les intermittences sont d'une très grande fréquence (*courants à haute fréquence*).

Les *excitants chimiques* sont les acides, les alcalis, etc.

Les centres nerveux peuvent exciter *physiologiquement* les nerfs. Ce sont eux, en effet, qui, dans le réflexe, transforment l'excitation en sensation ; la volonté par exemple agit sur les muscles. Les centres nerveux ont donc un pouvoir *excito-moteur*.

L'excitabilité peut varier : elle est diminuée par la fatigue, et par certains poisons, comme le bromure de potassium, le chloroforme, l'éther ; d'autres, comme la strychnine, l'augmentent ; enfin une mauvaise nutrition, débilitant l'organisme, rend les nerfs plus excitables ; l'anémie peut amener l'insensibilité.

Conductibilité. — La conductibilité est le rôle essentiel du nerf. Le nerf transporte l'excitation de la périphérie vers le centre nerveux, puis il conduit l'ordre élaboré du centre vers la périphérie. Ce transport est encore appelé *influx nerveux*. On ne connaît pas exactement la nature de cet influx nerveux, mais on peut étudier ses effets. En physique, on ignore aussi la nature exacte de l'électricité, cela n'empêche pas d'étudier ses effets et de faire des découvertes admirables.

La conductibilité du nerf n'est pas comparable à celle d'un fil électrique, car la vitesse de l'influx nerveux n'est que de 60 mètres par seconde, vitesse bien inférieure à celle de l'électricité.

Au point de vue de la conductibilité, il y a trois sortes de nerfs : les nerfs *centripètes* ou *sensitifs*, *centrifuges* ou *moteurs*, et *mixtes*.

1° Les nerfs *centripètes* ou *sensitifs* transportent l'excitation de la périphérie vers le centre nerveux. Le *nerf optique* par exemple conduit à l'encéphale les excitations lumineuses reçues par l'œil ; aussi si l'on sectionne ce nerf on produit la cécité. Les principaux nerfs sensitifs seront étudiés à propos des organes des sens.

2° Les nerfs *centrifuges* conduisent l'incitation venue des centres nerveux vers la périphérie ; tantôt ils aboutissent à des muscles, ce sont les nerfs *moteurs* ; tantôt ils se terminent dans une glande, ce sont les nerfs *sécréteurs*. Si l'on coupe un nerf moteur tel que le *grand hypoglosse* qui se rend aux muscles de la langue, on produit une paralysie de cet organe.

3º Les nerfs *mixtes* sont des nerfs qui contiennent des fibres nerveuses centrifuges et des fibres nerveuses centripètes. Tels sont les nerfs *rachidiens*. Chaque nerf rachidien naît par deux racines ; coupons sur un animal la racine antérieure (*fig.* 272, B), et sur un autre animal coupons la racine postérieure (*fig.* 272, A). En B, si l'on excite le bout central, on n'obtient rien ; si l'on excite le bout périphérique on observe une contraction des muscles, l'animal exécute des

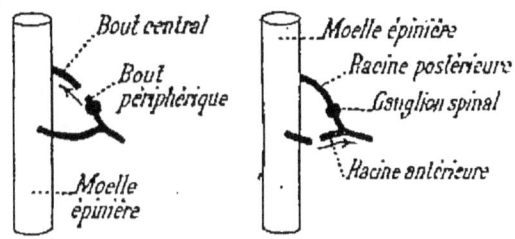

A. — La racine postérieure est coupée.   B. — La racine antérieure est coupée.

Fig. 272. — Expérience de Magendie.

mouvements sans manifester de douleur. Donc la racine antérieure transmet le *mouvement* vers la périphérie : elle est par conséquent formée de fibres centrifuges. En A, on excite le bout périphérique, rien ne se produit ; si l'on excite le bout central, l'animal pousse des cris. Donc la racine postérieure transmet la *sensibilité* vers les centres nerveux : elle est par conséquent formée de fibres centripètes. Le nerf rachidien étant formé par la réunion de ces deux sortes de fibres est à la fois centrifuge et centripète, c'est donc bien un nerf *mixte*. Aussi en coupant le nerf rachidien à son origine, l'excitation du bout central provoque de la *douleur*, et celle du bout périphérique du *mouvement*.

Action du curare. — Le curare peut supprimer le pouvoir moteur du nerf et conserver sa sensibilité. Le curare est un poison violent qu'utilisent les peuplades de l'Amérique du Sud ; mais il n'agit comme poison que s'il passe dans le sang ; certains Indiens s'en servent même comme médicament. Introduit dans le sang d'un animal, il le tue en une minute ou deux. Ce poison a permis à Claude Bernard de faire l'expérience suivante : on fait une ligature dans la région lombaire de la Grenouille (*fig*. 273) en ayant soin de laisser en dehors les nerfs lombaires ; on injecte ensuite du curare dans la région antérieure ; puis on pince la partie antérieure qui reste immobile, tandis que le train de derrière est agité. Donc le *mouvement* supprimé dans la partie antérieure qui est empoisonnée, persiste dans la partie postérieure ; de plus la *sensibilité* du train antérieur a été conservée puisque la bête réagit contre la piqûre faite dans cette région. Le curare agit d'abord sur les plaques motrices, puis peu à peu sur le nerf moteur.

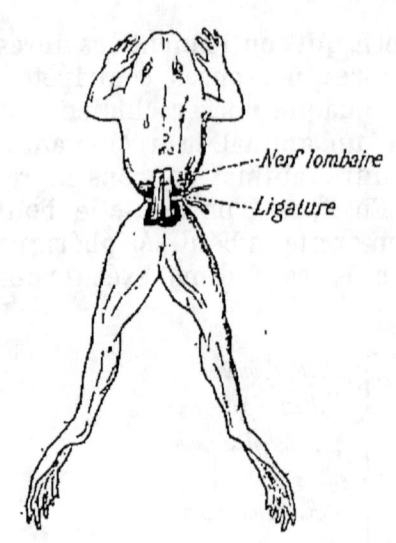

Fig. 273. — Grenouille préparée pour recevoir une piqûre de curare.

§ 2. — Physiologie des centres nerveux.

Physiologie de la moelle épinière. — La moelle épinière joue un double rôle : 1° par sa substance blanche, c'est un organe *conducteur* : 2° par sa substance grise, c'est un *centre nerveux*.

1° Rôle conducteur. — La moelle épinière transporte les impressions sensitives à l'encéphale, puis elle transmet à toutes les parties de l'organisme les incitations venues du cerveau. C'est surtout par la substance grise que se transmet la sensibilité. Si l'on sectionne le cordon *antéro-latéral* de la moelle, on prive de mouvement toute la partie située au-dessous de la section. Ainsi un Lapin opéré de cette façon au niveau de la 10° vertèbre thoracique ne marche que sur trois pattes, la quatrième patte pend, inerte, tout en restant sensible. La section des cordons *postérieurs* supprime la sensibilité du côté opposé.

La pathologie met bien en évidence le rôle conducteur de

la moelle. Les maladies de l'encéphale et de la moelle produisent la dégénérescence centrifuge des fibres motrices, et centripète des fibres sensitives. C'est ainsi que l'ataxie locomotrice *progressive*, maladie caractérisée par une démarche désordonnée, est due à la dégénérescence des cordons postérieurs.

2º **Rôle de centre nerveux.** — La moelle est le centre nerveux des actes réflexes et inconscients. Pour le démontrer, décapitons une Grenouille : la volonté est supprimée et l'animal reste immobile. Pinçons légèrement une patte, celle-ci va se mouvoir. C'est que l'excitation a été transmise à la moelle par les nerfs centripètes, puis la moelle a *réfléchi* cette excitation qui, par les nerfs centrifuges, a fait contracter les muscles. L'animal n'a pas eu conscience du mouvement ; le réflexe est dit inconscient.

Plus l'excitation est forte, plus son action s'étend : une excitation légère fait contracter une patte ; si on l'augmente un peu, les deux pattes symétriques se contractent ; enfin si on l'augmente encore, les quatre pattes entrent en mouvement et la Grenouille saute. L'excitation a fait *tache d'huile*.

Le mouvement, dans un réflexe, est *involontaire*. Si, par exemple, on chatouille la plante des pieds d'une personne endormie, cette personne retire sa jambe sans s'éveiller, et au réveil, elle n'aura pas souvenir de ce mouvement. Donc la contraction est involontaire et inconsciente.

Les réflexes se produisent avec une régularité qui indique un mécanisme particulier.

En enlevant chez certains animaux des tranches de moelle à différents niveaux on a vu qu'il y avait des centres spéciaux pour certaines fonctions : c'est ainsi qu'il y a un *centre cardiaque* (accélérateur des battements du cœur), un *centre vésico-spinal*, etc. La moelle est donc formée d'un certain nombre de centres nerveux échelonnés et ayant chacun une fonction propre. L'être humain, comme tout animal supérieur, pourrait donc, à ce point de vue physiologique, être considéré comme une collection, une *colonie d'individus élémentaires*. Et l'unité apparente résulte de l'harmonie qui gouverne ces différents individus. C'est surtout l'anatomie comparée et l'embryogénie qui ont permis d'établir que l'animal supérieur pouvait être considéré comme une association d'organismes élémentaires.

Physiologie de l'encéphale. — Nous étudierons successivement la physiologie des différentes parties de l'encéphale, à savoir : le *bulbe rachidien*, le *cervelet*, les *pédoncules cérébelleux*, les *tubercules quadrijumeaux*, les *hémisphères cérébraux*.

A. **Bulbe rachidien.** — Le *bulbe rachidien* est une des parties les plus importantes de l'encéphale. Le physiologiste français Flourens a montré qu'il était possible, chez un animal, de détruire la moelle sur une certaine étendue, d'enlever même le cerveau et le cervelet : l'animal continue à respirer, à vivre. Mais si l'on blesse la pointe du *calamus scriptorius*, on obtient la mort subite de l'animal. « C'est là, dit Flourens, la clef de voûte de tout l'organisme, le *nœud vital*. » C'est que cette région est l'origine du nerf pneumogastrique qui agit sur les battements du cœur et sur les mouvements respiratoires. La mort survient donc par arrêt du cœur en diastole, et par arrêt des mouvements respiratoires.

Si l'on pique le plancher du 4e ventricule un peu plus haut, on produit de la *polyurie* (abondance de l'urine).

Un peu plus haut, on produit de la *glycosurie*, c'est-à-dire que le foie rejette dans le sang une plus grande quantité de sucre.

Encore un peu au-dessus, on produit de l'*albuminurie*.

Enfin, en haut du 4e ventricule, on augmente considérablement la *sécrétion salivaire*.

Ces actions sont dues à ce que de nombreuses racines du grand sympathique prennent naissance dans le bulbe.

La *décussation des pyramides* (entrecroisement des cordons blancs venant de la moelle) se produisant au niveau du bulbe, on conçoit que la pyramide antérieure *droite* commande le mouvement dans la partie *gauche* du corps. De sorte qu'une section de la pyramide droite produit la paralysie du côté gauche du corps, et inversement. Une personne frappée d'apoplexie cérébrale unilatérale, est privée de mouvements volontaires du côté opposé ; la figure, elle, est paralysée du même côté, car les nerfs qu'elle reçoit prennent naissance au-dessus de l'entrecroisement des pyramides.

B. **Cervelet.** — Gall avait fait du cervelet le siège de l'amour physique ; plus récemment certains physiologistes en ont fait le siège des sentiments affectifs. Ce qui paraît démontré, c'est que le cervelet a pour rôle de *coordonner les mouvements* du corps. Dès 1851, Flourens montra qu'en enlevant le cervelet à un Pigeon, celui-ci continue à se mouvoir, mais d'une façon déréglée. Plus tard on montra que si l'ablation du cervelet ne détériorait pas les facultés intellectuelles, en revanche elle affaiblissait considérablement l'appareil musculaire.

C. Pédoncules cérébelleux. — Ils servent à mettre en communication le cervelet avec le cerveau (pédoncules cérébelleux supérieurs), avec la moelle (pédoncules cérébelleux inférieurs), et les deux hémisphères cérébelleux entre eux (pédoncules cérébelleux moyens). Suivant l'endroit où l'on coupera ces pédoncules, on obtiendra des mouvements de *rotation* ou de *manège*. Si on les coupe d'un côté seulement, l'animal roule autour de son axe longitudinal ; il tourne avec une rapidité qui peut atteindre 60 tours par minute.

D. Tubercules quadrijumeaux. — Lorsqu'on enlève les tubercules quadrijumeaux d'un animal, l'iris ne se contracte ni ne se dilate plus. Ces organes sont en rapport avec les fonctions visuelles, car ils semblent aussi coordonner les mouvements des yeux. Mais ils doivent avoir un autre rôle, car ils sont très développés chez des animaux aveugles tels que la Taupe.

E. Hémisphères cérébraux. — Par leur *substance blanche*, les hémisphères jouent un rôle conducteur ; par leur *substance grise*, ils forment les centres nerveux les plus importants. C'est sur ce dernier rôle que nous insisterons.

Les philosophes de l'antiquité, avec Hippocrate, considéraient le cerveau comme étant le siège de l'âme. Les philosophes de la Renaissance et Descartes au xviie siècle, admettaient l'existence de fluides particuliers commandant aux phénomènes de la vie : ils les appelaient les *esprits animaux*. Descartes pensait que ces fluides venus du cerveau devaient se répandre dans tout le corps au moyen des nerfs ; mais au-dessus de cette fonction physiologique, le philosophe place l'âme qui donne à l'homme la faculté de penser. Ayant étudié l'anatomie, et frappé de la situation de la *glande pinéale* au centre de l'encéphale, il la considère « comme la source d'où les parties du sang les plus subtiles, les esprits, coulaient de tous côtés dans le cerveau et se dirigeaient vers un point quelconque. »

Le cerveau n'était donc pas l'organe réel de la pensée, mais seulement le *substratum*. On n'admettait pas que la *pensée* puisse s'expliquer comme la *digestion* ou la *respiration*. On allait jusqu'à prétendre que la raison pouvait être altérée chez un aliéné, sans qu'il existât aucune lésion du cerveau ; et que des intelligences saines pouvaient se trouver chez des individus dont le cerveau était ramolli ou pétrifié. Les progrès de la physiologie ont démoli ces doctrines. Mais il faut bien dire que le mécanisme de la pensée nous est inconnu. Nous nous contenterons de signaler ici les faits indiscutables établis par l'expérience et par l'observation. Laissant de côté les discussions théoriques qui sont plutôt du domaine de la philosophie, le physiologiste a cependant le droit de dire que le cerveau est l'organe de l'intelligence, comme le cœur est l'organe de la circulation.

Le cerveau est le siège de la volonté et de l'intelligence. Ce n'est qu'en 1840, que Flourens démontra expérimentalement ce fait. Il enleva à des animaux vivants le cerveau et put ensuite les conserver pendant quelque temps. Une Poule privée de ses hémisphères cérébraux vécut pendant 10 mois. Et, fait intéressant, cette opération ne donne souvent lieu à aucun signe de douleur : c'est ainsi qu'on peut enlever sur un Cheval des tranches de matière cérébrale, pendant que l'animal continue à manger. Une fois le cerveau enlevé, l'animal est plongé dans une sorte de torpeur. Un Pigeon opéré, par exemple, ne pense pas ; cependant si on le jette en l'air, il vole ; mais le premier obstacle va l'arrêter sans que l'animal songe à l'éviter ; il se laisserait mourir de faim devant des grains de blé ; pour le nourrir il faut lui placer les graines dans le gosier. Le Pigeon a donc perdu la *volonté* et l'*intelligence*. De même la Grenouille opérée reste accroupie ; si on la pousse, elle saute ; si on la jette dans l'eau, elle nage jusqu'aux bords du vase ; il ne reste plus que l'automate, que la *machine-grenouille* comme il ne restait plus que la *machine-pigeon*. De ces faits il est permis de conclure que le cerveau est le siège des facultés intellectuelles.

A la suite de ces expériences on a voulu voir une relation entre le poids du cerveau et le degré d'intelligence. Les *microcéphales*, en effet, qui sont généralement des idiots, ont leur cerveau qui pèse moins de 1.000 grammes alors que le poids moyen est d'environ 1.400 grammes. D'un autre côté le cerveau de Cuvier pesait 1.860 grammes, celui de Byron 1.800, et celui de Cromwell 2.200. Ce n'est pas là une règle générale, car il faut aussi tenir compte de l'abondance de substance grise et par conséquent des circonvolutions; il faut faire intervenir non seulement la *quantité*, mais aussi la *qualité*. C'est ainsi que le cerveau de Gambetta, un des plus grands orateurs des temps modernes, avait un poids inférieur à la moyenne, alors que certaines circonvolutions étaient particulièrement développées. Ce qu'il y a de certain, c'est qu'à mesure qu'on s'élève dans la série animale, le poids du cerveau augmente, et sa surface, d'abord lisse chez les animaux inférieurs, se plisse peu à peu.

Localisations cérébrales. — Dès la fin du xviii° siècle, le médecin allemand Gall eut l'idée de *localiser* dans les différentes parties du cerveau les différentes facultés intellectuelles. Il partit de ce fait que certaines personnes ont certaines facultés plus développées que chez d'autres personnes, que par suite les régions du cerveau où siégeaient ces facultés devaient être plus considérables, et que par conséquent ces accroissements devaient se traduire par des *bosses* à la surface du crâne. Après avoir examiné des crânes d'hommes et d'animaux dont il connaissait les défauts et les qualités, les penchants et les instincts, Gall divisa le crâne en un certain nombre de territoires (27), dont chacun correspondait à une faculté spéciale : courage, affection, orgueil, etc. Telle est la célèbre théorie de la *phrénologie* ou *système des bosses*. Cette théorie, après un moment de célébrité, fut abandonnée, car si le point de départ est juste, c'est évidemment une erreur que de vouloir juger le contenu (cerveau) par la forme du contenant (crâne). Les saillies du cerveau, en effet, ne s'impriment que sur la face interne du crâne et ne laissent pas de trace sur la face externe.

Ce n'est que beaucoup plus tard, vers 1861, que l'étude des localisations cérébrales fut reprise, mais avec une méthode vraiment scientifique. Cette méthode est basée sur deux ordres de faits :

1° L'étude des troubles produits par des *blessures* ou des *maladies* du cerveau ;

2° L'étude des lésions du cerveau après la mort d'individus ayant présenté pendant leur existence certaines particularités.

Si la *même lésion* observée plusieurs fois dans la *même région* produit les *mêmes troubles*, il est naturel de considérer comme exacte la relation entre la *faculté altérée* et le *siège de la lésion*.

C'est Broca qui, en 1861, montra le premier que la faculté

du langage articulé devait être localisée dans la 3ᵉ circonvolution frontale gauche (*fig.* 274). Il observa un malade qui ne pouvait plus parler et dont cependant les muscles de la langue et du larynx n'étaient pas paralysés. A l'autopsie, Broca observe un ramollissement dans une région limitée et située dans la 3ᵉ circonvolution frontale gauche, appelée depuis la

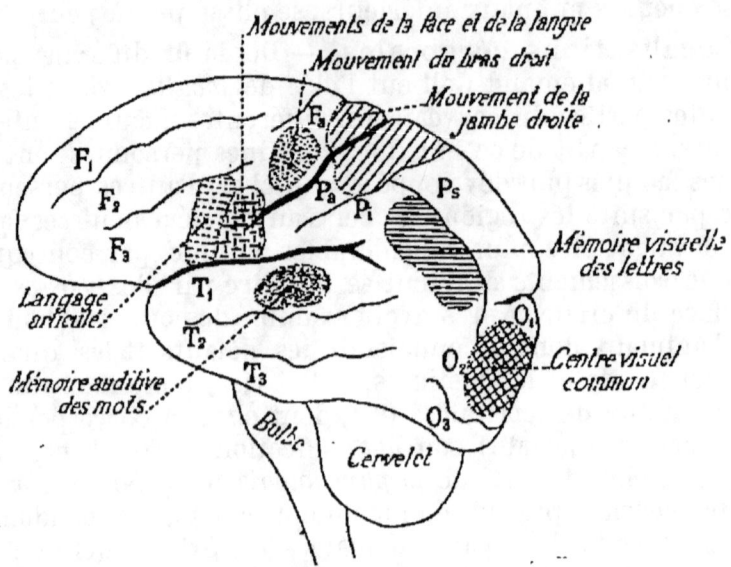

Fig. 274. — Principaux centres de l'écorce cérébrale.

circonvolution de Broca. On a désigné cette maladie des personnes qui comprennent mais qui ne peuvent plus s'exprimer, sous le nom d'*aphasie.* Chez les gauchers, c'est une lésion de la 3ᵉ circonvolution droite qui amène ces troubles. Un développement considérable de cette région du cerveau doit correspondre à une faculté oratoire remarquable : c'est ce qui a été observé sur le cerveau de Gambetta, dont cette partie était doublée de volume. Par des observations semblables on est arrivé à localiser certaines facultés motrices et psychiques.

On a pu localiser la faculté des *mouvements de la langue et de la face* (3ᵉ circonvolution frontale gauche), celle des *mouvements des membres* (*fig.* 274) (lobule paracentral).

La *mémoire auditive des mots,* c'est-à-dire la mémoire du sens des mots entendus, a pu être aussi localisée. Lorsqu'un malade est privé de cette faculté, il peut parler, lire, écrire, mais il ne comprend plus le langage parlé ; il est atteint de *surdité verbale*. A son autopsie on trouve un ramollissement de la 1re circonvolution frontale gauche. Le malade prononçant souvent un mot pour un autre, on dit qu'il a de la *paraphasie*.

De même la *mémoire visuelle des lettres* ou *sens des mots écrits*, a été localisée dans la 2e circonvolution pariétale gauche. Le malade qui est privé de cette faculté voit les lettres, mais il ne peut plus les lire ; il écrit, mais il ne peut plus se lire ; on dit qu'il est atteint de *cécité verbale*. Parfois le malade peut être dans l'impossibilité d'écrire, il ne sait plus tracer les lettres, et cependant sa main n'est pas paralysée : c'est de l'*agraphie*.

On a pu en expérimentant sur les chiens et les singes, déterminer les centres de certaines *facultés motrices* ; mais ces recherches sont très difficiles quand il s'agit des *centres sensitifs*.

La mémoire. — Chaque sensation perçue par le cerveau se traduit par une idée ; et lorsque l'idée est élaborée, deux cas peuvent se présenter : ou bien l'idée va se manifester à l'extérieur par des mouvements, ou bien l'idée va s'emmagasiner dans les cellules cérébrales pour reparaître ensuite. Cette sorte de mise en réserve de l'idée, c'est la *mémoire*. Au moment où elle est utilisée elle produit une *reviviscence des sensations*, laquelle peut en amener d'autres, une idée en appelant une autre : c'est l'*association des idées*.

Le sommeil. — Le sommeil est un arrêt dans la vie de relation. Pendant le sommeil, qu'il soit *naturel* ou qu'il soit *anesthésique*, le cerveau est pâle, exsangue, anémié. En mettant à nu le cerveau d'un Chien à qui on fait respirer du chloroforme, on voit d'abord le cerveau se gonfler et faire hernie au dehors, puis il pâlit et s'affaisse.

Le sommeil peut être complet, et le cerveau est au repos dans toute son étendue ; mais certaines régions peuvent veiller, il en résulte des *rêves*. Pendant le rêve une idée surgit, par suite un centre d'ébranlement se produit et se communique de proche en proche faisant surgir d'autres idées, mais sans lien. Ces idées incohérentes sont caractéristiques des rêves.

On peut provoquer le sommeil par des moyens artificiels, par exemple en fatiguant l'attention, en appuyant sur les globes oculaires : c'est le *sommeil hypnotique*. Au réveil, l'individu hypnotisé n'a pas conscience de ce qui s'est passé pendant son sommeil.

Nutrition du système nerveux. — Le système nerveux consomme surtout des albuminoïdes : on constate, en effet, qu'avec le travail cérébral augmentent l'*urée* et la *cholestérine* qui sont des produits de désassimilation des albuminoïdes. Ces produits sont formés avec dégagement de chaleur : aussi l'on observe une élévation de température pendant le travail cérébral. C'est même le cerveau qui présente la température la plus élevée de tous les organes du corps.

C'est le sang qui apporte au système nerveux les aliments dont il a besoin. Aussi dans l'anémie cérébrale, le sang diminuant, les fonctions cérébrales s'affaiblissent et peuvent même disparaître. Les *syncopes*, les *vertiges*, sont souvent produits par un arrêt plus ou moins complet du sang dans les capillaires du cerveau. Et lorsqu'on injecte du sang oxygéné dans la carotide d'un Chien décapité, on rend la sensibilité au cerveau, et l'on peut même obtenir des mouvements volontaires de la face.

§ 3. — Physiologie du grand sympathique.

Fonctions du sympathique. — Par ses *ganglions*, le sympathique est capable de réflexes : c'est ainsi que le cœur arraché de la poitrine d'un animal, d'une Grenouille par exemple, continue à battre pendant un certain temps, parce que ses ganglions commandent les mouvements.

Par ses *nerfs*, le sympathique transmet les ordres venus des centres nerveux ; ces ordres ayant surtout pour rôle de régulariser la circulation du sang et la sécrétion. Mais il est à remarquer que la volonté n'a aucune action sur ces nerfs.

Les nerfs cardiaques du sympathique sont *accélérateurs* des battements du cœur. Les filets nerveux du sympathique qui se ramifient dans les vaisseaux peuvent agir sur les muscles de ces vaisseaux et par conséquent sur leur calibre : ce sont les nerfs *vaso-moteurs*. Ces nerfs peuvent faire dilater les vaisseaux : ils sont *vaso-dilatateurs* ; ils peuvent les faire contracter : ils sont *vaso-constricteurs*. La circulation du sang n'est donc pas uniforme dans toute l'étendue de l'organisme ; c'est le système nerveux qui la règle dans chaque organe, suivant les besoins de cet organe.

Le sympathique a aussi une grande influence sur le système glandulaire dont il règle la sécrétion. La sécrétion salivaire et la sécrétion de la sueur, par exemple, sont régies par le sympathique.

RÉSUMÉ

Le *système nerveux* a un double rôle : 1° il met l'homme en relation avec le monde extérieur (*mouvement* et *sensibilité*) ; 2° il met en relation les différentes parties de l'organisme, assurant ainsi l'harmonie des fonctions.

Le tissu nerveux. — Il se forme aux dépens de l'ectoderme. Il comprend la *cellule nerveuse* et la *fibre nerveuse*.

1° *Cellule nerveuse*
- Dimensions variant de 12 μ à 140 μ.
- Noyau volumineux ; pas de membrane.
- Nombreux prolongements protoplasmiques ramifiés.
- Prolongement de Deiters ne se ramifie pas.
- Constitue la substance grise des centres nerveux.

2° *Fibre nerveuse*
- 1. *Fibre à myéline*
  - Cylindre-axe.
  - Manchon de *myéline*.
  - Gaîne de Schwann.
- 2. *Fibre de Remak*
  - Cylindre-axe.
  - Gaîne protoplasmique *sans myéline*.

Le *système nerveux* comprend :
- 1. *Centre nerveux*
  - Moelle épinière.
  - Encéphale.
- 2. *Nerfs*.
- 3. *Grand sympathique*.

Les centres nerveux. — Se forment aux dépens d'une partie de l'ectoderme qui s'infléchit pour donner la *gouttière médullaire* puis le *tube neural* dont la partie cylindrique donne la *moelle épinière*, et la partie renflée l'*encéphale*.

1° *Moelle épinière*
- Située dans le canal rachidien.
- Cordon avec deux renflements (cervical et lombaire), se terminant par la *queue de cheval*.
- Structure
  - *Substance blanche* à la périphérie.
  - *Substance grise en X*
    - 1. Cornes antérieures (grosses cellules).
    - 2. Cornes postérieures (petites cellules).
- *Canal de l'épendyme* au centre.

2° Encéphale
- **1. Bulbe rachidien**
  - Unit la moelle épinière à l'encéphale.
  - Paroi postérieure amincie percée du *trou de Magendie*.
  - Paroi antérieure épaissie : pyramides antérieures.
  - Cavité du 4° *ventricule*. *Calamus scriptorius*.
  - *Décussation des pyramides*.
- **2. Cervelet**
  - *Vernis médian* et deux *hémisphères cérébelleux* réunis en avant par la *protubérance annulaire*.
  - Substance grise à l'extérieur.
  - Substance blanche en arborescence (*arbre de vie*).
- **3. Cerveau**
  - Deux *hémisphères cérébraux* réunis par le *corps calleux* et le *trigone*.
  - A l'intérieur deux *ventricules latéraux* communiquant par le *3° ventricule*, *l'aqueduc de Sylvius* et le *4° ventricule* avec le canal de l'épendyme de la moelle.
  - *Corps striés* et *couches optiques*.
  - *Lobes cérébraux* : frontal, pariétal, occipital et temporal.
  - *Circonvolutions cérébrales* : plissement de la substance grise, scissure de Sylvius, sillon de Rolando.

Les *méninges* sont des membranes destinées à protéger les centres nerveux.

Elles sont au nombre de trois
1. *Dure-mère* (externe) : fibreuse.
2. *Arachnoïde* : séreuse avec deux feuillets.
3. *Pie-mère* (interne) : membrane vasculaire.

Les nerfs. — Ils prennent naissance sur la moelle épinière (*nerfs rachidiens*) et sur l'encéphale (*nerfs crâniens*).

1° *Nerfs rachidiens.*
- Naissent par deux racines
  - antérieure.
  - postérieure (ganglion spinal).
- 31 paires de nerfs.
- Les branches forment en s'anastomosant des *plexus*
  - cervical,
  - brachial,
  - lombaire,
  - sacré.

2° *Nerfs crâniens* : 12 paires.

Le grand sympathique. — Le système du *grand sympathique* se compose de trois parties :

1º Une *double chaîne nerveuse ganglionnaire*, symétriquement située de chaque côté de la colonne vertébrale ;

2º Des *racines afférentes* venant de la moelle épinière ;

3º Des *racines efférentes* se rendant aux organes.

Les *ganglions sympathiques* sont constitués par de grosses cellules nerveuses ; ce sont des centres nerveux disséminés dans l'organisme.

Les *fibres nerveuses* du sympathique sont surtout constituées par des *fibres de Remak*, sans myéline.

Le réflexe. — Les phénomènes nerveux peuvent se ramener à l'*acte réflexe*. Il peut se résumer de la façon suivante :

1º *Excitation* portée sur la partie impressionnable ;

2º Transmission de cette excitation par le *nerf centripète* ou *sensitif* vers les centres nerveux ;

3º Le centre nerveux transforme cette excitation en *sensation* et donne l'ordre du mouvement ou de la sécrétion.

4º Cet ordre est transmis par le *nerf centrifuge* ou *moteur* vers les organes : muscles ou glandes.

Fonctions des nerfs. — La *conductibilité* est la propriété essentielle des nerfs. A ce point de vue, il y a trois sortes de nerfs :

1º Les *nerfs centripètes* ou *sensitifs*
- Conduisent l'excitation de la périphérie vers le centre.
- Exemple : le N. optique conduit à l'encéphale les excitations reçues par l'œil.

2º Les *nerfs centrifuges* ou *moteurs*
- Conduisent les ordres des centres vers les organes.
- S'ils agissent sur un muscle : *nerfs moteurs*.
- S'ils agissent sur une glande : *nerfs sécréteurs*.

3º Les *nerfs mixtes*
- Contiennent :
  1. Des fibres nerveuses centripètes.
  2.   »   »   centrifuges.
- Les nerfs rachidiens sont mixtes :
  - Racine antérieure : centripète, motrice.
  - Racine postérieure : centrifuge, sensitive.

Fonctions des centres nerveux. — Les *centres nerveux*, d'une manière générale, sont nécessaires à l'accomplissement de l'*acte réflexe*.

1° *Moelle épinière*
- 1° Rôle conducteur
  - Sensibilité : par la substance grise et les cordons postérieurs.
  - Mouvement : par les cordons antéro-latéraux.
- 2° *Centres nerveux* des actes réflexes inconscients.

2° *Encéphale*
- 1. *Bulbe rachidien*
  - *Nœud vital* : arrêt du cœur et des mouvements respiratoires.
  - *Centres sécréteurs* : glycosurie, albuminurie, etc.
- 2. *Cervelet* : Coordination des mouvements.
- 3. *Cerveau*
  - *Substance blanche* conductrice.
  - *Substance grise*
    - Siège de la *volonté* et de l'*intelligence*.
    - Centre des actes réflexes conscients.
    - Localisations cérébrales.

Fonctions du grand sympathique. — Par ses *ganglions* le sympathique est capable d'actes réflexes ; par ses *nerfs* il transmet les ordres venus des centres nerveux, mais il ne transmet que des *mouvements involontaires* ; il agit surtout en régularisant la circulation du sang (*vaso-moteurs*) et la sécrétion.

Nutrition du système nerveux. — Le système nerveux consomme surtout des *albuminoïdes* ; aussi la proportion d'*urée* et de *cholestérine*, qui sont des produits de désassimilation des albuminoïdes, augmente dans l'urine à la suite d'un travail cérébral.

C'est le sang qui apporte au système nerveux les aliments dont il a besoin ; aussi dans l'anémie cérébrale les fonctions intellectuelles s'affaiblissent. Pendant le *sommeil* le sang arrive en moins grande quantité au cerveau.

CHAPITRE XVI

LE SYSTÈME NERVEUX DANS LA SÉRIE ANIMALE

L'étude du système nerveux dans la série animale permet de suivre pas à pas le perfectionnement de cet appareil. On trouve ainsi trois types bien différents : 1° le type *disséminé* chez les Protozoaires, Éponges et Cœlentérés, lesquels n'ont pas encore de système nerveux bien constitué, les éléments nerveux, quand il y en a, étant disséminés dans les tissus ; 2° le type *rayonné* chez les Echinodermes, qui ont une symétrie rayonnée ; 3° le type *bilatéral* des Arthropodes, Vers, Mollusques et Vertébrés, chez lesquels le système nerveux est symétrique par rapport à un plan.

§ 1. — Type disséminé.

Protozoaires et Éponges. — Les *Protozoaires* étant des animaux formés d'une seule cellule, ne peuvent avoir de tissu nerveux ; cependant on constate que le Protozoaire est sensible aux actions du milieu extérieur, à la lumière, à l'électricité, etc. En réalité, cette sensibilité est une propriété générale du protoplasma, et cette propriété, diffuse chez les Protozoaires, ne fera que se développer chez les éléments nerveux des animaux supérieurs.

Les *Éponges* n'ont pas encore de système nerveux ; cependant dans le voisinage des pores, on trouve des cellules multipolaires qu'on peut considérer comme la première ébauche des éléments nerveux.

Les Cœlentérés. — Chez les Cœlentérés fixés on ne trouve encore que des cellules nerveuses disséminées çà et là dans les tissus. Chez les Cœlentérés qui vivent libres, les Méduses par exemple, les cellules nerveuses commencent à se localiser et forment une sorte d'anneau nerveux sur le bord de l'ombrelle.

§ 2. — Type rayonné.

Echinodermes. — Chez les Echinodermes, dont la structure est à symétrie rayonnée, le système nerveux est formé d'un anneau entourant la bouche (*fig.* 275) ; de cet anneau partent 5 bandelettes nerveuses qui vont se diriger vers les 5 zones ambulacraires pour s'y ramifier et fournir des branches aux divers organes (ambulacres, pédicellaires, etc.). Ces bandes nerveuses et l'anneau péribuccal sont formés de cellules nerveuses et de fibres ; ils jouent donc le double rôle de centres nerveux et de conducteurs.

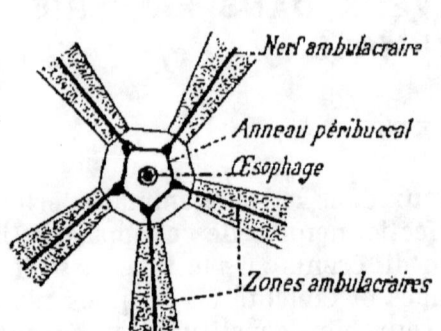

Fig. 275. — Système nerveux d'un Echinoderme (Oursin).

§ 3. — Type bilatéral.

Chez les autres Invertébrés (Arthropodes, Vers et Mollusques), le système nerveux est généralement formé d'une double chaîne dont les deux moitiés sont plus ou moins éloignées. Dans chaque segment du corps il existe une paire de ganglions unis par un cordon nerveux transversal ou *commissure* ; et les ganglions correspondants de deux anneaux successifs sont unis par un cordon nerveux longitudinal ou *connectif*. L'ensemble des ganglions et de ces connectifs forme une *double chaîne ventrale*, qui est située au-dessous du tube digestif.

Les Vertébrés ont aussi un système nerveux central à symétrie bilatérale, mais l'axe nerveux (encéphale et moelle) est situé au-dessus du tube digestif, dans une position inverse, par conséquent, de la chaîne nerveuse des Invertébrés.

Arthropodes. — Les Arthropodes ont, dans la tête, deux ganglions souvent soudés en une masse unique qui joue le rôle de cerveau : ce sont les *ganglions cérébroïdes*. De ces ganglions se détachent deux commissures qui vont rejoindre deux *ganglions sous-œsophagiens* en formant autour de l'œsophage le *collier péri-œsophagien*. A la suite des ganglions sous-œsophagiens vient la double chaîne nerveuse ventrale dont les ganglions peuvent se souder si les segments se fusionnent. En même temps, les deux cordons nerveux peuvent se rapprocher de façon à paraître confondus.

Chez la larve (*fig.* 276), la coalescence des ganglions n'est pas encore faite ; aussi son système nerveux est plus net que celui de l'Insecte parfait.

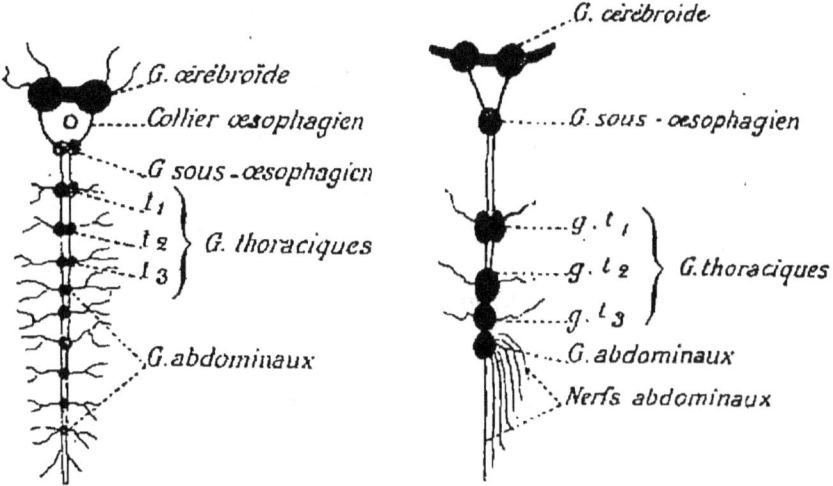

Fig. 276. — Système nerveux d'un Insecte (Forficule) ressemblant à celui d'une Larve.

Fig. 277. — Système nerveux d'un Insecte (Hanneton).

Chez les *Insectes* on trouve tous les intermédiaires entre la chaîne nerveuse typique, comme celle de la Forficule, par exemple (*fig.* 276), et celle où tous les ganglions abdominaux et les deux derniers ganglions thoraciques se soudent en une seule masse, comme chez le Hanneton (*fig.* 277). Il existe souvent chez les Arthropodes supérieurs une sorte de sympathique qui naît sur le collier œsophagien et qui va se distribuer aux organes de la respiration et de la circulation : c'est le *stomato-gastrique*.

Chez les *Arachnides* le système nerveux est d'autant plus condensé que le corps est plus globuleux : tandis qu'il y a une double chaîne chez les Scorpions, il n'y a plus qu'une masse abdominale chez les Araignées.

Chez les *Crustacés* on observe également tous les types de coalescence : tandis que l'Ecrevisse (*fig.* 278) nous montre encore une chaîne ganglionnaire bien nette, le Crabe, dont le corps est globuleux, n'a plus qu'une masse ganglionnaire abdominale unique (*fig.* 279).

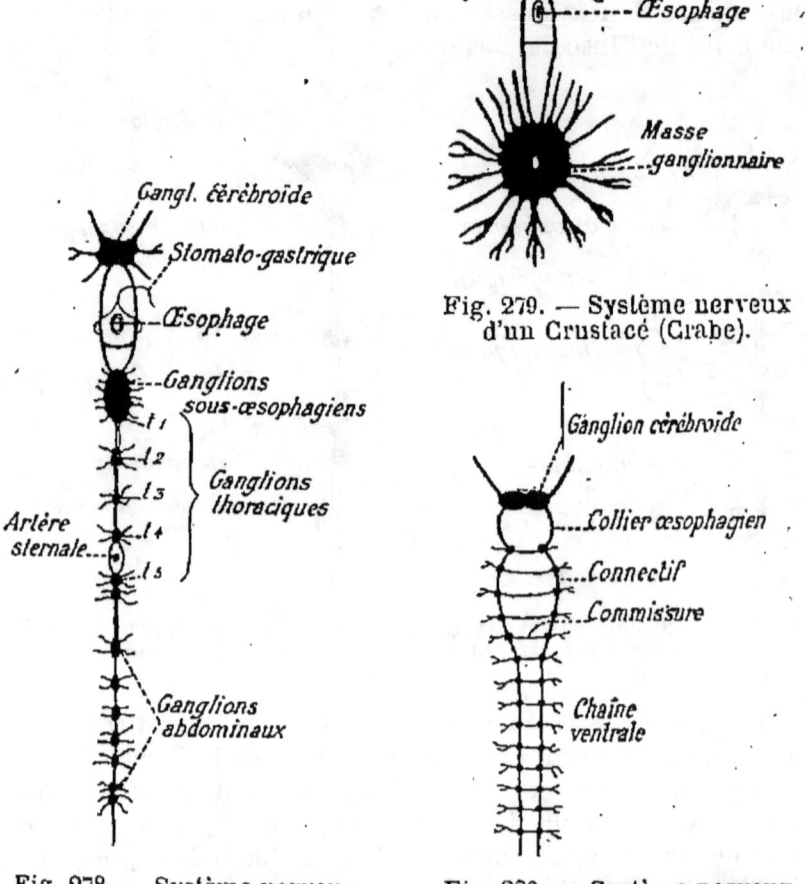

Fig. 279. — Système nerveux d'un Crustacé (Crabe).

Fig. 278. — Système nerveux d'un Crustacé (Ecrevisse).

Fig. 280. — Système nerveux d'un Ver (Serpule).

Vers. — Chez les Vers, la disposition du système nerveux (*fig.* 280) est la même, dans la plupart des cas, que chez les Arthropodes : ganglions cérébroïdes, collier œsophagien et chaîne ventrale. Chez les Vers parasites, le système nerveux est dégradé et se réduit souvent aux deux ganglions cérébroïdes et à de courts cordons latéraux.

Mollusques. — Le système nerveux des Mollusques comprend généralement trois sortes de ganglions : 1° les *ganglions cérébroïdes*, placés au-dessus de l'œsophage et qui

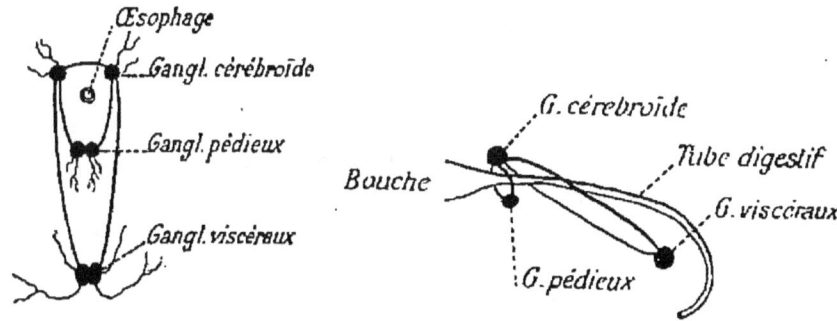

Fig. 281. — Système nerveux d'un Mollusque lamellibranche (Moule).

Fig. 282. — Système nerveux d'un Mollusque lamellibranche (vu de profil).

fournissent des nerfs aux organes des sens ; 2° les *ganglions pédieux*, placés sous le tube digestif, à la base du pied ; 3° les *ganglions viscéraux*, placés sous le tube digestif et qui innervent les viscères (intestin, cœur, branchies, etc.). Les ganglions pédieux et viscéraux sont unis aux ganglions cérébroïdes par des connectifs qui forment un *double collier œsophagien*.

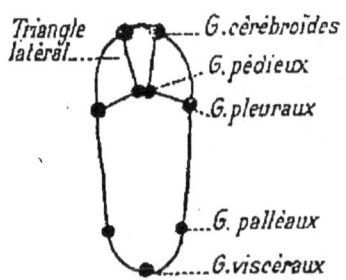
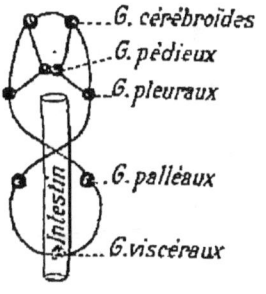

Fig. 283. — Système nerveux d'un Mollusque gastéropode (Orthoneure).

Fig. 284. — Système nerveux d'un Mollusque gastéropode (Chiastoneure).

Les *Lamellibranches* (Huître, Moule) ont les ganglions cérébroïdes réunis par une commissure ; les ganglions pédieux et viscéraux sont unis aux ganglions cérébroïdes, mais les ganglions pédieux ne le sont pas avec les ganglions viscéraux.

Les *Gastéropodes* ont la même disposition, mais les ganglions viscéraux sont rattachés par une commissure avec les ganglions pédieux, de telle sorte que de chaque côté du tube digestif le système nerveux forme un *triangle latéral*. Ces Mollusques ont deux types de système nerveux : le type *orthoneure* (fig. 283), (Escargot, Eolis, Casque) et le type *chiastoneure* (Littorine). Chez les orthoneures la *chaîne viscérale* est formée d'un certain nombre de ganglions (pleuraux, viscéraux, palléaux) rangés simplement autour du tube digestif ; chez les chiastoneures (fig. 284), la commissure viscérale a subi une torsion en forme de 8.

Chez les *Céphalopodes* (Seiche, Poulpe) les ganglions se condensent en une masse nerveuse, sorte de cerveau protégé par un cartilage crânien.

Les Vertébrés. — Tous les Vertébrés ont un système nerveux central (moelle épinière et encéphale) et des nerfs, et tous ont le système nerveux central situé au-dessus du tube digestif. En s'élevant des Poissons vers les Mammifères on peut suivre le perfectionnement progressif de l'encéphale, qui est la partie la plus intéressante à considérer.

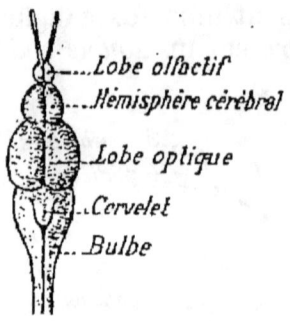

Fig. 285. — Encéphale d'un Poisson (Perche).

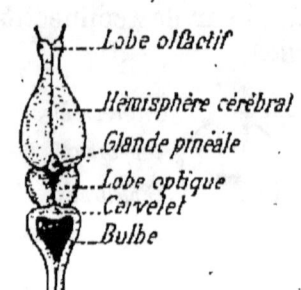

Fig. 286. — Encéphale d'un Batracien (Grenouille).

1° Poissons. — Chez l'*Amphioxus*, qu'on peut placer à la base des Vertébrés, l'encéphale est un simple renflement de la moelle. Chez les *Poissons* les hémisphères sont très réduits (fig. 285) ; ils sont plus petits que les tubercules quadrijumeaux ou *lobes optiques* qui, n'étant plus que deux, sont appelés *tubercules bijumeaux*. Le cervelet est une simple bandelette. Sur le plancher du 4° ventricule de la Torpille se trouve un organe spécial pouvant produire de l'électricité.

2° **Batraciens**. — Ils ont les hémisphères cérébraux un peu plus développés (*fig.* 286) ; la glande pinéale est très développée et le cervelet est encore à l'état de bandelette.

3° **Reptiles**. — La disposition est à peu près la même ; à noter seulement un accroissement des hémisphères cérébraux (*fig.* 287) et un cervelet plus développé. La glande pinéale est très développée et vient former au sommet du

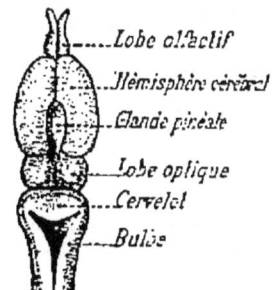

Fig. 287. — Encéphale d'un Reptile (Lézard).

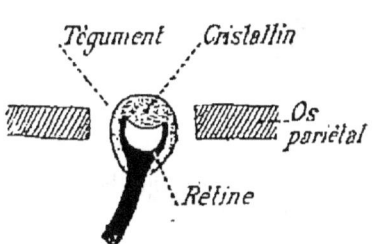

Fig. 288. — Œil pinéal d'un Reptile (Lézard.)

crâne, à travers un trou du pariétal, un véritable œil (*fig.* 288) désigné sous le nom d'*œil pinéal* ; cet œil semble fonctionner chez un certain lézard, l'*Hattéria*, où l'on trouve un cristallin et des éléments rétiniens.

Les Serpents, qui sont dépourvus de membres, ont une moelle épinière dépourvue de renflements brachial et crural.

4° **Oiseaux**. — Les hémisphères continuent leur accroissement, mais ils sont encore lisses et ne recouvrent pas la glande pinéale (*fig.* 289) ; ils sont reliés par un corps calleux rudimentaire. Les lobes optiques sont rejetés sur les côtés. Le cervelet commence à se plisser et à porter de chaque côté les deux hémisphères cérébelleux encore rudimentaires ; il n'y a pas encore de pont de Varole.

5° **Mammifères**. — Les hémisphères cérébraux prennent chez les Mammifères un développement considérable : chez les Mammifères inférieurs (Marsupiaux) ils sont lisses et ne couvrent pas encore les lobes optiques ou tubercules bijumeaux ; chez le Lapin (*fig.* 290) le cerveau cache presque complètement les lobes optiques devenus les *tubercules quadrijumeaux*. Enfin chez les Singes et l'homme les circonvolutions sont abondantes et le cerveau cache tout le reste de l'encéphale.

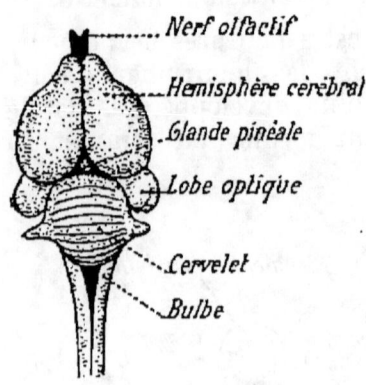

Fig. 289. — Encéphale d'un Oiseau (Dindon)

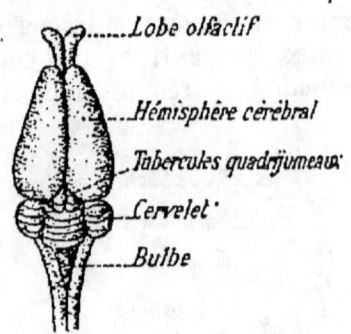

Fig. 290. — Encéphale d'un Mammifère (Lapin).

Lorsqu'on suit le développement du cerveau d'un Mammifère supérieur, on constate qu'il passe par une série de

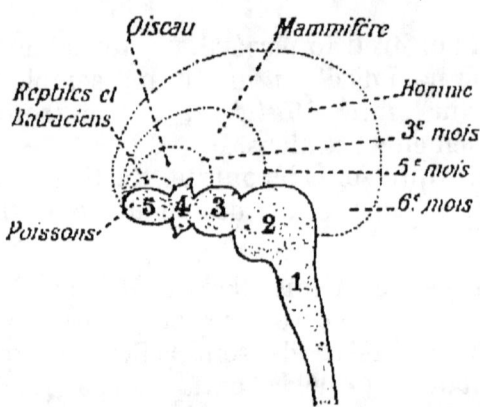

Fig. 291. — Développement des hémisphères dans la série des Vertébrés et chez l'embryon d'un Mammifère supérieur.

stades provisoires qui rappellent les états définitifs du cerveau des Vertébrés inférieurs. Les hémisphères cérébraux d'un enfant (*fig.* 291) sont successivement semblables à ceux d'un Poisson, puis d'un Reptile, puis d'un Oiseau. C'est ce qu'on exprime en disant qu'il y a un parallélisme entre l'*ontogénie* (développement de l'être) et la *philogénie* (développement de l'espèce).

RÉSUMÉ

Le *système nerveux* peut se ramener à trois types : 1° *disséminé* ; 2° *rayonné* et 3° *bilatéral*.

1° S. N. *disséminé*
- *Protozoaires* : sensibilité et motricité du protoplasma.
- *Eponges* : cellules multipolaires dans le voisinage des pores.
- *Cœlentérés* : cellules disséminées (*Actinies*) commencent à se grouper (*Méduses*).

2° S. N. *rayonné*
- *Echinodermes* : anneau nerveux pentagonal d'où partent 5 *nerfs ambulacraires*.

3° S. N. *bilatéral* : Il existe chez tous les autres *Invertébrés* et chez les *Vertébrés*. Chez les premiers, la *chaîne ganglionnaire ventrale* est située sous le tube digestif ; chez les Vertébrés, les *centres nerveux* sont au-dessus du tube digestif.

A. *Invertébrés*
- *Arthropodes*
  - Ganglions cérébroïdes nets.
  - Ganglions thoraciques et abdominaux distincts chez la larve, fusionnés chez l'adulte.
- *Vers*
  - Ganglions cérébroïdes, collier œsophagien, chaîne ventrale. Réduit aux G. cérébroïdes et à de courts cordons latéraux chez les vers parasites.
- *Mollusques*
  - 3 sortes de ganglions : *cérébroïdes*, *pédieux*, *viscéraux*.
  - Double collier œsophagien.

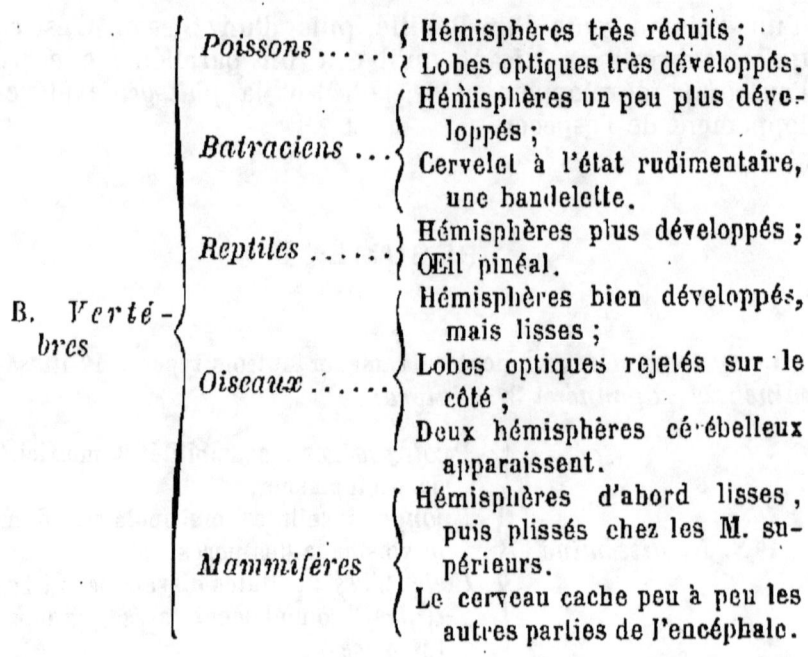

CHAPITRE XVII

LES ORGANES DES SENS

Les organes des sens et les sensations. — Les organes des sens sont destinés à recevoir les *impressions* venant de l'extérieur. Ces impressions sont ensuite transmises, par les nerfs, aux centres nerveux chargés de les transformer en *sensations*. Un appareil sensoriel comprend donc : 1° une *partie fondamentale* chargée de recevoir les impressions et composée de terminaisons nerveuses, d'un nerf, et d'un centre nerveux ; 2° des *parties accessoires* destinées à protéger les terminaisons nerveuses.

Il y a cinq sortes de sensations, à chacune desquelles correspond un organe spécial :

1° Le *toucher*, dont l'organe est la peau ;
2° Le *goût*, — — la langue ;
3° L'*odorat*, — — le nez ;
4° L'*ouïe*, — — l'oreille ;
5° La *vue*, — — l'œil.

Le toucher est le sens le plus général ; il s'exerce sur des corps solides, liquides ou gazeux. Les autres sens sont plus spéciaux : le goût et l'odorat sont déjà plus délicats et ont pour excitants des liquides ou des gaz, l'ouïe et la vue sont encore plus perfectionnés et permettent d'apprécier des mouvements vibratoires tels que les ondes sonores ou lumineuses.

I. — Le toucher et la peau.

§ 1. — La peau.

Structure de la peau. — La peau est formée de deux parties : 1° l'*épiderme*, qui est la couche superficielle ; 2° le *derme*, situé dans la profondeur.

L'*épiderme* est lui-même formé de deux couches : 1° la *couche cornée* (*fig.* 292), qui est superficielle et dont les cel-

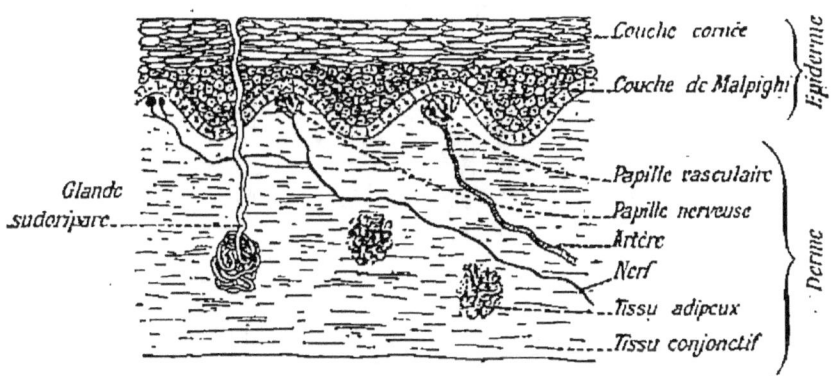

Fig. 292. — Coupe de la peau.

lules sont aplaties et réduites à leur membrane ; les plus externes se détachent sous forme de fines lamelles ; 2° la *couche de Malpighi*, qui est située plus profondément et qui est formée de cellules épithéliales actives, dont la multiplication donne de nouvelles cellules chargées de remplacer les cellules mortes de la couche cornée ; de sorte que l'épiderme conserve son épaisseur. Les cellules de la couche de Malpighi contiennent des pigments qui colorent la peau.

Le *derme* est formé d'un tissu conjonctif très riche en fibres élastiques ; sa partie superficielle est hérissée de saillies appelées *papilles* dans lesquelles viennent se terminer les nerfs et les vaisseaux. La partie profonde est riche en tissu adipeux, particulièrement abondant chez les personnes grasses.

On trouve dans l'épaisseur de la peau trois sortes d'organes : les *glandes sudoripares*, les *poils* et les *terminaisons nerveuses*. Les premières ayant été étudiées à propos de la sueur, il nous reste à décrire les poils et les terminaisons nerveuses.

Poils et ongles. — Les *poils*, comme les glandes sudoripares, se forment aux dépens de l'épiderme. L'épiderme, pour donner un poil, pousse un bourgeon (*fig.* 293) vers le derme, et à la base de ce bourgeon est située la *papille*, qui n'est qu'un prolongement du derme dans lequel viennent se ramifier les vaisseaux et les nerfs.

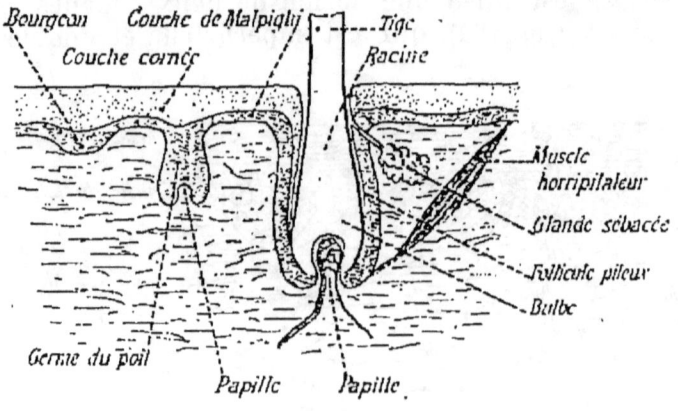

Fig. 293. — Poil et son développement.

Le poil, une fois développé, est contenu dans une poche appelée *follicule pileux*; il comprend une partie libre ou *tige*, et une partie enfoncée dans le derme, la *racine*. Cette racine se renfle autour de la papille pour donner le *bulbe*. Sur une coupe transversale le poil présente des cellules disposées suivant trois couches concentriques : l'interne ou moelle, la couche moyenne ou substance fondamentale dont les pigments donnent la nuance du poil, la couche externe formée de cellules cornées. A la base du poil, on trouve chez certains animaux des terminaisons nerveuses qui donnent au poil une grande sensibilité (moustaches du Chat, poils de la membrane des Chauves-souris).

Sur les côtés du follicule, il se forme aux dépens de l'épiderme des glandes dites *sébacées*, qui sécrètent un liquide spécial, le *sébum*, destiné à recouvrir les poils et la peau d'une couche imperméable à l'eau.

Enfin, à la base du follicule s'attache un petit muscle (*fig.* 293) qui par son autre extrémité s'insère à la partie superficielle de la peau. Ce muscle, appelé *muscle horripilateur*, est lisse; c'est lui qui par sa contraction soulève le poil, et produit la *chair de poule*.

Les *ongles* qui recouvrent les extrémités dorsales des doigts se forment (*fig.* 294, A) aux dépens de la couche de Malpighi. Cette couche envoie un prolongement dans une sorte de repli de la peau appelé *lunule* (*fig.* 294, B). Peu à peu les cellules épithéliales deviennent cornées et forment une lame dure qui s'avance vers l'extrémité du doigt. Les *griffes* et les *sabots* ont la même origine.

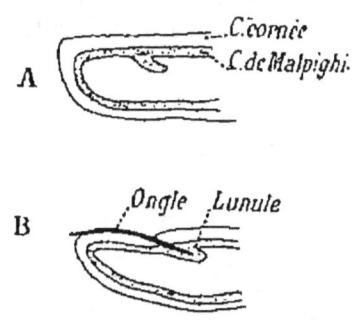

Fig. 294. — Formation de l'ongle.

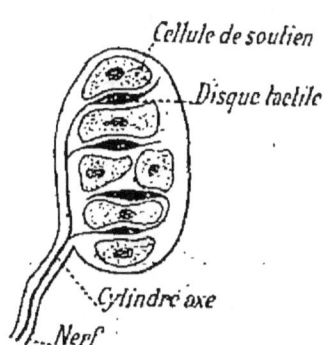

Fig. 295. — Corpuscule de Meissner.

Terminaisons nerveuses. — Les filets nerveux viennent se terminer dans le derme, parfois même dans la couche de Malpighi. Ces terminaisons nerveuses forment les *corpuscules* du tact qui sont de trois sortes : les corpuscules de Meissner, ceux de Pacini, et ceux de Krause.

1° Les *corpuscules de Meissner* (*fig.* 295) sont abondants dans les papilles du derme. Chaque corpuscule est constitué par une *enveloppe conjonctive* mince contenant des *cellules de soutien* entre lesquelles viennent se terminer les fibres nerveuses dont le cylindre-axe se renfle en un *disque tactile.*

2° Les *corpuscules de Pacini* (*fig.* 296) ou de *Vater* sont formés par une capsule composée d'une série de lamelles conjonctives concentriques, au centre desquelles se trouve un liquide albumineux où flotte le cylindre-axe généralement terminé par un renflement.

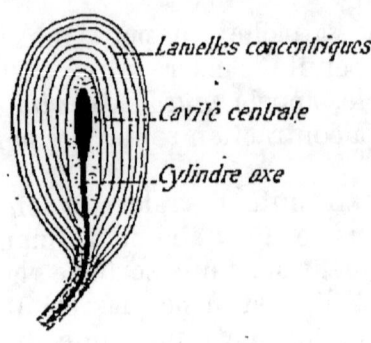

Fig. 296. — Corpuscule de Pacini.

Fig. 297. — Corpuscule de Krause.

3° Les *corpuscules de Krause* (*fig.* 297) sont très petits. On les trouve surtout dans la muqueuse de la langue. Les fibrilles nerveuses s'y terminent généralement en massue.

§ 2. — Physiologie du toucher.

Les sensations tactiles. — Les sensations perçues par la peau sont de trois sortes : *contact*, *poids* et *température*.

Par le *contact* nous apprécions si un corps est lisse ou rugueux. C'est surtout la pulpe des doigts qui est sensible, et c'est précisément dans cette région de la peau qu'il existe le plus de *corpuscules de Meissner*.

Le *poids* est surtout bien apprécié par les régions de la peau où se trouvent les corpuscules de *Pacini*.

La *température* est particulièrement appréciée par certaines régions telles que le dos de la main et les joues. Le médecin, pour apprécier la chaleur du corps, se sert du dos de la main ; la repasseuse, dans un même but, approche le fer de la joue. On constate que dans ces régions l'épiderme est riche en terminaisons nerveuses ; il semble donc que ces terminaisons soient spécialement sensibles à la chaleur.

Un caractère spécial des sensations tactiles, c'est que nous rapportons ces sensations à la surface du corps, même lorsque l'excitation s'est produite sur le trajet du nerf. Il suffit de citer l'exemple bien connu des amputés de la jambe, qui ont froid au pied qu'ils n'ont plus quand en réalité c'est le moignon qui a froid.

II. — Le goût et la langue.

Le *goût* nous renseigne sur la saveur des substances, il a pour principal organe la *langue*.

§ 1. — La langue.

Structure de la langue. — La langue est un organe charnu libre en avant et rattaché en arrière à l'os hyoïde. Sur la face inférieure on observe un repli vertical de la muqueuse, c'est le *frein* de la langue.

La langue est composée d'une *membrane muqueuse* qui la recouvre complètement, et de *muscles* nombreux qui lui donnent une grande mobilité. La *muqueuse* est formée d'un épithélium pavimenteux stratifié recouvrant un derme conjonctif assez épais. Les *muscles* sont le *lingual supérieur*, le

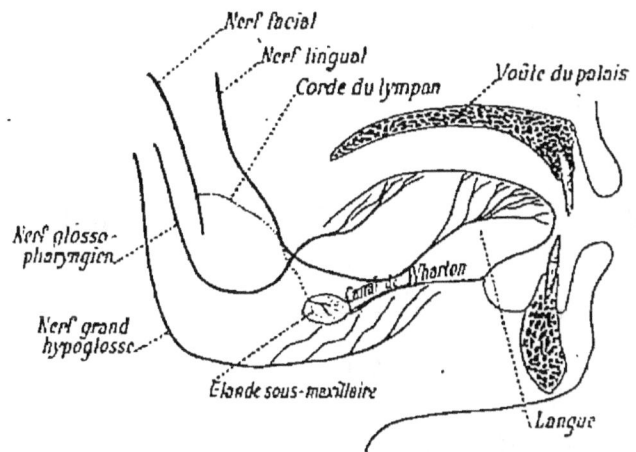

Fig. 298. — Innervation de la langue.

lingual inférieur et le *lingual transverse*. La langue ainsi constituée est appuyée sur le plancher buccal formé par les muscles *mylo-hyoïdien* et *génio-hyoïdien* ; sur les côtés se trouvent les muscles *hyo-glosses* et *stylo-glosses*.

Les nerfs de la langue (*fig.* 298) sont : le *grand hypoglosse*, qui se distribue aux muscles, c'est le nerf moteur de la langue ; le nerf *lingual* (branche du trijumeau), qui innerve la région antérieure de la langue ; le *glosso-pharyngien*, qui se distribue à la partie postérieure de la langue, et enfin la *corde du tympan*, qui est un rameau du nerf facial.

Terminaisons nerveuses. — La muqueuse linguale présente de nombreuses saillies appelées *papilles* ; elles sont de trois sortes : *caliciformes, fongiformes* et *filiformes*.

1° Les *papilles caliciformes*, au nombre d'une douzaine, sont disposées en V sur le dos de la langue (*fig.* 299), et le sommet

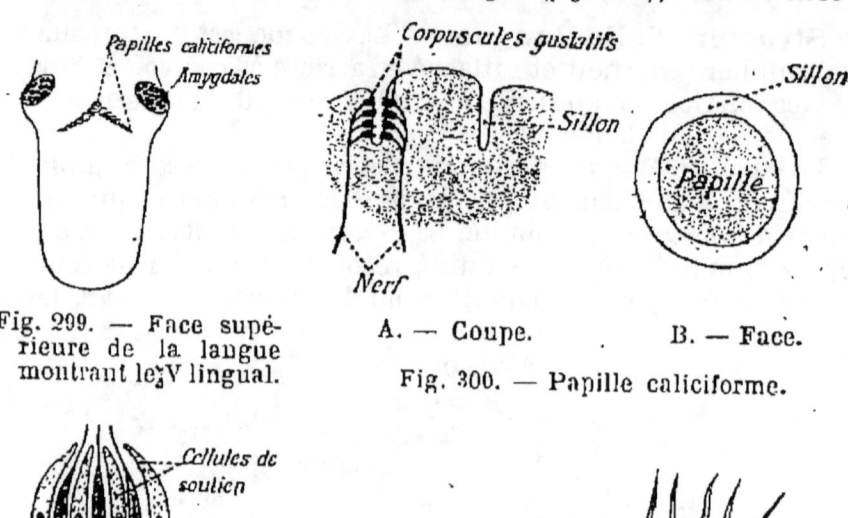

Fig. 299. — Face supérieure de la langue montrant le V lingual.

A. — Coupe.   B. — Face.

Fig. 300. — Papille caliciforme.

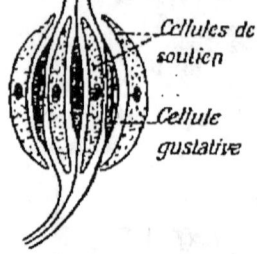

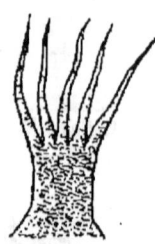

Fig. 301. — Corpuscule gustatif grossi.   Fig. 302. — Papille fongiforme.   Fig. 303. — Papille filiforme.

de ce V *lingual* est dirigé en arrière. Sur une coupe on voit que chaque papille est formée d'une saillie médiane (*fig.* 300), entourée par un sillon annulaire sur les bords duquel se trouvent des groupes de cellules formant ce qu'on appelle les *corpuscules gustatifs*.

Chaque corpuscule (*fig.* 301) se compose : 1° d'une enveloppe formée de *cellules de soutien* ; 2° de *cellules gustatives*, fusiformes, en communication d'un côté avec les fibres nerveuses, et se prolongeant de l'autre vers l'extérieur par un petit bâtonnet réfringent.

2° Les *papilles fongiformes* (*fig.* 302) ont la forme d'un Champignon et sont irrégulièrement distribuées sur toute la surface de la langue. Elles contiennent aussi des corpuscules gustatifs.

3° Les *papilles filiformes* (*fig.* 303) sont terminées par des filaments et sont disséminées sur toute l'étendue de la langue. Elles semblent surtout *tactiles*, tandis que les deux premières sont *gustatives*.

§ 2. — Physiologie du goût.

Les sensations gustatives. — La notion du goût nous est fournie par la langue et non par le palais. On constate que c'est surtout la région des papilles caliciformes qui est gustative. Cette région est innervée par le *glosso-pharyngien*, qui est le vrai nerf gustatif ; si on coupe ce nerf sur un animal, on peut faire avaler à cet animal les substances les plus amères.

Pour que la saveur d'une substance soit appréciée, il faut que cette substance soit disssoute. La sécrétion de la salive est par conséquent nécessaire ; aussi dès qu'une substance est placée sur la langue, le réflexe de la sécrétion salivaire se produit ; la vue même d'un aliment agréable au goût suffit pour *faire venir l'eau à la bouche.*

Les saveurs ne peuvent guère être classées ; rien n'est plus variable que le goût. Parmi les saveurs sur lesquelles on est assez d'accord citons les saveurs *salées*, *acides*, *sucrées*, et *amères*.

III. — L'odorat et le nez.

§ 1. — Le nez et les fosses nasales.

Structure du nez et des fosses nasales. — Le nez a la forme d'une pyramide ; sa charpente est formée par les *os nasaux* du côté de la racine, et par des cartilages à sa base. Les fosses nasales communiquent, en avant, par les narines, avec l'extérieur, et en arrière, avec le pharynx.

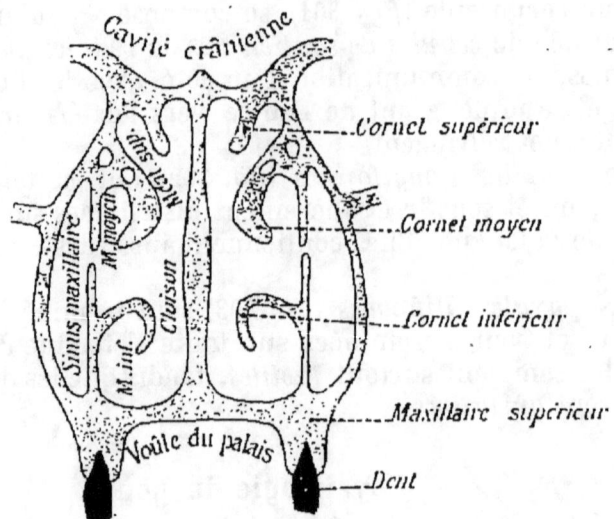

Fig. 304. — Coupe transversale des fosses nasales.

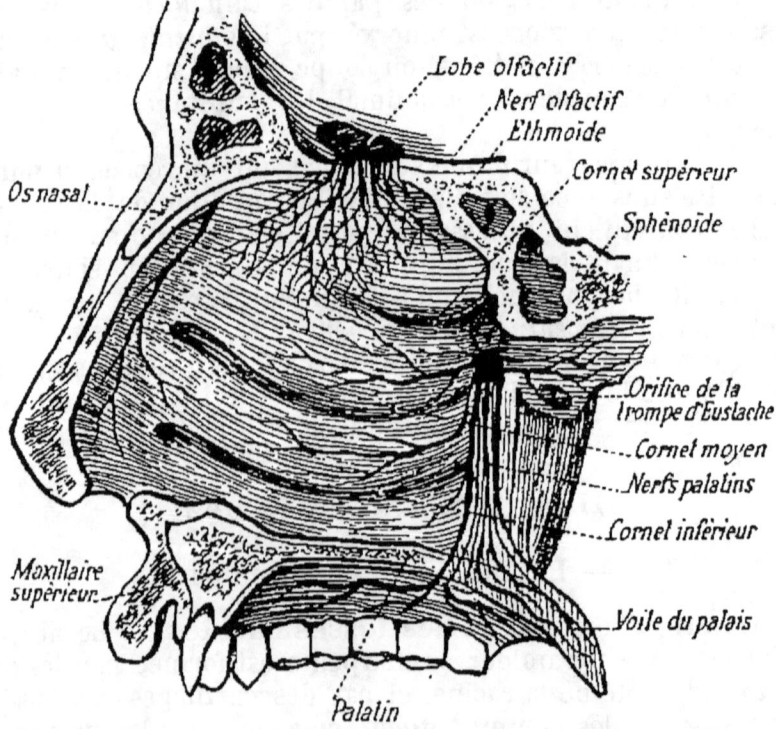

Fig. 305. — Innervation des fosses nasales.

Les deux narines sont séparées (*fig.* 304) par une cloison osseuse formée de deux os : la *lame perpendiculaire de l'ethmoïde* en avant, et le *vomer* en arrière. Sur les côtés les fosses nasales sont limitées par l'ethmoïde ; en haut par la lame criblée de l'ethmoïde ; en bas les maxillaires supérieurs et les palatins forment la voûte palatine, qui sépare la bouche des fosses nasales.

Sur les faces latérales, l'ethmoïde envoie deux lamelles osseuses enroulées en volute (*fig.* 304) : ce sont les *cornets supérieurs* et *moyens* ; le *cornet inférieur* est un os spécial. Ces trois cornets délimitent des espaces appelés *méats supérieur, moyen* et *inférieur*. Enfin les os avoisinants sont creusés de cavités ou *sinus* en communication avec les fosses nasales par des orifices cachés sous les cornets.

Terminaisons nerveuses. — Les fosses nasales (*fig.* 305) sont tapissées par une membrane muqueuse spéciale appelée *pituitaire*. Cette membrane présente deux régions distinctes : 1° une région rouge, dite région *respiratoire*, qui occupe le méat inférieur et la partie inférieure du méat moyen ; elle renferme des glandes à mucus, et elle est recouverte par un épithélium vibratile ; 2° une région d'aspect jaunâtre, dite région *olfactive*, qui occupe le méat supérieur et la partie supérieure du méat moyen ; parmi les cellules de l'épithélium de cette muqueuse, certaines sont des cellules à mucus, d'autres sont prolongées par un bâtonnet effilé (*fig.* 306) et sont en relation avec des fibrilles nerveuses : ce sont les *cellules olfactives*.

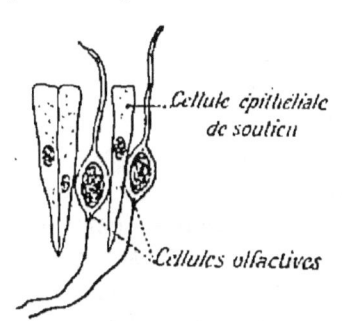

Fig. 306. — Cellules olfactives de la pituitaire.

Ces terminaisons nerveuses sont en relation avec les ramifications provenant du *bulbe olfactif* (*fig.* 303) qui repose sur la lame criblée de l'ethmoïde, et qui à travers les trous de celle-ci envoie des rameaux.

§ 2. — Physiologie de l'odorat.

Les sensations olfactives. — La région jaune de la muqueuse pituitaire reçoit les impressions olfactives ; tandis que la région rouge est destinée à rendre l'air inspiré plus chaud et plus humide.

L'odeur d'une substance n'est perçue que si cette substance est gazeuze, ou bien si les particules de cette substance en suspension dans l'air sont solubles dans le liquide qui humecte la pituitaire. Ce sens parfois rudimentaire chez l'Homme civilisé, est très subtil chez certains sauvages et chez quelques Mammifères (Chien de chasse).

Il y a une certaine relation entre le goût et l'odorat ; c'est ainsi que dans le *coryza* ou rhume de cerveau l'odorat est aboli, en même temps que le goût est considérablement atténué.

RÉSUMÉ

Les *organes des sens* sont destinés à recevoir les impressions venant de l'extérieur.

Un *appareil sensoriel* comprend..
- 1° partie fondamentale : Terminaisons nerveuses, nerf et centre nerveux.
- 2° parties accessoires : rôle protecteur.

5 sortes de sensations..
1. Toucher . . . . . . Peau.
2. Goût . . . . Langue.
3. Odorat . . . . . . Nez.
4. Ouïe . . . . Oreille.
5. Vue . . . . OEil.
} organes des sens.

Le toucher et la peau. — La *peau*, l'organe du *toucher*, est formée de l'*épiderme* et du *derme*.

1° *Epiderme* . .
1. *Couche cornée.*
2. *Couche de Malpighi.*

2° *Derme* . . .
- *Tissu conjonctif* et *tissu adipeux.*
- *Poils et ongles* : formation épidermique.
- *Terminaisons nerveuses.*
  - Corpuscules de Meissner.
  - Corpuscules de Pacini.
  - Corpuscules de Krause.

Les *impressions* reçues par la peau sont de trois sortes :
1° *Contact* : corpuscules tactiles de Meissner et de Krause.
2° *Poids* : corpuscules de Pacini.
3° *Température* : terminaisons intra-épidermiques.

Le goût et la langue. — La *langue* est l'organe du goût.

Structure de la langue . . .
1. *Muscles* . .
2. *Muqueuse linguale* . .
- Papilles caliciformes : V lingual, cellules gustatives.
- Papilles fongiformes.
- Papilles filiformes.

Le goût nous fait apprécier les *saveurs*. Le nerf *glosso-pharyngien* est le nerf gustatif.

L'odorat et le nez. — Les *fosses nasales* présentent des replis osseux, les *cornets*, tapissés par une membrane muqueuse, la *pituitaire*.

La *pituitaire* comprend deux régions. . . . .
{ 1. Région *rouge* (inférieure), respiratoire.
2. Région *jaune* (supérieure), olfactive.

C'est le *bulbe olfactif* qui envoie à travers la lame criblée de l'ethmoïde les rameaux nerveux qui innervent la région olfactive.

CHAPITRE XVIII

L'OREILLE ET L'AUDITION

I. — Anatomie de l'oreille.

L'*oreille* est l'organe chargé de percevoir les *sons*, qui sont dus au mouvement vibratoire des corps. Ces vibrations sont transmises par le milieu ambiant (air ou eau) jusqu'à l'oreille. Or on sait que les liquides conduisent mieux les vibrations que les gaz; donc l'oreille la plus simple devra se trouver chez les animaux aquatiques. Décrivons d'abord cette oreille élémentaire ; puis nous décrirons celle, plus compliquée, de l'homme.

L'oreille élémentaire chez les animaux aquatiques.
— L'oreille d'un Mollusque, par exemple, se compose d'une vésicule close, appelée *otocyste* (*fig.* 307), formée par des cellules ciliées. A l'intérieur se trouve un liquide, l'*endolymphe*, dans lequel nagent de petites poussières calcaires appelées *otolithes*. Un nerf auditif vient se terminer autour de cette vésicule, mettant en relation les cellules ciliées avec les centres nerveux. Avec cet appareil les vibrations sonores se transmettent facilement du milieu ambiant à l'endolymphe, puis aux otolithes et enfin aux cellules ciliées qui terminent les fibrilles du nerf auditif. On retrouve cet appareil chez les

286 HISTOIRE NATURELLE

Vertébrés et même chez l'homme, mais avec une plus grande complexité.

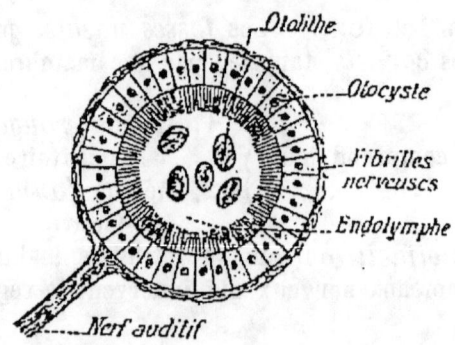

Fig. 307. — Vésicule auditive ou *otocyste* d'un Mollusque.

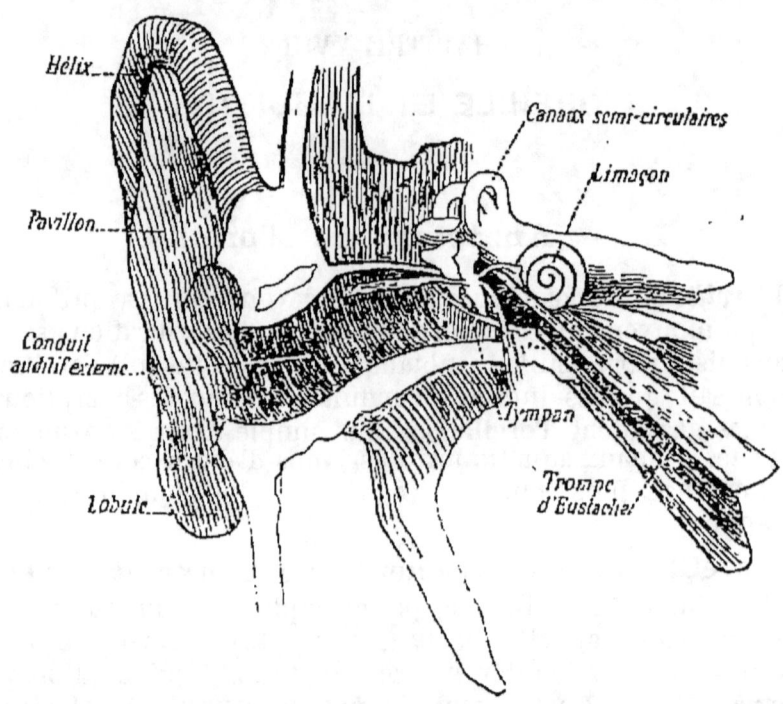

Fig. 308. — Ensemble de l'oreille.

L'oreille externe de l'homme. — L'oreille de l'homme comprend trois parties :

1° L'*oreille externe*, qui recueille les vibrations sonores ;

2° L'*oreille moyenne*, qui transmet et renforce les vibrations ;

3º *L'oreille interne*, qui est l'organe de réception et qui contient les terminaisons nerveuses du nerf auditif.

L'oreille externe (*fig.* 308) est formée par le *pavillon* et par le *conduit auditif externe*.

Le *pavillon*, de nature cartilagineuse, a la forme d'un entonnoir présentant des saillies et des dépressions, telles que l'*hélix*, l'*anthélix*, le *tragus*, l'*antitragus* ; la partie inférieure ou *lobule* est graisseuse. Ce pavillon est relié aux os du crâne par des ligaments solides : on peut suspendre un homme par le pavillon sans craindre de détacher cet organe. Le pavillon, mobile chez certains animaux comme le Cheval, est immobile chez l'homme.

Le *conduit auditif externe* (*fig.* 308 et 309), cartilagineux en avant, osseux dans la profondeur, est un conduit recourbé

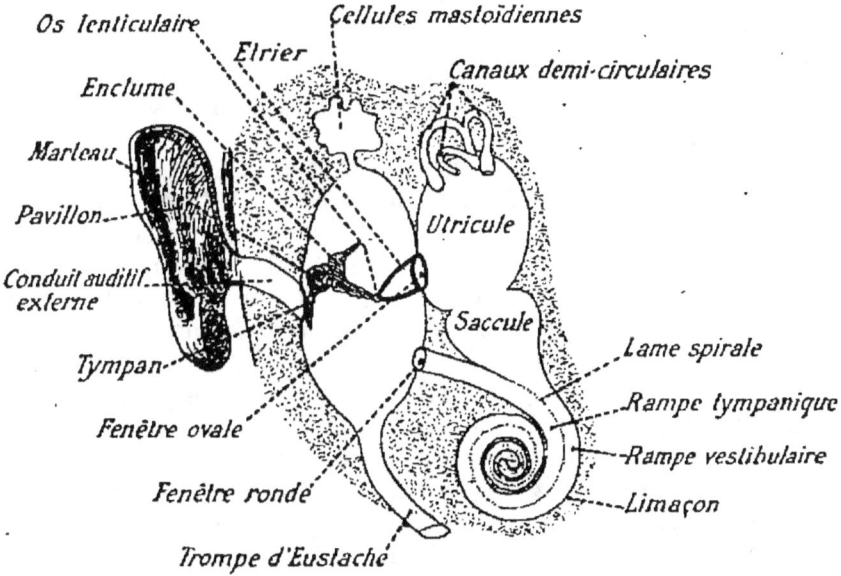

Fig. 309. — Schéma de l'oreille.

ayant environ 3^{cm} de long ; il est limité en arrière par la membrane du tympan, et la peau qui le tapisse sécrète une matière grasse, jaunâtre, appelée *cérumen*. A l'entrée du conduit se trouvent des poils qui, avec le cérumen, ont pour but d'arrêter les poussières et les corps étrangers.

L'oreille moyenne. — *L'oreille moyenne* ou *caisse du tympan* est une cavité irrégulière creusée à l'intérieur de l'os temporal dans la partie appelée *rocher*. L'oreille moyenne (*fig.* 309) est séparée de l'oreille externe par la membrane du tympan, et de l'oreille interne par la *fenêtre ovale* et la *fenêtre ronde*, fermées toutes deux par une mince membrane. Elle communique avec les *cellules mastoïdiennes*, cavités creusées à l'intérieur du temporal ; et, par la *trompe d'Eustache*, elle est en communication avec l'arrière-cavité des fosses nasales.

La *membrane du tympan* est une lame mince à concavité externe ; elle est formée de trois feuillets : l'*externe*, qui continue la peau, l'*interne*, qui est le prolongement de la muqueuse de l'oreille moyenne, et le *moyen*, de nature conjonctive.

La *trompe d'Eustache* (*fig.* 309) est un conduit, long de 3 à 4 cm, qui vient s'ouvrir dans l'arrière-cavité des fosses nasales. Elle établit la communication et par conséquent un équilibre de pression entre l'air de la caisse du tympan et l'air extérieur. Normalement ce conduit est fermé, mais à chaque mouvement de déglutition, il s'ouvre et laisse passer l'air.

La membrane du tympan est reliée à la fenêtre ovale par quatre petits os articulés les uns avec les autres et formant la *chaîne des osselets* (*fig.* 309). Ces quatre os sont : 1° le *marteau*, dont le manche s'engage dans l'épaisseur du tympan et dont la tête vient s'appuyer sur le second osselet appelé *enclume* ; 2° l'*enclume*, qui a la forme d'une dent molaire ; 3° l'*os lenticulaire* ; 4° l'*étrier*, dont les deux branches viennent s'appuyer sur la fenêtre ovale, et dont la base ferme complètement cet orifice.

Deux petits muscles font mouvoir cette chaîne des osselets : 1° le *muscle du marteau*, qui s'attache d'une part sur le marteau, et d'autre part sur la partie antérieure de l'oreille moyenne ; il a pour rôle de tendre la membrane du tympan en se contractant ; 2° le *muscle de l'étrier*, qui s'insère sur la tête de l'étrier et sur la partie postérieure de l'oreille moyenne ; il a pour effet de relâcher la membrane du tympan en se contractant.

L'oreille interne. — L'*oreille interne* (*fig.* 308 et 309), qui est la partie fondamentale de l'oreille puisqu'elle contient les terminaisons nerveuses auditives, est logée en entier dans le *rocher*. Elle communique avec l'oreille moyenne par la fenêtre ovale et la fenêtre ronde, et avec la cavité crânienne par le *conduit auditif interne*, dans lequel passe le *nerf auditif*.

Sa structure compliquée lui a valu le nom de *labyrinthe*. Elle comprend deux parties : le *labyrinthe osseux*, creusé dans l'os temporal, et le *labyrinthe membraneux*, sur lequel s'est moulé le labyrinthe osseux et qui contient un liquide appelé *endolymphe* ; entre les deux labyrinthes se trouve un autre liquide appelé *périlymphe*.

On distingue dans l'oreille interne trois parties : 1° le *vestibule* ; 2° les *canaux semi-circulaires* ; 3° le *limaçon*.

1° **Le vestibule.** — Le vestibule est une sorte de sac communiquant avec l'oreille moyenne par la fenêtre ovale, et directement avec les canaux semi-circulaires et le limaçon. Un rétrécissement le partage en deux parties : l'*utricule* et le *saccule* (*fig.* 309). La paroi du vestibule membraneux est formée d'une membrane conjonctive recouverte par un épithélium simple. En deux points situés l'un dans l'utricule et l'autre dans le saccule, se trouvent les *taches acoustiques*, formées par un épithélium dont les cellules (*fig.* 310) ont un long cil vibratile flottant dans l'endolymphe ; au milieu des cils vibratiles se trouvent des poussières calcaires ou otolithes, ce qui rappelle la vésicule auditive des animaux inférieurs. Ces cellules sont dites *cellules auditives* ; elles sont en rapport avec les fibres nerveuses du nerf auditif.

Fig. 310. — Cellule des taches acoustiques.

2° **Les canaux semi-circulaires.** — Ces canaux (*fig.* 308 et 309) sont au nombre de trois et sont disposés suivant trois plans rectangulaires : deux verticaux perpendiculaires l'un sur l'autre, et le troisième horizontal perpendiculaire sur les deux premiers. Ils viennent déboucher par leurs extrémités dans le vestibule, et tous trois ont l'une de leurs extrémités renflée en *ampoule*. Dans ces ampoules se trouve une saillie ou *crête acoustique*, formée par des cellules ciliées en rapport avec les fibres nerveuses auditives.

3° **Le limaçon.** — Le limaçon (*fig.* 309 et 311) est un tube osseux enroulé en spirale autour d'un axe appelé *columelle* ; il fait environ trois tours, et il est partagé par une cloison, la *lame spirale*, en deux canaux ou *rampes* : l'une, la *rampe vestibulaire*, qui aboutit au saccule, l'autre, la *rampe tympanique*, qui aboutit à la fenêtre ronde. Ces deux rampes communiquent entre elles au sommet du limaçon. La lame spirale est *osseuse* dans le premier tour de spire ; puis elle devient en partie *membraneuse*. La partie osseuse diminue peu à peu de largeur vers le sommet du limaçon, tandis que la partie membraneuse ou *membrane basilaire*

Fig. 311. — Le limaçon ouvert.

Fig. 312. — Les fibres de la membrane basilaire.

augmente. Cette membrane est formée d'une série de fibres transversales élastiques (*fig.* 312), tendues comme autant de cordes de harpe entre la lame spirale et la paroi du limaçon. Ces cordes, au nombre de plus de 6.000, ont leur longueur qui augmente de la base vers le sommet du limaçon.

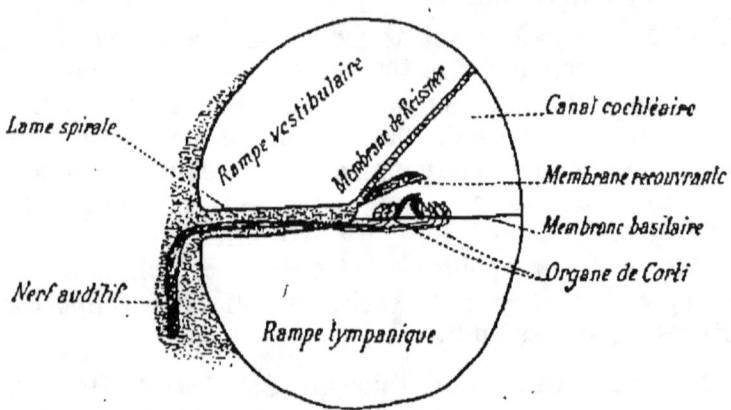

Fig. 313. — Coupe transversale du limaçon.

La *rampe tympanique* n'offre rien de particulier ; la *rampe vestibulaire* est partagée en deux par la *membrane de Reissner* (*fig.* 313) : l'une, la *rampe vestibulaire* proprement dite, et l'autre la *rampe collatérale* ou de *Lowenberg*. C'est dans cette dernière que se trouve le *canal cochléaire*, qui contient les *organes de Corti*. Ces organes sont recouverts par la *membrane recouvrante*, qui se détache de la membrane spirale.

Chaque *organe de Corti* (*fig.* 314) comprend : 1° une *arcade* formée de deux piliers et dont la base s'appuie sur la membrane basilaire ; le sommet de ces piliers se prolonge

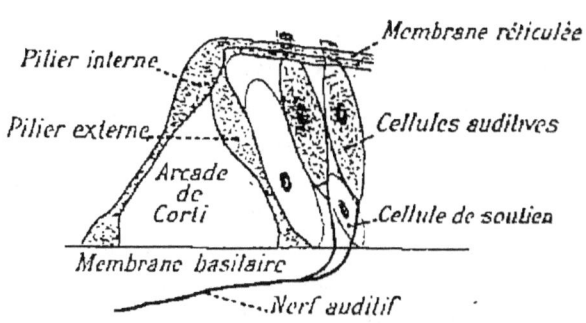

Fig. 314. — Organe de Corti.

sous forme d'une *membrane réticulée* dans les mailles de laquelle passent les cils des *cellules auditives* ; 2° de *cellules auditives ciliées*, disposées sur les côtés de l'arcade de Corti et en rapport avec les terminaisons nerveuses des fibres du nerf auditif. Chaque organe de Corti repose à cheval sur deux cordes transversales de la membrane basilaire ; il y avait environ 6.000 cordes, il y a donc 3.000 arcades de Corti.

Le nerf auditif. — Il pénètre dans le rocher par le *conduit auditif interne*, puis il se divise en quatre branches, qui pénètrent à l'intérieur du labyrinthe osseux : 1° la branche *cochléaire*, qui va au limaçon, se ramifie dans la lame spirale pour se terminer aux cellules ciliées de l'organe de Corti (*fig.* 314) ; 2° la branche *sacculaire* ; 3° la branche *utriculaire*, qui va à l'utricule et à deux ampoules ; 4° la branche *ampullaire*, qui se distribue à la troisième ampoule.

II. — Physiologie de l'oreille : audition.

L'oreille externe reçoit les vibrations sonores.
— Le pavillon recueille les vibrations sonores, jouant ainsi le rôle d'un cornet acoustique. Il dirige les ondes sonores vers l'oreille moyenne, et il nous renseigne sur la direction d'où vient le son.

L'oreille externe n'existe que chez les Mammifères et les Oiseaux ; encore chez quelques-uns (Taupe, Cétacés, Oiseaux) elle est réduite au conduit auditif ; le pavillon est disparu. Le pavillon est au contraire très développé et très mobile chez les animaux nocturnes (Chauve-souris).

L'oreille moyenne transmet les vibrations sonores. — Le tympan, sous l'influence des vibrations qui lui sont transmises par l'oreille externe, entre en vibration ; il peut vibrer pour tous les sons compris entre 30 et 23.000 vibrations par seconde. Le muscle du marteau, en tendant la membrane du tympan, la rend moins apte à vibrer pour les sons graves et intenses tels que le bruit du canon.

Les vibrations du tympan sont ensuite transmises à l'oreille interne par la chaîne des osselets et par l'air de l'oreille moyenne.

Enfin la trompe d'Eustache sert à maintenir l'équilibre de pression sur les deux faces du tympan, puisqu'elle établit une communication entre l'oreille moyenne et l'extérieur. On sait d'autre part qu'une membrane vibre mieux lorsqu'elle supporte sur ses deux faces des pressions égales. Aussi l'obstruction de la trompe d'Eustache peut causer une certaine dureté de l'ouïe et même la surdité.

L'oreille interne apprécie les qualités du son. — L'oreille interne est l'organe essentiel de l'audition ; c'est elle qui reçoit les vibrations sonores et qui apprécie leurs qualités. On sait que le labyrinthe membraneux contient un liquide, l'endolymphe et qu'il flotte dans la périlymphe ; celle-ci reçoit les vibrations venant de l'oreille moyenne, elle les transmet à l'endolymphe, qui à son tour fait vibrer les cellules ciliées des taches acoustiques, des crêtes acoustiques et de l'organe de Corti. Ces impressions sont ensuite transmises à l'encéphale par les filets du nerf auditif.

Le son a trois qualités : l'*intensité*, la *hauteur* et le *timbre*.

1° L'*intensité* dépend de l'amplitude des vibrations. Les cordes transversales de la membrane basilaire en vibrant avec plus ou moins d'énergie pourront nous renseigner sur l'intensité du son. Les cils vibratiles des cellules des taches acoustiques semblent surtout nous renseigner sur l'intensité des *bruits*.

2° La *hauteur* du son dépend du nombre de vibrations par seconde. Or les cordes de la membrane basilaire peuvent, comme les cordes d'un piano, vibrer chacune pour un son différent, d'autant plus grave que la corde est plus longue. Comme il y a 6.000 cordes de longueur différente (les plus longues au sommet du limaçon et les plus courtes à la base), 6.000 sons de hauteur différente pourraient être appréciés ; c'est plus que n'en comprend l'échelle musicale. La hauteur du son pourra donc être appréciée suivant la corde qui entrera en vibration.

3° Le *timbre* dépend de la superposition au son fondamental, d'un certain nombre d'harmoniques, c'est-à-dire de sons produits par des vibrations 2, 3, 4, etc. fois plus nombreuses. Tandis qu'un son simple ne fera vibrer qu'une seule corde, un son complexe fera vibrer simultanément la corde affectée au son fondamental et les cordes affectées aux harmoniques. Et c'est de cet ensemble de vibrations que résultera la notion du timbre.

Les *canaux semi-circulaires* semblent nous renseigner sur la notion de l'espace. Si l'on enlève à un Pigeon les canaux semi-circulaires, on produit chez cet animal des troubles dans le mouvement. Chez l'homme, des lésions des canaux semi-circulaires causent du vertige ; c'est la *maladie de Ménière*. Il semble qu'il y ait une relation entre ces faits et l'orientation des trois canaux semi-circulaires, dont la direction correspond aux trois dimensions de l'espace.

RÉSUMÉ

L'*oreille* est l'organe chargé de percevoir les sons.

L'*oreille la plus simple* se trouve chez les animaux aquatiques (Mollusques par exemple). Elle se compose :

Vésicule close ou *otocyste*
- *Cellules auditives* ciliées.
- Liquide ou *endolymphe* dans lequel nagent des *otolithes*.
- Fibres nerveuses terminant le *nerf auditif*.

L'oreille de l'homme comprend trois parties : *oreille externe, moyenne* et *interne*.

L'oreille externe comprend { 1° le *pavillon*. 2° le *conduit auditif externe*.

Elle a pour fonctions de recueillir les vibrations sonores et de les conduire vers le tympan.

L'oreille moyenne. — L'*oreille moyenne* ou *caisse du tympan* est séparée de l'oreille externe par la membrane du *tympan*, et de l'oreille interne par les membranes de la *fenêtre ovale* et de la *fenêtre ronde*; elle communique avec l'arrière-bouche par la *trompe d'Eustache*.

La *chaîne des osselets* (marteau, enclume, os lenticulaire, étrier) rattache le tympan à la fenêtre ovale.

Elle a pour fonctions de transmettre les sons à l'oreille interne et de les renforcer. La trompe d'Eustache a pour rôle de maintenir l'équilibre de pression sur les deux faces du tympan.

L'oreille interne. — Elle est située dans la partie du *temporal* appelée *rocher*. Elle comprend : le *labyrinthe membraneux*, qui contient un liquide appelé *endolymphe*, et le *labyrinthe osseux*, creusé dans le rocher. Entre les deux labyrinthes se trouve un liquide, la *périlymphe*. Le labyrinthe comprend trois parties : le *vestibule*, les *canaux semi-circulaires* et le *limaçon*.

1° *Vestibule* : utricule et saccule avec *taches acoustiques* (épithélium et otolithes).

2° *Canaux semi-circulaires* { 3 canaux disposés suivant 3 plans rectangulaires. — Ampoules et crêtes acoustiques.

3° *Limaçon* { 1. Rampe vestibulaire 2. Rampe tympanique } séparées par la *lame spirale* dont la partie membraneuse ou *membrane basilaire* est formée de fibres transversales élastiques.

Dans la rampe vestibulaire se trouve l'*organe de Corti*, formé : 1° d'une *arcade* à deux piliers dont le sommet donne la *membrane réticulée*; 2° de *cellules auditives ciliées* en rapport avec les fibres du nerf auditif.

L'oreille interne est l'organe essentiel de l'audition ; par sa périlymphe et par son endolymphe, les vibrations sont facilement transmises aux cellules auditives, lesquelles sont les terminaisons des fibres du nerf auditif.

Les *taches acoustiques* du vestibule perçoivent surtout l'*intensité des bruits*.

Les *cellules acoustiques* de l'organe de Corti, par l'intermédiaire des cordes de la membrane basilaire, apprécient la *hauteur* et le *timbre* des sons.

Les *canaux semi-circulaires* semblent nous renseigner sur la notion de l'espace.

CHAPITRE XIX

L'ŒIL ET LA VISION

I. — Anatomie de l'œil.

L'œil est l'organe de la vision ; son rôle est de recueillir les vibrations lumineuses pour nous renseigner sur la forme, l'étendue et la couleur des objets.

L'œil primitif. — L'*œil primitif* et le plus simple qui se trouve chez les animaux inférieurs consiste en une cellule dont une extrémité est allongée sous forme de bâtonnet ou de cône (*fig.* 315), et dont l'autre extrémité est en relation avec une fibre nerveuse. Autour de ces éléments sensoriels abondent souvent les pigments.

Cet élément sensoriel se retrouve dans la rétine des animaux supérieurs ; mais pour protéger ces éléments très sensibles s'ajoutent d'autres organes. Il y a donc dans l'étude de l'œil de l'homme deux parties à considérer : 1° les *parties accessoires*, qui permettent la pénétration de la lumière et rejettent les autres agents ; 2° le *globe de l'œil*, qui est la partie essentielle contenant les terminaisons nerveuses sensibles à la lumière.

§ 1. — Les parties accessoires.

Les *parties accessoires* comprennent : 1° les parties *protectrices* ; 2° les parties *motrices* ; 3° les parties *sécrétrices*.

Les parties protectrices : *orbite, paupières, cils, sourcils.* — L'œil est logé dans une cavité osseuse appelée *orbite* ; cette cavité a la forme d'une pyramide quadrangulaire à sommet postérieur, et elle est limitée par des os du crâne et de la face. Le fond de l'orbite est percé d'un orifice, le *trou optique*, par lequel pénètre le nerf optique. L'œil n'occupe que la partie antérieure de l'orbite ; le reste est comblé par du tissu graisseux traversé par des muscles, des vaisseaux et des nerfs.

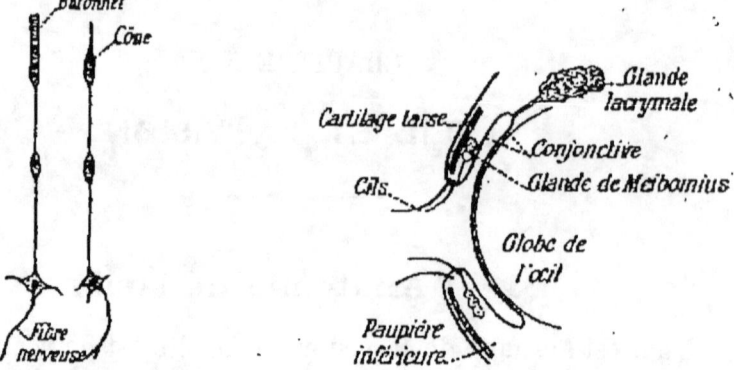

Fig. 315. — Éléments sensoriels de la rétine.

Fig. 316. — Les paupières.

En avant, l'œil est protégé par deux replis de la peau, les *paupières* (fig. 316). Le bord libre des paupières porte de longs poils, les *cils*, destinés à arrêter les poussières. Au-dessus de la paupière supérieure se trouve une rangée de poils, les *sourcils*, dont le rôle est de protéger l'œil contre la sueur qui s'écoule du front. Les paupières sont constituées :

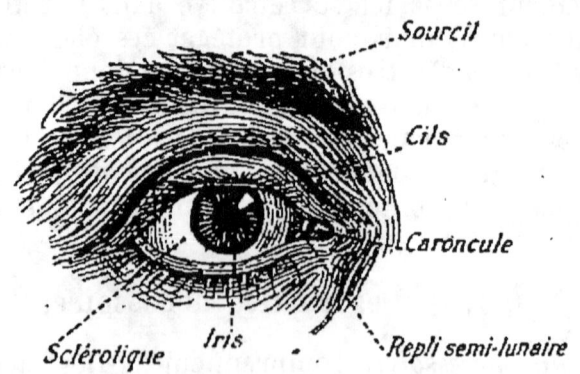

Fig. 317. — Œil droit.

1° par la *peau* ; 2° par une membrane de nature conjonctive, très résistante, le *cartilage tarse* ; 3° par un muscle, l'*orbi-*

culaire des paupières, qui en se contractant rapproche les paupières l'une de l'autre ; 4° par les *glandes de Meibomius*, glandes sébacées qui viennent déverser leur contenu sur le bord libre des paupières ; 5° par une membrane muqueuse très mince, la *conjonctive*, qui se replie et passe devant l'œil, où elle est transparente.

Dans le coin interne de l'œil (*fig.* 317), la conjonctive forme le *repli semi-lunaire*, membrane très développée chez le Cheval où elle forme la membrane *clignotante*; chez les Oiseaux, elle devient la troisième paupière ou membrane *nictitante*. Un peu plus en dedans se trouve une petite glande appelée *caroncule lacrymale*.

Parties motrices : les muscles de l'œil. — L'œil est capable de mouvements variés qui lui permettent d'explorer, sans remuer la tête, tous les points de l'espace vers lequel la face est tournée. Ces mouvements sont obtenus à l'aide de *six muscles* qui s'insèrent par une extrémité sur le globe de l'œil, et par l'autre sur la paroi de l'orbite. En déplaçant le regard, ces muscles peuvent aussi modifier l'expression de la physionomie.

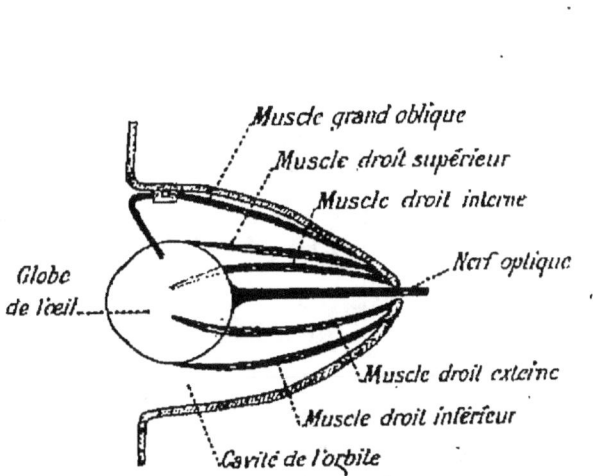

Fig. 318. — Les muscles de l'œil.

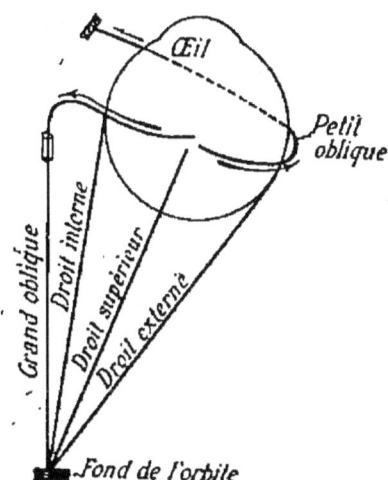

Fig. 319. — Schéma montrant le rôle de certains muscles de l'œil.

Ces muscles (*fig.* 318 et 319) sont : 1° le *muscle droit supérieur*, dont la contraction fait relever l'œil en haut; 2° le *muscle droit inférieur*, qui fait regarder en bas ; 3° le *muscle droit externe*, qui dirige l'œil en dehors ; 4° le *muscle droit interne*, qui fait regarder en dedans ; 5° le *muscle grand oblique* (fig. 318 et 319), qui s'insère à la face supérieure du globe de l'œil, passe dans un anneau fibreux situé en haut de l'orbite et vient se fixer dans le fond de l'orbite ; il fait tourner l'œil droit dans le sens des aiguilles d'une montre, et l'œil gauche en sens inverse ; 6° le *muscle petit oblique* s'attache sur la face inférieure du globe de l'œil et va se fixer dans l'angle interne et inférieur de l'orbite ; il agit en sens inverse du grand oblique.

Parties sécrétrices : glandes lacrymales. — La *glande lacrymale* (fig. 320), qui sécrète les larmes, est logée dans une petite fossette située dans l'angle supérieur et externe de l'orbite. Elle a la même structure qu'une glande salivaire, et elle sécrète les larmes comme celle-ci sécrète la salive. Les larmes sont formées d'eau contenant en dissolution un peu de chlorure de sodium. Ce liquide est déversé

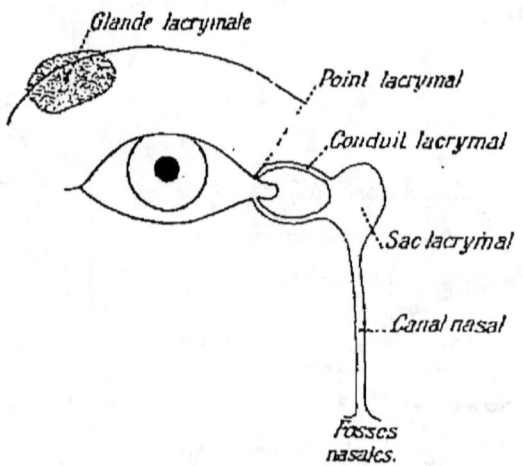

Fig. 320. — Appareil lacrymal.

par une dizaine de canaux excréteurs dans le repli supérieur de la conjonctive, d'où il se répand sur toute la conjonctive grâce au mouvement des paupières. L'excès peut s'écouler par deux orifices, situés dans le coin interne de l'œil, et appelés *points lacrymaux* (fig. 320) ; ces deux orifices, par les deux *conduits lacrymaux*, permettent aux larmes d'arriver dans le *sac lacrymal*, d'où part le *canal nasal* qui débouche dans le méat inférieur du nez. Les larmes s'écoulent donc dans les fosses nasales ; ce qui explique pourquoi les émotions pénibles produisent le nasillement et le besoin de se moucher.

Les larmes ont pour rôle de maintenir humide la conjonctive qui, si elle était desséchée, ne serait plus transparente.

§ 2. — Le globe de l'œil.

L'œil, qui a une forme sphérique, se compose : 1º de *membranes* ; 2º de *milieux transparents*.

Les membranes. — Les membranes de l'œil sont, de dehors en dedans : la *sclérotique*, la *choroïde* et la *rétine*.

1º **La sclérotique.** — La sclérotique (*fig.* 322) est l'enveloppe extérieure de l'œil; elle est fibreuse et résistante. En arrière, elle est percée d'un trou pour laisser passer le nerf optique. En avant, elle est transparente et sa courbure est plus accentuée : c'est la *cornée transparente*.

2º **La choroïde.** — La choroïde (*fig.* 322) est une membrane conjonctive, très riche en vaisseaux sanguins et dont la partie interne, accolée à la rétine, est formée de cellules contenant de nombreux pigments noirs (*fig.* 321). Cette couche pigmentaire transforme l'intérieur de l'œil en une véritable chambre noire. Près du cristallin, la choroïde se renfle pour former la *région ciliaire*, qui comprend deux couches : l'une, externe, le *muscle ciliaire* ; l'autre, interne, entoure le bord du cristallin, ce sont les *procès ciliaires*.

Fig. 321. — Cellules pigmentaires de la choroïde.

Le *muscle ciliaire*, formé de fibres lisses, a l'aspect d'un anneau dont la partie externe comprend des fibres longitudinales, et la partie interne des fibres circulaires.

Les *procès ciliaires* se présentent comme une couronne de plis (environ 80) rayonnant autour du cristallin et l'encadrant. Ces plis sont très vasculaires et peuvent se gonfler par l'afflux de sang.

En avant, la choroïde se prolonge par une cloison verticale appelée *iris* ; ce diaphragme est percé d'un orifice appelé *pupille*. L'iris est diversement coloré suivant les individus :

noir, gris, bleu, etc. La pupille est noire parce qu'elle laisse voir dans le fond de l'œil la choroïde qui est noire ; chez les *albinos*, la choroïde n'a pas de pigments noirs, aussi la pupille est rouge clair. Dans l'épaisseur de l'iris se trouvent des

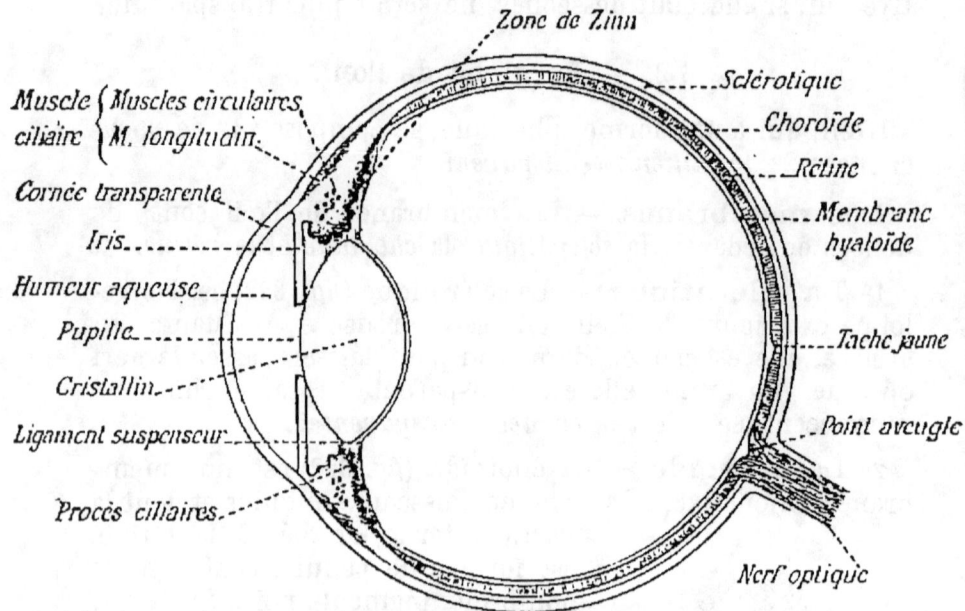

Fig. 322. — Coupe théorique de l'œil.

fibres musculaires lisses, qui sont les unes *radiées*, les autres *circulaires* (fig. 323) ; en se contractant, les premières dilatent la pupille, les secondes la rétrécissent. L'iris règle donc la quantité de lumière qui pénètre dans l'œil.

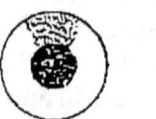 

Fig. 323. — Les muscles de l'iris.

3° **La rétine.** — La *rétine* (fig. 322), qui est la membrane sensible de l'œil, tapisse la face interne de la choroïde ; elle résulte de l'épanouissement du nerf optique et s'étend, en forme de coupe, du fond de l'œil à la région ciliaire. La rétine présente au point où arrive le nerf optique une saillie appelée *papille optique* ou encore *point aveugle* (*punctum* *cœcum*), car cette partie de la rétine n'est pas sensible à la lumière. Au centre du fond de l'œil se trouve une dépression appelée *tache jaune* (*macula lutea*), très sensible à la lumière.

La structure de la rétine est très compliquée ; on y observe au moins 10 zones d'aspect différent. En réalité, c'est une membrane formée de fibres conjonctives au milieu desquelles viennent se terminer les fibres du nerf optique. Ces fibres conjonctives forment une *membrane limitante externe* et une *membrane limitante interne* (fig. 325), et c'est entre ces deux

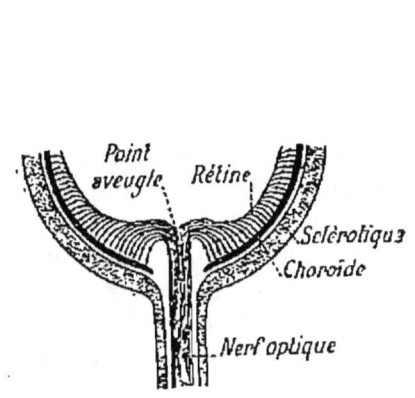

Fig. 324. — Epanouissement du nerf optique et ses terminaisons dans la rétine.

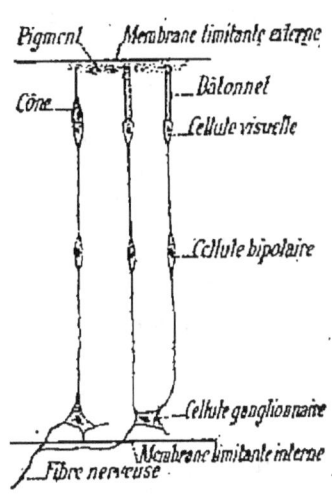

Fig. 325. — Schéma de la rétine.

parties que se terminent les fibres nerveuses. Si l'on suit une fibre nerveuse venant du nerf optique et pénétrant par le point aveugle (fig. 324), on la voit se répandre dans l'épaisseur de la rétine et son extrémité se tourne de dedans en dehors, vers la choroïde, pour venir se terminer contre la couche pigmentaire de la choroïde. Chacune de ces fibres (fig. 325) présente sur son trajet des *cellules ganglionnaires multipolaires*, puis *bipolaires* et se termine par des *cellules visuelles* qui sont munies de prolongements ayant la forme de *cônes* ou de *bâtonnets*. Cette région des cônes et des bâtonnets forme la *membrane de Jacob*.

Les cônes sont généralement incolores; mais les bâtonnets sont colorés en rose par un pigment appelé *pourpre rétinien* ou *érythropsine*, substance très sensible à l'action de la lumière. Dans la *tache jaune on ne trouve que des cônes*.

Les milieux de l'œil. — Les milieux réfringents de l'œil sont, d'avant en arrière : la *cornée transparente*, l'*humeur aqueuse*, le *cristallin* et le *corps vitré*.

La *cornée transparente*, qui n'est que le prolongement de la sclérotique, a été décrite plus haut.

L'*humeur aqueuse* (*fig.* 322) est un liquide transparent, contenu dans l'espace compris entre la cornée et l'iris et qu'on appelle la *chambre antérieure* de l'œil.

Le *cristallin* (*fig.* 322 et 326) est une lentille biconvexe dont l'axe principal se confond avec l'axe antéro-postérieur de l'œil. Il est entouré d'une membrane mince, solide, la *cristalloïde*. A l'intérieur de cette capsule, se trouvent deux couches de cellules : une couche antérieure ormée de cellules cubiques ; une couche postérieure formée de cellules allongées et disposées concentriquement comme les feuilles d'un bulbe d'oignon.

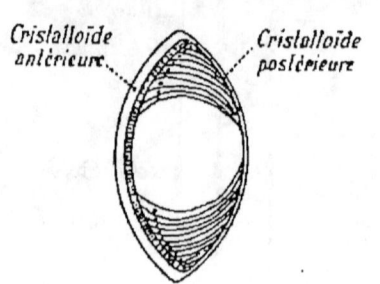

Fig. 326. — Structure du cristallin.

Son indice de réfraction augmente de la périphérie au centre. Le cristallin est maintenu en place, entre l'iris et le corps vitré, par le *ligament suspenseur* qui rattache la membrane hyaloïde au cristallin. Le cristallin peut devenir opaque et amener la cécité ; on est alors obligé de faire l'opération de la *cataracte*, qui consiste à enlever le corps du cristallin en respectant la cristalloïde antérieure. Cette cristalloïde antérieure est tapissée d'une couche de cellules épithéliales qui, en se multipliant, peuvent donner un nouveau cristallin.

Le *corps vitré* ou *humeur vitrée* (*fig.* 322) remplit tout l'espace compris entre le cristallin et la rétine. C'est une substance gélatineuse contenue dans une membrane transparente appelée *membrane hyaloïde*. Cette membrane s'épaissit dans la région ciliaire pour donner ce qu'on appelle la *zone de Zinn*.

II. — Physiologie de l'œil.

L'œil se compose au point de vue physiologique : 1° d'un

appareil d'optique destiné à concentrer les rayons lumineux et à former sur la rétine les images des objets ; 2° d'un *appareil sensible* destiné à recevoir ces images qui sont le point de départ de nos impressions lumineuses.

L'œil est un instrument d'optique. — L'œil comprend des milieux transparents en forme de lentilles, puisqu'ils sont limités par des surfaces courbes. La principale lentille est le cristallin, dont l'indice de réfraction est 1,44. On peut réduire l'action de ces milieux réfringents (humeur aqueuse, cristallin, etc.) à l'action d'une *lentille* unique dont le centre optique serait près de la face postérieure du cristallin.

Les objets extérieurs vont donner des images *réelles* et *renversées* qui, si l'œil est bien conformé, devront se former sur la rétine. On peut observer ces images en opérant sur un œil de bœuf dont on enlève la sclérotique et la choroïde dans la moitié postérieure (*fig.* 327) : une bougie placée en face de l'œil se peint renversée sur la rétine.

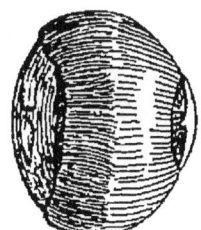 

Fig. 327. — Expérience de Magendie.

Pour que l'image soit nette, il faut : 1° que les rayons lumineux qui traversent le cristallin ne soient pas trop écartés de l'axe, c'est-à-dire qu'ils ne traversent pas les bords de la lentille ; sans quoi il se produit une *aberration de sphéricité* qui trouble l'image ; 2° que l'image vienne se former exactement sur la rétine.

C'est l'iris qui empêche les rayons trop écartés de l'axe de pénétrer dans l'œil.

La seconde condition est plus difficile à remplir. On sait que l'image d'un objet n'est bien nette que si l'écran sur lequel elle se peint est placé au foyer de la lentille. Ainsi si l'objet AB (*fig.* 328) a son image en A'B' sur la rétine, cette image est nette ; si l'objet s'éloigne de l'œil, l'image se formera en avant de la rétine et manquera de netteté ; si l'objet se rapproche de l'œil, l'image se formera en arrière de la rétine et la netteté sera encore troublée. L'œil, pour forcer les images à se faire sur la rétine, doit donc modifier ses milieux réfringents ; il doit s'*accommoder* aux distances variables des objets.

L'accommodation et son mécanisme. — On peut démontrer que c'est le cristallin qui modifie sa courbure pour s'adapter ou s'*accommoder* aux différentes distances. On place une bougie devant l'œil d'une personne, on voit alors dans cet œil trois images : 1° une antérieure, droite, donnée par la cornée ; 2° une moyenne, droite, donnée par la face antérieure du cristallin ; 3° une postérieure, renversée, formée par la face postérieure du cristallin. En rapprochant la bougie de l'œil, on voit l'image moyenne changer de place et se rapprocher du cristallin. C'est donc le cristallin qui modifie sa courbure antérieure et amène l'image à se faire sur la rétine.

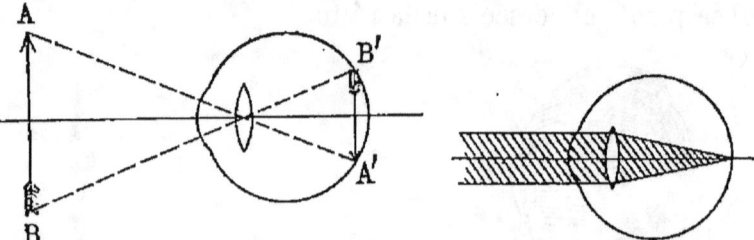

Fig. 328. — Formation des images sur le fond de l'œil.

Fig. 329. — Œil emmétrope (l'image se forme sur la rétine.)

Ce changement de courbure du cristallin est produit par la région ciliaire. Les fibres longitudinales du *muscle ciliaire* en se contractant font relâcher le *ligament suspenseur*, ce qui permet à la cristalloïde antérieure de se bomber davantage ; en même temps les fibres circulaires du *muscle ciliaire* se contractent et déterminent l'afflux du sang dans les *procés ciliaires*, qui vont se gonfler et comprimer le cristallin. Celui-ci étant maintenu, à sa face postérieure, par la membrane hyaloïde, se courbe davantage par sa face antérieure. Tel est le mécanisme de l'accommodation.

Le pouvoir accommodateur de l'œil a une limite. Pour un œil normal ou *emmétrope* (*fig.* 329), l'image d'un objet placé à l'infini se fait sur la rétine, le cristallin ayant sa courbure normale. Si on rapproche l'objet de l'œil, l'image recule en arrière de la rétine ; c'est alors, pour éviter ce déplacement de l'image, que le cristallin se courbe. Mais à partir d'une certaine distance, lorsque l'objet sera à 15 centimètres de l'œil, le cristallin ne peut plus se courber davantage, et l'image se forme en arrière de la rétine, c'est-à-dire que cette image n'est plus perçue nettement. Cette distance de 15 centimètres est ce qu'on appelle la *distance minimum de la vision distincte*.

Avec l'âge, le *muscle ciliaire* s'affaiblit; aussi chez les vieillards il y a un affaiblissement du pouvoir accommodateur, et la vision n'est plus distincte pour les courtes distances. Le vieillard sera obligé de se placer à 50^{cm} ou même à 1^m des caractères d'imprimerie, par exemple, pour les voir nettement. Ce défaut d'accommodation est connu sous le nom de *presbytie*. On peut le corriger à l'aide d'une lentille biconvexe qui fait converger davantage les rayons lumineux et ramène les images sur la rétine.

Anomalies de la vision. — L'œil *normal* ou *emmétrope* (*fig.* 329) est celui pour lequel l'image d'un objet placé à l'infini se fait sur la rétine, sans accommodation. Pour voir tous les objets placés entre *l'infini* et la *distance minimum de la vision distincte* (15^{cm}), l'œil doit *accommoder*.

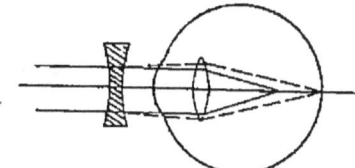 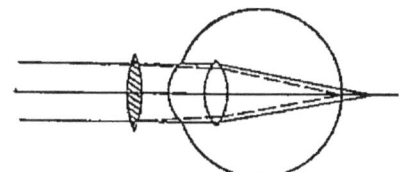

Fig. 330. — Œil myope (l'image est en avant de la rétine).

Fig. 331. — Œil hypermétrope (l'image est en arrière de la rétine).

L'œil *myope* (*fig.* 330) est un œil dont l'axe antéro-postérieur est trop long, de sorte que l'image d'un objet placé à l'infini se forme en avant de la rétine. Dans ce cas la distance minimum de la vision distincte est réduite à quelques millimètres. On corrige cette infirmité par l'emploi de lentilles biconcaves, qui font diverger les rayons lumineux et reportent l'image en arrière, sur la rétine si leur courbure est convenablement choisie. Avec l'âge, l'œil myope peut devenir presbyte.

L'œil *hypermétrope* (*fig.* 331) est un œil dont l'axe antéro-postérieur est trop court, de sorte que l'image d'un objet placé à l'infini se fait en arrière de la rétine. C'est par conséquent le contraire de ce qui se passe dans l'œil myope. La distance minimum de la vision distincte est toujours supérieure à 15cm. On corrige par l'usage de lentilles biconvexes qui font converger les rayons lumineux et ramènent l'image en avant, sur la rétine si leur courbure est convenablement choisie.

La rétine est l'organe sensible à la lumière. — La rétine est la membrane sensible à la lumière ; elle semble recevoir une *impression photographique* qui donne naissance à l'impression lumineuse. L'expérience suivante le démontre : on place un Lapin dans une chambre noire, puis on lui fait regarder une fenêtre vivement éclairée, et on place rapidement l'œil de cet animal dans une dissolution d'alun. On voit alors sur le fond rose de la rétine l'image photographique, en *négatif*, de la fenêtre. C'est que le pourpre rétinien est décomposé par la lumière ; et c'est cette action de la lumière qui est transmise par le nerf optique à l'encéphale qui perçoit la sensation lumineuse.

La rétine n'est sensible que dans les régions où se trouvent les cônes et les bâtonnets. Ainsi le point où pénètre le nerf optique est *aveugle* parce qu'il n'y a pas de cônes ni de

Fig. 332. — Expérience de Mariotte.

bâtonnets. L'expérience de Mariotte démontre ce fait : on trace sur une feuille de papier une croix et un cercle (*fig.* 332) distants de 5 centimètres environ ; on ferme l'œil droit et on regarde avec l'œil gauche le cercle placé à droite ; on voit d'abord les deux dessins, puis on éloigne la feuille de papier et bientôt la croix disparaît pour reparaître plus loin. Or, le calcul montre qu'au moment où l'image disparaît elle se forme sur le *point aveugle*.

Persistance des impressions lumineuses. — Les impressions produites sur la rétine persistent pendant $\frac{1}{10}$ de seconde après la disparition du corps lumineux. C'est probablement le temps qui est nécessaire au pourpre rétinien, attaqué par la lumière, pour se régénérer. Si les images visuelles se succèdent plus vite qu'elles ne s'effacent, on a une sensation unique : c'est ainsi qu'un charbon ardent qu'on fait tourner donne l'impression d'un cercle lumineux. On peut aussi à l'aide du disque de Newton sur lequel sont peintes les sept couleurs du spectre, reconstituer la lumière blanche, car les couleurs se superposent et c'est la résultante qu'on perçoit. L'instrument de physique appelé *phénakisticope* est construit sur ce principe de la persistance des impressions lumineuses, de même le *cinématographe*. On fait passer devant les yeux une série de photographies représentant les divers mouvements qui se succèdent dans une scène et l'on a l'illusion du mouvement dans son ensemble : c'est ainsi que l'on peut voir un coureur, un bicycliste, un train en marche, etc.

Perception des couleurs. — L'œil perçoit les diverses couleurs qui composent la lumière blanche. Il semble que les cônes seuls soient impressionnés par la lumière colorée, car la rétine des animaux nocturnes (Hibou, Chauve-souris), qui ne peuvent guère apprécier les couleurs, est dépourvue de cônes. C'est pourquoi Helmholtz admettait que les bâtonnets servaient à la perception de l'intensité de la lumière, et les cônes à la perception des couleurs.

Certaines personnes ne peuvent pas apprécier les couleurs : on dit qu'elles sont atteintes de *daltonisme*. Le *rouge* par exemple leur semblera *vert* : pour ces personnes, disait Arago, les cerises ne sont jamais mûres. Dans les chemins de fer et dans la marine, où l'on se sert surtout de couleurs comme signaux, les candidats aux emplois qui comportent l'observation des signaux sont l'objet, en ce qui concerne la vue et notamment le daltonisme, d'un examen des plus minutieux.

Si l'on fixe longtemps un cercle *rouge*, et que l'on regarde ensuite un fond blanc, on voit la couleur complémentaire, c'est-à-dire un cercle *vert*. On dit que deux couleurs sont *complémentaires* lorsque leur addition donne du blanc. D'après cette loi du *contraste successif* le rouge paraît plus vif quand on a regardé du vert, et réciproquement.

Lorsque l'on regarde un cercle *blanc* sur du papier vert, on voit le cercle blanc en *rouge* : c'est du *contraste simultané*.

Vision binoculaire. — La vision avec un œil ne nous

renseigne que sur la forme des objets, mais elle ne peut apprécier ni la distance, ni le relief de ces objets. Chaque œil voit en effet une image qui n'est pas identique ; de sorte qu'un même objet donnera deux images, et c'est la superposition de ces deux images qui donne la notion du relief. Les objets ne sont pas vus *doubles*, quoiqu'ils donnent deux images, parce que ces deux images se font sur deux *points correspondants* que l'éducation de l'œil a habitués à percevoir les images d'un même point ; de sorte qu'il n'y a qu'une seule impression nerveuse dans l'encéphale.

C'est aussi par l'éducation des yeux que nous ramenons à leur position normale les objets dont les images sont renversées sur la rétine.

Illusions d'optique. — L'œil peut nous donner des impressions fausses : c'est ce qu'on appelle les *illusions d'optique*.

Nous pouvons citer comme exemple le phénomène de l'*irradiation* (*fig.* 333). On trace deux carrés égaux, l'un blanc sur fond noir, l'autre noir sur fond blanc ; on les met dans

Fig. 333. — Phénomène de l'irradiation.

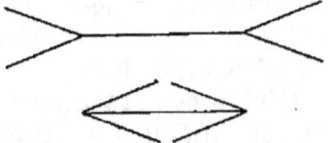

Fig. 334. — Illusion d'optique.

le voisinage l'un de l'autre, et c'est le carré blanc qui semble le plus grand. C'est que l'action de la lumière du carré blanc semble, sur la rétine, se propager, s'irradier, au-delà de la région directement touchée par la lumière.

On peut encore citer d'autres illusions : deux lignes (*fig.* 334) rigoureusement égales prolongées par des parallèles semblent inégales.

RÉSUMÉ

L'*œil* a pour fonctions de recueillir les vibrations lumineuses. L'*œil primitif* peut se ramener à une cellule dont une extrémité se termine en bâtonnet ou en cône, et dont l'autre extrémité est en relation avec une fibre nerveuse.

Anatomie de l'œil. — L'organe de la vision comprend deux parties : 1º les *parties accessoires*, qui ne laissent passer que la lumière ; 2º la partie fondamentale ou *globe de l'œil*.

1º *Parties accessoires* ..
- Parties protectrices : orbite, paupières, cils, sourcils.
- Parties motrices : 6 muscles moteurs de l'œil.
- Parties sécrétrices : Glande lacrymale, Glandes de Meibomius.

2º *Globe de l'œil* ..

I. *Membranes*.
1. *Sclérotique* et *cornée transparente* en avant.
2. *Choroïde* : en avant *procès ciliaires* et *muscles ciliaires*; *iris* et *pupille*.
3. *Rétine* : épanouissement du nerf optique, dont les fibres se terminent en cônes ou en bâtonnets. *Tache jaune*. *Point aveugle*.

II. *Les milieux transparents*.
- *Cornée transparente*.
- *Humeur aqueuse* dans la chambre antérieure de l'œil.
- *Cristallin*, lentille biconvexe logée dans la *cristalloïde*.
- *Corps vitré*, entre le cristallin et la rétine, maintenu par la *membrane hyaloïde*.

Physiologie de l'œil. — L'œil est un *instrument d'optique* et un *appareil sensible*.

1º *Instrument d'optique* .....
- *Cristallin* et *milieux* donnent images réelles et renversées sur la rétine ;
- *Iris* arrête les rayons trop éloignés de l'axe, et règle la quantité de lumière entrant dans l'œil.
- *Accommodation* de l'œil aux distances. *Presbytie*.
- Œil normal ou *emmétrope*.
- Anomalies de la vision : œil *myope*, *hypermétrope*.

2° *Appareil sensible.* . . . . . .
{ Images se forment sur la rétine ; décomposition de l'*érythropsine.*
Point aveugle ; entrée du nerf optique, ni cônes, ni bâtonnets.
Les impressions lumineuses *persistent* $\left(\frac{1}{10} \text{ de seconde environ}\right)$.
L'œil perçoit les couleurs. *Daltonisme.* Contrastes simultanés et successifs.
Vision binoculaire ; idée du relief.
Illusions d'optique. Irradiation.

CHAPITRE XX

LE LARYNX ET LA VOIX

Chez l'Homme et les Vertébrés supérieurs la partie supérieure de la trachée-artère se modifie pour donner un organe, le *larynx*, destiné à émettre des sons qui caractérisent la *voix*.

Anatomie du larynx. — Le larynx provient de la différenciation des deux anneaux supérieurs de la trachée-artère. Il communique avec le pharynx par une ouverture surmontée d'une languette appelée *épiglotte*. La cavité du larynx (fig. 335) présente d'abord une dilatation appelée *vestibule*, suivie d'un rétrécissement formé par les *cordes vocales supérieures*. Un peu au-dessous se trouvent deux replis, les *cordes vocales inférieures*, très rapprochés et qui limitent un orifice triangulaire, la *glotte*. Entre les cordes vocales inférieures et supérieures se trouve le *ventricule de Morgagni*.

Le *squelette* du larynx est formé par le *cartilage thyroïde*, le *cartilage cricoïde* et les deux *aryténoïdes*.

Le *cartilge thyroïde* est le plus développé ; il forme une saillie antérieure appelée *pomme d'Adam* (fig. 336). Des ligaments le relient à l'os hyoïde ; il est rattaché par une membrane *crico-thyroïdienne* au cartilage cricoïde avec lequel il est articulé.

Le *cartilage cricoïde* surmonte le premier anneau de la trachée : il a la forme d'une bague dont le chaton serait placé en arrière ; il supporte les deux *aryténoïdes*.

Les *cartilages aryténoïdes* (fig. 338) sont triangulaires et placés symétriquement sur la partie postérieure du cricoïde. C'est de leur mobilité que dépend la forme de la glotte.

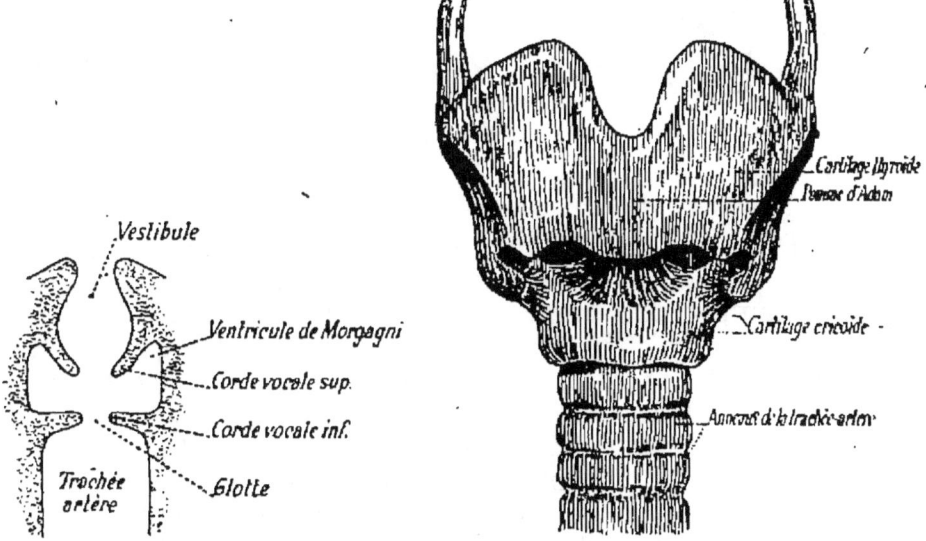

Fig. 335. — Coupe du larynx.   Fig. 336. — Face antérieure du larynx.

Ces divers cartilages sont réunis par des muscles dont les plus importants sont les *muscles thyro-aryténoïdiens*, qui s'attachent en avant, à la face interne du cartilage thyroïde, et en arrière se dirigent horizontalement vers les aryténoïdes où ils s'insèrent. Ces muscles contribuent à la formation des cordes vocales inférieures. Les autres muscles sont le *crico-thyroïdien*, le *crico-aryténoïdien*, les *aryténoïdiens*.

Le larynx reçoit des nerfs de deux sources différentes : 1° les *nerfs laryngés supérieur* et *inférieur*, qui sont des branches du *nerf spinal* et qui sont les nerfs de la phonation ; 2° les nerfs venant du *pneumo-gastrique* et qui donnent de la sensibilité au larynx. C'est bien le nerf spinal qui est le nerf vocal, car si on l'enlève à un Chat par exemple, il ne peut plus miauler, il est *aphone*.

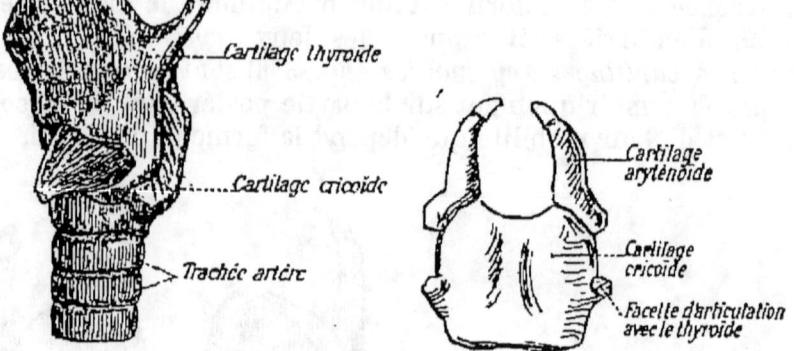

Fig. 337. — Larynx vu sur le côté. Fig. 338. — Cartilage cricoïde surmonté des cartilages aryténoïdes.

Physiologie du larynx. — La production du son est due à la vibration des cordes vocales inférieures. On peut le démontrer en faisant passer un courant d'air dans des larynx enlevés sur des cadavres. C'est donc le courant d'air venant de la poitrine qui fait vibrer les cordes vocales inférieures, à la manière des languettes des instruments à anche. Mais il est impossible d'assimiler complètement un larynx à aucun des instruments connus, car les cordes vocales peuvent à chaque instant changer de longueur, d'épaisseur, de tension : d'où ces modulations merveilleuses de la voix humaine.

Le son émis par le larynx a trois caractères : l'*intensité*, la *hauteur* et le *timbre*.

L'*intensité* dépend de l'amplitude des vibrations des cordes vocales, et par suite de la force du courant d'air expiré. Le développement des poumons et de la cage thoracique ont donc une action sur l'intensité de la voix.

La *hauteur* dépend de la longueur, de la tension et de la finesse des cordes vocales. Plus les cordes sont courtes, tendues et minces, plus le son est aigu. Chez l'enfant et chez la femme les cordes vocales sont courtes et délicates ; aussi leur voix est-elle plus aiguë. Chez l'homme elles s'allongent et s'épaississent avec l'âge, la voix devient par conséquent de plus en plus grave ; c'est ainsi qu'en vieillissant le ténor peut devenir baryton, puis enfin basse.

Le *timbre* dépend du son fondamental et des harmoniques. Il dépend de la forme du larynx, et des cavités de résonnance (pharynx, bouche, fosses nasales, etc.).

La voix et la parole. — Tous les animaux pourvus d'un larynx (Mammifères, Oiseaux, Reptiles, Batraciens) peuvent émettre des sons qui constituent la *voix*. Ils peuvent même, par des modifications qu'ils font subir à leur voix, se comprendre entre eux. C'est une sorte de langage que la voix du Chien hurlant, pleurant, poussant des cris de joie ou de terreur.

L'homme seul est doué de la *parole*, ou *langage articulé*. Pour cela, il associe des sons de deux sortes : les voyelles et les consonnes ; il constitue ainsi des syllabes, puis des mots. A chaque mot il donne un sens déterminé : de sorte que le langage articulé devient la traduction des idées. Il faut dire que l'homme a d'autres moyens d'exprimer sa pensée : ainsi l'enfant se fait comprendre par des gestes, des signes ; il *mime* sa pensée. Plus tard, il représente les mots par des lettres, et l'écriture devient alors le graphique des idées.

Les *voyelles* sont des sons simples dont chacun exige une forme spéciale du larynx et des cavités de résonnance. Chaque voyelle a sa note particulière, d'une hauteur déterminée.

Les *consonnes* sont des bruits produits par le courant d'air qui vient se briser contre des obstacles tels que les lèvres ou la langue. Ainsi les consonnes sont *labiales*, *linguales* ou *gutturales* suivant que les lèvres, la langue ou le gosier agissent pour modifier le courant d'air.

RÉSUMÉ

Le *larynx*, organe de la voix, est une modification de la partie supérieure de la trachée-artère.

Anatomie du larynx. — La cavité du larynx comprend le *vestibule*, les *cordes vocales supérieures* et les *cordes vocales inférieures* limitant le *ventricule de Morgagni*.

Le squelette du larynx est formé par les cartilages *thyroïde* (pomme d'Adam à la partie antérieure), *cricoïde* et deux *aryténoïdes*. Ces différents cartilages sont réunis par des ligaments et par des muscles.

Le larynx est innervé par des branches du *nerf spinal*, qui est le nerf de la phonation, et par des branches du *pneumo-gastrique* (sensibilité du larynx).

Physiologie du larynx. — Le son se produit au niveau des cordes vocales inférieures, par la vibration de ces cordes :

1º L'*intensité* du son émis dépend de l'amplitude des vibrations et par conséquent de la force du courant d'air expiré.

2º La *hauteur* dépend de la longueur, de la tension et de l'épaisseur des cordes vocales. Des cordes vocales courtes, tendues, minces donnent un son aigu ; longues, peu tendues et épaisses, elles donnent un son grave.

3º Le *timbre* dépend de la forme du larynx et des cavités de résonnance (pharynx, bouche, fosses nasales).

La *voix* est constituée par des sons *inarticulés*.

La *parole* est formée de sons *articulés* : l'homme seul est doué du langage articulé. Ce langage est constitué par l'association de deux sortes de sons : les voyelles et les consonnes.

CHAPITRE XXI

ORGANES DES SENS DANS LA SÉRIE ANIMALE

Généralités. — Toutes les cellules vivantes sont douées de sensibilité. Nous avons vu que le Protozoaire, l'Amibe, qui n'est formé que d'une seule cellule, peut accomplir des mouvements pour rechercher sa proie. Le Protozoaire, quoique n'ayant pas d'organe différencié, est sensible aux agents extérieurs : choc, lumière, électricité, chaleur, etc. Mais ce n'est qu'une sensibilité *diffuse*, qui ira en s'affinant à mesure qu'on s'élèvera dans la série animale. La division du travail physiologique va aider à la constitution d'*organes des sens* spéciaux.

En étudiant chaque organe des sens dans la série animale, on peut se rendre compte du perfectionnement progressif de cet organe.

§ 1. — Le toucher.

Invertébrés. — Les Protozoaires, Eponges, Cœlentérés et Echinodermes n'ont pas encore d'organe spécial.

Les Arthropodes ont des antennes qui servent surtout au toucher. Les Annélides ont des tentacules et des cirrhes, et les Mollusques des tentacules.

Vertébrés. — Les organes du toucher sont plus perfectionnés.

Les Poissons ont de longs prolongements épidermiques appelés *barbillons*. C'est surtout chez les Mammifères qu'on trouve des *poils tactiles*, à la base desquels sont des terminaisons nerveuses. La moustache du Chat, les poils des ailes de la Chauve-Souris sont d'une grande sensibilité. On trouve aussi dans le groin du Porc des *ménisques tactiles* riches en substance nerveuse.

§ 2. — Le goût.

Le goût existe chez les Poissons, les Batraciens et les Reptiles ; mais il est peu développé. Les Oiseaux ont la langue recouverte d'une couche cornée qui affaiblit ce sens. La langue des Carnivores est également cornée, mais celle des Herbivores et des Frugivores porte des papilles plus sensibles.

§ 3. — L'odorat.

Invertébrés. — L'odorat est peu connu chez les animaux inférieurs. Les Arthropodes ont l'odorat déjà très sensible.

Les Insectes ont à la base des antennes des *fossettes olfactives* pourvues de terminaisons nerveuses : on sait que les Mouches sont facilement attirées par des substances odorantes. Les Crustacés ont leurs fossettes olfactives à la base des antennules.

Vertébrés. — Les *Poissons* inférieurs, la Lamproie par exemple, n'ont qu'une fossette olfactive ; mais les autres Poissons ont des cavités nasales indépendantes de la bouche.

Les *Batraciens*, *Reptiles* et *Oiseaux* ont des fosses nasales dont les orifices postérieurs se rapprochent de plus en plus de la bouche.

Les *Mammifères* ont le sens olfactif d'autant plus développé qu'ils ont les *cornets* du nez plus enroulés. Les animaux qui ont du *flair* ont les cavités nasales presque complètement remplies par les cornets. L'Eléphant a les fosses nasales prolongées sous forme de trompe.

§ 4. — L'ouïe.

Invertébrés. — Les *Coelentérés*, les Méduses par exemple, ont des tentacules modifiés qui portent à leur extrémité des cellules avec des otolithes.

Chez les *Mollusques* on trouve une vésicule, l'*otocyste*, formée par des cellules auditives ciliées et qui contient un liquide, l'*endolymphe*, au milieu duquel nagent des otolithes. La vésicule est rattachée aux ganglions cérébroïdes par des fibres nerveuses.

Chez les *Insectes* il y a une *caisse tympanique* placée sur le premier anneau abdominal, ou à la base de la première paire de pattes. Sous la membrane tympanique qui ferme la caisse sont des terminaisons nerveuses.

Vertébrés. — Les *Poissons* n'ont ni oreille externe, ni oreille moyenne. L'oreille interne même est simple : elle n'a pas de limaçon. La *ligne latérale* qui s'étend sur toute la longueur du Poisson semble jouer un certain rôle dans l'audition.

Les *Batraciens* et les *Reptiles* n'ont pas d'oreille externe. L'oreille moyenne est simplifiée : le tympan est à fleur de peau, et la chaîne des osselets est remplacée par une tige osseuse, la *columelle* ; cette oreille tend à disparaître. L'oreille interne est aussi simplifiée ; le limaçon n'est qu'un simple tube appelé *lagena*.

Les *Oiseaux* n'ont pas de pavillon ; chez les Oiseaux nocturnes les plumes forment une sorte de conque. Ils ont dans l'oreille moyenne une *columelle* qui va du tympan à la fenêtre ronde. Le limaçon n'est encore qu'un simple tube.

Les *Mammifères* ont l'oreille externe très mobile chez les animaux chassés (Lièvre), très développée chez les animaux nocturnes (Chauve-Souris). L'oreille externe manque chez la Taupe qui vit dans le sol, et chez les Cétacés qui vivent dans l'eau. Or on sait que les solides et l'eau conduisent mieux le son que l'air; il y a donc dans la disparition de l'oreille externe chez ces Mammifères un exemple d'adaptation bien évident.

§ 5. — La vue.

Invertébrés. — Chez les animaux inférieurs, il n'y a pas d'organe spécialisé, mais on observe, même chez les Protozoaires, une certaine sensibilité à la lumière. L'organe est d'abord réduit à une *tache pigmentaire*, puis il se complique peu à peu afin de percevoir non seulement la lumière, mais les images des objets.

Si compliqué que soit l'œil des Invertébrés, il comprend toujours les éléments suivants : *cornée, cristallin, bâtonnets rétiniens, pigment* et *fibres nerveuses*.

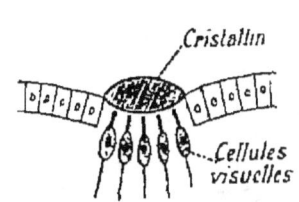

Fig. 339. — Corpuscule marginal d'une Méduse.

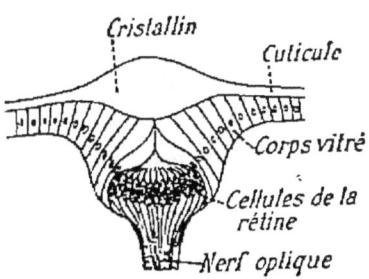

Fig. 340. — Œil simple d'un Insecte.

La différence essentielle entre l'œil d'un Vertébré et celui d'un Invertébré, c'est que chez le Vertébré les terminaisons nerveuses (cônes et bâtonnets) sont tournées vers l'extérieur, vers la choroïde, tandis que l'Invertébré a les terminaisons nerveuses tournées vers l'intérieur et directement exposées à la lumière. Chez quelques Cœlentérés (*Méduse*) (*fig.* 339) on trouve déjà un œil constitué par un cristallin et quelques cellules visuelles.

Les *Insectes* ont deux sortes d'yeux : l'œil simple ou *ocelle*, et l'œil composé ou *à facettes*. L'*œil simple* (*fig.* 340) est formé par un enfoncement de l'hypoderme ; il comprend un cristallin et des cellules rétiniennes prolongées par des bâtonnets et rattachées à des fibres nerveuses. L'*œil composé* présente extérieurement (*fig.* 341) un certain nombre de *facettes* correspondant chacune à un élément composé (*fig.* 342) d'un cristallin, de bâtonnets, de cellules ganglionnaires, de pigment et de fibres nerveuses. Les deux yeux composés sont situés latéralement.

Les *Mollusques* (fig. 343) ont des yeux assez développés. Certains, tels que le Poulpe, la Seiche, ont un œil analogue à celui des Vertébrés, mais la rétine a une disposition inverse. Les bâtonnets rétiniens sont tournés vers le cristallin.

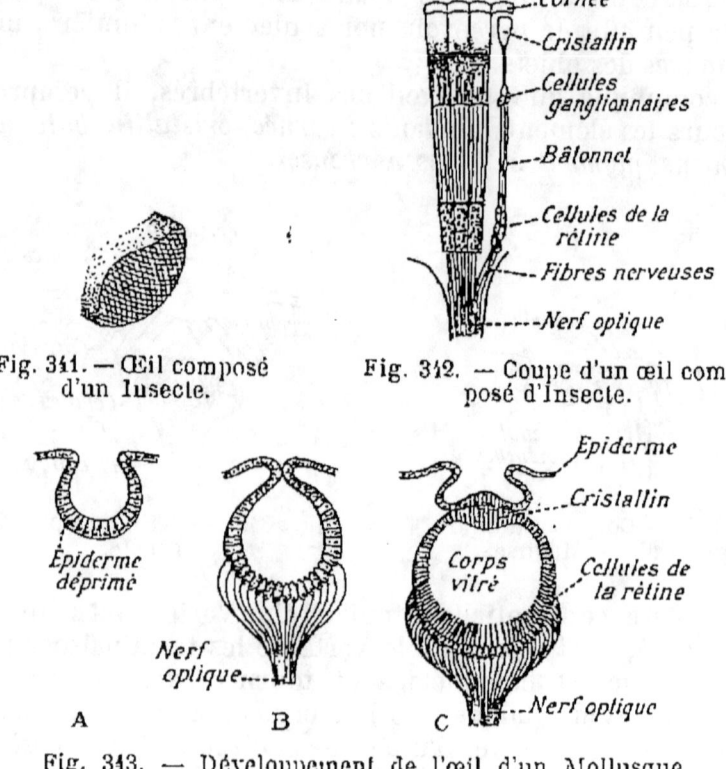

Fig. 341. — Œil composé d'un Insecte.

Fig. 342. — Coupe d'un œil composé d'Insecte.

Fig. 343. — Développement de l'œil d'un Mollusque céphalopode (Poulpe).

Vertébrés. — Les *Poissons*, vivant dans un milieu réfringent, ont un œil très convergent ; de sorte que hors de l'eau le poisson serait myope. Aussi leur cristallin est presque sphérique. La choroïde envoie à travers la rétine un prolongement qui vient s'étaler en forme de cloche (*campanule de Haller*). Chez les Poissons plats (Sole, Turbot) l'œil tourné vers le sol se déplace au cours du développement, et vient se placer près de l'autre. Les paupières manquent chez les Poissons.

Les *Reptiles* ont souvent leurs paupières soudées et transparentes. Chez ces animaux la choroïde envoie à travers la rétine un prolongement ou *peigne*, dont l'éclat métallique forme le *tapis*. Les Lézards sont pourvus d'un *troisième œil*, souvent atrophié, caché sous la peau et qui est formé par la *glande pinéale* ; d'où son nom d'*œil pinéal* ; il comprend un cristallin et une véritable rétine. Cet œil est fonctionnel chez quelques Lézards (*Hatteria*).

Les *Oiseaux* (fig. 344) ont une cornée transparente, très convexe. Ils ont une troisième paupière, la *nictitante*, qui s'ouvre latéralement à la façon d'un rideau ; elle correspond au *repli semi-lunaire* de l'homme. Les Oiseaux ont une sclérotique renfermant des pièces osseuses ; et ils ont un *peigne* bien développé.

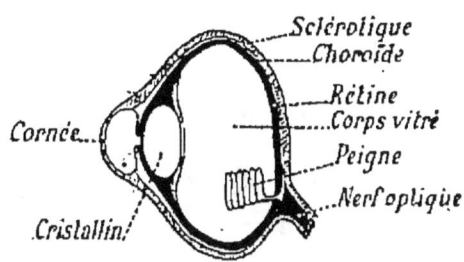

Fig. 344. — Œil d'un Oiseau.

Les *Mammifères* ont un œil qui rappelle celui de l'homme ; cependant chez le Cheval et le Bœuf, il y a une troisième paupière, la *membrane clignotante* qui part de l'angle interne de l'œil.

Lorsque des animaux vivent dans une obscurité continuelle, on constate une atrophie et même une disparition complète des yeux : la Taupe a les yeux atrophiés ; le Protée des Cavernes et les Poissons des grandes profondeurs sont privés d'yeux.

RÉSUMÉ

Toutes les cellules vivantes sont douées de sensibilité.

Le toucher. — Les animaux inférieurs n'ont pas d'organe spécial ; les Arthropodes ont des *antennes* ; les Vers et les Mollusques, des *tentacules*.

Les Poissons ont des *barbillons*, et les Mammifères des *poils tactiles*.

Le goût. — Les animaux supérieurs seuls ont des papilles gustatives.

L'odorat. — Les Arthropodes ont des *fossettes olfactives* à la base des antennes ou antennules.

Les Poissons ont des fosses nasales ne communiquant pas avec la bouche.

Les Batraciens, les Reptiles et les Oiseaux ont les orifices postérieurs des fosses nasales qui se rapprochent de la bouche.

Les Mammifères qui ont du *flair* ont des cornets très développés.

L'ouïe.

1° *Invertébrés*
- *Otocyste* des Mollusques : cellules ciliées, endolymphe et otolithes.
- *Caisse tympanique* des Insectes.

2° *Vertébrés*
- Poissons : oreille interne seulement.
- *Batraciens et Reptiles* : pas d'oreille externe ; simplification des oreilles moyenne et interne ; ont une *columelle*.
- *Oiseaux* : pas de pavillon ; columelle, lagena.
- *Mammifères* : oreille externe manque chez la Taupe et les Cétacés.

La vue.

1° *Invertébrés*
- Les terminaisons rétiniennes sont tournées vers la lumière, vers le cristallin.
- *Insectes* : œil simple ou *ocelle*. œil composé à *facettes*.
- *Mollusques* : œil du Poulpe semblable à l'œil de Vertébré, mais la rétine est inverse.

2° *Vertébrés*
- *Poissons* : cristallin sphérique ; *Campanule de Haller* ; pas de paupières.
- *Reptiles* : tapis ; peigne ; paupières soudées ; œil pinéal.
- *Oiseaux* : nictitante ; peigne ; tapis.
- *Mammifères* : clignotante des Ruminants.

CHAPITRE XXII

CLASSIFICATION DES ANIMAUX

Principaux groupes : *Espèce, genre, famille, ordre, classe, embranchement*. — L'étude de l'anatomie des animaux a permis de *grouper* les différents animaux suivant leurs ressemblances.

Espèce. — On a mis dans un même groupe appelé *espèce* les animaux qui se ressemblent autant entre eux qu'ils ressemblent à leurs parents : ainsi tous les Chiens depuis le petit Chien d'appartement jusqu'au Terre-Neuve appartiennent à l'espèce *Chien domestique*.

Genre. — On a classé dans un même groupe appelé *genre* toutes les espèces voisines qui présentent un certain nombre de caractères communs : ainsi l'espèce *Chien domestique*, l'espèce *Renard*, l'espèce *Loup*, l'espèce *Chacal* qui ont, dans l'ensemble, la même organisation, forment le *genre Chien*.

Il est bien entendu que le *genre* n'a, pas plus que l'*espèce*, d'existence réelle. Ce sont des idées qui facilitent la classification : rien de plus. Comme l'a dit notre illustre naturaliste Buffon : « La nature n'a ni classes, ni genres, elle ne comprend que des individus ; ces genres et ces classes sont l'ouvrage de notre esprit. »

On a groupé ensuite en suivant la même règle les genres en *familles*, les familles en *ordres*, les ordres en *classes*, enfin les classes en *embranchements*.

Les embranchements du règne animal. — Deux grandes divisions sont à faire dans le règne animal : les *Vertébrés* et les *Invertébrés*.

MAN. — HIST. NATUR. *

1° Les **Vertébrés** ont un squelette interne dont l'axe est formé de vertèbres. Cet embranchement comprend cinq *classes* : les Mammifères, les Oiseaux, les Reptiles, les Batraciens et les Poissons.

Les *Mammifères* sont caractérisés par la présence de mammelles et de poils.

Les *Oiseaux* portent des plumes et ont les membres antérieurs adaptés au vol (ailes).

Les *Reptiles* traînent leur corps à terre et ont le corps recouvert d'écailles épidermiques.

Les *Batraciens* ont la peau nue ; ils ont une respiration aquatique pendant leur jeune âge, et aérienne lorsqu'ils sont adultes : c'est pourquoi on les nomme encore *Amphibiens*. Ils subissent des métamorphoses. Exemple : la Grenouille.

Les *Poissons* ont le corps recouvert d'écailles dermiques ; ils ont une respiration aquatique ; leurs membres sont transformés en nageoires.

Les **Invertébrés** n'ont pas de squelette interne, pas de vertèbres. Ils présentent entre eux de grandes différences ; aussi on les partage en plusieurs embranchements, dont les plus importants sont : les *Tuniciers*, les *Mollusques*, les *Vers*, les *Arthropodes* qui ont une symétrie bilatérale, et les *Echinodermes*, les *Cœlentérés* qui ont une symétrie rayonnée, enfin les *Spongiaires* et les *Protozoaires*.

2° Tuniciers. — Les Tuniciers sont des animaux qui ont un squelette interne cartilagineux pendant l'état larvaire, ce qui les rapproche des Vertébrés. Mais pendant l'âge adulte, la plupart vivent fixés et subissent de ce fait une régression organique. Ils ont une enveloppe ou *tunique* en cellulose. Exemple : Ascidie.

3° Mollusques. — Les Mollusques sont des animaux à corps mou, généralement protégé par une coquille calcaire sécrétée par un repli de la peau (manteau). Leur corps présente trois régions distinctes : la tête, le pied et le tronc. On les partage généralement en trois classes : les *Lamellibranches* (Huître), les *Gastéropodes* (Escargot), les *Céphalopodes* (Poulpe).

4° VERS. — Les Vers ont le corps généralement formé d'anneaux placés bout à bout ; ils n'ont pas de membres articulés et ont des organes segmentaires. Ils comprennent plusieurs classes : les *Annélides* (Sangsue, Arénicole), les *Nématodes* (Ascaride), les *Cestodes* (Ténia), les *Trématodes* (Douve du foie).

5° ARTHROPODES. — Les Arthropodes ont le corps formé d'anneaux, comme les Vers, mais ils ont les membres articulés, c'est-à-dire formés de parties mobiles les unes sur les autres. Ils sont généralement recouverts d'une cuticule externe. Ils comprennent quatre classes : les *Insectes* (Hanneton), les *Arachnides* (Araignée), les *Myriapodes* (Scolopendre), les *Crustacés* (Ecrevisse).

6° ECHINODERMES. — Les Echinodermes ont une symétrie rayonnée, c'est-à-dire que les diverses parties de leur corps sont disposées autour d'un axe central, comme les rayons d'une roue. Ils sont généralement recouverts de piquants. d'où leur nom. Leur squelette externe est généralement imprégné de calcaire. Ils comprennent quatre classes : les *Echinides* (Oursin), les *Stellérides* (Etoile de mer), les *Crinoïdes* (Comatule), les *Holothurides* (Holothurie).

7° CŒLENTÉRÉS. — Les Cœlentérés ont le corps ramifié irrégulièrement ou rayonné ; leur corps est constitué par une sorte de sac servant à la fois d'appareil digestif et d'appareil circulatoire. Ils comprennent les *Anthozoaires* (Corail, Actinie), les *Hydroméduses* (Hydre, Méduse), les *Cténophores* (Béroë).

8° SPONGIAIRES. — Les Spongiaires ont un corps ramifié ou massif, non rayonné. Ils ont un squelette calcaire, corné ou siliceux. Exemple : les Éponges.

9° PROTOZOAIRES. — Les Protozoaires sont les animaux les plus simples puisque leur corps est formé d'une seule cellule. Ils comprennent les *Rhizopodes* (Foraminifères), qui émettent des pseudopodes, et les *Infusoires* (Paramécie), qui sont pourvus d'une cuticule et de cils vibratiles.

Tableau des embranchements et classes

	Squelette osseux ou cartilagineux, vertèbres	VERTÉBRÉS.	Mammifères. Oiseaux. Reptiles. Batraciens. Poissons.
Symétrie bilatérale	Enveloppe ou tunique en cellulose, squelette à l'état larvaire . .	TUNICIERS.	
	Corps mou, coquille sécrétée par le manteau.	MOLLUSQUES.	Lamellibranches. Gastéropodes. Céphalopodes.
	Corps formé d'anneaux, pas de membres articulés.	VERS	Annélides. Nématodes. Cestodes. Trématodes.
	Corps formé d'anneaux, membres articulés, cuticule.	ARTHROPODES.	Insectes. Arachnides. Myriapodes. Crustacés.
Symétrie rayonnée	Corps rayonné, recouvert de piquants . .	ECHINODERMES	Echinides. Stellérides. Crinoïdes. Holothurides.
	Corps rayonné, appareils digestif et circulatoire confondus .	CŒLENTÉRÉS.	Anthozoaires. Hydroméduses. Cténophores.
	Squelette corné, calcaire ou siliceux . .	SPONGIAIRES.	
	Corps formé d'une seule cellule.	PROTOZOAIRES	Rhizopodes. Infusoires.

DEUXIÈME PARTIE
ANATOMIE ET PHYSIOLOGIE VÉGÉTALES

CHAPITRE PREMIER
CARACTÈRES GÉNERAUX DES VÉGÉTAUX

La cellule et les tissus.

Caractères des végétaux. — Nous avons vu combien il était difficile de séparer d'une manière absolue les Végétaux des Animaux. Les plantes, disait-on, jusque dans ces der-

Fig. 345. — Rameau de Sensitive.

Fig. 346. — Sensitive anesthésiée par le chloroforme.

nières années, *ne se meuvent pas et ne sont pas sensibles.* Or, nous verrons plus loin que les différents organes de la plante peuvent effectuer certains mouvements en vue d'assurer la nutrition de la plante, et que de plus ces organes sont sensibles ou plutôt *irritables*. Le simple attouchement d'une feuille de Sensitive (*fig.* 345) en détermine la fermeture. De plus certaines substances, comme le chloroforme et l'éther, peuvent agir sur les Végétaux comme sur les Animaux en annihilant leur irritabilité, en les anesthésiant (*fig.* 346).

On prend comme caractère distinctif des Végétaux, la présence dans leur organisme d'une substance appelée *cellulose*, dont la formule chimique est $C^6H^{10}O^5$.

§ 1. — La cellule végétale.

La plante, comme l'animal, se compose d'*éléments anatomiques* ou *cellules*. Inutile de décrire à nouveau la cellule ; nous indiquerons seulement par quoi diffère la cellule végétale de la cellule animale. La différence réside surtout dans la structure du *protoplasma* et de la *membrane*.

Le protoplasma. — Le protoplasma végétal a les mêmes propriétés générales que le protoplasma animal. Il n'en diffère que par la présence de petits corps arrondis appelés

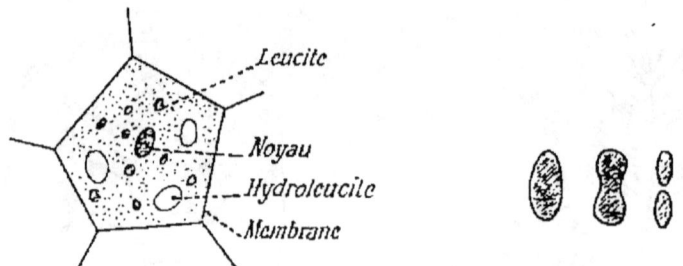

Fig. 347. — Cellule végétale.   Fig. 348. — Multiplication des leucites.

leucites (*fig.* 347). Ces leucites ont la même composition chimique que le protoplasma, mais ils sont plus réfringents et se colorent en violet par le violet de gentiane ou le violet de méthyle. Ils proviennent de la bipartition (*fig.* 348) de leucites préexistants. Leur rôle est de fabriquer de l'amidon aux dépens des substances contenues dans le protoplasma.

La plupart des leucites sont incolores ; certains de ces corpuscules se colorent en jaune, en orange ou en rouge : ce sont des *chromoleucites*. Mais les plus nombreux sont les verts, qui renferment de la *chlorophylle* et qu'on appelle *chloroleucites*. Ces derniers jouent un rôle important dans la nutrition de la cellule.

Le protoplasma est continu dans la cellule jeune, mais peu à peu apparaissent des cavités (*fig.* 347) ou vacuoles contenant le suc cellulaire : ce sont des *hydroleucites*. Lorsque les hydroleucites seront en grand nombre, ils se fusionneront, et finalement il n'y aura plus qu'un unique hydroleucite (*fig.* 349), qui refoulera le protoplasma et le noyau contre la paroi. Dans la cellule morte (*fig.* 350), le noyau et le protoplasma ont disparu.

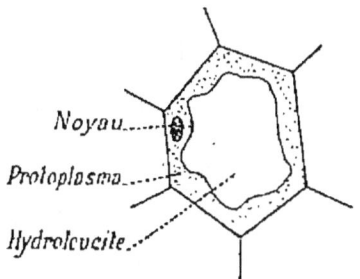 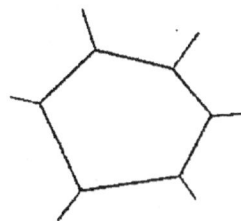

Fig. 349. — Cellule avec un hydroleucite unique.   Fig. 350. — Cellule morte.

Le suc cellulaire contient en dissolution un grand nombre de substances : des acides, des hydrates de carbone, des diastases, des matières colorantes, des alcaloïdes, etc. Lorsque le suc cellulaire s'évapore, cette dissolution se concentre et peut alors laisser déposer ces substances à l'état amorphe ou à l'état cristallisé. C'est ainsi que l'on voit naître dans les vacuoles des cellules de la graine de Ricin par exemple, des grains d'*aleurone* (*fig.* 351), dont chacun comprend un *cristalloïde* de nature albuminoïde, et un *globoïde* de nature phosphorée. Si on replace cette graine dans l'eau, celle-ci passe dans l'hydroleucite et redissout le cristalloïde et le globoïde du grain d'aleurone, qui disparaît. On peut faire réapparaître ce grain d'aleurone en plaçant la graine dans de la glycérine, qui enlève l'excès d'eau.

La membrane. — La *membrane* est toujours bien développée chez les végétaux. Elle renferme de la *cellulose* et des *composés pectiques*.

La *cellulose*, qui caractérise les végétaux, a pour formule $C^6H^{10}O^5$. On la reconnaît parce qu'elle bleuit par l'iode, et parce qu'elle n'est soluble que dans le réactif de Schweitzer (liquide cupro-ammoniacal obtenu en versant de l'ammoniaque concentrée sur de la tournure de cuivre). Elle n'est soluble ni dans les acides, ni dans les bases les plus énergiques. Elle est digérée par un végétal inférieur, le *Bacillus amylobacter*, dont nous étudierons plus loin l'action physiologique.

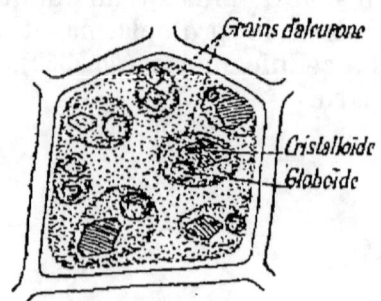 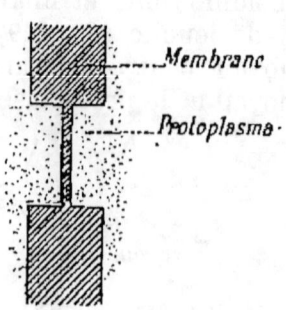

Fig. 351. — Cellule de l'albumen de la graine du Ricin contenant des grains d'aleurone.

Fig. 352. — Epaississement de la membrane donnant une ponctuation.

Les *composés pectiques* imprègnent la membrane. On peut les mettre en évidence en les colorant en jaune orangé par la safranine, ou en bleu violacé par le bleu de méthylène. Dans les tissus jeunes on trouve surtout de la *pectose* associée à la cellulose; mais dans les tissus plus résistants c'est le *pectate de calcium* qui se dépose sous forme de bâtonnets.

Modifications de la membrane. — La membrane, au cours de l'évolution de la cellule, subit des modifications qui sont de deux sortes : 1° elle s'*épaissit* ; 2° elle se modifie *chimiquement*.

1° **Epaississement.** — La membrane peut s'épaissir uniformément ; la cellule reste alors semblable à elle-même. Mais elle peut ne pas s'épaissir uniformément sur toute sa surface ; les parties restées minces (*fig.* 352) forment les *ponctuations* et facilitent les échanges de cellule à cellule. Suivant la forme des parties amincies, on a des cellules *ponctuées, rayées, annelées, spiralées*, etc.

2° **Modifications chimiques.** — La membrane peut se modifier chimiquement soit par la transformation de sa propre substance, soit par le dépôt de matières particulières dans son épaisseur.

Lignification. — La plupart des éléments qui forment le *bois* ont leurs membranes qui s'imprègnent d'une substance appelée *lignine* ($C^{19}H^{24}O^{10}$). Cette matière a la propriété de se colorer en jaune par le chloroiodure de zinc, et en rouge par la phloroglucine additionnée d'acide chlorhydrique. Elle n'est attaquée ni par le réactif de Schweitzer, ni par le *Bacillus amylobacter*. Elle donne de la solidité aux végétaux. Un morceau de bois par exemple est du tissu lignifié.

Subérification et cutinisation. — La cellulose de la membrane peut se transformer en *cutine* ou *subérine* ($C^6H^{10}O$). Cette substance se colore en rouge par la fuchsine et en jaune brun par le chloroiodure de zinc; elle est soluble dans la potasse concentrée et bouillante. Lorsque cette subs-

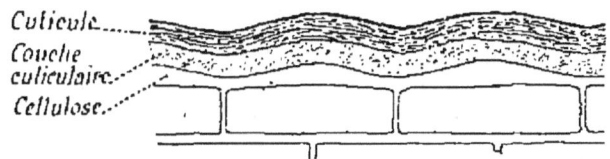

Fig. 353. — Cutinisation ou subérification de la membrane.

tance se forme seulement dans la partie externe de la membrane des cellules épidermiques (*fig.* 353), on a une couche appelée *cuticule*. La *couche cuticulaire* est celle qui est en train de se cutiniser. Si cette transformation se fait dans plusieurs couches de cellules, on a une *subérification* et l'ensemble des cellules ainsi modifiées forme le *liège*. Un bouchon par exemple est formé de tissu subérifié. Les membranes subérifiées résistent aux agents extérieurs, au *Bacillus amylobacter* même; elles jouent donc un rôle protecteur.

Gélification. — La membrane de certaines cellules, de la graine de Lin par exemple, a la propriété de se gonfler au contact de l'eau et de se transformer en une sorte de gelée : c'est la *gélification*. Ce sont les composés pectiques qui subissent cette gélification.

Minéralisation. — La membrane, dans certains cas, peut s'incruster de matières minérales. La tige du Blé, celle des Prêles, contiennent de la silice qui leur donne une grande rigidité.

§ 2. — Les tissus végétaux.

Origine de la plante. Méristème. Différenciation cellulaire et tissus. — Toute plante, si compliquée soit-elle, provient d'une cellule unique, la *cellule initiale* ou *œuf*. Cette cellule va se partager suivant le procédé de la karyokinèse et donner deux cellules qui pourront se séparer et vivre indépendantes (Végétaux inférieurs), ou bien rester associées pour continuer leur multiplication et former un ensemble de cellules semblables (Végétaux supérieurs).

Ces cellules semblables, en voie de cloisonnement, et qu'on trouve dans les parties jeunes (*fig.* 354), forment un tissu appelé *méristème*. La formation continue de nouvelles cellules au sommet de la tige et de la racine produit la *croissance terminale* de ces organes. Plus tard les cellules du méristème cessent de se diviser et continuent à s'accroître en produisant la *croissance intercalaire* des organes. C'est alors seulement que ces cellules vont se modifier pour donner les différents tissus.

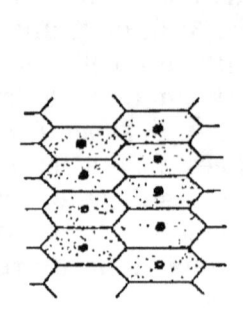

Fig. 354. — Cellules du méristème.

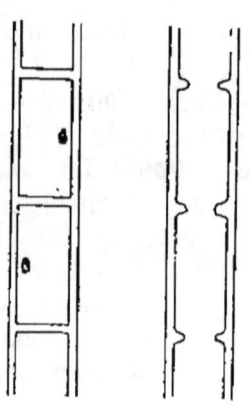

A. — File de cellules.   B. — Les cloisons sont résorbées.

Fig. 355. — Formation des vaisseaux du bois.

Les cellules, après avoir subi la *différenciation* qui résulte de la division du travail physiologique, se groupent suivant leurs formes et leurs fonctions pour donner les *tissus*.

Parmi les principaux tissus, citons le *parenchyme*, les tissus *conducteur*, *sécréteur*, *protecteur*, etc.

Le parenchyme. — Le *parenchyme* est un tissu formé de cellules à parois minces et qui est répandu abondamment dans toutes les plantes ; c'est une sorte de *tissu conjonctif* servant à relier entre eux les autres tissus.

Si les cellules du parenchyme s'écartent en certains points pour laisser entre elles des *méats* ou *lacunes*, on a un *parenchyme lacuneux*. Enfin suivant les substances contenues dans les cellules, le parenchyme peut être *chlorophyllien*, *sécréteur*, etc.

Tissu conducteur. Bois et Liber. — Le *tissu conducteur* qui sert à transporter la sève comprend deux parties distinctes : le *bois* et le *liber*.

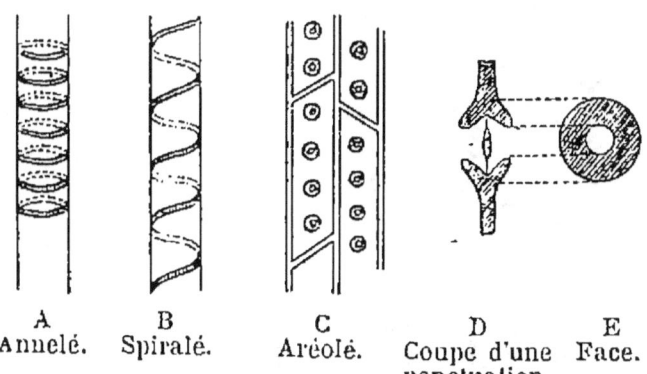

A   B   C   D   E
Annelé. Spiralé. Aréolé. Coupe d'une Face.
ponctuation.

Fig. 356. — Les différents vaisseaux du bois.

1° **Le bois.** — Le bois est formé essentiellement de tubes ou *vaisseaux*, de *parenchymes ligneux* et de *fibres ligneuses*.

Les *vaisseaux* sont formés par des cellules qui se superposent en files (*fig.* 355, A), et dont les cloisons se gélifient et se résorbent pour donner un tube continu ne portant plus, de distance en distance, qu'une trace annulaire de la cloison disparue (*fig.* 355, B). Le protoplasma et le noyau disparaissent également. Si la cloison est complètement résorbée, on a un *vaisseau parfait* ; si la cloison persiste, on a un *vaisseau imparfait*.

Les parois des vaisseaux ne sont ni également épaisses, ni uniformément lignifiées. L'aspect des vaisseaux du bois dépend donc du mode d'épaississement ligneux de la paroi.

Parmi les *vaisseaux parfaits* (fig. 356, A et B) on distingue les vaisseaux annelés, spiralés, rayés, etc.

Parmi les *vaisseaux imparfaits*, plus fréquents que les précédents et qu'on trouve presque exclusivement chez les Cryptogames vasculaires (Fougères) et les Gymnospermes (Conifères), signalons les vaisseaux *scalariformes* (fig. 357) abondants chez les Fougères, et les vaisseaux à ponctuations *aréolées* (fig. 356, C, D et E) qui forment le bois des Conifères. Ces derniers sont formés de cellules communiquant entre elles par des ponctuations placées sur les côtés ; et chaque ponctuation est constituée par une membrane mince à travers laquelle filtre le contenu des cellules.

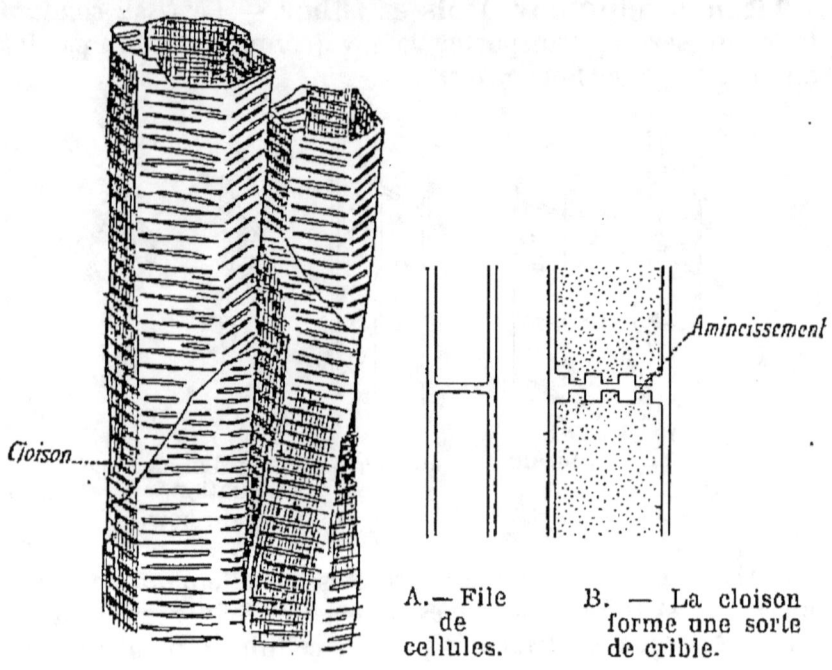

Fig. 357. — Vaisseaux scalariformes.

Fig. 358. — Formation d'un tube criblé.

A. — File de cellules.
B. — La cloison forme une sorte de crible.

Les vaisseaux du bois servent à transporter la *sève brute* absorbée par les racines.

Le *parenchyme ligneux* peut contenir du protoplasma, de l'amidon ; c'est donc un tissu vivant.

Les *fibres ligneuses* sont constituées par des cellules allongées dont les parois se sont épaissies et lignifiées (voir *tissu de soutien*).

2° Le liber. — Le liber est formé, comme le bois, de trois éléments : vaisseaux ou *tubes criblés*, *parenchyme libérien* et *fibres libériennes*. Il doit son nom à ce que sur une coupe longitudinale il se présente avec l'aspect des feuilles d'un livre (*liber*).

Le *tube criblé* est l'élément essentiel du liber. Comme le vaisseau du bois, il est formé par des cellules allongées qui se placent en files (*fig.* 358, A) dont les parois conservent une structure cellulosique. La cloison transversale qui sépare deux cellules (*fig.* 358, B) présente des épaississements cel-

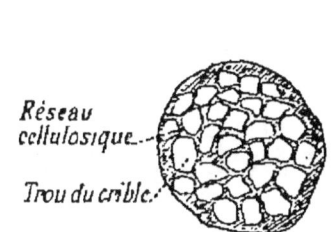

Fig. 359. — Le crible vu de face.

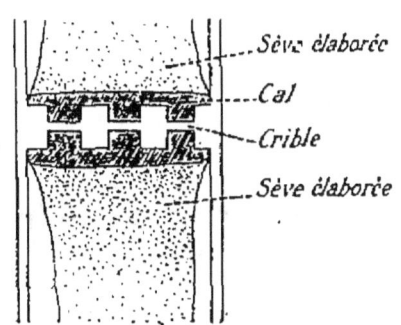

Fig. 360. — Formation du cal dans un tube criblé.

lulosiques qui laissent entre eux des parties très amincies par lesquelles se font les échanges entre les matières albuminoïdes contenues dans les deux cellules superposées. Cette cloison vue de face (*fig.* 359) présente donc l'aspect d'un *crible* dont les trous sont limités par un réseau cellulosique.

A l'automne, il se forme de chaque côté de la cloison une substance de nature albuminoïde appelée *cal* (*fig.* 360). Le cal bouche d'abord les perforations, puis il s'étend et forme de chaque côté une véritable *plaque calleuse* qui suspend les échanges entre les deux cellules. Au printemps suivant, le cal se résorbe et les communications se rétablissent.

Les tubes criblés du liber servent au transport de la sève nutritive qui a été élaborée dans les feuilles.

Tissu sécréteur. — Parmi les substances qui proviennent de l'activité du protoplasma, certaines sont éliminées à mesure qu'elles se forment, d'autres au contraire se localisent en certains points de la plante. Les produits ainsi sécrétés sont très variables, mais toujours ils se localisent dans des cellules *sécrétrices* ou se rassemblent dans des *canaux sécréteurs* ou *poches sécrétrices*.

1° **Cellules sécrétrices.** — Ces cellules peuvent être *isolées*. Exemples : la cellule qui forme le poil de l'Ortie (*fig.* 361) et dont le suc cellulaire contient de l'acide formique ;

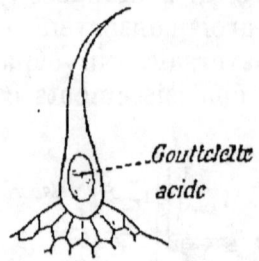

Fig. 361. — Poil d'Ortie.

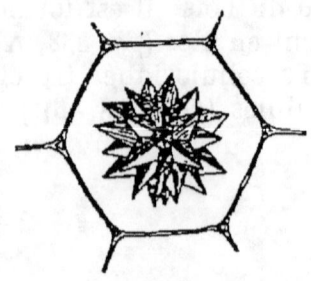

Fig. 362. — Cristaux d'oxalate de calcium (*Bégonia*).

la cellule dans laquelle se dépose de l'*oxalate de calcium* soit à l'état de cristaux mâclés (*fig.* 362) (*Bégonia*), soit à l'état

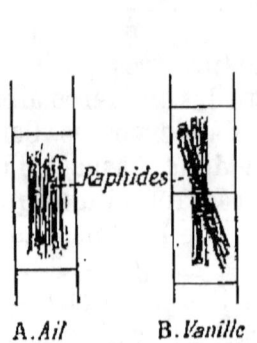

A. *Ail*   B. *Vanille*

Fig. 363. — Raphides d'oxalate de calcium.

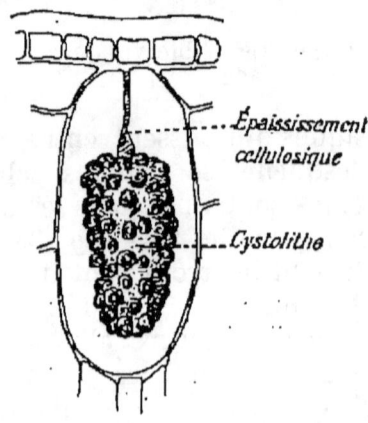

Fig. 364. — Cystolithe de carbonate de calcium.

d'aiguilles ou *raphides* (*fig.* 363) qui peuvent traverser plusieurs cellules (*Ail* et *Vanille*) ; la cellule qui contient du *carbonate de calcium* en dépôt mamelonné et suspendu à un épaississement cellulosique de la membrane (*fig.* 364) : ce dépôt a reçu le nom de *cystolithe* (Figuier).

Certaines cellules sécrétrices peuvent se grouper. Exemples :

le poil des Labiées, généralement formé de plusieurs cellules et dont l'*essence* vient s'accumuler entre la cuticule et la membrane de cellulose (*fig.* 365); en passant la main sur ces poils on brise facilement la cuticule et l'essence se dégage. On peut encore citer les poils massifs du Houblon (*fig.* 366) dont le *lupulin* vient s'accumuler aussi sous la cuticule.

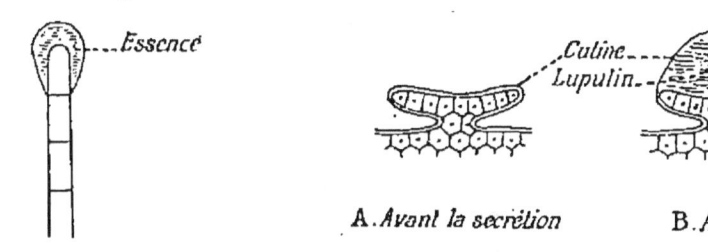

Fig. 365. — Poil de Labiée.

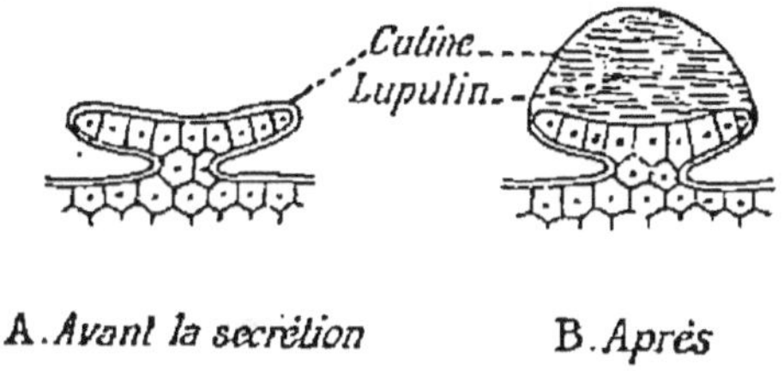

Fig. 366. — Poils sécréteurs du Houblon.

Parfois les cellules forment de véritables tubes qui contiennent un liquide laiteux, blanc ou coloré, appelé *latex*. Les tubes sont des *laticifères*. Les laticifères peuvent être for-

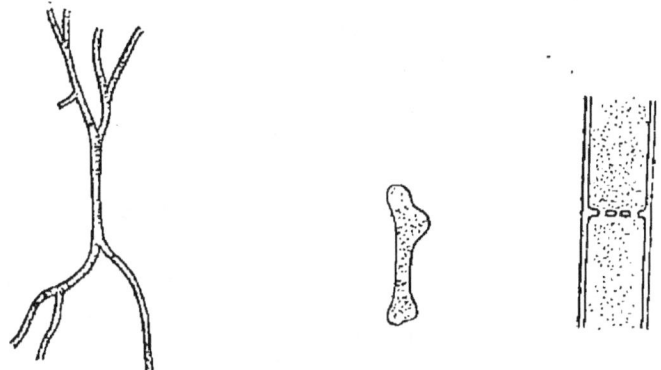

Fig. 367. — Cellule ramifiée d'un laticifère (Euphorbiacée).

Fig. 368. — Bâtonnet d'amidon.

Fig. 369. — Cellule d'un laticifère avec cloison perforée (Chélidoine).

més par des cellules *allongées* et *ramifiées* (*fig.* 367) dont le contenu blanc contient en suspension des grains d'amidon en forme de bâtonnets (*fig.* 368), tel est le cas de l'*Euphorbe*.

D'autres fois les laticifères sont formés par la réunion de cellules séparées par des cloisons perforées (*fig.* 369); tel est le cas de la *Chélidoine*, dont le latex est jaune. Le caoutchouc, la gutta-percha, l'opium sont également sécrétés par des laticifères.

2° **Poches et canaux sécréteurs.** — Dans les cas

précédents la cellule contenait la substance sécrétée ; dans le cas actuel la substance élaborée est rejetée dans des lacunes qui se présentent sous forme de *poches* ou de *canaux*.

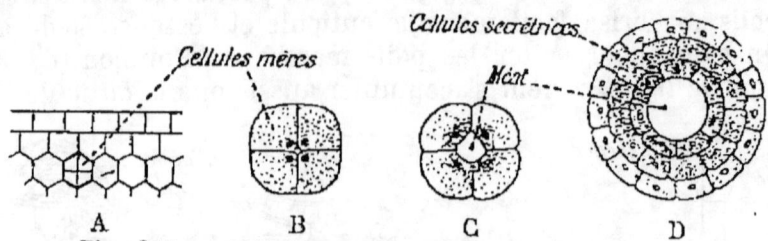

Fig. 370. — Développement d'un canal sécréteur.

Ces cavités se forment de la façon suivante : une cellule sous-épidermique se partage en quatre (*fig.* 370, A), qui en s'écartant laissent entre elles un méat. Ce méat ira en grandissant (*fig.* 370, B et C), tandis que les cellules qui le bordent (*fig.* 370, D) y verseront le produit de leur sécrétion. Ces *poches sécrétrices* s'observent dans le Millepertuis, dans la peau d'une orange.

Si plusieurs poches se confondent, il en résulte un *canal sécréteur*. Dans le Pin, par exemple, la résine est recueillie dans des canaux sécréteurs.

Tissu de soutien. — Le *tissu de soutien* forme la charpente des tiges. Il est formé par des cellules allongées (*fig.* 371) dont les membranes se sont épaissies, et qu'on désigne sous le nom de *fibres*. Ces fibres sont de deux sortes : 1° Les fibres qui forment le *collenchyme* et qui se trouvent dans les tissus jeunes ; leur membrane s'épaissit, mais reste cellulosique ; 2° Les fibres qui forment le *sclérenchyme* et qui sont situées dans les tissus adultes ; leur membrane est non seulement épaissie, mais elle est lignifiée. En somme, il y a entre le collenchyme et le sclérenchyme la même différence qu'entre le cartilage et l'os. Ces deux tissus concourent à la formation du squelette.

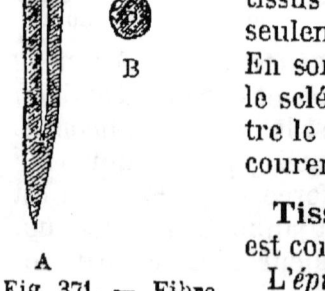

Fig. 371. — Fibre de sclérenchyme et sa section.

Tissu protecteur. — Le *tissu protecteur* est constitué par l'*épiderme* et par le *liège*.

L'*épiderme* est formé par une couche externe de cellules dont la membrane transformée en cuticule résiste aux agents extérieurs. L'épiderme présente souvent des renforcements ou *poils*, et des ouvertures ou *stomates*. Les *poils* sont des saillies résultant du prolongement d'une ou de plusieurs cellules épidermiques. Les *stomates* sont des ouvertures laissées entre deux cellules épidermiques spéciales et destinées à faciliter les échanges gazeux entre les tissus profonds et l'air extérieur (voir le chapitre de la *Feuille*).

Le *liège* consiste en une ou plusieurs assises de cellules qui se sont subérifiées et qui jouent un rôle protecteur concurremment avec l'épiderme.

Tissu assimilateur. — Le *tissu assimilateur* est formé par des cellules de parenchyme qui contiennent des grains de *chlorophylle*. Il est surtout localisé dans la feuille (voir le chapitre de la *Feuille*).

§ 3. — Les fonctions végétales.

La nutrition et la reproduction. — Les végétaux, comme les animaux, sont unicellulaires ou pluricellulaires. Quelle que soit sa complexité, un Végétal a deux grandes fonctions : la *nutrition*, qui assure son existence, et la *reproduction*, qui a pour but la conservation de son espèce.

Chez beaucoup de Végétaux inférieurs, parmi les Algues et les Champignons, ces fonctions sont confondues. C'est ainsi que la même cellule de Levûre de bière se *nourrit* et se *reproduit*. Mais la séparation des fonctions se fait bientôt, et le corps de la plante se partage en deux parties: l'une servant à la *nutrition* et l'autre à la *reproduction*. De là la constitution d'un *appareil nutritif* et d'un *appareil reproducteur*.

Ces deux appareils se perfectionneront peu à peu. Ainsi l'appareil nutritif comprendra d'abord un *thalle*, c'est-à-dire un appareil formé de filaments semblables, non différenciés; puis apparaîtront la *tige* et les *feuilles*, et enfin la *racine*.

De même l'appareil reproducteur se perfectionne peu à peu pour arriver à la *fleur*.

Classification sommaire. — On a classé les Végétaux en suivant les mêmes principes généraux que ceux indiqués pour les Animaux. On a fait ainsi *quatre embranchements*, dont nous allons indiquer dans le tableau suivant les principaux caractères et les grandes divisions.

Cryptogames (pas de fleurs)

- I. **Thallophytes** : ni tige, ni feuilles, ni racine, un thalle peu différencié . . . . .
  - *Champignons* (Agaric).
  - *Algues* (Fucus).
  - *Lichens* (Parmélia).
- II. **Muscinées** : tige, feuilles, pas de racine . . . .
  - *Mousses* (Hypnum).
  - *Hépatiques* (Marchantia).
- III. **Cryptogames vasculaires** : tige, feuilles, racine . . . . .
  - *Fougères* (Polypode).
  - *Prêles* (Equisetum).
- IV. **Phanérogames** : tige, feuille, racine, fleur. . . . . . .
  - *Gymnospermes* (Pin). (graines nues).
  - *Angiospermes* (graines dans ovaires).
    - *Monocotylédone* (Blé).
    - *Dicotylédone* (Haricot).

RÉSUMÉ

Caractères des végétaux. — N'ont pas de mouvement d'ensemble.

C'est surtout la *cellulose*, $C^6H^{10}O^5$, qui les caractérise.

La cellule végétale. — Elle est caractérisée par son *protoplasma* et sa *membrane*.

1° *Protoplasma*.
- *Leucites* : corps albuminoïdes. . . . . .
  - Chromoleucites.
  - Chloroleucites.
- *Hydroleucites* : vacuoles contenant le suc cellulaire.

2° *Membrane*.
- Contient de la *cellulose* et des *composés pectiques*.
- Modifications. .
  - épaississement : ponctuations.
  - chimiques.
    - *Lignification* : bois.
    - *Subérification* : cuticule et liège.
    - *Gélification*.
    - *Minéralisation*.

Les tissus végétaux. = Chaque végétal est formé, à l'origine, d'une cellule unique, l'œuf ou la spore. Cette cellule en se multipliant donne toute la plante.

Les cellules, d'abord semblables, se groupent pour donner un jeune tissu ou *méristème*.

CARACTÈRES GÉNÉRAUX DES VÉGÉTAUX

Puis la *division du travail physiologique* produit la *différenciation* des cellules et par suite la formation des tissus.

Parenchyme . . { Formé de cellules à parois minces.
{ Sorte de tissu conjonctif.

Tissu conducteur : Bois et Liber.

1º *Bois* . { Vaisseaux à parois lignifiées . . . . . { 1. *V. parfaits* : annelés, spiralés.
{ 2. *V. imparfaits* : scalariformes et aréolés.
Circulation de la *sève brute* absorbée par les racines.

2º *Liber*. { *Tubes criblés* à parois cellulosiques : crible, formation du *cal*.
Circulation de la *sève nutritive* élaborée par les feuilles.

Tissu sécréteur. — Deux formes : *cellules sécrétrices* et *canaux sécréteurs*.

1º *Cellules sécrétrices*. . . . {
Les matières sécrétées séjournent dans les cellules.
Cellules isolées : poil de l'Ortie, oxalate de calcium, *cystolithes* de carbonate de calcium.
Cellules groupées : poils des Labiées, du Houblon.
Laticifères (latex) { cellules ramifiées : Euphorbe.
cellules séparées par des cloisons perforées : Chélidoine.

2º *Poches sécrétrices et Canaux sécréteurs* . . . {
Matière sécrétée est rejetée dans les *lacunes* ou *méats*.
Poches sécrétrices de la peau d'orange.
Canaux sécréteurs du Pin.

Tissu de soutien. — Il est formé par des *fibres* qui ne sont que des cellules allongées et aux membranes épaissies. Deux sortes : *collenchyme* et *sclérenchyme*.

1º *Collenchyme* : tissu jeune ; membrane cellulosique.
2º *Sclérenchyme* : tissu adulte ; membrane lignifiée.

Tissu protecteur. — *Épiderme* et *Liège*.

1º *Épiderme* : assise externe avec *cuticule*. Poils et stomates.

2° *Liège* : zone sous-épidermique.

Tissu assimilateur : Chlorophylle dans le parenchyme des feuilles.

Les fonctions végétales. — 1° *Nutrition* : conservation de l'individu.

2° *Reproduction* : conservation de l'espèce.

Chez les Végétaux inférieurs, ces deux fonctions sont confondues ; puis les deux fonctions se séparent et il se constitue un *appareil nutritif* et un *appareil reproducteur*.

Classification sommaire des Végétaux. — Quatre embranchements.

Cryptogames (pas de fleurs)
- 1° Ni tiges, ni feuilles, ni racine, un *thalle*... THALLOPHYTES. { Champignons. Algues.
- 2° Tige, feuilles, pas de racine........ MUSCINÉES : Mousses.
- 3° Tige, feuilles, racine.. CRYPTOGAMES VASCULAIRES : Fougères.

4° Tige, feuilles, racine, fleurs......... PHANÉROGAMES : Haricot, Blé.

PREMIÈRE SECTION

LES FONCTIONS DE NUTRITION

Les membres d'une plante. — On peut distinguer chez la plante trois membres essentiels : 1° la *racine*, ordinairement souterraine ; 2° la *tige*, qui est la partie aérienne ; 3° la *feuille*, qui est portée par la tige.

La racine et la tige forment en quelque sorte l'axe de la plante.

Dans l'étude que nous ferons de chacun de ces deux membres, nous suivrons la même méthode qu'en anatomie et physiologie animales, c'est-à-dire que nous parlerons successivement : 1° des *caractères extérieurs* ou *morphologie*; 2° de la *structure interne* ; 3° des *fonctions* ou *physiologie*.

CHAPITRE II

LA RACINE

La racine n'existe que chez les Phanérogames et les Cryptogames vasculaires. Quand on fait germer une graine dans de bonnes conditions, la racine est le premier organe qui apparaît.

§ 1. — Caractères extérieurs.

Lorsqu'on observe une jeune racine (*fig.* 372), on voit qu'elle est constituée par un cylindre dont le sommet est recouvert par un tissu résistant, c'est la *coiffe* ; un peu au-dessus on voit un fin duvet formé par les *poils absorbants* ; enfin une région dépourvue de poils et d'aspect jaunâtre se trouve au-dessus des poils absorbants.

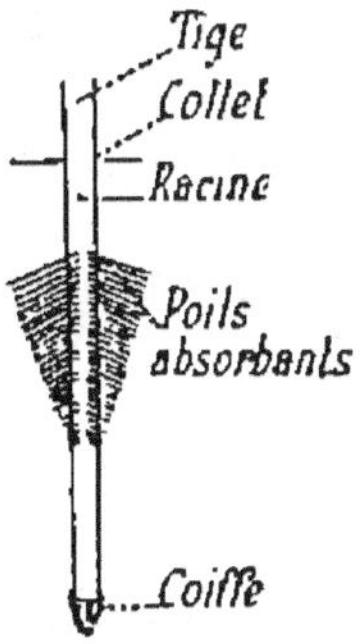

Fig. 372. — Aspect d'une jeune racine.

Poils absorbants. — Les *poils absorbants* sont ainsi appelés parce qu'ils absorbent les matières nutritives du sol. Ils sont petits au voisinage du sommet de la racine, et grandissent à mesure qu'on s'approche de la base de la racine ; puis ils cessent brusquement. La région supérieure de la racine a porté des poils, mais ceux-ci sont tombés en laissant des empreintes ou cicatrices colorées en brun par le liège qui s'est formé.

A mesure que la racine s'allonge, les poils se flétrissent et tombent dans la partie supérieure, tandis qu'il en apparaît de nouveaux dans la région inférieure. De cette façon la région pilifère conserve à peu près la même longueur, et comme elle suit l'extrémité de la racine, il s'en suit que toutes les parties du sol sont successivement explorées par ces poils absorbants.

La coiffe. — Le sommet de la racine, qui est formé d'un tissu jeune et délicat, est protégé par une sorte de capuchon appelé *coiffe*. Le tissu de cette coiffe est très résistant, de sorte que la racine peut s'allonger et s'enfoncer dans le sol sans être déchirée par les fragments de pierre qu'elle rencontre.

La coiffe s'exfolie constamment par la partie externe, et se renouvelle par sa partie interne : son épaisseur reste donc constante.

Les plantes aquatiques (*Lentille d'eau*) ont aussi une coiffe qui protège l'extrémité de la racine contre les nombreux êtres vivants qui pullulent dans l'eau.

Accroissement en longueur. — Pour étudier le mode d'*accroissement en longueur* d'une racine, on prend une racine jeune, en voie de croissance, celle d'une Fève qui germe par exemple ; puis on trace, au vernis noir, des traits équidistants de 1 centimètre à partir du sommet (*fig.* 373, A). Au bout de 24 heures on constate que le *premier centimètre* seul s'est allongé (*fig.* 373, B), tandis que les autres ont conservé leur longueur primitive. C'est donc dans le premier centimètre à partir du sommet que se produit l'accroissement.

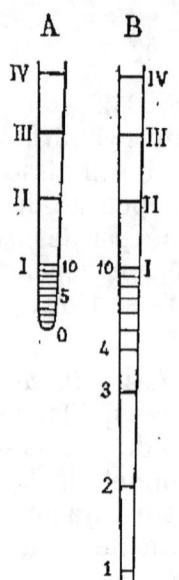

A. — Début de l'expérience.
B. — Au bout de quelques jours.

Fig. 373. — Accroissement de la racine en longueur.

On peut déterminer d'une façon plus précise la région de l'accroissement. Il suffit de partager le premier centimètre en dix intervalles égaux chacun à 1 millimètre ; et au bout de 24 heures on constate (*fig.* 373, B) que les divisions n'ont pas subi le même allongement ; ce sont les divisions 2, 3 et 4 qui ont subi la croissance la plus considérable.

L'accroissement en longueur est donc presque terminal, on dit qu'il est *subterminal*.

Les divisions voisines du sommet grandissent toutes pendant quelques jours, puis elles cessent de grandir : c'est ce qu'on appelle la *croissance intercalaire* ; elle est due à l'allongement des cellules.

C'est surtout la *croissance subterminale* qui produit l'allongement de la racine. On peut en coupant le premier centimètre de la racine arrêter la croissance de ce membre.

L'accroissement de la racine ne se fait pas également suivant toutes les génératrices du cylindre qu'elle forme ; de sorte que lorsqu'une génératrice s'accroît plus, la racine s'incurve. La pointe de la racine pourrait ainsi décrire une sorte d'ellipse (*fig.* 374), mais comme elle s'accroît longitudinalement, c'est une hélice qu'elle décrit. Par ce *mouvement de circumnutation*, la racine pénètre dans le sol à la façon d'une vrille ou d'un tire-bouchon.

Fig. 374. — Circumnutation de la racine.

Ramification de la racine. — *Radicelles.* — Au cours du développement de la racine principale, on voit celle-ci se ramifier. Les racines qui naissent ainsi sont appelées *radicelles* (*fig.* 375). Il se produit d'abord des racines secondaires qui peuvent se ramifier à leur tour et donner des racines tertiaires et ainsi de suite.

Chaque radicelle porte une coiffe et des poils absorbants, mais au lieu de se diriger verticalement comme la racine principale, elle fait toujours un certain angle avec la racine principale.

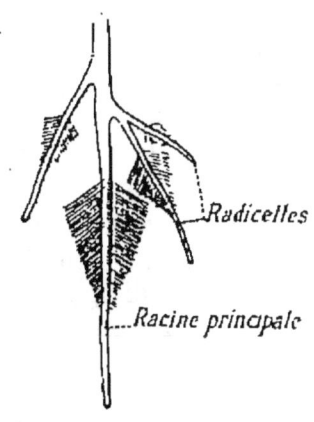

Fig. 375. — Les radicelles.

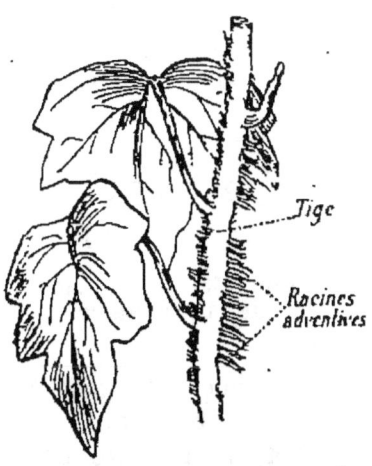

Fig. 376. — Les racines adventives du Lierre.

Racines adventives. — Certaines racines au lieu de naître sur la racine principale, se détachent de la tige, ce sont des *racines adventives* ; telles sont les nombreuses racines qui se développent sur la tige du Lierre (*fig.* 376) et qui servent de crampons pour fixer le Lierre le long des arbres ou des rochers.

Direction des racines. — La racine principale se dirige toujours *verticalement* et de *haut en bas*. On peut montrer que si la racine se dirige ainsi, ce n'est pas parce qu'elle est attirée par le milieu le plus favorable, ni parce qu'elle évite la lumière. On fait pour cela l'expérience dite du *pot renversé* : on sème des graines dans un pot qu'on renverse en ayant soin, à l'aide d'un grillage, d'empêcher la terre de tomber (*fig.* 377); la racine va se développer verticalement et de haut en bas, dans l'air et à la lumière, tandis que la tige se dirigera de bas en haut, dans la terre et dans l'obscurité.

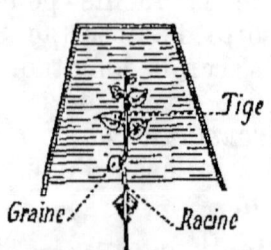

Fig. 377. — Expérience du pot renversé.

Il faut donc expliquer cette direction caractéristique de la racine en faisant intervenir la *pesanteur*; d'autres causes agissent aussi, telles l'*humidité*, la *lumière*, la *pression*, la *température*, etc.

1° **Influence de la pesanteur ou géotropisme.** — Si l'on place horizontalement la racine (*fig.* 378) d'une graine en germination, on voit la pointe de la racine s'infléchir et s'enfoncer verticalement dans la terre. On dit que la racine obéit à l'action de la pesanteur, et on a donné le nom de *géotropisme* à cette influence. Comme la racine se dirige dans le sens de la pesanteur, on dit qu'elle est douée d'un *géotropisme positif*.

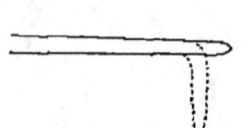

Fig. 378. — Influence de la pesanteur.

Ce géotropisme est dû à l'inégalité de croissance des deux faces de la racine. Lorsque la racine est horizontale, on constate en effet que la face supérieure s'accroît plus que la face inférieure : d'où la courbure de l'extrémité de la racine.

Pour montrer l'influence de la pesanteur, on peut faire l'expérience suivante : on place des graines en germination sur un disque vertical qui tourne autour d'un axe horizontal. Si le mouvement de rotation est lent, la force centrifuge est négligeable, et l'action de la pesanteur s'annule, car aux deux extrémités d'un même diamètre elle agit en sens inverse; de sorte que les racines prennent n'importe quelle direction, évidemment celle qu'on leur a donnée en fixant les plantes sur l'appareil. Si, au contraire, le mouvement de rotation est rapide, la force centrifuge agit et toutes les racines se dirigent dans le sens de cette force centrifuge, c'est-à-dire dans la direction du rayon du disque et vers l'extérieur. On peut donc comparer l'action de la force centrifuge à l'action de la pesanteur, et comprendre comment celle-ci peut agir sur la direction de la racine.

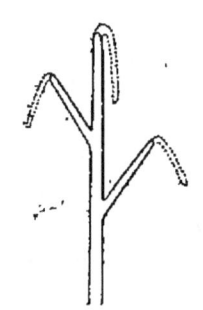

Fig. 379. — Effet de la pesanteur sur la racine principale et sur les radicelles.

La pesanteur n'agit pas de même sur les *radicelles*. Lorsqu'on retourne une racine portant des radicelles (*fig.* 379), on voit la racine principale se recourber, en crochet, vers le bas, et les radicelles forment un angle avec leur direction primitive. Donc le géotropisme des radicelles est moindre que celui de la racine principale.

2° **Influence de l'humidité ou hydrotropisme.** — L'humidité retarde la croissance. Une racine placée dans un milieu très humide s'accroît moins que dans un milieu sec

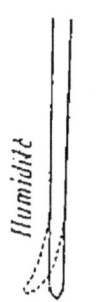

Fig. 380 — Influence de l'humidité.

Fig. 381. — Influence combinée de la pesanteur et de l'humidité.

ou légèrement humide. Quand l'humidité est inégale sur les deux faces de la racine (*fig.* 380), la face tournée vers le milieu le plus humide s'accroît moins, donc la racine se courbe et se dirige vers l'humidité. C'est ainsi que les racines des arbres plantés sur le bord des rivières se dirigent vers l'eau.

On peut mettre cette influence en évidence en semant une graine dans de la terre humide contenue dans un tamis (*fig.* 381), qu'on suspend en ayant soin de l'incliner. La racine, subissant le géotropisme, se dirige verticalement en bas, et traverse la toile métallique pour sortir dans l'air. Une fois sortie, la racine a une de ses faces qui est plus voisine de la terre humide; aussi elle va subir l'influence de l'humidité et rentrer dans le tamis; puis aussitôt rentrée, le géotropisme va de nouveau agir seul et fera sortir la racine, qui rentrera de nouveau en décrivant ainsi une série de sinuosités.

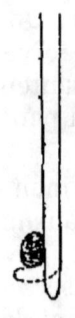

Fig. 382. — Influence de la pression.

3° **Influence de la pression.** — La pression diminue l'accroissement de la racine. De sorte qu'une racine rencontrant un objet (*fig.* 382), une pierre, va se courber et enlacer cette pierre.

Différentes formes de racines. — L'ensemble d'une racine et de ses radicelles peut présenter divers aspects.

Si la racine principale se développe beaucoup (*fig.* 383, A),

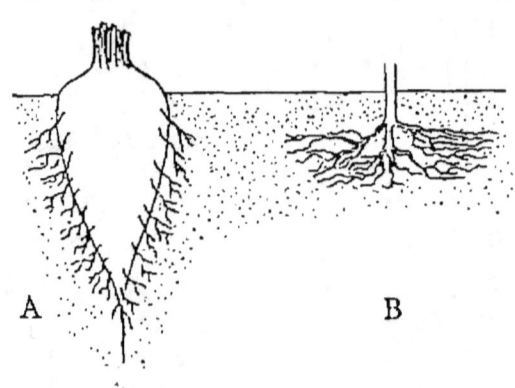

A. — Racine pivotante.

B. — Racine fasciculée.

Fig. 383.

tandis que les radicelles sont peu abondantes, la racine est dite *pivotante*. Exemples : la Betterave, la Carotte.

Au contraire si la racine principale se développe peu, et si les radicelles sont nombreuses (*fig.* 383, B), la racine est dite *fasciculée*. Exemple : le Blé.

Tandis que la racine pivotante de la Betterave s'enfonce profondément et va épuiser le sol dans la profondeur, la racine fasciculée du Blé, au contraire, s'étale à une faible profondeur et va épuiser le sol en surface. Aussi bien le cultivateur fait succéder le Blé à la Betterave afin d'obtenir de bons résultats tout en économisant les engrais : c'est ce qu'on appelle faire des *assolements*.

Enfin certaines racines présentent des renflements où se sont accumulées des matières de réserve : on dit qu'elles sont *tuberculeuses*. Exemples : le Radis, la Betterave.

§ 2. — Structure primaire de la racine.

Pour étudier la structure interne d'une racine, il faut s'adresser d'abord à une très jeune racine qui nous fera connaître ce qu'on appelle la *structure primaire*. Plus tard cette structure se modifiera et donnera la *structure secondaire*, qui sera décrite plus loin (voir le chapitre des *Formations secondaires*).

Structure primaire de la racine. — Une coupe trans-

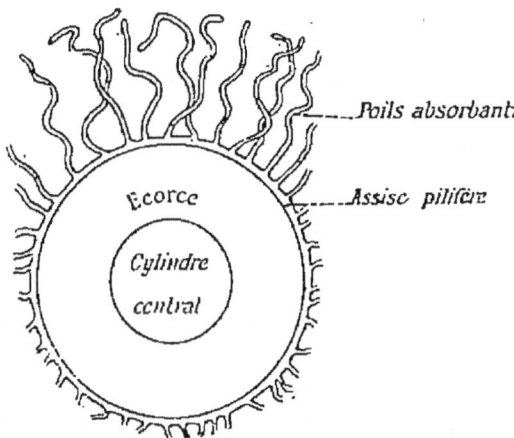

Fig. 384. — Coupe transversale d'une jeune racine.

versale d'une jeune racine (*fig.* 384) faite dans la région des poils absorbants nous montre trois parties : l'*assise pilifère*, l'*écorce* et le *cylindre central*.

1° *Assise pilifère*. — L'*assise pilifère* est formée par l'assise la plus externe des cellules de la racine. Ces cellules se prolongent (*fig.* 385) vers l'extérieur pour donner les *poils absorbants*, dans lesquels passent souvent le noyau et le protoplasma de la cellule.

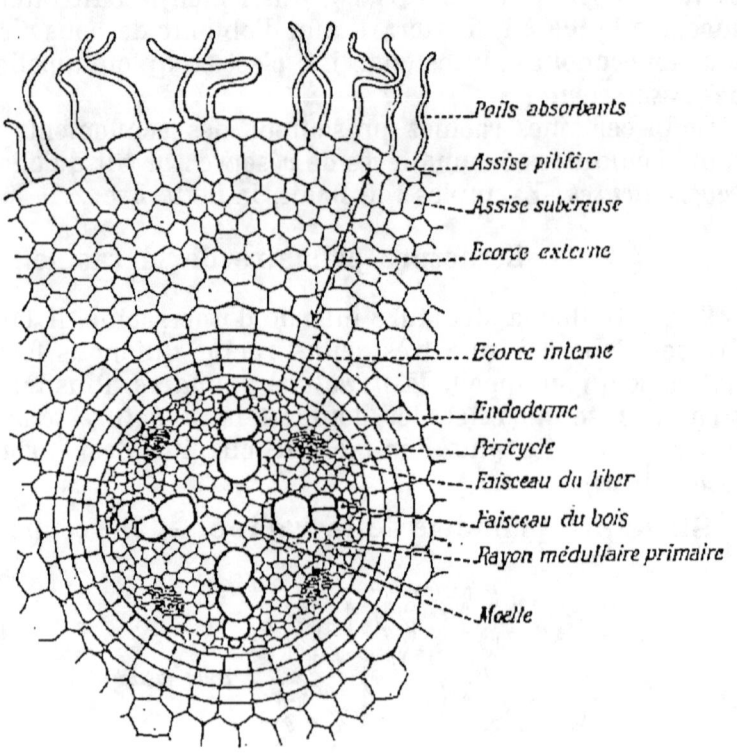

Fig. 385. — Structure primaire de la racine.

2° *Ecorce*. — L'écorce (*fig.* 385) est composée de : 1° l'*assise subéreuse* dont les cellules ont les parois subérifiées;

2° L'*écorce externe*, formée de cellules irrégulières;

3° L'*écorce interne*, dont les cellules sont disposées en rangées concentriques et radiales et laissent entre elles des méats; 4° l'*endoderme*, qui est l'assise la plus interne de l'écorce (*fig.* 385), et dont les cellules (*fig.* 386) présentent un cadre de plissements subérifiés; les faces tournées vers l'extérieur et vers l'intérieur de la racine ne sont pas plissées.

Grâce à ces plissements, les cellules s'engrènent et forment une gaîne protectrice au cylindre central.

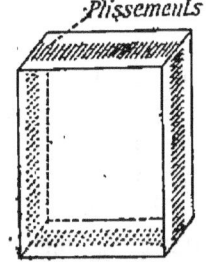

Fig. 386. — Cellule plissée de l'endoderme.

3° *Cylindre central*. — Le *cylindre central* (fig. 385) présente des taches alternativement claires et sombres; ce sont les faisceaux du *liber* qui alternent avec les faisceaux du *bois*.

Le *tissu* ou *parenchyme conjonctif* qui relie ces différents faisceaux présente trois régions conventionnelles : 1° le *péricycle*, compris entre l'endoderme en dehors et les faisceaux ligneux et libériens en dedans ; 2° la *moelle*, située au milieu du cylindre central, en dedans des faisceaux; 3° les *rayons médullaires*, compris entre deux faisceaux voisins et réunissant le péricycle à la moelle.

Les *faisceaux ligneux* ont une section triangulaire; les vaisseaux plus petits sont à l'extérieur et les plus gros à l'intérieur. Nous verrons que le bois de la tige offre une disposition inverse.

Les *faisceaux libériens* sont formés de tubes criblés unis par des fibres libériennes et du parenchyme.

La structure des différentes racines ne diffère que par le nombre des faisceaux : ainsi il n'y a que 2 faisceaux ligneux dans l'Ail, 4 dans le Haricot, 5 dans la Renoncule, etc.

Cette structure persiste chez les Monocotylédones et les Cryptogames vasculaires; elle se complique chez les Dicotylédones et les Gymnospermes par des formations secondaires.

Sommet de la racine. — Deux cas à considérer : *Phanérogames* et *Cryptogames vasculaires*.

1° **Phanérogames**. — Une coupe longitudinale passant par l'axe de la racine montre que le *méristème* du sommet provient du cloisonnement répété de trois cellules appelées *cellules initiales* (fig. 387). Ce sont ces cel-

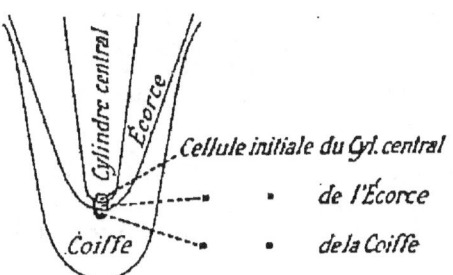

Fig. 387. — Extrémité de la racine d'une Phanérogame.

lules qui, en se multipliant rapidement, produisent l'accroissement subterminal de la racine.

Les trois cellules initiales vont donner naissance aux trois parties : *coiffe, écorce* et *cylindre central*.

La *cellule initiale de la coiffe* se cloisonne parallèlement à ses faces latérales et à sa face courbe externe. Plus tard les assises externes tomberont, tandis que la dernière assise persistera pour donner l'assise pilifère. Ceci se passe chez les Dicotylédones et les Gymnospermes, tandis que chez les Monocotylédones la coiffe se détache entièrement et l'assise pilifère provient de l'écorce.

La *cellule initiale de l'écorce* se cloisonne parallèlement à ses faces latérales seulement.

La *cellule initiale du cylindre central* se cloisonne suivant toutes ses faces, sauf la face courbe.

2° **Cryptogames vasculaires.** — Les Cryptogames (*Fougères*) ont *une seule cellule initiale* (*fig. 388*), qui a la forme d'une pyramide triangulaire dont la base convexe est tournée vers le sommet de la racine.

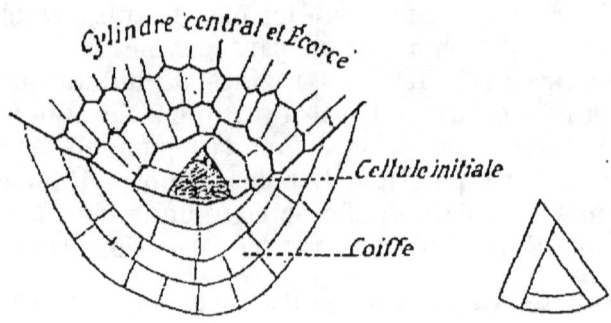

A. — Sommet de la racine.
B. — Cellule initiale et son cloisonnement.

Fig. 388 — Extrémité de la racine d'une Cryptogame.

Cette cellule initiale subit des *cloisonnements tangentiels* qui vont donner les cellules du cylindre central et de l'écorce, et les segments en verre de montre de la base convexe fourniront la coiffe.

Naissance des radicelles. — Les radicelles ont une origine *endogène*, c'est-à-dire qu'elles naissent dans la profondeur des tissus. Elles proviennent en effet du *péricycle* (Phanérogames) ou de l'*endoderme* (Cryptogames vasculaires).

Chez les Phanérogames, le péricycle est encore appelé *assise rhizogène*, car ce sont des cellules de cette assise (*fig.* 389) qui, en formant la *plaque rhizogène*, vont devenir les cellules initiales des radicelles. Ces radicelles vont se développer et digérer les tissus de l'écorce pour faire saillie à l'extérieur.

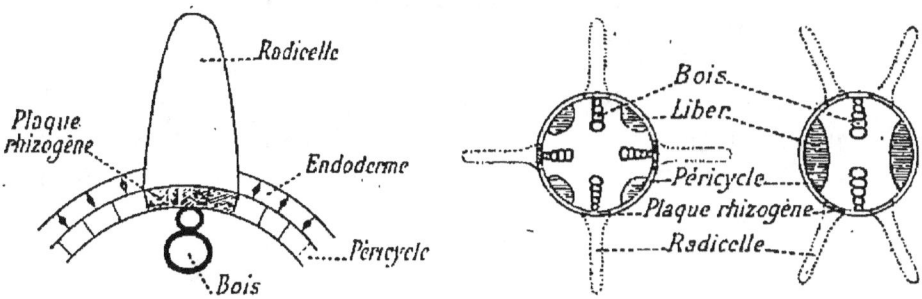

Fig. 389. — Naissance des radicelles chez les Phanérogames.

A. — Nombre de faisceaux ligneux > 2.

B. — Nombre de faisceaux ligneux = 2.

Fig. 390. — Origine des radicelles.

Les radicelles sont disposées suivant certaines lois : 1° si le nombre des faisceaux ligneux est supérieur à deux (*fig.* 390 A), les radicelles naissent *en face de ces faisceaux*; de sorte que le nombre de séries longitudinales de radicelles est égal au nombre de faisceaux ligneux; 2° si le nombre des faisceaux ligneux est égal à deux (*fig.* 390, B), les radicelles naissent entre les faisceaux ligneux et les faisceaux libériens; de sorte que le nombre des radicelles est double de celui des faisceaux.

§ 3. — Fonctions de la racine.

La racine a des fonctions *spéciales* (fixation de la plante, absorption, circulation de la sève), et des fonctions générales (respiration, transpiration, matières de réserve, etc.).

La racine est un organe de fixation. — La racine, en pénétrant profondément dans le sol, fixe solidement la plante. Aussi le Chêne qui enfonce profondément ses racines résiste mieux au vent que le Peuplier ou le Hêtre, dont les racines fasciculées s'étalent à une faible profondeur.

La racine est un organe d'absorption. — La racine absorbe les *gaz*, les *liquides* et les *solides* contenus dans le sol.

1° **Les gaz.** — La racine accomplit des échanges gazeux avec le sol, car elle respire comme les autres parties de la plante. Il est donc nécessaire de faciliter l'accès de l'air dans le sol. On y arrive par le labour et par le drainage, qui favorisent la circulation de l'air; de même les grilles placées au pied des arbres, sur les boulevards, empêchent de piétiner le sol et facilitent l'aération.

2° **Les liquides.** — L'absorption des *liquides* se fait par les poils absorbants. Pour le démontrer, on prend trois plantes identiques qu'on place dans des vases différents et de la façon suivante : la première (*fig.* 391, A) a sa racine qui

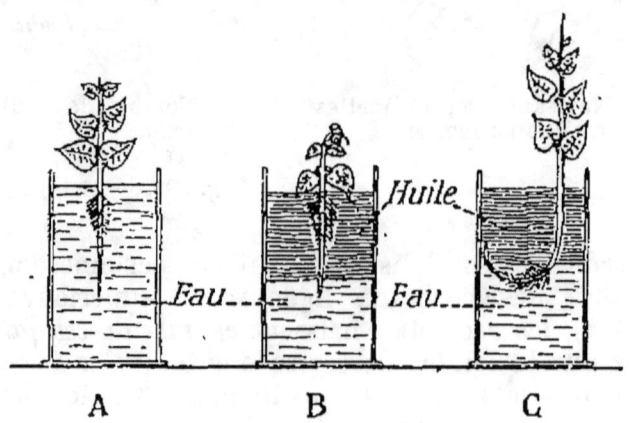

Fig. 391. — Expérience montrant que l'absorption se fait par les poils de la racine.

plonge entièrement dans l'eau; la seconde (*fig.* 391, B) a seulement la coiffe plongée dans l'eau; une couche d'huile empêche l'eau de s'évaporer et par suite de pénétrer dans la plante à l'état de vapeur; enfin la troisième (*fig.* 391, C) a la région des poils absorbants seule plongée dans l'eau. Au bout de quelques heures, la première et la troisième plante ne se fanent pas, tandis que la deuxième, qui a ses poils absorbants en dehors de l'eau, se flétrit et meurt. Donc les poils absorbants, seuls, absorbent les liquides.

L'absorption se fait par *osmose*, à travers les parois des poils absorbants, comme dans l'expérience de Dutrochet que nous avons décrite à propos de l'absorption intestinale (voir chapitre de l'*Absorption alimentaire*). Dans cette expérience (*fig.* 392) l'eau pure passe du vase dans le tube, à travers la membrane, plus vite que l'eau sucrée qui passe du tube dans le vase. C'est ainsi que l'eau du sol qui contient des sels (*cristalloïdes*) passe facilement dans le poil absorbant, tandis que le protoplasma (*colloïde*) reste dans le poil. Puis, peu à peu, poussée par cette force osmotique, la sève arrive dans les vaisseaux du bois.

Lorsque les cellules contiennent la même proportion de sels que la sève absorbée par les racines, l'*équilibre osmotique* est établi, et l'absorption s'arrête. Mais alors deux cas peuvent se présenter : 1° la plante peut décomposer ces sels et les utiliser, ce qui est le cas pour les phosphates et nitrates de potassium ; l'équilibre osmotique est détruit et l'absorption continue ; 2° la plante n'utilisera pas les sels absorbés, par exemple les sels de sodium, et l'équilibre osmotique persistant, l'absorption reste suspendue. C'est donc *la consommation* qui *règle l'absorption*.

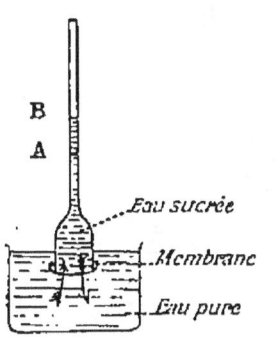

Fig. 392. — Expérience de Dutrochet; l'osmose.

Ce mécanisme de l'absorption explique comment certaines substances peuvent s'accumuler dans la plante, alors qu'elles sont en faible quantité dans le milieu. C'est ainsi, par exemple, que le brôme et l'iode s'accumulent dans les Fucus alors que l'eau de mer n'en contient que très peu.

La plante sait aussi *faire un choix* parmi les substances contenues dans le sol ; c'est ainsi que les sels de potassium sont très activement absorbés, tandis que les sels de sodium le sont peu.

3° **Les solides.** — Certains corps insolubles, le carbonate de calcium, les phosphates de calcium, sont absorbés par les racines, quoique *solides*. On peut le démontrer par l'expérience suivante : on sème sur une plaque de marbre, recouverte de sable, des graines dont les racines en se développant vont corroder le marbre et s'y incruster profondément. L'os, l'ivoire et le verre seraient également rongés. C'est que les poils absorbants sécrètent un suc digestif spécial, à réaction acide et contenant des diastases qui ont les mêmes propriétés générales que les diastases animales. Ce suc digestif peut agir aussi sur les matières organiques et les rendre absorbables.

La racine conduit la sève. — La sève brute absorbée par les poils absorbants (*fig.* 393) traverse l'écorce et arrive dans les vaisseaux du bois. On peut le démontrer en plongeant une racine dans un liquide coloré par l'*éosine* par exemple ; on voit alors que les vaisseaux du bois, seuls, sont colorés. On constate que la circulation se fait un peu par les cellules

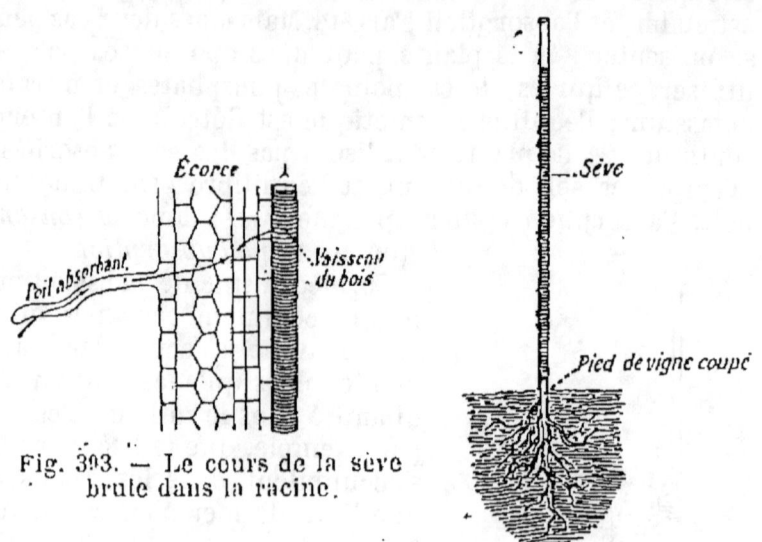

Fig. 393. — Le cours de la sève brute dans la racine.

Fig. 394. — Expérience de Hales.

voisines qui forment comme la *nappe d'infiltration* du fleuve dont le *lit* est constitué par les vaisseaux ligneux.

Pour montrer avec quelle force la sève est poussée de bas en haut, on peut répéter l'expérience de Hales (*fig.* 394). On coupe un pied de Vigne au bas de la tige et on remplace la tige par un tube ; on voit alors la sève s'élever à une grande hauteur. Dans l'expérience de Hales on avait coupé un Bouleau haut de 27 mètres, et la sève s'était élevée jusqu'à une hauteur de 35 mètres dans un tube de métal. En étudiant plus loin (voir le chapitre de la *Nutrition*) les causes de cette ascension de la sève, nous verrons qu'il faut faire intervenir l'osmose, la transpiration et la capillarité.

Fonctions générales. — La racine peut aussi accomplir certaines fonctions générales : organe de réserve, respiration, etc.

Certaines matières nutritives, en effet, s'accumulent dans les tissus de la racine pour être utilisées plus tard : La Betterave, par exemple, emmagasine dans sa racine, pendant la première année, des substances sucrées qui seront utilisées au cours de la seconde année pour produire des fleurs et des graines.

RÉSUMÉ

La racine est le premier organe qui apparaît dans la germination.

Elle n'existe que chez les Phanérogames et les Cryptogames vasculaires.

Caractères extérieurs de la racine :
1° Ne porte pas de feuilles ;
2° Possède des *poils absorbants* qui absorbent la sève brute ;
3° Porte une *coiffe* qui protège son extrémité ;
4° Croissance *subterminale* ; *circumnutation* ;
5° Se ramifie et donne les *radicelles* ; les *racines adventives* naissent sur la tige ;
6° Se dirige verticalement et de haut en bas. Expérience du pot renversé.
Influence de la pesanteur : *géotropisme positif*.
Influence de l'humidité : *hydrotropisme positif*.

7° Différentes formes . . . . . .
{ 1. *Racine pivotante* : Betterave.
2. *Racine fasciculée* : Blé.
3. *Racine tuberculeuse* : Carotte, Betterave.

Structure primaire de la racine. — Une coupe dans une jeune racine montre trois régions : l'*assise pilifère*, l'*écorce* et le *cylindre central*.

1° *Assise pilifère* : poils absorbants.

2° *Ecorce* . . .
{ *Assise subéreuse* : cellules à parois subérifiées.
Ecorce : externe et interne.
Endoderme : dernière assise plissée.

3° *Cylindre central*. . . . . .
: *Faisceaux ligneux* et *libériens* alternes.
  Parenchyme : Péricycle, moelle et rayons médullaires.

Le *sommet* de la racine présente
: 3 *cellules initiales* chez les Phanérogames.
  1 *cellule initiale* chez les Cryptogames vasculaires.

Les *radicelles* ont une origine *endogène*. . . . . .
: dans le péricycle chez les Phanérogames.
  dans l'endoderme chez les Cryptogames vasculaires.

Fonctions de la racine.

1° *Organe de fixation* de la plante.

2° *Organe d'absorption*. . . . .
: 1° des *gaz* : respiration.
  2° des *liquides*.
  : Se fait par les poils absorbants (osmose).
    La consommation règle l'absorption, et la plante fait un choix.
  3° des *solides*.
  : Sécrète suc digestif acide, pouvant attaquer les carbonates et phosphates.

3° *La racine conduit la sève*. .
: La sève brute arrive aux vaisseaux du bois qui la transportent.
  Expérience de Hales : osmose, transpiration, capillarité.

4° *La racine est un organe de réserve* : Radis, Betterave.

CHAPITRE III

LA TIGE

§ 1. — Caractères extérieurs.

Généralités. — La tige existe chez tous les Végétaux, sauf chez les Thallophytes. Ses dimensions sont très variables : elle est presque nulle chez le Pissenlit, tandis qu'elle peut atteindre près de 100 mètres de haut chez les gigantesques Eucalyptus, Séquoia et Baobab.

Lorsqu'une graine germe, on voit se développer la tige en sens contraire de la racine principale. Dans la jeune plantule (fig. 395), la partie comprise entre les deux premières feuilles ou *cotylédons* et la *radicule* s'appelle *tigelle*. C'est la partie située au-dessus des cotylédons et qu'on appelle *gemmule* qui donnera presque toute la tige.

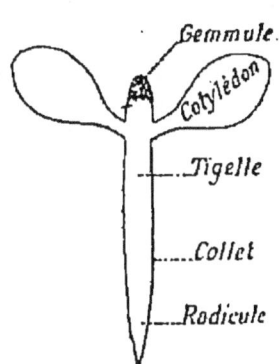

Fig. 395. — La plantule en voie de développement.

La limite entre la tige et la racine s'appelle le *collet*. Cette limite est nettement indiquée sur la jeune racine par la présence de poils absorbants. Mais lorsque la plante est plus âgée, la distinction est plus difficile ; cependant, en général, la racine vieille est rugueuse, tandis que la tige est lisse.

Le caractère extérieur de la tige le plus frappant, c'est qu'*elle porte des feuilles*.

L'endroit où s'attache une feuille, parfois plusieurs, s'appelle un *nœud* (fig. 396), et la partie de la tige comprise entre deux nœuds un *entrenœud*.

On peut constater sur une tige en voie de croissance (fig. 396) que les nœuds sont de plus en plus rapprochés à mesure qu'on s'approche du sommet. Vers le sommet, les feuilles sont recourbées et se recouvrent en s'imbriquant de façon à protéger l'extrémité de la tige : elles lui forment une sorte de *coiffe physiologique*. L'ensemble formé par le sommet de la tige et les feuilles protectrices a reçu le nom de *bourgeon terminal*.

Accroissement en longueur. — Si l'on trace sur une tige en voie de croissance des traits équidistants de un centimètre, comme pour la racine, on verra tous les intervalles grandir, au moins jusqu'à une certaine distance du sommet. De plus, si on partage le premier centimètre en millimètres, on voit ceux-ci, même le premier, s'allonger. Donc, tandis que la racine a un accroissement *subterminal*, la tige a un accroissement *terminal*.

On peut aussi constater que les différents entrenœuds s'allongent et deviennent successivement aussi grands que ceux qui sont éloignés du sommet et qui ont atteint leur longueur définitive. La tige a donc une *croissance intercalaire* très nette.

Si l'accroissement était le même suivant toutes les génératrices de la tige cylindrique, le sommet s'élèverait régulièrement suivant la verticale. Mais il n'en est pas ainsi et le sommet décrit une courbe en forme d'hélice, comme le sommet de la racine. C'est ce qui constitue le *mouvement de circumnutation*; c'est lui qui permet aux plantes volubiles de s'enrouler et de s'appliquer contre leur support.

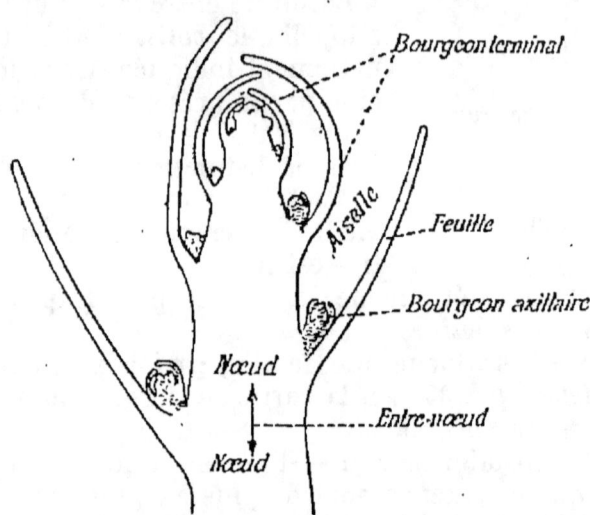

Fig. 396. — Sommet de la tige : bourgeon terminal et bourgeons axillaires.

Ramification de la tige. — Chez la plupart des plantes, la tige se ramifie et donne les *branches*. Ces branches ne se produisent pas en un point quelconque ; elles apparaissent toujours à l'aisselle d'une feuille (*fig.* 396), c'est-à-dire dans l'angle formé par la feuille avec la tige. Dans cet espace, en effet, se trouve le *bourgeon axillaire* qui a la même structure que le bourgeon terminal et qui en se développant donnera une branche.

Dans certains cas, cependant, des branches peuvent se développer en des points quelconques de la tige : on a alors des *tiges adventives*. C'est ainsi que lorsqu'on coupe une branche sur un arbre (*fig.* 397), il se forme autour de la blessure des tiges adventives qui poussent sans ordre. Des tiges adventives peuvent également se développer sur les racines qui courent dans les chemins creux et qui ont été blessées.

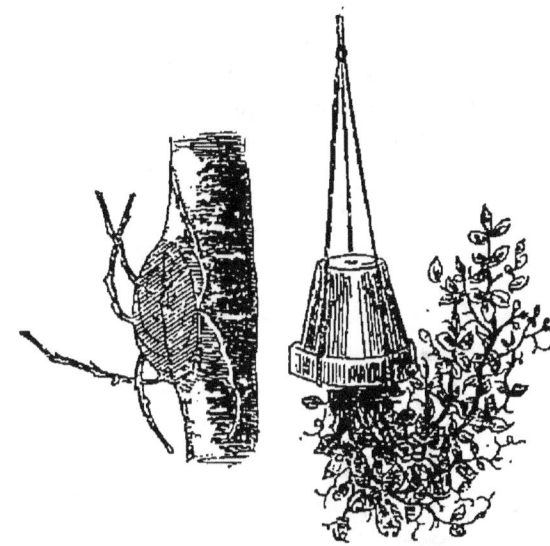

Fig. 397. — Branches adventives. Fig. 398. — La tige se dirige de bas en haut.

Direction de la tige. — La tige se dirige *verticalement et de bas en haut*. En répétant l'expérience du pot renversé que nous avons indiquée pour la racine (*fig.* 377), on voit que la tige se dirige vers le haut, même dans l'obscurité et dans la terre.

Si l'on renverse un pot (*fig.* 398) contenant des tiges développées normalement, on voit ces tiges se recourber vers le haut.

Parmi les causes qui agissent sur la direction de la tige, citons surtout la *pesanteur* et la *lumière*.

1º Influence de la pesanteur ou géotropisme. — En plaçant horizontalement (*fig.* 399) une tige en voie de croissance, on voit bientôt cette tige se redresser et diriger son sommet verticalement et de bas en haut, c'est-à-dire en sens inverse de la direction de la pesanteur. C'est pourquoi on a dit que la tige avait un *géotropisme négatif*. Cette courbure se produit par suite d'un accroissement inégal : la face supérieure, en effet, s'accroît moins que la face inférieure.

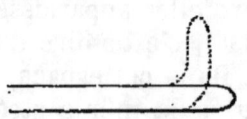

Fig. 399. — Influence de la pesanteur.

Si l'on répète pour la tige les mêmes expériences que pour la racine, en plaçant des graines en germination sur une roue verticale, on voit que : 1° si le mouvement de rotation est lent, les tiges s'allongent dans n'importe quelle direction ; 2° si le mouvement de rotation est rapide, les tiges se dirigent suivant les rayons de la roue et vers le centre, c'est-à-dire en sens inverse de la direction de la force centrifuge.

Fig. 400. — La tige se dirige vers la lumière.

Fig. 401. — L'influence de la lumière.

Donc, si la force centrifuge peut faire diriger les tiges en sens inverse de sa direction, il est possible d'admettre que la

LA TIGE

pesanteur puisse diriger les tiges de bas en haut, c'est-à-dire en sens inverse de sa direction.

2° **Influence de la lumière ou phototropisme.** — Si l'on place des plantes dans un appartement, en face d'une fenêtre, on voit toutes les jeunes tiges se courber et se diriger vers la lumière (*fig.* 400). Cette courbure se produit parce que *la lumière retarde la croissance* : c'est ainsi qu'une tige placée dans l'obscurité s'accroît plus qu'exposée à la lumière. Si l'une des faces de la tige (*fig.* 401) est plus éclairée que l'autre, la tige s'infléchit vers la lumière. On dit que cette tige a un *phototropisme positif*.

Ce retard de croissance varie avec l'intensité de la lumière et avec les espèces de plantes. Dans certains cas, en effet, les plantes fuient la lumière ; on dit alors qu'elles ont un *phototropisme négatif*. Telles sont les tiges rampantes (*Fraisier*) ou grimpantes (*Lierre*).

Différentes sortes de tiges. — Les tiges, suivant le milieu dans lequel elles vivent, peuvent être classées en deux catégories : les *tiges aériennes* et les *tiges souterraines*.

1° **Tiges aériennes.** — Les tiges aériennes peuvent être *dressées, rampantes* ou *grimpantes*.

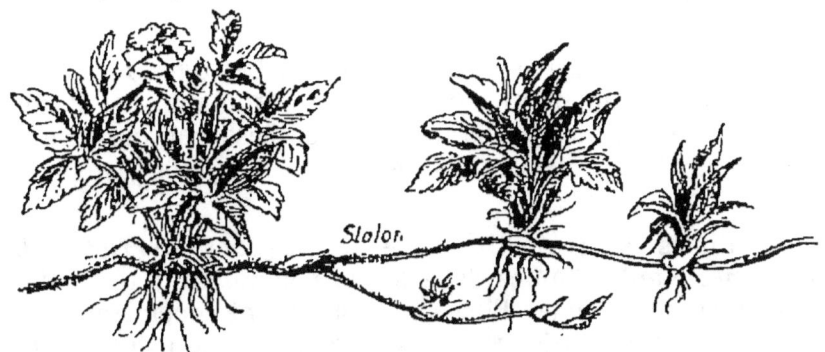

Fig. 402. — Tiges rampantes (*stolons*) du Fraisier.

Les *tiges dressées* sont caractérisées par un appareil de soutien très developpé, et c'est grâce à l'abondance des fibres ligneuses qu'elles se tiennent verticalement. Elles se présentent sous différentes formes : le *tronc* (Chêne), le *stipe* dont toutes les feuilles sont au sommet (Palmier), et le *chaume* qui est creux (Blé).

Les *tiges rampantes* (*fig.* 402) n'ont pas d'appareil de soutien. Elles rampent sur le sol et portent de nombreuses racines adventives. Telles sont les tiges rampantes ou *stolons* du Fraisier.

Les *tiges grimpantes* peuvent s'appuyer sur des supports soit en s'enroulant autour (comme les *plantes volubiles*) (*fig.* 403), soit en s'accrochant à l'aide de *vrilles* (*fig.* 404). Les *tiges volubiles* s'enroulent grâce à leur mode d'accroissement qui fait décrire à leur sommet une hélice. Une tige volubile donnée s'enroule toujours dans le même sens : c'est ainsi que le Houblon (*fig.* 403, A) se dirige toujours de droite à gauche, et le

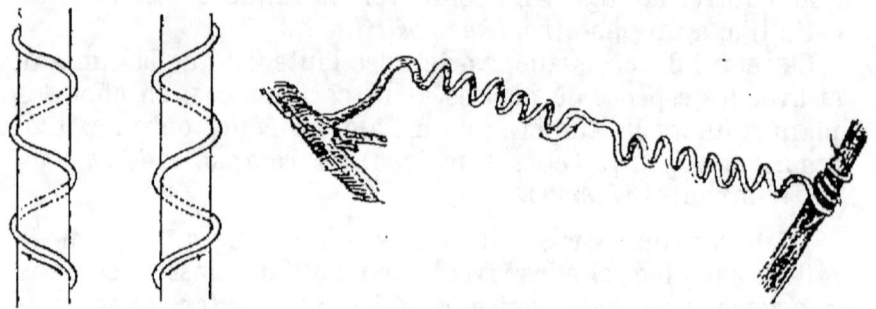

A B
Houblon. Liseron.
Fig. 403 — Tiges volubiles.

Fig. 404. — Une vrille de Bryone.

Liseron (*fig.* 403, B) de gauche à droite. Les tiges munies de *vrilles* s'accrochent au support en s'enroulant. Ces vrilles proviennent tantôt des branches modifiées comme dans la Vigne, tantôt des feuilles comme dans la Bryone (*fig.* 404) et le Pois.

2° **Tiges souterraines.** — Les *tiges souterraines* ou *rhizômes* étant enfouies dans le sol pourraient être confondues avec des racines. Elles s'en distinguent cependant parce qu'elles portent toujours des feuilles réduites à des *écailles*, et des *bourgeons* qui en se développant donnent des tiges aériennes. C'est ainsi que le rhizôme du *Carex* (*fig.* 405) porte de nombreuses petites écailles qui représentent les feuilles souterraines, et des bourgeons axillaires qui donnent des tiges aériennes, tandis que le bourgeon terminal continue à rester souterrain. Dans le rhizôme du Sceau de Salomon (*fig.* 406), la tige aérienne se flétrit chaque année et laisse sur le rhizôme une cicatrice ; le renflement donnera l'an prochain une nouvelle tige aérienne ; de sorte qu'on peut compter l'âge du

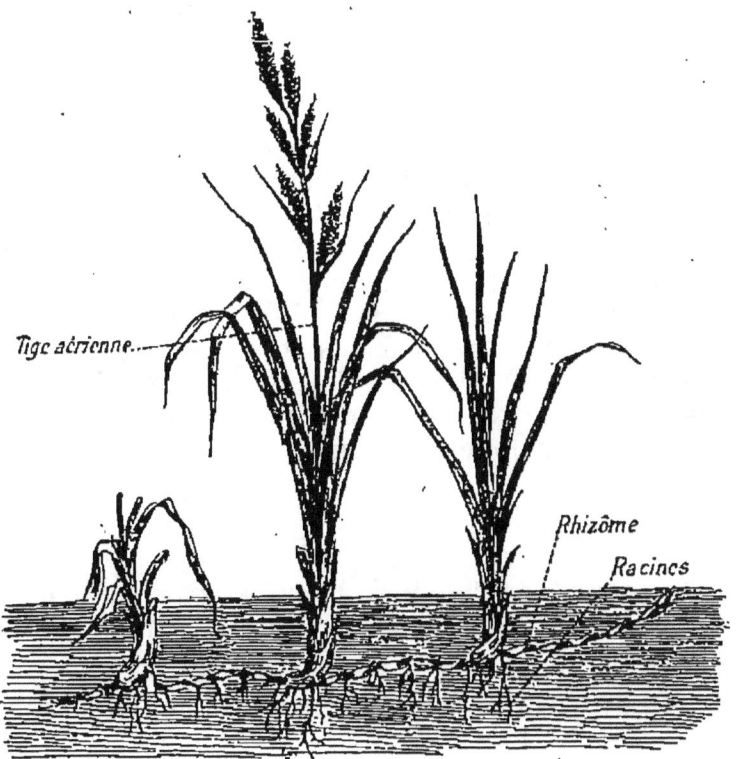

Fig. 405. — Rhizôme de Carex.

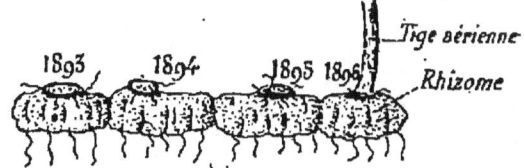

Fig. 406. — Rhizôme de Sceau de Salomon.

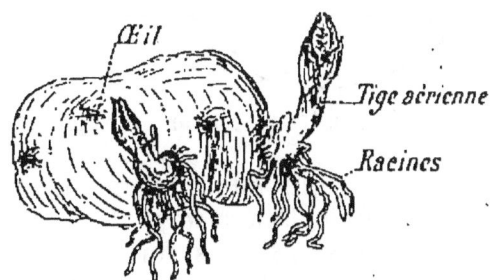

Fig. 407. — Tubercule de Pomme de terre.

rhizôme en énumérant le nombre de cicatrices ou de renflements.

Les rhizômes peuvent se renfler et donner des *tubercules* ou des *bulbes*.

Les *tubercules* sont des renflements produits sur le rhizôme par l'accumulation de matières nutritives. La Pomme de terre (*fig.* 407) par exemple est un tubercule dont les cellules sont bourrées de grains d'amidon. Ce qu'on appelle vulgairement les *yeux* de la Pomme de terre ne sont que des bourgeons qui donneront plus tard des tiges aériennes.

Les *bulbes* sont des renflements enveloppés par un certain nombre de feuilles amincies et à l'aisselle desquelles sont des bourgeons qui peuvent donner des tiges aériennes. Exemples : le bulbe du Glaïeul, de la Tulipe.

§ 2. — Structure primaire de la tige.

Comme pour la racine, nous n'étudierons dans ce chapitre que la structure d'une jeune tige, c'est-à-dire la *structure primaire*.

Structure primaire de la tige. — Une coupe transver-

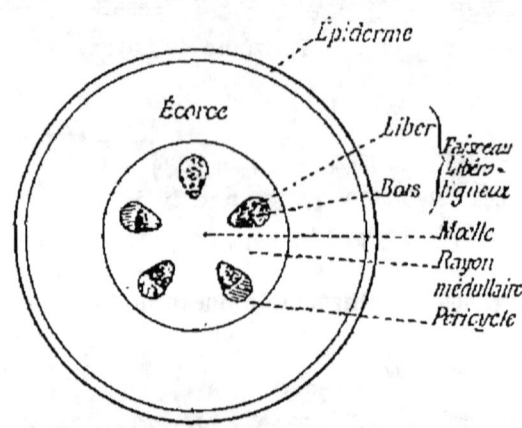

Fig. 408. — Coupe transversale d'une jeune tige.

sale (*fig.* 408) faite dans une jeune tige montre trois régions : l'*épiderme*, l'*écorce* et le *cylindre central*.

1° L'*épiderme* (*fig.* 408 et 409) est formé par l'assise la plus externe des cellules de la tige. Ces cellules ont leur membrane externe *cutinisée*, souvent même recouverte par une substance cireuse qui donne à la tige un ton glauque caractéristique. Cet épiderme présente des stomates et des poils.

2° *L'écorce*. — L'écorce est formée par un parenchyme dont les cellules de la partie externe contiennent de la chlorophylle. La dernière assise ou *endoderme* (*fig.* 409) ne présente pas toujours de plissements comme dans la racine, mais elle est souvent remplie de grains d'amidon.

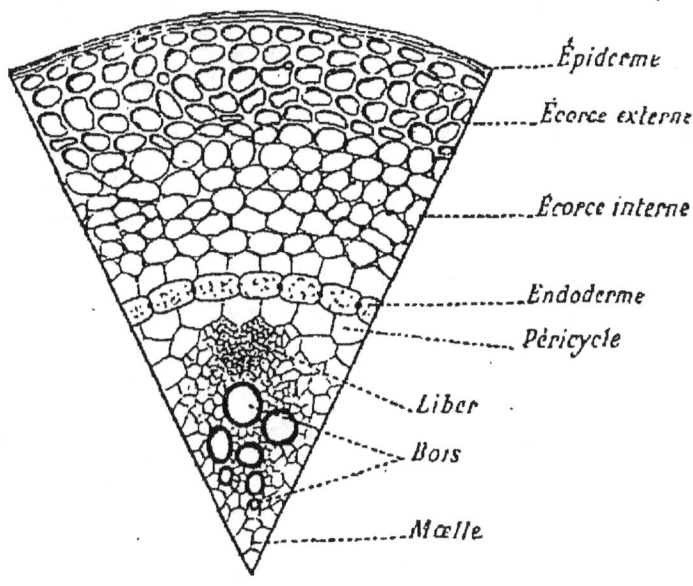

Fig. 409. — Structure primaire de la tige.

3° Le *cylindre central*. — Les faisceaux du bois et les faisceaux du liber au lieu d'être distincts et alternes comme dans la racine, sont accolés et donnent des *faisceaux libéro-ligneux* (*fig.* 408). Dans ces faisceaux le *liber* est toujours *en dehors*, et le *bois en dedans*.

Le liber est disposé comme dans la racine, mais, caractère important, *le bois est disposé en sens inverse* (*fig.* 408 et 409), c'est-à-dire que la pointe du faisceau est tournée vers l'intérieur, et les vaisseaux les plus petits sont aussi vers l'intérieur ; c'est le contraire dans la racine.

Le *tissu conjonctif* (*fig.* 408), comme dans la racine, comprend la *moelle* au centre, le *péricycle* en dehors des faisceaux libéro-ligneux, et les *rayons médullaires* entre les faisceaux.

Chez les *Monocotylédones* (*fig.* 410), la structure primaire de la tige est à peu près celle des Dicotylédones, sauf les faisceaux libéro-ligneux qui sont irrégulièrement rangés.

Chez les *Cryptogames vasculaires* (*fig.* 411), l'écorce n'est plus distincte du cylindre central et le liber enveloppe complètement le bois.

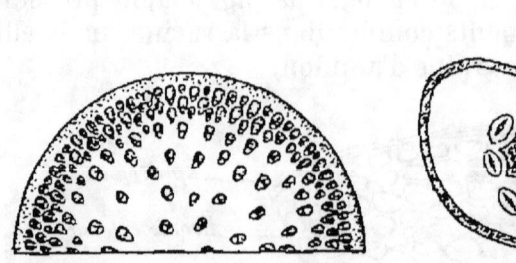

Fig. 410. — Coupe transversale d'une tige de Monocotylédone (Palmier.)

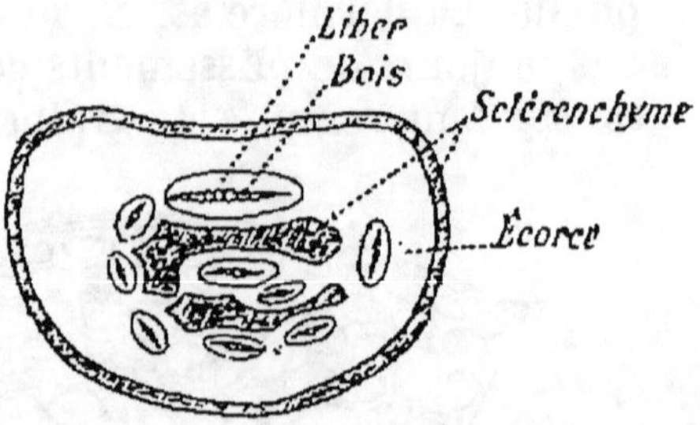

Fig. 411. — Coupe transversale d'une tige de Fougère.

Passage de la racine à la tige. — C'est au niveau du *collet* que le changement de structure s'opère. Il se fait de la

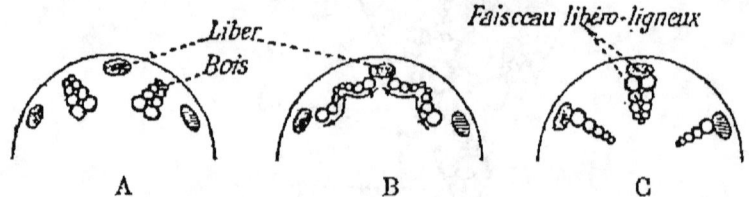

Fig. 412. — Le dédoublement des faisceaux ligneux au niveau du collet.

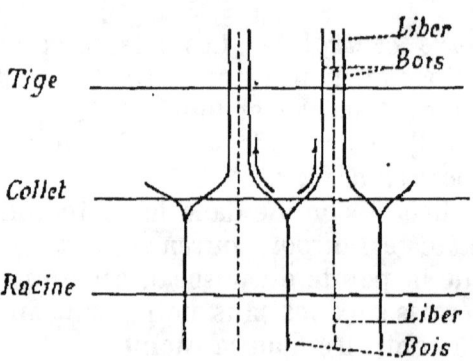

Fig. 413. — Passage du bois et du liber de la racine dans la tige.

façon suivante : les faisceaux du liber passent directement de la racine dans la tige (*fig.* 413) ; ceux du bois, au contraire, se dédoublent et forment deux portions qui vont se porter vers les faisceaux libériens en se retournant de 180° (*fig.* 412, A et B). De sorte que chaque faisceau libéro-ligneux de la tige (*fig.* 412, C, et 413) sera formé : 1° par le faisceau libérien de la racine ; 2° par la moitié gauche et la moitié droite des deux faisceaux ligneux de la racine.

Sommet de la tige. — Une coupe en long de la tige passant par l'axe montre au sommet les cellules en voie de cloisonnement et qui forment le *méristème*. Tout ce tissu provient de la multiplication rapide de *trois cellules initiales*

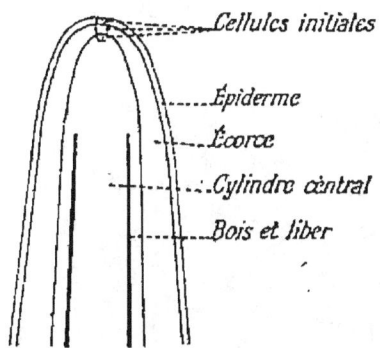 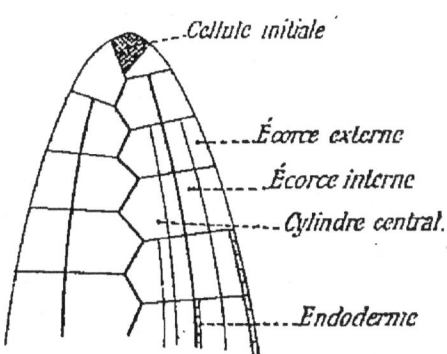

Fig. 414. — Sommet de la tige d'une plante Phanérogame.

Fig. 415. — Sommet de la tige d'une plante Cryptogame vasculaire.

superposées (*fig.* 414) : une pour l'épiderme, une pour l'écorce et la troisième pour le cylindre central.

Les Cryptogames vasculaires (*fig.* 415) ont une *cellule initiale unique*.

§ 3. — Fonctions de la tige.

La tige conduit la sève brute et la sève élaborée. — Le rôle le plus important de la tige est de conduire la sève. La tige transporte la *sève brute* des racines vers les feuilles, et la *sève élaborée* des feuilles vers les autres parties de la plante.

C'est par les vaisseaux du bois que la sève brute venant des racines est transportée. On le démontre comme pour les racines.

C'est par les tubes criblés du liber que la sève élaborée par les feuilles est transportée dans les autres parties de la plante : soit en *montant* vers le sommet de la tige, soit en *descendant* vers les racines. Pour le démontrer, on enlève sur un arbre deux anneaux (*fig.* 416) comprenant l'écorce et le liber, l'un au-dessus, l'autre au-dessous des feuilles. On voit alors se former deux bourrelets de cicatrisation, l'un au-dessus de l'anneau inférieur, l'autre au-dessous de l'anneau supérieur. Donc le liber transporte la sève élaborée qui sert à former ces tissus nouveaux. Si on laisse une bande longitudinale de liber, les bourrelets ne se produisent pas. Du reste, si on observe un tube criblé, on voit des substances granuleuses qui s'accumulent d'un côté du crible et qui indiquent bien le sens de la marche de la sève élaborée.

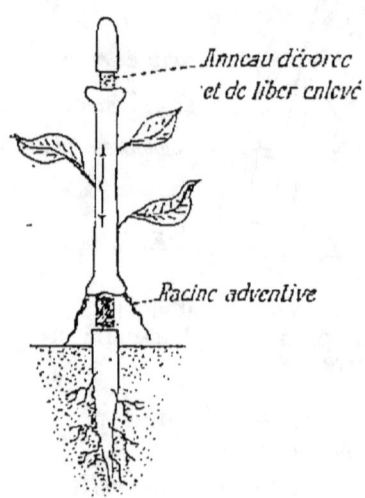

Fig. 416. — Circulation de la sève élaborée dans le liber.

Fig. 417. — Cellule d'un tubercule de Pomme de terre remplie de grains d'amidon.

La tige est un organe de soutien. — La tige devant supporter les feuilles a besoin de se soutenir ; aussi il se développe dans son épaisseur des tissus de soutien tels que du collenchyme et surtout du sclérenchyme.

La tige est un organe assimilateur. — Les cellules de l'écorce externe contiennent de la chlorophylle ; elles peuvent donc assimiler le carbone. Elles sont aussi capables de respirer et de transpirer activement.

Dans certains Végétaux (Genêt, Asperge) les feuilles sont

absentes ou très réduites ; c'est alors la tige et les rameaux qui fonctionnent comme feuilles.

La tige est un organe de réserve. — Un grand nombre de tiges peuvent se renfler et emmagasiner des réserves nutritives. C'est ainsi que l'amidon s'accumule dans les tubercules de Pomme de terre (*fig.* 417) et de Topinambour, le sucre dans la tige de la Canne à sucre, etc. Certaines plantes, comme les *Cactus*, emmagasinent une réserve d'eau, ce qui permet à ces plantes, appelées *plantes grasses*, de résister à la sécheresse.

RÉSUMÉ

Caractères extérieurs. — La *tige* sort de la graine en sens contraire de la racine. La limite entre la racine et la tige, le *collet*, est marquée par l'apparition de poils absorbants sur la racine.

1° La tige porte des *feuilles. Nœuds. Entrenœuds.*
2° *Bourgeon terminal*; feuilles formant une coiffe physiologique.
3° *Accroissement terminal*; accroissement intercalaire ; circumnutation.

4° *Ramification*. { *bourgeons axillaires* dans l'aisselle des feuilles. *tiges adventives.*

5° *Direction* . . { se dirige verticalement de bas en haut. Influence de la pesanteur : *géotropisme négatif*. Influence de la lumière : *phototropisme*.

6° *Différentes sortes de tiges*. {
1. aériennes . { dressées : *tronc, stipe, chaume*. rampantes : Fraisier. grimpantes : *volubiles* (Liseron) et *vrilles* (Pois).
2. souterraines. . . . . { *rhizômes* : Carex, Sceau de Salomon. *tubercules* : Pomme de terre. *bulbes* : Glaïeul.
}

On peut comparer les caractères extérieurs de la *racine* à ceux de la *tige* :

Racine.	Tige.
1° Pas de feuilles.	1° Porte des feuilles.
2° Poils absorbants.	2° Pas de poils absorbants.
3° Coiffe.	3° Pas de coiffe.
4° Accroissement *subterminal*.	4° Accroissement *terminal*.
5° Se dirige de haut en bas. (*géotropisme positif*).	5° Se dirige de bas en haut. (*géotropisme négatif*).

Structure primaire de la tige. — Une coupe transversale montre trois régions : *épiderme, écorce, cylindre central*.

1° *Épiderme* : Cellules cutinisées. Poils et stomates.

2° *Écorce* . .
- Écorce externe : chlorophylle.
- Écorce interne : pas de chlorophylle.
- Endoderme : cellules contenant de l'amidon.

3° *Cylindre central* . . .
- *Faisceaux libéro-ligneux.*
  - liber, en dehors.
  - bois, en dedans, en sens inverse de celui de la racine.
- *Parenchyme conjonctif* : Moelle, péricycle, rayons médullaires.

On peut comparer la structure de la *racine* à celle de la *tige* :

Racine.	Tige.
1° Pas d'épiderme ; assise pilifère.	1° Épiderme à stomates ; pas d'assise pilifère.
2° Bois et Liber alternes.	2° Faisceaux libéro-ligneux.
3° Bois avec plus petits vaisseaux à l'extérieur.	3° Bois inverse ; les plus petits vaisseaux à l'intérieur.

Fonctions de la tige. — Les principales fonctions sont :

1° *La tige conduit la sève.*
- Les vaisseaux du bois transportent la *sève brute* des racines vers les feuilles.
- Les tubes criblés du liber mènent la *sève élaborée* des feuilles vers les autres parties.

2° La tige est un organe de *soutien* : collenchyme et sclérenchyme.

3° La tige est un organe *assimilateur* : remplace parfois les feuilles (Genêt).

4° La tige est un organe de *réserve* : Pomme de terre, Canne à sucre.

CHAPITRE IV

LES FORMATIONS SECONDAIRES DANS LA TIGE ET DANS LA RACINE

La tige et la racine s'accroissent non seulement en *longueur*, mais aussi en *épaisseur*. Cet épaississement est dû à la formation de tissus nouveaux qu'on décrit sous le nom de *formations secondaires*. Ces formations n'existent que chez les Dicotylédones et chez quelques Monocotylédones (*Yucca, Dracœna, Aloés*); la plupart des Monocotylédones et les Cryptogames vasculaires conservent la structure primaire. Etudions ces formations : 1° dans la tige ; 2° dans la racine.

§ 1. — Formations secondaires de la tige.

Les nouveaux tissus se forment aux dépens d'une assise de cellules qui se divisent par des cloisons perpendiculaires au rayon de la tige. C'est à cette assise de cellules qu'on a donné le nom d'*assise* ou de *couche génératrice*.

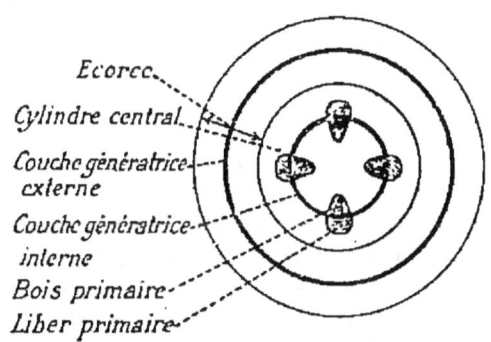

Fig. 418. — Les deux couches génératrices de la tige.

Dans une tige très jeune, ayant la structure primaire que nous avons décrite au chapitre précédent, on voit bientôt apparaître deux couches génératrices (*fig.* 418) : l'une, *interne*, située dans le cylindre central ; l'autre, *externe*, située dans l'écorce.

Couche génératrice interne ou cambium. — La *couche génératrice interne* qui apparaît pendant la première année est située entre le bois et le liber. Cette assise génératrice existe non seulement dans chaque faisceau libéroligneux, mais aussi dans les rayons médullaires, de façon à donner une assise circulaire continue.

Fonctionnement de l'assise génératrice. — Les cellules de cette assise vont se cloisonner activement et

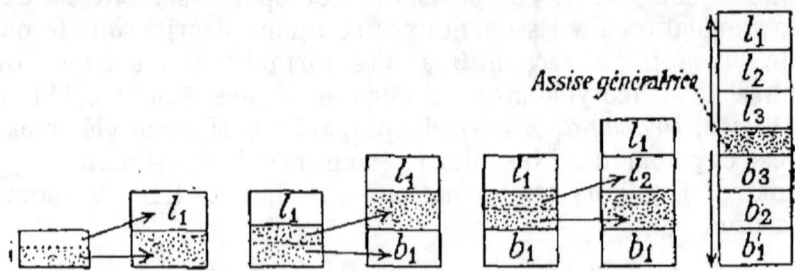

Fig. 419. — Fonctionnement de l'assise génératrice interne.

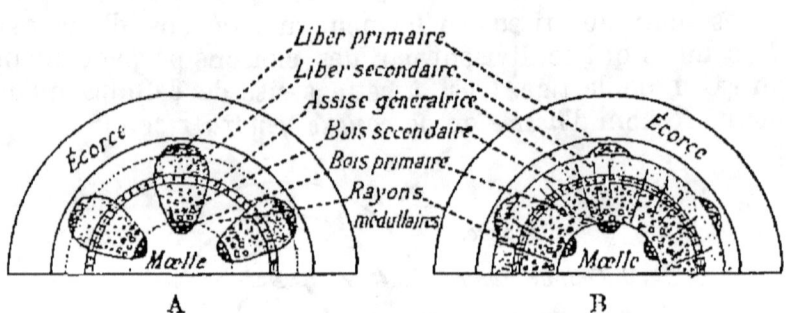

Fig. 420. — Tige d'une année.

donner une sorte de méristème appelé *cambium*. Les cellules de l'assise génératrice sont toujours en voie de cloisonnement, tandis que les cellules de la partie externe et de la partie interne vont grossir et se différencier. Les cellules de la partie externe (*fig.* 419) vont donner du *liber secondaire* l_1, l_2, l_3, dont le plus ancien est l_1 et le plus jeune l_3 ; les cellules de la partie interne donneront du *bois secondaire* b_1, b_2, b_3, dont le plus ancien est b_1 et le plus jeune b_3. La couche génératrice interne donne donc du liber secondaire en dehors et du bois secondaire en dedans.

Deux cas peuvent se présenter dans le fonctionnement de l'assise génératrice : 1° Cette assise ne donne du bois et du liber que dans la région des faisceaux libéro-ligneux (*fig.* 420, A) ; dans les intervalles elle forme du parenchyme non différencié qui constitue les *rayons médullaires secondaires* ; 2° L'assise génératrice donne du bois et du liber dans toute son étendue (*fig.* 420, B), de sorte que l'on aura un anneau libéro-ligneux continu. Parfois cependant, de place en place, le parenchyme ne se différencie pas et donne de minces rayons médullaires secondaires.

Bois de printemps et bois d'automne. — L'activité de la couche génératrice n'est pas constante. Au printemps, la sève circule abondamment, aussi le bois est formé de larges vaisseaux et de peu de fibres (*fig.* 421) : c'est le *bois de printemps*, qui est plutôt tendre et de couleur claire. A l'automne, la sève se ralentit et le bois est formé surtout de fibres et ne possède que des vaisseaux étroits et peu abondants : c'est le *bois d'automne*, qui est plus compact et d'aspect plus sombre. Il se forme donc chaque année deux couches de bois ; et l'on comprend que le nombre de ces couches nettement visibles sur la section d'une tige âgée permette de compter l'âge de cette tige.

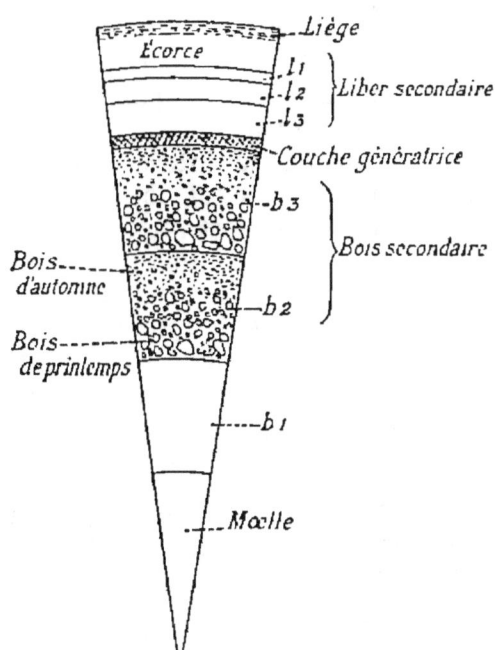

Fig. 421. — Tige âgée de trois ans. Bois de printemps et bois d'automne.

C'est aussi sur cette remarque que l'on s'est basé pour dire qu'à certaines époques géologiques, à l'époque carbonifère par exemple, le climat était uniforme dans le *temps*, et qu'il n'y avait par conséquent pas de saisons. La section des plantes de cette époque ne montre pas, en effet, les couches alternatives de bois de printemps et de bois d'automne. La sève devait donc circuler d'une façon continue. De plus le climat était uniforme dans l'*espace*, car les plantes qui poussaient dans nos régions ressemblaient aussi bien à celles trouvées dans le sud de l'Afrique qu'à celles rapportées du Spitzberg.

Tige âgée. — La section transversale d'une tige âgée (*fig.* 422) montre deux régions distinctes : une externe, très mince, désignée vulgairement sous le nom d'*écorce* et qui comprend l'écorce proprement dite et le liber, et une interne, très développée, le *bois*.

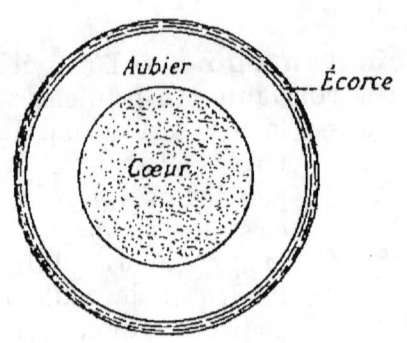

Fig. 422. — Section d'une tige âgée.

Le bois comprend lui-même deux parties : une partie externe, peu colorée, peu dure : c'est l'*aubier* ; une partie interne, durcie, brunie : c'est le *cœur*. Le cœur ne sert plus que d'appareil de soutien ; il est formé de tissus morts qui ne s'altèrent pas, grâce aux substances antiseptiques dont ils s'imprègnent (*tannin* pour le Chêne, *résine* pour le Pin). Certains arbres cependant (Saule, Peuplier) ont parfois le cœur complètement détruit ; malgré cela, ces arbres creux continuent à vivre, car c'est par l'aubier que la sève circule.

Couche génératrice externe. — La *couche génératrice externe* est située dans l'épaisseur de l'écorce et forme des tissus nouveaux par le même mécanisme que la couche génératrice interne.

Ces nouveaux tissus sont destinés à réparer l'écorce crevassée par suite de l'augmentation de diamètre du cylindre central. En effet, l'accroissement dû à la formation du bois et du liber secondaires fait souvent éclater l'épiderme devenu trop étroit. C'est alors que la couche génératrice externe (*fig.* 423) va donner en dehors du *liège*, et en dedans de l'*écorce secondaire* ou *phelloderme*. L'ensemble du liège et du phelloderme est appelé *périderme*.

Le liège peut être très épais ; c'est le cas des Chênes

exploités dans les forêts d'Algérie et de Tunisie. Le premier liège ou *liège mâle* est enlevé au bout de quinze ans ; il est de mauvaise qualité. Puis tous les dix ans environ on enlève le *liège femelle* qui est plus élastique et plus recherché par conséquent dans l'industrie. Le même arbre peut donner du liège pendant 150 ans.

Toutes les parties situées en dehors de la couche imperméable du liège ne reçoivent plus de nourriture et meurent. Ces tissus morts se déchirent et s'exfolient (Platane, Bouleau).

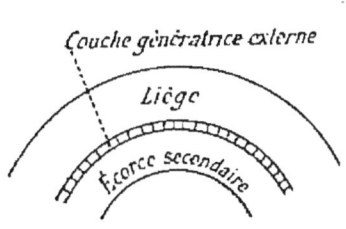 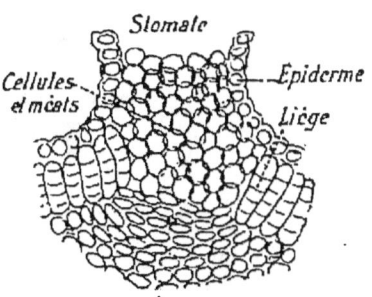

Fig. 423. — Couche génératrice externe.

Fig. 424. — Coupe d'une lenticelle.

La cuirasse protectrice formée par le liège présente des défauts appelés *lenticelles*. Ces lenticelles permettent les échanges gazeux entre l'air extérieur et l'intérieur de la plante ; elles se produisent en face des stomates de l'épiderme. Dans ces régions (*fig.* 424) la couche génératrice ne produit pas de liège ; elle donne des cellules séparées par des méats qui établissent la communication entre l'air extérieur et l'intérieur de la plante. Souvent ces cellules se multiplient beaucoup et refoulent l'épiderme ; de sorte que chaque lenticelle fait saillie à l'extérieur.

§ 2. — Formations secondaires de la racine.

Formations secondaires de la racine. — Les deux *couches génératrices* existent et fonctionnent dans la racine comme dans la tige.

La *couche génératrice interne* (*fig.* 425) se forme en dedans du liber primaire et en dehors du bois primaire ; elle est donc sinueuse au début. Mais chaque année cette couche va donner du liber secondaire en dehors et du bois secondaire en dedans, de sorte qu'au bout de la première année (*fig.* 426) on aura un anneau de liber en dehors, et un anneau de bois en dedans. Comme la *couche génératrice externe* donne aussi du liège en dehors et de l'écorce secondaire en dedans, il s'ensuit que la racine finit par ressembler à la tige. Il n'y a de différence, dans la racine, que dans l'alternance des faisceaux de bois et de liber primaires.

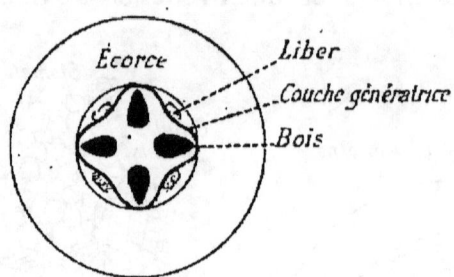

Fig 425. — Couche génératrice interne de la racine.

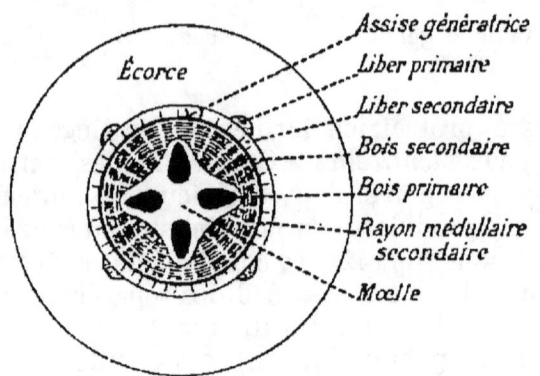

Fig. 426. — Coupe transversale d'une racine âgée d'un an.

Rôle des formations secondaires. — On peut observer que, sur les arbres de nos pays, les feuilles sont de plus en plus nombreuses ; la transpiration y est donc plus active, et par suite la quantité d'eau nécessaire pour remplacer celle qui est transpirée est de plus en plus grande : d'où la nécessité de nouveaux vaisseaux pour amener cette eau.

De plus, le nombre et les dimensions des branches augmentent; l'arbre a donc besoin d'être solidifié par de nouvelles fibres ligneuses.

Enfin, le liège joue un rôle protecteur

RÉSUMÉ

Les *formations secondaires* produisent l'accroissement en épaisseur.

Elles n'existent que chez les Dicotylédones et quelques Monocotylédones (Yucca, Dracæna, Aloès).

Formations secondaires de la tige. — Deux couches génératrices : interne (cylindre central) et externe (écorce).

1° *Couche génératrice interne ou cambium*. . . . .
- Liber secondaire en dehors.
- Bois secondaire en dedans.
- Bois de printemps : larges vaisseaux, peu de fibres.
- Bois d'automne : vaisseaux étroits, fibres abondantes.
- Sur une tige âgée . . . . .
  - écorce.
  - aubier : conduit la sève.
  - cœur : tissus morts.

2° *Couche génératrice externe*.
- Liège en dehors. Lenticelles.
- Écorce secondaire ou *phelloderme* en dedans.
} Périderme.

Formations secondaires de la racine. — Deux couches génératrices fonctionnent comme dans la tige.

1° *Couche génératrice interne*. . . . .
- Liber secondaire en dehors.
- Bois secondaire en dedans.

2° *Couche génératrice externe* : Liège et écorce secondaire ou phelloderme.

Rôle des formations secondaires. — La plante en grandissant a besoin d'une plus grande quantité d'eau : d'où la nécessité de nouveaux vaisseaux. Elle a aussi besoin d'un appareil de soutien plus développé ; elle doit donc être consolidée par de nouvelles *fibres*.

CHAPITRE V

LA FEUILLE

§ 1. — Caractères extérieurs de la feuille.

Les différentes parties de la feuille. — La feuille est une lame verte, aplatie, et qui apparaît de distance en distance sur la tige. Elle a une droite et une gauche, une face supérieure et une face inférieure : elle a donc une *symétrie bilatérale*.

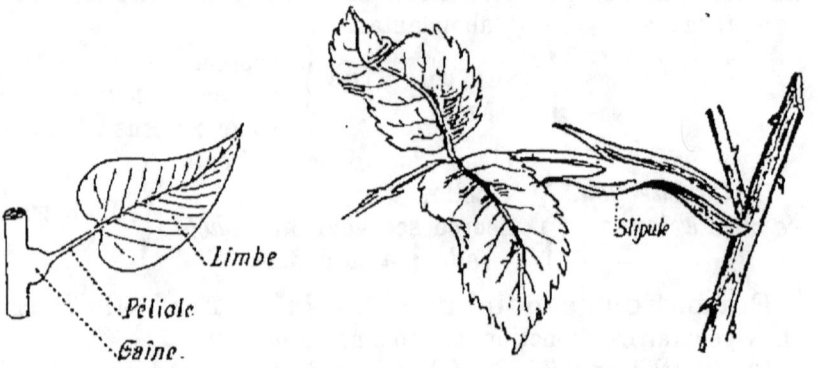

Fig. 427. — Les différentes parties de la feuille.

Fig. 428. — Stipules à la base du pétiole (Rosier).

La feuille (*fig.* 427) présente trois parties essentielles : 1° le *limbe*, qui est aplati ; 2° le *pétiole*, qui est plus étroit et qui a pour but d'écarter le limbe de la tige de façon à le repousser dans l'air et la lumière ; 3° la *gaîne*, située à la base du pétiole et qui le rattache à la tige en l'entourant plus ou moins.

Souvent à la base du pétiole (*fig.* 428) se trouvent deux petites lames vertes appelées *stipules* (Rosier) ; ces stipules prennent un grand développement chez le Pois, et surtout chez le *Lathyrus*, où elles suppléent complètement les feuilles qui sont réduites à leur pétiole.

Les différentes parties de la feuille peuvent manquer. Le

limbe est la partie qui manque le moins souvent. Le pétiole peut faire défaut et la gaîne prendre un grand développement comme dans le Blé, dans l'Angélique (*fig.* 429). On dit

Fig. 429. — Feuille engaînante (Angélique).

alors que la feuille est *engaînante*. La feuille est dite *sessile* lorsqu'elle est dépourvue de pétiole et de gaîne, comme chez la Giroflée.

Différentes formes de feuilles. — Les feuilles peuvent être rangées en deux catégories : 1° celles dont le limbe n'est pas divisé ; ce sont les feuilles *simples* ; 2° celles dont le limbe est divisé et le pétiole ramifié ; chacune de ces ramifications se termine par une *foliole* indépendante ; ce sont les feuilles *composées*.

Feuilles simples. — La feuille simple (*fig.* 430) est dite :
1° *entière*, si le limbe n'est ni découpé, ni denté (*fig.* 430, A) (Lilas) ;
2° *dentée*, si le bord du limbe porte des petites dents (*fig.* 430, B) (Orme, Charme) ;

3° *lobée*, si les découpures sont profondes et partagent le limbe en lobes (*fig.* 430, C et D.) (Chêne, Erable).

A. — Entière (Lilas). B. — Dentée (Orme). C. — Lobée (Chêne). D. — Lobée (Erable).
Fig. 430. — Les feuilles simples.

FEUILLES COMPOSÉES. — Le pétiole peut se ramifier de deux façons et donner deux sortes de feuilles composées.

1° La feuille est dite *pennée* (*fig.* 431, A) lorsque le pétiole donne des ramifications à gauche et à droite, chaque ramification portant une foliole (Sainfoin, Sensitive).

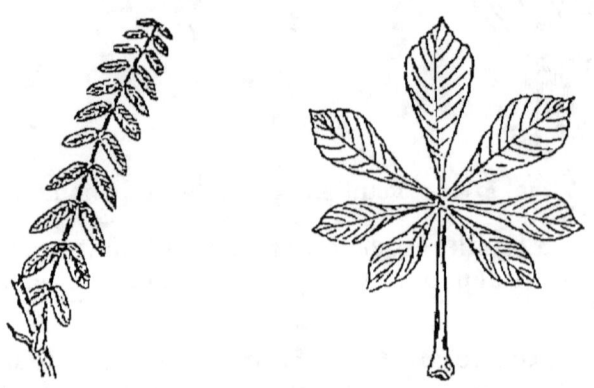

A. — Pennée (Robinier). B. — Palmée (Marronnier).
Fig. 431. — Les feuilles composées.

2° La feuille est *palmée* (*fig.* 431, B) lorsque le pétiole donne des rameaux situés tous au même niveau, de sorte que toutes les folioles sont au sommet du pétiole (Marronnier d'Inde).

Les nervures. — Lorsqu'on regarde une feuille par transparence, on voit de nombreux filets ou *nervures* qui se ramifient et forment un réseau très serré. Quelques-unes des grosses nervures sont généralement saillantes à la face inférieure de la feuille. Les mailles du réseau sont remplies par du parenchyme.

Le rôle des nervures est de donner plus de solidité à la feuille et de transporter la sève.

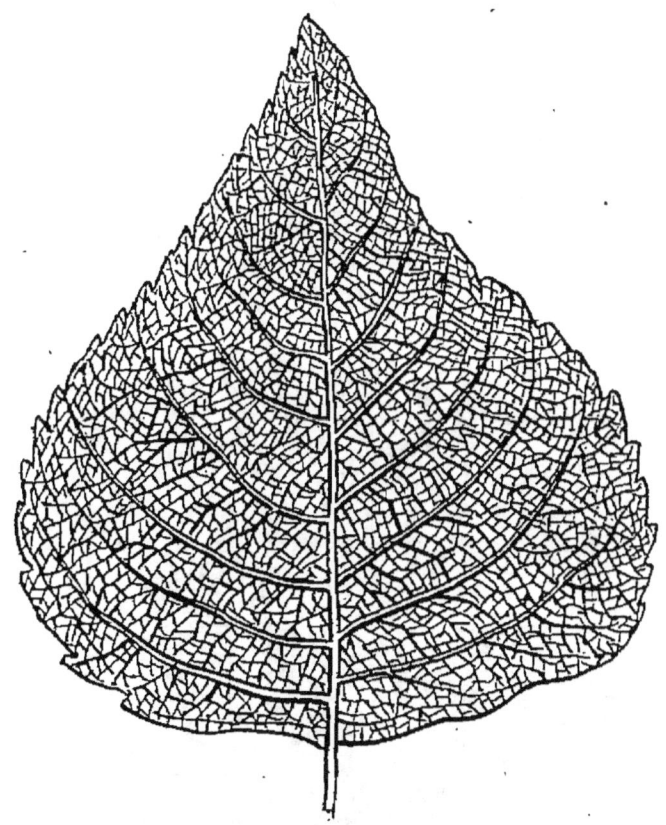

Fig. 432. — Feuille de Peuplier réduite à ses nervures par le *Bacillus amylobacter*.

En hiver, on trouve souvent sur le sol humide des feuilles mortes, réduites à la fine dentelle que forme le réseau de nervures (*fig.* 432). C'est que le parenchyme a été complètement détruit par le *Bacillus amylobacter*, qui digère la cellulose mais n'attaque pas les parties lignifiées des nervures.

La disposition et la ramification des nervures peuvent caractériser certaines feuilles. Certaines feuilles (*fig.* 433, A) (Pin, Sapin) ont une *seule* nervure ; la plupart des Monocotylédones (Blé) ont leurs nervures *parallèles* (*fig.* 433, B) ; la

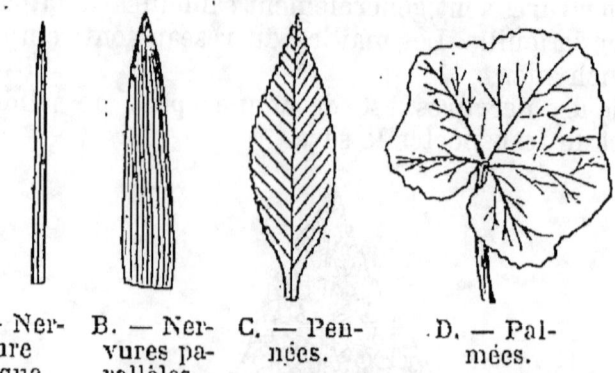

A. — Nervure unique. B. — Nervures parallèles. C. — Pennées. D. — Palmées.

Fig. 433. — Nervation des feuilles.

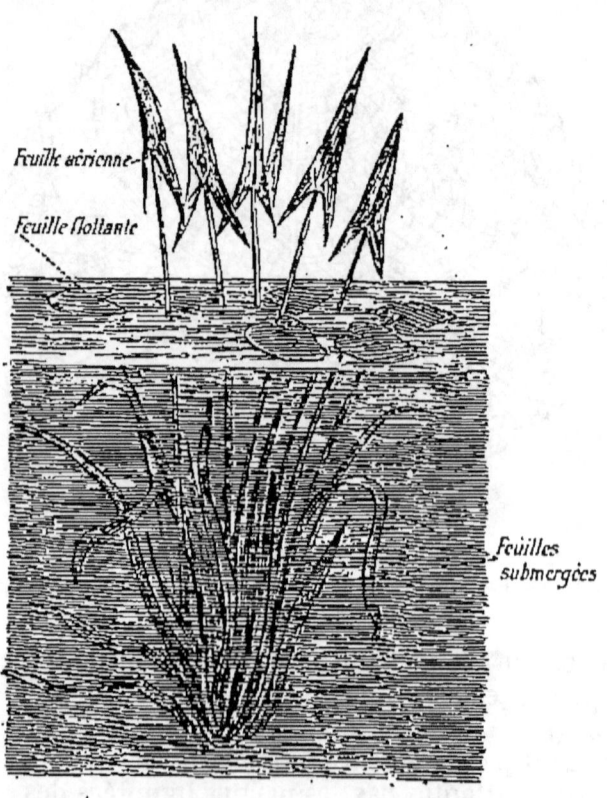

Fig. 434. — La Sagittaire et ses trois sortes de feuilles.

plupart des Dicotylédones ont leurs nervures principales ramifiées et sont tantôt *pennées* (*fig.* 433, C) (Charme, Châtaignier), tantôt *palmées* (*fig.* 433, D) (Lierre, Mauve).

Modifications des feuilles suivant le milieu. — Sur une même plante, on ne trouve généralement qu'une seule sorte de feuilles. Mais certaines feuilles peuvent s'adapter à des milieux différents ou à des fonctions spéciales.

C'est ainsi que les feuilles aériennes sont vertes, tandis que les feuilles qui poussent sur des tiges souterraines (Rhizôme d'Iris ou de Carex) sont réduites à des écailles brunes ou incolores.

Un exemple encore plus frappant de l'influence du milieu se trouve chez la Sagittaire (*fig.* 434), qui pousse sur le bord des rivières ou dans les étangs. Sur la même plante on trouve

Fig. 435. — Folioles transformées en vrilles (Pois).

en effet trois formes de feuilles : 1° les feuilles *aériennes* ont la forme d'un fer de lance ; 2° les feuilles *flottantes* qui sont à la surface de l'eau sont arrondies ; 3° les feuilles *submergées* n'ont pas de pétioles et sont allongées en longues lanières.

Certaines feuilles peuvent se transformer en *vrilles* qui s'enroulent autour d'un support et soutiennent la plante. Telles sont les feuilles de la Bryone, du Pois (*fig.* 435).

Les feuilles peuvent aussi se transformer en *épines* (Epine-vinette); parfois même ce sont les stipules qui donnent des épines (Robinier).

Enfin, des modifications plus profondes peuvent se produire. Les feuilles des *Népenthès* (*fig.* 436), par exemple, se transforment en véritables urnes appelées *ascidies*. Ces vases, qui portent souvent un couvercle, contiennent un liquide acide sécrété par la plante. Si un Insecte tombe dans ce liquide, il se décompose, sous l'influence des Bactéries, en substances solubles qui sont absorbées ensuite par la plante. Le même phénomène s'observe chez les plantes dites carnivores (Dionée,

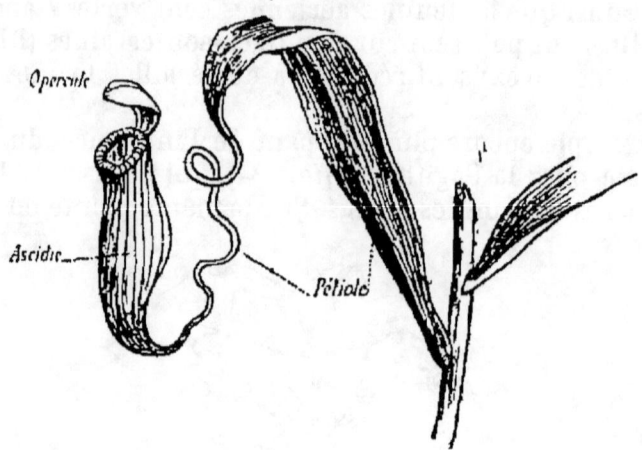

Fig. 436. — Feuille de Népenthès avec son ascidie et son opercule.

Drosera), dont les feuilles capturent les Insectes et les digèrent ensuite.

Position des feuilles sur la tige. — Les feuilles ne sont

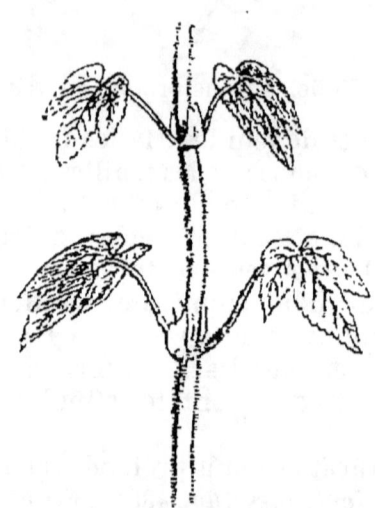

Fig. 437. — Feuilles opposées (Houblon).

pas attachées sur la tige d'une façon quelconque. Cet arrangement des feuilles suivant certaines lois est appelé *phyllotaxie*.

Deux cas sont à considérer :

1° Les feuilles sont *verticillées* si elles sont insérées plusieurs au même niveau, au même nœud ; elles peuvent être disposées par deux (*fig.* 437) (Houblon), et sont dites *opposées* ; elles peuvent être par trois comme dans le Laurier-rose (*fig.* 438) ;

2° Les feuilles sont *alternes* (*fig.* 439) lorsqu'elles sont insérées isolément (Orme). Ces feuilles sont disposées sur une hélice tracée autour de la tige.

Fig. 438. — Feuilles verticillées (Laurier-rose).

Fig. 439. — Feuilles alternes.

Quel que soit du reste cet arrangement, le but de cette disposition est d'empêcher les feuilles de se recouvrir et de s'ombrager. La lumière, comme nous allons le voir, est indispensable à l'accomplissement des fonctions de la feuille.

Direction des feuilles. — Dans le bourgeon, les feuilles se recouvrent les unes les autres et sont parallèles à la tige. Mais bientôt les feuilles s'épanouissent, car par suite de l'accroissement plus considérable de sa face interne, la feuille s'étale horizontalement. De cette façon la face interne est devenue la face supérieure, et c'est cette face qui reçoit le plus de lumière.

La lumière agit sur la direction, car lorsqu'une plante est

placée dans un appartement, devant une fenêtre, ses feuilles tournent leur face supérieure vers la fenêtre de façon à recevoir le plus de lumière possible. D'une manière générale on peut dire que la feuille dispose son limbe perpendiculairement à la direction de la lumière.

La pesanteur agit aussi sur la direction de la feuille.

Mouvements des feuilles. Sommeil des feuilles.— Les feuilles de certaines plantes sont douées de mouvements qui peuvent être périodiques ou provoqués.

A. — Veille.   B. — Sommeil.
Fig. 440. — Mouvements des feuilles de Trèfle.

Fig. 441. — Mécanisme du mouvement des feuilles.

Le Robinier (vulgairement Acacia) a ses feuilles étalées horizontalement pendant le jour ; mais le soir, après le coucher du soleil, les folioles s'abaissent et placent leur face inférieure l'une contre l'autre. C'est cette position que Linné a décrite sous le nom de *sommeil* des feuilles. Le lendemain matin, au lever du soleil, les folioles reprennent leur position de *veille*.

Les feuilles du Trèfle (*fig.* 440) font des mouvements semblables, mais c'est par leur face supérieure et non par leur face inférieure qu'elles se rapprochent.

Ces mouvements, qui s'effectuent périodiquement matin et soir, semblent avoir pour but de diminuer le refroidissement et la transpiration en diminuant la surface exposée directement à l'air.

Le mouvement du pétiole a son siège dans le *renflement*

moteur (*fig.* 441) généralement situé au-dessous du pétiole. Pour des raisons de nutrition les cellules de ce renflement peuvent se gorger d'eau et soulever le pétiole ; si, au contraire, le liquide de ces cellules est attiré vers la tige ou vers la feuille, le renflement devient flasque et le pétiole prend une autre position. La transpiration, variant à la lumière et à l'obscurité, est la cause de la turgescence ou de la flaccidité du renflement moteur, et par suite des mouvements de veille et de sommeil.

Les feuilles de certaines plantes, telles que la Sensitive, (*fig.* 345), les plantes carnivores (Dionée, Drosera) sont douées de mouvements qui se produisent au moindre choc. Les folioles de Sensitive se ferment rapidement pour s'étaler de nouveau, un instant après l'excitation.

Les plantes ont donc une *irritabilité* spéciale comparable jusqu'à un certain point à l'*irritabilité nerveuse* des animaux, car dans les deux cas on peut faire disparaître l'irritabilité par l'usage des anesthésiques (éther, chloroforme) (*fig.* 346).

Durée et chute des feuilles. — La plupart des plantes ont des feuilles qui naissent au printemps pour se dessécher et tomber à l'automne. Ces feuilles sont dites *caduques*.

D'autres arbres, au contraire (Houx, Pin, Sapin), conservent leurs feuilles pendant trois ou quatre ans. Ces feuilles sont dites *persistantes*. Ces arbres paraissent alors toujours verts puisqu'ils ne perdent, chaque année, qu'une partie de leurs feuilles.

La chute des feuilles est due à ce qu'il se forme, à la base du pétiole, une assise génératrice qui va donner des tissus dont la partie moyenne se résorbe ; de cette façon, il n'y a plus qu'une faible adhérence entre la feuille et la tige, et la feuille se détache au moindre coup de vent ou par son propre poids.

La plupart des feuilles tombent, à l'automne, dès qu'elles sont desséchées ; mais chez le Chêne, les feuilles desséchées restent l'hiver sur l'arbre et ne tombent qu'au printemps.

§ 2. — Structure interne de la feuille.

Structure du pétiole et du limbe. — On retrouve dans la structure de ces parties la symétrie bilatérale de la feuille.

1° Le pétiole. — Sur une coupe transversale du pétiole (*fig.* 442) on distingue un *épiderme*, un *parenchyme*, et des *faisceaux libéro-ligneux* qui ont la même structure que ceux de la tige.

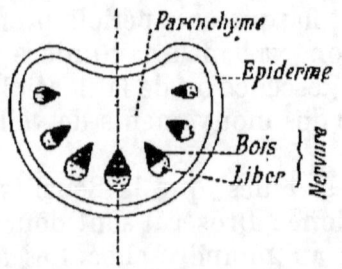

Fig. 442. — Coupe transversale du pétiole.

Mais ce qui distingue cette section de celle d'une tige, c'est la disposition des faisceaux libéro-ligneux, qui est symétrique par rapport à un plan et non par rapport à un axe comme dans la tige. C'est le faisceau médian qui est le plus développé.

Souvent autour des faisceaux libéro-ligneux on distingue un anneau d'*endoderme*.

2° Le limbe. — Sur une section transversale du limbe (*fig.* 443) on observe les mêmes parties et les faisceaux libéro-ligneux disposés symétriquement par rapport au plan médian. Chaque faisceau qui forme une nervure a son bois tourné

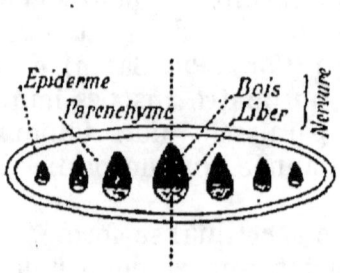

Fig. 443. — Coupe transversale du limbe.

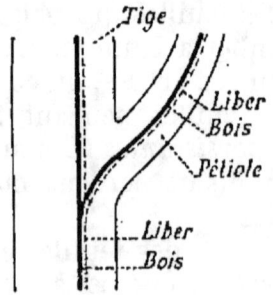

Fig. 444. — Les vaisseaux de la tige se continuent dans la feuille.

vers la face supérieure et son liber vers la face inférieure. Cette disposition est facilement expliquée par ce fait que la nervure n'est qu'une ramification du faisceau libéro-ligneux dont le bois, intérieur dans la tige (*fig.* 444), devient supérieur dans la feuille, et dont le liber, extérieur dans la tige, devient inférieur dans la feuille.

L'*épiderme* (*fig.* 445) présente des cellules dont la paroi externe est transformée en cuticule, qui protège la feuille contre les agents extérieurs. L'épiderme de la face supérieure ne contient pas de matière verte, de *chlorophylle*; il est aussi dépourvu de stomates, tandis que l'épiderme de la face inférieure en présente un grand nombre.

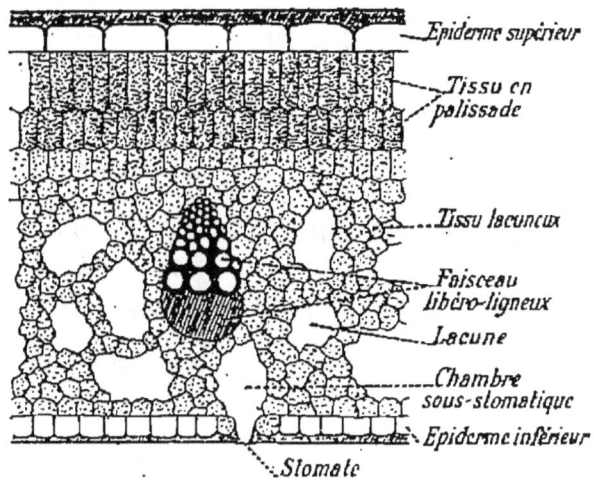

Fig. 445. — Une partie de la coupe transversale du limbe.

Le *parenchyme*, vers la face supérieure, est formé de grandes cellules allongées, régulièrement disposées et contenant en abondance des grains de chlorophylle : c'est le *tissu en palissade*. Vers la face inférieure, le parenchyme est formé de cellules irrégulières et séparées par de grandes lacunes : c'est le *tissu lacuneux*. Il contient moins de grains de chlorophylle que le tissu en palissade, ce qui explique pourquoi la face inférieure est d'un vert moins foncé que la face supérieure.

Au milieu du parenchyme on voit la section d'une nervure, constituée par un faisceau libéro-ligneux dont le bois est supérieur et le liber inférieur.

Stomates. — Les *stomates* sont des orifices existant à la face inférieure des feuilles et qui établissent une communication entre l'air extérieur et l'intérieur de la feuille. Ils sont produits par l'écartement de deux cellules épidermiques (*fig.* 446), appelées *cellules stomatiques*.

Ces deux cellules, vues de face (*fig.* 447), ont la forme de deux Haricots ; elles sont remplies de grains de chlorophylle et d'amidon. L'orifice qu'elles laissent entre elles (*fig.* 448, A) est l'*ostiole*, et la lacune dans laquelle s'ouvre l'ostiole est la *chambre sous-stomatique* (*fig.* 448, B).

La membrane des cellules stomatiques est plus épaisse dans le voisinage de l'ostiole. Aussi cet orifice peut s'élargir suivant le degré d'humidité de l'air : si l'air est humide, les cellules stomatiques se gonflent et la paroi mince s'incurve, de sorte que les deux cellules se courbant davantage laissent entre elles un ostiole plus large ; si l'air est sec, le phénomène inverse se produit et l'ostiole se ferme.

Le nombre de ces stomates est considérable ; il est généralement de 100 à 200 par millimètre carré, mais il peut aller jusqu'à 700 (Chou). La feuille du Tilleul offre environ un million de stomates, et celle du Chou onze millions.

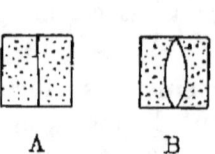

Fig. 446. — Formation d'un stomate.

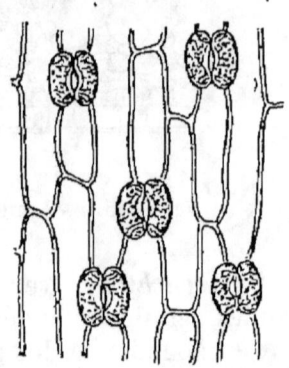

Fig. 447. — Stomates de l'épiderme de l'Iris (de face).

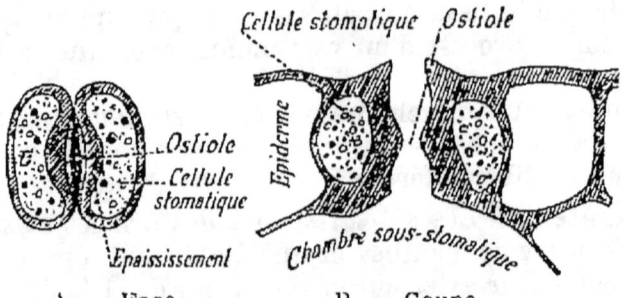

A. — Face.   B. — Coupe.

Fig. 448. — Structure d'un stomate.

Nous verrons plus loin que c'est surtout par les stomates que se font les échanges gazeux entre la plante et le milieu dans lequel elle vit.

Stomates aquifères. — D'autres stomates appelés *sto-*

mates aquifères servent à l'exsudation de l'eau à l'état liquide. Ils ont à peu près la structure des stomates ordinaires, mais la chambre sous-stomatique est remplie d'un parenchyme dont les cellules forment une sorte de pelote spongieuse à la base de laquelle viennent s'ouvrir les vaisseaux du bois (*fig.* 449). L'eau peut alors s'échapper sous forme de gouttelette par le stomate qui ne se ferme jamais.

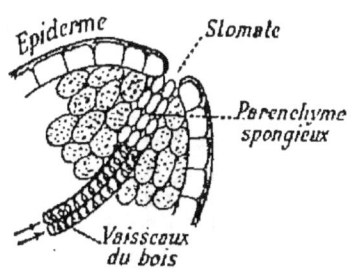

Fig. 449. — Stomate aquifère.

Ce sont ces gouttes d'eau qu'on observe facilement le matin à la pointe des Graminées, qui produisent ces petites perles qu'on attribue à tort à la rosée. Au point de vue physique, cette eau est plus pure que la rosée, car elle a traversé des milliards de membranes. C'est à cette grande pureté que l'eau des stomates aquifères doit de décomposer la lumière et d'avoir des jeux de lumière qui l'ont fait comparer à des diamants.

Variations de la structure avec le milieu. — La structure interne, comme les caractères extérieurs, varie avec le milieu.

Les feuilles à limbe vertical (Blé) ont le parenchyme identique sur les deux faces, et les deux épidermes ont des stomates.

Les feuilles aquatiques submergées (Elodea) n'ont pas de tissu en palissade, ni de stomates, mais les lacunes sont très nombreuses et leur épiderme contient de la chlorophylle.

Les feuilles aquatiques flottantes (Nénuphar) n'ont des stomates qu'à leur face supérieure, au contact de l'air ; la face inférieure, au contact de l'eau, en est dépourvue.

§ 3. — **Fonctions de la feuille.**

Les principales fonctions de la feuille sont la *transpiration*, *l'assimilation chlorophyllienne* et la *respiration*. Mais comme la chlorophylle joue un rôle essentiel dans les deux premières fonctions, nous allons d'abord étudier cette substance.

La chlorophylle. — C'est à la *chlorophylle* que la feuille doit sa couleur verte; mais cette couleur en apparence uniforme est due à de petits grains protoplasmiques qui, au microscope, montrent des filaments chargés de granulations vertes (*fig.* 450, A). Ce sont des *chloroleucites*.

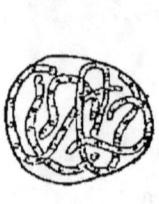  

A. — Chloroleucite avec filament et granulations.   B. — Chloroleucite spiralé dans une cellule de *Spirogyre*.   C. — Chromoleucite (Courge).

Fig. 450. — Chloroleucites et Chromoleucite.

Les chloroleucites se forment aux dépens des leucites qui sont d'abord incolores, puis se colorent en jaune par une matière appelée *xantophylle* ; bientôt enfin le leucite devient vert et constitue un chloroleucite chargé de granulations de chlorophylle.

La chlorophylle ne peut se former qu'à la lumière, sauf pour les Fougères et quelques rares plantes qui verdissent à l'obscurité. En général, à l'obscurité, il ne se forme que de la *xantophylle:* on dit que la plante est *étiolée*. Cette remarque est utilisée par les jardiniers pour faire blanchir la salade.

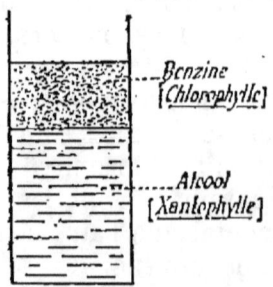

Fig. 451. — Préparation de la chlorophylle et de la xantophylle.

Pour préparer de la chlorophylle, on traite des feuilles hachées par de l'alcool étendu : les feuilles se décolorent et l'alcool devient vert, car il a dissous la chlorophylle. Si l'on ajoute de la benzine et qu'on agite, on voit (*fig.* 451) se déposer deux liquides : en bas, un liquide jaune, c'est l'alcool avec la xantophylle ; en haut, un liquide vert, c'est la benzine avec la chlorophylle. On peut arriver à séparer les deux substances et à les faire cristalliser.

La propriété la plus importante de la chlorophylle c'est d'absorber certaines radiations calorifiques et lumineuses. Si en effet on fait traverser par un faisceau de lumière blanche une dissolution de chlorophylle, et qu'on dirige ensuite ce faisceau lumineux sur un prisme, on a un *spectre d'absorption* (*fig.* 452) qui montre sept bandes noires dont la plus

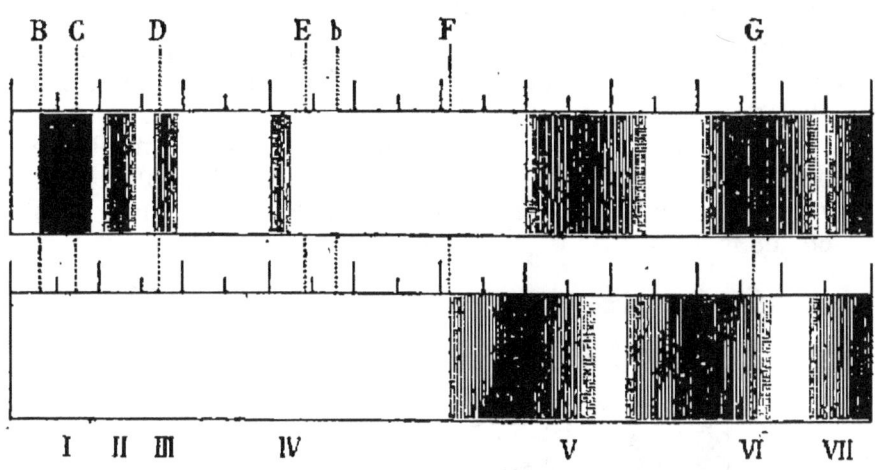

Fig. 452. — Spectres d'absorption : en haut, de la chlorophylle ; en bas, de la xantophylle.

intense est dans le rouge entre les raies B et C ; les trois bandes voisines, situées dans l'orangé et le jaune, sont pâles et étroites ; enfin les trois autres bandes couvrent toute la partie violette du spectre.

La xantophylle présente seulement (*fig.* 452) trois bandes dans la partie la plus réfrangible du spectre.

La chlorophylle et la xantophylle ne sont pas les seuls pigments ; on trouve chez les Algues d'autres pigments qui s'ajoutent à la chlorophylle. Si on met un fragment d'Algue brune (*Fucus*) dans de l'eau douce, l'Algue devient verte et l'eau brune ; cette plante contenait donc deux pigments : la chlorophylle et un pigment brun soluble dans l'eau douce. De même les Algues bleues et les Algues rouges contiennent de la chlorophylle qui est masquée par des pigments bleus et rouges.

La coloration des fleurs et des fruits est due à des pigments qui existent à l'état cristallisé ou en dissolution dans le suc cellulaire. Dans le fruit de la Courge on trouve (*fig.* 450, C) un chromoleucite rouge enroulé en spirale ; dans la Violette, c'est le suc cellulaire qui est coloré en violet.

Transpiration. — La *transpiration* est le phénomène qui consiste dans le rejet de vapeur d'eau à l'extérieur.

Le dégagement de vapeur d'eau peut être mis en évidence par les expériences suivantes.

Expérience de Mariotte. — On place une plante sous une cloche (*fig.* 453) et l'on voit bientôt des gouttelettes d'eau ruisseler le long des parois de la cloche. On a eu soin auparavant de vernir le pot et de recouvrir la terre d'un disque de verre pour empêcher l'évaporation. La plante seule a donc pu dégager cette vapeur d'eau condensée sur les parois de la cloche.

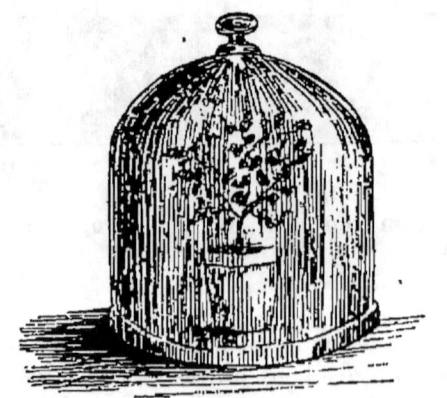
Fig. 453. — Expérience de Mariotte.

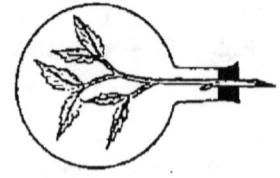
Fig. 454. — Expérience de Guettard.

Expérience de Guettard. — On introduit dans un ballon (*fig.* 454) une branche tenant encore à l'arbre, et l'on voit l'eau se rassembler à la partie inférieure du vase.

Expérience de Hales. — On place sur le plateau d'une balance (*fig.* 455) une plante ; sur l'autre plateau on fait la tare pour établir l'équilibre. Bientôt le plateau qui porte la plante se soulève : c'est que la plante a perdu de son poids ;

elle a donc transpiré. On peut rétablir l'équilibre avec des poids marqués qui mesurent la quantité d'eau transpirée.

Expérience de Sachs. — On place une branche garnie de feuilles dans un tube en U rempli d'eau et prolongé par un tube horizontal et capillaire (*fig.* 456). On voit alors le niveau de l'eau se retirer de *a* vers *b*. Cette quantité d'eau *ab* a été absorbée par la plante pour remplacer l'eau qui a été

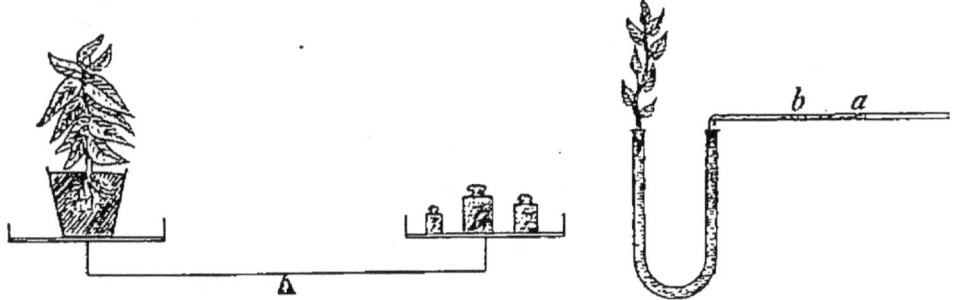

Fig. 455. — Expérience de Hales.   Fig. 456. — Expérience de Sachs.

transpirée. Pour s'assurer que la quantitée d'eau absorbée est bien égale à la quantité d'eau transpirée, il suffit de peser la branche avant et après l'expérience ; si le poids n'a pas changé, ce qui est le cas, c'est que l'eau ne s'est pas accumulée dans la branche et que l'absorption est égale à la transpiration.

Intensité de la transpiration. — On a évalué approximativement les quantités d'eau dégagées par quelques plantes. Elles peuvent être considérables : un champ de Maïs d'un hectare de surface, transpire en un jour 36.000 kilogr. d'eau ; un Chêne portant environ 700.000 feuilles transpire pendant les cinq mois de la belle saison (juin à octobre) environ 1.110.000 kilogr. d'eau. Or, si l'on mesure la quantité d'eau de pluie tombée sur ce Chêne pendant ces cinq mois on voit qu'elle est 8 fois moindre que la quantité d'eau transpirée. De là la nécessité pour les plantes d'aller puiser l'eau dans le sol.

Variations de la transpiration. — La transpiration varie suivant les espèces de plantes : les plantes herbacées (Graminées) transpirent plus que les arbres à feuilles caduques (Chêne), lesquels transpirent plus que les arbres à feuilles persistantes (Sapin).

Une plante en voie de croissance transpire plus qu'une plante adulte.

La transpiration varie aussi, chez une même plante, aux différentes heures de la journée : elle est faible au lever du soleil vers six heures du matin, maximum vers deux heures de l'après-midi, et redevient très faible vers six heures du soir jusqu'au lendemain matin. C'est ce qu'indique la courbe de la figure 457. Ce fait explique pourquoi, en été, les plantes se fanent pendant le jour ; c'est que la quantité d'eau transpirée est plus grande que la quantitée d'eau absorbée ; pendant la nuit, au contraire, la transpiration est presque nulle, tandis que l'absorption continue, de sorte que les plantes reprennent leur état normal en se gonflant d'eau.

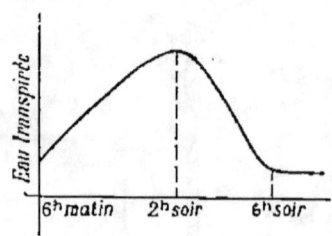

Fig. 457. — Courbe des variations de la transpiration pendant une journée.

Influence des conditions extérieures sur la transpiration. — La chaleur, la lumière et l'état hygrométrique ont une grande influence sur la transpiration.

1° *La chaleur*. — Il faut pour étudier l'influence de la chaleur, maintenir les autres conditions constantes et faire varier la chaleur. On voit alors que la transpiration augmente avec la température.

2° *La lumière*. — Il faut distinguer dans l'action de la lumière l'*intensité* des radiations et leur *nature*.

La transpiration augmente avec l'intensité, surtout chez les plantes à chlorophylle. La quantité d'eau transpirée par une plante verte passant de l'obscurité à la lumière solaire peut augmenter dans le rapport de 1 à 100. Si on place des feuilles dans les différentes régions du spectre, on constate que c'est dans les points correspondant aux bandes d'absorption de la chlorophylle que la quantité d'eau transpirée est plus considérable. On admet que cette transpiration est due à ce que la chlorophylle absorbe certaines radiations dont l'énergie est utilisée à produire l'évaporation de l'eau contenue dans la sève brute absorbée par les racines. On a donné à cette transpiration le nom de *chlorovaporisation* pour la distinguer de la transpiration générale du protoplasma.

3° *L'état hygrométrique*. — La transpiration augmente avec

la sécheresse de l'air ; elle s'arrête dans l'air saturé d'humidité. L'eau peut alors s'échapper à l'état liquide par les stomates aquifères, ou bien encore par des glandes appelées *nectaires* qui sont à la base des fleurs et qui sécrètent des substances sucrées ; aussi le liquide ou *nectar* fourni par ces glandes est surtout abondant le matin et le soir, lorsque la transpiration est faible : c'est du reste le moment choisi par les Insectes pour butiner ce suc.

L'influence de la lumière sur la transpiration montre bien la différence entre la transpiration et l'évaporation ; la lumière, en effet, n'agit pas sur l'évaporation.

Mécanisme de la transpiration. — La vapeur d'eau peut s'échapper par toute la surface de la feuille ; mais c'est surtout par les stomates que la transpiration s'effectue.

On peut le démontrer par l'expérience de Garreau qui consiste à placer une cloche en verre sur chacune des faces d'une feuille (*fig.* 458). Dans chaque cloche on met une capsule contenant du chlorure de calcium qui a la propriété d'absorber la vapeur d'eau. On constate alors que la capsule inférieure a augmenté de poids, tandis que la supérieure n'a presque pas varié. C'est donc la face inférieure qui donne plus d'eau, et comme les stomates y sont plus nombreux, on croit que c'est par ces orifices que se dégage la vapeur d'eau.

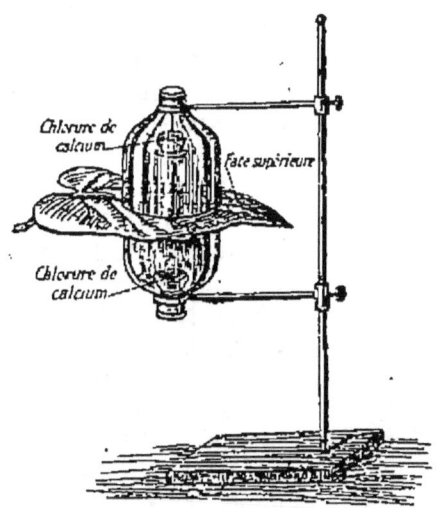

Fig. 458. — Expérience de Garreau.

Du reste, on peut le vérifier de la manière suivante : on place une feuille sur du papier imprégné de chlorure double de palladium et de fer qui a la propriété de noircir par la vapeur d'eau ; et l'on voit chaque stomate marqué par une tache noire qui a la forme de l'ostiole. On a ainsi la photographie des stomates. C'est donc surtout par les stomates que s'échappe la vapeur d'eau.

Rôle de la transpiration. — L'eau, en s'évaporant, diminue la pression à l'intérieur de la plante ; elle favorise alors l'absorption par les racines et la circulation de la sève brute. De plus, la sève brute contient beaucoup d'eau ; la transpiration enlève cet excès d'eau, concentre la sève brute et augmente par suite sa valeur nutritive.

Assimilation chlorophyllienne. — L'*assimilation chlorophyllienne* consiste dans la décomposition, par les feuilles vertes, de l'acide carbonique de l'air ; cette décomposition a pour résultat l'*assimilation du carbone* et le *rejet de l'oxygène*.

On peut mettre cette fonction en évidence en plaçant une plante verte dans une éprouvette remplie d'eau additionnée d'un peu d'acide carbonique (*fig.* 459). Si on expose le tout au soleil, on voit des bulles de gaz s'échapper des différents points de la feuille et se rassembler au sommet de l'éprouvette. On constate alors que ce gaz est de l'oxygène, et d'autre part que l'eau de l'éprouvette contient moins d'acide carbonique. Donc, les plantes vertes placées à la lumière solaire *absorbent de l'acide carbonique et dégagent de l'oxygène*.

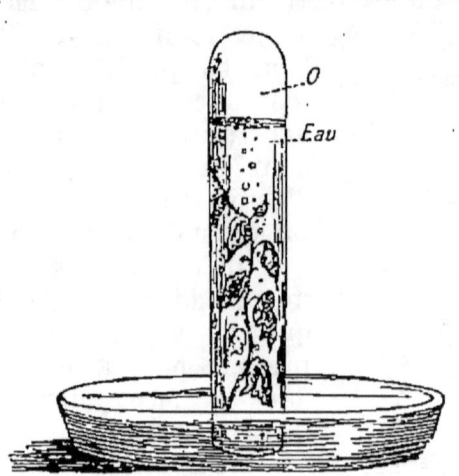

Fig. 459. — Expérience montrant l'absorption de l'acide carbonique et le dégagement d'oxygène.

Cette expérience ne réussit qu'avec une plante à chlorophylle et de la lumière En effet, des feuilles vertes dans l'obscurité, ou des feuilles incolores à la lumière, ne dégagent pas la moindre bulle d'oxygène.

L'intensité de l'assimilation chlorophyllienne varie avec l'intensité de la lumière : elle est nulle dans l'obscurité, faible à la lumière diffuse, considérable à la lumière solaire.

La nature des radiations influe aussi : si l'on met dans les diverses régions du spectre des éprouvettes contenant chacune une feuille de Bambou, on constate que l'oxygène se dégage seulement dans les régions des bandes d'absorption de la chlorophylle. Le dégagement d'oxygène, et par conséquent l'assimilation chlorophyllienne, est considérable dans le rouge, nul dans le vert et très faible dans le bleu. Les radiations absorbées par la chlorophylle sont donc utilisées pour produire la décomposition de l'acide carbonique, comme elles servent aussi à produire l'évaporation de l'eau.

L'assimilation chlorophyllienne est d'une importance capitale pour les plantes, car elle leur permet de fixer le carbone de l'acide carbonique de l'air et de le combiner avec les éléments de la sève brute pour donner des hydrates de carbone (glucose, amidon, dextrine) qui nourrissent la plante. L'assimilation contribue donc à la transformation de la sève brute en sève élaborée.

Respiration. — Les feuilles, comme toutes les autres parties de la plante, respirent, c'est-à-dire qu'elles absorbent de l'oxygène et qu'elles dégagent de l'acide carbonique.

Pour mettre ce phénomène en évidence, il suffit de placer sous une cloche une plante et un verre contenant de l'eau de chaux ou de l'eau de baryte (fig 460). L'eau de chaux est bientôt troublée par l'acide carbonique qui se dégage; pour montrer l'absorption d'oxygène, il suffit d'analyser l'air restant sous la cloche.

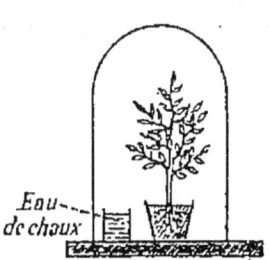

Fig. 460. — Expérience montrant le dégagement d'acide carbonique dans la respiration.

On peut constater que la respiration s'effectue à l'obscurité comme à la lumière.

On a étudié les variations du rapport $\dfrac{CO^2}{O}$ du volume d'acide carbonique dégagé au volume d'oxygène absorbé, et l'on a vu que pour une même plante il était indépendant de la température, de la pression et de l'éclairement. Il varie beaucoup suivant les différentes plantes et surtout suivant le développement de chaque plante.

Le rapport $\dfrac{CO^2}{O}$ est généralement < 1 ; ce qui montre que tout l'oxygène absorbé n'est pas utilisé à produire l'acide de carbonique ; cette partie qui ne fournit pas de gaz carbonique reste à l'intérieur de la plante où elle produit d'autres oxydations. On peut avoir $\frac{CO^2}{O} = \frac{1}{2}$, dans les plantes en voie de germination ; ce qui montre qu'à cette époque il existe des oxydations énergiques dans la plante. Il est, au contraire, très voisin de 1 au moment de la floraison.

Résistance à l'asphyxie et fermentations. — La respiration étant un phénomène continu chez les plantes, l'oxygène, comme chez les animaux, est nécessaire à la vie. Aussi une plante placée dans un milieu ne contenant pas d'oxygène ne tarde pas à périr : elle sera asphyxiée. Cependant entre le moment où il n'y a plus d'oxygène libre et la mort de la plante, il s'écoule un temps assez long pendant lequel l'acide carbonique continue à se dégager : on dit alors que la plante *résiste à l'asphyxie*.

Plaçons des tubercules de Betterave dans un vase en communication avec un manomètre à mercure (*fig.* 461). On voit alors le niveau baisser en A et monter en B ; cela tient à ce que les cellules de la Betterave après avoir épuisé l'oxygène du vase ont décomposé le sucre qu'elles contiennent. Ce sucre a donné de l'acide carbonique et de l'alcool. Le gaz carbonique a fait baisser le niveau A, et l'alcool imprègne les tissus et les tue. C'est à cette décomposition qu'on a donné le nom de *fermentation propre*.

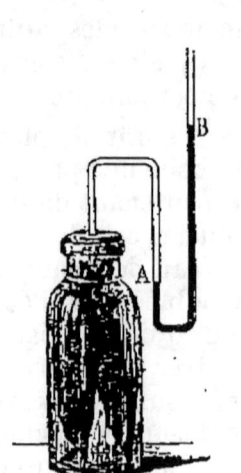

Fig. 461. — Expérience destinée à montrer la résistance à l'asphyxie.

Certaines plantes peuvent résister longtemps à l'asphyxie. C'est ainsi que la Levûre de bière (*fig.* 462), qui se présente sous forme de globules, peut vivre dans une dissolution de glucose, à l'abri de l'air.

La Levûre puise l'oxygène qui lui est nécessaire dans le glucose dont elle provoque ainsi la décomposition en alcool et acide carbonique (*fig.* 463), suivant la formule

$$C^6H^{12}O^6 = 2C^2H^5.OH + 2CO^2.$$

Pasteur a montré qu'il se formait en même temps d'autres

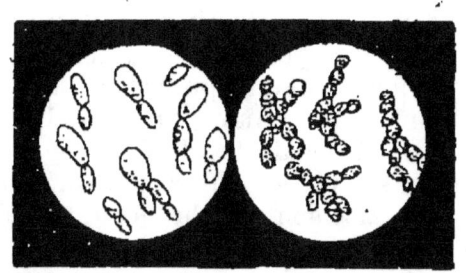

Levûre basse (8°).   Levûre haute (16°).
Fig. 462. — Levûre de bière.

produits tels que de la glycérine, de l'acide succinique, de la cellulose, etc. C'est à cette décomposition du sucre qu'on a

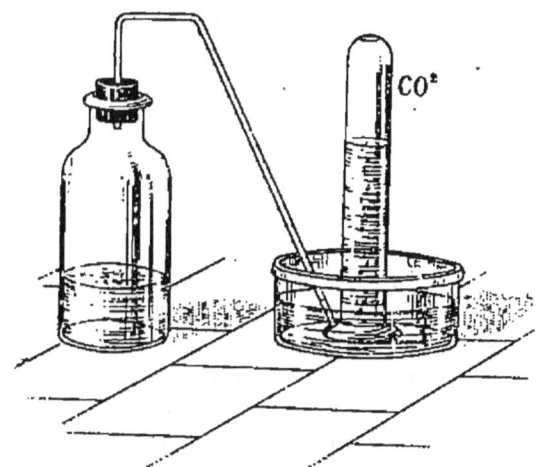

Fig. 463. — Fermentation alcoolique.

donné le nom de *fermentation alcoolique*. La fermentation n'est donc qu'un cas particulier de la respiration.

La Levûre de bière n'est pas le seul végétal capable de vivre dans un milieu privé d'oxygène libre ; beaucoup de Champignons et d'Algues qui ont reçu le nom de *ferments* peuvent aussi provoquer des décompositions ou *fermentations*. Certains même ne supportent pas le contact de l'air libre, on dit qu'ils sont *anaérobies*, alors que les autres végétaux sont *aérobies*.

Parmi les anaérobies on peut citer : le *Bacillus amylobacter* qui provoque la décomposition de la cellulose ; le *Bacillus septicus* ou vibrion septique qui cause la putréfaction des tissus animaux, morts ou vivants ; enfin la plupart des Bactéries qui produisent les maladies de l'homme et des animaux. Les anaérobies sont des êtres pour lesquels la période de résistance à l'asphyxie, accidentelle chez les autres plantes, représente la vie normale.

La Levûre de bière semée sur une substance nutritive, au contact de l'air, sur une tranche de Citron par exemple, peut y vivre et s'y développer. Dans ce cas elle est donc *aérobie*. Il n'y a donc pas de séparation absolue entre les aérobies et les anaérobies.

Résultats de l'assimilation et de la respiration. — L'étude de l'assimilation et de la respiration nous a montré que ces deux phénomènes étaient inverses et consistaient en :

La respiration : absorption d'O, dégagement de CO^2 ;
L'assimilation : absorption de CO^2, dégagement d'O.

C'est la résultante de ces deux actions que l'on observe. De sorte que pendant la nuit, la respiration l'emportant de beaucoup sur l'assimilation qui est presque nulle, on constate une absorption d'oxygène et un dégagement d'acide carbonique. C'est ce qu'on appelait jadis la *respiration nocturne*. Pendant la journée, lorsque la lumière est encore faible, les deux phénomènes peuvent se balancer et les échanges gazeux sont insensibles ; mais si la lumière est intense la respiration a toujours la même valeur, tandis que l'assimilation est considérable ; on constate alors une absorption d'acide carbonique et un dégagement d'oxygène. Dans ce cas la respiration est masquée par l'assimilation : c'est ce qu'on appelait à tort la *respiration diurne*.

On peut séparer l'assimilation de la respiration par l'expérience de Claude Bernard, qui consiste à placer une plante dans une éprouvette contenant de l'eau, et une autre plante dans une autre éprouvette avec de l'eau contenant du chloroforme. On expose le tout au soleil. Dans la première éprouvette il y a un dégagement d'oxygène, et c'est la *résultante* des deux phénomènes qu'on peut mesurer en dosant les gaz. Dans la seconde éprouvette, il n'y a pas de dégagement d'oxygène ; le chloroforme a suspendu l'assimilation sans troubler la respiration ; en dosant les gaz on aura l'intensité de la *respiration*. Par différence entre la valeur de la résultante et celle de la respiration, on aura l'*assimilation*.

RÉSUMÉ

Caractères extérieurs de la feuille. — La feuille a une symétrie bilatérale, c'est-à-dire qu'elle a une droite et une gauche, une face supérieure et une face inférieure.

Elle comprend trois parties : 1° le *limbe*, lame aplatie ; 2° le *pétiole*, plus étroit ; 3° la *gaîne*, qui rattache la feuille à la tige. Le pétiole et la gaîne peuvent manquer (*feuilles sessiles*) ; la gaîne peut être très developpée (*feuilles engaînantes*).

Les feuilles sont *simples* ou *composées*.

1° *Feuilles simples.* (limbe non divisé).
- F. entière (Lilas).
- F. dentée (Charme).
- F. lobée (Chêne).

2° *Feuilles composées*. (limbe divisé en parties appelées folioles)
- F. pennée (Sainfoin, Sensitive).
- F. palmée (Marronnier).

Les *nervures* forment un réseau ; ce sont les prolongements des faisceaux libéro-ligneux de la tige. Les nervures peuvent être parallèles, pennées, palmées.

Les feuilles peuvent se modifier en s'adaptant au milieu : la Sagittaire, par exemple, présente trois sortes de feuilles (aériennes, flottantes, submergées).

Les feuilles sont attachées sur la tige de deux façons
1. *verticillées* : plusieurs au même niveau.
2. *alternes* : insérées isolément.

Les feuilles sont douées de *mouvements périodiques* (veille et sommeil) ou de *mouvements provoqués* (Sensitive).

La plupart des feuilles naissent au printemps et meurent à l'automne (feuilles *caduques*) ; d'autres, comme chez le Pin, peuvent vivre plusieurs années (feuilles *persistantes*).

Structure interne de la feuille. — En coupant transversalement le limbe, on y trouve les parties suivantes :

1° *Épiderme* de la face supérieure : peu ou pas de stomates.

2° *Parenchyme.*
- 1. *Tissu en palissade* : riche en chlorophylle.
- 2. *Tissu lacuneux* : peu riche en chlorophylle.
- 3. *Faisceaux libéro-ligneux* (nervures) . { bois, en haut. liber, en bas.

3° *Épiderme* de la face inférieure : nombreux stomates.

Les *stomates* sont des orifices produits par l'écartement de deux cellules épidermiques : stomates *aérifères* et *aquifères*.

Fonctions de la feuille. — Les principales fonctions sont la *transpiration*, l'*assimilation chlorophyllienne* et la *respiration*.

La *chlorophylle* est une matière verte qui se trouve à l'état granuleux dans les chloroleucites qui se forment aux dépens des leucites. Le leucite se colore d'abord en jaune (*xantophylle*), puis en vert (*chlorophylle*). La chlorophylle est soluble dans l'alcool ; elle ne se forme qu'à la lumière ; sa propriété la plus importante est d'absorber certaines radiations lumineuses et calorifiques : son *spectre d'absorption* présente sept bandes.

1° *Transpiration.* — C'est le dégagement de vapeur d'eau par la plante.

Expériences montrant la transpiration . . .
- 1. Plante sous cloche ; eau ruisselle sur les parois Mariotte).
- 2. Branche dans ballon (Guettard).
- 3. Plante sur le plateau d'une balance ; ce plateau se soulève (Hales).
- 4. Branche dans un tube recourbé et plein d'eau (Sachs).

Chez une même plante, la transpiration varie aux différentes heures de la journée : c'est vers deux heures de l'après-midi qu'elle atteint son maximum et vers six heures du matin son minimum. La transpiration augmente aussi avec la chaleur et la sécheresse de l'air, mais c'est surtout la *lumière* qui a une grande influence.

La plante transpire plus à la lumière qu'à l'obscurité ; et lorsqu'on place une plante dans les différentes régions du spectre, c'est surtout dans les bandes d'absorption de la chlorophylle que la transpiration est plus active.

C'est par les stomates que la vapeur d'eau s'échappe. (Expériences de Garreau, et du papier imprégné de chlorure double de palladium et de fer).

La transpiration a pour rôle d'activer la circulation de la sève ascendante et d'enrichir cette sève en lui enlevant un excès d'eau.

2° *Assimilation chlorophyllienne.* — Cette fonction consiste dans la décomposition de l'acide carbonique de l'air, dans le rejet de l'oxygène et la fixation du carbone dans les tissus de la feuille.

On peut mettre cette fonction en évidence en plaçant des feuilles dans une éprouvette contenant de l'eau chargée d'acide carbonique ; on voit alors les bulles d'oxygène se dégager et se rassembler au sommet de l'éprouvette.

L'assimilation ne se produit que si la plante est exposée à la lumière.

3° *Respiration.* — Les feuilles, comme les autres parties de la plante, respirent. On le démontre en plaçant sous une cloche une plante et un verre contenant de l'eau de chaux ; celle-ci se trouble par l'acide carbonique que rejette la respiration.

Les plantes respirent *à la lumière comme à l'obscurité*, en absorbant de l'oxygène et en dégageant de l'acide carbonique. C'est donc un phénomène inverse de l'assimilation, et c'est la résultante de ces deux phénomènes qu'on observe. Dans une feuille verte et en pleine lumière, l'assimilation peut masquer complètement la respiration, mais celle-ci n'en existe pas moins.

On peut séparer l'assimilation de la respiration en plaçant du chloroforme près de la plante ; on suspend l'assimilation sans troubler la respiration.

CHAPITRE VI

LA NUTRITION CHEZ LES VÉGÉTAUX

Matières nutritives. — Les Végétaux, comme les Animaux, ont besoin pour réparer leurs tissus de prendre dans le milieu extérieur des aliments. Ces aliments seront transformés et deviendront partie intégrante de la matière vivante.

Pour connaître les aliments utiles à une plante, il faut faire l'analyse chimique de cette plante. On a trouvé ainsi des matières *ternaires* (hydrates de carbone, graisse, alcool, sucres, etc.), des *hydrocarbures* (résines, essences), des *albuminoïdes*, de l'eau et des sels minéraux.

Parmi les corps simples indispensables à la formation du protoplasma et du noyau, il faut citer le *carbone*, l'*hydrogène*, l'*oxygène*, l'*azote*, le *soufre* et le *phosphore*. D'autres corps, comme le *potassium*, le *calcium*, le *silicium*, le *fer*, le *chlore*, le *manganèse* sont utiles.

Il faut donc que les aliments fournis à la plante contiennent ces différents corps simples ; il faut surtout que ces corps simples se trouvent sous un état chimique tel que le Végétal puisse les absorber. A ce point de vue, on distingue deux catégories de Végétaux : les *plantes à chlorophylle* et les *plantes sans chlorophylle*.

I. — Plantes à chlorophylle.

Les *plantes à chlorophylle* peuvent, à l'aide des matières minérales qu'elles puisent dans le *sol* et du carbone qu'elles prennent dans l'acide carbonique de l'*air*, fabriquer les hydrates de carbone, les albuminoïdes et tous les principes dont elles ont besoin.

§ 1. — Aliments puisés dans le sol.

Aliments minéraux. — Comme nous l'avons vu à propos de la racine, les matières minérales contenues dans le sol sont digérées et absorbées par les poils absorbants des racines. On peut chercher quels sont les aliments minéraux les plus utiles à la plante par deux procédés : 1° on peut analyser la plante et déduire de sa composition quels sont les principes nécessaires à sa nutrition ; 2° on peut cultiver la plante dans des dissolutions de substances minérales et voir quelles sont celles qui font prospérer le mieux cette plante.

Les principaux aliments minéraux sont les *nitrates*, qui fournissent l'azote ; les *phosphates*, qui donnent le phosphore ; les *sulfates*, le soufre, etc.

Il faut que les dissolutions utilisées dans ces essais de culture soient très étendues, car concentrées elles deviennent nuisibles. Ces dissolutions sont variables avec chaque espèce de plante. Leur détermination exige donc de nombreuses expériences méthodiquement poursuivies.

Fixation de l'azote dans le sol. — L'azote est emprunté au sol sous la forme de *nitrates* et de *sels ammoniacaux*.

On a montré qu'une terre non ensemencée, placée sous cloche et traversée par de l'air pur, peut fixer en deux mois sur une épaisseur de 18 centimètres, de 95 à 178 kilogrammes d'azote par hectare ; si la terre est ensemencée surtout de Légumineuses (Luzerne, Haricot), la même quantité de terre fixe 183 kilogrammes sous cloche, et 735 kilogrammes sous un abri vitré.

Si on stérilise la terre non ensemencée en la chauffant énergiquement, l'azote n'est pas fixé ; si on arrose cette terre d'une infusion de terre dans laquelle des Légumineuses sont poussées, l'azote est fixé de nouveau. C'est que ces plantes ont des nodosités remplies de Bactéries (*ferment nitrique*) qui se nourrissent de l'azote atmosphérique ; et ces Bactéries cèdent ensuite cet azote, sous une forme assimilable, aux plantes.

Circulation de la sève brute. — La *sève brute* absorbée par les racines circule dans les vaisseaux du bois, comme nous l'avons montré à propos de la racine. Cette sève peut s'élever à des hauteurs considérables, jusqu'à 50 et même 100 mètres.

Deux causes principales déterminent cette ascension de la sève brute : 1° la *poussée des racines* due à la force osmotique qui pousse les liquides du sol dans les poils absorbants, puis dans les vaisseaux du bois ; 2° l'*aspiration* que produit la transpiration dans les feuilles. La première force peut être comparée à l'action d'une pompe foulante, et la deuxième à l'action d'une pompe aspirante. Et c'est sous l'influence de ces deux forces que s'élève la sève brute.

§ 2. — Aliments puisés dans l'air.

Fonction chlorophyllienne. — Certains aliments sont pris dans l'air, tels sont l'oxygène, le carbone et l'azote.

L'oxygène est pris à l'état libre dans l'air par la respiration. L'azote est pris à l'état libre ou sous forme de composés ammoniacaux, grâce à l'influence de l'électricité atmosphérique.

Le carbone provient uniquement de la décomposition de l'acide carbonique de l'air qui pénètre dans les feuilles. C'est la chlorophylle qui, en absorbant certaines radiations, détermine l'*assimilation du carbone*. C'est encore à l'aide de cette chlorophylle et des radiations absorbées que le carbone s'unit aux matières minérales de la sève brute pour donner des principes organiques tels que les hydrates de carbone, les graisses, les albuminoïdes, etc. Toutes ces matières peuvent être utilisées directement par la plante ou bien mises en réserve.

On ne connaît pas le mécanisme par lequel la plante fait la synthèse de ces substances ; mais ce qu'on sait, c'est que la chlorophylle est indispensable à la formation des hydrates de carbone.

Transformation de la sève brute en sève élaborée.
— La sève brute absorbée par les racines est composée

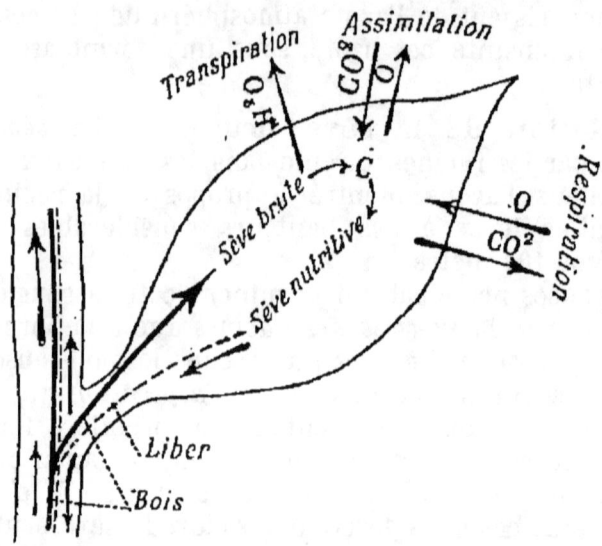

Fig. 464. — Figure théorique montrant la circulation et la transformation de la sève brute en sève élaborée dans la feuille.

d'eau renfermant une faible quantité de matières nutritives. Cette sève contient donc de l'eau en excès. C'est la transpiration qui, dans les feuilles, enlèvera cet excès d'eau (*fig.* 464).

En même temps, sous l'influence de l'assimilation chlorophyllienne, les sels minéraux de la sève brute qui ne peuvent servir directement à la nutrition de la plante, se transforment par adjonction du carbone en hydrates de carbone et même en albuminoïdes qui peuvent être utilisés par la plante.

La *sève brute* débarrassée de son excès d'eau et transformée par l'assimilation chlorophyllienne, devient la *sève élaborée*.

Circulation de la sève élaborée. — La sève élaborée, riche en substances nutritives, va se transporter de la feuille vers les autres parties de la plante (*fig.* 464). Nous avons démontré, à propos de la tige, que cette circulation de la sève élaborée se faisait par les tubes criblés du liber.

Une partie de la sève élaborée pourra être employée à la formation d'organes nouveaux, ou bien pourra servir à l'accroissement en longueur ou en épaisseur des organes anciens.

Une autre partie de cette sève séjournera dans certaines régions de la plante, sous forme de *matières de réserve*, et pourra être utilisée plus tard à la formation de cellules nouvelles.

Enfin une troisième partie pourra être éliminée sous différentes formes (résines, gommes, huiles, etc.). Ces produits dits de désassimilation seront étudiés plus loin.

La sève élaborée n'est pas forcément *descendante*, car celle qui se rend aux bourgeons terminaux est *ascendante* (*fig.* 464).

II. — Plantes sans chlorophylle.

Les plantes dépourvues de *chlorophylle* ne peuvent pas assimiler directement le carbone ni faire la synthèse des hydrates de carbone. Elles sont obligées d'emprunter ces substances nutritives à d'autres êtres vivants, animaux ou végétaux.

On peut grouper ces plantes en deux catégories : 1° les *plantes parasites* qui vivent dans le corps des animaux ou des végétaux (Bactéries) ; 2° les *plantes saprophytes* ou *humicoles* qui vivent sur des matières organiques en décomposition (Champignons).

Plantes parasites. — Ces plantes se développent aux dépens des êtres vivants, qui leur servent en quelque sorte de nourrice.

Parmi ces plantes on peut citer les Champignons tels que la Rouille du Blé, le Cystopus (*fig.* 465) qui vit sur le Chou, l'Ergot du Seigle, l'Oïdium de la Vigne, etc. Ces Champignons ont leurs filaments souvent munis de suçoirs qui pénètrent à l'intérieur de la plante nourricière.

Certaines plantes Phanérogames sont parasites; telles sont la Cuscute (*fig.* 466) qui se développe sur la Luzerne et dont les suçoirs ont la forme de ventouses, l'Orobanche qui vit sur la racine du Thym, de la Luzerne.

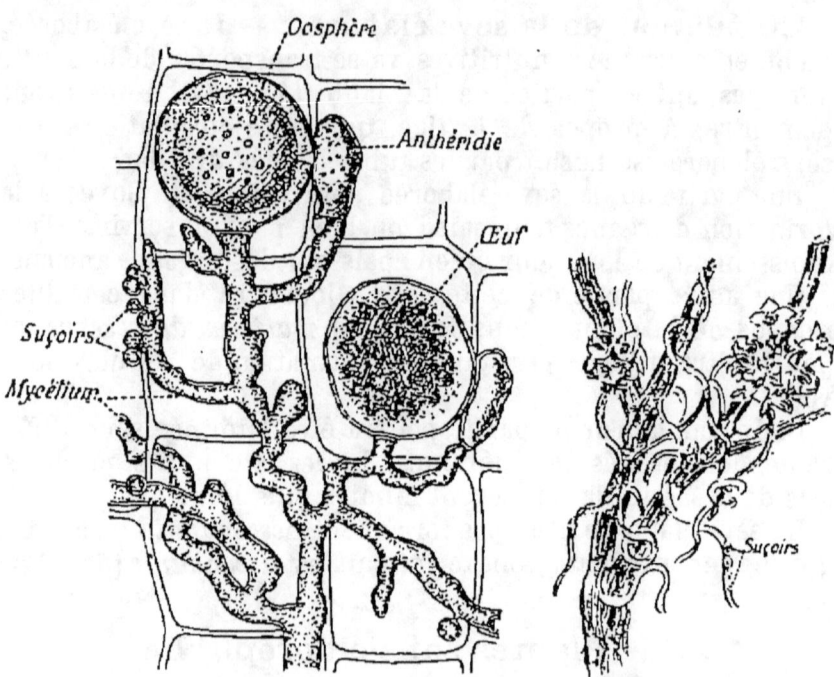

Fig. 465. — Le *Cystopus*, Champignon parasite envahissant une feuille de Chou.

Fig. 466. — Une branche de Cuscute parasite de la Luzerne.

Certaines plantes parasites ont de la chlorophylle, tel est le Gui, qui enfonce dans les Pommiers ses racines transformées en suçoirs.

Enfin certaines plantes sont obligées pour se développer de vivre sur deux hôtes successifs; c'est ainsi que la Rouille du Blé passe l'hiver sur l'Épine-Vinette et l'été sur le Blé.

Plantes saprophytes ou humicoles. — Ce sont les plantes qui vivent sur la matière organique provenant de la décomposition d'animaux ou de végétaux morts. Tels sont les Champignons qui poussent sur le fumier (*Agaric*), les moisissures qui se développent sur le cuir (*Penicillium*), sur les bois pourris, etc.

Le protoplasma de ces plantes peut fabriquer des matières albuminoïdes, mais il ne peut assimiler directement le carbone.

Symbiose. — La *symbiose* est l'association de deux Végétaux qui travaillent, tous deux, à la prospérité de l'association ; tandis que dans le *parasitisme*, il y a lutte entre les deux êtres, le parasite tirant de son hôte tous les bénéfices, sans qu'il y ait réciprocité.

Les *Lichens* sont un exemple remarquable de symbiose. Ils résultent de l'association d'une Algue et d'un Champignon. La coupe verticale d'un Lichen (fig. 467) montre en effet, au milieu de filaments de Champignon, des cellules vertes appartenant à des Algues et qu'on appelle des *gonidies*. L'Algue par sa chlorophylle fabrique des hydrates de carbone qui sont nécessaires à elle-même et au Champignon ; le Champignon, en échange, peut fabriquer avec ces hydrates de carbone des matières albuminoïdes ; il protège aussi l'Algue contre une trop grande sécheresse et lui permet de vivre dans un milieu défavorable (rocher, écorce d'arbre).

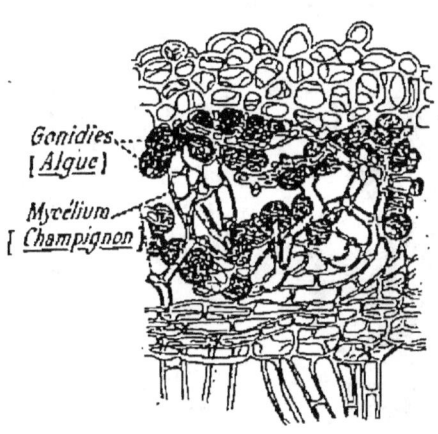

Fig. 467. — Coupe d'un Lichen montrant l'association de l'Algue et du Champignon.

Un autre exemple de symbiose nous a été fourni plus haut par l'étude des Bactéries qui vivent dans les nodosités des Légumineuses et qui facilitent la nutrition de ces plantes en fixant l'azote de l'air.

III. — Matières de réserve.

Nous avons vu que les matières nutritives pouvaient ne pas être consommées immédiatement ; elles sont alors mises en *réserve*, en certains points de l'organisme, pour être utilisées plus tard. Elles peuvent s'accumuler dans les tiges, les racines ou même dans les feuilles, comme dans les Plantes grasses.

On peut classer les matières de réserve suivant leur composition chimique : *hydrates de carbone, matières grasses, albuminoïdes*.

Hydrates de carbone. — Les principaux sont l'*amidon*, l'*inuline*, les *sucres*, les *ommes*, la *cellulose*.

Fig. 468. — Cellule d'un tubercule de Pomme de terre remplie de grains d'amidon.

L'*amidon*. — C'est un des corps les plus répandus chez les Végétaux. Sa formule chimique est $(C^6H^{10}O^5)^5$. Il est particulièrement abondant dans les cellules de la Pomme de terre (*fig.* 468), où il se présente sous forme de grains. Chaque grain (*fig.* 469) présente des couches alternativement claires et obscures, disposées autour d'un centre appelé *hile*. Les couches claires sont les plus denses, les couches obscures sont plus riches en eau. Insoluble dans l'eau froide, l'amidon se gonfle dans l'eau à 60° en donnant une pâte appelée *empois*.

On reconnaît facilement l'amidon à ce qu'il donne une coloration bleue intense lorsqu'on le traite par l'iode.

Fig. 469. — Grain d'amidon isolé.

Les grains d'amidon se développent dans les cellules à chlorophylle et dans les cellules incolores. Ils sont généralement en rapport avec les leucites et s'accroissent, comme les cristaux, par l'apposition de couches successives.

L'amidon, sous l'influence d'une diastase particulière appelée *amylase*, peut subir une série de transformations aboutissant à la formation de glucose : c'est ce qu'on appelle une *saccharification*.

L'*inuline*. — C'est une substance isomère de l'amidon. Elle n'existe qu'en dissolution dans le suc cellulaire ; mais en la traitant par l'alcool on obtient des cristaux arrondis ou *sphérocristaux* (fig. 470). Elle existe surtout chez les Composées (Inula, Artichaut) et chez certains Champignons où l'amidon n'existe pas.

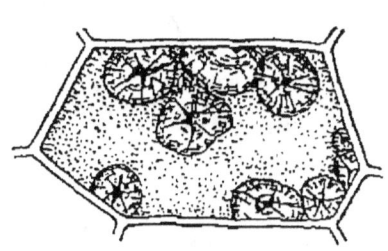

Fig. 470. — Sphéro-cristaux d'inuline.

Les sucres. — Parmi les sucres, la *saccharose*, $C^{12}H^{22}O^{11}$, est le plus fréquent ; il existe dans la Betterave, dans la tige de la Canne à sucre, à l'état dissous mais non assimilable. Pour être assimilable, il doit être *interverti* par une diastase spéciale appelée *invertine*.

Enfin on peut encore citer les *gommes*, peu connues chimiquement, qui sont solubles dans l'eau, et les *mucilages*, qui s'y gonflent sans se dissoudre.

Matières grasses. — Les matières grasses résultent du mélange de plusieurs principes tels que l'*oléine*, la *margarine*, la *stéarine*. On les trouve dans les graines d'un grand nombre de Végétaux d'où on peut les extraire par l'éther ou le sulfure de carbone.

Elles peuvent être liquides comme les huiles (Lin, Pavot, Noix, Olive) ; elles sont alors riches en oléine. Elles peuvent être solides ; on a alors des beurres (Cacao) plus riches en margarine et stéarine.

Albuminoïdes. — Les matières albuminoïdes se forment surtout dans les organes à l'état de vie ralentie. On les trouve en effet dans de nombreuses graines (*fig. 471*) sous forme de *grains d'aleurone*. Ces grains, qu'on doit observer dans la glycérine, l'eau les dissolvant, contiennent généralement un *globoïde* (fig. 472) formé de matière albuminoïde et un *cristalloïde* renfermant du glycérophosphate de magnésium et de calcium.

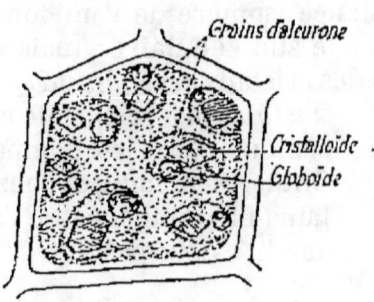 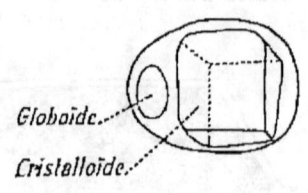

Fig. 471. — Grains d'aleurone dans une cellule de la graine du Ricin.

Fig. 472. — Grain d'aleurone isolé.

Digestion des matières de réserve. — Les matières de réserve pour être utilisées doivent être rendues solubles et assimilables. Ce sont des *diastases* qui opèrent cette transformation. Ces diastases ou *ferments solubles* ont des propriétés générales qui ont été étudiées à propos de la digestion chez l'homme. Elles n'agissent pas autrement chez les Végétaux. Elles sont sécrétées ou par les cellules qui renferment les matières de réserve, ou par des cellules voisines.

Parmi les plus communes, citons l'*amylase*, la *sucrase*, l'*émulsine*, la *pepsine*, etc.

C'est surtout au moment de la germination des graines et de l'éclosion des bourgeons que les diastases sont sécrétées. Les substances une fois digérées se dirigent alors vers le lieu d'utilisation.

Produits de désassimilation. — A côté des substances directement transformées pour faire partie intégrante de la matière vivante, se trouvent des résidus de nutrition. Parmi eux on peut signaler les cristaux d'oxalate de calcium et de carbonate de calcium; les carbures d'hydrogène sont très fréquents, tels sont le caoutchouc, les huiles essentielles, les résines, etc. On peut encore citer le tannin, le camphre, etc.

RÉSUMÉ

Les Végétaux, comme les Animaux, ont besoin de prendre dans le milieu extérieur des aliments.

L'analyse de la plante montre qu'elle contient comme éléments essentiels C, H, O, Az, S et P, et comme éléments utiles K, Ca, Si, Fe, Cl et Mn.

L'alimentation doit donc fournir ces éléments.

Plantes à chlorophylle. — Les plantes puisent leurs aliments dans le *sol* et dans l'*air*.

Aliments puisés dans le sol....
- *Aliments minéraux* : nitrates, phosphates, sulfates.
- *Fixation de l'azote* : emprunté aux nitrates ou aux composés ammoniacaux. Rôle des Bactéries dans les nodosités des Légumineuses.

La sève brute absorbée par les racines se dirige vers les feuilles sous l'influence de deux forces : 1° poussée des racines ; 2° aspiration produite dans les feuilles par la transpiration.

Aliments puisés dans l'air....
- Oxygène à l'état libre par la respiration.
- Azote à l'état libre sous l'influence de l'électricité atmosphérique.
- Carbone de l'acide carbonique grâce à la chlorophylle.

La *sève brute* est transformée en *sève élaborée* par la transpiration et par l'assimilation chlorophyllienne. La transpiration enlève l'excès d'eau, et l'assimilation chlorophyllienne fixe le carbone et fabrique des substances organiques.

La sève élaborée sera utilisée immédiatement pour la formation de tissus nouveaux, ou bien elle pourra être mise en réserve pour servir plus tard.

Plantes sans chlorophylle. — Ces plantes ne peuvent assimiler le carbone ; aussi elles empruntent les substances organiques aux Animaux ou aux Végétaux.

Deux cas sont à considérer :

1° Les *plantes parasites*, qui vivent dans le corps des Animaux ou des Végétaux (Rouille du Blé, Cystopus du Chou, Cuscute, etc.);

2° Les *plantes saprophytes*, qui vivent sur des Animaux ou des Végétaux en décomposition (Champignons, Moisissures, etc.).

La *symbiose* est une association de plantes qui s'aident mutuellement. Tel est le Lichen, formé par l'association d'une Algue et d'un Champignon.

Matières de réserve. — Ce sont les substances nutritives mises de côté. Parmi elles on cite les *hydrates de carbone*, les *matières grasses*, les *albuminoïdes*.

1° *Hydrates de carbone* ....
- *Amidon* ($C^6H^{10}O^5)^5$. Grains. Bleuit par l'iode.
- *Inuline*. Isomère de l'amidon. Dissous dans le suc cellulaire. Donne par l'alcool des sphéro-cristaux.
- *Sucres*. Saccharose ($C^{12}H^{22}O^{11}$).
- *Gommes, mucilages*.

2° *Matières grasses*.
- *Huiles* : riches en oléine.
- *Beurres* : riches en stéarine et margarine.

3° *Albuminoïdes*. .
- *Grains d'aleurone* : Globoïde (albumine) ; Cristalloïde (glycéro-phosphate de magnésium et de calcium).

Les matières de réserve, pour être utilisées, doivent être rendues solubles et assimilables par l'action de *diastases*.

DEUXIÈME SECTION

FONCTIONS DE REPRODUCTION

Multiplication végétative et reproduction. — Les immortelles découvertes de Pasteur ont démontré que la *génération spontanée* n'existe pas et que *tout être vivant provient d'êtres qui lui ressemblent*.

Les Végétaux peuvent se multiplier par deux procédés : par *multiplication végétative* ou par *reproduction*.

1° **Multiplication végétative.** — Certaines plantes peuvent se fragmenter ; et chacun de ces fragments peut en se développant reconstituer une plante identiquement semblable à celle d'où il provient. C'est ce qu'on appelle la *multiplication végétative* ou par *scissiparité*.

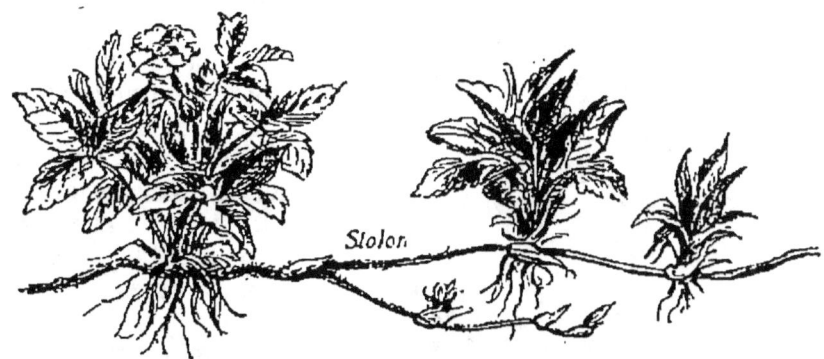

Fig. 473. — Marcottage naturel : Fraisier et ses stolons.

Un pied de Fraisier (*fig.* 473) peut donner, nous l'avons vu à propos de la tige, des stolons qui s'enracinent à chaque nœud et donnent autant de jeunes Fraisiers. Ces stolons peuvent se dessécher et mourir ; on a alors des pieds de Fraisier indépendants et issus d'un même pied. C'est ce qu'on appelle un *marcottage*. Dans ce cas il est naturel ; mais on peut faire un marcottage artificiel comme par exemple dans la culture de la Vigne : il suffit d'enfoncer les branches de la Vigne dans la terre (*fig.* 474, A), puis lorsque des racines adventives se sont développées, on sépare les diverses branches du pied de Vigne et l'on obtient autant de pieds de Vigne qu'il y avait de branches enterrées.

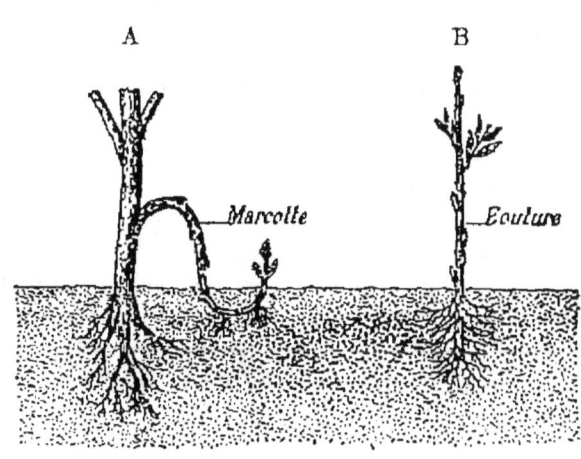

Fig. 474. — Marcottage et bouturage.

Une Pomme de terre (*fig.* 475) est aussi un fragment de tige qui possède des bourgeons ; si on la place dans la terre, les bourgeons donnent des tiges nouvelles sur lesquelles apparaissent des racines adventives. On pourrait donc avoir autant de plantes complètes qu'il y avait de bourgeons. On dit que la Pomme de terre est une *bouture* naturelle. Si l'on coupe une branche de Peuplier par exemple et qu'on l'enfonce dans le sol (*fig.* 474, B), des racines adventives apparaissent et la branche deviendra un Végétal nouveau :

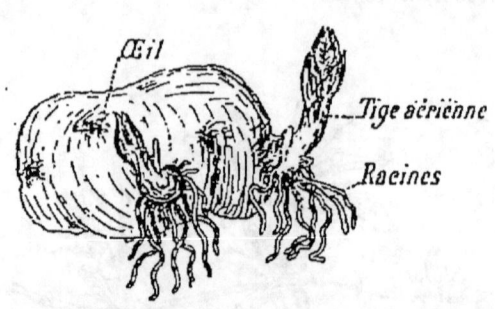

Fig. 475. — Bouturage naturel : Tubercule de Pomme de terre et ses bourgeons en voie de développement.

c'est une bouture artificielle. La *greffe* est une sorte de bouturage dans lequel on plante sur un Végétal appelé *sujet* un fragment d'un autre Végétal que l'on veut multiplier.

Ces procédés, marcottage et bouturage, sont fréquemment employés par les horticulteurs pour reproduire certaines plantes (Géranium, Bégonia, Rosier, etc.) avec tous leurs caractères.

2° **Reproduction**. — Les plantes peuvent se multiplier par des *spores* ou des *œufs*.

La *spore* est une cellule qui se détache de certaines plantes (Algues, Champignons) et qui peut donner une nouvelle plante semblable à la plante mère.

L'*œuf* résulte de la fusion de deux cellules, la cellule mâle et la cellule femelle. Cet œuf pourra donner la *graine* qui en se développant produira une nouvelle plante. Cette nouvelle plante, qui provient de deux parents, possède la plupart de leurs caractères, mais elle présente aussi d'autres caractères.

Nous allons étudier cette reproduction, d'abord chez les Phanérogames où elle s'effectue par la fleur, puis ensuite chez les Cryptogames.

CHAPITRE VII

LA FLEUR

I. — Caractères extérieurs de la fleur.

Les différentes parties de la fleur. — La fleur constitue l'appareil reproducteur des Phanérogames. Elle est portée par un rameau appelé *pédoncule* (*fig.* 476), lequel est situé à l'aisselle d'une petite feuille appelée *bractée*.

La fleur est formée de deux parties : les *enveloppes florales* et l'*appareil reproducteur*.

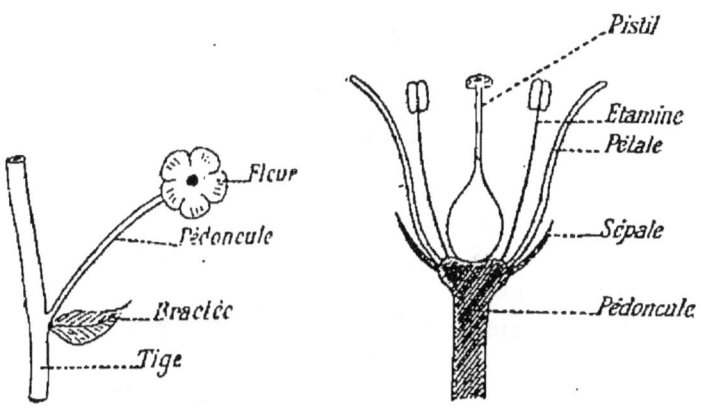

Fig. 476. — La fleur sur la tige.   Fig. 477. — Les différentes parties de la fleur.

Les *enveloppes florales* destinées à protéger l'appareil reproducteur (*fig.* 477) comprennent : 1° des petites feuilles vertes appelées *sépales* et dont l'ensemble appelé *calice* constitue la première enveloppe de la fleur ; 2° des petites feuilles généralement colorées appelées *pétales* ; leur ensemble ou *corolle* constitue la seconde enveloppe de la fleur.

L'*appareil reproducteur* est formé de deux parties : 1° de petits filaments renflés au sommet et appelés *étamines* ; leur ensemble est appelé *androcée* ; les étamines sont formées d'une partie mince et allongée appelée *filet*, et d'une partie renflée appelée *anthère* ; elles donnent les cellules mâles ou grains de *pollen* ; 2° un certain nombre de petits corps arrondis nommés *carpelles* et dont l'ensemble constitue le *pistil* ; ces carpelles fournissent les cellules femelles ou *oosphères* qui donneront naissance aux *œufs*.

Ces quatre parties : calice, corolle, étamines et pistil sont insérées sur la partie terminale du pédoncule appelée *réceptacle*.

Diagramme. — Pour représenter la disposition des différentes parties de la fleur, on en trace le *diagramme* ; pour cela on suppose la fleur coupée par un plan transversal, et on représente par une figure la section de toutes les pièces florales sans changer leur position.

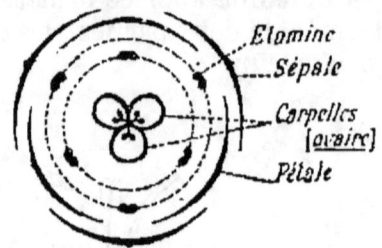

Fig. 478. — Diagramme de la fleur du Lis.

Traçons le diagramme d'une fleur de Lis (*fig.* 478). On trouve d'abord à l'extérieur 3 sépales disposés suivant une circonférence : c'est le premier *verticille* ; puis à l'intérieur un second verticille formé de 3 pétales alternant avec les sépales ; enfin 6 étamines disposées suivant deux circonférences, et au centre un pistil composé de 3 carpelles.

La fleur est un ensemble de feuilles modifiées. — Les différentes parties de la fleur ne sont que des feuilles modifiées, spécialement adaptées à la fonction de reproduction. L'étude de certaines fleurs permet de montrer l'origine foliaire des différentes pièces de la fleur, car toutes les formes de transition entre les feuilles normales et les diverses parties de la fleur peuvent être trouvées.

En examinant un pied d'Hellébore on trouve à mesure qu'on s'élève sur la tige, toutes les transitions entre une *feuille et un sépale*. La fleur du Nénuphar blanc montre, en allant de l'extérieur vers l'intérieur, tous les intermédiaires entre les sépales verts et les pétales blancs. Le passage du pétale à l'étamine s'observe aussi chez le Nénuphar : à mesure qu'on se rapproche du centre de la fleur, les pétales s'amincissent (*fig.* 479) et portent à leur sommet un renflement qui en grossissant va donner l'anthère, lequel constitue la partie la plus importante de l'étamine. Enfin, le passage de l'étamine au carpelle s'observe chez l'Hellébore (*fig.* 480) ; en allant vers l'intérieur de cette fleur on voit des étamines

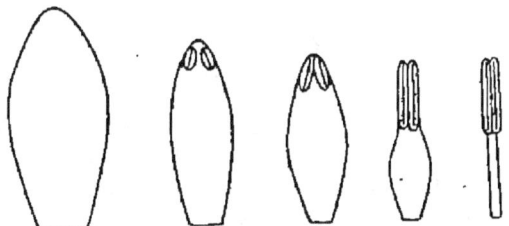

Fig. 479. — Passage du pétale à l'étamine (Nénuphar).

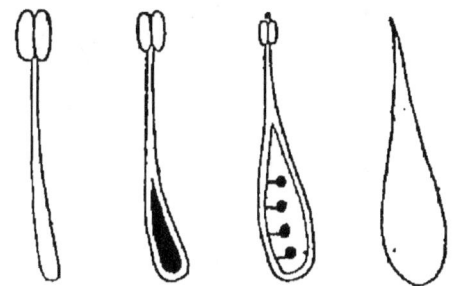

Fig. 480. — Passage de l'étamine au carpelle (Hellébore).

dont le filet s'élargit et se replie, tandis que l'anthère s'atrophie et disparaît. Le carpelle se trouve ainsi constitué par une feuille repliée dont les bords se soudent pour former une cavité, l'*ovaire*, qui contient les ovules.

En résumé, on voit que le pistil n'est qu'une feuille modifiée, l'étamine un pétale modifié, et qu'enfin le pétale et le sépale proviennent de la modification de feuilles. On dit que les feuilles ont subi une *métamorphose progressive*.

Les horticulteurs sont arrivés à transformer par la culture certaines parties de la fleur. Les étamines par exemple se transformeront en pétales ; ainsi la Rose sauvage ou Eglantine a 5 pétales et un très grand nombre d'étamines, tandis que la Rose des jardins possède un grand nombre de pétales. Les étamines ont subi, dans ce cas, une *métamorphose régressive*. Toutes les *fleurs doubles*, caractérisées par le grand nombre de pétales qu'elles possèdent, sont dues à cette transformation ; le nombre des étamines, en effet, est d'autant plus petit que les pétales sont plus abondants.

Tout ce qui précède montre bien que la fleur est formée par un ensemble de feuilles modifiées.

Inflorescence. — L'*inflorescence* est la disposition des fleurs sur la plante. Si le pédicelle floral ne se ramifie pas, l'inflorescence est dite *solitaire* (Violette, Tulipe) ; dans le cas contraire elle est *groupée*.

L'inflorescence groupée est *simple* ou *composée*.

1° **Inflorescences simples.** — La *grappe* (*fig.* 481, A) est une inflorescence simple où les fleurs sont portées latéralement par des pédoncules d'égale longueur ou à peu près, et également distancés sur l'axe (Groseillier).

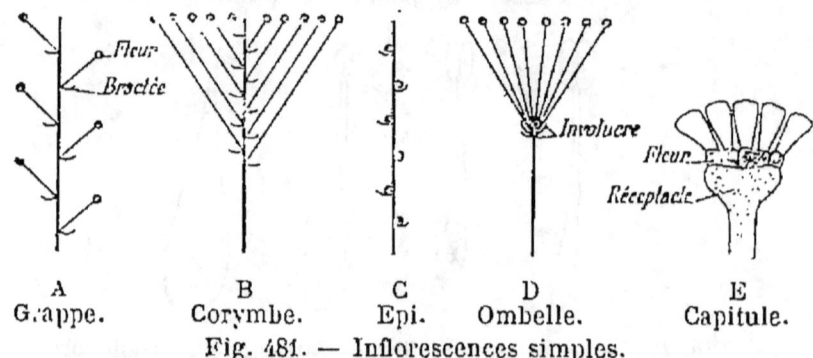

A. Grappe. B. Corymbe. C. Épi. D. Ombelle. E. Capitule.

Fig. 481. — Inflorescences simples.

Le *Corymbe* (*fig.* 481, B) est une grappe où les pédoncules sont inégaux de façon que les fleurs viennent s'étaler sur un même plan (Cerisier).

L'*épi* (*fig.* 481, C) est une grappe où les pédoncules sont nuls et les fleurs également distancées sur l'axe (Verveine).

L'*ombelle* (*fig.* 481, D) a tous les pédoncules d'égale longueur et attachés au même point de la tige (Lierre). Les bractées forment une sorte de collerette appelée *involucre*.

Le *capitule* (*fig.* 481, E) est constitué par des fleurs sans pédoncule, fixées côte à côte sur l'extrémité élargie du pédicelle commun (Marguerite).

2° **Inflorescences composées.** — Les pédoncules se ramifient et peuvent donner chacun une inflorescence simple ; de sorte que l'inflorescence composée résulte d'une combinaison d'inflorescences simples.

Dans la grappe simple, par exemple, chaque fleur peut être remplacée par une grappe, de sorte que l'on aura une *grappe de grappes* ou une *grappe composée* (Lilas) (*fig.* 482, A).

De même si chaque fleur de l'ombelle est remplacée par une petite ombelle ou *ombellule* (*fig.* 482, B), on a une *ombelle d'ombelles* ou *ombelle composée* (Carotte). L'involucre qui est à la base de l'ombellule est appelée *involucelle*.

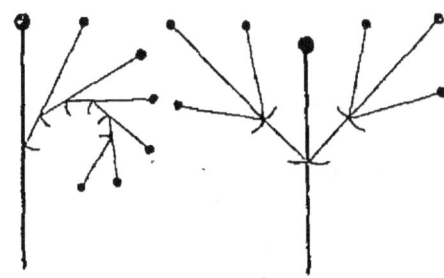

A. — Grappe composée. B. — Ombelle composée.
Fig. 482. — Inflorescences composées.

Enfin on peut avoir un épi composé (Blé), un corymbe composé (Alisier), etc.

Cymes. — Lorsque l'axe principal se termine par une fleur après s'être ramifié une seule fois, on a une *cyme* (*fig.* 483).

La cyme est *unipare* (Bourrache) (*fig.* 483, A) ou *bipare* (Petite Centaurée) (*fig.* 483, B) suivant qu'il y a un ou deux pédoncules attachés au même niveau.

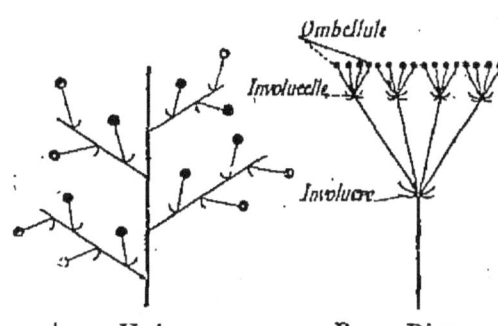

A. — Unipare. B. — Bipare.
Fig. 483. — Les cymes.

II. — Structure de la fleur.

§ 1. — Enveloppes florales.

Les enveloppes florales comprennent le *calice*, qui résulte de la réunion des sépales, et la *corolle*, formée par les pétales.

Ces deux enveloppes n'existent pas toujours ; s'il n'y a qu'une seule enveloppe, on admet que c'est la corolle qui manque et on dit que la fleur est *apétale*.

Calice. — Le *calice* est l'enveloppe la plus externe de la fleur. Dans le bouton il recouvre toutes les autres parties de la fleur.

Si les sépales sont séparés, indépendants (*fig.* 484), le calice est *dialysépale* (Fraisier); il est *gamosépale* (Tabac) si les sépales sont soudés entre eux au moins sur une certaine étendue (*fig.* 485).

Fig. 484. — Fleur dialysépale, dialypétale et régulière (Fraisier).

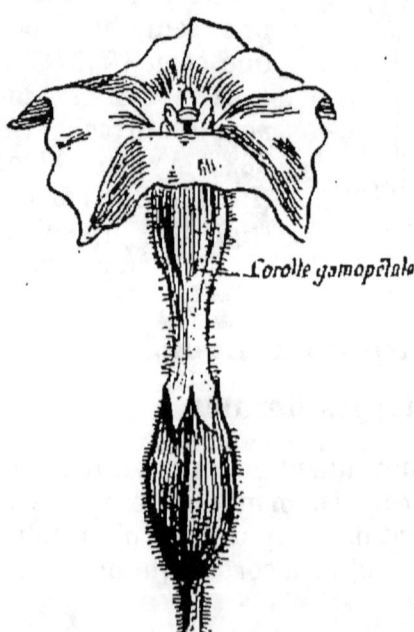

Fig. 485. — Fleur gamosépale, gamopétale et régulière (Tabac).

Fig. 486. — Fleur irrégulière (Lamier blanc).

Le calice peut être *régulier* ou *irrégulier* suivant que les sépales sont égaux ou inégaux.

Les sépales sont généralement verts, mais ils sont parfois colorés comme dans l'Iris ; on dit alors qu'ils sont pétaloïdes.

Un sépale a la même structure qu'une feuille : épiderme avec stomates, parenchyme avec chlorophylle et faisceaux libéro-ligneux.

Corolle. — La corolle est la deuxième enveloppe de la fleur. Elle est formée de pétales qui sont généralement colorés. Les pétales sont généralement alternes avec les sépales, c'est-à-dire que ces derniers sont situés vis-à-vis de l'intervalle qui sépare deux pétales (*fig.* 484).

La corolle est *dialypétale* (*fig.* 484) si les pétales sont séparés (Fraisier) ; elle est *gamopétale* (*fig.* 485) (Tabac) si les pétales sont soudés.

La corolle est régulière ou irrégulière suivant que les pétales sont égaux (*fig.* 484 et 485) (Fraisier, Tabac) ou inégaux (*fig.* 486) (Lamier blanc).

La structure d'un pétale est la même que celle d'un sépale, mais la chlorophylle est souvent absente. Les pigments y sont abondants ; l'éclat des fleurs est dû, en effet, à la coloration des pétales.

§ 2. — Appareil reproducteur.

L'appareil reproducteur comprend les *étamines* et le *pistil*. Les étamines fournissent les cellules mâles, et le pistil les cellules femelles. La fleur qui porte étamines et pistil est dite *hermaphrodite* (Giroflée).

Si la fleur ne contient que des étamines et n'a pas de pistil, on dit qu'elle est *staminée* ou *mâle*. S'il n'y a que le pistil et pas d'étamines, la fleur est *pistillée* ou *femelle*.

La plante est *monoïque* (Noisetier) si les fleurs mâles et femelles sont portées sur la même plante. Elle est *dioïque* (Chanvre) si les deux sortes de fleurs sont portées sur des plantes différentes de la même espèce.

Androcée. Étamines. — L'ensemble des étamines s'appelle *androcée*. L'étamine (*fig.* 487) est formée d'une partie mince et allongée appelée *filet*, et d'une partie renflée, l'*anthère*. L'anthère est divisée en deux parties ou loges réunies par le *connectif*, qui est le prolongement du filet.

Structure et développement de l'étamine. — Une coupe du filet (*fig.* 488, A) montre qu'il est formé d'un épiderme limitant un parenchyme qui contient un faisceau libéro-ligneux.

Une coupe transversale de l'anthère (*fig.* 488, B) montre le faisceau libéro-ligneux du connectif et 4 cavités ou *sacs polliniques* qui contiennent les grains de *pollen*.

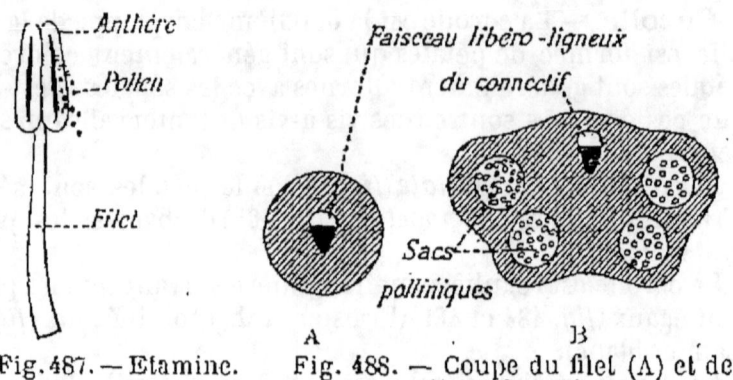

Fig. 487. — Etamine.   Fig. 488. — Coupe du filet (A) et de l'anthère (B).

La paroi de l'anthère, autour des sacs polliniques, n'est formée que de deux assises de cellules (*fig.* 494, A) : 1° l'épiderme ; 2° une assise présentant des épaississements lignifiés et appelée *assise mécanique* à cause du rôle qu'elle joue dans la déhiscence de l'anthère.

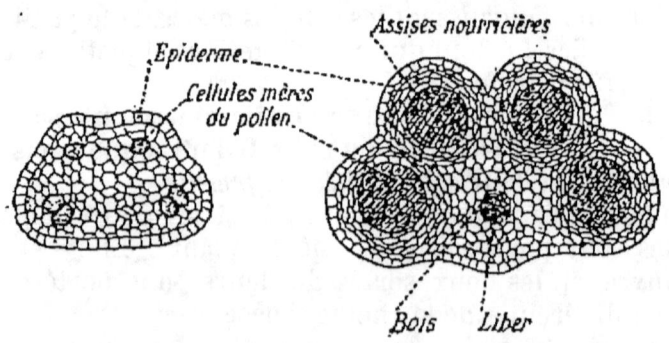

A. — Anthère jeune.   B. — Anthère plus âgée.
Fig. 489. — Développement de l'anthère.

La coupe transversale d'une anthère jeune (*fig.* 489, A) montre un tissu homogène. L'épiderme seul est déjà différencié. Au-dessous se trouvent d'abord 2, puis 3 et enfin 4 rangées de cellules dont la plus externe va donner l'assise mécanique (*fig.* 490, B), en lignifiant la face interne de ses cellules ; en dedans, les deux assises suivantes vont se remplir de matières de réserve (amidon) et donner les *assises nourricières* ; enfin

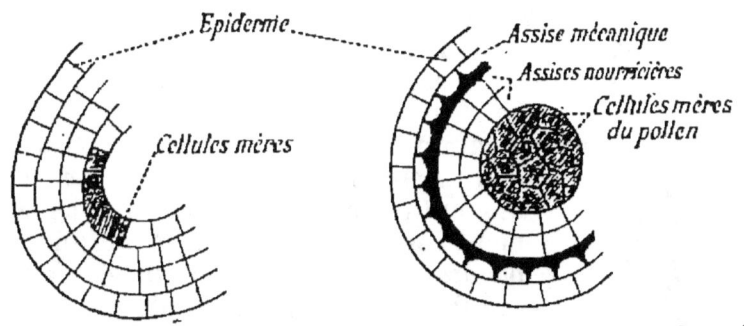

A. — La différenciation commence.

B. — Les cellules mères du pollen et l'assise mécanique.

Fig. 490. — Formation d'un sac pollinique.

quelques cellules de l'assise la plus interne vont subir des cloisonnements pour donner les *cellules mères* du pollen (*fig.* 490, A et B). Ces cellules, qui occupent la place des quatre sacs polliniques (*fig.* 489, B), donneront plus tard les grains de pollen.

Structure et développement du pollen. — Chacune des cellules mères va se segmenter et donner 4 cellules filles (*fig.* 491), qui formeront 4 grains de pollen. Pour cela la partie

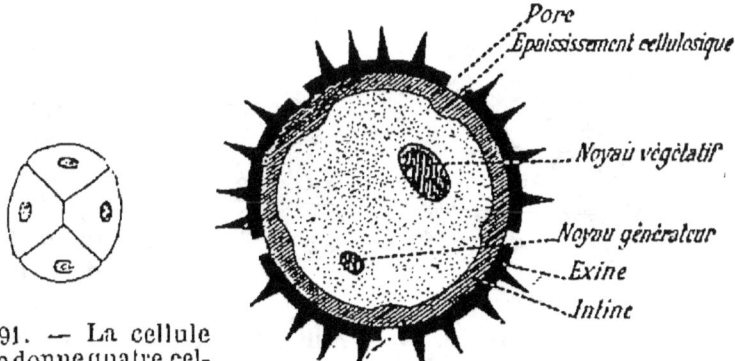

Fig. 491. — La cellule mère donne quatre cellules filles (grains de pollen).

Fig. 492. — Structure d'un grain de pollen.

moyenne des cloisons qui séparent ces cellules se gélifie et se résorbe ; ces cellules deviennent alors indépendantes et grossissent aux dépens des assises nourricières qui sont résorbées.

Chaque cellule devenue un grain de pollen est libre à l'intérieur du sac pollinique.

Le pollen se présente sous forme d'une poussière jaune dont chaque grain est une cellule. Dans cette cellule (*fig.* 492) on aperçoit deux noyaux d'abord semblables, puis qui diffèrent bientôt : l'un est volumineux et peu chromatique, c'est le *noyau végétatif*; l'autre est moins gros mais plus chromatique, c'est le *noyau générateur*.

La membrane du grain de pollen présente généralement deux parties : 1° l'externe ou *exine*, qui est cutinisée et qui présente généralement des pores et des ornements (piquants, bandes) ; 2° l'interne ou *intine*, qui est cellulosique et qui présente en face des pores des épaississements constituant une sorte de réserve de cellulose.

Parfois les grains de pollen restent associés et forment une *pollinie* (*fig.* 493) (Orchidées) ; dans ce cas la gélification des membranes des cellules mères ne s'est pas produite.

Fig. 493. — Pollinie d'Orchis.

Déhiscence de l'anthère. — Lorsque l'anthère est mûre, c'est-à-dire lorsque les grains de pollen sont développés, l'anthère se déchire suivant deux fentes longitudinales (*fig.* 487) et laisse échapper le pollen.

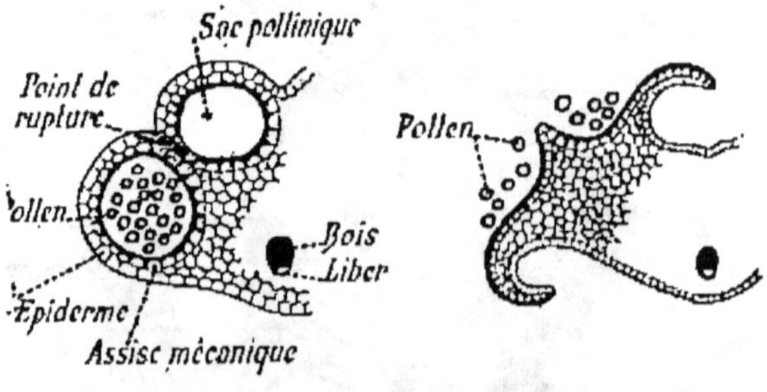

C'est l'assise mécanique qui détermine l'ouverture ou *déhiscence* de l'anthère. Les épaississements lignifiés des cellules de cette assise (*fig.* 494, A) ont la forme d'un fer à cheval à branches tournées vers l'extérieur. La face externe (*fig.* 495, A), qui est en cellulose pure, se desséchera et se contractera plus que la face lignifiée ; il en résultera une

A. — Anthère mûre.   B. — Anthère ouverte.
Fig. 494. — Déhiscence de l'anthère.

courbure de la face interne de la cellule (*fig.* 495, B). Toutes les cellules se desséchant en même temps, la surface externe de l'assise mécanique deviendra plus petite que la surface interne, et provoquera la rupture de la paroi de l'anthère en un point (*fig.* 494, A) où les cellules ne sont pas lignifiées, en face de la cloison qui sépare les deux sacs polliniques. De sorte qu'une seule fente suffit pour ouvrir les deux sacs polliniques qui se confondent en une seule loge (*fig.* 494, B).

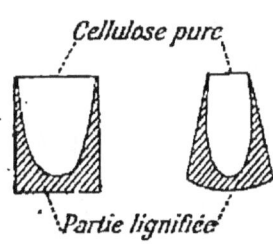

A. — Avant la déhiscence. B. — Au commencement de la déhiscence.

Fig. 495. — Cellule de l'assise mécanique.

A. — Poricide (Pomme de terre). B. — Valvaire. (Epine-Vinette).

Fig. 496. — Déhiscences d'anthères.

Si l'on met une anthère dans l'air sec, et une autre dans l'air humide, la première seule s'ouvre, et elle se referme si on la place dans l'air humide. La déhiscence de l'anthère est donc sous la dépendance de l'état hygrométrique.

La déhiscence est *longitudinale* (*fig.* 487) lorsque l'anthère s'ouvre par deux fentes (Iris); elle peut être *poricide* (*fig.* 496, A) lorsque l'anthère s'ouvre par deux petits trous à son sommet (Pomme de terre); enfin elle est *valvaire* (*fig.* 496, B) lorsqu'il se produit deux petites valves se soulevant de bas en haut (Epine-Vinette).

Pistil. — Le *pistil* placé au milieu de la fleur est formé de feuilles modifiées appelées *carpelles*.

Structure d'un carpelle. — Certaines plantes (Légumineuses) ont un pistil très simple formé d'un seul carpelle.

Un carpelle (*fig.* 497) comprend trois régions : 1° l'*ovaire*, qui est la partie renflée de la base et qui renferme des petits corps arrondis appelés *ovules* ; 2° le *style* partie allongée, qui surmonte l'ovaire ; 3° le *stigmate*, partie terminale légèrement renflée et recouverte d'un liquide visqueux destiné à retenir les grains de pollen.

La structure du carpelle (*fig.* 498) rappelle celle de la feuille : épiderme avec stomates, faisceaux libéro-ligneux disposés symétriquement par rapport à un plan. La cavité de l'ovaire peut se prolonger dans le style ; mais ordinairement le style est plein et les cellules de sa partie moyenne

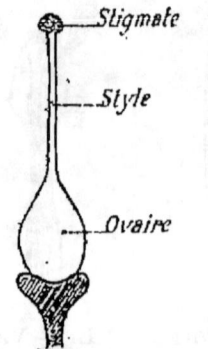
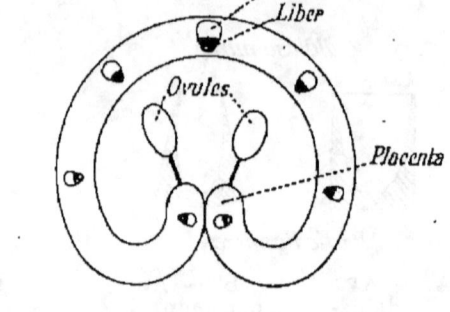

Fig. 497. — Le pistil.   Fig. 498. — Coupe d'un ovaire formé d'un seul carpelle.

se gélifient et s'enrichissent en sucre et en amidon pour donner le *tissu conducteur*. Ce tissu se continue jusqu'au stigmate dont les cellules épidermiques ont des prolongements ou *papilles stigmatiques* qui sécrètent un liquide visqueux destiné à retenir les grains de pollen.

Le plus souvent le pistil est formé par la réunion de plusieurs carpelles qui peuvent rester indépendants (Renoncule) ou se souder (Lis).

Placentation. — La *placentation* est la disposition des ovules dans le pistil, et le bord du carpelle où s'attache l'ovule s'appelle *placenta* (*fig.* 498).

Lorsque les carpelles se replient et se soudent de façon que les placentas soient situés suivant l'axe de la fleur, la placentation est *axile* (*fig.* 499, A). Chaque carpelle forme alors une loge distincte ; dans le Lis, par exemple, les 3 carpelles forment 3 loges.

Si les carpelles ne se replient pas complètement sur eux-mêmes et se soudent par leurs bords de façon à ne former qu'une cavité, les placentas sont situés sur les parois de l'ovaire (*fig.* 499, B) et la placentation est dite *pariétale* (Violette).

A. — Axile.   B. — Pariétale.   C. — Centrale.
Fig. 499. — Placentations.

Si les ovules sont portés par une colonne occupant le centre de l'ovaire qui n'a qu'une cavité (*fig.* 499, C), on a la placentation *centrale* (Primevère).

Ovaire libre et ovaire adhérent. — L'ovaire peut être isolé au milieu de la fleur (Pois, Pavot) (*fig.* 500), on dit alors qu'il est *libre*, ou encore *supère* parce qu'il est situé au-dessus de la base de la fleur.

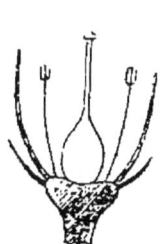 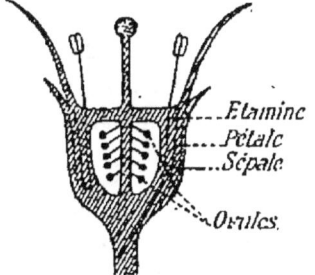

Fig. 500. — Fleur à ovaire libre ou supère.   Fig. 501. — Fleur à ovaire adhérent ou infère.

Au contraire l'ovaire peut être soudé aux autres parties de la fleur (*fig.* 501), et il est situé en apparence au-dessous de la fleur (Campanule) ; on dit alors que l'ovaire est *adhérent* ou *infère*. On admet dans ce cas que les sépales, les pétales et les étamines se sont soudés au pistil ; ce qui est situé dans la partie inférieure représente par conséquent ces différentes parties soudées.

Ovule. — Les ovules sont des petits corps arrondis attachés sur le bord des carpelles. Ils se transformeront en graines et sont destinés par suite à reproduire la plante. Etudions successivement la *structure* et le *développement* d'un ovule.

I. STRUCTURE DE L'OVULE. — L'ovule (*fig.* 502) est attaché au placenta par un cordon appelé *funicule* ; l'endroit où ce funicule s'attache sur l'ovule est le *hile*. L'ovule est formé par une masse centrale, le *nucelle*, qui est entourée par deux enveloppes ou *téguments* : le tégument externe ou *primine*, et le tégument interne ou *secondine*. Au sommet de l'ovule les téguments laissent un orifice, le *micropyle*, qui donne accès sur le nucelle.

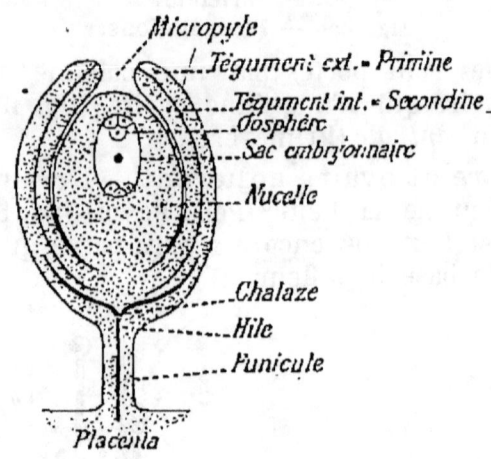

Fig. 502. — Structure d'un ovule.

Le funicule est parcouru par un faisceau libéro-ligneux qui vient du placenta et qui va se ramifier dans le tégument externe. L'endroit où se fait cette ramification a reçu le nom de *chalaze*.

Le nucelle, qui est la partie la plus importante de l'ovule, présente à son sommet, près du micropyle, une grande cellule appelée *sac embryonnaire*. Au sommet de ce sac se trouvent trois cellules dépourvues de membrane cellulosique : les deux plus petites sont les *synergides*, la plus grosse située au-dessous est l'*oosphère*. C'est l'oosphère qui est la cellule femelle et qui après la fécondation donnera l'œuf, lequel donnera la nouvelle plante. Au fond du sac se trouvent trois petites cellules appelées *antipodes*. Enfin au milieu du sac se trouve un noyau volumineux, le *noyau secondaire* du sac embryonnaire ; ce noyau donnera plus tard l'albumen de la graine.

Telle est la structure d'un ovule au moment où la fleur s'épanouit. Etudions son développement dans une fleur encore jeune.

II. DÉVELOPPEMENT DE L'OVULE. — Sur le bord d'un carpelle

en voie de croissance on voit apparaître un petit mamelon (*fig.* 503, A) qui va donner le nucelle ; il apparait ensuite à la base de ce mamelon un premier bourrelet (*fig.* 503, B) qui donnera le tégument interne, puis un second bourrelet (*fig.* 503, C) qui fournira le tégument externe.

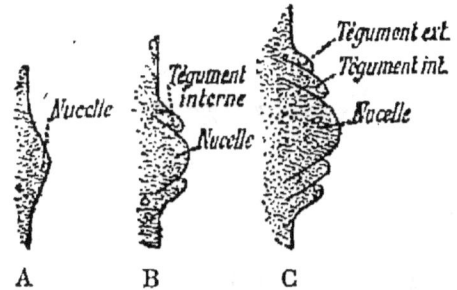

Fig. 503. — Développement de l'ovule.

En même temps, une cellule sous-épidermique du nucelle grandit et se segmente pour donner quelques cellules dont les supérieures forment la *calotte*, tandis que l'inférieure s'allonge beaucoup et devient le sac embryonnaire. Le noyau de cette cellule se divise en deux, en quatre (*fig.* 504, A, B et C),

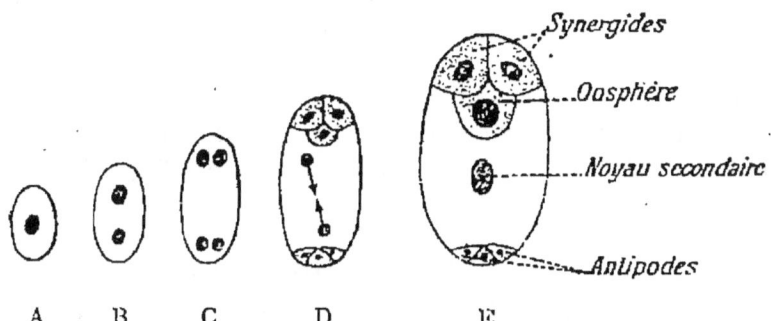

Fig. 504. — Développement du sac embryonnaire.

puis en huit noyaux qui s'entourent de protoplasma. C'est alors (*fig.* 504, D) que trois de ces masses se dirigent vers le sommet et donnent les deux *synergides* et l'*oosphère* ; trois autres se disposent à la base et s'entourent de cellulose pour constituer les *antipodes*; enfin les deux derniers noyaux marchent à la rencontre l'un de l'autre et se fusionnent pour donner le *noyau secondaire* du sac embryonnaire (*fig.* 504, E).

III. DIFFÉRENTES SORTES D'OVULES. — Au cours de son développement l'ovule subit souvent une croissance inégale qui modifie sa forme. On distingue ainsi (*fig.* 505) trois sortes d'ovules :

1° L'ovule droit ou *orthotrope*, dans lequel le hile, la chalaze et le micropyle sont sur une même ligne droite (Rhubarbe, Oseille).

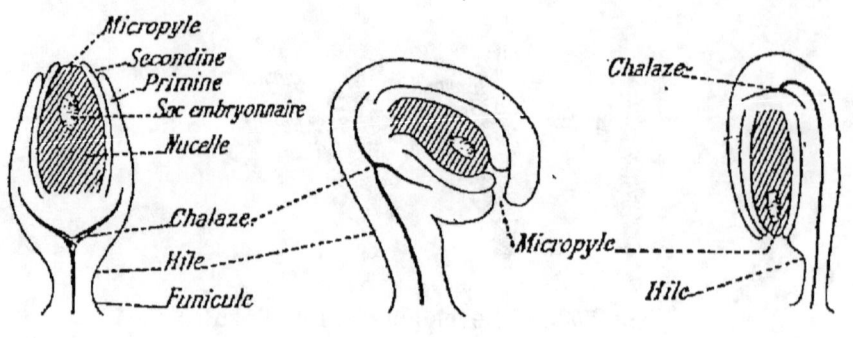

A. *Ovule orthotrope* (droit) B. *Ovule campylotrope* (courbé) C. *Ovule anatrope* (renversé)

Fig. 505. — Les différentes formes d'ovules.

2° L'ovule courbé ou *campylotrope*, qui est un ovule recourbé sur lui-même et dont le hile, la chalaze et le micropyle sont rapprochés (Haricot).

3° L'ovule renversé ou *anatrope*, dans lequel le micropyle, opposé à la chalaze, est placé à côté du hile. C'est la forme la plus fréquente. Dans ce cas le funicule se prolonge sur le côté de l'ovule en formant le *raphé*.

III. — Fonction de la fleur.

Fécondation. — La fonction essentielle de la fleur est de produire la graine, laquelle pourra donner une nouvelle plante. Mais la graine ne pourra se former que si la fleur est fécondée ; sinon la fleur se flétrit et disparaît sans avoir été d'aucune utilité. Au contraire, si la fleur est fécondée, le développement continue : l'ovaire grossit pour donner le *fruit* et l'ovule se transforme en *graine*.

La *fécondation* consiste dans la fusion du grain de pollen avec l'oosphère ; et l'*œuf* qui résultera de cette fusion pourra en se segmentant donner naissance à un organisme nouveau, à une nouvelle plante.

Cette opération comprend trois phases : 1° la *pollinisation*, c'est-à-dire le transport du grain de pollen sur le stigmate ; 2° la *germination* du grain de pollen sur le stigmate et le développement du *tube pollinique* allant du stigmate à l'oosphère ; 3° la *formation de l'œuf* par la fusion des deux cellules génératrices.

Pollinisation. — La *pollinisation* est *directe* ou *croisée*. Elle est directe lorsque le pollen tombe sur le stigmate de la même fleur ; elle est croisée lorsque le pollen n'étant pas mûr en même temps que l'ovule, il est nécessaire que le pollen d'une autre fleur vienne féconder cet ovule.

Dans les fleurs hermaphrodites, c'est-à-dire ayant étamines et pistil, la pollinisation est facilitée par la disposition des étamines qui laissent tomber leur pollen sur le stigmate dont elles sont voisines. Dans certains cas, dans la Rue par exemple (*fig.* 506), chaque étamine vient successivement s'appliquer contre le stigmate et y déposer son pollen.

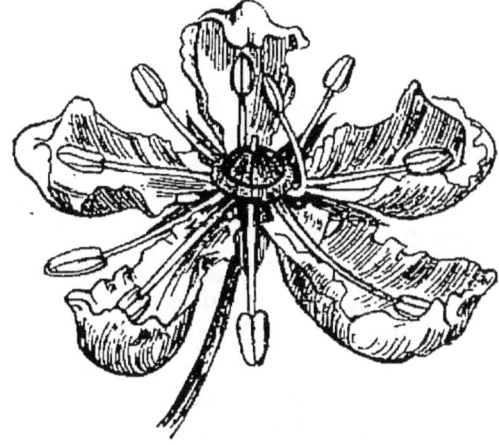

Fig. 506. — Fleur de Rue montrant le mouvement des étamines qui viennent s'appuyer contre le stigmate.

Lorsque le pollen doit être transporté d'une fleur sur une autre, ou même d'une plante sur une autre (plantes dioïques), la pollinisation se fait par l'intervention du vent ou des Insectes. Le pollen, en effet, étant très léger est facilement emporté par le vent à de grandes distances. Les Insectes aident aussi à la pollinisation, car attirés par le *nectar* des fleurs ils viennent visiter les fleurs pour y puiser leur nourriture; leur corps pourra, au passage, se charger de grains de pollen, et en visitant une autre fleur, ils pourront se frotter contre le stigmate et y déposer quelques grains de pollen. L'homme, lui-même, favorise la pollinisation ; c'est ainsi que l'on secoue les fleurs à étamines du Dattier sur les fleurs à pistil ; c'est aussi par le même procédé que l'on féconde les fleurs de la Vanille.

Germination du pollen et développement du tube pollinique. — Le grain de pollen doit maintenant pénétrer du stigmate jusqu'à l'ovule et même jusqu'à l'oosphère.

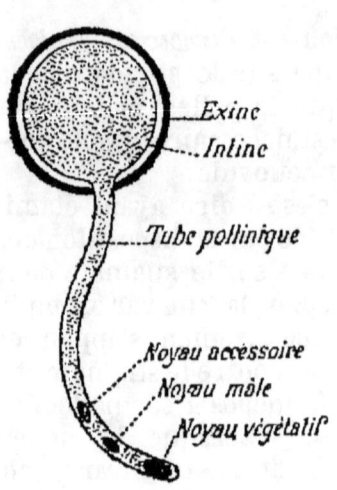

Fig. 507. — Germination du pollen.

Le grain de pollen retenu par les papilles gluantes du stigmate, va se nourrir aux dépens de la matière sucrée qui imprègne ces papilles ; il va alors *germer* et pousser un prolongement ou *tube pollinique* (fig. 507). On peut du reste faire germer un grain de pollen en le plaçant dans un milieu nutritif, dans de l'eau sucrée stérilisée par exemple.

Le tube pollinique sort du grain de pollen par un pore et utilise les réserves de cellulose contenues dans les épaississements de l'intine. Le *noyau végétatif* passe le premier dans le tube pollinique, mais il disparaît quand le tube arrive près du sommet de l'ovule. Le *noyau générateur* y pénètre également et se divise en deux, mais un seul de ces deux noyaux réalisera la fécondation : c'est le *noyau générateur mâle*.

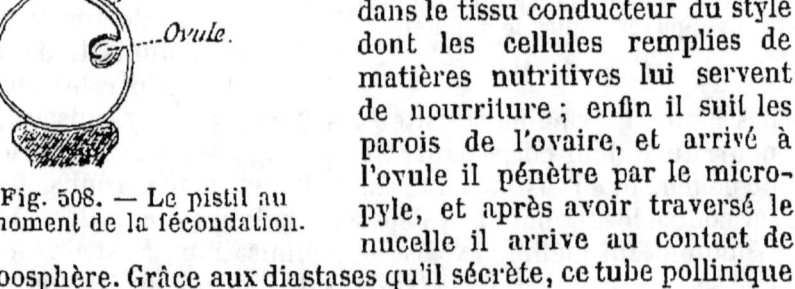

Fig. 508. — Le pistil au moment de la fécondation.

Le tube pollinique s'enfonce dans le stigmate (fig. 508), puis dans le tissu conducteur du style dont les cellules remplies de matières nutritives lui servent de nourriture ; enfin il suit les parois de l'ovaire, et arrivé à l'ovule il pénètre par le micropyle, et après avoir traversé le nucelle il arrive au contact de l'oosphère. Grâce aux diastases qu'il sécrète, ce tube pollinique a digéré tous les tissus qu'il a rencontrés.

Formation de l'œuf. — Dès que le tube pollinique est arrivé dans le sac embryonnaire, les synergides de même que les antipodes se résorbent et disparaissent. Puis le noyau générateur mâle précédé de ses deux sphères directrices (*fig.* 509) perfore le tube et entre dans l'oosphère. On voit alors les 4 sphères directrices qui accompagnent le noyau générateur mâle et le noyau femelle de l'oosphère, se fusionner ; puis les deux noyaux s'accolent et paraissent former une masse unique qui va s'entourer d'une membrane de cellulose pour constituer l'*œuf*.

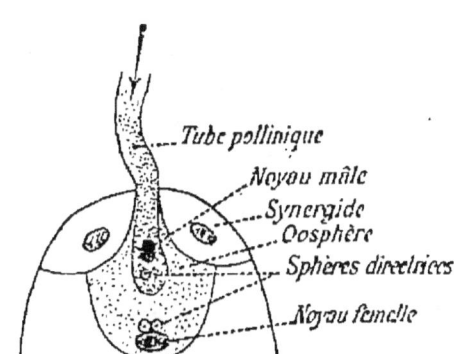

Fig. 509. — La formation de l'œuf.

On a pu constater que le nombre des segments chromatiques apportés par le noyau mâle est égal au nombre des segments du noyau femelle. De sorte que dans l'œuf en voie de segmentation on trouve un nombre double de segments chromatiques. L'œuf et les cellules qui en dérivent sont donc *hermaphrodites* ; ce n'est que plus tard que le nombre des segments redevient normal, et que l'être devient *unisexué*.

Une fois la fécondation opérée, toutes les parties de la fleur, sauf l'ovaire qui va donner le fruit, se flétrissent et disparaissent.

IV. — Reproduction des Gymnospermes.

Les Gymnospermes sont caractérisés parce qu'ils n'ont pas d'ovaire clos. Leur mode de reproduction diffère par quelques caractères de ce que nous venons de décrire chez les Angiospermes.

Ce sont des plantes monoïques, c'est-à-dire que les fleurs à étamines et les fleurs à pistil sont séparées mais situées sur une même plante.

Etamines et pollen. — Les fleurs à étamines, du Pin par exemple, se présentent sous forme de cônes (*fig.* 510) attachés au sommet de certaines branches. Ce cône est formé par un ensemble d'écailles dont chacune (*fig.* 511) représente une étamine. Cette étamine est pourvue de deux sacs polliniques qui s'ouvrent chacun par une fente longitudinale pour laisser échapper les grains de pollen.

Les grains de pollen (*fig.* 512) présentent deux noyaux séparés par une cloison, et deux ampoules pleines d'air qui facilitent la dispersion par le vent. Dans les forêts de Pins et de Sapins, les grains de pollen, répandus dans l'air, sont si abondants qu'ils ont fait croire à des pluies de soufre.

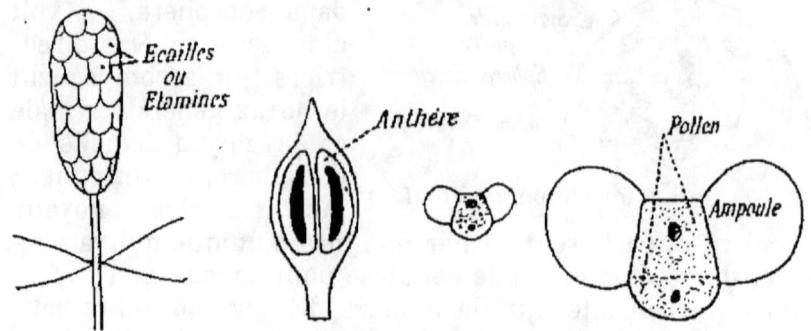

Fig. 510. — Cône de fleurs mâles (étamines).

Fig. 511. — Etamine et grain de pollen.

Fig. 512. — Grain de pollen.

Pistil et ovule. — Les fleurs à pistil se présentent aussi sous forme de petits cônes (pommes de Pin). Dans cette fleur les carpelles (*fig.* 513) sont représentés par des écailles disposées entre les bractées qui forment le cône. Sur chaque écaille sont attachés deux ovules.

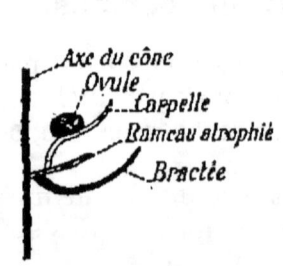

Fig. 513. — L'ovule sur les carpelles formant le cône de fleurs femelles.

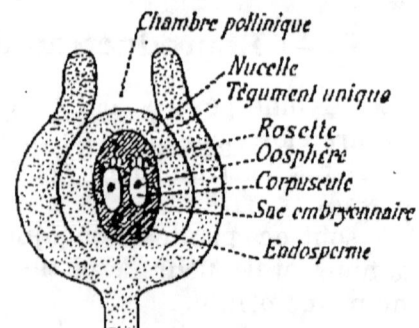

Fig. 514. — Ovule des Gymnospermes.

L'ovule (*fig.* 514) n'a qu'un seul tégument qui est ouvert largement au sommet pour constituer ce qu'on appelle la *chambre pollinique*. Le nucelle contient aussi un sac embryonnaire, mais de bonne heure le noyau de ce sac embryonnaire se divise et donne un tissu appelé *endosperme* dont les cellules sont riches en matières nutritives. Bientôt on voit une de ces cellules se diviser en deux (*fig.* 515, A et B) ; puis la cellule supérieure se divise en 4, 8 et 12 cellules qui vont donner la *rosette* (*fig.* 515, C et D); tandis que la cellule inférieure se partage en une *cellule de canal* et en une *oosphère*. Cet ensemble a reçu le nom de *corpuscule*. Il peut y avoir plusieurs corpuscules dans un même sac embryonnaire ; leur nombre peut aller de 1 à 20.

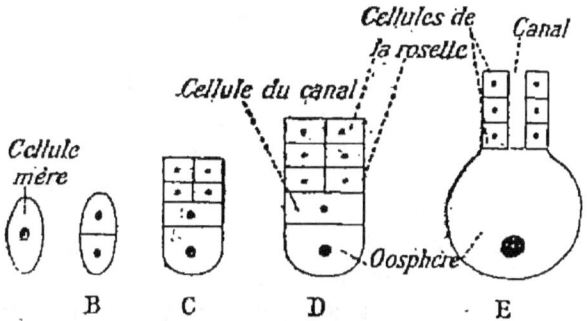

Fig. 515. — Développement d'un corpuscule.

La maturité du grain de pollen précède souvent de quelques mois la maturité du corpuscule. Dans le Pin par exemple, le grain de pollen séjourne du mois d'avril au mois de juin dans la chambre pollinique, et ce n'est qu'à cette époque qu'il va féconder l'oosphère, comme dans les Angiospermes. Pour cela il germe et le tube pollinique traverse la rosette dont les cellules ont été écartées par la cellule du canal (*fig.* 515, E).

RÉSUMÉ

Multiplication végétative et reproduction. — Les végétaux peuvent se multiplier par deux procédés : par *multiplication végétative* et par *reproduction*.

1° Par la *multiplication végétative*, la plante se fragmente et chaque fragment reproduit une plante nouvelle (Marcottage, bouturage).

2° Par *reproduction*, la plante se multiplie à l'aide de *spores* ou d'*œufs* ; les *spores* sont des cellules qui se détachent de certaines plantes et peuvent donner des jeunes plantes semblables aux premières ; les *œufs* résultent de la fusion de deux cellules, la cellule mâle et la cellule femelle.

Différentes parties de la fleur. — La fleur est portée par un rameau appelé *pédoncule* et situé à l'aisselle d'une petite feuille appelée *bractée*.

Une fleur complète comprend les parties suivantes :

Enveloppes florales . . . . . .
- 1° les *sépales*, généralement verts, qui constituent le *calice* ;
- 2° les *pétales*, généralement colorés, qui constituent la *corolle* ;

Appareil reproducteur . . . . .
- 3° les *étamines*, composées d'un *filet* et d'une *anthère*, qui constituent l'*androcée* ;
- 4° les *carpelles*, dont l'ensemble constitue le *pistil*.

On peut représenter les différentes parties de la fleur par un *diagramme*, c'est-à-dire qu'on suppose toutes ces parties projetées sur un plan horizontal.

La fleur peut être considérée comme un *ensemble de feuilles modifiées* spécialement adaptées à la fonction de reproduction. On trouve en effet sur certaines fleurs toutes les transitions entre les feuilles normales et les diverses parties de la fleur.

Inflorescence. — L'*inflorescence* est la disposition des fleurs sur la plante. Elle peut être *simple* ou *composée*.

1° *Inflorescences simples* .
- *Grappe* (Groseillier).
- *Corymbe* (Cerisier).
- *Epi* (Verveine).
- *Ombelle* (Lierre).
- *Capitule* (Marguerite).

2° *Inflorescences composées*.
- *Grappe composée* (Lilas).
- *Ombelle composée* (Carotte).
- *Epi composé* (Blé).
- *Corymbe composé* (Alisier).

La *cyme* est une inflorescence particulière dans laquelle l'axe se termine par une fleur après s'être ramifié une seule fois.

Enveloppes florales : calice et corolle. — Les deux enveloppes, calice et corolle, n'existent pas toujours. S'il n'y a qu'une seule enveloppe, on admet que c'est la corolle qui manque, et la fleur est dite *apétale*.

Calice . . .
- sépales séparés : *C. dialysépale*.
- sépales soudés : *C. gamosépale*.
- sépales égaux ou inégaux : *C. régulier* ou *irrégulier*.

Corolle . . { pétales séparés : *C. dialypétale.*
pétales soudés : *C. gamopétale.*
pétales égaux ou inégaux : *C. régulière* ou *irrégulière.*

Les sépales et les pétales ont une structure analogue à celle des feuilles ordinaires. Les pétales contiennent des pigments qui donnent de l'éclat aux fleurs.

Appareil reproducteur. — Il comprend les *étamines*, qui donnent les cellules mâles, et le *pistil*, qui donne les cellules femelles.

Si la fleur contient étamines et pistil, elle est *hermaphrodite.*

Si la fleur ne contient que des étamines et pas de pistil, la fleur est dite *staminée* ou mâle ; s'il n'y a que le pistil et pas d'étamines, elle est *pistillée* ou *femelle.*

La plante est *monoïque* (Noisetier) si les fleurs mâles et les fleurs femelles sont portées sur la même plante ; elle est dioïque (Chanvre) si les deux sortes de fleurs sont sur des pieds différents.

Etamine. — Une étamine se compose du *filet* et de l'*anthère.*

L'*anthère* est divisée en deux parties ou *loges* reliées par le *connectif* qui est le prolongement du filet.

Structure de l'anthère... { 4 *sacs polliniques* contenant les grains de *pollen.*
parois de l'anthère : épiderme et *assise mécanique.*
Faisceau libéro-ligneux du connectif.

Les *cellules mères* des sacs polliniques donnent chacune 4 grains de *pollen.* Chaque grain de pollen est constitué par une cellule contenant 2 noyaux distincts, et entourée par une double membrane : l'*exine*, qui est cutinisée, et l'*intine*, qui est cellulosique.

Lorsque l'anthère est mûre et les grains de pollen développés, chaque loge de l'anthère s'ouvre par une fente longitudinale et laisse échapper le pollen : c'est la *déhiscence* de l'anthère. Cette déhiscence est due au fonctionnement de l'assise mécanique.

Pistil. — Le *pistil* est formé par un ensemble de feuilles modifiées appelées *carpelles.*

Le *carpelle* est formé de 3 parties . . . . . { 1° l'*ovaire* à la base ; renferme les *ovules* ;
2° le *style*, partie allongée contenant le *tissu conducteur* ;
3° le *stigmate*, au sommet ; il est recouvert d'un liquide visqueux.

La disposition des ovules dans le pistil s'appelle *placentation*. On distingue trois sortes de placentations :

1° *Placentation axile*. . . . . — Ovules attachés autour de l'axe de l'ovaire, et chaque carpelle complètement replié sur lui-même forme une loge.

2° *Placentation pariétale*. . . . . — Ovules attachés sur les parois, et chaque carpelle n'est pas complètement replié, de sorte que l'ovaire n'a qu'une loge.

3° *Placentation centrale*. . . . . . . — Ovules attachés sur une colonne centrale.

L'*ovaire* peut être *libre* ou *adhérent* suivant qu'il est indépendant ou soudé aux autres parties de la fleur.

Ovule. — Les *ovules* sont attachés sur le bord des carpelles.

Structure de l'ovule.
- *Funicule* : cordon qui le rattache au placenta ; son insertion sur l'ovule s'appelle le *hile*.
- *Téguments* : primine et secondine ; laissent un orifice appelé *micropyle*.
- *Nucelle* : contient le *sac embryonnaire*, dont les parties principales sont l'*oosphère* et le *noyau secondaire*.

3 sortes d'ovules . .
1. Ovule droit ou *orthotrope*.
2. Ovule courbé ou *campylotrope*.
3. Ovule renversé ou *anatrope*.

Fonction de la fleur. — La fleur a pour fonction essentielle la production de la graine. Il faut pour cela que la fleur soit fécondée.

La *fécondation* consiste dans la fusion du contenu du grain de pollen avec l'oosphère : l'*œuf* résultant de cette fusion sera la première cellule qui en se segmentant donnera la nouvelle plante. La fécondation comprend trois phases :

1° La *pollinisation* ou transport du grain de pollen sur le stigmate ; elle se fait par le contact direct, ou par le vent, ou par les Insectes ;

2° La *germination* du grain de pollen sur le stigmate et le développement du *tube pollinique* allant du stigmate jusqu'au contact de l'oosphère ; ce tube pollinique digère les tissus qu'il rencontre sur son passage et en particulier le tissu conducteur du style ;

3° La *formation de l'œuf* précédée de la pénétration du noyau mâle du tube pollinique dans l'oosphère ; puis après la fusion des sphères directrices, les noyaux mâle (pollen) et femelle (oosphère) s'accolent pour former l'*œuf*.

Reproduction des Gymnospermes. — Les *Gymnospermes* ont leurs ovules *nus*, c'est-à-dire non enfermés dans un ovaire clos. Les fleurs à étamines et les fleurs à pistil sont séparées, mais situées sur la même plante.

Etamines. . {
- Les fleurs à étamines ont la forme de *cônes*.
- Chaque étamine est une *écaille* avec 2 sacs polliniques.
- *Grain de pollen* : cellules avec 2 noyaux et ampoules remplies d'air.

Pistil. . . . {
- Les fleurs à pistil ont la forme de cônes (Pomme de Pin).
- Chaque *carpelle* porte *deux ovules nus*.
- *Ovule* . {
  - Un seul tégument (*primine*) ; chambre pollinique.
  - Sac embryonnaire comprenant : *endosperme* et *corpuscules* formés chacun d'une *rosette*, d'une *cellule du canal* et d'une *oosphère*.

Le grain de pollen, après avoir séjourné dans la chambre pollinique, germe et vient *féconder* l'oosphère dont l'accès a été facilité par la cellule du canal qui a dissocié les cellules de la rosette.

CHAPITRE VIII

DÉVELOPPEMENT DE L'ŒUF. LE FRUIT ET LA GRAINE. LA GERMINATION.

§ 1. — Transformation de l'ovule en graine.

L'œuf donne l'embryon ou plantule. — Après la fécondation, l'*œuf* s'entoure d'une membrane de cellulose, en même temps que les synergides et les antipodes disparaissent. Il n'y a donc plus dans le sac embryonnaire (*fig.* 516) que l'œuf qui va donner l'embryon ou jeune *plantule*, et le noyau secondaire qui va donner en se segmentant un tissu riche en matières de réserve, l'albumen.

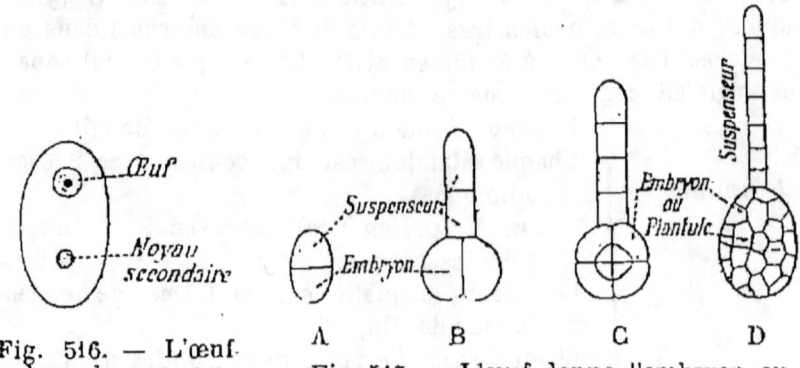

Fig. 516. — L'œuf dans le sac embryonnaire.

Fig. 517. — L'œuf donne l'embryon ou plantule.

L'œuf se partage en deux cellules (*fig.* 517, A) par une cloison perpendiculaire à l'axe du nucelle. La cellule supérieure va former en se cloisonnant un organe transitoire, le *suspenseur*, destiné à fixer la jeune plantule aux parois du sac embryonnaire (*fig.* 517, B, C et D).

La cellule inférieure, par une série de cloisonnements successifs, va donner un massif cellulaire dans lequel l'épiderme est déjà différencié (*fig.* 517, D) : c'est l'ébauche de l'*embryon*

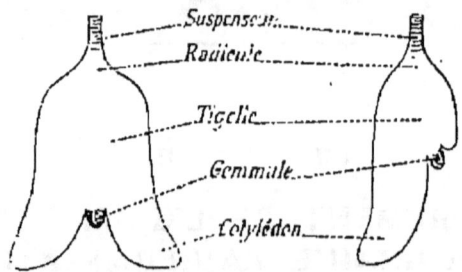

A. — Dicotylédone.   B. — Monocotylédone.
Fig. 518. — Plantules.

ou *plantule*. Bientôt apparaissent (*fig.* 518) les trois membres de la jeune plante : la *radicule*, qui est placée du côté du suspenseur ; la *tigelle*, avec son bourgeon terminal ou *gemmule*, et les deux premières feuilles ou *cotylédons*. Suivant que la plante mère est une Dicotylédone ou une Monocotylédone il y a deux cotylédons (*fig.* 518, A) ou un seul (*fig.* 518, B).

Dans la plupart des cas il ne se forme dans chaque sac embryonnaire qu'un seul embryon puisqu'il n'y a qu'une seule oosphère et par suite un seul œuf; mais certaines plantes (*Funkia*, Oranger) peuvent avoir plusieurs embryons : c'est ce qu'on appelle la *polyembryonie*.

Chez les *Gymnospermes* (Pin) la polyembryonie est la règle : dans chaque ovule se développent plusieurs embryons. Cela tient à ce qu'il y a dans un même nucelle plusieurs corpuscules fécondés, et aussi à ce que dans chaque corpuscule l'œuf peut donner plusieurs embryons, 4 chez le Pin. Les suspenseurs s'allongent et plongent les embryons dans l'endosperme. Quel que soit le nombre des embryons, à la maturité de la graine, celle-ci ne renferme plus qu'un seul embryon ; les autres sont disparus, ils ont été digérés par celui qui s'est développé.

Formation de l'albumen. — Aussitôt la fécondation, le noyau secondaire du sac embryonnaire subit des divisions successives ; puis des cloisons apparaissent entre les noyaux ainsi formés et donnent des cellules qui remplissent le sac embryonnaire. On a donné à ce tissu le nom d'*albumen*. Cet albumen est parfois réduit à quelques noyaux situés sur les parois du sac ; les protoplasmas des cellules restent alors confondus, et au milieu de la masse albuminoïde flottent les noyaux (lait de Coco).

L'albumen sert de nourriture à l'embryon. Deux cas peuvent se présenter : 1º l'albumen peut être digéré en entier par l'embryon, et alors la réserve nutritive s'accumule dans les cotylédons qui deviennent volumineux, c'est le cas des graines sans albumen (Haricot) ; 2º la digestion de l'albumen est faible, et alors l'embryon reste petit et les cotylédons minces, c'est le cas des *graines à albumen* (Ricin).

Modifications du nucelle et des téguments. — Le sac embryonnaire s'agrandit aux dépens du tissu du nucelle qui finit par disparaître quand la graine est mûre. Dans certaines plantes (Nénuphar) le nucelle peut au contraire se développer et se remplir de matière nutritive qui forme une réserve supplémentaire et qui pourra être utilisée au moment de la germination. On donne le nom de *périsperme* à ce tissu transitoire.

Après la fécondation, la secondine est résorbée et la primine, seule, subsiste pour donner les *téguments* de la graine.

La graine résulte donc de l'ensemble des transformations que subit l'ovule et que nous venons de décrire. Etudions maintenant la *graine mûre*, c'est-à-dire la graine qui peut se détacher de la plante et germer si on la place dans de bonnes conditions.

§ 2. — La graine mûre.

Structure de la graine. — La graine mûre comprend deux parties : 1° Le *tégument*, qui provient de la primine de l'ovule ; 2° l'*amande*, formée aux dépens du nucelle et qui comprend l'embryon ou plantule et souvent de l'albumen.

1° Le tégument. — Le tégument présente en un certain point la cicatrice du funicule appelée *hile*. Il présente à partir du hile de nombreuses nervures disposées symétriquement par rapport à un plan.

L'épiderme du tégument porte souvent des ornements qui facilitent la dissémination des graines par le vent. Ces poils peuvent être répartis sur toute la surface de la graine comme dans le Cotonnier où ils forment le *coton*, ou bien ils peuvent être localisés en certains points (aigrette du Saule). Enfin certaines graines (Lin, Cresson) peuvent gélifier leur épiderme, et donner un mucilage qui leur permet d'adhérer plus facilement aux objets.

Il se forme parfois à la base de la graine une expansion appelée *arille* (Muscadier).

2° L'embryon ou plantule. — L'*embryon* ou *plantule* est formé des parties suivantes (*fig.* 520 et 521) : 1° la *radicule*, dont le sommet occupe le voisinage du micropyle ; 2° la *tigelle*, qui se termine par un petit bourgeon appelé *gemmule* ; 3° les *cotylédons* ou feuilles primordiales, qui sont remplis de matière nutritive. Il y a deux cotylédons chez les plantes Dicotylédones (Ricin), un seul chez les Monocotylédones (Blé).

L'embryon peut être placé au milieu de l'albumen (Ricin) (*fig.* 520) ou placé sur le côté (Blé) (*fig.* 519), ou encore il peut entourer complètement l'albumen (Saponaire).

3° L'albumen. — La nature des matières nutritives contenues dans les cellules de l'*albumen* varie ; mais on trouve toujours des grains d'aleurone. On distingue plusieurs sortes d'albumen :

1° L'*albumen farineux*, qui contient beaucoup d'amidon (Céréales : Blé, Seigle, Maïs, etc.);

2° L'*albumen oléagineux*, qui renferme des matières grasses (Ricin, Pavot, Colza, etc.);

3° L'*albumen corné* ou *cellulosique*, dont les membranes des cellules se sont épaissies considérablement pour constituer des réserves de cellulose (Dattier, Caféier); chez un certain Palmier, le *Phytelephas*, l'albumen cellulosique a acquis une telle dureté qu'on peut le travailler comme l'ivoire ordinaire : c'est ce qu'on appelle l'*ivoire végétal*.

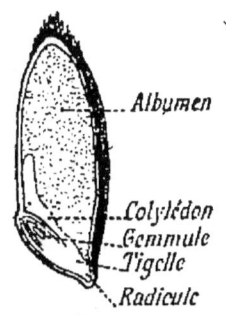

Fig. 519. — Grain de blé.

Graines à albumen et graines sans albumen. — Nous avons vu à propos de la formation de l'albumen qu'il y avait deux sortes de graines :

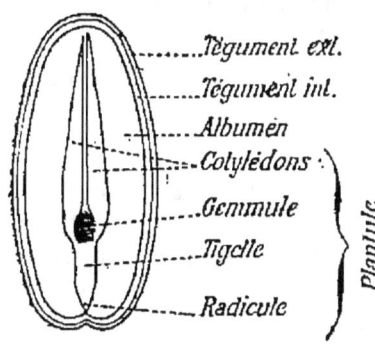

Fig. 520. — Graine à albumen (Ricin).

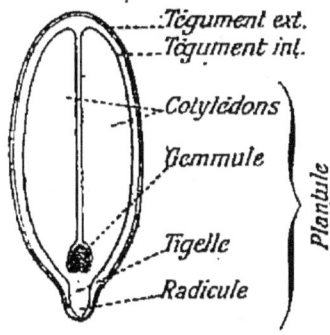

Fig. 521. — Graine sans albumen.

1° Les *graines à albumen* (Ricin), chez lesquelles l'albumen n'a pas été complètement digéré ; l'embryon reste petit et les cotylédons minces (*fig.* 520).

2° Les *graines sans albumen* (Haricot), chez lesquelles l'albumen a été complètement digéré; l'embryon est alors volumineux et ses cotylédons énormes et remplis des matières nutritives provenant de la digestion de l'albumen (*fig.* 521).

En réalité, on voit que toutes les graines à un moment donné de leur développement contiennent de l'albumen, mais cet albumen n'est que *transitoire* chez les graines dites sans albumen.

§ 3. — L'ovaire donne le fruit.

Le *fruit* provient du développement de l'*ovaire* ; et cette transformation se fait en même temps que celle de l'ovule en graine.

Structure du fruit. — La paroi de l'ovaire devient la paroi du fruit ou *péricarpe*. Ce péricarpe se compose de trois parties : 1° l'*épicarpe* ou épiderme externe, 2° le *mésocarpe* ou parenchyme situé dans la région moyenne ; 3° l'*endocarpe* ou épiderme interne.

L'épicarpe peut être duveté (Pêche, Abricot). L'endocarpe peut porter des poils qui se gorgent de suc; ce sont ces poils qu'on mange dans l'orange, où chaque quartier représente un carpelle.

Le parenchyme du mésocarpe peut contenir certaines substances (amidon, corps gras, tanin, acides végétaux) qui, à la maturité, se transforment en sucres (glucose, fructose).

Si le parenchyme reste mince, on a un *fruit sec* ; si, au contraire, il se développe, on a un *fruit charnu*.

Fruits secs. — Les *fruits secs* sont *indéhiscents* ou *déhiscents* suivant qu'ils ne s'ouvrent pas ou qu'ils s'ouvrent pour laisser passer les graines.

1° **Fruits secs indéhiscents.** — Parmi eux on peut citer l'*akène*, qui ne contient qu'une seule graine (Sarrasin) ; le *caryopse*, qui ne contient qu'une graine, mais celle-ci est soudée aux parois du fruit (Blé).

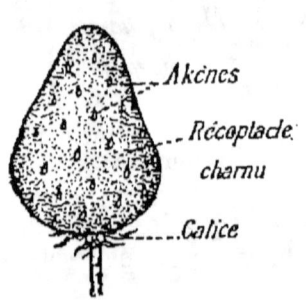

Fig. 522. — La fraise portant les graines (akènes).

Le fruit du Fraisier est un akène ; et les fruits sont portés sur le réceptacle charnu qui forme la Fraise (*fig.* 522).

2° **Fruits secs déhiscents.** — Ce sont les fruits secs qui à la maturité s'ouvrent pour laisser passer les graines. Cette déhiscence du fruit peut se faire par des fentes longitudinales (Giroflée), transversales (Mouron) ou par des pores (Pavot).

Si le fruit s'ouvre par une seule fente (*fig.* 523 A et 524), on

LE FRUIT 449

a un *follicule* (Pivoine) ; par deux fentes (*fig.* 523 B et 525), on
a une *gousse* (Haricot, Pois) ; par quatre fentes (*fig.* 523 C et

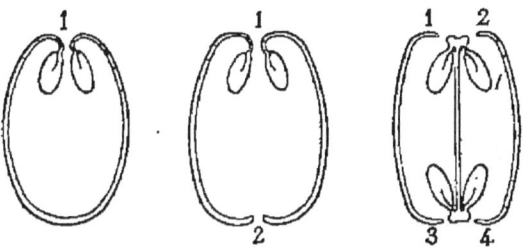

A.— Follicule.   B.— Gousse.   C.— Silique.
Fig. 523. — Déhiscence de différents fruits.

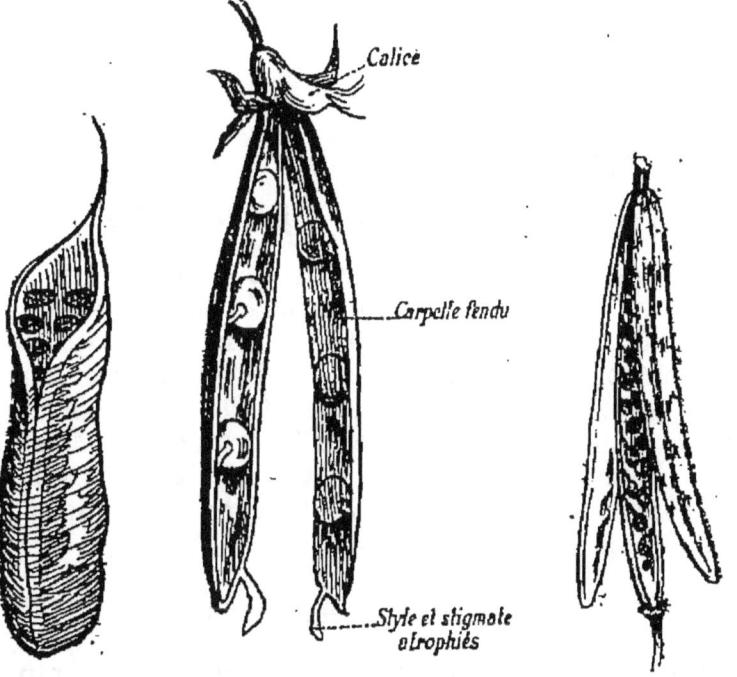

Fig. 524. — Un fol- Fig. 525. — Une gousse Fig. 526. — Une
licule (Pivoine).   (Pois).   silique (Giroflée).

526), qui détachent deux valves, on a une *silique* (Giroflée
Chou). Les autres fruits s'ouvrant par des fentes ou par des
pores sont appelés *capsules* (*fig.* 527) (Pavot).

Fruits charnus.— Un fruit complètement charnu est

MAN. — HIST. NATUR. *   29

une *baie* (Raisin, Groseille), et les graines qu'il contient sont des *pépins*.

Un fruit dont la partie externe seulement est charnue (Abricot, Cerise) et la partie interne dure et lignifiée (*fig.* 528) est une *drupe*.

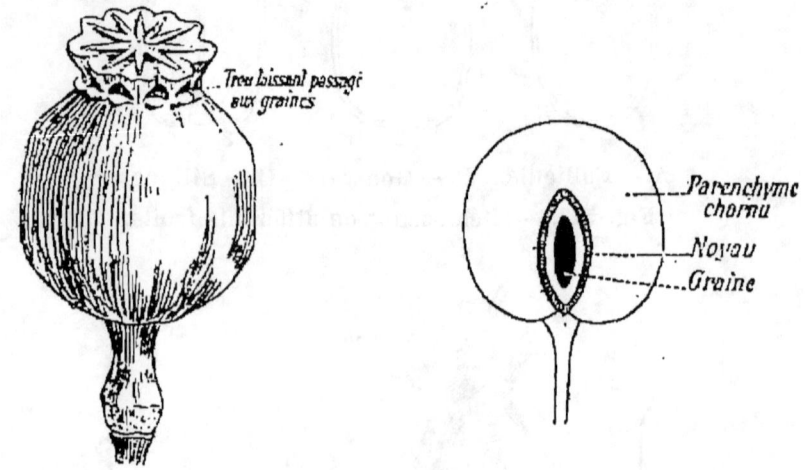

Fig. 527. — Une capsule (Pavot).   Fig. 528. — Une drupe (Cerise).

La déhiscence ne s'observe guère chez les fruits charnus ; mais souvent la graine est mise en liberté par les Insectes et les Oiseaux qui mangent la partie charnue et laissent tomber les pépins ou les noyaux. Certains fruits charnus comme celui de la Balsamine s'ouvrent brusquement dès qu'on les touche ; la graine d'une Euphorbiacée d'Amérique (*Hura crepitans*) s'ouvre même en produisant une véritable explosion, et pour la conserver dans les collections il faut avoir soin de l'entourer de fil de fer.

§ 4. — Germination de la graine.

La graine, comme on l'a vu, contient une plantule qui, placée dans des conditions convenables, pourra se développer et former une nouvelle plante.

Les phénomènes qui se passent pendant cette transformation de la graine ont reçu le nom de *germination*.

Pour que la graine germe, il faut deux sortes de conditions :

1° des conditions *internes*, inhérentes à la graine elle-même ;

2° des conditions *externes*, qui dépendent du milieu dans lequel la graine est placée.

Conditions internes. — Les principales conditions internes sont que la graine soit *mûre*, qu'elle soit en *bon état*, qu'elle ait conservé son *pouvoir germinatif*.

1° Il faut que la graine soit *mûre*, c'est-à-dire que toutes ses parties aient acquis leur développement. Dans certains cas (Haricot) la graine peut germer avant d'avoir atteint sa maturité apparente ; dans d'autres cas, au contraire (Pêcher), la maturité apparente précède la maturité réelle ; et les graines ne peuvent germer qu'une année ou deux après leur formation.

2° La graine doit être en *bon état*, c'est-à-dire que ses tissus ne doivent pas être altérés. En général, elle est en bon état si, jetée dans un vase contenant de l'eau, elle tombe au fond ; mais cet essai ne peut pas être utilisé pour les graines à albumen oléagineux qui, plus légères que l'eau, surnagent même lorsqu'elles sont en bon état.

3° La graine doit avoir conservé son *pouvoir germinatif*, c'est-à-dire la faculté de germer. Cette faculté germinative disparaît dès que les réserves nutritives s'altèrent. Les graines conservent cette faculté plus ou moins longtemps. Les graines à albumen corné doivent être semées rapidement. Les graines oléagineuses conservent ce pouvoir germinatif un peu plus longtemps, mais elles s'altèrent encore rapidement, car l'huile de leurs tissus rancit vite. Les graines amylacées sont celles qui peuvent se conserver le plus longtemps : des grains de Blé trouvés dans les tombeaux gallo-romains ont parfaitement germé après 17 siècles.

Conditions externes. — Une graine pour germer a besoin d'eau, d'oxygène et de chaleur.

1° **Eau.** — Une graine ne peut germer dans un milieu sec ; une certaine quantité d'eau est donc nécessaire pour la germination, mais il n'en faut ni trop, ni trop peu.

2° **Oxygène.** — La graine respire très activement ; elle a donc besoin d'oxygène. Mais il ne faut pas trop d'oxygène ; ainsi sous la pression de 5 atmosphères d'oxygène les graines germent difficilement et elles ne germent plus sous 12 atmosphères de pression. Les conditions les meilleures sont réalisées par l'air atmosphérique.

3° **Chaleur.** — La graine, pour germer, a besoin de chaleur. Une certaine température est donc nécessaire, mais elle ne doit être ni trop basse ni trop élevée. Au-dessous d'une certaine température la graine ne peut germer : c'est la température *minimum* ; au-dessus d'une température dite *maximum* elle ne peut germer non plus ; enfin il existe une température dite *optimum* pour laquelle la germination se fait avec la plus grande rapidité. Pour le Trèfle, par exemple, ces températures seront : température minimum $t = 5°$, température maximum $T = 28°$ et température optimum $θ = 21°$. On peut représenter par une courbe

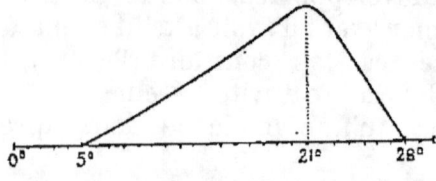

Fig. 529. — Courbe de la germination du Trèfle.

(*fig. 529*) la marche de la germination du Trèfle suivant les températures. Cette courbe varie avec chaque espèce de plante. Ainsi pour le Blé, on a $t = 5°$, $T = 42°$ et $θ = 29°$.

Phénomènes morphologiques de la germination.

— Lorsqu'on place une graine dans de bonnes conditions d'humidité, d'aération et de chaleur, cette graine germe et subit des modifications de forme. Si l'on place un Haricot, par exemple, dans ces conditions, les téguments se déchirent par suite du grossissement de la plantule ; puis la radicule sort de la graine et s'enfonce dans le sol (*fig.* 530, A) ; bientôt la tigelle s'allonge, se redresse et soulève les cotylédons ; enfin les

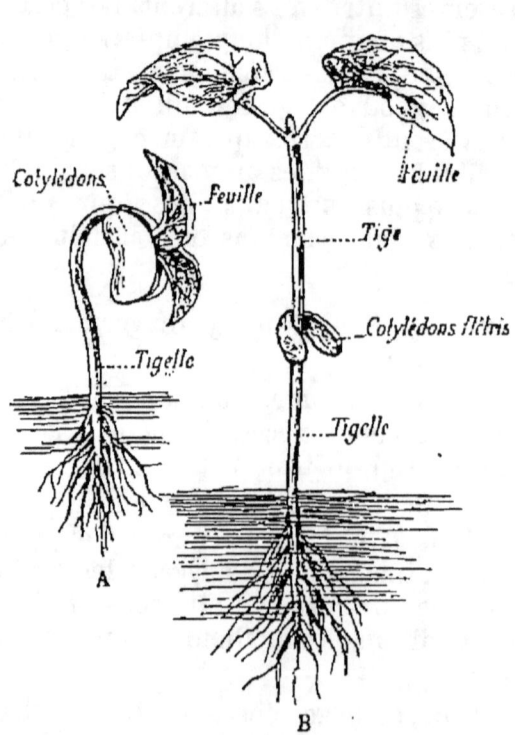

Fig. 530. — Germination du Haricot.

cotylédons se flétrissent et s'écartent pour laisser passer la gemmule qui va s'accroître et donner des feuilles normales (*fig.* 530, B).

La partie de la tige donnée par la tigelle est la tige *hypocotylée*; celle qui est donnée par la gemmule est la tige *épicotylée*.

Chez certaines plantes, le Chêne par exemple, la tigelle ne s'allonge pas et les cotylédons restent dans le sol ; dans ce cas la tige aérienne est presque tout entière formée par la région épicotylée. Dans ce cas on dit que les cotylédons sont *hypogés*, tandis que dans le Haricot, les cotylédons s'épanouissant dans l'air sont dits *épigés*. La plupart des Monocotylédones ont des cotylédons hypogés, et la plupart des Dicotylédones ont des cotylédons épigés.

Phénomènes physiologiques de la germination. Vie ralentie et vie active. — Pendant longtemps on a admis que la graine qui n'est pas en voie de germination n'accomplit pas d'échanges avec le milieu extérieur ; c'est ce que Claude Bernard exprimait en disant qu'il y avait *vie latente*. En réalité, cette vie latente n'est pas absolue ; la vie est plutôt *ralentie*.

Pour le démontrer, on place trois lots de graines mûres : le premier à l'air libre, le second dans un volume d'air limité, dans un tube fermé par exemple, et enfin le troisième dans l'acide carbonique. Au bout de deux ans, le premier lot avait augmenté de poids et 90 % de ses graines pouvaient germer ; le second lot avait augmenté faiblement et 50 % de ses graines n'ont pu germer ; enfin le troisième lot n'avait pas varié et toutes ses graines étaient mortes. Donc les graines du premier lot ont accompli des échanges avec l'air ; elles ont respiré. Mais ces échanges gazeux, faibles pendant l'état de vie ralentie, augmentent rapidement au moment de la germination. Le rapport $\dfrac{CO^2}{O}$ peut descendre jusqu'à 0,6 et même 0,5.

Il y a donc près de la moitié de l'oxygène absorbé qui reste à l'intérieur des tissus de la graine pour y produire des oxydations énergiques. La germination marque donc bien le passage de la *vie ralentie* à la *vie active*.

Ces oxydations dégagent une certaine quantité de chaleur qui se manifeste extérieurement par une élévation de température. On peut mettre ce dégagement de chaleur en évidence en plaçant un thermomètre dans un vase contenant des graines en germination. On voit alors le thermomètre monter de plusieurs degrés.

En même temps que ces phénomènes d'oxydations se produisent, il apparaît des sucs digestifs ou *diastases* qui vont rendre assimilables les matières de réserve contenues soit dans l'albumen, soit dans les cotylédons.

Dans le cas des *graines à albumen*, deux cas sont à considérer : 1° si l'albumen est *oléagineux*, il peut digérer ses propres matériaux, et l'embryon absorbe ensuite ces produits digérés; on peut même dans ce cas isoler l'albumen du reste de la graine et le faire germer; 2° si l'albumen est *amylacé*, c'est l'embryon et plus spécialement les cotylédons qui sécrètent les diastases capables de digérer l'albumen. On a pu dans certains cas remplacer l'albumen par une sorte de pâte ayant la même composition chimique que l'albumen, et la plantule peut alors s'accroître pendant un certain temps en se nourrissant de cette pâtée.

Lorsque les graines sont *sans albumen*, la digestion s'effectue à l'intérieur des cotylédons.

Quelle que soit la nature des matières de réserve, celles-ci sont nécessaires au développement de la plantule.

Plantes annuelles et vivaces. — Une plante est dite *annuelle* lorsqu'elle fleurit dans la saison même de la germination et qu'elle ne dure qu'une période de végétation (Blé, Haricot).

La plante est *bisannuelle* si elle ne fleurit que la seconde année : pendant la première année elle accumule des réserves qui sont utilisées la seconde année pour le développement des fleurs, des fruits et des graines (Carotte, Betterave).

La plante est *vivace* si sa durée est supérieure à deux ans. Tels sont les arbres de nos pays.

RÉSUMÉ

Transformation de l'ovule en graine. — Après la fécondation, l'*œuf* donne l'*embryon* ou *plantule*, et le *noyau secondaire* du sac embryonnaire donne l'*albumen*.

La plantule comprend les trois membres de la plante : la *radicule*, la *tigelle* terminée par la *gemmule*, et les *cotylédons*.

Le sac embryonnaire s'agrandit aux dépens du nucelle ; dans certains cas (Nénuphar) le nucelle persiste et forme le *périsperme*, qui est une réserve supplémentaire.

Enfin le tégument interne disparaît et le tégument externe fournit le tégument de la graine.

La graine mûre. — La graine mûre comprend le *tégument*, l'*embryon* ou *plantule* et l'*albumen*.

1° *Tégument* : funicule et hile, porte des ornements facilitant la dissémination.

2° *Plantule*
- Radicule.
- Tigelle terminée par la gemmule.
- Cotylédons ou feuilles primordiales (deux ou un.)

3° *Albumen*
- Contient des matières de réserve.
- 1. Farineux (Blé).
- 2. Oléagineux (Ricin).
- 3. Corné ou cellulosique (Café).

Il y a donc deux sortes de graines : 1° les *graines à albumen* (Ricin), chez lesquelles l'albumen n'a pas été complètement digéré, et l'embryon reste petit ; 2° les *graines sans albumen* (Haricot), chez lesquelles l'albumen complètement digéré a passé dans l'embryon, qui est alors volumineux.

L'ovaire donne le fruit. — La paroi de l'ovaire devient la paroi du fruit ou *péricarpe*.

Il y a deux sortes de fruits :

1° *Fruits secs*
- 1. Indéhiscents
  - *akène* (Sarrasin).
  - *caryopse* (Blé).
- 2. Déhiscents
  - *follicule* (une seule fente) (Pivoine).
  - *gousse* (deux fentes) (Pois).
  - *silique* (quatre fentes) (Giroflée).
  - *capsule* (Pavot).

2° *Fruits charnus* . . . . {   Complètement charnus (pépins) : *Baie* (Raisin).
   Charnu à l'extérieur, lignifié à l'intérieur (noyau) : *Drupe* (Prune).

Germination de la graine. — La *germination* est la transformation de la graine en une plante. Elle dépend de deux sortes de conditions :

1° *Conditions internes*. {   1. La graine doit être *mûre*.
   2. La graine doit être en *bon état*.
   3. La graine doit avoir conservé son *pouvoir germinatif*.

2° *Conditions externes*. {   1. La graine à besoin d'*eau*, mais pas trop.
   2. La graine a besoin d'*air*.
   3. La graine a besoin de *chaleur*, mais ni trop ni trop peu.

Lorsque la graine est placée dans ces conditions, elle *germe* : ses téguments se déchirent, la radicule sort et s'enfonce dans le sol, la tigelle s'allonge et soulève plus ou moins les cotylédons (*épigés* et *hypogés*). C'est la gemmule qui donne presque toute la tige (la partie située au-dessus des cotylédons) et toutes les feuilles.

La graine est en état de *vie ralentie* lorsqu'elle n'est pas en voie de germination ; mais dès qu'elle germe, sa vie est très active ; sa respiration augmente et l'oxygène absorbé produit des oxydations qui dégagent une quantité de chaleur toujours suffisante pour élever de quelques degrés la température des graines. Cet état facilite l'action des sucs digestifs ou *diastases* sécrétées par la graine ; grâce à ces diastases, la plantule peut assimiler les matières de réserve contenues dans l'albumen (graines à albumen) ou dans les cotylédons (graines sans albumen).

CHAPITRE IX

REPRODUCTION CHEZ LES CRYPTOGAMES

Les Phanérogames se reproduisent par des *œufs* ; c'est la reproduction *sexuelle* ; les Cryptogames, qui n'ont pas de fleurs, peuvent se reproduire par des *œufs*, mais ils peuvent aussi se reproduire par des *spores* : c'est la reproduction *asexuelle*. On trouve du reste toutes les transitions entre ces deux modes de reproduction.

Nous étudierons la reproduction successivement dans les trois groupes de Cryptogames :

1° *Cryptogames vasculaires* (tige, feuilles et racines);
2° *Muscinées* (tige et feuilles, pas de racines);
3° *Thallophytes* (corps peu ou pas différencié).

§ 1. — Cryptogames vasculaires.

En observant une Fougère de nos pays, le Polypode par exemple (*fig.* 531), au moment du printemps, nous voyons qu'elle présente une tige souterraine ou rhizôme, d'où partent des racines et des feuilles; parmi celles-ci, les unes, jeunes, sont enroulées en crosse, les autres, adultes, sont étalées. C'est aux dépens de ces feuilles que vont se développer les organes nécessaires à la reproduction.

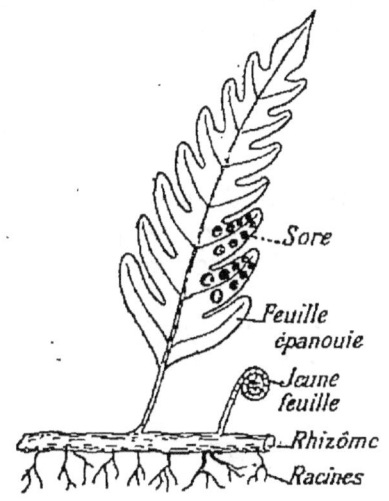

Fig. 531. — Fougère (Polypode).

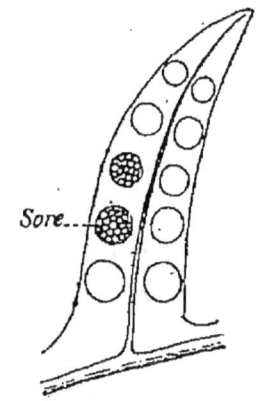

Fig. 532. — Portion de feuilles de Fougère vue par sa face dorsale.

Formation des spores. Sporange. — On peut voir, en été, à la face inférieure des feuilles de cette Fougère (*fig.* 531 et 532), des taches brunes appelées *sores*. Ces sores sont souvent protégés par un repli appelé *indusie*.

Chaque sore est formé par un ensemble d'organes appelés *sporanges*. Chaque sporange est une sorte de poil dont l'extrémité renflée (*fig.* 533) contient des cellules qui, en se différenciant, donneront les *spores*. La paroi du sporange présente une rangée annulaire de cellules qui portent, sur la face interne, des épaississements en fer à cheval. Quand le sporange

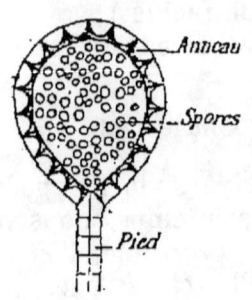
Fig. 533. — Sporange de Fougère.

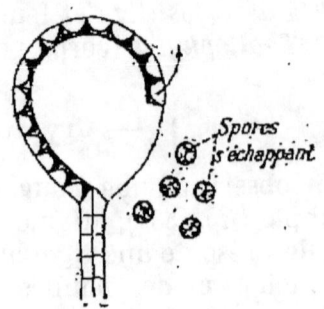
Fig. 534. — Déhiscence du Sporange.

est mûr, il se dessèche et se déchire (*fig.* 534) par le même mécanisme que celui qui produit la déhiscence de l'anthère.

Les spores sont alors mises en liberté. Chaque spore est une cellule riche en matières de réserve et qui présente deux membranes : l'externe, cutinisée et pourvue souvent d'ornements ; l'interne, mince et cellulosique.

Les spores se développent à l'intérieur du sporange par un procédé analogue à celui qui donne les grains de pollen dans les sacs polliniques : chaque cellule mère donnant 4 spores.

Germination des spores : prothalle. — Les spores, transportées par le vent, tombent sur le sol. Elles peuvent

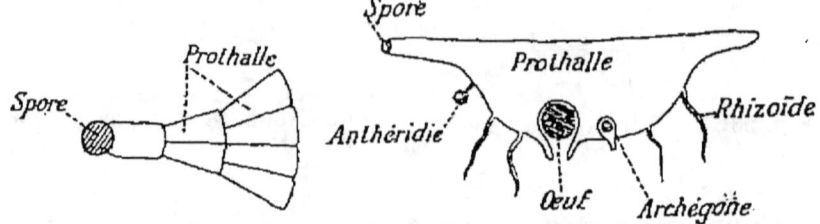
Fig. 535. — Spore germant et donnant le prothalle.   Fig. 536. — Le prothalle (en coupe).

rester longtemps à l'état de vie ralentie, mais sur un sol

humide, elles *germent*. La membrane externe se fend et laisse passer un filament très court qui va bientôt se cloisonner et donner une petite lame verte appelée *prothalle* (*fig.* 535).

Ce prothalle, en forme de cœur, a au plus un centimètre carré de surface. Il s'étale sur le sol dans lequel il enfonce des sortes de poils absorbants appelés *rhizoïdes* (*fig.* 536). Par ces rhizoïdes et par la chlorophylle qu'il contient dans ses cellules, le prothalle peut se nourrir.

C'est alors qu'on voit apparaître sur la face inférieure du prothalle des organes reproducteurs qui vont contribuer à la formation de l'œuf.

Organes reproducteurs : Anthéridie et archégone. — Les *organes reproducteurs* qui se développent à la face inférieure du prothalle (*fig.* 536) sont de deux sortes : les organes mâles ou *anthéridies* et les organes femelles ou *archégones*.

1° **L'anthéridie.** — C'est un poil renflé à son extrémité sous forme arrondie ; la paroi de cette partie ne présente

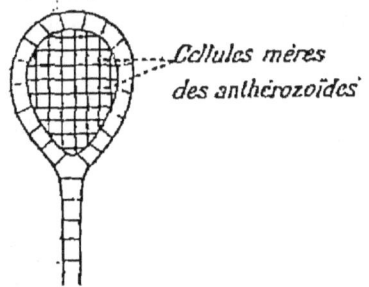

Fig. 537. — Anthéridie.

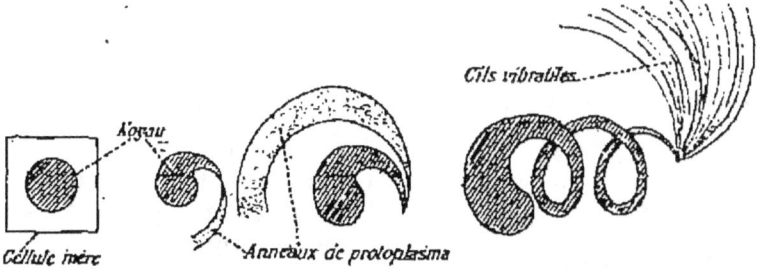

Fig. 538. — Développement des anthérozoïdes.

qu'une seule rangée de cellules (*fig.* 537), et à l'intérieur de l'anthéridie sont de nombreuses petites cellules : ce sont les cellules mères des *anthérozoïdes*. Chacune de ces cellules donnera un anthérozoïde de la façon suivante (*fig.* 538) : le noyau s'allonge et s'enroule en tire-bouchon, pendant que le protoplasma, qui forme d'abord une sorte d'anneau, donne de nombreux cils vibratiles destinés à faire mouvoir ce petit corps appelé *anthérozoïde*. L'anthéridie mûre se gonfle d'eau et crève ; pendant ce temps les parois des cellules mères se résorbent et laissent en liberté les anthérozoïdes qui vont nager dans l'eau qui baigne le prothalle.

L'anthérozoïde représente la cellule mâle au même titre que le grain de pollen chez les Phanérogames.

2° **L'archégone.** — Sur le même prothalle on aperçoit des petits corps en forme de bouteille (*fig.* 536) : ce sont les archégones. Chaque archégone (*fig.* 539) se compose d'une partie renflée située dans le prothalle et appelée *ventre*, et d'une partie allongée appelée *col*. Dans le ventre de l'archégone se trouve une cellule appelée *oosphère* : c'est la cellule femelle. L'oosphère est surmontée d'une autre cellule qui, en se gélifiant, écarte les cellules du col pour former le *canal* et vient former à l'extrémité de ce canal une gouttelette mucilagineuse.

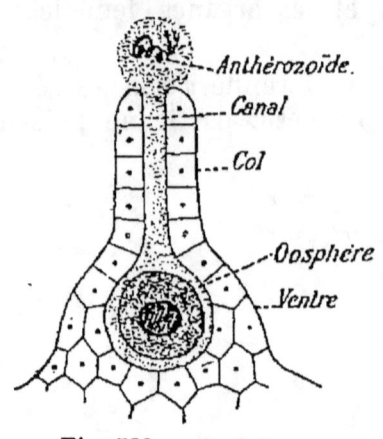

Fig. 539. — Archégone.

Formation et développement de l'œuf. — Un des anthérozoïdes qui nagent sous le prothalle peut être retenu par le mucilage qui recouvre le sommet de l'archégone ; il s'introduit alors dans ce mucilage, pénètre dans le col en tournoyant et vient mélanger sa masse à l'oosphère. La fécondation est opérée et l'*œuf* est formé.

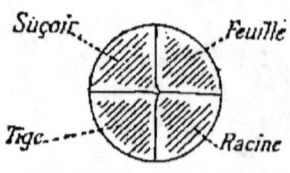

Fig. 540. — L'œuf se segmente.

Aussitôt la fécondation, l'œuf s'entoure d'une membrane de cellulose et se partage immédiatement en 2 puis en 4 cellules (*fig.* 540) : une de ces cellules se développant à l'intérieur du prothalle donne le pied ou *suçoir* qui va puiser la matière nutritive dans le prothalle (*fig.* 541); une autre cellule donnera la racine; une troisième la tige et enfin la quatrième la première feuille. Peu à peu le prothalle se flétrit pendant que la jeune Fougère se développe.

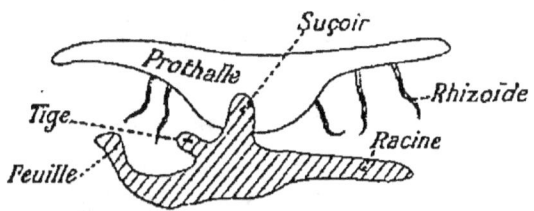

Fig. 541. — La jeune plante se développe.

L'étude du développement d'une Fougère montre bien une alternance régulière de formes : 1° la *plante feuillée* est un appareil nutritif sur lequel se développent les spores destinées à la dissémination ; 2° le *prothalle*, qui constitue surtout un appareil reproducteur, donnant anthéridies et archégones.

On peut résumer la reproduction d'une Fougère par le graphique ci-dessous :

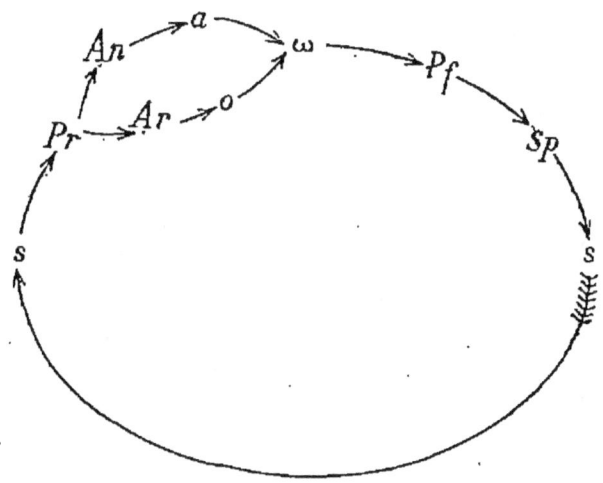

Une spore s forme un prothalle Pr sur lequel se développent les organes reproducteurs : 1° des anthéridies An qui donneront des anthérozoïdes a ; 2° des archégones Ar qui donneront des oosphères *o*. Un anthérozoïde va féconder l'oosphère et donner l'œuf ω qui, en germant sur le prothalle, donnera la plante feuillée *Pf* sur laquelle se développeront le sporange *Sp* et les *spores s* qui pourront recommencer le même cycle et ainsi de suite.

Ce mode de développement se retrouve chez les autres Cryptogames vasculaires tels que les Prêles et les Lycopodes.

§ 2. — Les Muscinées.

Les Muscinées ont une tige et des feuilles, mais jamais de racine.

Formation des spores : sporogone. — Prenons, comme exemple, une Mousse très commune sur le bord des chemins, le Polytric. Isolons un pied de cette Mousse et nous verrons (*fig.* 542) la tige qui semble se continuer par une partie grêle, le *pédicelle*, qui se renfle à son extrémité pour donner la *capsule* ou *sporange*. L'ensemble du pédicelle et de la capsule est appelé *sporogone*. La capsule est recouverte d'une *coiffe*.

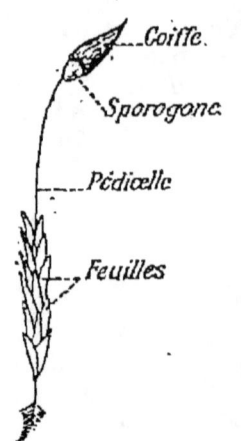

Fig. 542. — Une Mousse (Polytric).

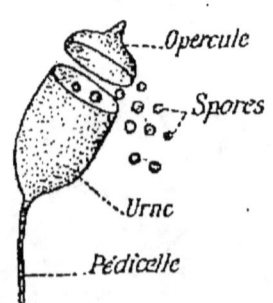

Fig. 543. — Déhiscence du sporange.

A la maturité, la coiffe tombe et la capsule s'ouvre par une sorte de couvercle appelé *opercule* (*fig.* 543), de sorte que la partie inférieure de la capsule, l'*urne*, laisse échapper les spores. Souvent les bords de l'urne sont garnis d'une collerette appelée *péristome*.

Germination des spores : protonéma. — Les spores mises en liberté peuvent germer et donner un filament qui va se cloisonner (*fig. 544*), se ramifier et donner à la surface du sol un feutrage de filaments verts d'où partent des poils bruns ou rhizoïdes qui s'enfoncent dans le sol. Cet ensemble filamenteux est appelé *protonéma*. De place en place sur ce protonéma, on voit apparaître des petits renflements dont chacun va donner une tige et des feuilles. Il y aura donc bientôt autant de pieds de Mousse que de renflements ; puis enfin le protonéma disparaissant complètement, chaque pied de Mousse va devenir indépendant.

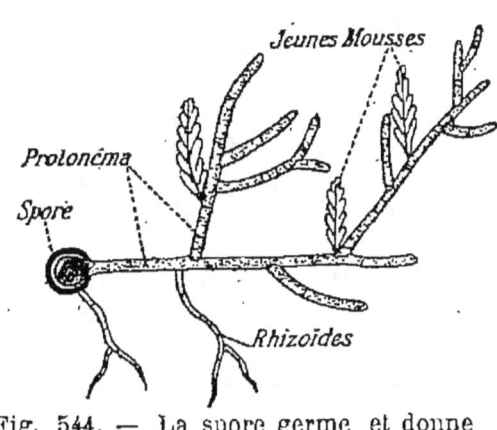

Fig. 544. — La spore germe et donne le protonéma.

Organes reproducteurs : anthéridie, archégone. — Au début du printemps, on peut voir au sommet de la tige de Mousse une rosette formée par des feuilles ; et c'est au milieu de cette rosette (*fig. 545*) que se développent les organes reproducteurs : *anthéridies* et *archégones*. Souvent ces organes sont portés par des pieds différents.

Une *anthéridie* est un poil terminé en massue et dont la paroi n'est formée que d'une seule assise cellulaire. A l'intérieur les *anthérozoïdes* se développent comme chez les Fougères. Quand l'anthéridie est mûre, une goutte d'eau déposée dans la rosette fait gonfler le mucilage qui est à l'intérieur de

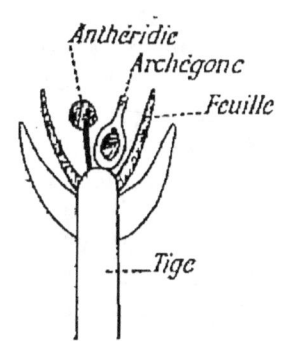

Fig. 545. — Le sommet de la tige et les organes reproducteurs.

l'anthéridie, et celui-ci éclate au sommet et laisse échapper les anthérozoïdes enroulés en tire-bouchon et munis seulement de deux cils (*fig.* 546).

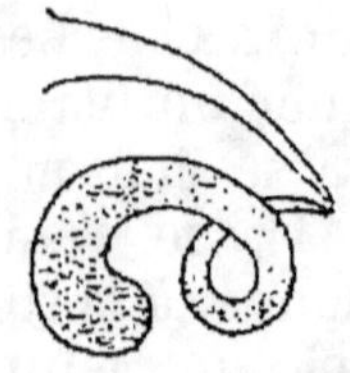

Fig. 546. — Anthérozoïde de la Mousse.

L'*archégone* a la forme d'une bouteille avec un ventre et un col; dans le ventre se trouvent l'*oosphère* et la *cellule de canal* qui va en se gélifiant dissocier les cellules du col et venir former une goutelette mucilagineuse au sommet de l'archégone. La disposition est donc la même que chez les Fougères.

Formation et développement de l'œuf. — Les anthérozoïdes mis en liberté se déplacent au milieu d'une sorte de gelée, et grâce aux mouvements de leurs cils ils pénètrent dans le mucilage de l'archégone, s'enfoncent dans le canal et pénètrent jusqu'à l'oosphère. Là, un seul anthérozoïde se mélange avec l'oosphère; l'*œuf* est constitué. A partir de ce moment, les autres archégones de la même rosette se flétrissent, car il ne se forme qu'un seul œuf.

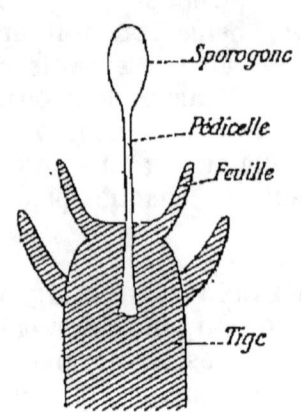

Fig. 547. — L'œuf germe sur le sommet de la tige et donne le sporogone.

Aussitôt la fécondation opérée, l'œuf s'enveloppe d'une membrane de cellulose; puis il se cloisonne et donne un massif cellulaire allongé dont la base s'enfonce dans la tige de la Mousse (*fig.* 547) pour y puiser de la nourriture. Bientôt enfin le sporogone se trouve constitué avec son pédicelle et sa capsule. C'est dans cette capsule que vont se développer les spores; chaque cellule mère donnant 4 spores comme chez les Fougères et comme les cellules mères du pollen des Phanérogames.

Chez les Mousses, il y a donc aussi une alternance de formes :
1° une *plante feuillée* qui constitue non seulement un appareil nutritif, mais qui forme aussi les organes reproducteurs, anthéridie et archégone ; 2° un appareil transitoire, le *sporo-*

gone, qui n'est destiné qu'à produire des spores et qui provient de la germination de l'œuf.

On peut résumer la reproduction des Muscinées par le graphique ci-dessous :

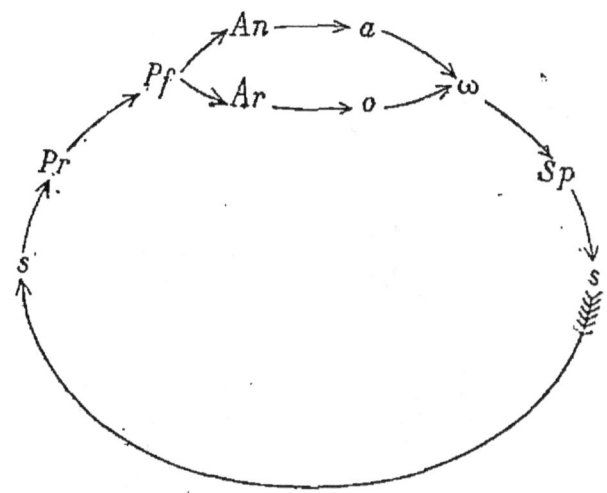

Une spore *s* produit des filaments ou protonema *Pr* qui donne des plantes feuillées *Pf*. La plante feuillée produit des anthéridies *An* qui contiennent les anthérozoïdes *a*, et des archégones *Ar* qui contiennent les oosphères *o*. Un anthérozoïde se fusionne avec l'oosphère et donne l'œuf ω, lequel germe sur la plante et donne le sporogone *Sp*, qui produira des *spores* semblables aux premières, et ainsi de suite.

§ 3. — Les Thallophytes.

Les Thallophytes comprennent les Algues, les Champignons et les Lichens, qui proviennent de l'association d'une Algue et d'un Champignon.

Ces plantes se reproduisent par des procédés divers : les unes exclusivement par des *œufs*, les autres exclusivement par des *spores*, enfin un grand nombre se reproduisent par des œufs ou par des spores suivant que le milieu est favorable ou non.

Algues. — Les Algues sont caractérisées par la chlorophylle qu'elles contiennent. Elles se reproduisent par *œufs* ou par *spores*.

1° **Reproduction par œufs.** — Étudions la formation de l'œuf chez quelques Algues qui pourront nous donner une idée de la diversité du mode de reproduction. Prenons par exemple le *Fucus*, la *Spirogyre* et le *Mésocarpus*.

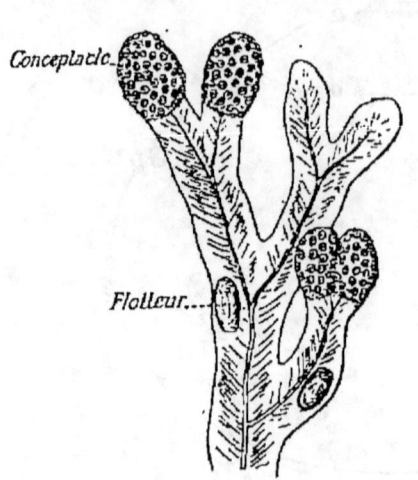

Fig. 548. — Fragment de Fucus.

Fucus. — C'est une Algue brune très abondante sur les côtes de France. Le Fucus se reproduit uniquement par œufs. Il présente à l'extrémité de certains rameaux (*fig.* 548) des ponctuations qui indiquent les orifices de petites cavités ou *conceptacles*. Dans ces cavités se développent les organes reproducteurs. Dans les unes, appelées *conceptacles mâles* (*fig.* 549, A), se développent des anthéridies qui produisent chacune un grand nombre d'anthérozoïdes portant deux cils dirigés l'un en avant, l'autre en arrière; dans les deux

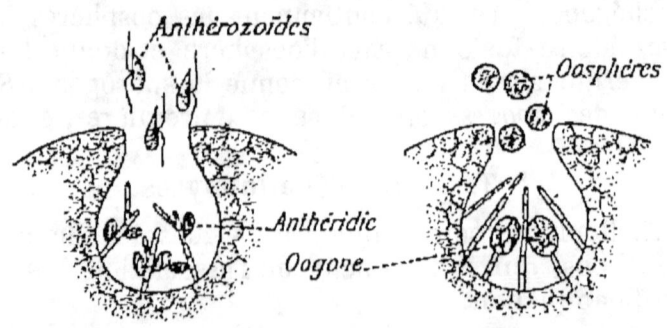

A. — Conceptacle mâle.   B. — Conceptacle femelle.
Fig. 549. — Coupe dans les conceptacles du Fucus.

autres, appelées *conceptacles femelles* (*fig.* 549, B), se trouvent des masses appelées *oogones*, qui sont formées de huit cellules ou *oosphères*, lesquelles au moment de la maturité sont mises en liberté et sortent par l'orifice.

Fig. 550. — Oosphère entourée d'anthérozoïdes.

Les organes mâles et femelles sont portés par des pieds différents. Si on mélange dans de l'eau de mer des Fucus à anthéridies et des Fucus à oogones, on peut voir des anthérozoïdes entourer une oosphère et faire rouler cette oosphère (*fig.* 550), puis l'un d'eux se fusionne avec l'oosphère et l'œuf est constitué.

Spirogyre. — La Spirogyre est une Algue filamenteuse d'eau douce. Au moment de la reproduction on voit deux filaments se placer parallèlement (*fig.* 551), puis deux cellules voisines poussent des prolongements qui marchent l'un vers l'autre et finissent par se confondre (*fig.* 551, A). A ce moment le protoplasma de l'une des cellules se contracte et passe dans l'autre cellule pour se fusionner avec son contenu : l'œuf est formé et s'enveloppe d'une membrane de cellulose. Ce fait se produit en même temps dans toute la longueur des filaments, de sorte qu'après la conjugaison l'un est vide et l'autre contient les œufs (*fig.* 551, B).

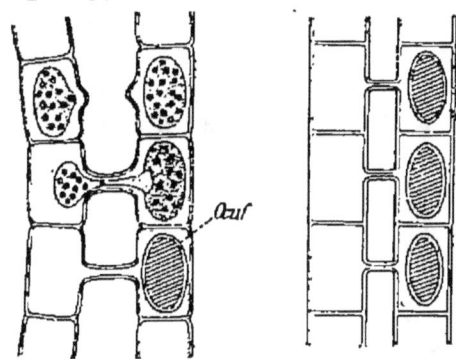

A. — Pendant la conjugaison.
B. — Après la conjugaison.

Fig. 551. — Filaments de Spirogyre.

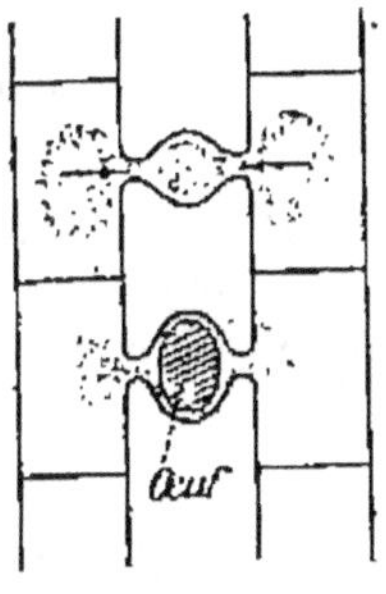

Mésocarpus. — Les masses protoplasmiques qui se fusionnent pour former l'œuf marchent à la rencontre l'une de l'autre (*fig.* 552) et l'œuf se forme au milieu du canal qui fait communiquer les deux filaments.

Fig. 552. — Formation de l'œuf chez le Mésocarpus.

On voit que dans les Algues la formation de l'œuf se simplifie progressivement : chez le Fucus il y a une différence très marquée entre la cellule mâle, qui est mobile, et la cellule femelle, qui est immobile; chez les Spirogyres les deux cellules ou *gamètes* qui forment l'œuf sont semblables, mais l'une, celle qui se déplace, peut être considérée comme cellule mâle. Enfin, chez le *Mésocarpus*, les cellules ou gamètes sont semblables et on ne peut plus distinguer la cellule mâle de la cellule femelle.

2° **Reproduction par spores.** — Les Conferves, qui sont des Algues filamenteuses vivant dans les eaux douces, ne se reproduisent que par des spores. Pour cela le protoplasma de certaines cellules se fragmente (*fig.* 553, A) en nombreuses petites masses dont chacune donne un corps muni de deux cils : ce sont des spores, mobiles comme les anthérozoïdes, aussi on les appelle *zoospores*. Puis la paroi cellulaire se perce en un certain point (*fig.* 553, B) par où vont s'échapper les zoospores; celles-ci vont nager pendant un certain temps, et se fixeront par leur partie effilée pour se

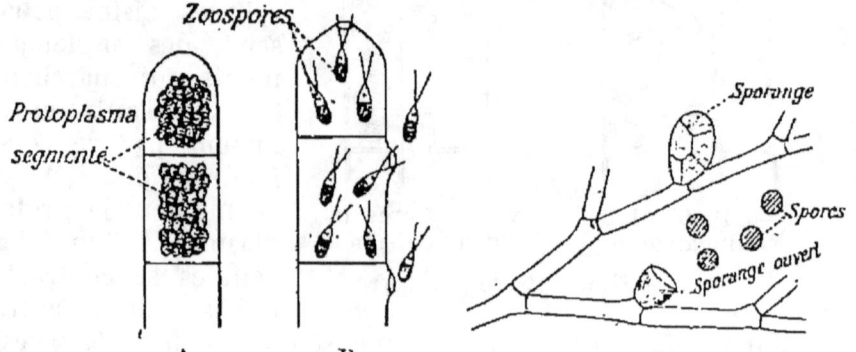

Fig. 553. — Filaments de Conferve et zoospores.

Fig. 554. — Formation des spores chez les Floridés.

développer et donner de nouveaux filaments de Conferves.

Chez les Floridés (*fig.* 554) on trouve des sporanges dont chacun donne naissance à quatre spores.

Champignons. — Les Champignons peuvent se reproduire par des *œufs* ou par des *spores*. Le même Champignon, suivant le milieu dans lequel il vit, se reproduira par œufs ou par spores.

1° **Reproduction par œufs.** — Prenons pour exemple un Champignon parasite du Chou, le *Cystopus*. En automne on peut voir la feuille du Chou envahie par les filaments ou *mycélium* du Champignon (*fig.* 555). Parmi ces filaments les uns sont munis de suçoirs, et d'autres se renflent en boule pour donner l'organe femelle ou *oogone* qui contient l'*oosphère*. Au-dessous de l'oogone se détache un rameau qui se renfle en massue et qui vient se placer contre l'oo-

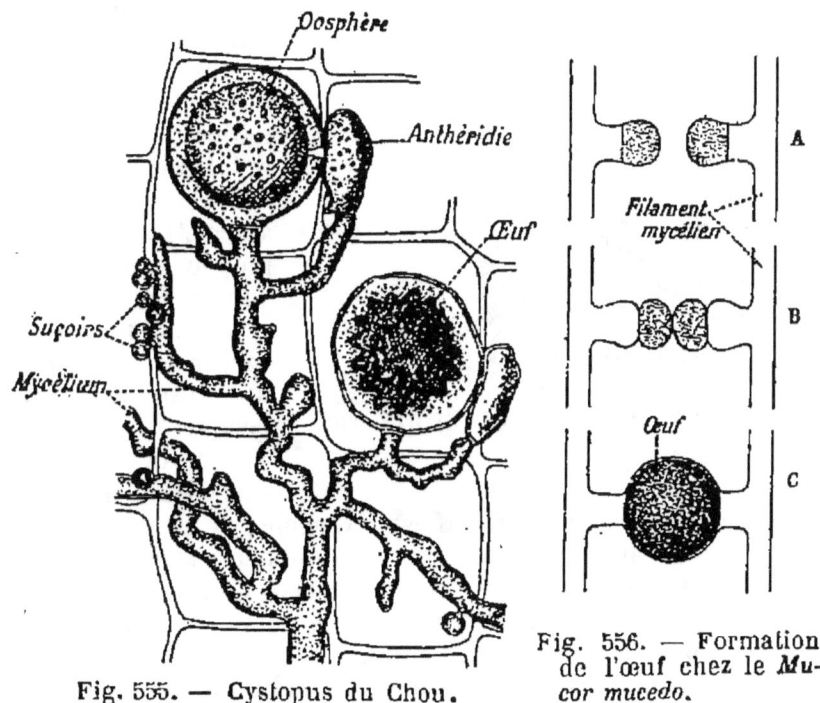

Fig. 555. — Cystopus du Chou.

Fig. 556. — Formation de l'œuf chez le *Mucor mucedo*.

gone : c'est l'organe mâle ou *anthéridie*. Le protoplasma de l'anthéridie et celui de l'oogone sont isolés du protoplasma du filament par des cloisons. A un certain moment, l'anthéridie pousse un tube fin qui perce la paroi de l'oogone et par lequel le protoplasma de l'anthéridie vient se mélanger avec l'oosphère pour constituer l'œuf. L'œuf s'entoure alors d'une membrane de cellulose fortement cutinisée et il peut ainsi passer l'hiver et germer au printemps suivant en envahissant les nouvelles feuilles.

Si nous étudions un autre Champignon tel que le Mucor, encore appelé vulgairement Moisissure blanche, nous verrons que l'œuf se forme par deux filaments qui s'avancent l'un vers l'autre (*fig.* 556), qui se cloisonnent à une certaine distance et dont les contenus se fusionnent. Dans ce cas les éléments reproducteurs ne sont pas différents : les *gamètes*, encore bien différenciés chez le Cystopus, sont égaux chez le Mucor.

2° Reproduction par spores. — Considérons de nouveau le *Cystopus*. Si les filaments du Champignon se trouvent à l'intérieur de la feuille du Chou dans de bonnes conditions de nutrition, on voit le mycélium pousser en dehors (*fig.* 557) un appareil sporifère formé de rameaux qui vont donner des chapelets de *spores*. Ces spores se détacheront une à une et pourront germer.

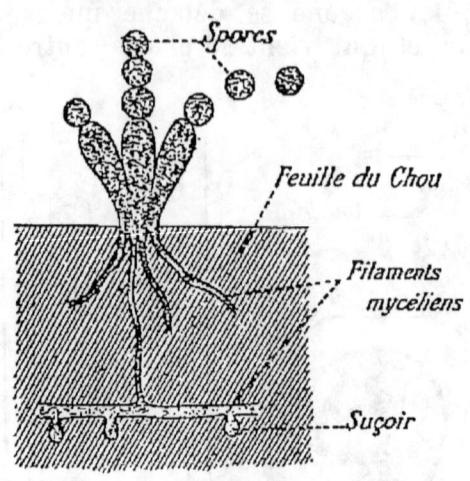

Fig. 557. — Formation des spores chez le *Cystopus*.

Donc le Cystopus se reproduit par des spores si le milieu nutritif est favorable ; il se reproduit au contraire par des œufs, en automne par exemple, lorsque les conditions de nutrition sont défavorables. De sorte que les spores servent plutôt à la dissémination, et les œufs à la conservation du Champignon.

Le Mucor placé dans de bonnes conditions de nutrition se reproduit aussi par spores ; certains filaments se renflent au sommet (*fig.* 558) et donnent une sphère ou *sporange* à l'in-

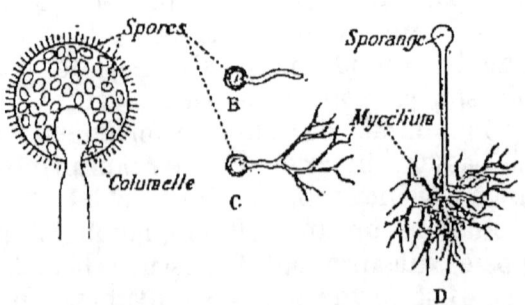

Fig. 558. — Formation des spores chez le *Mucor mucedo*.

térieur duquel le protoplasma donne un grand nombre de

spores. Ces spores, mises en liberté par la destruction de la membrane externe, germent; si elles tombent sur du bois humide par exemple, elles donnent des filaments qui se ramifient pour donner le *mycélium*, lequel constitue l'appareil nutritif du Champignon. Si ce Champignon manque d'air ou d'humidité, il se forme des *œufs* par le procédé indiqué plus haut.

Enfin certains Champignons, l'Agaric ou Champignon de couche par exemple, ne se reproduisent que par des spores.

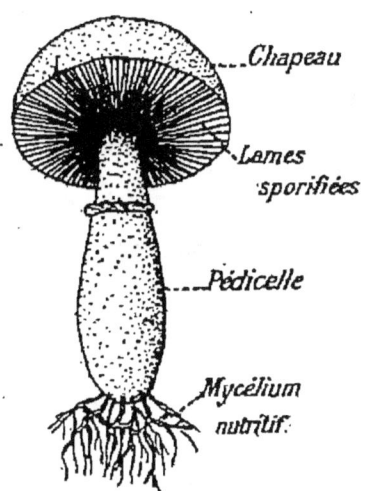

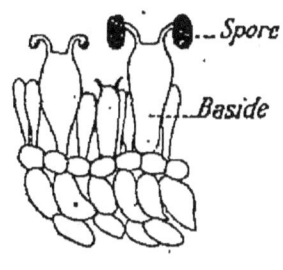

Fig. 559. — Agaric ou Champignon de couche.

Fig. 560. — Lames sporifères de l'Agaric.

L'Agaric se compose : 1° d'un *appareil nutritif* (*fig.* 559) constitué par des filaments qui se développent dans le fumier et qui constituent le mycélium ou *blanc de Champignon*; 2° d'un *appareil reproducteur* formé d'un *pied* ou *pédicelle* et d'un *chapeau* (*fig.* 559). Le chapeau porte à sa face inférieure des lames rayonnantes sur lesquelles se produisent des cellules spéciales appelées *basides* (*fig.* 560), et chacune de ces cellules donne deux spores qui, à la maturité, se détachent et germent. Chaque spore peut alors donner un mycélium, et sur ce mycélium apparaissent çà et là des renflements (*fig.* 561) formés par l'agglomération de filaments mycéliens; ces renflements vont grossir et devenir de nouveaux appareils reproducteurs dont chacun constitue ce qu'on appelle vulgairement un Champignon.

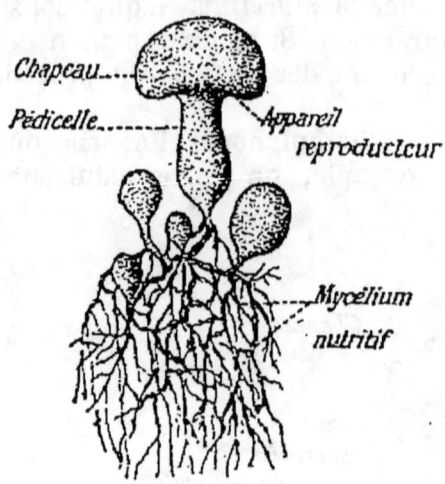

Fig. 561. — Mycélium de l'Agaric et formation des appareils reproducteurs.

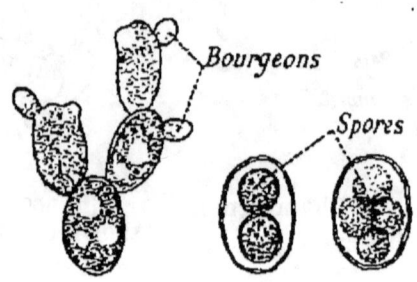

A. — Globules bourgeonnants.   B. — Spores.
Fig. 562. — La Levûre de bière.

La Levûre de bière, qui est un Champignon formé de cellules ovales, peut se multiplier par *bourgeonnement* (fig. 562, A) en produisant des chapelets de cellules nouvelles qui se détacheront et deviendront indépendantes. Cette reproduction se produit si la Levûre est placée dans un liquide nutritif convenable ; mais si le milieu nutritif est défavorable, il se forme à l'intérieur des globules de Levûre des spores (*fig.* 562, B) qui donneront de nouvelles cellules identiques à la cellule primitive lorsque le milieu redeviendra propice.

REPRODUCTION CHEZ LES CRYPTOGAMES 473

Lichens. — Les Lichens résultent de l'association d'une Algue et d'un Champignon. Nous avons vu (chapitre de la *Nutrition*) que le Champignon profitait de l'assimilation chlorophyllienne de l'Algue qu'il protège contre la dessiccation.

En faisant l'analyse anatomique d'un Lichen, on a vu que l'Algue pouvait donner des *spores*, de même que certains filaments du Champignon se renflent pour donner ce qu'on appelle un *asque* (*fig.* 563), dans lequel se développent des spores au nombre de huit.

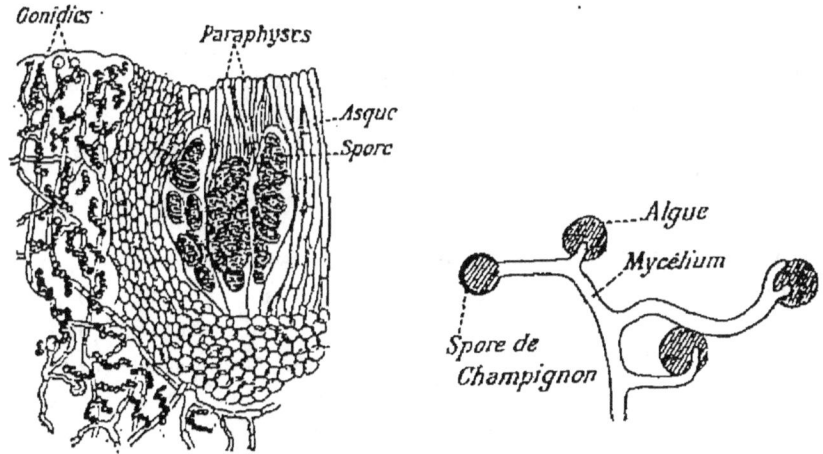

Fig. 563. — Coupe d'un Lichen. Fig. 564. — Synthèse d'un Lichen.

On a pu faire la synthèse d'un Lichen, c'est-à-dire le reconstituer en disposant au voisinage des cellules de l'Algue des spores de Champignon (*fig.* 564); celles-ci germent et émettent des filaments mycéliens qui viennent envelopper les cellules de l'Algue.

RÉSUMÉ

Cryptogames vasculaires. — A la face inférieure d'une feuille de Fougère, par exemple, on voit des *sporanges* contenant à leur intérieur des *spores* qui sont mises en liberté par la déhiscence du sporange.

Chaque spore va germer et donner une petite lame aplatie appelée *prothalle*. Sur ce prothalle se développeront des organes reproducteurs : 1° des *anthéridies* contenant des *anthérozoïdes* enroulés en spirale et portant un bouquet de cils vibratiles ; 2° des *archégones* contenant des *oosphères*.

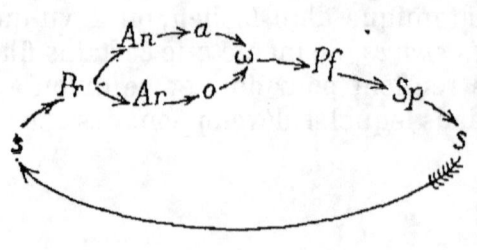

Les anthérozoïdes nagent et l'un d'eux, retenu par le mucilage qui recouvre l'archégone, pénètre jusqu'à l'oosphère, se fusionne avec elle pour constituer l'*œuf*. Ce œuf va germer sur le prothalle et donner bientôt une nouvelle plante feuillée qui produira des sporanges et des spores semblables aux précédents.

Le graphique ci-dessus résume cette reproduction.

Muscinées. — Sur un pied de Mousse on trouve, au printemps, un prolongement de la tige renflé à son extrémité : c'est le *sporogone*. Ce sporogone est recouvert d'une *coiffe* qui tombe à la maturité et découvre le *sporange*, composé de l'*urne* et d'un couvercle ou *opercule*. L'opercule se soulève et les spores contenues dans l'urne sont mises en liberté.

Chaque spore germe et donne un ensemble de filaments cloisonnés, le *protonéma* ; et c'est sur ce protonéma qu'apparaissent de distance en distance des plantes feuillées.

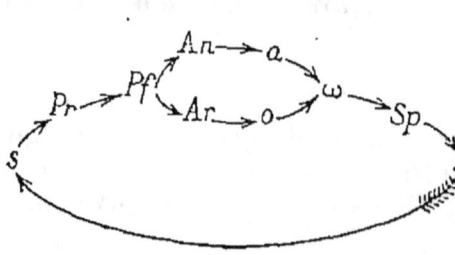

Sur le sommet de chaque plante feuillée se développent : 1° des *anthéridies* contenant des *anthérozoïdes* munis de deux cils ; 2° des *archégones* contenant des *oosphères*.

Un anthérozoïde vient se fusionner avec l'oosphère pour donner l'*œuf* qui va germer sur la tige pour donner le *sporogone*.

Le graphique ci-dessus résume la reproduction chez les Muscinées.

Thallophytes. — Ils peuvent se reproduire par *œufs* ou par *spores*.

1° **Algues.**
- par *œufs*.
  - *Fucus* : anthéridies et oogone ; éléments reproducteurs différents.
  - *Spirogyre* : cellules reproductrices semblables, mais l'une est mobile et se déplace pour aller former l'œuf.
  - *Mésocarpus* : cellules reproductrices identiques.
- par *spores*.
  - *Conferves* : protoplasma se segmente pour donner des spores.

2° **Champignons.**
- par *œufs*.
  - *Cystopus* : anthéridie et oogone ; cellules reproductrices différentes.
  - *Mucor* : cellules reproductrices semblables.
- par *spores*.
  - *Cystopus* : spores se détachent des filaments.
  - *Mucor* : spores dans sporange sphérique.
  - *Agaric* composé : 1° d'un appareil nutritif (mycélium) ; 2° d'un appareil reproducteur (lames produisant les spores).

Suivant le milieu, le Champignon se reproduit par spores ou par œufs.

3° *Lichens* : L'Algue donne des spores, et le Champignon des asques contenant chacun huit spores. On peut faire la synthèse d'un Lichen en faisant germer des spores de Champignon dans le voisinage de cellules d'Algue.

CHAPITRE X

FERMENTATIONS

Les *fermentations* sont des transformations chimiques subies par certaines matières organiques sous l'influence d'êtres vivants appelés *ferments*.

Les ferments. Expériences de Pasteur. — Les *ferments* sont des végétaux inférieurs appartenant les uns aux Champignons (Levûre de bière), les autres aux Algues (Bactéries).

Pendant longtemps on a cru qu'une fermentation était une simple réaction chimique ; mais les admirables découvertes de Pasteur ont montré : 1° que des organismes se développaient toujours dans une matière en fermentation ; 2° que la fermentation était produite par ces organismes, qui puisent dans le milieu où ils sont plongés les éléments nécessaires à leur nutrition.

Voici quelques-unes des expériences de Pasteur : 1° Il introduit une certaine quantité de liquide nutritif, du bouillon ou du lait, dans un ballon dont il étire le col (*fig.* 565). Puis il soumet le liquide à une ébullition prolongée afin de détruire les êtres vivants qu'il pourrait contenir et qui ne peuvent résister longtemps à une température de 100°. Il *stérilise* ainsi le ballon et son contenu, puis il ferme le col à la lampe. Il peut ainsi conserver, sans aucune altération, ce bouillon ou ce lait pendant plusieurs années, alors que, au contact de l'air, ces liquides entrent rapidement en fermentation. Mais si on ouvre le ballon, l'air extérieur arrive et la fermentation du liquide se produit.

Fig. 565.

2° Il dispose une expérience semblable, mais le col du ballon (*fig.* 566) communique avec un tube recourbé dans lequel il place un tampon d'amiante qui a été préalablement stérilisé. Ce tampon retient les poussières de l'air et la fermentation n'a pas lieu ; mais si on introduit ce tampon dans un bouillon stérilisé, celui-ci s'altère rapidement.

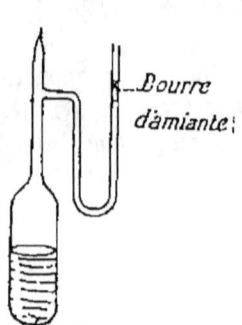

Fig. 566.

3° Pasteur utilisa aussi un ballon dont le col était plusieurs fois recourbé (*fig.* 567) ; il fit bouillir le liquide du ballon, et lorsque, par le refroidissement, l'air rentra, il se dépouilla de ses poussières au niveau des courbures du tube et le liquide demeura intact. Mais dès que celui-ci était amené au contact des courbures chargées de poussière, immédiatement la fermentation commençait.

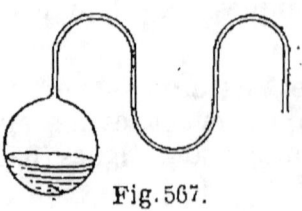

Fig. 567.

Pasteur par ces expériences démontrait : 1° que des liquides organiques ne sont pas capables d'engendrer des organismes : ce qui renversait la théorie de la *génération spontanée*; 2° que des ferments existaient en suspension dans l'air et par suite dans tous les corps exposés au contact de l'air (eau, sol, etc.).

Parmi les ferments, les uns peuvent vivre au contact de l'air, ce sont les *ferments aérobies* (ferment acétique) ; les autres, au contraire, périssent au contact de l'air, ce sont les *ferments anaérobies* (*Bacillus amylobacter*); d'autres enfin, comme la Levûre de bière, peuvent être aérobies ou anaérobies suivant les circonstances.

La fermentation alcoolique. — La fermentation alcoolique est une des mieux connues. De tout temps on l'a connue, car c'est elle qui produit toutes ces boissons : vin, hydromel, bière, etc. Elle consiste dans la décomposition des glucoses en alcool et acide carbonique :

$$C^6H^{12}O^6 = 2C^2H^5,OH + 2CO^2 + 67^{cal}.$$

Lavoisier la considérait comme une simple réaction chimique, et il la prend même pour type de la *loi des poids*. En réalité, ainsi que Pasteur l'a démontré, cette réaction ainsi

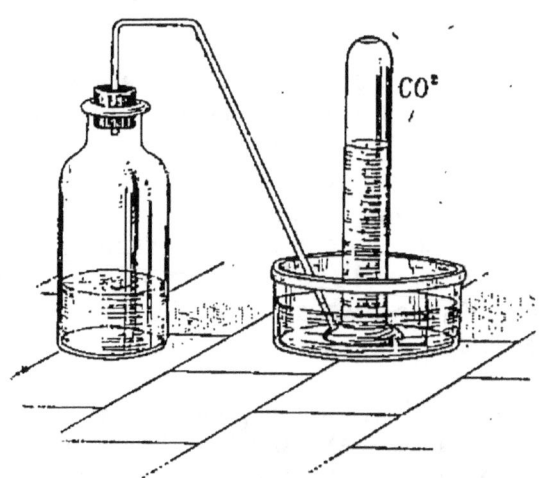

Fig. 568. — Fermentation alcoolique.

formulée n'est pas exacte, car il se produit indépendamment de l'alcool et de l'acide carbonique, de la glycérine, de l'acide succinique, de l'acide acétique, de la cellulose et des matières grasses.

Cette fermentation se fait sous l'influence d'un Champignon, la Levûre de bière (*Saccharomyces cerevisiœ*). La Levûre se présente sous forme de cellules ovales. Si on place la Levûre dans un liquide sucré (*fig.* 568), on voit du gaz carbonique se dégager, et le sucre a été remplacé par de l'alcool qu'on peut extraire du liquide par distillation.

La Levûre de bière présente deux variétés importantes (*fig.* 569) : la *Levûre basse*, dont les cellules ont peu de ten-

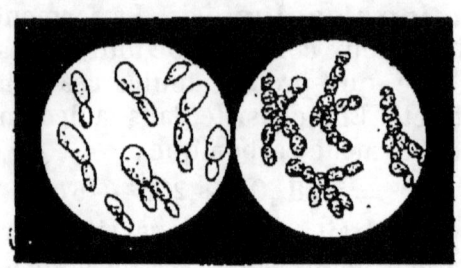

Levûre basse (8°).   Levûre haute (16°).
Fig. 569. — Levûre de bière.

dance à se grouper et qui agit surtout vers 8 ou 10°; 2° la *Levûre haute*, dont les cellules restent associées après le bourgeonnement et qui agit surtout vers 16°.

Dans le cas étudié, la Levûre est anaérobie; elle peut ainsi fonctionner pendant quelques mois; mais au bout de ce temps si l'on veut qu'elle continue à vivre activement, il faut la ramener à l'air libre, pour la *rajeunir* par une respiration normale. Elle devient alors *aérobie*, puis fonctionne de nouveau comme *anaérobie*.

Ferments aérobies. — Les *ferments aérobies* absorbent l'oxygène de l'air et le fixent sur le milieu dont ils se nourrissent. Citons quelques exemples parmi les plus communs :

Ferment acétique. — C'est une Bactérie, le *Mycoderma aceti*, qui transforme l'alcool en *acide acétique* :

$$C^2H^5.OH + O^2 = C^2H^4O^2 + H^2O.$$

Ce ferment se présente sous forme de petites cellules arrondies qui restent associées en chapelet, et qui se développent à la surface des liquides alcooliques exposés au contact de l'air, en formant un voile mucilagineux appelé *mère du vinaigre*. L'action de ce ferment est utilisée dans l'industrie pour la fabrication du vinaigre.

Ferment lactique. — C'est une Bactérie, le *Micrococcus lacticus*, qui transforme le glucose du lait en *acide lactique* $C^3H^6O^3$. Comme le ferment acétique, il est formé de petites cellules arrondies disposées en chapelet. Si le liquide reste neutre, la fermentation lactique continue; mais si le milieu devient acide, la fermentation lactique fait place à la fermentation butyrique.

Ferment ammoniacal. — C'est le *Micrococcus ureæ* (fig. 570) qui transforme l'urée en *carbonate d'ammonium* :

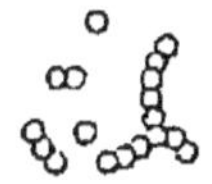

$$CO(AzH^2)^2 + 2H^2O = CO(AzH^4O)^2.$$

Il est formé de petites cellules qui restent groupées en amas ou en chapelets.

Fig. 570. — *Micrococcus ureæ*.

Certains de ces ferments aérobies vivent en parasites chez des êtres vivants et y provoquent des maladies : ce sont des *Bactéries pathogènes*. Parmi eux on cite le *Bacillus anthracis* qui cause la maladie du charbon; le Bacille virgule de Koch du choléra asiatique, etc.

Ferments anaérobies. — Ces ferments vivent à l'abri de l'air et sont même tués par l'oxygène libre.

Ferment butyrique. — C'est le *Bacillus amylobacter* (fig. 571), qui a la propriété de transformer le glucose en *acide butyrique* :

$$C^6H^{12}O^6 = C^4H^8O^2 + 2CO^2 + 2H^2.$$

Fig. 571. — *Bacillus amylobacter*.

Il se présente généralement sous forme de bâtonnets isolés. Il attaque la cellulose; c'est ce qui explique pourquoi il sépare les fibres textiles dans le rouissage du Lin et du Chanvre.

La fermentation butyrique est toujours précédée de la fermentation lactique.

Ferment putride. — Certains ferments anaérobies sont aussi des Bactéries pathogènes. Tel est le *Vibrio septicus*, qui produit la *septicémie* ou putréfaction en décomposant les matières animales. Ce *vibrion* décompose les matières albuminoïdes, et les produits de cette décomposition peuvent être transformés par d'autres ferments et donner de l'eau, de l'ammoniaque, du gaz carbonique. L'odeur fétide qui accompagne la putréfaction est caractéristique.

En résumé, nous voyons que le rôle des ferments dans la nature est de simplifier les corps organiques composés en les ramenant à leurs éléments, lesquels pourront de nouveau servir plus tard à former de la matière vivante. La matière accomplit donc une sorte de cycle dont les ferments assurent la continuité.

RÉSUMÉ

Les *fermentations* sont des transformations chimiques de certaines matières, sous l'influence d'êtres vivants appelés *ferments*.

Les ferments. Expériences de Pasteur. — Les *ferments* sont des végétaux inférieurs : Champignons (Levûre de bière) ou Algues (Bactéries).

Pasteur a montré : 1° que des organismes se développent toujours dans une matière en fermentation ; 2° que la fermentation était produite par ces organismes qui puisent dans le milieu qu'ils décomposent les éléments dont ils se nourrissent.

Expériences : Du lait ou du bouillon *stérilisés* se conservent indéfiniment à l'abri de l'air ; si l'air extérieur arrive, la fermentation a lieu ; mais si on débarrasse cet air de ses poussières en lui faisant traverser un tampon d'amiante par exemple, la fermentation n'a pas lieu.

Parmi les ferments, les uns vivent au contact de l'air, ce sont les *aérobies* ; les autres sont tués par le contact de l'air, ce sont les *anaérobies*.

Fermentation alcoolique. — Elle consiste dans la décomposition des glucoses en alcool et en acide carbonique :

$$C^6H^{12}O^6 = 2C^2H^5.OH + 2CO^2.$$

Le ferment est la Levûre de bière (*Saccharomyces cerevisiæ*), qui se présente sous forme de cellules ovales. La Levûre peut être aérobie ou anaérobie.

Ferments aérobies. — Ils absorbent l'oxygène de l'air et le fixent sur le milieu dont ils se nourrissent.

Ferment acétique : **Mycoderma aceti**, transforme l'alcool en acide acétique.

Ferment lactique : **Micrococcus lacticus**, transforme le glucose du lait en acide lactique.

Ferment ammoniacal : **Micrococcus ureæ**, transforme l'urée en carbonate d'ammonium.

Bactéries pathogènes : Bacilles du charbon et du choléra.

Ferments anaérobies. — Ils sont tués par l'oxygène libre.

Ferment butyrique : **Bacillus amylobacter**, transforme le glucose en acide butyrique.

Ferment putride : **Vibrio septicus**, décompose les matières animales.

TABLE DES MATIÈRES

Caractères généraux des êtres vivants.

	Pages.
Les êtres vivants et le protoplasma	1
Animaux et végétaux	2

PREMIÈRE PARTIE

ANATOMIE ET PHYSIOLOGIE ANIMALES

CHAPITRE I. — **Caractères généraux des animaux.**

La cellule, structure et multiplication	6
Les tissus : épithélial, conjonctif, sanguin, cartilagineux, osseux, etc.	13
Les principales fonctions	18

PREMIÈRE SECTION. — LES FONCTIONS DE NUTRITION.

CHAPITRE II. — **La digestion.**

Anatomie du tube digestif : bouche, pharynx, œsophage, estomac et intestin.	22
Le péritoine.	34
Les glandes annexes : glandes salivaires, pancréas et foie	36
Les aliments	43
Phénomènes mécaniques de la digestion : mastication, déglutition et mouvements péristaltiques	46
Phénomènes chimiques : les diastases	48

CHAPITRE III. — **L'absorption.**

Voies de l'absorption.	55
Mécanisme de l'absorption	57

CHAPITRE IV. — **La digestion dans la série animale.**

Digestion chez les Invertébrés. 58
Digestion chez les Vertébrés. 62

CHAPITRE V. — **La circulation.**

Anatomie de l'appareil circulatoire : cœur, artères,
   capillaires et veines 71
Le sang : globules et plasma 79
Historique de la circulation. 84
Mécanisme de la circulation : appareils enregistreurs. 86
Influence du système nerveux sur le cœur et les vais-
   seaux 91
Appareil lymphatique : vaisseaux et ganglions lympha-
   tiques 92
La lymphe et son rôle physiologique. 94
Origine des globules du sang et de la lymphe. . . . 96

CHAPITRE VI. — **La circulation dans la série animale.**

Appareil circulatoire incomplet : Cœlentérés, Echinodermes. 100
Appareil circulatoire lacunaire : Mollusques et Arthropodes 102
Appareil circulatoire clos : Vers et Vertébrés 104

CHAPITRE VII. — **La respiration.**

La respiration est un fait biologique général 112
Anatomie de l'appareil respiratoire : voies respira-
   toires et poumons. 114
Mécanisme de la respiration ; mouvements respiratoires 120
Phénomènes chimiques de la respiration 125
Asphyxie. 129

CHAPITRE VIII. — **La respiration dans la série animale.**

Les diverses respirations : cutanée, branchiale, pulmonaire, trachéenne. 134
Modifications de l'appareil respiratoire dans la série
   animale. 136

CHAPITRE IX. — **La sécrétion.**

But de la sécrétion. Les glandes 149
Anatomie de l'appareil urinaire : reins et voies uri-
   naires 152
L'urine. 157

TABLE DES MATIÈRES

Mécanisme de la sécrétion urinaire. 159
Sécrétions cutanées : glandes sudoripares, sébacées, mammaires. 160
Glandes vasculaires closes : rate, corps thyroïde, thymus. 162

Chapitre X. — **La nutrition.**

La nutrition ; le bilan organique. 164
Les matières de réserve : graisse, glycogène 166

Chapitre XI. — **La chaleur animale.**

Animaux à température constante et à température variable 171
Production de la chaleur. 172

DEUXIÈME SECTION. — LES FONCTIONS DE RELATION.

Chapitre XII. — **Le squelette.**

L'os : structure et composition 177
Développement du squelette ; ossification. 180
Squelette du tronc : colonne vertébrale, côtes, sternum. 185
Squelette de la tête : crâne et face 190
Membres et ceintures 194
Articulations 198

Chapitre XIII. — **Le squelette dans la série animale.**

Squelette chez les Invertébrés. 203
Squelette chez les Vertébrés. 203

Chapitre XIV. — **Les muscles.**

Anatomie des muscles : striés et lisses. 214
Physiologie des muscles ; contraction musculaire. . . 221
Nutrition du muscle au repos et en activité. 225
Travail du muscle et fatigue musculaire 226

Chapitre XV. — **Le système nerveux.**

Le tissu nerveux : cellules et fibres 229
Les centres nerveux : moelle épinière et encéphale . 233
Les méninges. 243
Les nerfs : rachidiens et crâniens. 244
Le grand sympathique 246
Le réflexe nerveux. 249
Fonctions des nerfs : excitabilité, conductibilité. . 249
Fonctions des centres nerveux 252
Fonctions du grand sympathique. 260

CHAPITRE XVI. — **Le système nerveux dans la série animale.**

Type disséminé : Protozoaires, Eponges, Cœlentérés. 265
Type rayonné : Echinodermes. 266
Type bilatéral : Arthropodes, Vers, Mollusques, Vertébrés 266

CHAPITRE XVII. — **Les organes des sens.**

Le toucher et la peau ; terminaisons nerveuses . . . 275
Le goût et la langue. 279
L'odorat et le nez. 281

CHAPITRE XVIII. — **L'oreille et l'audition.**

Anatomie de l'oreille de l'homme 286
Physiologie de l'oreille 292

CHAPITRE XIX. — **L'œil et la vision.**

Parties accessoires de l'œil : paupières, muscles, glandes. 295
Le globe de l'œil : membranes et milieux 299
Physiologie de l'œil : accommodation, anomalies . . 302
Persistance des impressions lumineuses ; perception des couleurs 306

CHAPITRE XX. — **Le larynx et la voix.**

Anatomie du larynx 310
La voix et la parole. 313

CHAPITRE XXI. — **Les organes des sens dans la série animale.**

Le toucher 315
Le goût. 315
L'odorat 315
L'ouïe 316
La vue. 317

CHAPITRE XXII. — **Classification des animaux.**

Principes de la classification 321
Les embranchements du règne animal 321

DEUXIÈME PARTIE

ANATOMIE ET PHYSIOLOGIE VÉGÉTALES

Chapitre I. — Caractères généraux des végétaux.

La cellule végétale. 326
Les tissus végétaux 330
Classification sommaire des végétaux. 337

PREMIÈRE SECTION. — LES FONCTIONS DE NUTRITION.

Chapitre II. — La racine.

Caractères extérieurs : accroissement, direction, ramification. 341
Structure primaire. 347
Naissance des radicelles 350
Fonctions de la racine : absorption : transport de la sève. 351

Chapitre III. — La tige.

Caractères extérieurs ; accroissement, ramification, direction, modification 357
Structure primaire ; sommet de la tige 364
Fonctions. 367

Chapitre IV. — Les formations secondaires dans la tige et dans la racine.

Formations secondaires de la tige ; assises génératrices 371
Formations secondaires de la racine 375

Chapitre V. — La feuille.

Caractères extérieurs : différentes formes, nervures, modifications, position et direction des feuilles . . . 378
Structure interne ; stomates. 387
La chlorophylle 392
Fonctions : transpiration, assimilation chlorophyllienne, respiration 394

Chapitre VI. — La nutrition chez les végétaux.

Plantes à chlorophylle ; aliments puisés dans le sol et dans l'air ; transformation de la sève brute en sève élaborée 406

TABLE DES MATIÈRES

Plantes sans chlorophylle ; parasitisme ; symbiose . . 409
Matières de réserve 411

DEUXIÈME SECTION. — FONCTIONS DE REPRODUCTION.

Multiplication végétative et reproduction 416

Chapitre VII. — **La fleur**.

Caractères extérieurs ; diagramme ; inflorescence . . 419
Enveloppes florales : calice et corolle 423
Appareil reproducteur : étamines et pollen, carpelles
et ovule 425
Fonctions : la fécondation ; la formation de l'œuf . . 434
Reproduction des Gymnospermes 437

Chapitre VIII. — **Développement de l'œuf. Le fruit et la graine. La germination.**

Transformation de l'ovule en graine 443
La graine mûre 446
L'ovaire donne le fruit 448
Germination de la graine 450

Chapitre IX. — **Reproduction chez les Cryptogames.**

Cryptogames vasculaires 457
Muscinées 462
Thallophytes : Algues, Champignons, Lichens . . . 465

Chapitre X. — **Fermentations**.

Les ferments. Expériences de Pasteur 475
La fermentation alcoolique 477
Ferments aérobies : acétique, lactique, ammoniacal . 478
Ferments anaérobies : butyrique, putride 479

Bar-le-Duc, Imp. Comte-Jacquet. — FACDOUEL, Dir.

EXTRAIT
DU
CATALOGUE DE LA LIBRAIRIE NONY et Cie
Rue des Écoles, 17, à Paris

ANTOMARI (X.). — *Cours de Géométrie descriptive* à l'usage des candidats aux écoles Polytechnique, Normale, Centrale, des Ponts et Chaussées, des Mines, etc. — Un vol. gr. in-8° avec épures dans le texte. . . . . 10 fr.

BARBARIN (P.). — *Recueil de Calculs logarithmiques*, à l'usage des candidats aux baccalauréats d'ordre scientifique et aux écoles du gouvernement. — In-4°. . . . . 3 fr. 50

BASIN (J.). — *Leçons de Chimie*, à l'usage des élèves de l'enseignement secondaire. — Volume in-12, broché 8 fr.; relié 8 fr. 50. — On vend séparément : *Métalloïdes*, broché, 2 fr. 50; relié, 3 fr. — *Métaux*, broché, 2 fr., relié, 2 fr. 50. — *Métalloïdes et Métaux*, à l'usage des élèves de mathématiques élémentaires, broché, 4 fr. 50; relié, 5 fr.

BOUTILLIER (A.). — *Eléments de Sténographie Prévost-Delaunay.* — In-12. 0 fr. 50

Cartes topographiques (Recueil de) pour les candidats à Saint-Cyr. — Un atlas gr. in-8°, 3° édition . . . . 3 fr. 50
Cet atlas renferme vingt petites cartes au 1/20000, quadrillées et de difficulté graduée, et 24 petites feuilles de papier à dessin, quadrillées aussi de façons différentes, pour la reproduction. Les cartes données aux concours de 1893 à 1896 figurent dans l'atlas.

CHARRUIT (N). — *Problèmes et épures de géométrie descriptive* à l'usage des candidats aux écoles de Saint-Cyr et Navale, et des aspirants aux baccalauréats. — Vol. in-8°. (*Sous presse*) . . . . 5 fr.

Decret du 28 janvier 1892 relatif au nouveau mode d'attribution des emplois publics, avec les programmes des examens et concours. — In-8°. . . . . 1 fr.

DEMARQUET-CRAUK (N.). — *Notions de perspective* appliquée aux croquis rapides de vues d'après nature. — Un vol. illustré, format de poche, cartonné toile souple. . . . . 2 fr.

DESSENON (E.). — *Cours de Trigonométrie rectiligne* à l'usage des aspirants aux baccalauréats et des candidats aux écoles du gouvernement. — In-8°, 2° édition. . . . . 3 fr.

DEVILLE (V.). — *Manuel de Géographie commerciale*, à l'usage des candidats aux écoles supérieures de commerce. — 2 vol. in-8° cart. . . . . 10 fr.

Formulaire [mathématiques, physique, chimie] à l'usage des aspirants aux baccalauréats d'ordre scientifique, des candidats aux écoles du gouvernement et des élèves des écoles normales. — 7° édition (remaniée surtout en chimie et en électricité). — Un joli petit volume de 72 pages, format de poche 22 × 12. Broché 1 fr. Cart. toile . . . . 1 fr. 50

Librairie NONY et Cie, 17, rue des Écoles, à Paris.

Gariel (C.-M.). — *Etudes d'Optique géométrique* (dioptres, systèmes centrés, lentilles, instruments d'optique), à l'usage des élèves de mathématiques spéciales. — Gr. in-8°. . . . 5 fr.

Gausseron (B.-H.). — *Le Thème anglais aux examens du baccalauréat et aux concours d'admission aux écoles spéciales.* — 2 vol. in-8°, 4 fr. 50. — On vend séparément : textes, 3 fr.; traductions. . . . . 1 fr. 50

Gausseron (B.-H.). — *La Version anglaise* aux examens du baccalauréat et aux concours d'admission aux écoles spéciales. — 2 vol. in-8°, 4 fr. 50. — On vend séparément : textes 3 fr.; traductions . . . . 1 fr. 50

Gir (Th.). — *Les problèmes d'arithmétique résolus par la méthode algébrique.* Leçons élémentaires d'algèbre. — In-12. 2 fr. 50

Grévy (A.). — *Arithmétique* à l'usage des classes de Rhétorique et de Troisième (classique et moderne). — Un vol. in-12. cart. toile . . . . 2 fr.

Griess (J.). — *Leçons sur certaines questions de géométrie élémentaire.* — Possibilité des constructions géométriques. Polygones réguliers. Transcendance des nombres e et π (démonstration élémentaire, par F. Klein), (Rédaction française de J. Griess). — Un vol. in-8°. . . . . 2 fr.

Grignon (A.). — *Cours élémentaire de Cosmographie* à l'usage des élèves des classes de Rhétorique. — In-8° . . . 1 fr. 50

Guiot (H.) et Pillet (J.). — *Le dessin de paysage étudié d'après nature*, à l'usage des candidats à Saint-Cyr. — Album gr. in-8°, avec 60 colonnes de texte, 46 figures théoriques, 80 motifs divers et 20 grandes planches parmi lesquelles les dessins donnés ces dernières années aux concours de Saint-Cyr. 4° édit. . 3 fr. 50

Henry (Ch.). — *Abrégé de la théorie des fonctions elliptiques.* — Un vol. in-8°. . . . . 3 fr.

Henry (Ch.). — *Quelques aperçus sur l'esthétique des formes.* Un vol. in-8°. . . . . 2 fr. 50

Humbert (E.). — *Traité d'Arithmétique*, à l'usage des élèves de mathématiques élémentaires, des aspirants aux baccalauréats et des candidats à l'Institut agronomique. — In-8° . . . 5 fr.

Instruction ministérielle du 14 mars 1894 *sur l'aptitude physique au service militaire* et sur l'aptitude particulière aux différentes armes. — In-12 de 92 pages . . . . . . 0 fr. 50

Lang (E.-B). — *Le thème allemand* aux examens du baccalauréat et aux concours d'admission aux écoles spéciales. — 2 vol. in-8°, 5 fr. — On vend séparément : textes, 3 fr.; traductions. . . . . 2 fr.

Lang (E.-B.) — *La version allemande* aux examens du baccalauréat et aux concours d'admission aux écoles spéciales. — 2 vol. in-8°, 4 fr. 50. — On vend séparément : textes, 3 fr.; traductions . . . . 1 fr. 50

Librairie NONY et Cie, 17, rue des Ecoles, à Paris.

LHOMME (F.) et Edouard PETIT. — *La composition française* aux examens du baccalauréat moderne et aux concours d'admission aux écoles spéciales. — 2ᵉ édition. Un vol. in-8° de 521 pages, renfermant 1646 sujets, un grand nombre de plans et de développements . . . . 4 fr.
Cet ouvrage convient aussi aux élèves de Rhétorique.

Loi militaire (Nouvelle) et décret du 23 novembre 1889 sur les dispenses. — In-12, tenu au courant de toutes les modifications. 0 fr. 30

LORIDAN (Abbé J.). — *Problèmes de baccalauréat ès lettres.* Problèmes ; solutions ; conseils. — Un vol. in-12, de 244 pages: broché, 1 fr. 60 ; relié toile. . . . . 2 fr.

MACÉ DE LÉPINAY (A.). — *Compléments d'Algèbre et notions de Géométrie analytique*, à l'usage des candidats à Saint-Cyr et des élèves de mathématiques élémentaires se destinant à la classe de mathématiques spéciales. — In-8°, 3ᵉ édition. 4 fr. 50

Manuel de préparation aux concours d'entrée des écoles supérieures de commerce, contenant le développement des programmes officiels. — 2 vol. in-8° reliés . . . . . . 10 fr.

MAUPIN (G.). — *Questions d'Algèbre* à l'usage des élèves de mathématiques spéciales. — In-8°. . . . . 5 fr.

MOSNAT (E.). — *Problèmes de Géométrie analytique.* — 3 vol. in-8° :
Tome I (Saint-Cyr, Navale, Centrale, Ponts, Mines, Spéciales 1ʳᵉ année). 5 fr.
Tome II [Géométrie à deux dimensions] (Polytechnique, Normale, Agrégation) . . . . 7 fr.
Tome III [Géométrie à trois dimensions] (Polytechnique, Normale, Agrégation). 7 fr.

NITHARD (R.). — *La nouvelle loi militaire et les dispensés des écoles nationales d'agriculture et de l'institut agronomique.* — In-12, avec modèles. . . . . 0 fr. 50

Plan d'études et Programmes de l'enseignement secondaire classique. — In-12. . . . . 1 fr.

Plan d'études et programmes de l'enseignement secondaire moderne. — In-12. . . . . 1 fr.

Plan d'études et programmes de la classe de Mathématiques élémentaires et de la classe supérieure de Mathématiques élémentaires . . . . 0 fr. 50

Plan d'études et Programmes de l'enseignement secondaire des jeunes filles. . . . . 1 fr.

PAPELIER (G.). — *Leçons sur les coordonnées tangentielles.* —
1ʳᵉ Partie : Géométrie plane. Un vol. in-8°. . . . . . . 5 fr.
2ᵉ Partie : Géométrie dans l'espace. Un vol. in-8°. . . . 7 fr.

PIALAT (R.). — *Caractères des sels métalliques*, à l'usage des aspirants au baccalauréat moderne et des candidats aux écoles du gouvernement. — In-12, 2ᵉ édition . . . . 2 fr. 50

Librairie NONY et Cie, 17, rue des Ecoles, à Paris.

REBIÈRE (Alph.). — *Mathématiques et Mathématiciens*. Pensées et curiosités — 2ᵉ édition. Un vol. in-8°, de 566 pages. 5 fr.
  TABLE DES MATIÈRES : Morceaux choisis et pensées. — Variétés et anecdotes. — Paradoxes et singularités. — Problèmes célèbres et classiques. — Problèmes frivoles et humoristiques. — Notes bibliographiques. — Index alphabétique.

REBIÈRE (Alph.) — *Les Femmes dans la Science*. — In-8°. 1 fr. 50
  Dans cet ouvrage, l'auteur analyse d'une façon très attrayante la vie et les œuvres des six mathématiciennes les plus célèbres : Hypathie, Emilie du Châtelet, Marie Agnesi, Sophie Germain, Mary Somerville, Sophie Kowalevski.

Relations entre les éléments d'un triangle. Recueil de 273 formules avec leurs démonstrations. — In-8° . . . 2 fr. 50

RÉMOND (A.). — *Résumé de géométrie analytique* à deux et à trois dimensions, à l'usage des candidats aux écoles Polytechnique, Normale, Centrale, Navale, des Ponts et Chaussées et des Mines. — In-8°, 2ᵉ édition. . . . . 4 fr.

Revue de Mathématiques spéciales, rédigée par MM. E. Humbert et G. Papelier, avec la collaboration de MM. N. Charruit, E. Dessenon, P. Lamaire, Ch. Rivière, H. Vuibert.
  In-4° de 24 pages, paraissant mensuellement. Les abonnements sont annuels et partent d'octobre. France, 8 fr. Etranger. 9 fr.

RIVIÈRE (Ch.). — *Problèmes de Physique et de Chimie* à l'usage des élèves de mathématiques spéciales. — In-8° . . . 5 fr.

TANNERY (J.). — *Introduction à l'étude de la Théorie des nombres et de l'Algèbre supérieure*. Conférences faites à l'Ecole normale supérieure et rédigées par MM. Emile BOREL et Jules DRACH. — Gr. in-8° . . . . 10 fr.

TARTINVILLE (A.). — *Cours d'arithmétique*, à l'usage des candidats aux baccalauréats et aux écoles spéciales. — In-8°, 2ᵉ édition . . . . 5 fr. »

TARTINVILLE (A.). — *Théorie des équations et des inéquations du premier et du second degré à une inconnue*, à l'usage des aspirants aux baccalauréats d'ordre scientifique, des candidats aux écoles du gouvernement et des élèves des écoles normales. — Gr. in-8°, 2ᵉ édition . . . . 3 fr. 50

VUIBERT (H.) et BOUANT (E.). — *Problèmes de baccalauréat*. 2ᵉ édition, fort vol. in-8°, 8 fr. — On vend séparément : 1re partie : Mathématiques, renfermant 680 problèmes avec les solutions du plus grand nombre, 5 fr. — 2ᵉ partie : Physique et Chimie, 3 fr. 50.

PROGRAMMES

Certificat d'études exigé des candidats aux grades de pharmacien de 2ᵉ classe et de chirurgien-dentiste . . . . 0 fr. 20
Baccalauréat de l'enseignement secondaire classique. . 0 fr. 30
Baccalauréat de l'enseignement secondaire moderne. . 0 fr. 30
Certificat d'études physiques, chimiques et naturelles. . 0 fr. 30
Facultés et écoles de médecine. . . . . 0 fr. 30

Librairie NONY et Cie, 17, rue des Ecoles, à Paris.

Pharmacie, herboristerie . . . . 0 fr. 25
Facultés de droit. . . . . 0 fr. 30
Licences et doctorat ès lettres. . . . . 0 fr. 30
Licences et doctorat ès sciences . . . . 0 fr. 60
Bourses de licence, d'agrégation, d'études (sciences, lettres, médecine, pharmacie, muséum) . . . . 0 fr. 40
Agrégations de l'enseignement secondaire et certificats d'aptitude aux fonctions de l'enseignement. . . . . 0 fr. 30
Agrégation des facultés. . . . . 0 fr. 30

Écoles spéciales.

Administration militaire (Ecole d'). . . . . . . 0 fr. 50
Agriculture (Ecoles nationales d') . . . . 0 fr. 30
Architecture (Ecole spéciale d'). . . . . 0 fr. 30
— (Programme de l'enseignement) . . . . 1 fr. »
Arts et métiers (Ecoles nationales d'). . . . . . 0 fr. 30
Athènes et de Rome (Ecole française d') . . . . 0 fr. 20
Beaux-Arts de Paris (Ecole nationale des) . . . 0 fr. 50
Beaux-Arts des départements (Ecoles des) . . . 0 fr. 30
Centrale des Arts et Manufactures (Ecole). . . . 0 fr. 30
Centrale lyonnaise (Ecole) . . . . 0 fr. 30
Chartes (Ecole des) . . . . 0 fr. 20
Cluny (Ecole nationale d'ouvriers et de contremaîtres de) 0 fr. 30
Coloniale (Ecole) . . . . 0 fr. 30
Commerciale de Paris (Ecole). . . . . 0 fr. 30
Conservatoire national de musique et de déclamation . 0 fr. 40
Dentaire de Paris (Ecole). . . . . 0 fr. 30
Hydrographie de Dieppe (Ecole d'). . . . . 0 fr. 30
Institut agronomique et école des Haras. . . . . 0 fr. 30
Institut industriel du Nord de la France . . . . 0 fr. 30
Langues orientales vivantes (Ecole des) . . . . 0 fr. 20
Mécaniciens de la flotte (Apprentis et élèves). . 0 fr. 30
Mécaniciens pour la marine (Ecole d'apprentis), au Havre. 0 fr. 30
Mines (Ecole nationale supérieure des). . . . . 0 fr. 50
Mines de Saint-Etienne (Ecole des) . . . . 0 fr. 30
Navale (Ecole) . . . . 0 fr. 30
Normale supérieure (Ecole). . . . . 0 fr. 20
— de Sèvres (Ecole). . . . . 0 fr. 25
— de Fontenay-aux-Roses et de Saint-Cloud (Ecoles). 0 fr. 25
Notariat de Nantes (Ecole de). . . . . 0 fr. 20
Notariat de Paris (Ecole de) . . . . 0 fr. 20
Physique et Chimie industrielles (Ecole de). . . 0 fr. 40
Polytechnique (Ecole) . . . . 0 fr. 30
Ponts et chaussées (Ecole des) . . . . 0 fr. 50
Postes et télégraphes (Ecole professionnelle supérieure des) et emplois dans l'Administration . . . . 0 fr. 50
Pratique de commerce et de comptabilité (Ecole). 0 fr. 50
Prytanée militaire de la Flèche. . . . . 0 fr. 30

Librairie NONY et Cie, 17, rue des Ecoles, à Paris.

Saint-Cyr (Ecole de). . . . . 0 fr. 30
Saint-Maixent (Ecole de). . . . . 0 fr. 30
Santé de la marine (Ecole du service de) . . . . . 0 fr. 30
Santé militaire (Ecole du service de). — Pharmacie militaire. — Val-de-Grâce. . . . . 0 fr. 30
Saumur (Ecole de). . . . . 0 fr. 50
Supérieure de guerre (Ecole). . . . . 0 fr. 30
Supérieure d'industrie de Bordeaux (Ecole). . . . 0 fr. 30
Vétérinaires (Ecoles nationales). . . . . 0 fr. 30

Supérieure de commerce.

De Bordeaux (Programme des conditions d'admission à l'école). 0 fr. 30
De Bordeaux (Programme de l'enseignement à l'école). 0 fr. 50
Du Havre (Ecole) . . . . 0 fr. 30
De Lille (Ecole). . . . . 0 fr. 30
De Lyon (Programme des conditions d'admission à l'école) 0 fr. 30
De Lyon (Programme de l'enseignement normal à l'école) 0 fr. 50
De Marseille (Ecole) (section du commerce). . . . 0 fr. 30
De Marseille (Ecole) (section de la marine marchande) . 0 fr. 75
De Paris (Programme des conditions d'admission à l'école) 0 fr. 30
De Paris (Ecole) (Programmes officiels de l'enseignement) 0 fr. 75
De Paris (Ecole) (Règlements généraux et règlement intérieur). 0 fr. 50
De Rouen (Programme d'admission) . . . . 0 fr. 30
De Rouen (Programme de l'enseignement) . . . . . 0 fr. 50
De Rouen (Règlements) . . . . 0 fr. 30
Hautes études commerciales (Programme des conditions d'admission). 0 fr. 30
Hautes études commerciales (Programmes officiels de l'enseignement à l'école des). . . . . 1 fr. »
Hautes études commerciales (Règlements de l'école des) 0 fr. 50
Institut commercial (Programme des conditions d'admission). 0 fr. 30
Institut commercial (Règlements intérieurs). . . . 0 fr. 50
Institut commercial (Programmes de l'enseignement) . 0 fr. 75

Divers.

Administration des finances (ministère, enregistrement, contributions, douanes, manufactures de l'Etat). . . . . . 0 fr. 30
Auditorat près le Conseil d'Etat et la Cour des Comptes. 0 fr. 20
Certificat d'aptitude au professorat industriel et au professorat commercial. . . . . 0 fr. 40
Commissariat de surveillance administrative des chemins de fer. 0 fr. 30
Conditions d'admission dans le corps du commissariat de la marine (Ecole d'administration de la marine. — Aides-commissaires). . . . . 0 fr. 30
Conditions d'admission et de l'avancement dans le personnel administratif secondaire de la marine (personnel des manuten-

Librairie NONY et Cie, 17, rue des Écoles, à Paris.

tions, des directions de travaux, des comptables des matières, des agents du commissariat). . . . . 0 fr 50
Conditions d'obtention des bourses des lycées et collèges de garçons et de jeunes filles et des bourses de séjour à l'étranger. 0 fr. 25
Conditions d'obtention du diplôme d'élève de la marine marchande, du brevet de capitaine de la marine marchande et du brevet de maître au cabotage . . . . 0 fr. 50
Conditions d'admission aux bourses commerciales de séjour à l'étranger et programmes des matières du concours. 0 fr. 30
Connaissances exigées pour l'admission aux grades de premier-maître mécanicien théorique, second-maître mécanicien théorique, quartier-maître mécanicien théorique . . . . . . 0 fr. 50
Officiers ministériels. . . . . 0 fr. 20

SUJETS DE CONCOURS ET D'EXAMENS
Baccalauréats.
Annales des baccalauréats scientifiques. — In-12. Chaque année . . . . 2 fr. 75
Licences.
Annales de la licence ès sciences (mathématiques, physiques, naturelles). — In-12. Chacune des années 1888 et suivantes 3 fr.
Bourses de licence ès sciences mathématiques. — Concours de 1880 à 1896. . . . . 2 fr. 50
Bourses de licence ès sciences physiques. — Concours de 1880 à 1896 . . . . 2 fr. 50
Bourses de licence ès sciences naturelles. — Concours de 1880 à 1896. . . . . 2 fr.
Agrégations.
Annales de l'agrégation des sciences mathématiques. — In-12. — Années 1876 à 1888, 6 fr. 50. Chacune des années 1889 et suivantes . . . . 0 fr. 75
Annales de l'agrégation des sciences physiques. — Chacune des années 1889 et suivantes . . . . 0 fr. 75
Annales de l'agrégation des sciences naturelles. — Chacune des années 1889 et suivantes . . . . 0 fr. 75
Agrégations de philosophie, des lettres, d'histoire et de géographie, de grammaire. — Concours de 1890 à 1896. — In-8º . . . . (*en préparation*)
Agrégations d'allemand et d'anglais. — Concours de 1890 à 1896. — In-8º. . . . . (*en préparation*)
Certificats d'aptitude.
Certificat d'aptitude au professorat des classes élémentaires de l'enseignement secondaire. — Années 1890 à 1895. — In-8º. 1 fr. 25
Certificat d'aptitude au professorat des écoles normales d'instituteurs (lettres), depuis l'origine jusqu'en 1895. — In-8º. 1 fr. 75

Librairie NONY et Cie, 17, rue des Écoles, à Paris.

Certificat d'aptitude au professorat des écoles normales d'instituteurs (sciences), depuis l'origine jusqu'en 1895. — In-8º 1 fr. 75
Certificat d'aptitude au professorat des écoles normales d'institutrices (lettres), depuis l'origine jusqu'en 1895. — In-8º 1 fr. 75
Certificat d'aptitude au professorat des écoles normales d'institutrices (sciences), depuis l'origine jusqu'en 1895. — In-8º 1 fr. 75

Écoles spéciales.

Administration de la marine (Ecole d'). — Concours de 1871 à 1895. . . . . . 2 fr. 50
Agriculture (Ecoles nationales d'). Concours de 1889 à 1895 1 fr. 75
Arts et Métiers (Ecoles d'). — Concours de 1874 à 1895 (texte et planches) . . . . 6 fr. 50
Centrale (Ecole). — Concours de 1880 à 1896 (non compris les dessins). . . . . . . 6 fr.
Centrale (Ecole). — Dessins d'architecture, de machine et d'ornement, conc. de 1890 à 1895, 14 planches format raisin 5 fr. 50
Cluny (Ecole de). — Concours de 1891 à 1896. . . 2 fr. 50
Hautes études commerciales, Supérieures de commerce (les sept écoles) et *Institut commercial*. — Concours de 1881 à 1895 . . . . 5 fr.
Institut agronomique. — Concours de 1888 à 1895. 2 fr. 75
Militaire d'infanterie à Saint-Maixent (Ecole). — Concours de 1890 à 1894. . . . . . 1 fr. 50
Mines de Saint-Etienne (Ecole des). — Concours de 1885 à 1895. . . . . 5 fr.
Navale (Ecole). — Concours de 1885 à 1895. . . . 5 fr.
Normale supérieure (Ecole). — Section des lettres. Concours de 1891 à 1895. . . . . . . 1 fr.
Normale supérieure (Ecole). — Section des sciences. — Concours de 1891 à 1895. . . . . . . 1 fr.
Polytechnique (Ecole). — Concours de 1880 à 1895 . . 5 fr.
Polytechnique (Ecole). — Papier Whatman avec le trait des dessins à laver (conc. de 1890 à 1894). — Les 5 feuilles. 1 fr. 25
Ponts et Chaussées (Ecole des). — Cours préparatoires. Concours de 1884 à 1895. . . . . . . 4 fr.
Ponts et Chaussées (Ecole des). — Elèves externes. Concours de 1884 à 1895. . . . . 4 fr.
Postes et Télégraphes (Ecole professionnelle supérieure des), 1re section. — Concours de 1888 à 1891. . . . . 1 fr. 60
Postes et Télégraphes (Ecole professionnelle supérieure des), 2e section (section des élèves ingénieurs). — Concours de 1891, suivi d'un aperçu des questions posées aux examens oraux 0 fr. 50
Saint-Cyr (Ecole de). — Concours de 1880 à 1895. . 5 fr.
Vétérinaires (Ecoles). — Concours de 1887 à 1895. 1 fr. 75

Pour les autres sujets de concours ou d'examen, consulter le catalogue complet.

www.ingramcontent.com/pod-product-compliance
Lightning Source LLC
Chambersburg PA
CBHW050601230426
43670CB00009B/1220